用 語 集

倫 理

【新訂第5版】

用語集「倫理」編集委員会 編

監 修

東京大学名誉教授 菅野覚明
日本女子大学名誉教授 山田忠彰

清水書院

●「倫理」－ことばによる探究 ●

　高等学校で学ぶ「倫理」は，自らの人格を高め，「良識ある公民」として生きていくために必要な能力や態度を育てることを目標とする科目です。「倫理」の内容は，「現代に生きる自己の課題」「人間としての自覚と生き方」「現代社会と倫理」「国際社会に生きる日本人の自覚」「現代の諸課題と倫理」といった分野から構成されています。そして，いずれの分野でも，主体的な生き方，人間の存在や価値についての思索，現代の倫理的課題といった，みなさんが現代社会を生きていくために欠かすことのできない，大切なテーマがとりあげられています。

　「倫理」は，複雑な計算や多くの知識の暗記が要求される科目ではありません。しかし，人間の存在や普遍的な価値，世界の根源といった，日常生活の中で深く追求されることのほとんどない事がらを扱うという点では，とても取りつきにくい科目であるともいえるでしょう。もちろん，人生とか価値といった大きな問いに，はじめて学問的なアプローチをするという意味では，「倫理」は，みなさんに新鮮な興味をわき起こしてくれるに違いありません。その一方で，これまでみなさんが他の科目で学んできたアプローチのしかたが，そのままでは通用しないという戸惑いも覚えることでしょう。

　例えば，「倫理」の教科書では，日常の生活ではほとんど出会うことのない，特別な用語が多く使われています。「倫理」に登場する先哲・思想家たちは，耳慣れない特別なことばを駆使して，自己や人生の課題を探究しています。青年期の心理や社会問題を扱う学問でもまた，多くの特殊な用語が用いられます。それだけではなく，私たちがふだん普通に使っていることば（「経験」とか「道」といったことば）もまた，厳密に定義された特別な意味をもつ用語として登場してきます。それは，先哲・思想家たちが，私たちがふだん使うことばではとらえきれない深くて大きな対象を，何とかことばでつかまえようとした努力，試行錯誤の結果にほかなりません。

　ですから，「倫理」の内容を深く理解するには，先人が特別なことばを使って展開する論理を理解するだけでなく，そうした用語がどのような思索の過程を経て生み出されたのかを知ることが重要になってきます。

　この用語集では，「倫理」に登場する先哲・思想家たちや，彼らが用いる特別なことばについて，その思想形成や思索の過程までもイメージできるよう，叙述を工夫しながら説明することを心がけています。本書を座右におき，十分に活用して「倫理」の学習を進めてもらえることを切に望みます。

2021 年 12 月

『用語集倫理』編集委員一同

本書を利用するにあたって

◆本書の特色・利用方法
1. 本書は『高等学校学習指導要領・公民編』の「倫理」に示された内容をもととして，全体を構成しました。指導要領では3編構成となっていますが，本書は学習の便宜を考慮し，「倫理」教科書における内容の取り扱いもふまえて5編構成としました。
2. 教科書掲載頻度＋共通テスト・センター試験出題頻度のダブル頻度によって用語の重要度が一目でわかります。

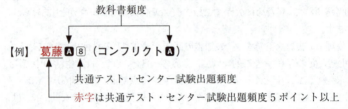

〔教科書掲載頻度〕

現行課程版「倫理」教科書全7冊（2021年現在発行）の掲載頻度を，用語の後ろに Ⓐ Ⓑ Ⓒ の3ランクで表示。
- Ⓐ……… 6冊以上
- Ⓑ……… 5～3冊
- Ⓒ……… 2冊以下

〔共通テスト・センター試験出題頻度〕

共通テスト・大学入試センター試験における出題頻度（ポイント）を，用語の後ろに数字で表示。
頻度の算定は次の方式で算出しています。
① 対象 — 共通テスト・大学入試センター試験科目「倫理」の，2012（平成24）年～2021（令和3年）年の10年間におけるそれぞれの本試験・追試験。
② 各試験ごとに以下のような算定基準にもとづいて集計。
 ・本文・選択肢に用語そのものがあるもの……………………………………① ポイント
 ・用語そのものについての知識がないと，正答を導きだせないもの……② ポイント
 ・用語そのものが正解として出題されているもの……………………………③ ポイント
★赤字の見出し用語は，共通テスト・センター試験出題頻度が累計5ポイント以上の頻出用語です。

3. 収録語数は3,640語で，高等学校の「倫理」の授業に必要かつ十分な用語を選択し，具体例などをもとにしながら詳しく解説しました。
4. 用語については見出し語のほか，同義語・対義語・類義語も記し，さくいんにも採用しました。同義語には 同，対義語には 対，類義語には 類 を付して解説文の後ろに表示しました。
5. 学習指導要領の配列に準じているので，授業の進度にあわせて参考書として，また，五十音順のさくいんを活用して小事典として利用することも可能です。
6. 用語の選択にあたっては，現在発行されている「倫理」の教科書に加えて，過去の共通テスト・大学入試センター試験に出題された用語や，最新の時事用語も一部採用しました。

5

◆さくいんの表記・配列方法

1. 巻頭に五十音順による「総さくいん」と「原典資料さくいん」の二種類を設けました。用語については，見出し語，同義語・対義語・類義語のほか，解説文中の太字の重要語・原典資料をふくみます。
2. アルファベットは，その読みにしたがって五十音順に配列しました。
3. 「ヴ」の表記は「ウ」の欄にまとめました。
4. 欧米の人名は本文の表記にあわせ，日本での慣用にしたがって配列しました。中国人名などについても，さくいん利用の便を考え，日本での慣用読みにしたがいました。
5. 『 』は著書名をあらわします。
6. 「 」は雑誌名，有名なことばや法令などの引用文をあらわします。
7. 2か所以上に渡って，記載されている項目については，一番内容が詳細なページを太字としました。

◆用語の表記方法

1. 漢字の用語にはすべて読み仮名を付しました。その際，仮名については「─」で示しました。
   【例】「**考える葦** **Ａ**③ （かんが─あし）」
2. 同じ意味で別の表し方のある用語についてはそれも示しました。
   【例】「**アガペー** **Ａ**④ （神の愛**Ａ**⑤）」
3. 和文の用語でも，ときに外来語として使われる場合があるものは，必要に応じて欧文も付記しました。
   【例】「**世代の断絶**（せだい─だんぜつ）［generation gap］」
4. 外来語は片仮名で表記し，必要と思われる用語については，元の欧文を付記しました。
   【例】「**パーソナリティ** **Ａ**⑦ ［personality］」
5. 外来の用語で特に必要と思われるものは和文用語も示しました。
   【例】「**ナルシシズム** **Ｃ**（自己愛**Ａ**④）（じこあい）［narcissism］」
6. 原典資料については末尾に 資料 のマークを付け，違う書体で表記しました（原典資料が見出し語の場合は，他の見出し語と同じ書体です）。
7. 外国人名については，日本での慣用による表記とし，フルネームを欧文で付記しました。中国人名については，日本での慣用的な読みを付し，特に近代以後の人物にはローマ字による発音も付しました。
   【例】「**ゲーテ** **Ｃ**③ ［Johann Wolfgang von Goethe］」，「**孔子** **Ａ**㉘ （こうし）」，「**毛沢東** **Ｂ** （もうたくとう）［Mao Tsē-tung］」
8. 人名については，すべてに生没年を付記しました。その際，11世紀以降で没年が生年と同一世紀の場合，没年の世紀にあたる2桁の数字は省略しました。生没年が紀元前の場合は「前」と表示しました。生没年のいずれも不明の場合は「生没年不詳」とし，どちらか不明のときは「？」で表示しました。また，おおよその年次しか判明していないときには「頃」を数字に付記し，生没年について諸説があり，見解が分かれている場合には，必要に応じてその旨を記しました。
   【例】「**サルトル** **Ａ**⑪ （1905～80）」「**ソクラテス** **Ａ**㉑ （前470頃～前399）」「**ダヴィデ** **Ｂ** （？～前961？）」「**イエス＝キリスト** **Ａ**㉗ （前4？～後30頃）」
9. 解説文中の年次表記は原則として西暦とし，日本に関する事項については必要に応じて元号も並記しました。

第Ⅰ編　現代に生きる自己の課題

1章　人間性の特質 ……………………… 1

2章　青年期の課題と自己形成
1. 青年期とその意義………………… 4
2. 自我の確立……………………… 6
3. 欲求と適応行動………………… 11
4. 個性の形成……………………… 14
5. 社会の変容と青年……………… 15

第Ⅱ編　人間としての自覚

1章　哲学と人生― ギリシャ思想
1. 倫理・哲学の基本用語………… 18
2. 神話から哲学へ………………… 22
3. 自然哲学の誕生とソフィスト… 25
4. ソクラテス……………………… 29
5. プラトン………………………… 31
6. アリストテレス………………… 34
7. ヘレニズムの思想……………… 37

2章　宗教と人生（1）― 一神教
1. 宗教の基本用語………………… 42
2. ユダヤ教………………………… 45
3. キリスト教　イエスの思想…… 49
4. キリスト教の展開……………… 52
5. イスラーム教…………………… 58

3章　宗教と人生（2）― 仏教
1. 古代インドの思想……………… 63
2. 仏陀の教え……………………… 65
3. 仏教のその後の展開…………… 70

4章　中国の思想
1. 諸子百家の登場………………… 76
2. 孔子と儒家の思想……………… 79
3. 孟子と荀子……………………… 82
4. 朱子学と陽明学………………… 85
5. 道家の思想……………………… 90

5章　芸術と人生
1. 芸術の基本用語………………… 94
2. 作品群…………………………… 96

第Ⅲ編　日本の風土と思想

1章　日本人の考え方
1　風土と自然観・宗教観……… 100
2　日本人の心情 ……………… 108

2章　仏教の伝来と隆盛
1　仏教の受容　古代仏教 …… 111
2　平安仏教　最澄と空海……… 113
3　末法思想と浄土信仰……… 116
4　鎌倉仏教①　他力の教え…… 118
5　鎌倉仏教②　自力の救済……… 121
6　仏教的無常観と日本文化……… 125

3章　儒教の日本化
1　朱子学と陽明学……………… 129
2　古学・古文辞学……………… 133

4章　近世の思想
1　国　学 ……………………… 138
2　近世庶民の思想と町人文化… 140
3　西洋文明との接触と
　　幕末の思想……………… 146

5章　近代の思想
1　啓蒙思想……………………… 151
2　民権思想……………………… 154
3　キリスト教の受容…………… 156
4　国家主義の高まりと国粋主義… 158
5　大正デモクラシーと解放運動… 161
6　日本における社会主義……… 162
7　近代的自我の確立…………… 165
8　近代日本哲学の成立………… 168
9　昭和期の思想………………… 171

第Ⅳ編　現代社会と倫理

1章　近・現代社会の特質
1　近代社会の成立……………… 176
2　近・現代社会の特質
　　大衆社会・管理社会……… 177

2章　人間の尊厳
1　自己肯定の精神
　　ルネサンス………………… 181
2　宗教観の転換
　　宗教改革…………………… 185
3　人間の偉大と限界
　　モラリスト………………… 190

3章　自然や科学技術と人間とのかかわり
1　自然への目と科学的な
　　ものの見方………………… 193
2　事実と経験の尊重　経験論 … 195
3　理性の光　合理論 ………… 198

4章　民主社会における人間のあり方
1　市民社会と人権思想………… 202
2　社会契約論
　　ホッブズ・ロック・ルソー … 204

5章　自己実現と幸福
1　人格の尊重と自由　カント … 210
2　自己実現と自由　ヘーゲル … 215
3　幸福と功利　功利主義 ……… 217
4　進化論と実証主義…………… 221
5　創造的知性と幸福
　　プラグマティズム ………… 223

6章　個人と社会とのかかわり

1 人間性の回復を求めて①
　社会主義 ……………………… 226

2 人間性の回復を求めて②
　社会主義の帰結 ……………… 232

3 自己を見つめる①
　実存主義 ……………………… 234

4 自己を見つめる②
　現象学 ………………………… 238

5 自己を見つめる③
　自由と責任…………………… 241

6 自己を見つめる④
　他者への共感 ………………… 243

7 他者の尊重…………………… 244

7章　現代の思想の展開

1 生命への畏敬………………… 249

2 理性主義の見直し①
　無意識の領域 ………………… 250

3 理性主義の見直し②
　構造主義 ……………………… 253

4 理性主義の見直し③
　フランクフルト学派 ………… 257

5 理性から言語へ……………… 259

第Ⅴ編　現代の諸課題と倫理

1章　生命と倫理

1 生命科学の進歩と新たな課題… 262

2 生と死を問いなおす………… 267

2章　環境と倫理

1 環境倫理の主張……………… 272

2 環境への国際的な取り組み… 275

3 日本の公害・環境問題……… 276

4 環境問題の現状……………… 278

5 持続可能な社会のために…… 282

3章　家族・地域社会

1 社会の変容と家族…………… 285

2 現代社会と女性……………… 290

3 少子高齢社会とその課題…… 292

4章　情報社会の光と影

1 社会生活と情報……………… 298

2 情報社会の現状と課題……… 300

5章　グローバル化の時代と倫理

1 経済活動と倫理……………… 304

2 多文化・宗教状況…………… 305

3 異文化への理解と尊重……… 307

6章　人類の福祉と国際平和

1 国際社会と国際機関………… 311

2 平和・軍縮への課題………… 315

3 人権の保障…………………… 318

4 民主社会の原理……………… 320

【総さくいん】 あ

総さくいん

あ

アーキタイプ **C** ………… 252
アートマン **A**4 ………… 63
アーラヤ識 ………………… 74
アーリヤ人 **B** ………… 63
愛 **A**10 ………… 56,80,**134**
INF 全廃条約 …………… 316
愛敬 **B** ………………… 132
愛敬の二字 ……………… 132
会沢安 2 ………………… 149
ICC ……………………… 312
ICJ ……………………… 312
ICT **C** ………………… 298
ICT 革命 ………………… 298
ICBL **C** ……………… 311
愛し敬う **B** …………… 132
愛しながらの戦い **B**2 … 238
アイスキュロス ………… 24
アイゼンク **C**2 ………… 15
間柄的存在 **A**2 ……… 171
愛知 **B**3 …………… 20,**30**
アイデンティティ **A**11 …… 8
アイデンティティの拡散
 2 ……………………… 9
アイデンティティの確立 **A**
 2 ……………………… 8
アイデンティティの危機 **B**
 ………………………… 8
アイヌ新法 ……………… 308
アイヌ文化振興法 **C** … 308
アイヌ民族 **C** ………… 308
iPS 細胞 **B**4 ………… 270
愛別離苦 **A** …………… 67
愛慕 ……………………… 32
アイロニー **C** ………… 30
アインシュタイン **C** …… 317
アヴィケンナ …………… 62
アヴェロエス **C** ……… 62
アウグスティヌス **A**19 … 55
アウシュヴィッツ強制収容
 所 **B**1 ……………… 315
アウタルケイア **C** …… 38,**40**
アウフヘーベン **B** …… 217
アウラ **C** ……………… 258
「青いターバンの娘」… 98
青木昆陽 **C** …………… 147
アカウンタビリティ **C** … 304
アカデメイア **A** ……… 31,**33**
アガトン ………………… 31

アガペー **A**4 ………… 50,**51**
アキレスと亀 **C** ……… 27
悪 **A**5 ………………… 19
「悪性さらにやめがたし。こ
 ころは蛇蝎のごとくな
 り。」…………………… 120
アクセス権 ……………… 303
芥川龍之介 **C** ………… 168
悪人正機 **A** ………… **120**,121
「悪人に手向かうな。もしだ
 れかがあなたの右の頬を
 打つなら…」…………… 51
アクロポリス …………… 25
明けし …………………… 106
赤穂浪士の討ち入り **B**1
 ………………………… 137
アゴラ **B** ……………… 25
アサンガ **A**2 ………… 74
「アジアは一つ」**C** …… 161
アジェンダ21 **C** …… **275**,276
足尾銅山鉱毒事件 **C**5 … 156
「朝に道を聞かば、夕べに死
 すとも可なり」**B** …… 80
葦原中国 **B** …………… 105
アソシエーション ……… 285
「あたかも，母が己が独り子
 を命を賭けて護るように
 …」**C** ………………… 69
「あだし野の露消ゆるときな
 く，鳥部山の煙たちさら
 でのみ…」……………… 126
アタナシウス派 **C** …… 55
アダム **A**9 …………… **48**,53
アダム＝スミス **A**4 …… 220
「アダムよ，われわれはおま
 えになんら一定した住所
 も…」…………………… 183
アタラクシア **A**2 …… **38**,41
アタルヴァ－ヴェーダ … 63
アダルト－チルドレン **B** … 7
「篤く三宝を敬へ」**B** …… 112
「篤く三宝を敬へ。三宝とは
 仏，法，僧なり」…… 111
アッラー **A**19 ……… **59**,60
アテネ **A**2 …………… 25
「アテネの学堂」**A**3 … **34**,184
アトム **B**2 ………… 27,**27**
アドラー **C**2 ………… 253
アドルノ **A**7 ………… 257
アナーキズム **B** ……… 164

アナクシマンドロス **B**2
 ………………………… 25
アナクシメネス **B** …… 25
「あなたがたはイエス＝キ
 リストを着なさい。肉の
 欲を満たすことに…」… 54
アナムネーシス **A** …… 32,**32**
アニマ **B**2 …………… 252
アニマル－シンボリクム **C**
 2 ……………………… **1**,**2**
アニミズム **B**1 ……… 42
アニムス **C**2 ………… 252
アニメ **C** ……………… 17
アノミー ………………… 180
アパシー **C** …………… **7**,179
アパテイア **A**4 ……… 20,**39**
アパルトヘイト ………… 319
アパルトヘイト犯罪条約
 ………………………… 319
アヒンサー **A**4 ……… **249**,250
アファーマティブ－アクシ
 ョン **C**3 ……………… 244
アブラハム **B** ………… 48
ア－プリオリ **B**2 …… 211
安部磯雄 **A** …………… 163
『阿部一族』**C** ………… 167
阿部次郎 **C** …………… 167
アポロン神殿 **B** ……… 30
甘いレモン ……………… 13
甘え **C** ………………… 110
『「甘え」の構造』……… 110
天津罪 …………………… 106
天照大神 **A**10 ………… 103
アマミノクロウサギ訴訟
 ………………………… 274
アマルティア＝セン **A**6
 ………………………… 246
阿弥陀聖 **A**2 ………… 118
阿弥陀仏 **A**16 ………… 118
アムネスティ－インターナ
 ショナル ……………… 319
アメニティ **B** ………… 286
雨森芳洲 **C**4 ………… 131
アメリカ独立革命 **C** … 203
アメリカ独立宣言 **B** … 203
新井白石 **A**7 ………… 146
阿羅漢 **A**3 …………… 71
争い **A**1 ……………… 238
「あらゆる物質を合わせて
 も，あらゆる精神を合わ
 せても…」……………… 192

アリエス **B**4 ………… 5
有島武郎 **C**3 ………… 168
アリストテレス **A**31 …… 2,34
アルケー **A**2 ………… 25
アルド＝レオポルド **B**3
………………………… 272
アルビン＝トフラー …… 300
アルベルティ **C**2 …… 182
在るもの **C** ………… 26
『あれかこれか』**B**2 …… 236
アレクサンドロス **A**1 … 37
アレテー **A** ………… 28
あはれ **A**1 ……… **125**,127,139
あわれみ **B** ………… 208
アンガジュマン **A**2
………………………… 241,**242**
UNCTAD ……………… 314
アンシャン－レジーム **B**1
………………………… 203
安政の大獄 **C** ……… 148
アンセルムス ………… 57
安全保障理事会 …… 311,**312**
安息日 **A**5 ………… 47
「安息日は人のためにあるも
　ので，人が安息日のため
　にあるのではない」**C** … 47
アンダーソン **C** ……… 300
アンチ－オイディプス **C**
………………………… 256
アンチテーゼ **B** …… 217
アンチノミー **C** …… 211
アンティオキア教会 …… 54
安定化の機能 **C** …… 288
安天下の道 **A**2 …… 136
安藤昌益 **A**6 ……… 140
『アンネの日記』**C** …… 315
アンネ＝フランク **C** … 315
アンペイドワーク …… 291
安楽死 **A**4 ………… 267
安楽死法 **C** ………… 267

い

ES細胞 **B**2 ………… 270
eコマース …………… 301
イヴ **C**4 ………… 53
イエス＝キリスト **A**27 … 50
イエズス会 **B**2 …… 189
イエスの黄金律 **B**4 …… 220
家制度 **C** ………… 289
「家にあっては父に従い，嫁
　しては夫に従い，夫死し
　ては…」……………… 131

イオニア地方 **B** …… 25
位階制度 **C** ……… 57,58
いき **B**4 ………… 145
粋 **A**3 ………… 145
生きがい **A**1 ……… 10
『生きがいについて』**B**2
………………………… 11
「生きとし生けるものがすべ
　て，純粋に信心して，わ
　たしの国(極楽浄土)に…」
………………………… 119
易行 **B**1 ………… 119
イギリス革命 ……… 202
イギリス経験論 **B**4
……………………… **196**,197
イギリス国教会 **C** …… 189
「イギリスの人民は自由だと
　いうが，それは選挙の時
　だけの…」…………… 209
育児・介護休業法 **C**3 … 292
イグナティウス＝デ＝ロヨ
　ラ **A**2 …………… 189
いけばな …………… 128
伊邪那岐命 **B**4 …… 103
伊邪那美命 **B**6 …… 103
イザヤ **B** ………… 47
意志 **A**5 ………… 14,**33**
石川啄木 **B**5 ……… 166
石田梅岩 **A**8 ……… 142
意志の自律 **A**3 … 212,**213**
石橋湛山 **B** ……… 161
石牟礼道子 **C**1 …… 277
「意匠」**B**2 ………… 174
以心伝心 ………… 75
イスラーム **A**6 …… 58
イスラーム教 **A**22 …… 58
イスラーム共同体 **B**5 … 61
イスラーム文化 **B** …… 62
イスラーム法 **A**2 …… 61
イスラエル人 **A**8 …… 46
伊勢神道 **B** ……… 107
イタイイタイ病 **C** …… 277
板垣退助 **C** ……… 154
市川房枝 **C**2 …… 162
一期一会 **B**2 …… 127,**128**
一次的欲求 **B**2 …… 11
一乗思想 **B** ……… 75,**113**
市聖 **A**2 ………… 118
「いちばん大切なことは，た
　だ生きるのではなく，善
　く生きることである…」
　C ………………… 31
一休 ………………… 126

慈しみの心 **B**2 …… 70
一君万民論 **A**2 …… 150
一向宗 **C** ………… 120
一切皆苦 **A**3 …… 69
一切衆生 **A**5 ……… 73
一切衆生悉有仏性 **A**7
……………………… **72**,73
一者 **B** ………… 42
一神教 **A** …… 42,**43**,45,46
「一身独立して一国独立す」
　B1 ………………… 153
逸脱行動 **C**1 ……… 16
一党独裁 ………… 232
一般意志 **A**6 …… **208**,209
一般化された他者 **C**1 … 10
「一匹の羊」………… 51
一遍 **A**5 ………… 121
「いつまでも残るものは信仰
　と希望と愛である。その
　中で…」……………… 56
イデア **A**14 …… 30,31,**32**,94
イデア界 **A**2 ……… 32
遺伝子 **A**7 ………… 263
遺伝子組み換え **B**3 … 263
遺伝子組み換え作物 **B**1
………………………… 263
遺伝子組み換え生物 … 263
遺伝子工学 **C** ……… 263
遺伝子診断 **B** …… 264
遺伝子操作 **C** ……… 263
遺伝子治療 **C** …… 264
イド **A**2 ………… 251
伊藤仁斎 **A**8 ……… 134
伊藤博文 **C** ……… 150
イドラ **A**4 ………… 196
稲作農耕文化 **C** …… 100
イニシエーション **A**1 … 5
井上哲次郎 **C**3 …… 160
イノベーション ……… 177
祈り **B**1 ………… 44
伊波普猷 **C** ……… 173
井原西鶴 **B**2 …… 144
異文化理解 **B**4 …… 307
イブン＝シーナー …… 62
イブン＝ルシュド **C** … 62
異邦人伝道 **C**2 …… 54
異邦人の使徒 ……… 54
「未だ生を知らず，いずくん
　ぞ死を知らん」**3** …… 80
『イリアス』**A**2 ……… 23
イリヤ ………………… 247
いろは歌 **C** ……… 115

【総さくいん】 い・う・え・お　11

さくいん

「色は匂へど散りぬるを，わが世誰ぞ常ならむ，有為の奥山…」C ………… 115
岩戸隠れ ………… 103
岩のドーム ………… 62
「いわゆる愛国心を経とし，いわゆる軍国主義を緯とする」C ………… 163
因果応報 C3 ………… 64
因果関係 B6 ………… 210
因果律 ………… 210
印契 A4 ………… 114
隠元 C ………… 123
飲酒の禁止 ………… 59
印象主義 ………… 95
インターネット A15 …… 301
インターンシップ C …… 17
インタラクティブ C2 …… 298
インフォームド－コンセント A2 ………… 267
インフォームド－チョイス C ………… 268
陰陽 B4 ………… 79
陰陽家 C ………… 79
陰陽五行説 C1 ………… 79

う

ヴァイシャ A ………… 64
ヴァイツゼッカー C …… 315
ヴァスバンドゥ A3 …… 74
ヴァルダマーナ A4 …… 65
ヴァルナ A ………… 63,64
ウィーン条約 ………… 278
ウィクリフ C2 ………… 189
ヴィシュヌ C ………… 65
ウィトゲンシュタイン A11 ………… 259
ウーシア ………… 34
ウーマンリブ運動 C2 … 291
『ヴェーダ』A2 ………… 63
植木枝盛 A3 ………… 155
ウェッブ夫妻 B2 ……… 233
ヴェネツィア C ………… 181
植村正久 A4 ………… 157
ヴェロッキオ ………… 183
ヴォルテール A6 …… 207
浮世絵 C ………… 145
浮世草子 B2 ………… 144
氏神 C ………… 104
内村鑑三 A9 ………… 156
宇宙船地球号 A4 …… 274
ウパニシャッド A1 …… 63

ウパニシャッド哲学 A7 ………… 63
『奪われし未来』C2 …… 280
産土神 C2 ………… 104
厩戸皇子 C ………… 111
ウルストンクラフト C …… 290
ウンマ A8 ………… 61
運命愛 A5 ………… 237
運命論 ………… 182

え

永遠 A6 ………… 44
「永遠の相のもとに」C3 ………… 200
『永遠平和のために』B2 ………… 215
永劫回帰 A3 ………… 236,237
栄西 A9 ………… 122
エイジズム ………… 296,297
衛星放送 C ………… 299
叡尊 B2 ………… 124
英知人 B ………… 2
エイドス A ………… 34
永平寺 A ………… 122
エイロネイア C ………… 30
エウリピデス ………… 24
ATT ………… 318
エートス B ………… 35
エートス的徳 ………… 21
易姓革命 A2 ………… 76,84
エクレシア C ………… 54
エゴイズム A2 ………… 168
エコシステム B ………… 272
エコビジネス C ………… 281
エコロジー B ………… 272
懐奘 C2 ………… 123
エス A4 ………… 251
SNS C ………… 301
SOL B2 ………… 267,271,272
SDGs ………… 312,313,314
エスニック－コミュニティ B ………… 286
エスノセントリズム A5 ………… 308,309
『エセー』A2 ………… 190
エゼキエル ………… 48
『エチカ』B2 ………… 200
エッセネ派 ………… 52
HP ………… 301
エディプス－コンプレックス C ………… 251
エデン C ………… 48

エデンの園 C ………… 49
穢土 A3 ………… 117
NGO B ………… 296,311
NPO B2 ………… 296
NPO法 ………… 296
エネルゲイア C ………… 35
エピクテトス A2 ………… 40
エピクロス A8 ………… 38
エピクロス学派 C ……… 38
エピステーメー ………… 24
エポケー B2 ………… 41,240
『エミール』A2 ………… 5,209
MSF C ………… 311
M字型就労 ………… 290
エラスムス A9 ………… 181,184
エラン－ヴィタール C … 250
エリクソン A12 ………… 8,9
エルサレム教会 C … 49,53,54
LDC ………… 313
エレア学派 C ………… 26,27
エレミヤ ………… 48
エロース A6 ………… 32
エロス C2 ………… 252
演繹法 A3 ………… 196,198
縁起 A9 ………… 68
「縁起を見るものは法を見る。法を見るものは縁起を見る」………… 69
遠近法 B1 ………… 94
円空 ………… 144
エンゲルス A8 ………… 227
怨恨 B ………… 236
エンパワーメント 1 …… 291
エンペドクレス A5 …… 27
延命治療 B2 ………… 267
延暦寺 A ………… 113

お

欧化 A ………… 151
欧化主義 A ………… 158
王権神授説 A2 ………… 202
黄金律 B ………… 51,52
往生 A7 ………… 117
『往生要集』A4 ………… 117
王政 A ………… 37
王道 A3 ………… 83,84
王道政治 B7 ………… 82
黄檗宗 C ………… 121,123
近江聖人 A ………… 132
王陽明 A10 ………… 88
オーウェン A6 ………… 226
大江健三郎 C ………… 317

12　さくいん　お・か

大きな物語 **C** ……… 255,**256**
大国主義 **C2** ……… 104
大塩平八郎 **C** ……… 133
大杉栄 **B3** ……… 163
オーダーメイド治療 …… 264
大槻玄沢 ……… 148
ODA **B3** ……… 314
岡倉天心 **B7** ……… 160
緒方洪庵 **B2** ……… 148
緒方貞子 ……… 313
岡本太郎 **C** ……… 96
置き換え **B** ……… 13
『翁問答』 **A2** ……… 132
荻生徂徠 **A16** ……… 135
オゾン層の破壊 **B4** …… 278
オゾンホール **2** ……… 278
オタク **C** ……… 17
オッカム **B5** ……… 57
『オデュッセイア』 **A2** … 23
踊念仏 **C3** ……… **118**,121
おのずから **B1** ……… 110
「己達せんと欲して，まず人を達せしむ」……… 81
「己の欲せざる所，人に施すことなかれ」……… 81
御文 **C** ……… 121
思いやり **A2** ……… 81,**208**
「およそこの世において，怨みは怨みによってやむことはない…」……… 71
おらんだ正月 ……… 148
オリエンタリズム **A4** …… 310
折口信夫 **A4** ……… 172
オルテガ ……… 177
オルポート **B11** ……… 8
「温故知新」……… 80
温室効果ガス **A1** …… 278,**279**
恩賜的民権 **A3** ……… 155
怨憎会苦 **A** ……… 67
恩寵 **A14** ……… 53
「恩寵は自然を破壊することなく，かえって自然を完成する」**B** ……… 56
オンライン-コミュニティ **C** ……… 301
「厭離穢土」 **A3** ……… 117
怨霊 ……… 105

か

我 **A** ……… 63
カースト **A** ……… 63
カースト制度 **A** ……… 63

カーバ神殿 **B4** ……… 61
懐疑主義 **B2** ……… 191
懐疑派 **C** ……… 41
階級闘争 **A3** ……… 230
懐疑論 **B** ……… 28,**191**,197
外向性 **B6** ……… 15
外国人労働者 **B** ……… 306
介護の社会化 **C** ……… 295
介護保険制度 **B2** ……… 295
介護保険法 **C** ……… 295
回心 **A** ……… 54
蓋然性 ……… 22
『解体新書』 **A1** ……… 147
戒壇 **B6** ……… 112
快適価値 ……… 14
懐徳堂 **B3** ……… 144
戒と律 ……… 70
外発的開化 **B** ……… 166
貝原益軒 **B9** ……… 131
回避-回避 **B4** ……… 12
恢復的民権 **B1** ……… 155
回復的民権 **B1** ……… 155
海保青陵 **C** ……… 136
『開目抄』 **A2** ……… 124
快楽計算 **A6** ……… 218
快楽主義 **A7** ……… 38
カイリー **C** ……… 7
「怪力乱神を語らず」 **B3** ……… 80
カウンセリング **C** ……… 14
カウンター-カルチャー **C 2** ……… 15
顔 **A4** ……… 247
カオス **1** ……… 24
科学 **A7** ……… 21
科学革命 **A2** ……… 193
科学・技術 **B2** ……… 177
科学・技術の発達 **4** ……… 177
科学技術文明 **C** ……… 177
科学的社会主義 **B2** ……… 228
賀川豊彦 **C** ……… 164
画一化 **B9** ……… 178
架空請求メール ……… 302
核拡散防止条約 **C** ……… 316
核家族 **A8** ……… **287**,289
核家族化 **B7** ……… 287
核家族世帯 **C4** ……… 287
核軍縮条約 ……… 316
格差の原理 **C** ……… 244
核実験 **C** ……… 316
覚者 **A** ……… 66

「各人が全員と結びつきながら，しかも自分自身にしか服従せず…」……… 209
「各人は足るを知って分に安んぜよ」……… 143
核戦争 **C** ……… 316
拡大家族 **B3** ……… 288
学童期 **C** ……… 9
学徒出陣 **C** ……… 317
覚鑁 **C** ……… 125
格物致知 **A2** ……… 87,**88**
核兵器 **A4** ……… 316
革命 **A1** ……… 231
革命権 **A** ……… 197,205,**206**
「学問して道をしらむとならば，まず漢意をよくのぞきさるべし。」……… 139
『学問のすゝめ』 **A1** ……… 153
核抑止論 ……… 316
格率 **A2** ……… 212,**213**
「隠れて生きよ」 **A** ……… 38
「学を絶たば憂い無からん」……… 91
「かけがえのない地球」 **B2** ……… 274
景山英子 **B3** ……… 162
仮言命法 **B2** ……… 213
囲い込み運動 **C** ……… 185
「過去に対して目を閉じる者は，現在を見る目をもたないのであります」…… 315
加持祈禱 **B** ……… 115
我執 **A4** ……… 68
数 **A** ……… 25,**26**
過疎 **B** ……… 286
仮想現実 **C** ……… 301
仮想世界 ……… 302
家族 **A7** ……… 217,**287**
家族機能の外部化 **B2** … 288
家族形態 **B** ……… 287
家族の機能 **C2** ……… 288
家族の小規模化 **C** ……… 288
家族法 ……… 289
荷田春満 **A2** ……… 162
「形見とて　何残すらむ　春は花　山ほととぎす　秋はもみじ葉」……… 144
片山潜 **A4** ……… 162
ガタリ **B1** ……… 256
「語り得ぬものについては沈黙を」 **C6** ……… 260
カタルシス ……… 94
価値 **A10** ……… 21

【総さくいん】 か・き

価値観の画一化 ………… 180
家長 **C** ………… 289
花鳥風月 **B** ………… 108
渇愛 **C** ………… 68
カッシーラー **B** ………… 2
合縦 ………… 79
葛藤 **A8** ………… 12
桂離宮 ………… 128
カテゴリー **B2** ………… 211
華道 **B** ………… 128
加藤周一 **B** ………… 175
寡頭政治 **C** ………… 37
加藤弘之 **B** ………… 154
過度の一般化 **C** ………… 309
カトリシズム **C2** ………… 58
カトリック **A2** ………… 58
カトリック改革 ………… 189
カトリック教会 **A** ………… 58
『悲しき熱帯』 **B** ………… 254
カナン **B** ………… 47
カネミ油症事件 ………… 280
可能態 **B3** ………… 34,35
「かのように」の哲学 **C** ………… 167
歌舞伎 **C** ………… 145
下部構造 **A** ………… 230
株式会社 **C** ………… 304
家父長的家族 ………… 287
鎌倉新仏教 **B4** ………… 118
鎌倉仏教 **A6** ………… 118
神 **A22** ………… 43
神即自然 **B4** ………… 200
過密 **C** ………… 286
神の愛 **A5** ………… 50,51
神の栄光のみ **C2** ………… 188
『神の国』 **A3** ………… 56
神の国 **A5** ………… 50
「神の国は近づいた。悔い改めて福音を信ぜよ」 **B** ………… 50
神の道 **B1** ………… 140
「神は飢えている人，病める人，裸の人，家のない人のなかにおられます」 ………… 243
「神は死んだ」 **A** ………… 237
神への愛 **B** ………… 50,51
神谷美恵子 **B4** ………… 11
カミュ **C3** ………… 243
鴨長明 **B** ………… 126
賀茂真淵 **A6** ………… 138
からごころ **C** ………… 139
漢意 **A3** ………… 139
『ガラテア人への手紙』 **C** ………… 54

～からの自由 **B** ………… 320
カリタス **C** ………… 51
カリフ **A8** ………… 61
ガリレイ **A7** ………… 194
ガリレイの宗教裁判 **C1** ………… 194
カルヴァン **A9** ………… 187
カルヴィニズム **A5** ………… 188
カルタヘナ議定書 ………… 263
カルチャーショック **B** ………… 307
ガルブレイス ………… 178
カルマ **A4** ………… 64
枯山水 **B** ………… 128
カレン＝クインラン事件 ………… 267
過労死 **C** ………… 305
過労自殺 ………… 305
カロカガティア **C** ………… 20,25
河上肇 **A4** ………… 164
「川は同じだが，そのなかに入るものには，後から後からちがった水が…」 ………… 26
『雁』 **C** ………… 167
観阿弥 ………… 128
考える葦 **A3** ………… 191
環境ISO ………… 281
環境アセスメント **2** ………… 277
環境アセスメント法 ………… 277
環境開発サミット ………… 276
環境基本計画 ………… 282
環境基本法 **C** ………… 276
環境権 ………… 274,278
環境省 ………… 276
環境税 ………… 281
環境庁 ………… 277
環境と開発に関するリオ宣言 **C** ………… 275
環境難民 **C** ………… 276
環境破壊 **A2** ………… 272
環境ホルモン **C** ………… 280
環境倫理 **A** ………… 272
環境倫理学 **C** ………… 272
観察 **A1** ………… 193
慣習 **A** ………… 18
間主観性 **C** ………… 240
感情の論理 ………… 7
鑑真 **A6** ………… 112
感性 **A7** ………… 22,210,211
寛政異学の禁 **C** ………… 129,148
間接民主主義 **C** ………… 206,209
観想 **A8** ………… 24,36
観想的生活 **B** ………… 36

観想念仏 **B6** ………… 118
ガンディー **A4** ………… 64,249
カント **A29** ………… 210
かんながらの道(惟神の道) **C3** ………… 139
看話禅 ………… 122,123
観念 **A3** ………… 22
観念論 **A** ………… 21
韓非子 **A12** ………… 78,85
官民調和 **B** ………… 153
寛容 **B2** ………… 191
管理社会 **B1** ………… 179,298
官僚主義 ………… 179
官僚制 **A4** ………… 179
緩和ケア **C2** ………… 267,268

き

気 **A7** ………… 87
義 **A5** ………… 83
「キオス島の虐殺」 ………… 99
「祇園精舎の鐘の声，諸行無常の響きあり。沙羅双樹の花の色…」 **C** ………… 125
飢餓 **B** ………… 313
気概 **A3** ………… 33
議会制民主主義 **B2** ………… 206
機械論的自然観 **A9** ………… 195,199
幾何学的精神 **B3** ………… 192
「幾何学を知らざる者，この門を入るべからず」 ………… 33
企業統治 **C** ………… 304
企業の社会的責任 **C** ………… 304
企業倫理 ………… 304
『菊と刀』 ………… 109
キケロ **B6** ………… 40
『きけわだつみのこえ』 ………… 317
記号的な差異化 ………… 256
記号としての消費 **C** ………… 257
気候変動枠組条約 **C** ………… 276,279
擬似イベント **C** ………… 300
擬似環境 **C** ………… 300
岸田俊子 **B1** ………… 162
気質 **A3** ………… 14
気質の性 **B** ………… 87,88
喜捨 **B9** ………… 60
技術革新 **B** ………… 177
「鬼神は敬して遠ざく」 ………… 80
「義人は信仰によって生きる」**C** ………… 186
貴族政治 **C** ………… 37

基礎的集団 **C** ･････････ 285
北一輝 **A2** ･････････ 171
きたなし **C** ･････････ 106
北村透谷 **A5** ･････････ 165
機能的集団 **C** ･････････ 285
帰納法 **A3** ･････････ **196,**198
木下順庵 **B2** ･････････ 131
木下尚江 **B4** ･････････ 163
気晴らし **B** ･････････ 192
規範 **B6** ･････････ 18
詭弁 **B** ･････････ 29
希望 **A4** ･････････ 56
基本的人権 **A** ･････････ 321
「君死にたまふこと勿れ」
　　　　　　　 ･････････ 165
義務 **A8** ･････････ 214,**321**
客我 **C2** ･････････ 9
客体 **A1** ･････････ 22
逆対応 ･････････ 170
客観 **A2** ･････････ 22
キャリア **C** ･････････ 17
キャリア教育 ･････････ 17
ギャング‐エイジ ･････････ 9
QOL **B2** ･････････ 267,**270**
『95か条の意見書』 **B** ･････ 186
『95か条の論題』 **C** ･････ 186
救世主 **A4** ･････････ 48
旧体制 **B2** ･････････ 203
「宮廷の侍女たち」 ･････････ 98
9.11テロ事件 **B** ･････････ 318
「丘や衰えたるかな。夢に周
　公を見ず。」 ･････････ 77
『旧約聖書』 **A6** ･････････ 45
窮理 **A9** ･････････ 86,**87,**88
キュビスム ･････････ 95
経 **A1** ･････････ 70
教育勅語 **A3** ･････････ 160
鏡映的自己 ･････････ 10
『饗宴』 **A** ･････････ 33
教王護国寺 **B** ･････････ 114
教会 **A5** ･････････ 54
境界人 **A4** ･････････ 6
京学 **B** ･････････ 131
京学派 **C** ･････････ 129
共感 **A6** ･････････ 220
狂気 **A2** ･････････ 255
教義 **A1** ･････････ 54
行基 **A2** ･････････ 112
『教行信証』 **A5** ･････････ 121
狂言 **B1** ･････････ 127
教皇 **B** ･････････ 58
共産主義 **B5** ･････････ 231
共産党 **B** ･････････ 232

『共産党宣言』 **A** ･････････ 231
堯舜の世 ･････････ 79
共生 **A2** ･････････ 322
行政機関個人情報保護法
　　　　　　　 ･････････ 303
共生社会 **C** ･････････ 322
矯正的正義 **C2** ･････････ 36
鏡像段階 ･････････ 253
共通善 ･････････ 245
「共通だが差異のある責任」
　　　　　　　 ･････････ 275
共同社会 **B** ･････････ 285
共同体 **A10** ･････････ 285
共同体主義 **C2** ･････････ 245
京都学派 ･････････ 168
京都議定書 **B2** ･････ **276,**279
凝然 **C** ･････････ 125
教派神道 **C** ･････････ 152
教父 **A** ･････････ 55
教父哲学 **C** ･････････ 55
共有地の悲劇 **B** ･････････ 274
『共有地の悲劇』 **B** ･･･ 273,**275**
共和政治 **C2** ･････････ 37
清き明き心 **A3** ･････ 102,**105**
居敬 **A6** ･････ 86,87,130
清沢満之 **C1** ･････････ 157
きよし **C** ･････････ 106
清し **C** ･････････ 106
拒否権 ･････････ 312
虚無主義 **B** ･････････ 237
義理 **B** ･････････ **109,**145
ギリシャ思想 **B2** ･････････ 22
ギリシャ神話 **A2** ･････････ 22
ギリシャ正教会 ･････････ 189
ギリシャ悲劇 **B** ･････････ 24
ギリシャ・ローマ古典文化
　 4 ･････････ 181
キリスト **A6** ･････････ 48
キリスト教 **A30** ･････････ 49
『キリスト教綱要』 **B6** ･････ 188
キリスト教的人文主義 ･･･ 185
『キリスト者の自由』 **B3**
　　　　　　　 ･････････ 187
「キリスト者はすべてのもの
　の上に立つ自由な主人で
　あって誰にも…」 ･････ 187
キルケゴール **A13** ･････ 234
儀礼 **A7** ･････････ 42
禁忌 **C** ･････････ 42
キング **A3** ･････････ 243
近代化 **A5** ･････････ 176
近代科学の成立 **B2**
　　　　　　 ･･･････ **193,**195

近代合理主義 **C** ･････････ 177
近代社会 **A5** ･････････ 176
近代的自我 **A3** ･････････ 198
近代的自我の確立 **B** ･････ 165
近代日本の思想 **A1** ･････ 151
近代理性主義 **C** ･････････ 200
禁欲主義 **A7** ･････････ 38,**39**

く

悔い改め **A2** ･････････ 50,**51**
「悔い改めて，福音を信じな
　さい」 ･････････ 51
「悔い改めよ。天の国は近づ
　いた」 ･････････ 51
空 **A6** ･････････ 73,**73**
空海 **A10** ･････････ 114
空気 **A** ･････････ 25
偶像 **A1** ･････････ 45
偶像崇拝の禁止 **B6** ･････ 61
空想的社会主義 **A3**
　　　　　　 ･････････ **226,**228
グーテンベルク **C** ･････････ 299
空也 **A5** ･････････ 118
クーリー **C** ･････････ 10
クーン **A4** ･････････ 193
クオリティ‐オブ‐ライフ
　 C ･････････ 270
久遠実成の本仏 ･････････ 75
陸羯南 **A** ･････････ 158
九鬼周造 **C4** ･････････ 170
苦行 **A7** ･････････ 66
久坂玄瑞 **C** ･････････ 150
クシナガラ **B** ･････････ 66
クシャトリヤ **B** ･････････ 64
『倶舎論』 ･････････ 74
口称念仏 **B2** ･････････ 118
『愚神礼讃』 **B3** ･････････ 185
「クーセージュ？」 **B** ･････ 191
「九相詩絵巻」 **C** ･････････ 126
苦諦 **A1** ･････････ 67
愚禿 **C** ･････････ 120
苦難の僕 ･････････ **48,**53
国津罪 ･････････ 106
苦悩 **A6** ･････････ 238
求不得苦 **A1** ･････････ 67
熊沢蕃山 **B5** ･････････ 132
鳩摩羅什 **C** ･････････ 75
クラーク **B** ･････････ 157
グリーン‐コンシューマー
　 C2 ･････････ 281
グリーンGDP ･････････ 281
クリック **C** ･････････ 263

【総さくいん】　く・け・こ　**15**

『クリトン』**B**3 ………… 29
『クルアーン』**A**22 ……… 59
グレートマザー **C**2 …… 253
クレッチマー **B**5 …… 15
クレッチマー **C**2 …… 15
グローバリズム **C** …… 305
グローバリゼーション **C**
………………… 305,**306**
グローバル化 **A**5
………… 278,304,**306**,308
クローン **A**5 …… **263**,264
グロティウス **A**5 …… 204
クワイン **C**2 …… 260
訓詁学 ……………… 86
軍国主義 **B**1 ……… 172
君子 **A**7 ……… 81
群集 ………………… 177
群衆 **B** …………… 177
『君主論』**A**4 …… 184
君臣の別 **C** …… **77**,81

け

ケ **B** ……………… 107
褻 **C** ……………… 107
敬 **A**5 …………… 130
経学 **C** …………… 86
経験論 **A**8 … **195**,196,199
『経済学・哲学草稿』**B** … 231
経済型 **B**6 ……… 15
経済活動と倫理 **C** ……… 304
経済人 **C** ………… 2
『経済と社会』 ……… 179
経済難民 …………… 312
恵施 ………………… 79
啓示 **A**5 …………… **45**,59
形而下 **C** …………… 21
形式 **A** …………… 211
形式主義 **B** ……… 213
形而上学 **B**7 ……… 21
形而上学クラブ **C** …… 223
形而上学的段階 **B** …… 222
芸術 **A**6 …… **94**,148
経世済民 **A**5 …… 136
経世済民の学 **C** …… 136
形相 **A**2 …… **34**,35
契沖 **A**2 …… 138
啓典の民 **C**2 …… 59
ケイパビリティ **B**2 …… 246
啓蒙 **A**6 ………… 206
啓蒙運動 **C** …… 152
啓蒙思想 **A**6 …… 206
『啓蒙の弁証法』**B**1 …… 258

契約 **A**9 ……… 46,189,204
ゲーテ **C**3 ………… 6
ケーラーの実験 ……… 4
けがれ **B**6 ……… 106
劇場のイドラ **A**4 …… 196
華厳宗 **A** ………… 112
ケスービーム ……… 46
ゲゼルシャフト **C** …… 285
解脱 **A**11 ………… 64
結集 **B** …………… 70
決定論 ……………… 182
ゲノム **A**1 ……… 264
ゲノム編集 **C**2 ……… 264
ケプラー **B**9 ……… 194
ゲマインシャフト **C** …… 285
「ゲルニカ」**B**3 ……… 95
兼愛 **A**6 ………… 78
兼愛交利 **B**3 ……… 78
権威主義的パーソナリティ
B3 ……………… 258
限界状況 **A**4 ……… 238
顕教 **B**2 ………… 115
元型 **A** …………… 252
言語ゲーム **A**6 ……… 259
言語哲学 **C** ……… 254
言語批判 **C**2 ……… 260
原罪 **A**7 ………… 49,**52**
原子 **A**6 ………… 27
原始キリスト教 **A**2 …… 52
原始宗教 **C** ……… 42
「元始, 女性は太陽であっ
た」3 ……………… 162
原始神道 …………… 107
現実主義 **A**2 …… 32,**34**
現実存在 **C** ……… 234
現実態 **B**3 ……… 35
原子爆弾 **C** ……… 316
原始仏教 **B** ……… 70
『源氏物語玉の小櫛』**B**2
………………… 140
玄奘 **C** …………… 75
現象界 **B**2 ……… 32
現象学 **A**4 ……… 240
現象学的還元 **C** ……… 240
原初状態 **B** ……… 244
原子力発電 **B**2 ……… 283
原子論 **B** ………… 27
献身 **A** …………… 219
源信 **A**9 ………… 117
「憲政の本義を説いて其有終
の美を済すの途を論ず」
B ……………… 161
現世利益 **B** ……… 115

元素 **B**3 ………… 27
現存在 **A**2 ……… 239
現代社会 **A** ……… 177
「現代日本の開化」**C**1 … 167
原爆 **C** …………… 316
顕微授精 **C**2 ……… 265
『憲法十七条』**B**5 …… 111
倹約 **A**6 ………… 143
権利 **A**7 ………… 321
権利章典 **C** …… 202,**203**
権力型 **B**4 ……… 15
権力分立 **B**3 ……… 206
権力への意志 **C**2 …… 238

こ

孝 **A**10 ………… 132
業 **A**6 …………… 64
合 **A** …………… 216,**217**
公案 **C**1 ………… 122
行為的直観 2 ……… 170
公害 **A**1 ………… 277
公害対策基本法 **C** …… 277
公害病 ……………… 277
後期高齢者医療制度 …… 295
工業化 **B**1 ……… 177
工業化社会 **C** ……… 177
工業社会 **C** ……… 177
公共性 **A**2 ……… 247
公共の福祉 **C** ……… 321
後継者 **A** ………… 61
工作人 **A**5 ……… 2
孔子 **A**28 ………… 79
「孔子の道は, 先王の道な
り。先王の道は, 天下を
安んずるの道なり。」… 136
公衆 ………………… 177
公正 **A**5 ………… 321
公正としての正義 **A**9 … 244
公正な機会均等の原理 **C**
………………… 245
『興禅護国論』**A**5 …… 122
浩然の気 **A**2 ……… 84
構造 **A**1 ………… 253
構造言語学 2 ……… 254
構造主義 **A**5 ……… 253
構造主義人類学 ……… 253
皇祖神 ……………… 103
公孫竜 ……………… 79
孝悌 **A**11 ………… 80
「孝悌なるものは, それ仁の
本たるか」2 ……… 80
公的年金制度 **C** …… 297

弘道館 ……………………149
『弘道館記述義』…………149
行動主義心理学 **C** ………4
幸徳秋水 **A**④……………163
「孝徳は手近になづけていへ
　ば，愛敬の二字につづま
　れり」………………………132
高度情報社会 …………………298
高度情報通信システム … 298
後発発展途上国 **C** ………313
幸福 **A**⑩…………………**21**,36
「幸福はスコレーに存する」
　………………………………24
「幸福を手に入れるただ一つ
　の方法は，幸福それ自体
　を人生の…」………………220
「幸福を求めるのではなく，
　幸福に値するものとな
　れ。」**C**…………………214
公平な観察者 **C**②………220
公平な傍観者 **C**②
　…………………**220**,**221**,304
弘法大師 **A**…………………114
高邁の精神 **A**⑦… 20,**199**,200
公民権運動 **A**………**243**,244
空也 **A**⑤……………………118
功利 **A**………………………218
合理化 **A**④………………**13**,180
功利主義 **A**⑤…………**217**,274
合理主義 **A**③………………177
功利主義道徳 **B**②…………219
功利性 **C**………………**217**,218
功利性の原理 **B**……………218
合理的 **A**⑫…………………102
合理論 **A**⑤… 196,**198**,199
高齢化社会 **B**③……………293
高齢社会 **A**②………………293
高齢者世帯 ……………………294
高齢者の継続雇用 …………294
高齢者福祉 **C**………………295
高齢者保健福祉推進10か年
　戦略 …………………………297
五蘊 **A**③……………………67
五蘊盛苦 **A**③………………67
ゴータマ＝シッダッタ **B**④
　………………………………66
コーポレート‐ガバナンス
　C……………………………304
『コーラン』**C**⑲…………59
calling **C**……………………187
ゴールドプラン ………………297
コールバーグ **C**……………14
五戒 **A**⑥……………………70

古学 **A**③……………………133
古学派 **B**①…………129,**133**
古義学 **A**③…………**134**,**135**
古義堂 **A**………………**134**,**135**
コギト‐エルゴ‐スム **B**①
　………………………………198
五経 **A**②……………………86
五行 **A**⑱…………………**60**,61
故郷喪失 **C**②………………240
『国意考』**B**②………………139
「国王は君臨すれども統治せ
　ず」…………………………209
国学 **A**⑨……………………138
国際協力機構 **C**③…………311
国際刑事裁判所 ……………312
国際交流 …………………………306
国際児童年 …………………319
国際司法裁判所 ……311,**312**
国際社会 **A**…………………311
国際人権規約 **C**……**318**,320
国際人道法 ②………………312
国際法 **B**②…………………204
国際連合 **B**③………………311
黒人解放運動 **B**……………244
国粋主義 **A**③………………**158**,159
国体 **B**………………149,**172**
『告白』**A**③…………………56
『国富論』**B**…………………221
国分寺 **A**④…………………112
国分尼寺 **B**④………………112
国民道徳論 **C**………………160
「国民之友」**B**………………158
極楽往生 **C**⑪………………118
極楽浄土 **A**⑧………………117
国連 **A**………………………311
国連環境開発会議 **A**
　………………………………**275**,276
国連環境計画 ………………275
国連教育科学文化機関 **C**
　………………………………320
国連砂漠化対処条約 ……279
国連児童基金 ………………320
国連難民高等弁務官 **C**… 314
国連難民高等弁務官事務所
　C④………………312,**313**
国連人間環境会議 **B**②
　………………………………**274**,278
国連平和維持活動 **C**………318
国連貿易開発会議 …………314
国連ミレニアムサミット
　………………………………311
護憲運動 ………………………161
「こゝろ」**B**…………………166

心のバリアフリー **C** ……295
心の平静 **C**…………………38
「心の貧しい人たちは幸いで
　ある」………………………51
「心をつくし，精神をつく
　し，力をつくして，主な
　るあなたの神を愛せよ」
　………………………………51
呉子 ……………………………79
コジェネレーション ……282
『古事記』**A**⑮………………103
『古事記伝』**A**………139,**140**
『古寺巡礼』**B**………………170
五常 **A**④………………81,**83**
「個人あって経験あるにあら
　ず，経験あって個人があ
　るのである。」**C**………169
個人主義 **A**②…………166,**167**
個人情報保護条例 …………303
個人情報保護法 **B**②………303
個人心理学 …………………253
「個人的なことは政治的なこ
　と」…………………………291
個人的無意識 **C**②…………252
古神道 **B**……………………107
「個人の尊厳と両性の本質的
　平等」………………………289
個人の尊重 **C**………………321
「個人はすべて一人として計
　算されるべきであって，
　何人も…」…………………218
コスモス **C**…………………24
コスモポリス **B**……………38
コスモポリタニズム …**37**,39
コスモポリテース **B**………38
個性 **A**⑨……………………14
悟性 **B**⑤…………210,**211**
個性化 **B**………………**4**,252
互性活真 **C**…………………141
五節句 …………………………108
胡蝶の夢 **B**…………………92
『国家』**A**⑥…………………33
国家 **A**⑦……………………217
国家主義 **A**③………**158**,171
国家神道 **C**…………………152
克己 **A**………………………80
克己主義 **A**…………………39
克己復礼 **A**…………………81
国境なき医師団 **C**④………311
古典主義 **C**…………………95
古道 **B**③……………………140
孤独 **A**………………………6
『孤独な群衆』**B**②…………178

【総さくいん】 こ・さ

言霊 **C** ……………… 104
子どもの虐待 ……………… 292
子どもの権利条約 **C**[2]
 ……………… **319**,320
子どもの権利宣言 ……… 319
子どもの臓器移植 **C** …… 269
「この世界の内で，いやこの
 世界の外でもまた，無制
 限に善いと…」 ……… 213
「是の物は，もろもろの因縁
 に属するが故に，自性無
 し。自性無きが故に空な
 り。」 ……………………… 74
小林秀雄 **A**[7] ……………… 173
古文辞 **A** ……………… 136
古文辞学 **A**[6] ……………… 136
コペルニクス **A**[5] ……… 194
コペルニクス的転回 **A** … 211
コミュニケーション的合理
 性 **B** ……………………… 259
コミュニケーション的理性
 C ……………………… 259
コミュニタリアニズム **B**[4]
 ……………………… 245
コミュニティ **A**[4] ……… 285
コミュニティ－オーガナイ
 ザー **C** ……………… 286
『語孟字義』**B** ……… 135
コモンズ ……………… 274
御霊 **C** ……………… 105
御霊信仰 [2] ……………… 105
五倫 **A**[2] ……………… 81,**83**
「五倫は太虚にあらざれば即
 ち皆偽のみ」 ……… 133
ゴルギアス **B**[1] ……… 28
ゴルバチョフ ……………… 233
コルボーン **C** ……… 280
「此あるとき彼あり，此生ず
 るより彼生ず。此なきと
 き彼なく…」 ………… 69
「これが人生か，ならばもう
 一度」[1] ……………… 237
「これまでのあらゆる社会の
 歴史は階級闘争の歴史で
 ある」 ……………… 231
「これらの無限の空間の永遠
 の沈黙は私を震撼させる」
 ……………………… 192
「これを導くに政を以てし，
 これを斉ふるに刑を以て
 すれば，…」**C** ……… 82
根 **A** ……………… 27
婚姻率の低下 **C**[2] ……… 289

「欣求浄土」**A**[1] ……… 117
根源 **A**[6] ……………… 25
権現 **B**[4] ……………… 116
金剛峯寺 **A** ……………… 114
コント **A**[10] ……………… 222
コンピュータ **A**[1] ……… 298
コンピュータ－ウイルス **B**
 ……………………… 303
コンピュータ犯罪 **C** …… 302
コンプライアンス **C** …… 304
コンフリクト **A** ……… 12
コンプレックス **B** ……… 6

さ

サーマ・ヴェーダ ……… 63
サールナート **C** ……… 66
サイード **A**[4] ……………… 310
西行 **A**[2] ……………… 126
在家 **A** ……………… 70
最高善 **B**[2] ……………… 36
西光万吉 **B** ……………… 162
『西国立志篇』……………… 153
最後の審判 **B**[8] …… **59**,60,184
「最後の晩餐」**B**[2] … **96**,183
財産の私有 **B** ……………… 208
祭祀 **B**[3] ……………… **77**,103
最小国家 ……………… 245
再生 **A** ……………… 181
再生医療 **B**[4] ……………… 270
再生可能エネルギー ……… 284
罪責 **C** ……………… 238
妻帯 **B** ……………… 120
「最大多数の最大幸福」**A**[1]
 ……………………… 21,**218**
在宅介護 **C** ……………… 295
在宅ケア ……………… 295
最澄 **A**[9] ……………… 113
在日韓国・朝鮮人 **B** …… 309
サイバースペース **C** …… 302
サイバーテロ ……………… 302
サイバー犯罪 **B**[2] ……… 302
サイバーポリス ……………… 302
最貧国 **C** ……………… 313
サヴォナローラ ……………… 189
ザカート **C**[3] ……………… 60
堺利彦 **B** ……………… 163
坂口安吾 **B**[4] ……………… 174
坂本竜馬 **C** ……………… 150
搾取 **B**[1] ……………… 228,**229**
佐久間象山 **A**[2] ……… 148
「叫び」**B** ……………… 99
査察 ……………… 316

坐禅 **A**[6] ……………… 75,**122**
雑種文化 **B** ……………… 110,**175**
サティヤーグラハ **A**[2]
 ……………………… **249**,250
茶道 **A**[4] ……………… 128
佐藤一斎 **C** ……………… 149
佐藤直方 **C** ……………… 131
佐藤信淵 ……………… 148
サドカイ派 **C** ……………… 52
悟り **A**[16] ……………… 44
裁きの神 **B**[2] ……… 45,**46**
砂漠化 **A** ……………… 279
砂漠型 **B**[2] ……………… 101
さび **A**[2] ……………… **127**,145
サブ－カルチャー **C** … **15**,17
差別 **A**[2] ……………… 321
坐忘 **B** ……………… 92
『サモアの思春期』……… 6
さやけし ……………… 106
サラート **C** ……………… 60
サリヴァン **C** ……………… 14
「サルダナパールの死」 …… 99
サルトル **A**[11] ……………… 241
サロゲート－マザー **C**
 ……………………… 265,**266**
３Ｒ **C** ……………… 282
山岳仏教 **B** ……………… 113
産業化 **B**[2] ……………… 177
産業革命 **A**[5] ……………… 176
産業化社会 ……………… 177
『三経義疏』**A**[2] ……… 112
産業社会 **B** ……………… 177
サンクション **B** ……… 218
『山家学生式』**A** ……… 113
三元徳 **A**[6] ……… 51,55,**56**
三権分立 **A**[4] ……………… 207
『三教指帰』**A**[1] ……… 115
サンサーラ ……………… 64
サン＝シモン **A**[1] … 222,**226**
三十年戦争 ……………… 190
三従の倫理 ……………… 131
山上の垂訓 **B** ……………… 50
山上の説教 **C** ……………… 50
『三酔人経綸問答』**A**[2] … 155
酸性雨 **A**[4] ……………… 278
三世代同居 ……………… 289
三大世界宗教 **C** ……… 43
『三太郎の日記』**C**[1] …… 168
三段階の法則 **C**[2] … 222,**223**
三兆候説 **C** ……………… 269
サン＝テグジュペリ **C**[1]
 ……………………… 248
サンデル **B**[1] ……………… 245

18 さくいん さ・し

三徳 **C** ‥‥‥‥‥‥‥‥‥ 81
三毒 **A4** ‥‥‥‥‥‥ 19,**68**
産婆術 **B** ‥‥‥‥‥‥‥‥ 30
サン゠ピエトロ大聖堂 ‥ 57
三美神 **C** ‥‥‥‥‥‥‥‥ 98
三宝 **A3** ‥‥‥‥‥‥‥‥ 70
三宝〔聖徳太子〕**A** ‥ 111
三法印 **C** ‥‥‥‥‥‥‥‥ 69
三位一体 **A2** ‥‥‥‥‥‥ 59
三位一体説 **B3** ‥ 49,**55**
三密加持 ‥‥‥‥‥‥‥‥ 115
三密の行 **B4** ‥‥‥‥‥ 114
三密瑜伽行 ‥‥‥‥‥‥ 115
三民主義 ‥‥‥‥‥‥‥ 248
三民(農・工・商)の長 ‥ 133
三無主義 ‥‥‥‥‥‥‥‥ 16

し

死 **A3** ‥‥‥‥‥‥ 67,**238**
慈 **A3** ‥‥‥‥‥‥‥‥‥ 70
シーア派 **A2** ‥‥‥‥‥ 60
G. H. ミード **C4** ‥‥ 9
G 8 ‥‥‥‥‥‥‥‥‥‥ 312
G 8 サミット ‥‥‥‥‥ 312
CATV ‥‥‥‥‥‥‥‥ 299
CSR ‥‥‥‥‥‥‥‥‥ 304
G.W. オルポート **2** ‥ 309
シーボルト **A** ‥‥‥‥ 148
「子曰く，巧言令色，鮮なき
　かな仁」‥‥‥‥‥‥‥ 80
シヴァ **C** ‥‥‥‥‥‥‥ 65
JCO 東海村臨界事故 ‥‥ 283
シェークスピア ‥‥‥‥ 185
ジェームズ **A4** ‥‥‥ 224
ジェスイット教団 **C** ‥ 189
シェリング **A3** ‥‥‥ 215
ジェンダー **B6** ‥‥‥ 291
自我 **A16** ‥‥‥‥‥ **6**,251
持戒 **B3** ‥‥‥‥‥‥‥ 73
四箇格言 **B1** ‥‥‥‥ 124
自覚 **A2** ‥‥‥‥‥‥‥ 216
志賀重昂 **B2** ‥‥‥‥ 159
自我心理学 **C** ‥‥‥‥ 251
自我同一性 **A3** ‥‥‥‥ 8
志賀直哉 **C1** ‥‥‥‥ 168
自我のめざめ **B2** ‥‥‥ 5
只管打坐 **A4** ‥‥ 122,**123**
色 **A4** ‥‥‥‥‥‥‥‥ 73
私擬憲法案 **C** ‥‥‥‥ 155
「敷島の大和心を人間はば朝
　日ににほふ山桜花」‥‥ 139
識字率 ‥‥‥‥‥‥‥‥‥ 313

色即是空 **B2** ‥‥‥‥‥ 73
「色即是空，空即是色」**B**
　‥‥‥‥‥‥‥‥‥‥‥ 74
四季の変化 **B** ‥‥‥‥ 100
四苦 **A4** ‥‥‥‥‥‥‥ 67
四苦八苦 **A2** ‥‥‥‥‥ 67
持敬 **B** ‥‥‥‥‥ **87**,130
四原因論 ‥‥‥‥‥‥‥‥ 35
試験管ベビー **B** ‥‥‥ 265
四元徳 **A6** ‥‥‥‥ **33**,56
資源ナショナリズム ‥‥ 314
自己 **A13** ‥‥‥‥‥‥‥‥ 6
自己愛 **A4** ‥‥‥‥ **7**,208
事行 ‥‥‥‥‥‥‥‥‥‥ 215
試行錯誤 **A** ‥‥‥‥‥‥ 4
自業自得 **C** ‥‥‥‥‥‥ 64
志向性 **C** ‥‥‥‥‥‥ 240
自己外化 **B7** ‥‥‥‥ 216
地獄 **A8** ‥‥‥‥‥‥ 117
自己決定権 **B2**
　‥‥‥‥‥‥ 220,267,**268**
自己肯定感 **C1** ‥‥‥ 10
自己実現 **A** ‥‥‥‥‥‥ 11
自己実現の欲求 **A2** ‥‥ 11
自己浄化 **C** ‥‥‥‥‥ 249
自己同一性 **C2** ‥‥‥‥ 8
『仕事と日々』**C** ‥‥‥ 24
自己保存 **A3** ‥‥‥‥ 205
自己本位 **A** ‥‥‥‥‥ 166
「獅子の力と狐の奸知」‥ 184
時宗 **A2** ‥‥‥‥‥‥ 121
「思春期」**B** ‥‥‥‥‥ 99
思春期 **C1** ‥‥‥‥‥‥ 9
四書 **A2** ‥‥‥‥‥ **85**,86
時・処・位 **B** ‥‥‥‥ 132
市場経済 **A2** ‥‥‥‥ 227
「事象そのものへ」‥‥‥ 240
市場のイドラ **A5** ‥‥ 196
辞譲の心 **B2** ‥‥‥‥‥ 83
市場の失敗 **C** ‥‥‥‥ 274
事上磨練 ‥‥‥‥‥‥‥‥ 89
システム **A** ‥‥‥‥‥ 253
至誠 **C1** ‥‥‥‥ **102**,150
四姓 **C** ‥‥‥‥‥‥‥‥ 64
死生観 **B1** ‥‥‥‥‥ 271
『自省録』**C3** ‥‥‥‥ 40
自然遺産 ‥‥‥‥‥‥‥ 306
自然科学 **A5** ‥‥‥‥ 102
自然活真 **C** ‥‥‥‥‥ 141
自然権 **A11** ‥‥‥ 40,**204**
自然主義 **B2** ‥‥‥‥ 165
自然状態 **A8** ‥‥‥‥ 204
『自然真営道』**B4** ‥‥ 141

自然崇拝 **C** ‥‥‥‥ 42,**43**
自然世 **A** ‥‥‥‥‥‥ 141
自然選択 **B2** ‥‥‥ **221**,222
自然的自由 **A** ‥‥‥‥ 209
自然的制裁 **C** ‥‥‥‥ 219
自然哲学 **A** ‥‥‥‥‥ 25
『自然哲学の数学的諸原理』
　C ‥‥‥‥‥‥‥‥‥ 195
「自然という書物は数学の言
　葉で書かれている」**C**
　‥‥‥‥‥‥‥‥‥‥‥ 194
自然淘汰 **B2** ‥‥‥‥ 221
「自然に従って生きよ」**B4**
　‥‥‥‥‥‥‥‥‥‥‥ 39
自然の権利 **B** ‥‥‥‥ 273
自然の権利訴訟 **C** ‥‥ 273
自然の支配 **C1** ‥‥‥ 195
自然の生存権 **A5** ‥‥ 273
自然の猛威 **C** ‥‥‥‥ 100
「自然は人類を快楽および苦
　痛という二人の支配者の
　もとにおいてきた」‥‥ 218
「自然は服従することによっ
　てでなければ，征服され
　ない」**B** ‥‥‥‥‥‥ 196
自然法 **A12** ‥‥‥ 19,**40**,204
自然法思想 **A2** ‥‥‥ 39,**40**
自然法則 **A4** ‥‥‥‥ 210
自然保護スワップ ‥‥‥ 276
持続可能性 ‥‥‥‥‥‥ 273
持続可能な開発 **A2** ‥ **275**,278
持続可能な開発目標
　‥‥‥‥‥‥‥ 312,313,314
持続可能な社会 **B2** ‥ 282
四諦 **A1** ‥‥‥‥ 20,44,**67**
士大夫 ‥‥‥‥‥‥‥‥‥ 86
『時代閉塞の現状』**C1** ‥ 166
四端 **A** ‥‥‥‥‥‥‥‥ 20
四端説 **C** ‥‥‥‥‥‥‥ 83
四端の心 **B** ‥‥‥‥‥ 82
十戒 **A9** ‥‥‥‥‥‥‥ 47
実学 **A4** ‥‥‥‥‥‥‥ 153
志筑忠雄 **C** ‥‥‥‥‥ 147
実験 **A2** ‥‥‥‥‥‥‥ 193
実在論 **C** ‥‥‥‥‥‥‥ 57
実証主義 **A2** ‥‥‥‥ 222
実証的段階 **B4** ‥‥‥ 222
『実証哲学講義』**C** ‥‥ 222
実世界 **A4** ‥‥‥‥‥ 165
実践的な知 **C** ‥‥‥‥ 35
実践理性 **A** ‥‥‥‥‥ 212
『実践理性批判』**A4** ‥‥ 214
実存 **A8** ‥‥‥‥‥‥ 234

【総さくいん】 し 19

実存主義 Ⓐ ……… 234,241,253
実存的交わり Ⓑ6 ……… 238
実存哲学 Ⓑ ……… 234
実存の三段階 Ⓒ4 ……… 235
「実存は本質に先立つ」Ⓑ4 ……… 242
実体 Ⓐ3 ……… 34
集諦 Ⓐ ……… 67
実定法 Ⓑ1 ……… 204
質的功利主義 Ⓑ2 ……… 219
実念論 ……… 57
失敗行動 ……… 12
疾風怒濤の時代 ……… 6
実用主義 Ⓑ ……… 223
質料 Ⓐ3 ……… 34,35
シティズンシップ Ⓒ ……… 286
史的唯物論 Ⓑ ……… 229,230
使徒 Ⓐ4 ……… 53
士道 Ⓐ1 ……… 133,134
児童期 Ⓑ ……… 9
児童虐待 ……… 320
児童の権利に関する条約 Ⓒ ……… 320
『使徒行伝』 ……… 54
四徳 Ⓐ2 ……… 20,83
『使徒言行録』 ……… 54
私度僧 Ⓑ ……… 112
『死に至る病』Ⓑ ……… 236
死に至る病 ……… 235
シニフィアン Ⓒ ……… 254
シニフィエ Ⓒ ……… 254
死ぬ権利 ……… 268
『自然真営道』Ⓑ4 ……… 141
自然法爾 Ⓐ ……… 120,121
ジハード Ⓐ7 ……… 60
支配者階級 ……… 33
慈悲 Ⓐ19 ……… 69
自文化中心主義 Ⓒ ……… 308
「自分自身を愛するように隣人を愛せ」2 ……… 219
「自分を愛するように、あなたの隣人を愛せよ」Ⓒ2 ……… 51
死へとかかわる存在 Ⓒ ……… 239
死への先駆的決意 ……… 240
死への存在 Ⓐ1 ……… 240
四法印 Ⓐ3 ……… 19,69
資本家階級 Ⓑ3 ……… 231
資本主義 Ⓐ17 ……… 227
資本主義経済 Ⓑ ……… 227
『資本論』Ⓐ ……… 231
島崎藤村 Ⓑ1 ……… 166
市民革命 Ⓑ ……… 202

市民社会 Ⓐ5 ……… 202,217
『市民政府二論』Ⓒ ……… 206
自民族中心主義 Ⓐ2 ……… 308,309
市民的自由 Ⓒ2 ……… 209
シモーヌ゠ヴェイユ Ⓒ5 ……… 243
四門出遊 Ⓒ ……… 67
ジャーティ Ⓑ ……… 64
シャーマニズム ……… 42
シャーム ……… 60
JICA Ⓒ3 ……… 311
ジャイナ教 Ⓐ7 ……… 65
釈迦 Ⓑ4 ……… 66
社会化 Ⓑ ……… 4
社会学 Ⓐ ……… 222
社会革命 Ⓑ ……… 231
社会型 Ⓑ4 ……… 15
社会化の機能 Ⓒ ……… 288
社会契約 Ⓐ4 ……… 204
社会契約説 Ⓐ4 ……… 204
『社会契約論』Ⓐ4 ……… 209
社会権 ……… 321,323
社会主義 Ⓐ13 ……… 231
社会主義研究会 Ⓒ ……… 163
『社会主義神髄』Ⓑ ……… 163
社会進化論 Ⓑ3 ……… 222
社会的性格 Ⓒ ……… 258
社会的制裁 ……… 219
社会的欲求 Ⓑ ……… 11
社会民主主義 Ⓐ6 ……… 233
社会民主党 Ⓐ ……… 164
社会有機体説 Ⓒ2 ……… 222,223
折伏 ……… 124
逆門 ……… 75
写像理論 Ⓒ2 ……… 259,260
シャハーダ Ⓒ ……… 60
シャリーア Ⓐ9 ……… 61
『車輪の下』 ……… 10
周 Ⓐ1 ……… 76
自由 Ⓐ12 ……… 320
自由〔カント〕Ⓐ4 ……… 214
自由〔サルトル〕Ⓐ4 ……… 241
シュヴァイツァー Ⓐ6 ……… 249
自由意志 Ⓐ11 ……… 181,182
羞悪の心 Ⓐ ……… 83
『自由からの逃走』Ⓑ4 ……… 258
習慣 Ⓐ ……… 35
宗教 Ⓐ9 ……… 42
宗教改革 Ⓐ6 ……… 49,185
宗教型 Ⓑ4 ……… 15
宗教人 Ⓒ ……… 2
宗教戦争 Ⓑ2 ……… 189

自由競争 Ⓐ4 ……… 221
宗教多元主義 Ⓒ ……… 307
宗教的価値 ……… 14
宗教的実存 Ⓐ4 ……… 235
宗教的実存主義 Ⓒ2 ……… 234
宗教的制裁 Ⓒ ……… 219
衆愚政治 Ⓒ ……… 27,37
自由権 Ⓑ ……… 321
周公旦 Ⓑ ……… 76,77
集合的無意識 Ⓐ2 ……… 252
「修己治人」Ⓑ ……… 88
私有財産制 Ⓑ3 ……… 227
十字架 Ⓐ1 ……… 53
自由至上主義 Ⓒ ……… 245
自由思想家 Ⓒ2 ……… 65
柔弱謙下 Ⓐ ……… 91
『十住心論』Ⓐ ……… 115
自由主義 Ⓐ3 ……… 245
重商主義 Ⓑ ……… 142
習性 Ⓐ ……… 35
習性的徳 Ⓑ2 ……… 35
重層的な文化 ……… 110
習俗 Ⓑ ……… 101,172
集団安全保障 ……… 311
集団的無意識 ……… 252
修道院 Ⓐ ……… 55
シュードラ Ⓐ ……… 64
十二因縁 ……… 69
十二縁起 ……… 69
十二使徒 Ⓒ ……… 53
「自由の刑に処せられている」Ⓑ2 ……… 242
『自由之理』Ⓑ3 ……… 153
「自由は取るべきものなり、貰うべき品にあらず」Ⓒ ……… 155
「自由・平等・博愛」Ⓒ ……… 203
周辺人 Ⓐ ……… 6
自由放任主義 Ⓒ ……… 221
終末観 4 ……… 48
終末期医療 Ⓑ3 ……… 268
終末論的思想 ……… 48
終末論的世界観 Ⓒ ……… 48
住民運動 ……… 286
自由民権運動 Ⓐ5 ……… 154
自由民権思想 Ⓐ4 ……… 154
自由落下の法則 Ⓒ ……… 194
シュールレアリスム ……… 96
自由連想法 Ⓑ ……… 251,252
『自由論』Ⓐ2 ……… 220,320
主我 Ⓒ2 ……… 9
儒家 Ⓐ13 ……… 77
儒学 Ⓐ20 ……… 85

主客未分 **A4** …… 169
主観 **A1** …… 22
朱熹 **A8** …… 86
儒教 **A13** …… 85
儒教の日本化 **B** …… 129
綜芸種智院 **B4** …… 114
主権 **A1** …… 208
主権国家 **B** …… 311
修験道 **C** …… 116
趣向 **C** …… 174
種差別 **B** …… 274
朱子 **A15** …… 86
朱子学 **A15** …… 77,86,129
呪術 **A** …… 45,104
修証一如 **C** …… 123
修証一等 **A2** …… 122,**123**
種族のイドラ **A4** …… 196
主体 **A2** …… 22
主体性の喪失 …… 180
主体的真理 **A5** …… 235
シュタイナー **C** …… 9
主知主義 **A** …… 30
「出エジプト記」 **B** …… 49
出家 **A1** …… 70
出生前診断 **A5** …… 266
出生率の低下 **C4** …… 289
出自を問う権利 …… 265
シュトゥルム-ウント-ドランク …… 6
『種の起源』 **B** …… 221
呪物崇拝 …… 42
シュプランガー **B6** …… 15
「樹木の当事者適格　自然物の法的適格について」
　…… **273**,274
主要国首脳会議 …… 312
受容的 **A2** …… 101
循環型構造 …… 282
循環型社会 **B6** …… 282
循環型社会形成推進基本法 **C** …… 282
『春鑑抄』 **B2** …… 130
荀子 **A13** …… 84
春秋戦国時代 **B** …… 76
純粋経験 **A4** …… 169
「純粋経験においては未だ知情意の分離なく，唯一の活動であるように…」
　…… 169
『純粋理性批判』 **A** …… 214
順応 **B** …… 4
シュンペーター **C** …… 177
巡礼 **A7** …… 60

恕 **A4** …… 81
止揚 **A** …… 216,**217**
攘夷論 **B** …… 149
商鞅 …… 78
縦横家 **C** …… 79
昇華 **A** …… 13
生涯学習 …… 294
小家族化 **C** …… 288
松下村塾 **B** …… 150
消極的安楽死 **C2** …… 267
貞慶 **C** …… 125
上下定分の理 **A4** …… 130
尚賢 …… 78
正見 **B2** …… 67
条件反射 …… 4
正語 **B2** …… 67
正業 **B2** …… 67
小国寡民 **A6** …… 91
上座部 **A8** …… 71
正思 **B** …… 67
少子化 **A3** …… 290
尚歯会 **A** …… 148
正直 **A9** …… 102,106,**143**
少子高齢化 **B6** …… 293
消失点 …… 97
摂受 …… 124
小乗 **A2** …… 71
清浄 **B** …… 106
正定 **B2** …… 67
正精進 **B2** …… 67
精進 **A3** …… 73
「上善は水の若し」 **C4** …… 91
唱題 **A1** …… 124
浄土 **A4** …… 117
聖道門 **B** …… 120
浄土教 **B3** …… 117
聖徳太子 **A3** …… 111
正徳の治 **B** …… 146
浄土思想 **B1** …… 117
浄土宗 **A** …… 119
浄土信仰 **A4** …… 117
浄土真宗 **A2** …… 120
浄土門 **B** …… 120
「商人の買利は士の禄に同じ」 **B** …… 143
常任理事国 …… 312
正念 **B** …… 67
情念 **A9** …… 20,**199**,200
『情念論』 **B** …… 200
商品 **A** …… 228
蕉風 …… 145
上部構造 **A** …… 230
昌平坂学問所 **B** …… 130

正法 **A2** …… 116
情報 **A5** …… 298
情報格差 **B** …… 302
情報環境 …… 299
情報技術 **B4** …… 298
『正法眼蔵』 **A** …… 123
『正法眼蔵随聞記』 **B2** …… 123
情報公開 **B** …… 304
情報公開条例 …… 303
情報公開制度 **C** …… 303
情報公開法 **B** …… 303
情報洪水 …… 300
情報産業 **C** …… 299
情報社会 **A6** …… 298
情報セキュリティ **C** …… 302
情報通信技術革命 **C** …… 298
情報発信 **C** …… 301
情報メディア **C** …… 298
情報モラル **C** …… 302
情報リテラシー **B4** …… 302
情報倫理 **B** …… 302
正命 **B** …… 67
称名念仏 **B3** …… 118
常民 **B** …… 172
聖武天皇 **A1** …… 112
召命 **A** …… 187
消滅の危機に瀕する言語
　…… 308
声聞乗 **C** …… 71
照葉樹林文化 **C** …… 102
逍遙遊 **A2** …… 92
剰余価値 …… 228
情欲 **C** …… 33
「将来の世代が自分の必要をみたす能力をそこなわずに，現在の世代の必要もみたすこと」 …… 276
条理学 **C2** …… 147
『性霊集』 …… 114
「松林図屛風」 …… 97
浄瑠璃 **B** …… 145
ショートステイ …… 296
ショーペンハウアー **B1**
　…… 237
諸行無常 **A7** …… 69
職業召命観 **A** …… 187
職業倫理 **B2** …… 188
贖罪 **A4** …… 49,50,**53**,54
植物状態 **B** …… 269
食物連鎖 **A** …… 273
贖宥状 **A3** …… 186
『諸国民の富』 **C** …… 221
助産術 **A3** …… 30

【総さくいん】 し・す 21

さくいん

女子差別撤廃条約 **C**③ … 290
諸子百家 **A**④ … 76,**77**
諸書 **C** … 49
女性解放運動 **B**④ … 162
女性差別撤廃条約 **C**③ … **290**,320
初転法輪 **B** … 67
ジョハリの窓 … 15
諸法無我 **A**③ … 69
所有権 **A**① … 197,**206**
シラー ② … 215
地雷禁止国際キャンペーン **C** … 311
白樺派 **B**② … 168
シラケ世代 **C** … 16
「知らんがために信ずる」 … 57
自利 **A**① … 72
自力 **A**① … 123
自律 **A**④ … 209,214,320
思慮 **A**① … 35
知る権利 **B**② … 303
信 **A**③ … 80,**81**
瞋 **A**② … 68
仁 **A**㉒ … 80,134,135
仁愛 **B**⑫ … 134
新エンゼルプラン **C** … 292
神学 **A**④ … 55
心学 **A** … 143
人格 **A**② … 19,22,214
人格権 … 303
人格主義 **B**① … 168,214
人格神 **B** … 45,46
『神学大全』 **A**③ … 56
神学の段階 **B** … 222
人格の尊厳 **B**① … 214
進化論 **A**⑤ … **221**,223
仁義 **A**⑩ … 83
『新機関』 **A** … 197
親, 義, 別, 序, 信 **B**① … 83
『神曲』 **A**⑤ … 182
仁, 義, 礼, 智 **B**④ … 83
仁, 義, 礼, 智, 信 **C**④ … 83
『慎機論』 **B** … 148
神宮寺 **B**③ … 116
シングルマザー **C** … 292
神経症 **A**② … 13
『人権新説』 … 154
人権宣言 **A** … 204
人権の国際化 … 319
信仰 **A**㉑ … 44,56,72

人工延命技術 **C** … 267
信仰義認説 **A**⑥ … 186
人口構成 **C** … 293
信仰告白 **B**② … 60
人工授精 **B**⑥ … 265
人工多能性幹細胞 **A** … 270
人口の高齢化 **C**② … 293
信仰の神 **B** … 186
「信仰のみによって義とされる」**C** … 54
新国学 **A** … 173
新国際経済秩序 … 314
真言 **A**③ … 115
真言宗 **A**② … 114
真言密教 **B**④ … **114**,115
仁斎学 … 135
心斎坐忘 **B**② … 92
真実無偽 **A**② … 135
人種差別 **B**③ … 319
人種差別撤廃条約 **C** … **319**,320
心情倫理 … 20
真人 **A**⑦ … 92
身心脱落 **A**④ … 122,**123**
心身二元論 **B** … 199,**200**,201
新人類 **C** … 17
『新生』**C** … 167
人生観 **A**① … 19
真・善・美 **C** … 21
心臓死 **B** … 269
深層心理学 **C**① … 251
親族 **B**① … 287
心即理 **A**② … 89
身体 **A**④ … 241
身体的成熟 **C** … 8
信託 **A** … 205,**206**
神託事件 **C** … 29
ジンテーゼ **B** … 217
シンデレラ-コンプレックス … 7
神道 **A**⑰ … 107
人道 **A**③ … 142
『神統記』 **B**② … 23
「仁の徳たる大なり。しかれども一言もってこれをおおう。いわく、愛のみ。」 … 135
審美型 **B**⑥ … 15
神仏習合 **A**② … 116
神仏分離令 **B**② … 151
新プラトン主義 **B**② … 40
人文主義 **A**③ … 181
進歩 **A**⑤ … 223

進歩主義 **C** … 223
シンボル（象徴）**B** … 2
シンボル操作 … 300
神本仏迹説 … 116
人民主権 **A**② … 208
『新約聖書』 **A**⑥ … 50
親鸞 **A**⑧ … 120
真理 **A**⑦ … 20
心理-社会的モラトリアム **A** … 9
心理的離乳 **A**⑥ … 5
真理把持 **C**② … 249
人倫 **A**⑭ … 21,77,**217**
人倫の喪失態 **B** … 217
人倫の道 **B**② … 80
森林破壊 … 279
『新論』 **C** … 149
神話 **A**⑥ … 23
神話的世界観 **B**② … 23
『神話論理』 **C** … 253

す

垂加神道 **A**⑤ … 130
推譲 **A** … 142
『随想録』 **C** … 190
水稲耕作 **B** … 100
水墨画 **B**① … 128
鄒衍 ② … 79
菅原道真 … 105
杉田玄白 **A** … 147
「過ぎたるは, なお及ばざるがごとし」 … 88
杉原千畝 … 315
救い **A**② … 44
すぐれた魂 **C** … 30
スケープゴート **C** … 315
スコラ哲学 **A**② … 56
スコレー **C** … 24
須佐之男命 **C** … 103
素戔嗚命 **C**② … 103
鈴木正三 **B**⑤ … 144
鈴木大拙 **B**③ … 170
『スッタ-ニパータ』 **A**② … 70
すっぱいブドウ … 13
ステップファミリー ② … 288
捨聖 **B**④ … 121
ステレオタイプ **B**⑩ … 300
ストア学派 **C** … 39
ストア派 **A**⑳ … 38,**39**
ストゥーパ **C**② … 72
ストーン **C** … 274

22　さくいん　す・せ

ストリート－チルドレン C ……… 320
スパイウェア ……… 302
スパルタ B ……… 25
スピノザ A8 ……… 200
「すべての人間は平等につくられている」……… 203
スペンサー B8 ……… 222
スリーマイル島原子力発電所事故 ……… 283
スワデーシー C ……… 249
スワラージー ……… 249
スンナ派 B4 ……… 60
スンニー派 C2 ……… 60

せ

世阿弥 A4 ……… **127**,128
正 A ……… 216,**217**
性 A ……… 291
生 A5 ……… 67
性悪説 A8 ……… 19,78,83,**85**
性格 A2 ……… 14
聖学 C2 ……… 133
性格的徳 B ……… 35
聖価値 ……… 14
生活世界の植民地化 B ……… 259
生活の質 B ……… 270
正義 A9 ……… 321
正義〔アリストテレス〕A7 ……… 36
正義〔プラトン〕A3 ……… 33
正義の二原理 C2 ……… 244
清教徒 B ……… 189
清教徒革命 C ……… 203
政教分離 ……… 45
『聖教要録』B2 ……… 134
生権力 C ……… 255
制裁 A ……… 218
『省察』A5 ……… 199
生産関係 A ……… 230
生産者階級 B3 ……… 33
生産手段 A1 ……… 230
生産手段の公有 C ……… 230
生産年齢人口 C ……… 294
生産物からの疎外 C ……… 228
生産様式 C2 ……… 230
生産力 A3 ……… 230
『政治学』B ……… 37
精子銀行 ……… 265
正志斎 B ……… 149
政治人 C ……… 2
政治的制裁 2 ……… 219

政治的無関心 ……… 179
成熟したパーソナリティ 8 ……… 8
生殖革命 C2 ……… 264
生殖補助技術 4 ……… 264
聖書中心主義 A ……… 186
聖書のドイツ語訳 ……… 186
聖書のみ B ……… 186
聖人 10 ……… 81
精神価値 ……… 14
成人期 2 ……… 9
『精神現象学』A ……… 217
成人前期 ……… 9
精神的快楽 B8 ……… 219
精神的成熟 ……… 8
精神的文化 ……… 306
精神的離乳 C ……… 5
「精神のない専門人，心情のない享楽人」C ……… 179
精神分析 A4 ……… 251
性善説 A2 ……… 20,**82**,85
性即理 A ……… 86,**87**
生存権 A1 ……… 321,322
生態学 C1 ……… 272
生態系 A4 ……… 272
『成長の限界』……… **273**,275
正直 A7 ……… 102
聖典 A ……… 60
「青鞜」A ……… 162
生得観念 B ……… 195,197,198,**199**
生と死 A ……… 44
制度的文化 ……… 306
聖なるもの C ……… 44
『青年』C ……… 167
青年海外協力隊 C3 ……… 311
青年期 A27 ……… **4**,9
青年期の延長 B2 ……… 5
青年期の発達課題 A8 ……… 8
生の哲学 C ……… 250
生の躍動 ……… 250
政府開発援助 A3 ……… 314
「政府国憲に違背するときは，日本人民は之に従はざることを得」……… 155
「正・不正の尺度は最大多数の最大幸福である。」… 218
生物多様性 B2 ……… 279
生物多様性条約 B ……… 279
生物濃縮 ……… 273
斉物論 C ……… 92
性別役割 A1 ……… 291
性別役割分担 B3 ……… 291
聖ペテロ大聖堂 ……… 57

生への意志 C ……… 249
生命・自由・財産 B2 … 204
清明心 A2 ……… 106
生命的自然観 C ……… **195**,199
生命の質 A ……… 267,**270**
生命の選別 C ……… 266
生命の尊厳 ……… 267,**271**
生命の飛躍 C1 ……… 250
生命への畏敬 A8 ……… 249
生命倫理 ……… 220,**262**
『西洋紀聞』B ……… 147
西洋芸術 B ……… 146
西洋中心主義 ……… 202
「西洋の開化は内発的であって，日本の開化は外発的である」……… 166
性欲 C ……… 252
性欲説 C ……… 252
性理学 ……… 86
生理的欲求 A2 ……… 11
「政を為すに徳を以てすれば，たとえば北辰（＝北極星）の…」……… 82
世界遺産 ……… 306
世界遺産リスト ……… 306
「世界がぜんたい幸福にならないうちは個人の幸福はあり得ない」B3 ……… 174
世界観 A3 ……… 19
世界国家 ……… 38
世界自然保護基金 ……… 276
「世界史とは自由の意識の進歩である。」2 ……… 216
世界市民 A4 ……… **38**,40
世界市民主義 C5 ……… 37
世界宗教 A ……… 42,**43**
世界人権宣言 C ……… 318,320,321
世界精神 A2 ……… 216
世界内存在 B5 ……… 239
世界理性 ……… 216
赤心 ……… 106
責任 A6 ……… **242**,320
責任倫理 ……… 20
石門心学 A4 ……… 143
セクシャル－ハラスメント C ……… 290
セクシュアリティ ……… 291
「世間虚仮，唯仏是真」A4 ……… 111
世間体 ……… 109
世親 A5 ……… 74
世帯 A ……… 288

【総さくいん】 せ・そ 23

世代間倫理 **A**[10] …… 272,**273**
世代の断絶 …………… 16
接近－回避 **B**[4] ……… 12
接近－接近 **B**[3] ……… 12
セックス **C** ………… 291
雪月花 **C** …………… 108
雪舟 **B**[5] …………… 128
節制 **A**[3] …………… 33
絶対王政 **A**[2] ……… 202
絶対君主制 …………… 202
絶対者 **A** …………… 43
絶対主義 **C**[2] ……… 202
絶対神 **B**[1] ………… 46
絶対精神 **A**[7] ……… 22,**216**
絶対他力 **A**[3] ……… 120,**121**
絶対無 **B**[4] ………… 169
絶対矛盾的自己同一 **C** … 169
絶望 **A**[3] …………… 235
説明責任 **C** ………… 304
節用 **C** ……………… 78
セネカ **A**[5] ………… 40
ゼノン〔エレア学派〕**C** … 27
ゼノン〔ストア学派〕**A**[4]
……………………… 39
是非の心 **B** ………… 83
法世 **A** ……………… 141
「狭い門から入りなさい。滅
　びへの門は広く，そこに
　通じる道は…」……… 51
ゼロ－エミッション …… 283
世論 **B**[2] …………… 299
『世論』 ……………… 300
善 **A**[11] …………… **20**,31
禅 **A**[4] ……………… 122
善意志 **A**[4] ………… 213
専業主婦 **B** ………… 291
全共闘運動 **C** ……… 16
前近代社会 [1] ……… 176
全国水平社 **A** ……… 162
全国水平社宣言 [2] … 162
潜在能力 **A**[4] ……… 246
繊細の精神 **B**[5] …… 192
禅宗 **A** ……………… 75,**121**
先住民 **B** …………… 308
僭主政治 **C** ………… 37
専修念仏 **A**[3] ……… 119
禅定 **B**[1] …………… 73,**122**
禅譲 …………………… 84
禅譲放伐 ……………… 84
漸進的社会工学 **C** …… 261
「戦争は人間の心のなかに生
　まれるものであるから，
　人の心の…」………… 320

全体意志 **A**[4] ……… 208
全体主義 **A**[4] ……… 172
『全体主義の起源』**B** …… 246
全体性 **A**[2] ………… 247
全体の正義 **A**[2] …… 36
『選択本願念仏集』**A**[5] … 120
先天的 **C** …………… 211
善導 **C**[1] …………… 119
戦闘的 **B** …………… 102
「善とは一言にていへば人格
　の実現である」……… 169
「善人なほもて往生をとぐ，
　いはんや悪人をや」**A**
……………………… 120
善のイデア **A**[2] …… 31,**32**
先王之道 **B**[4] ……… 136
『善の研究』**A**[2] …… 169
千利休 **A**[4] ………… 127
善美のことがら **C**[1] … **25**,30
選民思想 **A** ………… 45,**46**
戦略兵器削減条約 …… 316

そ

宋学 …………………… 86
『創学校啓』 ………… 138
「造化にしたがい，造化にか
　へれとなり。」………… 145
想起 **A**[1] …………… 32
臓器移植 **A**[3] ……… 269
臓器移植法 **A**[3] …… 269
臓器移植法改正 **C**[2] … 269
臓器提供意思表示カード **B**
　[1] ………………… 270
総合 **A**[1] …………… 217
総合の規則 **C** ……… 199
相互承認 **C** ………… **216**,217
荘子 **A**[17] …………… 90
『荘子』 **A**[4] ………… 93
「創世記」 **B**[2] ……… 49
想世界 **A**[5] ………… 165
創造神 **B**[2] ………… 46
創造的知性 **A**[7] …… 224
創造論 ………………… 221
相対主義 **A** ………… 28
相対性理論 **C** ……… 317
曹洞宗 **A** …………… 121,**122**
壮年期 **C** …………… 9
像法 **A**[2] …………… 116
双方向性 **C**[3] ……… 298
ソーシャル－ネットワーキ
　ング－サービス ……… 301

ソーシャル－ビジネス **B**
……………………… 305
ソーシャルメディア **C**[4]
……………………… 301
ソーンダイク …………… 4
疎外 **A** ……………… 180
惻隠の心 **A**[4] ……… 83
即自存在 **C**[2] ……… 241
即身成仏 **A**[1] ……… 115
則天去私 **A**[3] ……… 166
ソクラテス **A**[21] …… 29
ソクラテスの死 **A** …… 31
『ソクラテスの弁明』**A**[2]
……………………… 29
ソシュール **A**[5] …… 254
蘇秦 …………………… 79
祖先神 **C** …………… 105
祖先崇拝 **B** ………… **45**,105
ソフィア **A** ………… 35
ソフィスト **A**[3] …… 27,**28**
ソフォクレス **C** …… 24
ソフトウェア **C** …… 298
「そもそも国とは人民の集ま
　るところのものにして，
　決して政府によってでき
　たものでもなく，君によ
　って立ったものでもな
　い，国はまったく人民に
　よってできたものじゃ」
……………………… 155
祖霊 **C** ……………… 105
「それは真理であるから有用
　であるともいえるし，有
　用であるから…」[2] …… 224
「それを考えること何度も，
　長いあいだ考えるほど，
　それだけ新たに…」**C**
……………………… 215
ソロモン **A** ………… 47
尊厳死 **A**[4] ………… 267
存在 **A**[5] …………… 26
「存在するとは知覚されるこ
　と」**B**[7] …………… 197
『存在と時間』**A** …… 239
『存在と無』**B** ……… 242
存在忘却 **B**[3] ……… 240
孫子 **C**[4] …………… 79
存心持敬 **A**[3] ……… 130
尊王攘夷 **A** ………… **140**,149
尊王攘夷論 **B**[2] …… 149
孫文 **C** ……………… 248
村落共同体 **B**[2] …… 100

た

ダーウィン **A③** ………… 221
ダーザイン **B** ………… 239
ターミナルケア ……… 268,**268**
第１次ベビーブーム ……… 16
第一反抗期 **C** ………… 5
第一波フェミニズム ……… 290
ダイオキシン **C②** ……… 280
体外受精 **A①** ………… 265
『大学』**A③** ………… 88
「大家族」**B** ………… 96
大気汚染物質 ……… 280
待機児童 **C** ………… 293
大義名分論 **B②** ……… 149
大逆事件 **A②** ………… 163
体型と気質 **C②** ……… 15
退行 **B③** ………… 13
対抗宗教改革 **B** ……… 189
対抗的 **B** ………… 102
対抗文化 **C②** ………… 15
第三の波 ……… 300
大地震 ………… 234
胎児診断 **C** ………… 266
対自存在 **C②** ……… 241
大衆 **A③** ………… 177
大衆社会 **B⑥** ……… 177
大衆政党 ……… 179
『大衆の反逆』……… 177
大衆部 **A②** ………… 72
大衆文化 ………… 178
大衆民主主義 ……… 178
代償 **A** ………… 13
大正デモクラシー **A** …… 161
大乗非仏説 **C** ……… 144
大丈夫 **A** ………… 84
大乗仏教 **A⑰** ……… 72
大乗菩薩戒 **C②** ……… 114
耐性 **C** ………… 12
「大道廃れて，仁義有り。知
　恵出て，大偽有り。六親
　和せずして…」**B②** …… 90
第二次性徴 **B①** ……… **5**,9
大日如来 **A⑧** ……… 115
『第二の性』**A②** ……… 242
第二の誕生 ……… 255
第二波フェミニズム …… 290
第二反抗期 **A②** ……… 5
退廃 **B** ………… 237
『大般涅槃経』**C** ……… 73
「代表なければ課税なし」
　………………………… 203

「太平洋のかけ橋とならん」
　………………………… 157
太母 **C** ………… 253
台密 **C** ………… 115
太陽の比喩 **C** ……… 32
大陸合理論 **B③** ……… 198
代理出産 **A④** ……… 265
大量消費 ………… 178
大量消費社会 **C③** …… 178
大量生産 **B** ………… 178
対話 ………… 322
対話的理性 **B⑥** ……… 259
ダヴィデ **B** ………… 47
「ダヴィデ像」**C** ……… 184
ダヴィド ………… 95
ダ＝ヴィンチ ……… 96
タオ **B** ………… 90
他界 **B** ………… 105
高く直き心 **A④** ……… 138
高杉晋作 **C** ………… 150
『高瀬舟』**C** ………… 167
高野長英 ………… 148
高天原 **A⑧** …… 103,**105**
高山樗牛 **C** ………… 159
竹内基準 ………… 269
武野紹鷗 ………… 128
多国籍企業 **C①** …… 306
タコツボ型 ……… 109
太宰春台 **B** ………… 136
他者危害原則 **C④** …… **220**,268
多神教 **B③** ……… 42,**43**
ダス＝マン **C④** ……… 239
他性 **B** ………… 247
「ただ往生極楽のためには，
　南無阿弥陀仏と申して，
　疑いなく…」………… 119
祟り **A③** ………… 105
祟り神 **C** ………… 105
脱亜論 **A②** ………… 153
脱近代 **C** ………… 255
脱工業化社会 **C** …… 299
脱工業社会 ………… 299
脱構築 **A④** ………… 255
脱呪術化 **B** ………… 179
脱中心化 **C④** ……… 10
タテ社会 ………… 109
建前 ………… 110
「たとい法然上人にすかされ
　まいらせて，念仏して地
　獄に堕ちたりとも…」
　………………………… 120
田中正造 **B①** ……… 155
タナトス **C** ………… 252

田辺元 ………… 170
ダニエル＝ベル **A①** …… 299
他人指向型 **B④** ……… 178
田の神 **C** ………… 104
タブー **B** ………… 42
タブラ＝ラーサ **C③** …… 197
WWF ………… 276
多文化共生 **B** ……… 286,**307**
多文化主義 **A④** …… **307**,309
タマ **B** ………… 104
『玉勝間』**A** ………… 140
魂 **A⑩** ………… 30
魂の三分説 **C④** ……… 33
魂の世話 **C** ………… 30
魂の平安 **B②** ……… 38
魂への配慮 **A④** …… 29,**30**
多民族国家 **C** ……… 308
ダランベール **C②** …… 207
他力 **A④** ………… **119**,123
他律 **B** ………… 213,**214**
達磨 **C** ………… 75
ダルマ **A** ………… 68
タレス **A⑤** ………… 25
たをやめぶり **B②** … 107,**138**
単一民族国家 ……… 308
団塊の世代 **C** ……… 16
檀家制度 ………… 146
単子 **B** ………… 200
断食 **A③** ………… 60,**61**
男女産み分け **C** …… 266
男女共同参画社会 **A②** … 292
男女共同参画社会基本法 **A**
　………………………… 292
男女雇用機会均等法 **A** … 290
『単子論』**B③** ……… 200
炭素税 ………… 281
ダンテ **A⑦** ………… 182
「ダンテの小舟」………… 99
単独者 **A⑥** ………… 235
単独世帯 ………… 288
『歎異抄』**A⑤** ……… 121
『ダンマパダ』**B** …… 71
短絡反応 ………… 7

ち

癡 **A②** ………… 68
地域福祉 **②** ………… 286
小さな物語 **C④** ……… 256
智慧 **B③** ………… 68
知恵 **A⑦** ………… 33
「知恵第一の法然房」…… 119

【総さくいん】 ち・つ・て **25**

チェルノブイリ原子力発電
　所事故 ……………………… 283
知覚の束 **B**5 ……………… 197
近松門左衛門 **A** ………… 145
近道反応 **B**4 …………………… 12
力への意志 **A**5 …… 236,**237**
地球温暖化防止京都会議 **B**
　…………………………………… 276
地球温暖化防止条約 …… 276
地球環境問題 **B**5 … 272,**278**
「地球規模で考え，地域から
　行動しよう」**C** ……… 280
地球サミット **A**4 ……… 275
地球の温暖化 **B**2 ……… 278
地球有限主義 **B** …… 272,**273**
『痴愚神礼讃』**C**5 …… 185
知行合一 **A**2 …………………… 89
知行合一〔王陽明〕**A** …… 89
知行合一〔ソクラテス〕**A**2
　………………………………………… 30
知行合一〔日本〕**A**2 … 132
知識 **A**7 ………………………… 20
「知識は経験とともにはじま
　るが，経験から生ずるの
　ではない」……………………… 20
知性 **A**3 ………………………… 24
知性人 **C** ……………………… 1
知性単一説 ……………………… 62
知性的徳 **A**6 ………………… 35
知足安分 **A** …………………… 143
知的財産権 **B**2 …………… 302
知的所有権 **B**4 …………… 302
地動説 **A**4 ………… **193**,194
知徳合一 **B** …………………… 30
知能 **C** …………………………… 14
知の考古学 **B**2 …………… 255
知の全体論 **C** ……………… 260
「知は行のはじめであり，行
　は知の完成である」**C**
　………………………………… **89**,132
「知は力なり」**A**2 ……… 196
知への愛 **C**2 ………………… 30
チャイルド－ソルジャー **C**
　2 ………………………………… 320
チャップリン **C** …………… 180
茶の湯 **C** ……………………… 128
忠 **A**5 ……………………………… 81
中間者 **A**1 …………………… 192
中観派 **C** ………………………… 74
中距離核戦力全廃条約 …… 316
忠孝 **A**5 ………………………… 160
忠恕 **B**2 …………………… 80,**81**
忠信 **B**6 ……………………… 135

中道 **A**2 …………………………… 67
中庸 **A**11 ……………………… **35**,82
『中庸』**B**1 …………………… 85
超越者 **A**4 …………………… 238
張儀 ……………………………………… 79
超現実主義 …………………………… 96
超高齢社会 **C** ……………… 293
超国家主義 **A**2 …… **171**,172
超自我 **A**3 ………… 251,**251**
超人 **A**4 ………………… **236**,237
調整的正義 **A**2 ………………… 36
朝鮮通信使 **C** ……………… 131
長幼の序 **B** ………………… **77**,81
調和 **A**5 …………………… **24**,26
「勅語の主意は徹頭徹尾国家
　主義にして耶蘇教は非国
　家主義なり」………………… 160
直接民主主義 **B** …… 206,**209**
直立二足歩行 **C** ……………… 4
直系家族 **C** …………………… 287
直耕 **A** …………………………… 141
致良知 **A**2 ……………………… 89
「散る桜残る桜も散る桜」
　………………………………………… 144
鎮護国家 **A**9 ………………… 112
「朕は国家なり」……………… 202
『沈黙の春』**A** ……………… 280

つ

『ツァラトゥストラはかく語
　りき』**C**3 …………………… 237
通 **B**2 …………………………… 145
ツヴィングリ ………………… 189
通過儀礼 **A**5 ……………………… 5
通信ネットワーク社会 **C**
　…………………………………………… 300
津田真道 **B**2 ………………… 154
罪 **A**16 ……… **19**,44,106,238
罪〔日本〕**A**5 ……………… 106
罪の文化 **C** …………………… 109
『徒然草』**B**4 ……………… 126
兵の道 …………………………… 134

て

ディアレクティケー **C**
　………………………………… **30**,216
DNA **B** ………………………… 263
D.K グループ ………………… 179
デイケア ………………………… 296
定言命法 **B**2 ………………… 212
抵抗権 **A**4 ……… 197,205,**206**

帝国主義 **A**4 ………………… 232
ディスクロージャー **C** … 304
低炭素社会 **C** ……… **279**,282
ディドロ **A**4 ………………… 207
諦念 **A**5 ………………………… 167
定年の引き上げ ……………… 294
定立 **C** …………………………… 217
ディンクス **B** ……………… 288
テーゼ **B** ……………………… 217
データベース **C** …………… 302
テーラーメイド医療 **C** … 264
テオーリア **B**2 …………… **24**,36
テオーリア的生活 2 ………… 36
デカダンス **C** ………………… 237
『デカメロン』**B**2 ………… 183
デカルト **A**16 ……………… 198
適応 **A**3 ………………………………… 4
適応行動 **B**2 …………………… 11
適者生存 **B** …………………… 222
適塾 **B**1 ……………………… 148
適法性 **C** ……………………… 214
「敵を愛し，迫害する者のた
　めに祈れ」**C** ………………… 52
デザイナー－チャイルド **C**
　…………………………………………… 266
デザイナー－ベビー **C**2
　…………………………………………… 266
デジタル－デバイド **A**2
　…………………………………………… 302
手島堵庵 **C**3 ………………… 143
哲学 **A**7 …………………… **20**,154
「哲学者が政治家になるか，
　支配者が理性を働かせて
　哲学を学ぶか」……………… 33
『哲学書簡』**B** ……………… 207
哲学の第一原理 **A** ………… 198
「哲学は神学の婢」**C**1 … 56
哲人 **A** …………………………… 33
哲人政治 **A**6 …… 27,31,32,**33**
デポジット制 ………………… 282
デモクラシー **A**1 ………… 225
デモクリトス **A**3 …………… 27
デューイ **A**10 ……………… 224
デュナミス **C** ………………… 35
デュルケーム **A** …………… 180
寺請制度 **C** …………………… 146
寺子屋 ……………………………… 143
デリダ **A**6 …………………… 255
テルトゥリアヌス …………… 55
デルフォイの神託 **B** ……… 30
テロ **A** ………………………… 318
テロリズム **C** ……………… 318
天 **A**4 …………………………… 76

天下を安んずる道 **C** …… 136
伝教大師 **A** …………… 113
天子 **B** ………………… 76
天使 **A**⑤ ……………… 60
電子商取引 ……………… 301
電子マネー ……………… 301
電子メール ……………… 301
『伝習録』**B** ………… 89
天職 **B** ………………… 187
天人合一 **C** …………… 88
天人相関 **C** ……… **76**,102
天人相関説 **C**② …… **84**,88
天台宗 **A**⑧ …………… 113
天道 **A** …………… 80,**142**
伝統指向型 **C** ………… 178
伝統社会 **C** …………… 176
天動説 **B** ………… **193**,194
伝統文化 **B**④ …… **178**,308
伝統理論 **C** …………… 257
テンニース **C** ………… 285
天皇機関説 **B** ………… 161
天皇制 **B** ……………… 173
「天の父は，悪い者の上にも
　良い者の上にも太陽を昇
　らせ…」…………………… 51
「天は上にあり，地は下にあ
　るは，天地の礼なり。こ
　の天地の礼を…」……… 130
「天は尊く地は卑し，上下差
　別あるごとく，人にもま
　た君は尊く，臣は卑しき
　ぞ」……………………… 130
「天は人の上に人を造らず，
　人の下に人を造らずと云
　へり」**A** ………… **152**,153
天賦人権論 **A**② ……… 152
天命 **A**③ ……… 60,**76**,84
『天文対話』**B**② ……… 194

と

『ドイツ・イデオロギー』**C**
　………………………… 231
ドイツ観念論 **A** …… 21,**210**
『ドイツ国民に告ぐ』**C** … 215
ドイツ農民戦争 ………… 187
ドイツ理想主義 **C** …… 210
当為 …………………… 213
同一視 **B** ……………… 13
投影 **B** ………………… 13
ドゥオーキン ⑤ ……… 245
道家 **A**③ ………… **78**,90
同化 **A**② ……………… 308

同化主義 **C**④ … 307,308,**309**
同化政策 **C**② ………… 309
動機 **A**③ ……………… 212
動機主義 **B**② ………… 213
投企的存在 **C**③ ……… 241
道教 **A** ………………… 93
東京大空襲 **C** ………… 317
道具主義 **A**⑦ ………… 224
洞窟のイドラ **A**⑤ …… 196
洞窟の比喩 **B**② ……… 32
道具的理性 **A**④
　………………… 257,258,259
道具としての知性 **B** … 225
「冬景山水図」…………… 97
凍結受精卵 …………… 265
凍結精子 **C** …………… 265
道元 **A**⑩ ……………… 122
洞察 **B**① ……………… 4
東寺 **B** ………………… 114
『童子問』**A**③ ………… 135
投射 **B**④ ……………… 13
同情心 **C** ……………… 220
闘争 **A**① ……………… 238
道諦 **A**② ……………… 67
東大寺 **A**① …………… 112
東大寺戒壇 **C**② ……… 112
『統治二論』**B**① ……… 206
董仲舒 **B**④ …………… 86
『統治論』**B** …………… 206
道徳 **A**⑳ ………… 18,212
『道徳および立法の原理序
　論』**C** ………………… 218
道徳感情 **B**① ………… 220
『道徳感情論』**B** ……… 221
『道徳情操論』…………… 221
道徳性 **A**① …………… 214
道徳的自由 …………… 209
「道徳的自由のみが，人間を
　真に自己の主人たらしめ
　る。…」………………… 209
道徳的制裁 **C** ………… 219
道徳法則 **A**⑫ ………… 212
道徳律 **C** ……………… 212
逃避 **A**③ ……………… 13
動物解放論 **C** ………… 274
東方正教会 …………… 189
東北地方太平洋沖地震 **C**
　……………………… **283**,297
東密 ……………… **114**,115
東洋大日本国国憲案 …… 155
東洋道徳 **B**① ………… 146

「東洋になきものは，有形に
　於て数理学，無形に於て
　独立心と…」…………… 152
「東洋の道徳，西洋の芸術」
　B ……………………… 148
東洋のルソー **B** ……… 155
ドゥルーズ **B** ………… 256
ドゥンス＝スコトゥス … 57
トーテミズム **C** ……… 42
トーラー **B**② …… 19,46,**47**
土活真 **C** ……………… 141
徳 **A**⑫ ………………… 28,**81**
徳一 **B** ………………… 113
ドクサ ………………… 24
独裁政治 **C** …………… 37
特殊意志 **A**② ………… 208
特性論 **C**② …………… 15
「独断のまどろみ」**B** …… 210
「独断のまどろみを破られ
　た」……………………… 211
徳治主義 **A**④ ……… 79,**81**
特定非営利活動促進法 … 296
徳富蘇峰 **A**④ ………… 158
徳は知なり **C** ………… 30
徳は得なり …………… 81
匿名性 **B**③ …………… 301
独立自尊 **A**① ………… 152
常世国 **C**① ……… 105,**173**
戸坂潤 **C** ……………… 164
都市化 **B**① …………… 285
閉じた社会 **C** ………… 250
閉じた道徳 …………… 250
年の神 **C** ……………… 104
都市問題 …………… 285
ドストエフスキー **C**② …… 2
土台 **A** ………………… 230
土地倫理 **B** …………… 273
徒党時代 ……………… 9
ドナー **A**③ …………… 269
ドナーカード **C**① …… 271
『都鄙問答』**A**② ……… 143
トマス＝アクィナス **A**⑪
　………………………… 56
トマス＝モア **A**⑦ … **185**,226
富永仲基 **B**⑤ ………… 144
ドメスティック‐バイオレ
　ンス **B**② …………… 292
豊葦原瑞穂国 ………… 105
豊聡耳皇子 …………… 111
トラウマ **C** …………… 13
ドラクロア …………… 99
取り入れ **B** …………… 13
トルストイ **B**④ ……… 248

【総さくいん】 と・な・に 27

奴隷道徳 **A**2 ……… 236
トレランス ……… 12
貪 **A**2 ……… 68

な

ナーガールジュナ **A**7 … 73
内向性 **C**4 ……… 15
内的制裁 **C**4 ……… 219
内発的開化 **B** ……… 166
内部指向型 **C** ……… 178
内分泌かく乱物質 ……… 280
直き心 **A** ……… 139
中江兆民 **A**8 ……… 154
中江藤樹 **A**12 ……… 131
中根千枝 ……… 109
中村正直 **A**4 ……… 153
嘆きの壁 ……… 49
ナショナリズム **B** ……… 309
ナショナルトラスト運動
　……… 281
「為すことによって学ぶ」
　……… 225
ナチス **A**4 ……… 315,317
夏目漱石 **A**10 ……… 166
「何ごとでも人々からしてほしいと望むことは，人々にもその通りにせよ」… 51
「なにごとも人にせられんと思うことは人にそのごとくせよ（7章12節）」…… 52
「何もない，あるとしても人間には把握できない，把握できたとしても伝えられない」……… 28
「南無阿弥陀仏」**A**2 …… 118
「南無妙法蓮華経」**B**5
　……… 123,124
奈良仏教 **B**2 ……… 112
ナラ林文化 ……… 102
なりゆき **C** ……… 110
ナルシシズム **C** ……… 7
鳴滝塾 **C** ……… 148
南学 **B** ……… 131
南学派 **C** ……… 129
難行 **C** ……… 119,120
「汝自身を知れ」**A**1 ……… 29
「汝なすべきであるがゆえになしうる。」……… 213
「汝の意志の格率がつねに同時に普遍的立法の原理として妥当しうるように，行為せよ」**B**4 ……… 212

「汝の人格の内にもあらゆる他の人格の内にもある人間性をつねに同時に目的として扱い，…」……… 214
南伝仏教 **B**2 ……… 71
南都六宗 **A**4 ……… 112
南南問題 ……… 313
『南方録』 ……… 128
南北問題 **B** ……… 278,313
難民 **B**4 ……… 312
難民の地位に関する条約
　……… 312

に

新潟水俣病 **C** ……… 277
新島襄 **A**9 ……… 157
ニーチェ **A**9 ……… 236
ニート **C**2 ……… 17
NEET **C** ……… 17
新嘗祭 ……… 108
NIEO ……… 314
二元論 **A**2 ……… 21
二元論的世界観 **C** … 19,21,**32**
『ニコマコス倫理学』**A**3
　……… 36
西周 **A**3 ……… 30,**153**
西川如見 **B**4 ……… 144
錦絵 ……… 146
西田幾多郎 **A**8 ……… 168
西田哲学 **A**2 ……… 169
二次的欲求 **B** ……… 11
西村茂樹 **A**1 ……… 159
二重性格 **C** ……… 102
二重予定説 **C** ……… 188
『廿世紀之怪物帝国主義』**C**
③ ……… 163
日蓮 **A**6 ……… 123
日蓮宗 **B**2 ……… 124
「日本」**A**2 ……… 159
新渡戸稲造 **A**7 ……… 157
二宮尊徳 **A**6 ……… 142
ニヒリズム **A**2 ……… 236,**237**
日本主義 **B** ……… 159
『日本書紀』**A**7 ……… 103
「日本人」**A**2 ……… 159
日本人の行動様式 **C** ……… 108
日本人の宗教観 **A**1 …… 108
日本人の道徳意識 **C** ……… 108
日本人の美意識 **A**2 ……… 108
日本神話 **A**2 ……… 102
『日本道徳論』**A** ……… 160
日本の社会主義 **C**2 ……… 162

日本の朱子学 **B**4 ……… 129
日本の世界遺産 ……… 306
日本の風土 **A**2 ……… 100
日本文化の重層性 **B** …… 110
乳児期 **B**2 ……… 9
ニュートン **A**6 ……… 194
如浄 **A** ……… 122
如来蔵 ……… 73
二律背反 **C** ……… 211
ニルヴァーナ **A** ……… 69
人間観 **A**5 ……… 1
人間環境宣言 **C**2 ……… **274**,278
人間性 **A**4 ……… 1
人間疎外 **B** ……… 180
人間中心主義 **A**7 ……… 181
「人間とは『世の中』であるとともにその世の中における『人』である…」…… 171
「人間における偉大なものに対する私の常套語は，運命への愛である…」…… 237
人間の安全保障 **C**4
　……… 246,**314**
「人間の意識がその存在を規定するのではなく，人間の社会的存在が…」…… 229
『人間の学としての倫理学』**B**1 ……… 170
『人間の条件』**B**3 ……… 247
『人間の尊厳について』**A**6
　……… 182,**183**
「人間の知識と力は合一する」**B**1 ……… 196
人間の人間からの疎外 **C**
　……… 228
人間の有限性 **C** ……… 44
「人間は自然のうちで最も弱い一本の葦にすぎない。しかしそれは考える葦である…」**B** ……… 191
「人間は自由そのものである」**C** ……… 241
「人間は自由なものとして生まれた。しかしいたるところで鉄鎖につながれている」**B** ……… 208
「人間は動物と超人の間に張り渡された一本の綱」
　……… 236
「人間は努力しているうちは，迷うものだ」……… 6
「人間は万物の尺度である」**A**4 ……… 28,**28**

さくいん

「人間は欲すれば，何事もなすことができる」……182
「人間は本性上，ポリス的動物である」C2……2,25,37
「人間はみずからつくったところのものになる」……242
人間非中心主義……272
「人間普通日用に近き実学」A……153
『人間不平等起源論』A4……208
認識 A8……22
「認識が対象に従うのではなく，対象が認識に従う」C3……211,212
忍従的 A2……101
忍性 C1……125
人情 A2……109,145
忍辱 B5……73

ぬ
ヌース C……24

ね
ネオリベラリズム C……245
「願はくは花の下にて春死なむ そのきさらぎの望月のころ」……126
ネチケット C……302
ネットワーク社会 B……300
根の国……105
涅槃 A4……69
涅槃寂静 A3……69
ネビーイーム……46
ネルソン＝マンデラ……319
年中行事 B……108
年少人口 C……294
念仏 A10……118
「念仏無間，禅天魔，真言亡国，律国賊」B……124

の
ノイローゼ B1……13
能 A1……127
農家 A……79
能楽 B4……127
脳死 A5……268
農本思想 C……142
『ノヴム－オルガヌム』A……197

能力 A2……14
「能力に応じて働き，必要に応じて分配される」……231
「能力に応じて働き，労働に応じて分配される」……231
ノーマライゼーション A7……294,297
ノーマン C……142
野間宏 C……175
ノモス B2……28
祝詞 B1……106

は
バークリ A5……197
パース A3……223
パーソナリティ A7……14,288
パーソナル－コミュニケーション A1……301
パーソンズ C……289
バーチャル－リアリティ B……301
ハーディン B……275
ハードウェア C……298
バーナード＝ショウ A……233
ハーバーマス A11……259
ハイエク……261
バイオエシックス A……262
バイオテクノロジー A……262
バイオハザード……263
俳諧 B……145
廃棄物 B……283
俳句 B1……145
胚性幹細胞 B……270
ハイデガー A7……238
廃仏毀釈 B……151
配分的正義 A7……36
ハヴィガースト B3……8
パウル＝クレー C……96
パウロ A25……53
パヴロフ……4
『破戒』C……166
『葉隠』B3……134
パグウォッシュ会議……316,318
白紙 B10……197
白昼夢……13
恥の文化 C……109
場所 A……169
場所の論理 C2……169
パスカル A10……191
パスカルの原理 A……192
長谷川等伯……97

パターナリズム A4……268
バターフィールド C……193
ハッキング C……302
ハッジ C1……61
八正道 A9……67
八聖道……67
発展 A2……223
発展途上国 B7……313
バッハ C……94
覇道 A2……84
パトス A2……20,39
バトラー C……291
花 A……127
「花が咲けば蕾が消えるから，蕾は花によって否定されたということもできよう…」……216
花道 C……128
塙保己一 B……140
「花をのみ待つらむ人に山里の 雪間の草の春を見せばや」……127
パノプティコン……218
バビロン捕囚 A……48
バプテスマのヨハネ A……50
パブリック－アクセス C2……303
パブロ＝カザルス C……96
バベルの塔……49
林羅山 A11……129
はらい C4……106
はらえ C2……106
祓 A4……106
パラサイト－シングル B6……17
パラダイム A9……193
パラダイム－シフト A3……193
バラモン A1……64
バラモン教 A12……64
バリアフリー C7……294
パリサイ人……52
パリサイ派 A2……52
「春」A2……98
「春が巡ってきても鳥さえもさえずらない」……280
パルメニデス B2……26
ハルモニア C……24,26
ハレ C……107,108
パレスティナ B……47
パロール B2……254
バロック C……94
反 A……216,217

【総さくいん】 は・ひ・ふ 29

さくいん

「万国の労働者，団結せよ」
　………………………… 231
晩婚化 **B**② ……………… 289
蛮社 **A** ………………… 148
蛮社の獄 **B** …………… 148
反宗教改革 **C** ………… 189
反証可能性 **C**② ……… 260
反照的均衡 **C** ………… 245
蕃神 **B**④ ……………… 111
阪神・淡路大震災 **C**① … 297
万人直耕 **A**② ………… 141
汎神論 **A**① …………… **43**,200
ハンス＝ヨナス **C**⑥ … 275
『パンセ』 ……………… 191
『判断力批判』 **A**② … 94,**215**
「樊遅，仁を問う。子曰く，
　人を愛す」 ……………… 80
反定立 **C** ……………… 217
反動形成 **B**② …………… 13
ハンナ＝アーレント **A**⑨
　………………………… 246
般若 **A** ………………… 73
『般若経』 **C**④ ………… 74
『般若心経』 **C** ………… 74
万人司祭主義 **B** ……… 187
「万人の万人に対する闘争」
　B⑤ …………………… 205
万能細胞 **C** …………… 270
万能人 **A**⑦ …………… 181
万物斉同 **A**⑥ ………… 90,**92**
「万物の根源（アルケー）は
　水である」**B**② ……… 25
「万物は流転する」**B**④ … 26
反本地垂迹説 **B**② ……… 116
判明 **B**① ……………… 198
万有引力の法則 **B**③ …… 195

ひ

火 **A**② ……………… 25,**26**
美 **A**⑤ ………………… 94
ピアジェ **C**④ …………… 10
PKO **C** ………………… 318
PCB **C** ………………… 280
ピーター＝シンガー **C**④
　………………………… 274
ピーターパン−シンドロー
　ム **C**① ………………… 7
『ピーターパン−シンドロー
　ム−大人になれない男た
　ち』 ……………………… 7
ビートルズ ……………… 16
比叡山 **A**② …………… 113

非営利組織 **C**① ……… 296
「ピエタ」**C** …………… 184
ヒエラルヒー **C** ……… 57,**58**
非核三原則 ……………… 316
東日本大震災 **C**① …… 297
東山魁夷 ………………… 96
ピカソ **C**④ …………… 95
ひきこもり **C** ………… 17
非攻 **A**③ ……………… 78
「非合理なるがゆえに信ず」
　………………………… 55
ピコ＝デッラ＝ミランドラ
　B② ………………… 181,**182**
非婚 **B**② ……………… 292
ヒジュラ **A** …………… 60
「秘すれば花，秘せずは花な
　るべからず。」………… 127
非正規雇用 **C** ………… 305
非正規雇用労働者 **C** … 305
非政府組織 **A** ………… 311
非戦論 **A**③ …………… 156
非僧非俗 **A** …………… 120
ビッグ−ファイブ **C**③ … 15
美的実存 **A**② ………… 235
ひと **A** ………………… 239
被投性 **B**② …………… 239
ヒトクローン技術規制法 **C**
　………………………… 264
ヒトゲノム **A**① ……… 264
ヒトゲノム計画 **C** …… 264
ヒトゲノムと人権に関する
　世界宣言 ……………… 264
「一粒の麦が地に落ちて死な
　なければ唯一つである。
　もし死んだなら，多くの
　実を結ぶであろう」…… 51
「人にしてもらいたいと思う
　ことを人にせよ」…… 219
「人の生まれたときは柔弱で
　あるが死ねば堅強にな
　る。草木が萌え出るとき
　は柔らかであるが…」… 91
「人の性は悪にして，その善
　なるものは偽なり」… 85
「人のまことの情といふもの
　は女童のごとくみれんに
　おろかなるもの也」…… 138
「人の世に熱あれ，人間に光
　あれ」**B** …………… 162
「人は女に生まれるのではな
　い。女になるのだ」②
　………………………… **242**,291
「人は人に対して狼」…… 205

「人びと皆仏法の器」…… 123
「人皆，人に忍びざるの心あ
　りと謂う所以の者は，
　今，人乍に孺子の…」… 83
ヒトラー **C** …………… 315
批判主義 **A** …………… 211
批判的合理主義 **C** …… 260
批判的理性 **C** ………… 257
批判哲学 **A**② ………… 211
批判理論 ② …………… 257
批評 **A** ………………… 174
「批評とは竟に己の夢を懐疑
　的に語ることではないの
　か」 …………………… 174
非暴力 **A**① …………… 249,**250**
非暴力主義 **B**① ……… **243**,249
『百一新論』 **C**② ……… 154
『百科全書』 **A**② ……… 207
百科全書派 **B** ………… 207
百家争鳴 **C** …………… 76,**77**
ヒューマニズム **A**② … 181
ヒューム **A**⑪ ………… 197
ピューリタニズム **B**② … 188
ピューリタン **A** ……… 189
ピューリタン革命 **A** … 203
ビューロクラシー **B**① … 179
ピュシス **C** …………… 28
ピュタゴラス **A**④ …… 25
ヒュレー **A** …………… 34
ピュロン **A** …………… 41
病 **A**① ………………… 67
兵庫県南部地震 ………… 297
平等 **A**⑤ ……………… 320
平等な自由原理 **C** …… 244
漂泊民 …………………… 172
開いた道徳 **C** ………… 250
平賀源内 ………………… 147
平田篤胤 **A**⑥ ………… 138,**140**
平塚らいてう **A**③ …… 162
貧困 **A**④ ……………… 313
ヒンドゥー教 **A**② …… 65
『貧乏物語』 **A**④ ……… 164

ふ

『ファウスト』 ………… 6
ファシズム **A**③ ……… 171
ファランジュ **C**③ …… 226
不安 **A**⑥ ……………… 235
「不安」 ………………… 99
フィチーノ ……………… 181
フィッシング …………… 302
フィヒテ **B**② ………… 215

フィランソロピー **C** …… 305
フィリア **A**2 …… 35
フィレンツェ **B** …… 181
フィロソフィア **A** …… 20,**30**
フィロン **C** …… 41
ブーアスティン **C**2 …… 300
風狂 …… 126
フーコー **A**9 …… 254
『風姿花伝』 **C**4 …… 127
「夫子の道は忠恕のみ」 **C**
　…… 81
『風土』 **A**4 …… **101**,171
夫婦別姓 **C**2 …… 289
フーリエ **A**3 …… 226
フェアトレード **C**1 …… 314
フェティシズム …… 42
フェノロサ **C** …… 160
フェビアン協会 **A**1 …… 233
フェビアン社会主義 **C** …… 233
フェミニズム **B**2 …… 242,**290**
フェルメール …… 98
フォイエルバッハ **C** …… 227
フォーヴィスム …… 95
不飲酒 **B**1 …… 70
武器貿易条約 …… 318
福音 **A**6 …… 50
福音主義 **B** …… 186
福音書 **A**1 …… 50
複合家族 **C** …… 287
福沢諭吉 **A**10 …… 152
福島第一原子力発電所事故
　C …… **283**,297
復初 …… 88
福田英子 **B**3 …… 162
福徳の一致 **C**2 …… 31
父系血統主義 …… 306
不敬事件 **A**1 …… 157
不耕貪食 …… 141
富国強兵論 **C**3 …… 153
父子・君臣・夫婦・長幼・
　朋友 **B**2 …… 83
藤田東湖 **C** …… 149
武士道 **A**6 …… 134
『武士道』 **A**4 …… 156
「武士道というは，死ぬこと
　と見付けたり」2 …… 134
「武士道の上に接木されたる
　キリスト教」 **C** …… 134,**156**
不邪婬 1 …… 70
プシュケー **A** …… 30
不条理 **B**3 …… 243
藤原惺窩 **A**9 …… 129
藤原定家 **C** …… 127

藤原俊成 **C** …… 127
婦人解放運動 …… 162
フス **A** …… 189
布施 **B**7 …… 73
不正アクセス禁止法 …… 303
不殺生 **A**10 …… 65,70,**249**
普選運動 …… 161
二心 …… 106
二つの戒め **C** …… 51
二つの J **A** …… 156
不偸盗 **B** …… 70
普通選挙 **B** …… 179
復活 **C** …… 53
仏教 **A**33 …… 65
仏教の伝来 **B**2 …… 111
復古神道 **A**4 …… 140
フッサール **A**5 …… 240
物質的文化 …… 306
仏性 **A**2 …… 73
物象化 **C** …… 229
物神崇拝 **C** …… 42,**229**
物心二元論 **A**1 …… 21,**199**
仏陀 **A**15 …… 66
ブッダガヤー **B** …… 66
「仏道をならうというは，自
　己をならうなり。自己を
　ならうというは，自己を
　わするるなり」 …… 123
仏・法・僧 **B**6 …… 70
物理的制裁 …… 219
不適応行動 **C** …… 11
不動心 **C**2 …… 39
『風土記』 **C**2 …… 106
プトレマイオス **B**1 …… 193
部派仏教 **A**4 …… 71
不服従 …… 249
部分的核実験禁止条約 …… 316
部分的正義 **A**6 …… 36
普遍人 **B**2 …… 181
普遍妥当的 1 …… 212
普遍的無意識 **C** …… 252
普遍的立法の原理 **B** …… 212
普遍論争 **C** …… 57
不法就労 …… 306
不法滞在 …… 306
父母両系血統主義 …… 306
フマニタス **C**2 …… 181
不妄語 **B** …… 70
プライバシー **A**4 …… 303
プライバシーの権利 **B**2
　…… 303
部落解放運動 **B** …… 162
プラグマ **A** …… 223

プラグマティズム **A**2 …… 223
フラストレーション **A** …… 12
プラトン **A**23 …… 31
ブラフマー **C** …… 65
ブラフマチャリア …… 249
ブラフマン **A**6 …… 63
フランクフルト学派 **A**2
　…… 257
フランクル **B**3 …… 10,**315**
フランシスコ＝ザビエル
　…… 189
フランス革命 **A**2 …… 203
フランス人権宣言 **B** …… 203
フリーター **C** …… 17
フリーダン **C** …… 291
フリードマン **C** …… 245
振り子の等時性 **C** …… 194
『プリンキピア』 **B** …… 195
ブルーノ **C**2 …… 195
「故きを温ねて新しきを知
　る」 …… 80
ブルジョアジー **C** …… **202**,231
フレックス-タイム制 …… 305
フロイト **A**10 …… 250
ブログ **C** …… 301
プロダクティブ-エイジン
　グ **B** …… 296
プロタゴラス **A**6 …… 28
プロティノス **B**5 …… 41
プロテスタンティズム **A**4
　…… 188
プロテスタンティズムの受
　容 **A** …… 156
『プロテスタンティズムの倫
　理と資本主義の精神』 **B**
　2 …… **179**,188
プロテスタント **B**2 …… 188
フロネーシス **B** …… 35
フロム **A**4 …… 258
プロメテウス神話 …… 23
プロレタリアート **B** …… 230
プロレタリアの独裁 **C** …… 232
フロン **B**5 …… 278
フロンティア精神 **B** …… 223
文化 **A**9 …… 306
文化遺産 **C** …… 306
文化価値 …… 14
文化共存 …… 308
「文学界」 **C** …… 165
文化交流 **C** …… 307
文化人類学 **A** …… 306
文化相対主義 **B**4 …… **254**,308
文化多元主義 …… 307

へ・ほ

文化のグローバル化 …… 306
文化の多様性 **C** …… 307
文化の普遍性 …… 307
文化摩擦 **C** …… 307
文芸復興 …… 181
分子生物学 **B** …… 263
分析心理学 **C** …… 252
分析哲学 **A** … 254,259,**260**,317
分析の規則 **C** …… 199
分度 **A** …… 142
文明開化 **A** …… 151
文明の衝突 **C** …… 309
『文明論之概略』**A** …… 153
文楽 …… 145

へ

平安仏教 **B** …… 113
兵家 **C** …… 79
平均寿命 **C** …… 293
『平家物語』**C** …… 125
平民社 **B** …… 165
平民主義 **A③** …… 158
平民新聞 **A②** …… 165
平和運動 **B** …… 316
平和的生存権 **C** …… 322
平和のうちに生存する権利
…… 322
ヘーゲル **A⑰** …… 215
ベーコン **A⑩** …… 196
ベートーヴェン …… 95
ヘシオドス **A④** …… 23
ヘッセ **C** …… 10
ペテロ **A②** …… 53
ペトラルカ **A①** … 181,**183**
ベネディクト **B①** …… 109
〜への自由 **C** …… 320
ベビーM事件 **C** …… 266
ヘブライズム **C** …… 46
ヘブライ民族 **C** …… 46
ヘラクレイトス **A⑥** …… 26
ベラスケス …… 98
Beruf **C** …… 187
ベルーフ …… 187
ベルクソン **B⑪** … 2,**250**
ヘルシズム …… 271
ヘルシンキ宣言 …… 278
ベルリンの壁崩壊 **C** …… 233
ベルンシュタイン **A②** …… 233
ヘレニズム **A②** …… 37
ヘレニズム文化 **C②** …… 37
ベンサム **A⑪** …… 218
弁証法 **A⑧** …… **216**,230

弁証法的唯物論 ② …… 229
『弁道』**A②** …… 136
ベンヤミン **C③** …… 258
弁論術 **A** …… **27**,28,30

ほ

ホイジンガ **B③** …… 2
法 **A④** …… 18
法〔ダルマ〕**A①** …… 68
防衛機制 **A⑥** …… 12
防衛者階級 **B③** …… 33
法王 …… 58
法家 **A** …… 19,**78**
包括者 **B** …… 238
包括的核実験禁止条約 **C**
…… 316
法・裁判官・権力の欠如
…… 206
放射性廃棄物 **B** …… 284
『方丈記』**B** …… 126
法世 **A** …… 141
法治主義 **A②** …… **78**,85
「放蕩息子の帰宅」② …… 51
報徳 **A** …… 142
報徳運動 …… 142
法難 **C** …… 124
法然 **A⑧** …… 119
『法の精神』**A②** …… 207
『法の哲学』**A** …… 217
「法のないところに自由はな
い」…… 206
法の下の平等 **C** …… 321
放伐 …… 84
『方法序説』**A②** …… 198
方法的懐疑 **A②** … 198,**199**
訪問介護 **C①** …… 295
法律的制裁 …… 219
法令遵守 **C** …… 304
ボーヴォワール **A⑤**
…… **242**,291
ボーダレス社会 **C** …… 305
ボーディダルマ …… 75
ボート-ピープル …… 312
ボードリヤール **B②** …… 256
ホームページ **C** …… 301
ホームヘルプ …… 295
ホーリズム **C⑤** …… 260
ボールディング **B** …… 274
墨家 **A⑥** …… 78
墨子 **A⑭** …… 78
牧場型 **A②** …… 102
北伝仏教 **B** …… 72

『法華経』**A⑥** …… 75,113,124
菩薩 **A⑪** …… 72
『戊戌夢物語』**B②** …… 148
補償 **C** …… 13
ポスト構造主義 **B** …… 256
ポストコロニアリズム **C**
…… 310
ホスト-マザー …… 265,**266**
ポスト-モダン **A** …… 255
ホスピス **C** …… 268
ボッカッチョ **B②** …… 183
『法句経』**C** …… 71
法華一乗 …… 113
法華経の行者 **B** …… 124
法華宗 **C** …… 124
法相宗 **B** …… 112
ボッティチェッリ **B⑤**
…… 98,**183**
ホッブズ **A⑭** …… 204
ホッベマ …… 97
ポパー **B④** …… 260
ホメロス **A⑥** …… 23
ホモ-エコノミクス **C** … 1,2
ホモ-サピエンス **A③** …… 1
ホモ-ファーベル **A③** … 1,2
ホモ-ポリティクス **C** … 1,2
ホモ-ルーデンス **A③** … 1,2
ホモ-レリギオースス **C③**
…… 2
ホモ-ロークエンス **C** … 1,2
ボランティア **A⑤** …… 296
ポリ塩化ビフェニール … 280
堀川学 **C** …… 134,**135**
ポリス **A⑤** …… 25
ホリングワース **C②** …… 5
ホルクハイマー **A⑦** …… 257
梵 **A** …… 63
梵我一如 **A①** …… 63
本覚思想 **C** …… 114
本願 **A②** …… 119
本願力 …… 119
ボン-サンス **A①** …… 199
本質存在 …… 234
本草学 …… 131
本地垂迹説 **A②** …… 116
本音 **C** …… 110
本然の性 **C②** …… 87,**88**
煩悩 **A㉑** …… 68
「煩悩具足の凡夫，心は蛇蠍
のごとくなり」…… 120
凡夫 **A⑧** …… 111
凡夫の自覚 **C④** …… 120
本門 …… 75

32　さくいん　ほ・ま・み

本有観念 **C** …………… 199

ま

マーガレット＝ミード **C** … 6
マージナル‐マン **A②** …… 6
マードック **C** …………… 289
マーラー **C** ……………… 95
枚挙の規則 **C** …………… 199
マイトレーヤ …………… 74
マイノリティ **B④** ……… 308
『舞姫』**A** ……………… 167
前野良沢 **A②** ………… 147
マキァヴェッリ（マキャヴ
　ェリ）**B④** …………… 184
マグリット ……………… 96
マクルーハン **B⑥** ……… 299
真心 **A⑥** ……………… 139
まごころ **C** ………… 81,**139**
誠 **A②** ………… 80,**102**,106
誠〔伊藤仁斎〕**A⑤** …… 135
「まことの商人は，先も立
　ち，我も立つことを思ふ
　なり」 ………………… 143
「誠は天の道なり，これを誠
　にするは人の道なり」… 85
「誠は道の全体。故に聖人の
　学は，必ず誠を以て宗と
　為」 …………………… 135
マザー＝テレサ **A⑥** …… 243
正岡子規 ………………… 166
魔術 **C** ………………… 105
魔女狩り **C** …………… 190
マスコミ **C** …………… 299
マス‐コミュニケーション
　A① …………………… 299
マス‐デモクラシー **A** … 178
マス‐メディア **A⑧** …… 299
ますらをぶり **B③** … 107,**138**
益荒男振 **B③** ………… 138
マズロー **A⑧** …………… 11
マタイ **B** ………………… 50
松尾芭蕉 **B②** ………… 145
末期医療 **B** …………… 268
マッキンタイア **C①** …… 245
マックス＝ウェーバー **A⑨**
　…………………………… 179
マックス＝シェーラー **C**
　…………………………… 14
末世 **C②** ……………… 117
末法 **A⑦** ……………… 117
末法思想 **A②** ……… 113,**116**
祀られる神 **C** ………… 103

祀る神 **C** ……………… 103
「学びてときにこれを習う」
　…………………………… 88
「学びて時にこれを習う，亦
　た説ばしからずや」 …… 80
「学んで思はざれば則ち罔
　し。思うて学ばざれば則
　ち殆うし」 …………… 88
マニエリスム …………… 94
マハーヴィーラ **A** ……… 65
マホメット **B** ………… 58
マルクーゼ **C** ………… 258
マルクス **A⑬** ………… 227
マルクス＝アウレリウス＝
　アントニヌス **A⑤** …… 40
マルクス主義 **A④** …… 232
マルクス‐レーニン主義 **C**
　…………………………… 232
マルコ **B** ……………… 50
マルサス ……………… 222
マルチ‐カルチュラリズム
　C ……………………… 307
マルチン＝ブーバー **C②**
　…………………………… 248

丸山真男 **B⑤** ………… 174
まれびと **A⑧** ………… 173
万学の祖 **B** …………… 35
「満足した豚であるより不満
　足な人間であるほうがよ
　く…」**A②** …………… 219
曼荼羅 **B②** …………… 115
マントラ **A** …………… 115
『万葉集』**A⑩** ………… 107
『万葉代匠記』**B②** …… 138

み

三浦梅園 **B②** ………… 147
「見えざる手」**A④** … **220**,221
「身修まって家斉い，家斉っ
　て国治まり，国治まって
　天下平らかにす」 …… 88
三木清 **C** ……………… 170
ミケランジェロ **A②** …… 184
ミシェル ……………… 15
水 **A①** ………………… 25
「自らを灯明とし，自らを帰
　依処となせ。法を灯明と
　し，法を帰依処とせよ」
　…………………………… 66
「水と一切れのパンがあれば
　足りる」**C②** ………… 38
みそぎ **C③** …………… 106

禊 **A⑤** ………………… 106
弥陀の本願 **B** ……… 118,**119**
『みだれ髪』**A②** ……… 165
道〔中国〕**A⑤** ………… 80
「道」〔東山魁夷〕**A** …… 96
道〔老子〕**A⑤** ………… 90
「道は常に為すなくして，而
　もなさざるはなし」 …… 92
密教 **A⑥** ……………… 115
三つのR **C** …………… 282
三つの秩序 **C①** ……… 192
「ミッテルハルニスの並木
　道」 …………………… 97
水戸学 **B** …………… 129,**149**
南方熊楠 **A⑤** ………… 173
水俣病 **B①** …………… 277
南村梅軒 **C** …………… 131
「ミネルヴァの梟は夕暮れど
　きに飛び立つ」 ……… 216
美濃部達吉 **B①** ……… 161
ミフラーブ ……………… 61
三宅雪嶺 **A②** ………… 159
宮沢賢治 **A⑤** ………… 174
みやび ………………… 125
ミュートス **C** ……… 22,**23**
ミュートスからロゴスへ
　…………………………… 24
明恵 **B** ………………… 125
「明星」**C** ……………… 165
妙法蓮華経 **B** ………… 124
『妙法蓮華経』**C** ……… 124
ミル **A⑭** ……………… 219
『ミル自伝』…………… 220
ミレトス学派 **C** ……… 25
ミレニアム開発目標 …… 312
ミレニアム宣言 ……… 311
弥勒 **C** ………………… 74
「見渡せば花も紅葉もなかり
　けり　浦の苫屋の秋の夕
　暮れ」 ………………… 127
民間伝承 **C** …………… 172
民芸 **A②** ……………… 173
「民権是れ至理也。自由平等
　是れ大義也」 ………… 155
「民衆を率いる自由の女神」
　…………………………… 99
民主主義 **A⑥** ………… 225
民主制〔アテネ〕**A** …… 27
民族 **A③** ………… **308**,321
民俗学 **A⑤** ……… 140,**172**
民族教育 ……………… 310
民族国家 ……………… 308
民族宗教 **B** ………… 42,**43**

【総さくいん】 む・め・も・や・ゆ 33

民族主義 **C** ……………… 309
民族浄化 …………………… 310
民族紛争 **C** ……………… 309
民本主義 **A4** …………… 161
『民約訳解』 **A2** ………… 155

む

無 **A4** …………………… 90
無為 **A2** ………………… 91
無意識 **A6** ……………… 251
「無意識は言語のように構造化されている」**C** ……… 253
無為自然 **A2** ……… 78,90,**91**
無為自然の道 ② ………… 80
無教会主義 **A** ………… 156
無限なもの **C** …………… 25
無自性 **B2** ……………… 73,74
無着 **B** …………………… 74
武者小路実篤 **B4** ……… 168
無常 **A6** ………………… 73
無常観 **A6** ……………… 126
無条件反射 ……………… 43
無神論 **B1** ………………… 4
ムスビ …………………… 104
ムスリム **A10** …………… 61
無性生殖 ………………… 264
無政府主義 **B** ………… 164
無知の自覚 **B4** ………… 29
無知の知 **C** …………… **29**,**30**
無知のベール **B** ……… 244
無著 **B2** ………………… 74
ムハマド＝ユヌス **C** …… 246
ムハンマド **A23** ………… 58
無明 **A** ………………… **68**,69
無用の用 **C** …………… 92
ムラ **C** ………………… 101
ムラ社会 **C** …………… 101
村田珠光 ………………… 128
村八分 …………………… 101
室鳩巣 **B6** ……………… 131
ムンク …………………… 99

め

『明暗』**B** ……………… 166
名家 **B** ………………… 79
明証の規則 **C1** ………… 199
明晰 **B1** ………………… 198
明晰・判明 **C1** ………… 199
明晰判明な原理 **C** …… 198
名誉革命 **A** ………… **203**,206
「明六雑誌」**B** ………… 152

明六社 **A3** ……………… 152
迷惑メール **C** …………… 302
メシア **A2** ……… 47,48,49
メシア思想 **C2** ……… 45,**46**
メセナ **C** …………… **304**,305
メソテース **B** …………… 35
メッカ **A6** ……………… 61
滅諦 **A** …………………… 67
メディア-リテラシー **A1**
………………………… 302
メディナ **A1** …………… 61
メメント・モリ **C** ……… 271
メルロ＝ポンティ **A7** … 241
免罪符 **A2** ……………… 186

も

孟子 **A26** ……………… 82
『孟子』**A7** ……………… 84
毛沢東 **B** ……………… 232
孟母三遷 **C** …………… 82
盲目的意志 ……………… 238
モーセ **A10** …………… 47
モーツァルト ① ………… 95
黙照禅 ………………… 122,**123**
目的の国 **B3** …………… 214
目的論的自然観 **A2**
……………… **35**,195,199
モスク **B** ……………… 61
「モダン-タイムス」**C** … 180
MOTTAINAI **C2** …… 281
「もっとも生きがいを感じる人は，自己の存在目標をはっきりと自覚し…」… 11
「もっとも善い戦争も，もっとも悪い平和よりも悪い」
………………………… 156
本居宣長 **A14** ……… 138,**139**
モナド **A2** …………… **200**,201
『モナドロジー』**B3** …… 200
「モナ-リザ」**C** ………… 183
モノカルチャー ………… 313
物自体 **B6** ……………… 212
もののあはれ **A5** … 125,**139**
もののふの道 …………… 134
モラトリアム人間 **B3** …… 7
モラリスト **A4** ………… 190
モラル-センス **C** ……… 220
森有礼 **A** ……………… 154
森鷗外 **C5** ……………… 167
モンスーン型 **A** ……… 101
問題解決学習 **C2** ……… 225
モンテーニュ **A4** ……… 190

モンテスキュー **A6** …… 207
問答法 **A7** …………… 27,**30**
モントリオール議定書 … 278
「門閥制度は親の敵でござる」**C** ……………… 153

や

ヤーウェ **B** …………… 45
八百万神 **B3** …………… 103
役割実験 **B3** …………… 9
「夜警」………………… 97
矢島楫子 ………………… 162
ヤジュル-ヴェーダ …… 63
ヤスパース **A4** ………… 238
野生生物種の減少 **C** … 279
野生の思考 **A4** ………… 254
柳田国男 **A4** …………… 172
柳宗悦 **A3** ……………… 173
ヤハウェ **A** …………… 45
野暮 **C** ………………… 145
やまあらしのジレンマ ④ … 7
山鹿素行 **A7** …………… 133
山片蟠桃 **B4** …………… 144
山崎闇斎 **A7** …………… 130
ヤマツミ ………………… 104
やまとごころ …………… 139
大和心 …………………… 139
「山は裂け海は褪せなん世なりとも君に二心わがあらめやも」…………… 106
山本常朝 **B1** …………… 134
山脇東洋 **C** …………… 147
「病める少女」…………… 99
「やわ肌のあつき血潮にふれもみで　さびしからずや道を説く君」………… 165

ゆ

唯円 **A3** ………………… 120
唯識説 **B2** ……………… 74
唯識派 ② ………………… 74
唯心論 **C** ………… **20**,21,197
唯一神 **B6** ……………… 102
唯物史観 **A** ………… 228,**229**
唯物論 **C** …………… 21,**229**
『維摩経』**B2** …………… 75
唯名論 **C** ……………… 57
友愛 **A8** ………………… 35
UNHCR **C** …………… 313
有害物質 **C** …………… 280
勇気 **A5** ………………… 33

遊戯人 **A**④ …………………… 2
幽玄 **A**⑤ ……………… 125,**127**
ユース－カルチャー **B** … 15
優生思想 **B**① …………… 266
有線テレビ ………………… 299
ユートピア **A** …………… 226
幽冥界 ……………………… 140
有用価値 …………………… 14
有用性 **A**③ ……………… 224
瑜伽行 **C** ………………… 74
湯川秀樹 **C** ……………… 317
遊行宗 ……………………… 121
遊行上人 **A**② …………… 121
「ゆく川の流れは絶えずし
　て，しかも，もとの水に
　あらず…」 ……………… 126
ユグノー戦争 **C** ………… 190
湯島学問所 ………………… 130
湯島聖堂 **C** ……………… 130
豊かさ **A**① ……………… 178
『豊かな社会』 **C** ……… 178
ユダヤ教 **A**㉑ …………… 45
ユダヤ人 **A** ……………… 46
UNICEF …………………… 320
ユニバーサル－デザイン **C**
　② …………………………… 297
UNESCO …………………… 320
ユネスコ **B** … 307,308,313,320
ユネスコ憲章 **B** ………… 320
UNESCO憲章 **C** ………… 320
UNEP ……………………… 275
ユビキタス社会 **C**④ …… 300
ユング **A**⑨ ……………… 252

よ

『夜明け前』 ……………… 167
洋学 **A**① ………… 146,**146**
栄西 **A**⑨ ………………… 122
幼児期 **B**③ ………………… 9
陽明学 **A** ………… 77,**89**,131
ヨーロッパ中心主義 **C** … 202
抑圧 **A**④ ………… **12**,251
善く生きる **C**④ ………… 31
「善く生きること」 **C** … **21**,30
抑制 **A**③ ………………… 13
欲望 **A**⑨ ………………… 33
欲望の体系 **A** …………… 217
「よくもあしくも生まれつき
　たるままの心」 ………… 139
預言者 **A**⑦ …………… **47**,60
預言の書 …………………… 49
横井小楠 **A** ……………… 150

与謝野晶子 **A**⑤ ………… 165
吉田兼好 **B**④ …………… 126
吉田松陰 **A**⑥ …………… 149
吉田神道 **C** ……………… 107
吉野作造 **A**③ …………… 161
吉本隆明 **B**③ …………… 175
予祝 ………………………… 104
四日市ぜんそく **C** ……… 277
欲求 **A**⑦ …………………… 11
欲求階層説 **C**⑥ …………… 11
欲求不満 **A**⑧ …………… 12
予定説 **A**⑧ ……………… 188
予定調和 **B**② …………… 201
「余は日露非開戦論者である
　ばかりでない，戦争絶対
　的廃止論者である…」 **B**
　…………………………… 157
ヨハネ **A**① ……………… 50
「ヨブ記」 **C** …………… 49
黄泉国 **B**③ ……………… 105
与楽抜苦 **C** ……………… 70
『夜と霧』 **B**② …… 10,**315**
万朝報 **C** ………………… 164
世論 **B**② ………………… 299
世論操作 **C** ……………… 300
四元徳 **A**⑥ ……… **33**,56
四大公害病 ………………… 277
四大霊場 …………………… 66

ら

ラーマクリシュナ **C** …… 65
来迎図 **C** ………………… 117
来世 **A**⑤ ………………… 60
ライフ－サイクル **A**② …… 9
ライプニッツ **A**⑧ ……… 200
ラカン **C**① ……………… 253
落体の法則 **C** …………… 194
ラスキン **C** ……………… 275
ラッセル **B**⑥ …………… 317
ラッセル・アインシュタイ
　ン宣言 **C** …………… **317**,318
ラッファエッロ（ラファエ
　ロ）**C**③ ……………… 184
ラテン・アヴェロエス主義
　…………………………… 62
ラブレー …………………… 185
ラマダーン **C**④ ………… 61
ラムサール条約 **C**③ …… 279
蘭学 **A**② ………………… 146
『蘭学階梯』 ……………… 148
『蘭学事始』 **B** ………… 147
ラング **B**④ ……………… 254

ランド・エシック ……… 273

り

理 **A**⑩ …………………… 87
リアリズム **C** …………… 95
リースマン **B**⑤ ………… 177
『リヴァイアサン』 **A**② … 205
リヴィング－ウィル **B**②
　………………………… 267,**268**
利益社会 **C** ……………… 285
リオタール **C**② ………… 256
理気二元論 **A**⑧ ………… 86,**87**
リグ－ヴェーダ **C** ……… 63
六経 ………………………… 86
離婚率の上昇 **C** ………… 290
リサイクル **B**④ ………… 282
リサイクル法 **C** ………… 282
李斯 **B** ………………… 78,**85**
利子の禁止 **C**⑧ ……… 59,**60**
リストラ **C** ……………… 305
リストラクチャリング … 305
理性 **A**⑮ ……………… **1**,33
「理性がものを言う，と君た
　ちが言ったところで，そ
　の場合人間は…」 ………… 3
理性主義 **B** ……………… 200
理性的動物 **C** …………… 2
「理性的なものは現実的であ
　り，現実的なものは理性
　的である」 …………… 217
理性の狡智 **C**③ ………… 216
理性の命令 **A**① ………… 204
理性批判 **A** ………… **257**,260
理性をもつ動物 …………… 2
理想国家 **A**② ………… 31,**33**
理想主義 **A**② …………… 31
利他 **B**② ………………… 72
立憲君主制 **B** …………… 209
律宗 **A**③ ………………… 112
『立正安国論』 **A**② …… 124
リップマン **B**④ ………… 299
律法 **A**⑳ ………… 19,45,**46**
律法主義 **A**⑥ …………… 52
律法の内面化 **C**② … 50,**51**,52
リデュース **B** …………… 282
リバタリアニズム **B**⑤ … 245
リビドー **B**③ …………… 251
リフューズ ………………… 282
リプロダクティブ－ヘルス
　C② …………………… 292
リプロダクティブ－ライツ
　C② …………………… 292

【総さくいん】 り・る・れ・ろ・わ 35

さくいん

リベラリズム **C**② ……… 245
理法 **A**⑩ ……………… 26
竜樹 **A**⑤ ……………… 73
流出 **B** ……………… 42
リユース **B** ……… 282
リュケイオン **A** …… 36
竜安寺石庭 **C** …… 128
良寛 **C** ……………… 144
良識 **A**⑥ ……………… 199
「良識はこの世でもっとも公
　平にあたえられているも
　の」③ ……………… 199
良心 **A**① ……………… 19
良知 **A**⑥ ……… **89,90,91,132**
良知良能 **B** ……… 89,**90**
良能 **B** ……………… 89,**90**
理論型 **B**④ ……………… 15
理論的な知 …………… 35
理論理性 **A** ……… 210
臨済宗 **A**⑤ …… 121,**122**
隣人愛 **A**⑦ ……… 50,**52**
輪廻 **A**⑬ ……………… 63,**64**
輪廻転生 **B**① …… 64
倫理 **A**⑦ ……………… 21
倫理的実存 **A**② …… 235
倫理の徳 **A**③ …… 21,**35**

る

類型論 **B**⑦ ……………… 14
累積債務問題 ……… 313
類的存在 **B** ……… 228
類的存在からの疎外 **C** … 228
ルカ **A**① ……………… 50
ルサンチマン **A**⑥ …… 236
ルソー **A**㉒ ……… 5,**207**
ルター **A**⑬ ……………… 186
ルネサンス **A**⑭ …… 181
ルネサンスの三大発明 … 181
ルンビニー園 **C** …… 66

れ

礼 **A**⑮ ……………… 81
例外者 **C** ……………… 234
礼楽 **B** ……… 76,**77**,79,81
礼楽刑政 **B**④ ……… 136
霊魂 **B**⑥ ……………… 104
冷戦の終結 **C** …… 234
レイチェル＝カーソン **A**⑧
　…………………………… 280
礼治主義 **B**④ ……… 84,**85**
礼拝 **A**⑥ ……………… 60

レヴィ＝ストロース **A**⑤
　…………………………… 253
レヴィナス **A**⑥ …… 247
レヴィン **A**④ ……………… 6
レーニン **B**① ……… 232
レオナルド＝ダ＝ヴィンチ
　A⑧ ……………… 183
レジグナチオン **B**⑤ … 167
レシピエント **A** …… 270
レッセ－フェール **C** …… 221
劣等感 **A**① ……………… 6
劣等コンプレックス **C** … 253
錬金術 ……………… 195
連衡 ……………… 79
連帯 **A**③ ……………… 321
蓮如 **C**② ……………… 121
レンブラント ……… 97

ろ

老 **A** ……………… 67
老子 **A**⑭ ……………… 90
『老子』 **A** ……………… 92
『老子道徳経』 **C** …… 92
老人虐待 **C** ……… 296
老荘思想 **A**② ……… 90
労働 **A**⑤ ……………… 228
労働からの疎外 **C**② … 228
労働基準法 **C** …… 305
労働－仕事－活動 **C**④ … 246
労働者階級 **B**⑬ …… 230
労働党 **B** ……………… 233
労働の疎外 **A**⑥ …… 228
労働力 **A**① ……… 228
労働力の商品化 **C**② … 228
老年期 **C**② ……………… 9
老年人口 ……………… 294
浪漫主義 ……………… 165
老老介護 **C**① …… 296
ローマ－カトリック教会 **A**
　………………… 49,**57**
ローマ教会 **B** …… 53,**57**
ローマ教皇 **B** …… 53,**57**
ローマクラブ ……… 275
『ローマ人への手紙』 **C** …… 54
ローマ法王 ……… 57
ロールズ **A**⑨ …… 244
六師外道 **B**② ……… 65
六信 **A**⑩ ……………… 60
六波羅蜜 **A**⑧ ……… 73
ロココ ……………… 95
ロゴス **A**⑧ ……… 19,**24**,26
ロシア革命 **A** ……… 232

ロジャーズ **C** ……… 14
ロジャー＝ベーコン …… 57
ロック **A**㉒ …… **197**,205
ロバート＝ノージック **C**③
　…………………………… 245
ロマン主義 **B**④ …… 165
ロマンティシズム ……… 95
ロマン＝ロラン **C** …… 248
『論語』 **A**⑧ …… 79,**80**
『論語古義』 **C** …… 135

わ

和 **A**④ ……………… 111
ワーキング－プア **C** …… 305
ワークシェアリング …… 305
ワーク－ライフ－バランス
　B② ……………… 293
「わが上なる星空と，わが内
　なる道徳法則」 **B** ……… 215
『若きウェルテルの悩み』 … 6
『若菜集』 **B**② ……… 166
「我日本，古より今に至るま
　で哲学なし」 ……… 155
『吾輩は猫である』 **C** …… 166
「吾が道は一以てこれをつら
　ぬく」 ……………… 81
若者文化 **C** ……………… 15
惑星運動の三法則 **C** … 194
和敬静寂 ……………… 128
和魂漢才 ……………… 146
和魂洋才 **B** ……… 146
ワシントン条約 **C** …… 279
『忘れられた思想家』 **C** … 142
「私どもにとりまして，愛す
　べき名とては天上天下た
　だ二つあるのみでありま
　す…」 **C** ……………… 156
「私にとって真理であるよう
　な真理を発見し，私がそ
　れのために生きそして死
　ぬことを願うような…」
　B ……………… 235
「わたしには夢がある」 … 243
「私の個人主義」 **A**① …… 167
「私の属する都市と国家は，
　アントニヌスとしてはロ
　ーマであるが，人間とし
　ては宇宙である」 ……… 40
「私の欲する善はこれをなさ
　ず，私の欲しない悪はこ
　れをなす」② ……… 54

「わたしは貴方がたに超人を教えよう。人間とは克服されなければならない何物かである」…………237

「わたしは，生きようとする生命にとりかこまれた生きようとする生命である」…………249

「私は考える，ゆえに私はある」**C**…………198

「私はキリストとともに十字架につけられた。生きているのはもはや私ではない。私のなかでキリストが生きている」…………54

「私は知らないことを知らないと思っている」………29

「私は何を知るか」**C**……191

「私は日本のために，日本は世界のために，世界はキリストのために」………156

ワタツミ…………104

わたつみの宮…………105

渡辺崋山 **A2**…………148

度会神道…………107

和辻哲郎 **A10**………**101**,170

ワトソン〔心理学〕**C**………4

ワトソン〔分子生物学〕**C**…………263

わび **A2**…………127

わび茶 **B**…………128

「われ思う，故にわれあり」**B2**…………198

「われ必ずしも聖にあらず，かれ必ずしも愚にあらず。ともにこれ凡夫のみ」**1**…………111

「吾十有五にして学に志し，三十にして立ち，四十にして惑わず…」**C**……79

「われ日本の柱とならん，われ日本の眼目とならん，われ日本の大船とならん」**C**…………124

「我はブラフマンなり」…63

「われよく人を愛し，人またわれを愛し，あい親しみ，相愛す」…………134

「われわれが努力するのは，劣っていると感ずるからである。」**C**…………253

「我々のあらゆる尊厳は考えるということにある。だからよく考えることを…」…………192

「われわれはいわば2回この世に生まれる。1回目は存在するために，2回目は生きるために…」………6

「和を以て貴しとなし，忤ふることなきを宗とせよ」**C2**…………111

「和を以て貴しとなす」…112

ワンガリ＝マータイ **C2**…………281

湾岸戦争 **C**…………318

を

をかし…………125

原典資料さくいん

あ行

「悪性さらにやめがたし。こころは蛇蝎のごとくなり。」親鸞 ……………………… 120

「悪人に手向かうな。もしだれかがあなたの右の頬を打つなら、もう一方も向けてやりなさい」イエス ……………………… 51

「アジアは一つ」**C**岡倉天心 ……………… 161

「朝に道を聞かば、夕べに死すとも可なり」**B**孔子 ……………………………………… 80

「あたかも、母が己が独り子を命を賭けて護るように、いっさいの生きとし生けるものどもに対しても、無量のこころを起こすべし。」**C**『スッタニパータ』 …………… 69

「あだし野の露消ゆるときなく、鳥部山の煙たちさらでのみ住み果つる習いならば、いかにものあわれもなからん。世はさだめなきこそ、いみじけれ。」吉田兼好 …… 126

「アダムよ、われわれはおまえになんら一定した住所も、固定した容貌も、特に定められた使命もあたえなかった。それはおまえが自分にほしいと思うあの住所と、あの容貌と、あの性質とを、欲求どおりに、またおまえ自身の考えどおりにもつようにというためである」ピコ＝デッラ＝ミランドラ …………………………………………… 183

「篤く三宝を敬へ」**B**聖徳太子 ………… 112

「篤く三宝を敬へ。三宝とは仏、法、僧なり」聖徳太子 ……………………………… 111

「あなたがたはイエス＝キリストを着なさい。肉の欲を満たすことに心を向けてはならない」パウロ ………………………… 54

「あらゆる物質を合わせても、あらゆる精神を合わせても、それは愛のどんなに小さな動きにも値いしない」パスカル ……… 192

「安息日は人のためにあるもので、人が安息日のためにあるのではない」**C**イエス …… 47

「家にあっては父に従い、嫁しては夫に従い、夫死しては子に従う」貝原益軒 …… 131

「生きとし生けるものがすべて、純粋に信心して、わたしの国（極楽浄土）に生れたいと願い、たった十回でも念仏したにもかかわらず、もし往生できないようなら、わたしは決してさとりを開きません。」第十八願 ……………………………………… 119

「イギリスの人民は自由だというが、それは選挙の時だけの自由であり、選挙が終われば彼らは奴隷になってしまう。」ルソー …………………………………………… 209

「いちばん大切なことは、ただ生きるのではなく、善く生きることである。善く生きることと、美しく生きることと、正しく生きることとは同じだ」**C**ソクラテス ……… 31

「一身独立して一国独立す」**B1**福沢諭吉 …………………………………………… 153

「一匹の羊」イエス ……………………… 51

「いつまでも残るものは信仰と希望と愛である。その中で一番すぐれているのは愛である」パウロ ………………………… 56

「未だ生を知らず、いずくんぞ死を知らん」**3**孔子 ……………………………… 80

「色は匂へど散りぬるを、わが誰ぞ常ならむ、有為の奥山けふ越えて、浅き夢見じ酔ひもせず」**C**「いろは歌」 …………… 115

「いわゆる愛国心を経とし、いわゆる軍国主義を緯とする」**C**幸徳秋水 …………… 163

「永遠の相のもとに」**C3**スピノザ ……… 200

「縁起を見るものは法を見る。法を見るものは縁起を見る」『阿含経』 …………… 69

「己達せんと欲して、まず人を達せしむ」孔子 ………………………………………… 81

「己の欲せざる所、人に施すことなかれ」孔子 ………………………………………… 81

「およそこの世において、怨みは怨みによってやむことはない。怨みを棄ててこそやむのである。」『ダンマパダ』 …………… 71

「温故知新」孔子 ………………………… 80

「恩寵は自然を破壊することなく、かえって自然を完成する」**B**トマス＝アクィナス …………………………………………… 56

「厭離穢土」**A3**源信 …………………… 117

か行

「怪力乱神を語らず」**B3**孔子 ………… 80

「各人が全員と結びつきながら、しかも自分自身にしか服従せず以前と同様に自由である」ルソー ……………………………… 209

「各人は足るを知って分に安んぜよ」石田梅岩 ……………………………………… 143

「学問して道をしらむとならば、まず漢意をよくのぞきさるべし」本居宣長 ……… 139

「隠れて生きよ」**A**エピクロス ………… 38

「学を絶たば憂い無からん」老子 ……… 91

「かけがえのない地球」**B2**人間環境宣言 …………………………………………… 274

「過去に対して目を閉じる者は、現在を見る目をもたないのであります」ヴァイツゼッカー ……………………………………… 315

「形見とて　何残すらむ　春は花　山ほとと
　ぎす　秋はもみじ葉」良寛 ……………… 144
「語り得ぬものについては沈黙を」**C**⑥ウィ
　トゲンシュタイン ……………………… 260
「神の国は近づいた。悔い改めて福音を信ぜ
　よ」**B**イエス ……………………………… 50
「神は飢えている人，病める人，裸の人，家
　のない人のなかにおられます」マザー＝テ
　レサ ……………………………………… 243
「神は死んだ」**A**ニーチェ ……………… 237
「川は同じだが，そのなかに入るものには，
　後から後からちがった水が流れよってく
　る。同じ流れに二度入ることはできない」
　ヘラクレイトス …………………………… 26
「祇園精舎の鐘の声，諸行無常の響きあり。
　沙羅双樹の花の色，盛者必衰のことわりを
　あらわす」『平家物語』 ………………… 125
「幾何学を知らざる者，この門を入るべから
　ず」プラトン ……………………………… 33
「鬼神は敬して遠ざく」孔子 ……………… 80
「義人は信仰によって生きる」**C**パウロ … 186
「君死にたまふこと勿れ」②与謝野晶子 … 165
「丘も衰えたるかな。夢に周公を見ず。」孔子
　……………………………………………… 77
「共通だが差異のある責任」環境と開発に関
　するリオ宣言 …………………………… 275
「キリスト者はすべてのものの上に立つ自由
　な主人であって誰にも従属していない。キ
　リスト者はすべてのものに奉仕する僕であ
　って，誰にも従属している。」ルター … 187
「悔い改めて，福音を信じなさい」イエス … 51
「悔い改めよ。天の国は近づいた」ヨハネ … 51
「クーセージュ？」**B**モンテーニュ ……… 191
「元始，女性は太陽であった」③平塚らいて
　う ………………………………………… 162
「憲政の本義を説いて其有終の美を済すの途
　を論ず」**B**吉野作造 …………………… 161
「孔子の道は，先王の道なり。先王の道は，
　天下を安んずるの道なり。」荻生徂徠 … 136
「孝悌なるものは，それ仁の本たるか」②孔
　子 ………………………………………… 80
「孝徳は手近になづけていへば，愛敬の二字
　につづまれり」中江藤樹 ……………… 132
「幸福はスコレーに存する」アリストテレス
　……………………………………………… 24
「幸福を手に入れるただ一つの方法は，幸福
　それ自体を人生の目的とは考えず，それ以
　外の目的物を人生の目的にすることであ
　る。」ミル ……………………………… 220
「幸福を求めるのではなく，幸福に値するも
　のとなれ。」**C**カント ………………… 214
「国王は君臨すれども統治せず」イギリスの
　政治体制 ………………………………… 209

「心の貧しい人たちは幸いである」イエス … 51
「心をつくし，精神をつくし，力をつくし
　て，主なるあなたの神を愛せよ」イエス
　……………………………………………… 51
「個人あって経験あるにあらず，経験あって
　個人があるのである。」**C**西田幾多郎 … 169
「個人はすべて一人として計算されるべきで
　あって，何人も一人以上には計算されては
　ならない。」ベンサム ………………… 218
「この世界の内で，いやこの世界の外でもま
　た，無制限に善いとみなされることができ
　るのは，ただ善意志をおいて他にはない
　」カント ………………………………… 213
「是の物は，もろもろの因縁に属するが故
　に，自性無し。自性無きが故に空なり。」
　竜樹 ……………………………………… 74
「五倫は太虚にあらざれば即ち皆偽のみ」大
　塩平八郎 ………………………………… 133
「此あるとき彼あり，此生ずるより彼生ず。
　此なきとき彼なく，此の滅するより彼滅
　す」『阿含経』 …………………………… 69
「これが人生か，ならばもう一度」①ニーチ
　ェ ………………………………………… 237
「これまでのあらゆる社会の歴史は階級闘争
　の歴史である」マルクス ……………… 231
「これらの無限の空間の永遠の沈黙は私を震
　撼させる」パスカル …………………… 192
「これを導くに政を以てし，これを斉ふるに
　刑を以てすれば，民免れて恥なし。これを
　導くに徳を以てし，これを斉ふるに礼を以
　てすれば，恥ありて且つ格し。」**C**孔子 … 82
「欣求浄土」**A**①源信 …………………… 117

さ行

「最大多数の最大幸福」**A**①ベンサム …… 21,218
「子日く，巧言令色，鮮なきかな仁」孔子 … 80
「敷島の大和心を人問はば　朝日ににほふ山
　桜花」本居宣長 ………………………… 139
「色即是空，空即是色」**B**『般若心経』 …… 74
「獅子の力と狐の奸知」マキャヴェッリ（マキ
　ャヴェリ） ……………………………… 184
「自然という書物は数学の言葉で書かれてい
　る」**C**ガリレイ ………………………… 194
「自然に従って生きよ」**B**④ゼノン ……… 39
「自然は人類を快楽および苦痛という二人の
　支配者のもとにおいてきた」ベンサム … 218
「自然は服従することによってでなければ，
　征服されない」**B**ベーコン …………… 196
「実存は本質に先立つ」**B**④サルトル …… 242
「自分自身を愛するように隣人を愛せ」②イ
　エス ……………………………………… 219

【原典資料さくいん】 さ行・た行 39

さくいん

「自分を愛するように，あなたの隣人を愛せよ」**C**②イエス ……………………………… 51

「修己治人」**B**朱子 ………………………… 88

「自由の刑に処せられている」**B**②サルトル ………………………………………………… 242

「自由は取るべきものなり，貰うべき品にあらず」**C**中江兆民 ……………………… 155

「樹木の当事者適格　自然物の法的適格について」ストーン ……………… **273**，**274**

「純粋経験においては未だ知情意の分離なく，唯一の活動であるように，また未だ主観客観の対立もない」西田幾多郎 ……… 169

「上善は水の若し」**C**④老子 ……………… 91

「商人の買利は士の禄に同じ」**B**石田梅岩 …………………………………………………… 143

「知らんがために信ずる」アンセルムス …… 57

「信仰のみによって義とされる」**C**ルター … 54

「仁の徳たる大なり。しかれども一言もってこれをおおう。いわく，愛のみ。」伊藤仁斎 ………………………………………………… 135

「過ぎたるは，なお及ばざるがごとし」孔子 ………………………………………………… 88

「すべての人間は平等につくられている」トマス＝ジェファソン ……………………… 203

「精神のない専門人，心情のない享楽人」**C**マックス＝ウェーバー …………………… 179

「政府国憲に違背するときは，日本人民は之に従はざることを得」東洋大日本国国憲案 …………………………………………………… 155

「正・不正の尺度は最大多数の最大幸福である。」ベンサム ……………………………… 218

「西洋の開化は内発的であって，日本の開化は外発的である」夏目漱石 …………… 166

「政を為すに徳を以てすれば，たとえば北辰（＝北極星）のその所にいて，衆星のこれをめぐるがごとし。」孔子 ……………… 82

「世界がぜんたい幸福にならないうちは個人の幸福はあり得ない」**B**③宮沢賢治 … 174

「世界史とは自由の意識の進歩である。」②ヘーゲル ……………………………………… 216

「世間虚仮，唯仏是真」**A**④聖徳太子 …… 111

「狭い門から入りなさい。滅びへの門は広く，そこに通じる道は広々としていて，そこから入る者は多い。しかし命への門は狭く，そこに通じる道は細くて，それを見つける者は少ない」イエス ………………… 51

「戦争は人間の心のなかに生まれるものであるから，人の心のなかに平和のとりでを築かなければならない」ユネスコ憲章 …… 320

「善とは一言にていへば人格の実現である」西田幾多郎 …………………………………… 169

「善人なほもて往生をとぐ，いはんや悪人をや」**A**親鸞 …………………………………… 120

「造化にしたがい，造化にかへれとなり。」松尾芭蕉 ………………………………………… 145

「そもそも国とは人民の集まるところのものにして，決して政府によってできたものでもなく，君によって立ったものでもない，国はまったく人民によってできたものじゃ」植木枝盛 …………………………………… 155

「それは真理であるから有用であるともいえるし，有用であるから真理であるともいえる」②ジェームズ ………………………… 224

「それを考えること何度も，長いあいだ考えるほど，それだけ新たに，また増大していく感歎と崇敬とをもって心をみたすもの」**C**カント …………………………………… 215

「存在するとは知覚されること」**B**⑦バークリ …………………………………………… 197

た行

「大道廃れて，仁義有り。知恵出て，大偽有り。六親和せずして，孝慈有り。国家昏乱して，忠臣有り」**B**②老子 …………… 90

「代表なければ課税なし」アメリカ独立革命 …………………………………………………… 203

「太平洋のかけ橋とならん」新渡戸稲造 …… 157

「ただ往生極楽のためには，南無阿弥陀仏と申して，疑いなく往生するぞと思いとりて，申す外には別の子細候わず。」法然 …………………………………………………… 119

「たとい法然上人にすかされまいらせて，念仏して地獄に堕ちたりとも，さらに後悔すべからず候」親鸞 …………………………… 120

「地球規模で考え，地域から行動しよう」**C** …………………………………………………… 280

「知識は経験とともにはじまるが，経験から生ずるのではない」カント ……………… 20

「知は行のはじめであり，行は知の完成である」**C**王陽明 ……………………… **89**，**132**

「知は力なり」**A**②ベーコン ……………… 196

「勅語の主意は徹頭徹尾国家主義にして耶蘇教は非国家主義なり」井上哲次郎 …… 160

「散る桜　残る桜も　散る桜」良寛 ……… 144

「朕は国家なり」ルイ14世 ………………… 202

「敵を愛し，迫害する者のために祈れ」**C**イエス …………………………………………… 52

「哲学者が政治家になるか，支配者が理性を働かせて哲学を学ぶか」プラトン ……… 33

「哲学は神学の婢」**C**①スコラ哲学 ……… 56

「天の父は，悪い者の上にも良い者の上にも太陽を昇らせ，正しい者にも正しくない者にも雨を降らして下さる」イエス ……… 51

40 さくいん た行・な行・は行

「天は上にあり，地は下にあるは，天地の礼なり。この天地の礼を，人生まれながら心に得たるものなれば，万事につきて上下，前後の次第あり」林羅山 …………… 130

「天は尊く地は卑し，上下差別あるごとく，人にもまた君は尊く，臣は卑しきぞ」林羅山 …………………………………… 130

「天は人の上に人を造らず，人の下に人を造らずと云へり」Ａ福沢諭吉 …………… **152**,153

「道徳的自由のみが，人間を真に自己の主人たらしめる。…単なる欲望の衝動は人間を奴隷状態に落とすものであり，自分の制定した法への服従が自由である。」ルソー …………………………………… 209

「東洋になきものは，有形に於て数理学，無形に於て独立心と，此二点である」福沢諭吉 …………………………………… 152

「東洋の道徳，西洋の芸術」Ｂ佐久間象山 …………………………………… 148

「独断のまどろみ」Ｂカント …………… 210

「独断のまどろみを破られた」カント …… 211

な行

「為すことによって学ぶ」デューイ ……… 225

「何ごとでも人々からしてほしいと望むことは，人々にもその通りにせよ」イエス …… 51

「なにごとも人にせられんと思うことは人にそのごとくせよ」イエス ……………… 52

「何もない，あるとしても人間には把握できない，把握できたとしても伝えられない」ゴルギアス ……………………………… 28

「汝自身を知れ」Ａ①アポロン神殿の格言 … 29

「汝なすべきであるがゆえになしうる。」カント …………………………………… 213

「汝の意志の格率がつねに同時に普遍的立法の原理として妥当しうるように，行為せよ」Ｂ④カント …………………… 212

「汝の人格の内にもあらゆる他の人格の内にもある人間性をつねに同時に目的として扱い，たんに手段として扱うことのないように，行為せよ」カント ……………… 214

「人間とは『世の中』であるとともにその世の中における『人』である。だからそれは単なる『人』ではないとともにまた単なる『社会』でもない」和辻哲郎 ……………… 171

「人間における偉大なものに対する私の常套語は，運命への愛である，―すべての理想主義は必然的なものに対する欺瞞である」ニーチェ ………………………………… 237

「人間の意識がその存在を規定するのではなく，人間の社会的存在がその意識を規定する。」マルクス ……………………… 229

「人間の知識と力は合一する」Ｂ①ベーコン …………………………………… 196

「人間は自然のうちで最も弱い一本の葦にすぎない。しかしそれは考える葦である。これをおしつぶすのに宇宙全体が武装する必要はない。」Ｂパスカル ……………… 191

「人間は自由そのものである」Ｃサルトル …………………………………… 241

「人間は自由なものとして生まれた。しかしいたるところで鉄鎖につながれている」Ｂルソー …………………………… 208

「人間は動物と超人の間に張り渡された一本の綱」ニーチェ ……………………… 236

「人間は努力しているうちは，迷うものだ」ゲーテ …………………………………… 6

「人間は万物の尺度である」Ａ④プロタゴラス …………………………………… 28

「人間は欲すれば，何事もなすことができる」アルベルティ ……………………… 182

「人間は本性上，ポリス的動物である」Ｃ②アリストテレス ……………… **2**,25,37

「人間はみずからつくったところのものになる」サルトル ……………………… 242

「人間普通日用に近き実学」Ａ福沢諭吉 …… 153

「認識が対象に従うのではなく，対象が認識に従う」Ｃ③カント ……………… 211,**212**

「願はくは花の下にて春死なむ　そのきさらぎの望月のころ」西行 ……………… 126

「念仏無間，禅天魔，真言亡国，律国賊」Ｂ日蓮 …………………………………… 124

「能力に応じて働き，必要に応じて分配される」共産主義 ……………………… 231

「能力に応じて働き，労働に応じて分配される」社会主義 ……………………… 231

は行

「花が咲けば蕾が消えるから，蕾は花によって否定されたということもできよう。同様に，果実により，花は植物のあり方としてはいまだ偽であったことが宣告され，植物の真理として花に代わって果実が現れる。」ヘーゲル ………………………………… 216

「花をのみ待つらむ人に山里の　雪間の草の春を見せばや」藤原家隆 ……………… 127

「春が巡ってきても鳥さえもさえずらない」レイチェル＝カーソン ……………… 280

「万国の労働者，団結せよ」マルクス …… 231

「樊遅，仁を問う。子曰く，人を愛す」孔子 …………………………………… 80

「万人の万人に対する闘争」Ｂ⑤ホッブズ …………………………………… 205

【原典資料さくいん】 は行・ま行・や行　41

「万物の根源（アルケー）は水である」**B**②タ
　レス ……………………………………………… 25
「万物は流転する」**B**④ヘラクレイトス …… 26
「非合理なるがゆえに信ず」テルトゥリアヌ
　ス ……………………………………………… 55
「秘すれば花，秘せずは花なるべからず。」世
　阿弥 ……………………………………… 127
「一粒の麦が地に落ちて死ななければ唯一つ
　である。もし死んだなら，多くの実を結ぶ
　であろう」イエス …………………………… 51
「人にしてもらいたいと思うことを人にせ
　よ，自分自身を愛するように隣人を愛せ」
　イエス ……………………………………… 219
「人の生まれたときは柔弱であるが死ねば堅
　強になる。草木が萌え出るときは柔らかで
　あるが，枯れたときは固い。してみれば堅
　強は死の仲間であり，柔弱は生の仲間であ
　る。」老子 ……………………………………… 91
「人の性は悪にして，その善なるものは偽な
　り。」旬子 …………………………………… 85
「人のまことの情といふものは女童のごとく
　みれんにおろかなるもの也」本居宣長 …… 138
「人の世に熱あれ，人間に光あれ」**B**西光万
　吉 ……………………………………………… 162
「人は女に生まれるのではない。女になるの
　だ。」②ボーヴォワール …………………… **242**,291
「人は人に対して狼」ホッブズ ……………… 205
「人びと皆仏法の器」道元 …………………… 123
「人皆，人に忍びざるの心ありと謂う所以の
　者は，今，人乍に孺子の将に井に入らんと
　するを見れば，皆怵惕惻隠の心あり。」孟
　子 ……………………………………………… 83
「批評とは竟に己の夢を懐疑的に語ることで
　はないのか」小林秀雄 …………………… 174
「夫子の道は忠恕のみ」**C**孔子 ……………… 81
「武士道というは，死ぬことと見付けたり」
　②山本常朝 ………………………………… 134
「武士道の上に接木されたるキリスト教」**C**
　内村鑑三 …………………………… 134,**156**
「仏道をならうというは，自己をならうな
　り。自己をならうというは，自己をわする
　るなり」道元 ……………………………… 123
「法のないところに自由はない。」ロック … 206
「煩悩具足の凡夫，心は蛇蠍のごとくなり」
　親鸞 ………………………………………… 120

ま行

「まことの商人は，先も立ち，我も立つこと
　を思ふなり」石田梅岩 …………………… 143
「誠は天の道なり，これを誠にするは人の道
　なり」子思 ………………………………… 85

「誠は道の全体。故に聖人の学は，必ず誠を
　以て宗と為」伊藤仁斎 …………………… 135
「学びてときにこれを習う」孔子 …………… 88
「学びて時にこれを習う，亦た説ばしからず
　や」孔子 …………………………………… 80
「学んで思はざれば則ち罔し。思うて学ばざ
　れば則ち殆うし」孔子 …………………… 88
「満足した豚であるより不満足な人間である
　ほうがよく，満足した愚か者であるより不
　満足なソクラテスであるほうがよい」**A**②
　ミル ………………………………………… 219
「身修まって家斉い，家斉って国治まり，国
　治まって天下平らかにす」『大学』………… 88
「自らを灯明とし，自らを帰依処となせ。法
　を灯明とし，法を帰依処とせよ」仏陀 …… 66
「水と一切れのパンがあれば足りる」**C**②エ
　ピクロス …………………………………… 38
「道は常に為すなくして，而もなさざるはな
　し」老子 …………………………………… 92
「ミネルヴァの梟は夕暮れどきに飛び立つ」
　ヘーゲル …………………………………… 216
「見渡せば花も紅葉もなかりけり　浦の苫屋
　の秋の夕暮れ」藤原定家 ………………… 127
「民権是れ至理也。自由平等是れ大義也」中
　江兆民 ……………………………………… 155
「無意識は言語のように構造化されている」
　Cラカン …………………………………… 253
「もっとも生きがいを感じる人は，自己の存
　在目標をはっきりと自覚し，自分の生きて
　いる必要を確信し…」神谷美恵子 ……… 11
「もっとも善い戦争も，もっとも悪い平和よ
　りも悪い」内村鑑三 ……………………… 156
「門閥制度は親の敵でござる」**C**福沢諭吉
　…………………………………………… 153

や行

「山は裂け海は褪せなん世なりとも君に二心
　わがあらめやも」源実朝 ………………… 106
「やわ肌のあつき血潮にふれもみで　さびし
　からずや道を説く君」与謝野晶子 ……… 165
「ゆく川の流れは絶えずして，しかも，もと
　の水にあらず。淀みに浮かぶうたかたは，
　かつ消えかつ結びて…」鴨長明 ………… 126
「よくもあしくも生まれつきたるままの心」
　本居宣長 …………………………………… 139
「余は日露非開戦論者であるばかりでない，
　戦争絶対的廃止論者である，戦争は人を殺
　すことである，そうして人を殺すことは大
　罪悪である。」**B**内村鑑三 ……………… 157

ら行

「理性がものを言う，と君たちが言ったところで，その場合人間はわざと発狂してでも，理性を捨て自己を主張するのだ」ドストエフスキー ……………………………… 3

「理性的なものは現実的であり，現実的なものは理性的である」🄒ヘーゲル ………… 217

「良識はこの世でもっとも公平にあたえられているもの」③デカルト ………………… 199

わ行

「わが上なる星空と，わが内なる道徳法則」🄱カント ………………………………… 215

「我日本，古より今に至るまで哲学なし」中江兆民 ………………………………… 155

「吾が道は一以てこれをつらぬく」孔子 …… 81

「私どもにとりまして，愛すべき名とては天上天下ただ二つあるのみであります。その一つはイエスでありまして，その他のものは日本であります。」🄒内村鑑三 …… 156

「私にとって真理であるような真理を発見し，私がそれのために生きそして死ぬことを願うような真理を見いだすことが重要なのだ…」🄒キルケゴール ………………… 235

「わたしには夢がある」キング …………… 243

「私の個人主義」🄐①夏目漱石 …………… 167

「私の属する都市と国家は，アントニヌスとしてはローマであるが，人間としては宇宙である」マルクス＝アウレリウス＝アントニヌス ……………………………… 40

「私の欲する善はこれをなさず，私の欲しない悪はこれをなす」②パウロ ………… 54

「わたしは貴方がたに超人を教えよう。人間とは克服されなければならない何物かである」ニーチェ ……………………… 237

「わたしは，生きようとする生命にとりかこまれた生きようとする生命である」シュヴァイツァー ………………………… 249

「私はキリストとともに十字架につけられた。生きているのはもはや私ではない。私のなかでキリストが生きている」パウロ ………………………………… 54

「私は知らないことを知らないと思っている」ソクラテス …………………………… 29

「私は何を知るか」🄒モンテーニュ ……… 191

「私は日本のために，日本は世界のために，世界はキリストのために」内村鑑三 …… 156

「われ思う，故にわれあり」🄱②デカルト ………………………………… 198

「われ必ずしも聖にあらず，かれ必ずしも愚にあらず。ともにこれ凡夫のみ」①聖徳太子 …………………………………… 111

「吾十有五にして学に志し，三十にして立ち，四十にして惑わず，五十にして天命を知る，六十にして耳順う…」🄒孔子 …… 79

「われ日本の柱とならん，われ日本の眼目とならん，われ日本の大船とならん」🄒日蓮 ………………………………… 124

「我はブラフマンなり。」ウパニシャッド哲学 ………………………………… 63

「われよく人を愛し，人またహれを愛し，あい親しみ，相愛す」伊藤仁斎 ………… 134

「われわれが努力するのは，劣っていると感ずるからである。」アドラー ………… 253

「我々のあらゆる尊厳は考えるということにある。だからよく考えることを努めよう。ここに道徳の原理がある。」パスカル …… 192

「われわれはいわば2回この世に生まれる。1回目は存在するために，2回目は生きるために…」ルソー …………………… 6

「和を以て貴しとなし，忤ふることなきを宗とせよ」🄒②聖徳太子 ………………… 111

「和を以て貴しとなす」聖徳太子 ………… 112

第Ⅰ編 現代に生きる自己の課題

ゴーギャン画
「我々はどこから来たのか 我々は何者か 我々はどこへ行くのか」
（ボストン美術館）

1章 人間性の特質

人間性 A4（にんげんせい） 人間の本質。人種や民族を超えてすべての人間に共通する性質で、人間と動物を区別するもの。古代ギリシャ以来、人間の本質は**理性**であると考えられてきた。人間は、言葉や道具を用いて、社会的・文化的な生活を営むという点で動物と異なっており、それらは理性に基づくと考えられるからである。また、西洋思想の源流のひとつであるユダヤ＝キリスト教でも、人間には神の似姿（にすがた）として理性が与えられ、地上を支配する権利を授けられているとされた。

近代以降、科学・技術の発展にともない、社会全体の合理化と人間中心主義が徹底されていった。しかしその反面、組織の巨大化・複雑化によって人間は自己喪失感を抱くようになり、社会的な関係や実存といった観点から、人間性の回復が求められることにもなった。さらに現代では、人間以外の生命・環境に対する意識も高まり、いきすぎた理性信仰や人間中心主義に対する反省が促されている。

人間観 A5（にんげんかん） 人間とはどのような存在かという、人間についての見方。例えば、人間は理性的な動物であるという**ホモ＝サピエンス（知性人）**、人間は創造と工作をする存在であるという**ホモ＝ファーベル（工作人）**、シンボル（象徴）によって世界を作り変える動物であるとする**アニマル＝シンボリクム（象徴的動物）**、遊びによって文化を身につける**ホモ＝ルーデンス（遊戯人ゆうぎじん）**、言葉を操る**ホモ＝ロークエンス（言葉を操る人）**、社会的な動物であることを示す**ホモ＝ポリティクス（政治人）**、**ホモ＝エコノミクス（経済人）**などが挙げられる。

ホモ＝サピエンス A3**（知性人）C** （ちせいじん）[Homo sapiens]「ものを知る人、知恵ある人」という意味。スウェーデンの生物学者リンネ（1707〜78）による命名。人間はものを知る能力、すなわち理性に基づき社会的・文化的生活を営むことにおいて他の動物から区別される。古代ギリシャ以来のこうした考え方に基づき、リンネは生物学上、人間をホモ＝サピエンス、すな

わち秀でた知的能力をもつ動物と分類した。

類英知人 **B** 理性をもつ動物 理性的動物 **C**

ホモ-ファーベル **A**③（**工作人** **A**⑤）（こうさくじん）［homo faber］「もの（道具）を作る人」の意味。フランスの哲学者ベルクソンによって規定された人間観。人間は道具を製作し、これを利用して環境に働きかけ、言葉を用いて他者と思考を通じ合い、さまざまな活動を行う。このような物質的・精神的創造と工作に、ベルクソンは人間の本質があるとした。

ホモ-ルーデンス **A**③（**遊戯人** **A**④）（ゆうぎじん）［homo ludens］「遊ぶ人」の意味。オランダの歴史家ホイジンガ（1872～1945）がその著作『ホモ-ルーデンス』のなかで提示した人間観。ホイジンガによれば、「遊び」とは自由な行為であり、日常生活とは別の限定された時間と空間の中で、一定の規則に従って行われる。法律、学術、文芸、哲学など人間の生活を豊かにするすべての文化は「遊び」の形式において発生し、展開してきたのである。

カッシーラー **B**［Ernst Cassirer, 1874～1945］ ドイツ出身の哲学者。ブレスラウの裕福なユダヤ人商人の家に生まれる。ベルリン大学等で学んだ後、マールブルク大学で新カント派の一員として哲学を研究する。ハンブルク大学の総長に就任するが、1933年にナチス政権が成立したことを見て、イギリスへ亡命。その後、アメリカへ移住し、イェール大学などで教鞭をとった。その思想は、カント哲学の研究にとどまらず、数学・自然科学から人類学・宗教学までをも含む、広汎なものであった。主著に『シンボル形式の哲学』など。

アニマル-シンボリクム **C**②［animal symbolicum］ 人間性を特徴づける言葉で、「象徴的動物」を意味する。カッシーラーは、人間の理性の特徴を物質ではなく、抽象的なものに向かうことだと指摘した。人間は、感覚や運動だけでなく、**シンボル（象徴）**によって世界に働きかけ、現実の世界を言語・科学・神話・芸術・宗教といったシンボルの世界へと作り変える。このように、人間はシンボルを操り、その世界の中で生きることができる動物という意味で、アニマル-シンボリクムと呼ばれる。

ホモ-ロークエンス **C**［homo loquens］「言葉を操る動物」の意味で、他の動物とは異なる人間の特徴を言語活動にあるとする人間観。古代ギリシャの哲学者アリストテレスによれば、動物のなかで人間だけが言葉を持ち、善と悪、正と不正とを区別することができる。

ホモ-ポリティクス**C**（**政治人** **C**）（せいじじん）［homo politicus］「政治人」という意味。古代ギリシャの哲学者アリストテレスによれば、人間はその本性上、まず一対の男女のカップルとなり、次に「家」をつくり、その家々が集合して村となり、最終的には都市国家（ポリス）を形成する。したがって人間はその本性上、ポリスに属する存在（社会的動物）であり、ポリスを離れて生きていくことはできない。アリストテレスは『政治学』において、このことを「人間は本性上、ポリス的動物（社会的動物）である」 **資料** と表現した。

ホモ-エコノミクス**C**（**経済人****C**）（けいざいじん）［homo oekonomicus］「経済人」の意味。もともと古代ギリシャにおいては、アリストテレスが述べるように、夫（主人）とその妻、子ども、奴隷などからなる「家」と財産とを管理運営していく技術がエコノミー（家政）と呼ばれ、人間に備わっていなければならない手腕とされていた。

しかし近代以降の社会において、科学・技術が発達し、合理化と人間中心主義が徹底されていくと、古代ギリシャとは異なり、最小の労働によって最大の利益を獲得し、私利私欲を満たそうとする人間の類型が「ホモ-エコノミクス」と称されるようになった。

ホモ-レリギオース**C**③（**宗教人****C**）（しゅうきょうじん）［homo religiosus］ 西洋中世における基本的な人間観。人間を、霊性と肉的なもの、原罪と救済とに引き裂かれた存在としてとらえ、人間の本来的なあり方は、肉欲を否定し、神の世界へと向かう信仰にあるとする。

ドストエフスキー **C**②［F.M.Dostoevskii, 1821～81］ 近代ロシアを代表する作家。トルストイとも並び称される。モスクワに医師の子として生まれる。工兵学校卒業後、工兵局に勤務するが文学を志して退職、

『貧しき人々』によって作家としての道を開く。社会主義思想のサークルに参加するが，政府の弾圧によってシベリアへ流刑になる。帰還後は作家としての活動を再開，ロシア社会の現状を認識しつつ，『地下室の手記』『罪と罰』『白痴』『カラマーゾフの兄弟』など大作を著した。

その作品世界では，神への信仰と懐疑，世代間の相克，自由と権力の対立などをテーマに，自己の内面の矛盾を追求する近代的な人間の苦悩が描かれる。そうした苦悩は，『地下室の手記』の主人公の次のような台詞に体現されている。「理性がものを言う，と君たちが言ったところで，その場合人間はわざと発狂してでも，理性を捨て自己を主張するのだ。」 資料

2章 青年期の課題と自己形成

1 青年期とその意義

条件反射と無条件反射（じょうけんはんしゃ・むじょうけんはんしゃ）　生物の反射現象のうち，生後の経験によって後天的に獲得されるものを条件反射，生まれながらに備わっているもの（口に食べ物を入れると唾液が分泌される，目の前に物が近づいてくるとまぶたを閉じる等）を無条件反射という。

　　ロシアの生理学者パヴロフは，イヌに特定の音を聞かせると同時に餌を与えるということをくり返すと，イヌがその音を聞くだけで唾液を分泌するようになることから，無条件反射と無関係な刺激を同時にくり返し与えることで，その刺激だけでも無条件反射と同様の反射が起こるようになる条件反射を発見した。

ケーラーの実験（−じっけん）　ドイツの心理学者ケーラーが動物の問題解決能力を調べるためにおこなった，一連の実験。

　　この中で，天井につるしたバナナを前にしたチンパンジーの行動を観察した際，チンパンジーがその場に置かれた複数の箱を重ね，その上に登ってバナナを手に入れたことから，ケーラーは，全体を見通すことで問題を解決していく洞察を重視した学習理論を構築していった。

ワトソン C［John Broadus Watson, 1878～1958］　行動主義心理学を創始したアメリカの心理学者。意識を自身で観察（内観）した報告に頼っていたそれまでの心理学の方法を否定し，心理学が客観的で実証的な自然科学であるためには，誰の目にも観察可能な行動を対象とするべきだと主張した。

行動主義心理学 C（こうどうしゅぎしんりがく）　アメリカの心理学者ワトソンによって1913年に提唱された，心理学のアプローチのひとつ。意識を対象とする伝統的心理学に反対し，人がどのように感じたり考えたりしているかではなく，ある刺激（S：stimulus）とそれに対する反応（R：response），

つまり行動との関係（S-R結合）の法則性をあきらかにすることに重点を置き，心理学の客観化をめざした。

ソーンダイク［Edward Lee Thorndike, 1874～1949］　アメリカの心理学者，教育学者。かんぬきがついた箱に入れられた空腹の猫が，箱の前に置かれた餌を食べるためにさまざまな行動を試みる中で，偶然にかんぬきにつけられたひもを引いて外に出られると，その後同じ状況に置かれてもすぐにひもを引くようになるといった動物の学習実験等から，**試行錯誤**によって学習が成立することを示した。

直立二足歩行 C（ちょくりつにそくほこう）　後ろ足のみでまっすぐ立ち上がって歩くこと。人間を他の動物と区別する最大の特徴。この能力を獲得することで，両手が自由になった人間は道具を使うようになり，文化が生み出されていった。

順応 B（じゅんのう）［adaptation］　精神医学用語では，人間が環境や状況に自然と適合して，問題なく生活すること。人間の側から意図的に環境に合わせようとしたり，みずからにとって好ましいかたちに環境を作りかえようとしたりする**適応**［adjustment］とは区別されることが多い。

社会化 B（しゃかいか）［socialization］　人がその生育段階において，他の人たちや集団とのかかわり合いを通して，自身が属する集団や社会に特有の規範や知識，行動様式等を学び，それに適応していく過程のこと。**個性化**と対となるが，自己形成においては，その両方がバランスよく進んでいくことが必要となる。

個性化 B（こせいか）［individualization］　人がその生育段階において，他者とは異なるそれぞれの能力や特性を発揮していく過程のこと。社会化と対となる概念であるが，個性化によって集団や社会で自分の役割・義務を果たすことができるということもあり，両者は補い合って進んでいくと考えられる。

青年期 A 27（せいねんき）　一般的に14，15歳ごろから24，25歳頃までの，児童期から成人期へ移行する時期のこと。第二次性徴による著しい身体の変化とその受け容れ，他者からの視線・評価に対する不安，おと

2章 青年期の課題と自己形成

なの保護・監督からの自立志向など，心身ともに大きく変化し，不安定になりがちであるが，このような**自我のめざめ**を経て，アイデンティティを確立していく時期とされる。

青年期の延長 B2（せいねんき-えんちょう）　一人前の人格（おとな）に成長するための準備期間としての青年期の終わりが先送りされ，青年の社会的自立の時期が遅くなってきていること。主な要因は，近現代社会の発展によって社会で必要とされる技能や知識が高度化し，それらを身につけるための時間がより長く必要とされるようになったことにあるが，青年がモラトリアムにとどまり続けることを社会が容認する傾向となってきていることもその一因となっている。

第二次性徴 B1（だいにじせいちょう）　出生時から生殖器や性器に見られる男女の違いを第一次性徴というのに対し，主に青年期に性ホルモンの分泌によって発現してくる男女の性的特徴のこと。身体的・生理的変化にとどまらず，思春期・青年期の心理にも大きな影響を与える。

イニシエーション A1［initiation］　人生の節目や地位の移行にともなって行われる**通過儀礼**のこと。割礼（かつれい）や刺青，抜歯など，地域によってさまざまなかたちがあるが，日本ではかつての元服や裳着（もぎ），現代のお宮参り，七五三，成人式，結婚式などがこれに当たる。

アリエス B4［Philippe Aries，1914〜84］　フランスの歴史学者。主著『〈子供〉の誕生』で，中世ヨーロッパには今日のような「子ども」は存在せず，子どもは7歳頃からおとなとともに仕事や遊びをする「小さなおとな」として扱われており，いわゆる「子ども期」は中世末期から17世紀頃にかけて誕生したと論じた。他の主な著作に，『死を前にした人間』『日曜歴史家』。

自我のめざめ B2（じが-）　主に青年期に，他者とは異なる唯一の「私」として，自己の存在や人生の意味について考えはじめること。この時期はおとなの保護・監督から離れようとする心理的離乳や第二反抗期も重なり，第二次性徴にともなう身体の急激な変化もあって，他者からの視線・評価を強く意識するようになる。優越感や劣等感，

孤独感を経験しながら，自己や他者についてあらためて考えるようになって，人生の担い手，行動や意識の主体としての自我というものを発見していく。

第二反抗期 A2（だいにはんこうき）　子どもが精神発達の段階において，まわりのおとなや社会に対して反抗的な態度や拒否を強く示す，12〜15歳頃の時期。自分の意志を持ち，自己主張をするようになる3〜4歳頃の幼児期に見られる**第一反抗期**に対し，思春期・青年期にあたるこの時期には，まわりのおとなからの心理的な独り立ち（心理的離乳）にともなって高まる自己主張や自己承認欲求が反抗的・否定的態度となってあらわれ，場合によっては不登校や非行などのかたちをとることもある。

心理的離乳 A6（**精神的離乳** C）（しんりてきりにゅう）（せいしんてきりにゅう）　アメリカの心理学者ホリングワースが提唱した概念で，青年期に自我を強く意識するようになることで，それまで依存していたまわりのおとなから心理的（精神的）に自立すること。

ルソー A22［Jean Jacques Rousseau，1712〜78］　フランスの啓蒙思想家。理性よりも感情を重視し，「自然に帰れ」という言葉で紹介されるように，人間のうちなる自然に焦点を当てた社会契約説や教育論を展開，文明社会の堕落を批判した。ロマン主義の先駆となり，フランス革命を思想的に準備した。
　主な著作に，子どもが本来持っている人間性の自然な発達を尊重する教育を描いた『エミール』や，文明社会を批判した『人間不平等起源論』，自由な人間が契約によって理想的な社会を形成することを説いた『社会契約論』等がある。

『エミール』 A2［Émile］　ルソーによる，小説の形式をとった教育論。1762年刊。孤児エミールの誕生から結婚までを描いて，子どもが本来持っている人間性の自然な発達を尊重する教育を説き，後世の教育思想に大きな影響を与えた。

第二の誕生 A2（だいに-たんじょう）　ルソーが『エミール』で，青年期における自我意識のめざめを指していった言葉。人間が未熟な状態で生まれるからこそ，子どもには発達する可能性があり，おとなたちの文化を

理解し，周囲の人々との人格的交わりができるようになるが，その子どもからおとなへの変化を，ルソーは，「われわれはいわば2回この世に生まれる。1回目は存在するために，2回目は生きるために。つまり最初は人間として，次には男性，女性として生まれる」 資料 と表現した。

レヴィン A④ [Kurt Lewin, 1890〜1947] ドイツ出身，アメリカの心理学者。人間の精神を部分や要素の集合ではなく全体や構造において捉えようとするゲシュタルト心理学の確立に貢献し，行動は個人の置かれている生活空間によって決定されるという「場理論」[field theory]を唱えた。また，子どもとおとなの境界にあって，精神的にどちらにも属すことができない青年を境界人（周辺人・マージナル-マン）とよんだ。

境界人 A④ （周辺人 A） （きょうかいじん）（しゅうへんじん） 心理学者のレヴィンが，子どもとおとなの両方の世界のあいだにいながら，精神的にはどちらの世界にも属すことのできない，きわめて不明確な位置にある青年を指していった言葉。**マージナル-マン** [marginal man]。

疾風怒濤の時代 （しっぷうどとうじだい） 心理学用語としては，不安と動揺によって精神的に大きく揺れ動く青年期のことを指す。

疾風怒濤（**シュトゥルム-ウント-ドランク**）[Strum und Drang]は，もともと1770〜80年代にドイツでおこった文学運動で，感性，自然，個性，天才などを尊重し，人間的感情の発露を求め，ロマンティシズムの先駆となった。ゲーテやシラーなどがその代表者。

ゲーテ C③ [Johann Wolfgang von Goethe, 1749〜1832] ドイツの詩人，劇作家，小説家。叙情詩や戯曲『ゲッツ・フォン・ベルリンゲン』，小説『**若きウェルテルの悩み**』で疾風怒濤の時代の代表的存在となる。ワイマール公国で大臣・宰相となり政治家としても活躍する一方，大作『ファウスト』を書き続け，死の前年に完成させた。色彩論の執筆など自然科学の研究でも成果を上げている。

「人間は努力しているうちは，迷うものだ。」（『ファウスト』） 資料

『若きウェルテルの悩み』 （わかなや〜）[Die Leiden des jungen Werthers] ゲーテによる書簡体小説。1774年刊。青年ウェルテルはロッテと恋に落ちるが，ロッテには許婚者がいたため，彼女の元を去り，公使館に勤める。そこでの堕落した人々のあり方に幻滅し，ロッテへの思いも断ち切れないウェルテルはピストル自殺を遂げる。

疾風怒濤（しっぷうどとう）時代（シュトゥルム-ウント-ドランク）の代表作である本作は，当時の若者たちの心をとらえ，自身とウェルテルを重ね合わせて自殺する者もあらわれた。ヨーロッパ中で評判を呼び，世界各国の文学に与えた影響も大きい。

マーガレット＝ミード C [Margaret Mead,1901〜78] アメリカの文化人類学者。南太平洋の島々でのフィールドワークで，文化が人格形成に与える影響を研究し，その社会の文化のあり方によって，男女の性格や役割分担が異なってくることを発見した。主著『サモアの思春期』

❷ 自我の確立

自我 A⑯ と自己 A⑬ （じがとじこ）[ego/self] 自我と自己は通常同じ意味で使われることが多いが，自我は認識や行為の主体としての面に注目し，自己は客体としてのあり方に重点を置いた言葉。

心理学・精神分析の分野においては，特に青年期に，他者とは異なるものとして自我を意識し，確立していく過程が重視される。

孤独 A （こどく） 精神的なつながりや心が通じ合うと感じられる人がいず，ひとりであること。また，そのように感じること。

青年期は，心理的離乳や第二反抗期もあり，自分を他者とは異なる存在として意識するようになるため，孤独を感じることが多くなる。しかし孤独の中でこそ自分と向き合うことができ，また，自分と同じようにかけがえのない存在として他者を発見し，受け入れていく機会ともなることから，青年期の自己形成において大きな意味を持つのである。

劣等感 A① （コンプレックス B） （れっとうかん）[complex] 自分を他者と比較して

劣っていると捉える感情。青年期は自我意識が発達し，第二次性徴にともない他者の視線・評価を意識するようになることで，劣等感に悩み苦しむことが多くなるが，そのことを通じてあらたな自分を発見することもあり，自己の発展・向上に資することも多い。

また，精神分析においてコンプレックスは，意識下に抑圧され，時に現実の思考や行動に影響を与える複雑な感情・情緒のしこりのことを指す。

感情の論理 (かんじょう-の-ろんり)　一見論理的に考えているようで，実際は感情的な要因によって思考の過程や方向が規定されていること。幼児期や，感情や気分に左右されやすい青年期に顕著に見られるが，人は多くの場合，論理だけではなく，感情のたすけによって意思決定をしており，人生のある段階のみにかぎられることではない。

短絡反応 (たんらく-はんのう)　目的に向かう途上で，障害や複雑な事態があっても，それに対処するために思考をはたらかせることなく，衝動的・直接的に反応すること。理想を性急にもとめる青年期の特徴のひとつ。近道反応。

アパシー C [apathy]　ものごとへの関心や感動がうすく，自分自身に関することにも興味や意欲を持たない，極端に無関心な状態のこと。1970年代以降，このような状態の若者が多くなっていることが注目されるようになった。

ナルシシズム C (**自己愛** A④) (じこあい) [narcissism]　自分自身を愛の対象とすること。ギリシャ神話に登場する，水面に映る自身の姿に恋いこがれて死んだ美少年ナルキッソスにちなんだ精神分析用語で，一般的には成長にしたがって自己愛から対象愛（自分以外のものに対する愛情）へと執着対象が移行すべきところを，青年期を過ぎても自身にばかり愛情を抱き続けること。

やまあらしのジレンマ ④　人間関係におけるジレンマを象徴する言葉。

もとになっているのは，2匹のやまあらしが寒さをしのぐために寄り添って暖め合おうと近づくと，たがいをトゲで傷つけてしまって離れるが，離れると寒さで凍え

てしまうので，おたがいを傷つけずに相手のぬくもりが感じられる距離を求めてくっついたり離れたりをくりかえすという哲学者ショウペンハウアーが残した寓話を引用して，人間の愛と憎しみなどの感情の表裏一体性を示し，アメリカの精神科医ベラックがこれを「やまあらしのジレンマ」と名づけた。

ピーターパン-シンドローム C① [Peter Pan syndrome]　成熟することを拒否し，おとなの社会に入れない現代男性の示す心理的症候群。アメリカの心理学者カイリーが1983年に刊行した『**ピーターパン-シンドローム―大人になれない男たち**』による。現実逃避の傾向が強く，精神的に未熟であるなど，モラトリアム人間と重なる点が多いとされる。ピーターパンとは，戯曲『ピーターパン』の主人公で，永遠におとなになることをやめた少年。

アダルト-チルドレン B [adult children]　子ども時代に精神的・肉体的に不安定な親との関係の中で育った結果，心に傷を負い，おとなになってもそのトラウマ（心的外傷）に悩まされる人々のこと。adult children を略して AC ともいう。1980年代から使われるようになった言葉で，元来はアルコール依存症の親のもとで育った子どものことを指していたが，今日では親からの虐待や両親の離婚など，さまざまな原因がもとで，うつ状態や情緒不安定，過食や拒食などの症状に悩む人を広く指す。

モラトリアム人間 B③ (-にんげん)　留年したり定職につかなかったりすることで，人生の選択を避けておとなになることを拒否したまま，モラトリアム（猶予期間）にとどまろうとする青年のこと。日本の心理学者小此木啓吾が著書『**モラトリアム人間の時代**』（1978年）において，モラトリアムの期間が延びた現代の青年たちの傾向として指摘した。

シンデレラ-コンプレックス [Cinderella complex]　童話『シンデレラ』で王子様に見出されたシンデレラのように，幸せな人生を与えてくれる男性の出現を期待する女性の心理。男性など，外からくる何ものかによって人生が変わるのを待ち続ける女性の依存的願望で，モラトリアム人間と重な

8 第Ⅰ編　現代に生きる自己の課題

る点も多い。

青年期の発達課題 **A**8（せいねんき-はったつかだい）
成熟した人格を形成するために青年期に出会う、さまざまな課題のこと。身体的変化への適応、両親からの精神的な独立、情緒的な安定を得ること、職業観・人生観の確立などの課題を克服して、ひとりの人間としての自己を確立させていくことが求められる。

ハヴィガースト **B**3［R.J. Havighurst, 1900〜91］　アメリカの心理学者、教育学者。人の一生を乳幼児期、児童期、青年期、壮年初期、中年期、老年期の6段階に分け、それぞれの発達課題を設定した。青年期の発達課題として次の10項目をあげている。
　①同年齢の男女との洗練された交際を学ぶこと。②男性として、また女性としての社会的役割を学ぶこと。③自分の身体的変化について理解し有効に使うこと。④両親や他のおとなから情緒的に独立すること。⑤経済的独立のめやすをつけること。⑥職業を選択しその準備をすること。⑦結婚と家庭生活の準備をすること。⑧市民として必要な知識や態度を発達させること。⑨社会的に責任のある行動をもとめ、なしとげること。⑩行動の指針としての価値観や倫理の体系を学ぶこと。

オルポート **B**11［Gordon Willard Allport, 1897〜1967］　アメリカの社会心理学者。20世紀初頭に心理学の二つの有力な学派であった精神分析と行動主義のいずれもが、人格（パーソナリティ）という人間の統一性を見ていないことを指摘し、個人の特徴のミクロレベルの分析ではなく、人格全体を見る研究の必要性を説いた。著書に『パーソナリティ—心理学的解釈』『人格のパターンと成長』など。

成熟したパーソナリティ 8（せいじゅく-）　青年期の発達課題を乗り越え、おとなとして社会に対応できる人格のこと。アメリカの社会心理学者オルポートは成熟したパーソナリティの特徴として、次の6つをあげている。
　①自分以外のものに興味・関心を拡大し、いわば拡大された自己意識を持つ。②他者と温かい人間関係を築く。③情緒的に安定し、自分を受容することができる。④

現実を正確に見て対応する能力を持つ。⑤自己を客観視でき、ユーモアがある。⑥人生観・人生哲学を持つ。

精神的成熟　（せいしんてきせいじゅく）　人生の各段階における発達課題を達成していくことで、**身体的成熟**のみならず、社会の中でさまざまな役割を担うひとりの人間として成熟していくこと。

エリクソン **A**12［Erik H. Erikson, 1902〜94］　ドイツ生まれ。アメリカのフロイト学派に属する精神分析学者。人間の心理-社会的発達を、それぞれ固有の課題をもつ8段階のライフ-サイクルとしてとらえ、モラトリアムやアイデンティティといった言葉で青年期の心理を分析し、社会学、人類学、心理学や文芸理論などに広く影響を与えた。主著に『アイデンティティ』『幼児期と社会』など。

アイデンティティ **A**11［identity］　自分が自分であるという自覚のこと。自分が時間的に連続しているという自覚（連続性）と、自分が他のなにものでもなく自分自身であるという自覚（斉一性（せいいつ））が核となり、さらにそれらのことが他者からも認められているという感覚によって作りあげられる。**自己同一性**、**自我同一性**［ego-identity］などと訳される。

アイデンティティの確立 **A**2（-かくりつ）　自分が、どのような社会において、何者として、どのように生きていくかということを自覚すること。アメリカの心理学者エリクソンは、これを青年期における最大の発達課題であるとしたが、より年長になってもアイデンティティは何度か問い直されることがあり、その都度あらためて確立していく必要がある。

アイデンティティの危機 **B**（-きき）［identity crisis（identity diffusion）］　社会の中での自分の役割がわからなくなり、精神的な危機におちいること。青年期に子ども時代の自己が崩れ、あらたなアイデンティティを選ぶために他のさまざまな選択肢を捨てることが必要になるが、それに悩むことが、アイデンティティの危機である。
　また、青年期にアイデンティティを確立するには、他者によって自分の存在が認められ、社会集団の一員として自覚と責任の

ある行動をとることが不可欠であり、その
ためにも他者と親密な関係を築くことが必
須である。それができないと自分を見失っ
た状態になり、アイデンティティ形成に向
かうことができず、自己嫌悪や無力感に悩
むことになるが、これが**アイデンティティ
の拡散**である。

不登校やひきこもり、ニート、フリー
ターの増加とも関連し、アイデンティティ
の拡散は現代において深刻な問題となって
いる。

圓アイデンティティの拡散 **B**②
心理-社会的モラトリアム **A**（しんりしゃかいて
き-）　一人前の人格に成長する準備のため
に、おとなとしての社会的責任や義務を猶
予、または免除されている青年期のこ
と。モラトリアムとは本来、戦争や災害な
ど非常時における金融機関の支払い猶予期
間を指す語であったが、アメリカの心理学
者エリクソンが、アイデンティティの確立
にとって重要な意味をもつ期間を特徴づけ
るためにこの語を転用した。
ライフ-サイクル **A**②［life cycle］人の
一生を発達段階によって分けて考えたもの。
人生周期。精神分析学者の**エリクソン**は一
生を8段階に分け、各段階で生じる問題
（発達課題）を克服できたときに人は次の
段階に進むことができるが、失敗した場合
には、発達の停滞や心理的危機を招くこと
もあると考えた。

各段階における発達課題として、①他者
との関係を育てることが必要な**乳児期**（0
～1.5歳頃）では基本的信頼、家族以外の人
と接する機会が増え、行動や欲求を制御す
ることが求められてくる**幼児期**（1.5～6歳
頃）の、②前期では自律性、③後期では自
発性、④学校生活でさまざまな知識や技能
を修得し、友達など他者とのかかわりの中
で人間関係を築く能力が求められる**児童期**
（**学童期**とも。6～12歳頃）では勤勉性、
⑤心身ともに大きく変化する**青年期**（14～
25歳頃）ではアイデンティティの確立、⑥
仕事や恋愛など他者との出会いが生き方を
大きく左右する**成人前期**（20～40歳頃）で
は親密性、⑦子育てや親の介護、自身の老
いなどの変化にさらされる**成人期**（**壮年期**
とも。40～60歳頃）では世代性、⑧記憶力

の低下や体の衰え、それまでの社会的役割
の喪失などに直面する**老年期**（60歳頃～）
では統合性が考えられている。

これ以外にも、行動範囲が広がり、集団
を作って遊ぶようになる**ギャング-エイジ**
（**徒党時代**とも。小学校中学年～中学校
頃）に、グループでの行動様式や知識を身
につけること、**思春期**（12～20歳頃）に**第
二次性徴**による身体の変化を受け容れ、対
人関係の変化を乗り越えていくことの重要
性が知られている。

役割実験 **B**③（やくわりじっけん）　青年期にアイ
デンティティを確立していく過程で、それ
までに体験したことのないさまざまな役割
や活動にとりくみ、試行錯誤をするこ
と。エリクソンは心理-社会的モラトリア
ムの期間にこれをおこなうことが人格形成
にとって重要であると指摘した。役割実験
の失敗は、アイデンティティの危機（拡
散）につながる。
シュタイナー **C**［Rudolf Steiner, 1861～
1925］ドイツの哲学者、教育思想家。人
間の誕生から青年までの21年間を7年ご
とに3つの段階に分け、それぞれの段階
を経ることで自我が確立していくとし、子
どもの内的生命と自発性を尊重する教育や
幼児教育の重要性を説いた。

このような人間観・教育思想にもとづい
た独自の教育は、シュタイナー教育、ある
いはヴァルドルフ教育とよばれ、欧米・ア
ジア各地で実践されている。
G. H. ミード **C**④［George Herbert
Mead, 1863～1931］アメリカの心理学
者、哲学者、社会学者。人間の自我は、ひ
とりで孤立した状況では成立せず、他者と
かかわっていく中で、他者の視点から見た
客体としての**客我**（Me）と自分の視点から
見た自己である**主我**（I）とが相互に作用し、
その結果形成されていくものであると考え
た。主著に、自我形成の過程を人間の社会
活動から捉えようとした『精神・自我・社
会』など。
主我Ｃ②**と客我**Ｃ②（しゅがときゃくが）［I，Me］
アメリカの社会心理学者G.H.ミードの用
語で、自我のうち、自分の視点から見た自
己が主我（I）、他者の視点から見た客体と
しての自己が客我（Me）。

子どもはその成長過程において，他者の目，そしてその他者の目から見た自分としての客我を意識するようになり，主我はその客我に対して同調したり批判したりしながら積極的に働きかけようとする。ミードは，その相互作用によって社会的自我が形成されてゆくと考えた。

一般化された他者 **C**[1]（いっぱんかされたしゃ）　アメリカの社会心理学者 G.H. ミードの用語。人は自我の形成過程において，さまざまな他者が自分に向ける視線を意識し，その期待をとりいれて客我（Me）を形成していくが，その際に特定の具体的他者からの期待にとどまらず，一般化された他者からの期待を想定することによって，社会の中で自分がどう生きるべきかを考えることができるようになる。

クーリー **C**[Charles Horton Cooley, 1864〜1929]　アメリカの社会学者。社会・制度と個人との相互作用を研究した。

自我は他者が自分をどう見ているかのイメージ（想像）にもとづいているとし，「鏡映的自己（鏡に映る自我）」という概念を提出した。

鏡映的自己（きょうえいてきじこ）[looking glass self]　アメリカの社会学者クーリーの用語で，自分が自分について抱くイメージのこと。クーリーは，自我を他者の目（鏡）に映し出された自己のイメージ（想像）にもとづいているものと捉えた。「鏡に映る自我（私）」ともいう。

ピアジェ **C**[4][Jean Piaget, 1896〜1980]　スイスの心理学者。子どもの遊びや夢，模倣などの研究を通して，乳幼児期には自己中心的にしか世界を捉えられなかった子どもに，成長にともなって論理的・抽象的・客観的な思考が可能になる脱中心化の過程をあきらかにした。子どもの認知発達の各段階における思考を理論化した『子どもにおける知能の誕生』『知能の心理学』などの著書がある。また，人間の認識の発生進化の過程を多方面から研究するための「国際発生認識論センター」をジュネーヴ大学に設立した。

脱中心化 **C**[4]（だつちゅうしんか）[décentration]　スイスの心理学者ピアジェの用語。乳幼児期には自己中心的にしか世界を捉えられな

かった子どもに，成長にともなって論理的・抽象的・客観的な思考が可能になること。ピアジェはこれを人間の発達の要かなめであるとした。

自己肯定感 **C**[1]（じhere こうていかん）　自分のあり方や価値，存在意義を肯定的に受けとめる感情のこと。子どもの時期の教育でこれをはぐくむことが発達過程において重要とされているが，社会の複雑化にともない，心理的・精神的圧迫やそれから生じる疾患に苦しみ，このような肯定感をもてない人たちが増えている。

ヘッセ **C**[Hermann Hesse, 1877〜1962]　ドイツの小説家，詩人。神学校やギムナジウムを退学し，自殺未遂事件を起こすなど，精神的に不安定な少年期を送り，その体験をもとに，『車輪の下』『デミアン』などの小説を書いた。第一次世界大戦に際しては，平和を希求する声明を発表し，ロマン＝ロランと交流を結ぶ。西洋文明に対して危機感と懐疑をいだく一方，東洋的な精神に深い関心と憧れを示した。第二次世界大戦下，困窮する生活の中で『ガラス玉演戯』を執筆，1946年にノーベル文学賞を受賞した。

『車輪の下』（しゃりんのした）[Unterm Rad]　ヘッセによる自叙伝的小説。1906年刊。周囲のおとなたちの期待と虚栄心に応えようと神学校に優秀な成績で入学した少年ハンスは，精神的・肉体的に疲弊して神学校を退学，傷心をいだいて川でおぼれ死ぬ。社会や教育制度に対するヘッセの批判を表出した作品。

生きがい **A**[1]（い-）　生きていくうえでの支えとなる人生の意味や目標，はりあい。

ユダヤ人の精神分析学者フランクルは，第二次世界大戦中のナチス-ドイツのアウシュヴィッツ収容所での体験において，収容所であっても未来の希望や目的に目を向けていられる人は最後まで人間らしく生き，自分の人生に意味や目的を見出せなくなった人は，身体的にも心理的にも衰弱していったという経験から，自分の存在が何のためにあるかを知れば，どのようなことがおこっても人は耐えることができるという（『夜と霧』）。

また，精神医学者の神谷美恵子は，ハン

センセン病療養所での経験から、「もっとも生きがいを感じる人は、自己の存在目標をはっきりと自覚し、自分の生きている必要を確信し、その目標に向かって全力をそそいで歩んでいる人、いいかえれば使命感に生きている人ではないだろうか」 資料 (『生きがいについて』)と述べている。

神谷美恵子 Ｂ④(かみやみえこ)[1914〜79] 精神科医。瀬戸内海の長島にあるハンセン病患者の療養所(長島愛生園)で患者と生活をともにしながら、患者の治療と精神的なケアに携わり、その体験をもとに、人間の生きがいとは何かを追求した主著『生きがいについて』を執筆した。

3 欲求と適応行動

自己実現 Ａ (じこじつげん) [self actualization] その人のうちにある潜在的可能性を発見し、さまざまな可能性を十分に発揮し、自己の理想的なあり方、つまり人生における自身の真の目的を実現すること。アメリカの心理学者マズローは、さまざまな欲求のうち、自己実現の欲求をもっとも高次のものと位置づけ、これによって人間は成長すると考えた。

マズロー Ａ⑧ [Abraham H.Maslow, 1908〜70] アメリカの心理学者。人間の欲求を5段階に分類し、それらが階層をなしているという欲求階層説を提示、その第5層にあるのが**自己実現の欲求**であるとした。主著『人間性の心理学』『動機と人格』

欲求階層説 Ｃ⑥ (よっきゅうかいそうせつ) アメリカの心理学者マズローが提示した、人間の欲求は低次から高次の順に5段階に分類され、それらが階層をなしているという説。
第1層の低次なものから順に、生理的欲求、安全の欲求、愛情と所属の欲求、自尊の欲求、自己実現の欲求となっており、人間は低次の欲求が満たされると、より高い欲求の実現をめざす。また、第1層から4層までは欠乏欲求、第5層の自己実現の欲求は成長欲求とも分類され、自己実現の欲求によって人間は成長するという。

欲求 Ａ⑦ (よっきゅう) 人間を含む生物が、生きていくうえで不都合なアンバランスを解消するための行動を起こす原因となるもの。
　人間には、生命維持のために身体的・生理的に欠くことのできない**生理的欲求**と、自己の個性の実現をはかることや他者に認められることを願う**社会的欲求**の、大きく分けて二種類の欲求があり、これらは生物として生存するためにも、また人間としての幸福を実現するためにも不可欠な心のしくみであるが、適切に制御されなければ、さまざまな不適応や周囲との軋轢を生む原因ともなる。

生理的欲求 Ａ② (せいりてきよっきゅう) 生物が生命の維持のために身体的・生理的に欠くことのできない基本的欲求のこと。**一次的欲求**。
　呼吸・飢え・排泄・休息などの欲求で、生存に適した均衡状態が乱れたときに、それを回復させようとする行動をおこす原因となる。

社会的欲求 Ｂ (しゃかいてきよっきゅう) 自己の個性の実現をはかることや他者に認められることを願う、社会的存在としての人間がもつ欲求。**二次的欲求**。
　愛情や所属の欲求、自尊の欲求など、社会で生きるなかで、経験的に獲得される欲求である。アメリカの心理学者マズローによれば、人間は生理的欲求(一次的欲求)が満たされることで、社会的欲求(二次的欲求)の充足を求めるようになる。

適応行動 Ｂ② (てきおうこうどう) 社会環境や自然環境に適合する行動を学習したり、自身の欲求を満足させるために環境に働きかけてそれを変化させたりする行動のこと。これによって適切な環境・関係を作りあげ、精神的な安心・安定を達成することができる。合理的解決、近道反応、防衛機制がこれに当たる。
　反対に、環境やその人の精神の安定に適さない行動や反応を示すことを**不適応行動**

▲ マズローの欲求階層説

（失敗行動）といい，不登校や極度に内向きな姿勢，暴力，犯罪行動などがこれに当たる。

欲求不満 A8（**フラストレーション** A）(よっきゅうふまん)［frustration］ 欲求が満たされず，心が緊張の度を高めて不安定になること。

欲求が満たされない際に，欲求を満たすために努力する場合と，あきらめてしまう場合とがあるが，いずれの場合にも，欲求不満に対する耐性をつけ，欲求をコントロールし，自身を向上させるための意欲に変えていくことが重要であるとされる。

耐性 C（**トレランス**）(たいせい)［tolerance］ 欲求不満に耐える力のこと。欲求不満耐性。人間は他者とともに社会的な制約のなかで生きているから，すべての欲求を満たすことはできない。人生ではすべてが思いどおりにいくわけではないことを経験しながら，欲求不満に耐えられる精神的な強さを育てることが重要となる。

葛藤 A8（**コンフリクト** A）(かっとう)［conflict］ 二つ以上の相反する欲求が衝突して選択が困難になること。身体が成熟し，自我意識も高まる青年期は，さまざまな欲求が生まれてくる時期であるため，欲求がせめぎ合う葛藤を経験しやすい。

心理学者のレヴィンは，葛藤を，①接近-接近，②回避-回避，③接近-回避の三つの型に分類した。

接近－接近 B3(せっきん-せっきん) 接近したいと思う対象が二つ以上同時に存在し，そのすべてには接近することができないときに起こる葛藤。レヴィンが分類した葛藤の三つの型のうちのひとつ。

友人と遊びたいしコンサートにも行きたいが，どちらか一方を選ばなければならないといったときに起こる葛藤。

回避－回避 B4(かいひ-かいひ) 避けたいと思う対象が複数同時に存在し，どちらも避けたいがそれができないときに起こる葛藤。レヴィンが分類した葛藤の三つの型のうちのひとつ。

勉強もしたくないし落第もしたくないが，どちらか一方を選ばなければならないといったときに起こる葛藤。

接近－回避 B4(せっきん-かいひ) 接近したいという欲求と避けたいという欲求が併存しているときに起こる葛藤。レヴィンが分類した葛藤の三つの型のうちのひとつ。

ケーキを食べたいが太りたくはないというように，対象がプラス面とマイナス面を同時にもっており，その対象に接近するかどうかを決めなければならないときに起こる葛藤。

近道反応 B4(ちかみちはんのう) 欲求が満たされなかったときに，回り道をとらず，対象に向かって直接的・衝動的に行動すること。八つ当たりのように，欲求そのものを満たしはしないが，欲求不満だけは解消させようとする反応。近道行動。短絡反応。

防衛機制 A6(ぼうえいきせい)［defense mechanism］ 欲求の充足が妨げられたり，葛藤が生じたりしたときに，無意識のうちに不安をやわらげたり，自己の精神を防衛しようとする心のはたらき。オーストリアの精神科医フロイトによって示された。

代表的なものに，抑圧，合理化，取り入れ（同一化，同一視），投影（投射），反動形成，逃避，退行，代償，昇華などがある。

抑圧 A4(よくあつ)［repression］ 防衛機制の基本的なもので，実現困難な欲求や望ましくない欲望をあきらめ，忘れようとすること。ストレスの元となる不安や苦痛，罪悪感などを無意識へと追いやること。意識

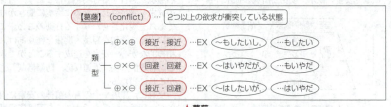

▲葛藤

的に忘れようとすることは**抑制**という。

合理化 Ａ④（ごうりか）[rationalization]　防衛機制のひとつで，自己の失敗や欠点を他者や制度のせいにするなど，もっともらしい理由をつけて正当化すること。

イソップの寓話で，高い枝のぶどうに手が届かなかったきつねが，「あのぶどうはすっぱい」とけちをつけるという**すっぱいブドウの論理**が典型。反対に，自分のもっているものをよいものと思いたがる**甘いレモンの論理**（どんなにすっぱいレモンでも，自分のものであるかぎり，甘いと思いこもうとする）もある。

取り入れ Ｂ（**同一視** Ｂ）（とーいーー）（どういつし）[introjection]　防衛機制のひとつで，他者の外観や特徴をまねて満足しようとすること。同一化。子どもが英雄の本を読んで英雄になったつもりになる，あこがれのファッションモデルと同じ服を着るなど。

投射 Ｂ④（とうしゃ）[projection]　防衛機制のひとつで，自分のなかにある感情や欲求などを認めたくない場合に，他者にその感情があるかのように転嫁すること。**投影**。

自分が相手を憎んでいるのに，相手に憎まれていると思ったり，大好きなアイドルが自分のことを愛していると思いこんだり言いふらしたりするなど。

反動形成 Ｂ②（はんどうけいせい）[reaction formation]　防衛機制のひとつで，憎悪のように意識にのぼらせておくと危険な感情を抑圧するために，愛情などその反対のものをことさら強調すること。好ましくない感情や欲求と正反対の態度や行動をとり，不安から逃れようとすること。

内心では嫌悪を感じている相手に，過度にていねいな態度で接することなど。

退行 Ｂ③（たいこう）[regression]　防衛機制のひとつで，現在の自分よりも前の発育段階の行動や考え方に逆戻りすることで，不安から身を守ろうとすること。弟妹の生まれた幼児が赤ちゃんに返るなど。

逃避 Ａ⑥（とうひ）[escape]　防衛機制のひとつで，希望や欲求が実現できそうにないとき，現実への対応を避け，その状況から逃れようとすること。空想への逃避（白昼夢など），病気への逃避（学校に行きたくない気持ちが高まると頭が痛くなる）など。

白昼夢 （はくちゅうむ）[day dream]　目ざめているときにあらわれる，非現実的な空想や想像。逃避のひとつのかたちで，イメージで満足することによって，現実から逃避する手段となる。白日夢とも。

置き換え Ｂ（おーかー）[displacement]　防衛機制のひとつで，ある対象に向けられていた欲求を本来のものとは別の対象に置き換えることで心の安定を得ること。大きく分けて代償と昇華がある。

代償 Ａ（だいしょう）[substitution]　置き換えのひとつのかたちで，ある欲求が満たされなかったときに，代わりのもので欲求を満たすこと。子どものいない人が犬をかわいがるなど。

昇華 Ａ④（しょうか）[sublimation]　置き換えのひとつのかたちで，あきらめきれない欲求を，より高度な社会的価値のある目標に置き換えて克服しようとすること。人に対する強い攻撃欲求をボクシングで満たす，失恋した悲しみを歌で表現するなど。

補償 Ｃ（ほしょう）[compensation]　防衛機制のひとつで，劣等感を克服しようとする意識のはたらき。オーストリアの精神医学者，心理学者でフロイトの弟子にあたるアードラーが示した。人前で話すことが苦手な人が努力して雄弁家になるなど。

神経症 Ａ②（しんけいしょう）　大きな精神的ショックやストレス，精神疲労などによって引き起こされるさまざまな症状のこと。精神疾患ではなく，感覚や感情が過敏になり，心のバランスを欠いた状態。ドイツ語では**ノイローゼ**[Neurose]。

人と接するときに極度に緊張する社会不安障害，不安や恐怖を取り除くために特定の行動をくり返さずにはいられない強迫神経症，生きている実感がわかず，夢を見ているような感覚が続く離人性障害など，さまざまな種類がある。

トラウマ Ｃ [trauma]　衝撃的で強いストレスとなる出来事を経験することによる精神的な傷のこと。戦争，災害，事故，虐待，いじめ，暴力などによってさまざまな精神的障害が引き起こされる。トラウマによって引き起こされる症状を「PTSD（Post Traumatic Stress Disorder；心的外傷後ストレス障害）」という。

4 個性の形成

サリヴァン [C] [Harry Stack Sullivan, 1892～1949] アメリカの精神医学者。フロイトの影響を受けながらも、欲求に重きを置くその論を否定し、対人関係などの文化的・社会的要因によって精神現象や精神病理のメカニズムを解き明かそうとした。

コールバーグ [C] [Lawrence Kohlberg, 1927～87] アメリカの心理学者。道徳性は幼児期から思春期、青年期を通じて3水準6段階を経て発達すると考えた。

7～10歳の「前慣習的水準」の段階1では罰を受けないようにする、段階2ではそれが自分のメリットになるという理由で道徳にしたがい、10～16歳の「慣習的水準」の段階3では他者の期待を裏切るのは悪いことで期待に応えるのはよいことだと考えるようになり、段階4では法や秩序を守ることを重視するようになる。16歳以降の「慣習以後の水準」の段階5では規則を絶対視せずに、人としての権利や公平さなどを考慮するようになり、段階6では規則をこえて、正義や尊厳など普遍的倫理にしたがって判断するようになるという。

ロジャーズ [C] [Carl Ransom Rogers, 1902～87] アメリカの心理学者。カウンセラーがクライアント(来談者)に積極的に忠告や説得を与える従来の指示的カウンセリングに疑問をもち、クライアント中心に話を進めることでクライアント自身が自己洞察を深め、問題を克服していく援助をするクライアント中心療法を提唱した。

カウンセリング [C] [counseling] カウンセラーが悩みをもつ人に対して、話し合うことで、その人が問題を解決するのを助ける方法。

社会に適応できない比較的重度の症状をもつ人に対する治療や指示・指導をおこなう心理療法に対し、カウンセリングは比較的健常なクライアント(来談者)を対象とし、その主体性を尊重したかたちでおこなわれる。

パーソナリティ [A] [7] [personality] 人間のさまざまな欲求、行動や思考傾向の総体

であり、統一的な持続性をもつ行動主体のこと。**性格**, **気質**(その人が生まれつきもっている、性格や人格の土台となる性質)、**能力**の3要素の複合体であり、遺伝的な素質と自分のおかれた環境や受けてきた教育など後天的な要因との、双方に影響を受けて形成される。

情感・意欲的側面(**意志**)に加え、知的特性(**知能**)もパーソナリティを構成する要素として考えられている。

個性 [A] [9] (こせい) [individuality] 個々の人に備わっており、他の人との区別を可能にする、ある人の固有・独自の性質のこと。

パーソナリティ、性格(広義)とほぼ同義に使われるが、これらがその人の統一的・全体的性質をさすのに対し、個性はその人が他の人と異なる点を強調するときに使われることが多い。

マックス＝シェーラー [C] [Max Schelar, 1874～1928] ドイツの哲学者。倫理的なものの根拠は道徳意識が志向する、客観的に存在する価値にあるとして、カント倫理学の形式主義を批判し、実質的価値倫理学を提唱した。また、価値には序列があるとし、快適価値、生命価値、精神価値、聖価値の順に高次になっていくと論じた。

有用価値 (ゆうようかち) 人間や社会の役にたつものに備わっているとされる価値のこと。

快適価値 (かいてきかち) 快など感覚的・感性的にプラスをもたらすものに備わっている価値。シェーラーの考える価値序列ではもっとも低次に位置づけられている。

精神価値(文化価値) (せいしんかち) (ぶんかかち) 正義や美など、学問、芸術が追求する価値。シェーラーの考える価値序列では、聖価値の下に位置づけられる高次の価値とされる。

聖価値(宗教的価値) (せいかち) (しゅうきょうてきかち) 宗教的な経験や超越的な存在によって与えられる充足や満足に備わっている価値。シェーラーの考える価値序列ではもっとも高次の価値と位置づけられる。

類型論 [B] [7] (るいけいろん) パーソナリティをいくつかの類型に分けて捉えようとするアプローチの仕方。なんらかの理論や基準に基づいていくつかの典型的類型(タイプ)を見出し、それによって個人のパーソナリティを理解しようとする方法。

パーソナリティを全体として捉え，個人の全体像を総合的に把握しようとする類型論は，性格を直感的に把握し，異なる類型を比較するのには便利であるが，典型的な型に無理に当てはめようとするなどの問題もある。

クレッチマー B5（**クレッチュマー**C2）〔Ernst Kretschmer, 1888～1964〕ドイツの精神科医。**体型と気質**との関係からパーソナリティを捉えようとする類型論の代表的な理論を提唱し，肥満型の人には循環気質，細長型（やせ型）の人には分裂気質，闘士とう（筋骨きん）型の人には粘着気質といったように，特定の体型の人には特定のパーソナリティ傾向があるとした。

外向性B6**と内向性**C4（がいこうせい・ないこうせい）　スイスの精神医学者ユングが，人の心のエネルギー（リビドー）の向かう方向を基準とする類型を提唱した際に着目したもの。

外向型は関心を外界に向ける外向性があり，社交的で，反対に内向型は，関心を自分自身に向ける内向性があり，控えめで人づきあいが苦手といった特徴がある。

シュプランガー　B6〔Eduard Spranger, 1882～1963〕ドイツの哲学者，心理学者。主著『生の諸形式』において，人間のあり方を，生活のどの領域に価値をおいているかにしたがって，**理論型・経済型・審美しん型・社会型・権力型・宗教型**の6つの類型に区分した。

特性論　C2（とくせいろん）　いくつかの特性の組み合わせによってパーソナリティが構成されるとする考え方。

パーソナリティが数量的に捉えられ，他者と性格を比較するのに便利であるが，ひとりの人間の全体像をつかみにくいというデメリットがある。

ビッグ-ファイブ　C3　5つの因子でパーソナリティを捉えようとする，特性論のひとつの立場。5因子モデル。

代表的なものは，神経症傾向（神経質，不安，抑うつ），外向性（外交的，話好き，活動的），開放性（創造的，大胆，思慮深い），調和性または協調性（温かい，実直，親切），誠実性（信頼できる，良心的，勤勉）の5因子の組み合わせでその人の性格

を判断するが，どの因子を組み合わせるかについては，研究者によって違いがある。

アイゼンク　C2〔Hans Jurgen Eysenck, 1916～97〕ドイツに生まれ，イギリスで活躍した心理学者。ロンドン大学を拠点に，パーソナリティに関する実験的研究を数多く行った。向性（外向-内向）や神経症傾向（安定-不安定）が人の行動傾向を特徴づける基本的な特性であるとして，それらの量的な組み合わせをもとに，個々人のパーソナリティの差異を測定しようという特性論を展開した。この理論に基づく「アイゼンク性格検査」を考案するなど，臨床心理学の発展にも貢献した。

ミシェル〔Walter Mischel, 1930～2018〕アメリカの心理学者。ある人の行動はその人のパーソナリティによって決まると考える特性論に対して，人間の行動はそのときの状況によっても左右されるものであるとする状況論を展開した。

ジョハリの窓（-まど）〔Johari window〕対人関係における自己開示，コミュニケーション，気づき，自己理解などの説明に使われるグラフモデル。

自分自身をひとつの窓であると考え，それをⓐ自分も他人も知っている自分，ⓑ他人は知っているが，自分は知らない自分，ⓒ自分は知っているが，他人は知らない自分，ⓓ自分も他人も知らない自分の4つに分け，ⓐの領域を広げることで人間が成長していく仕方を示す。

5 社会の変容と青年

若者文化C（**ユース-カルチャー**B）（わかものぶんか）〔youth culture〕青年期の若者たちによってつくりだされた文化。おとなたちによって作られた既存の支配的・伝統的文化に対して，若者たちが独自の意識や感覚，価値観によって作りあげたという意味で**サブ-カルチャー**（下位文化，部分文化）ともいわれる。

対抗文化C2（**カウンター-カルチャー**C2）（たいこうぶんか）〔counter culture〕既存の支配的・伝統的文化に対して，それに反発する人々によってつくりだされる文化のこと。おとなたちに対抗して若者たちが

作りあげたユース-カルチャー(サブカルチャー)をさすことも多い。1960年代のアメリカで、高度管理社会に抗してあらわれたヒッピーによる文化などがその典型。

ビートルズ〔The Beatles〕 主に1960年代に活躍し、世界中で人気を博したイギリスのロックバンド。メンバーのジョン=レノン、ポール=マッカートニー、ジョージ=ハリスン、リンゴ=スターはリバプールの労働者階級出身で、1962年のデビュー当時、その楽曲はストレートなロックンロールスタイルが中心だったが、その後実験的な創作活動が多くなり、音楽分野のみならず、ファッション・文化面でも大きな影響を与えた。代表作に「イエスタデイ」「ヘイ・ジュード」「レット・イット・ビー」など。

1970年に実質的に解散した後もそれぞれ精力的に音楽活動を続け、特にジョン=レノンは、争いや貧富の差がない世界を願った楽曲「イマジン」を作るなど、妻である芸術家のオノ=ヨーコとともに平和活動にも取り組んだ。

▲ビートルズの来日公演(1966年)

逸脱行動 C① (いつだつこうどう) 社会集団の構成員の大多数が遵守する規範や価値体系から逸脱する行動のこと。一般的意見に集約されない少数意見や行動のずれなどのかたちであらわれるが、犯罪など反社会的行為のみならず、典型的行動様式の変化や変質、多数派に対する少数派の抵抗など、逸脱行動が、時代や世代の変遷にともなう社会の変化を生み出していく場合も多い。

世代の断絶 (せだい-だんぜつ)〔generation gap〕 価値観・知識・考え方などの違いによって世代間に生じる葛藤、分裂のこと。ジェネレーション-ギャップ。

団塊の世代 C (だんかい-せだい) 1947〜49 (昭和22〜24)年に生まれた世代のこと。第二次世界大戦後の第1次ベビーブームの時代にあたり、他の世代に比べて出生数が多く、人口分布図上でかたまりのように見えるところからこういわれる(堺屋太一『団塊の世代』1976年刊)。

1960年代後半にはこの世代を中心に大学闘争が起こり、また、60〜70年代の高度経済成長を支え、戦後の日本の政治・社会・文化を大きく左右してきた世代である。全共闘世代、ビートルズ世代ともいわれる。

第1次ベビーブーム (だいいちじ-) 出生率が急激に高まった、第二次世界大戦後の1947〜49 (昭和22〜24)年の時期。この時期に生まれた人々が団塊の世代と呼ばれる。

第1次ベビーブームに生まれた人々がおとなになり、出産の適齢期になった1971〜73年頃が第2次ベビーブームにあたる。

全共闘運動 C (ぜんきょうとううんどう) 大学や学問のあり方に疑問をいだいた学生たちを中心に、1968〜69年に展開された全国的な大学闘争。

全共闘とは全学共闘会議の略。全国の各大学で結成された学生組織で、それ以前の政治色の強い組織とは異なり、政治活動に比較的関心の少ない一般学生が結集し、各大学で闘争の主体となった。学生と機動隊が激しく衝突するに至った日大闘争、東大闘争を経て、急速に退潮・収束していった。

シラケ世代 C (-せだい) 1950年代以降に生まれ、日本における学生運動が下火になる頃に大学に進学あるいは就職した、政治をはじめ、あらゆることに感動・関心を示さない世代のこと。

学生運動への失望や、高度経済成長が収束したことによる無力感などにより、「シラケ」という言葉がこの世代の若者の間で流行し、無気力・無関心・無責任の三無主義の風潮が広がった。

三無主義 (さんむしゅぎ) 若者の無気力、無関心、無責任の風潮をさす言葉。1970年代に、学生運動への失望や、高度経済成長が収束したことによる無力感がシラケ世代といわれる若者を中心に広まり、そのような若者たちのあり方を表現する言葉として広

まった。

新人類 **C**（しんじんるい）　従来とは異なる価値観・感性をもつ若い世代をさす言葉として，1980年代に流行した語。

　主に1960年代生まれの新人類世代は，1979年から始まった大学入学のための共通一次試験に象徴されるような画一的なあり方に適応し，テレビやゲーム，漫画，アニメ，ロックやテクノポップといったサブカルチャーを通して醸成（じょうせい）された従来とは異なる価値観をもつ世代として，異人種になぞらえてこのようにいわれた。

オタク **C**　特定の分野やものごとに対して強い興味をもち，傾倒すること，あるいはその人。

　1980年代から広まった語で，初期には主にアニメや漫画，SFなどのサブ-カルチャーを愛好する人たちをさしていた。自分の興味のあることに関心をもち，没頭する一方で，一般的な知識や社会性に欠ける傾向がある人々という否定的意味あいで使われることが多かったが，90年代以降，否定的意味は薄れ，各分野の愛好者やエキスパートなど広い意味で使われることが多い。

フリーター **C**　一般に，アルバイトなどの臨時の雇用形態によって生計を立てている若者のこと。和製英語フリー・アルバイターを略した語で，もとは，いわゆるバブル経済期に登場した，自由な雇用形態を選んだ若者たちのことをさしていたが，その後の景気悪化に伴い，企業が正社員の採用を抑えたために不安定な雇用を余儀（ぎ）無くされた人たちを主にさす語となっていった。ニートとの最大の違いは，フリーターには働く意志がある点である。

ニート **C②**（**ＮＥＥＴ C**）［NEET］　職業に就かず，学校や職業訓練にも通わない若者のこと。1990年代後半にイギリスで作られた言葉（NEET：Not in Employment, Education or Training）で，日本では15歳以上34歳以下の独身の若年無業者と定義されており，2004年頃から注目されるようになった。働く意志を有しているフリーターや失業者に対し，ニートは働く意志がない者，あるいは非正規雇用のか

たちで働くことを希望しながら実際には求職活動をしていない者として区別される。ひきこもりや不登校と重複している場合が多く，就労意欲や社会参加の意欲を引き出すための支援や対策が求められている。

パラサイト-シングル **B⑥**　学校を卒業，就職後もなお親と同居し，生活費や食費など基礎的生活条件を親に依存している未婚者のこと。社会学者の山田昌弘による造語で，親に寄生（パラサイト）しているように見えるところから名づけられた（『パラサイト・シングルの時代』1999年）。

ひきこもり **C**　家庭内や自室にとじこもり，長期間社会生活をしていない状態のこと。厚生労働省の定義によれば，「仕事や学校に行かず，家族以外の人との交流をほとんどせずに，6か月以上続けて自宅に引きこもっている状態」をさす。不登校や親の過剰（じょう）な期待・管理など，さまざまな原因によって引き起こされ，20代前半までの青少年に多く見られるが，30歳を超える場合も多く，1990年代以降，社会問題化している。

インターンシップ **C**［internship］　学生が在学中に企業などで一定期間働き，自分の専攻や将来のキャリアに関連した就業体験をする制度。

　学生にとっては，職業観が刺激され，学業や仕事，働くことについての理解が深まり，企業にとっては優秀な人材との接点を早期に持ち，面接だけでは把握しきれない適性を見極めることができるなどのメリットがあるが，学業との両立の問題，いわゆる青田買いの懸念もあり，その運用には課題も多い。

キャリア **C**［career］　専門的技能が必要な職業における経験のこと。

　2000年代以降，年功序列型の人事制度から成果主義や能力主義の人事制度への変化，若年層の失業率の高さや非正規雇用の増加，若年層の早期離職の傾向などを背景として，社会的・職業的自立のために必要な能力や態度を育成し，学校から社会・職業への移行をサポートすることを目標とするキャリア教育の充実が求められている。

第Ⅱ編
人間としての自覚

ミケランジェロ作「ピエタ像」
(ヴァチカン サン‑ピエトロ大聖堂)

1章 哲学と人生 ―― ギリシャ思想

1 倫理・哲学の基本用語

規範 Ｂ⑥(きはん) 行為や判断についての法的・道徳的・宗教的な基準。一般的な準則・ルールだけでなく、個別的な判断や決定も含まれる。普通、規範の遵守(じゅんしゅ)に対しては称賛や是認が与えられ、違反行為に対しては罰や制裁が報いられる。具体的には、法律や道徳、戒律など。自然法則が客観的・必然的な事実や因果関係(「必ず〜である」)を表すのに対して、規範や規則は主観的な当為(「〜すべし」「〜するな」)の形をとり、何らかの価値判断や目的意識を伴う。

道徳 Ａ⑳(どうとく)〔(英)morality (独)Sitte (仏)morale〕 人間の行為や内心の善悪・正邪を判断する規範。時代や地域によっても異なり、社会の習俗と関係がある。語源であるラテン語の[mōrēs]も「慣習」「マナー」を意味する。道徳の哲学的な根拠としては、アダム=スミスのように、ある行為に対する是認・否認という感情(モラル・センス)を根拠とする立場や、カントのように、理性的な主体にとって普遍的に妥当するような道徳法則を根拠とする立場がある。

慣習 Ａ(かんしゅう) ある社会で長く行われてきて、通用している伝統的な行動様式・規範・風俗。慣習が認められて、そのまま法や道徳、倫理の原型となることもある。アリストテレスが習慣付けによって獲得されるとした習性(エートス)的徳の「エートス」[ēthos]には「慣習」の意味がある。また、ヘーゲルが個人と共同体の自由が実現されるとした人倫[Sittlichkeit]も、その基底には「慣習」[Sitte]がある。このように、倫理には理性や道徳法則だけでは決定されない慣習的な側面がある。

法 Ａ④(ほう) 人々の行動に関して、善悪・是非を定めた規範の体系。法は一方で、社会秩序を維持して、統治するために運用され、他方で、個々人の権利を保障するために用いられる。一般的に、道徳が人の内面に訴えるのに対して、法は外面的な行為を規制する。人間の自然本性に基づいた普遍

的な法を**自然法**，個別的・具体的な法を実定法と呼ぶ。

西洋思想では，ストア派の自然の理法（**ロゴス**），ユダヤ教の**律法**（トーラー），ローマ法の伝統があり，トマス＝アクィナスがこれらを総合して，神の摂理への参与が自然法であるとした。インド思想では，法（ダルマ）は慣例・掟きなどの他に真理をも意味し，仏教では諸行無常むじょう，諸法無我むが，一切皆苦いっさいかいく，涅槃寂静ねはんじゃくじょうを**四法印**しほういんと呼ぶ。また，中国思想では，法律と刑罰によって社会の安定を目指す**法家**が活躍した。

人生観 Ａ① （じんせいかん） 人生のあり方に対する見方・考え方。人は何のために生きるのか，人生の意味とは何か，どのように生きるべきか。こうした人生に対する根源的な問いが，哲学や宗教の基底にはある。具体的には，この世界は悪や苦に満ちており，人生には否定的な意味しかないと考えるペシミズム（厭世えんせい観・悲観主義），また逆に，世界は最善であり，人生を善いものとして捉えるオプティミズム（最善観・楽観主義）などがある。

世界観 Ａ③ （せかいかん） 世界の総体のあり方についての見方・考え方。世界はどのような仕組みで成り立っているのか，世界の究極の意味とは何か，人間と世界の関係はどのようなものか。世界についてのこれらの疑問に対して，統一的な世界観を与えるものが宗教や哲学，科学である。例えば，プラトンは世界がイデア界と現象界から成り立つ**二元論的世界観**を唱えたのに対して，アリストテレスは具体的な事物に形相が内在するという一元論的世界観を考えた。また，フッサールは，哲学を，時代の世界観を扱う「世界観哲学」と普遍的な妥当性を目指す「厳密な学としての哲学」に区別した。

良心 Ａ① （りょうしん） 行為に対して道徳的に自覚・反省し，やましい意識をもつこと。ラテン語の良心 [conscientia] は「共に知ること」であり，自分と共に他者が知り咎とがめることを意味する。また，日本語の良心は，人間に本性的に備わっている「善の心」を意味し，孟子に由来する。

哲学では，カントが良心を道徳法則に適っているか否かを判定する「内的裁判官

の声」であるとしたのに対して，ハイデガーは日常的な「ひと」という非本来的な自己に対して本来的な自己へと立ち返るよう呼びかけられる「呼び声」だとした。このように，良心とは一般的に，何らかの法や他者を前にしたときの自己意識のあり方だといえる。

人格 Ａ② （じんかく） 単なる生物としての人間ではなく，尊厳をもって扱われる理性的な存在。人格 [person] は元々，劇の「仮面」を意味するラテン語「ペルソナ」 [persona] に由来し，そこから社会的役割を意味するようになった。ロックは，人格とは理性と反省能力をもち，自己意識を有する存在であるとした。また，カントは，人格とは，自由な意志をもった理性的な存在であり，その行為の責任を問えるような道徳的主体であるとした。したがって，人格は単なる手段にすぎない物件とは違い，それ自体が目的として価値と尊厳をもつような存在である。

悪 Ａ⑤ （あく） 善に対立するもの。一般的には，法，道徳，規範に反するものを指すが，自然災害や病気のような人間に害や苦痛をもたらす「自然的悪」や，「醜悪しゅうあく」のように美に反するものも悪と呼ばれうる。

哲学としては，アウグスティヌスのように，悪を善の欠如として捉える悪の消極的概念と，ゾロアスター教やマニ教のように，善に対抗する原理として捉える悪の積極的概念がある。インド思想では，悪は因果応報によって災厄さいやくがもたらされる悪業として考えられ，特に仏教では貪とん（むさぼり）・瞋じん（いかり）・癡ち（おろかさ）が**三毒**とされる。また，中国思想では，人間は本来，善にむかう性質をもつとする孟子の性善説に対して，人間の本性は悪であり，礼によって人為的に矯正きょうせいしなければならないとする荀子の**性悪説**が唱えられた。

罪 Ａ⑯ （つみ） 法的・道徳的・宗教的な規範に反する行為。罪に対して，外面的には，罰や制裁が加えられ，内面的には，**良心**の呵責かしゃくや自責の念が抱かれる。特に宗教では，内心における罪の意識や罪悪感を，どのように贖あがい救済するかが問題となる。キリスト教では，全人類は原罪を負っており，神によって救済されなければなら

ない，とされる。仏教では，戒律に反する行為が罪業と呼ばれ，因果応報によって苦の果報があると考えられる。

心情倫理 （しんじょうりんり）　行為をする際の心情にして行為を正当化する立場。行為から生じる結果は問わず，心情の純粋さだけを問題とする。そのため，結果が悪ければ世間や世界を創造した神のせいにし，また，善い目的のためなら悪い手段も正当化される。マックス＝ウェーバーが『職業としての倫理』で提唱した概念であり，**責任倫理**と対立する。

責任倫理 （せきにんりんり）　行為がもたらす結果を予見し，その結果に対して責任を引き受ける立場。予見できた結果に対して決して他人に責任転嫁せず，また，目的を達成するための手段についても考慮する。心情倫理と対立する。マックス＝ウェーバーは，特に政治の領域において，暴力が決定的な手段なのだから，**責任倫理**が重要だと考えた。

知識 Ａ⑦（ちしき）　根拠のある確実な認識。特に哲学では，客観的で正しい認識のことであり，単なる主観的な信念・臆見からは区別される。プラトンは，感覚的・経験的な認識と理性的・普遍的な認識を区別し，前者は思いなし（ドクサ）にすぎず，イデアを認識することで真の知識（エピステーメー）が得られるとした。

　　また，カントは，「知識は経験とともにはじまるが，経験から生ずるのではない」（資料）とした。つまり，知識は経験だけで成り立つのではなく，人間がア・プリオリに（経験に先立って）もっている感性と悟性の形式に当てはめることで，客観的な知識が成り立つと考えたのである。

唯心論 Ｃ（ゆいしんろん）　心や精神こそが真の実在であり，物質・物体はその現象や産物にすぎないとする立場。生命の自発性や精神の創造的活動を重視する。存在論（世界や存在のあり方を問題とする議論）に関して，唯物論と対立する。

パトス Ａ②（**情念** Ａ⑨）（じょうねん）［pathos］魂の非理性的で受動的な働き・状態。感情や欲望。ギリシャ語の「パトス」［pathos］は，元々「受動すること」を意味し，英語の［passion］にも「情念」の他に「受難・受苦」の意味がある。ストア派では，パトスとは非理性的な苦痛や欲望を意味し，これをしりぞけた**アパテイア**が目指された。また，デカルトは，身体から生じた情念が精神を乱すとして，情念を統制する**高邁の精神**が必要であると考えた。

哲学 Ａ⑦（てつがく）［Philosophy］　人生観や世界観について理性的・理論的に考え，真理を探究する学問。狭義_{きょうぎ}には，古代ギリシャの**愛知**（フィロソフィア［philosophia］）を起源とする西洋哲学を指すが，ウパニシャッド哲学や仏教思想などのインド哲学，儒教や道家，法家などの中国哲学を含むこともある。日本語の「哲学」は，西洋語のフィロソフィ［philosophy］の訳語として考案された言葉である。

真理 Ａ⑦（しんり）　確実な根拠のある知識。哲学や宗教が追い求めているもの。哲学における真理の捉え方としては，対象と認識（概念・言説）が対応しているという「対応説」や，事象の覆いが取られて明らかになることを意味するアレーテイア［alētheia］（古代ギリシャの真理観）がある。また，キリスト教では，真理とは神そのもの，あるいは神によって啓示されたものを意味し，仏教では，苦諦（人生は苦である）・集諦（苦の原因は執着である）・滅諦（苦の消滅は執着の消滅である）・道諦（苦の消滅には正しい道がある）の四つの真理をあわせて**四諦**と呼ぶ。

善 Ａ⑪（ぜん）　よいもの，肯定的な価値をもつもの。一般的には，道徳的に望ましいものを指すが，古代ギリシャの**カロカガティア**［kalokagathia］の理想のように，美と一体となった善や，功利主義のように，快楽や有用性を善とすることもある。

　　古代ギリシャ思想では，ソクラテスやアリストテレスのように「善く生きること」が幸福であると考える伝統があった。また，インド思想では，善業（善い行い）をつむことによって輪廻からの解脱が得られるとされ，特に仏教では，三毒をせず，戒律を守ることが涅槃の条件とされた。また，中国思想では，孟子が人間の本性は善であるという**性善説**を唱え，人間が生まれながらに備えている四端の心を育てることで，仁・義・礼・智の**四徳**が実現されるとした。

倫理 **A**7（りんり）[Ethics]　人間関係や人間の共同体の秩序・道理。「道徳」と同じ意味で使われることが多い。英語の[Ethics]は、「慣習」を意味するギリシャ語[ēthos]に由来し、漢語の「倫理」は、「なかま」を意味する「倫」と「ことわり」を意味する「理」からなる。このように、倫理は社会的な慣習や共同体の価値観に関連する言葉である。哲学としては、善のイデアを認識することを正義の基盤としたプラトンに対して、アリストテレスは習慣によって身に付けるべき**倫理（エートス）的徳**を重視した。また、道徳を理性的な法則と捉えたカントに対して、ヘーゲルは**人倫**において個人と共同体の自由が実現されるとした。

幸福 **A**10（こうふく）　人生のなかで、身体的・精神的な欲求が満たされ、善や望ましいことが実現されている状態。また、苦痛や不幸が取り除かれていることを幸福とする消極的な立場もある。哲学としては、「**善く生きること**」が幸福であり、人生の最終目的であるとする幸福主義や、「**最大多数の最大幸福**」を行為や政策の最重要事とする功利主義が挙げられる。

価値 **A**10（かち）[Value]　善いもの、望ましいもの。単に欲求や利害関心だけでなく、「〜すべし」という規範的な意識も含まれている。普通は反価値と対立して扱われ、例えば、真と偽、善と悪、美と醜、益と害、快と苦などが挙げられる。ギリシャ思想では、とりわけ**真・善・美**が一体をなすものとして尊ばれた。また、ドイツの哲学者シェーラー（1874〜1928）は、価値には、快適価値（快適・不快）、生命価値（高貴・卑俗）、精神価値（美・醜や義・不義）、聖価値（聖・非聖）という序列があるとした。

二元論 **A**2（にげんろん）[dualism]　二つの根本的に対立する原理によって世界を説明しようとする立場。代表的な例としては、イデア界と現象界という**二元論的世界観**を唱えたプラトンや、精神（思考するもの）と物体・身体（延長するもの）という**物心二元論**を唱えたデカルトが挙げられる。

科学 **A**7（かがく）　理性的・理論的な知識の体系。[science]とは元々、「知識」を意味し、学問一般を指す言葉であるが、狭義には、近代ヨーロッパを起源とする自然科学を指す。古代エジプトの天文学、古代ギリシャの幾何学、アラビアの代数学など、様々な伝統的な科学はあるが、特に、近代以降の西欧で、観察・実験・数式化などの方法によって、自然科学が発達した。オーストリア出身の哲学者 K. ポパー（1902〜94）は、科学とそうでないものの境界を定めるために「反証可能性」を提唱した。

形而上学 **B**7（けいじじょうがく）[Metaphysics]　経験や感覚で捉えられるものを超えて、世界の原理や事物の本質、存在を問う学問。アリストテレスの著作で『自然学』[physika]の後[meta]に置かれていたことから、その名がつけられた。「形而下」が形をもったものであるのに対して、「形而上」とは形を超えたものの意味。

　アリストテレスは、あらゆる学問に先立って、存在するもの一般の原理・原因を探究する学問という意味で、形而上学を「第一哲学」とした。中世では、トマス＝アクィナスが存在の第一の原因は神であるとし、形而上学を神学的に捉え直した。近代では、カントが形而上学を人間の理性が有効な範囲に限定し、神・自由・魂の不死は理念として要請されるにすぎないとした。

　　　　　　　　　類形而下 **C**

唯物論 **A**3（ゆいぶつろん）[materialism]　心や精神活動よりも物質や質料こそが根源的であると考える立場。存在論において、**唯心論**と対立する。古代ギリシャでは、世界が原子と空虚からなるとしたデモクリトス、近世では、世界を機械論的に捉えたホッブズ、近代では、ヘーゲルの観念論を批判的に継承して、唯物史観を唱えたマルクスとエンゲルスなどが挙げられる。

観念論 **A**（かんねんろん）[Idealismus]　認識において、事物が主観の観念によって規定されるとする立場。認識論（知識や認識のあり方を問題とする議論）に関して、主観とは独立に事物があるとする実在論と対立する。プラトンの理想主義的なイデア論も観念論と呼ばれることがある。狭義には、18世紀ドイツのカントや、フィヒテ、シェリング、ヘーゲルらの**ドイツ観念論**を指す。

蓋然性（がいぜんせい）　たしからしさ。確実ではないが，ある程度の信頼ができること。確率論につながり，確実性と対比される。ヒュームは，経験や帰納から得られた因果関係は，どんなに確実に見えても必然的な真理や確実な知識とはならず，あくまで蓋然性にとどまるとした。

感性　**Ａ⑦**（かんせい）　感覚や情念のはたらき，感受性。一般的に，知性・悟性が能動的な思考能力であるのに対して，感性は受動的な感覚能力であると考えられる。カントは，人間の認識能力を感性と悟性の二つに分け，悟性が自発的な概念（がいねん）の能力であるのに対して，感性は感覚を受容する直観の能力であるとした。この感性のア・プリオリな（経験に先立つ）形式が時間と空間である。感性と悟性の両者が働くことで，人間の認識は成立する。

観念　**Ａ③**（かんねん）　思考の対象。観念[idea]は元々，プラトンのイデアに由来する言葉。イデアや理念のように心の外部にある真の実在を意味することもあれば，心の内部の印象や表象（ひょうしょう），イメージを指すこともある。例えば，プラトンは，イデアを理性によってのみ把握できる真の実在だと考えたのに対して，ヒュームは，観念を人間の心に現れる知覚の一種であり，印象とは強度と鮮明さが異なるにすぎないとした。

認識　**Ａ⑧**（にんしき）　何かを知り理解すること，また，理解された内容。感覚を介して外界について認識することを「知覚」，根拠に基づいた確実な認識を「知識」という。哲学においては，質料と形相という認識の要素，感覚・感性と理性・悟性という認識の能力，思いなしと確実な知識という認識の確実さなどが問題とされる。こうした認識の問題を考える研究を認識論という。特に近代以降，主観と客観の区別という観点から問題とされ，認識する主観と認識される客観という主観 - 客観図式の下で捉えられることが多い。

主観　**Ａ①**と客観　**Ａ②**（しゅかん・きゃっかん）　主に認識の場面で用いられ，認識するものを「主観」[subject]，認識される対象を「客観」[object]と呼ぶ。また，認識する個人の内面だけに関わることを主観的，普遍的に当てはまる事実に関わることを客観的

という。特に，近代以降の認識論では，認識する主観と認識される客観が対立するものとして捉えられ（主観 - 客観図式），両者の一致が真理であるとされる。現代の哲学では，この主観 - 客観図式を克服することが大きな問題となる。

主体　**Ａ②**と客体　**Ａ①**（しゅたい・きゃくたい）　主に実践の場面で用いられ，能動的に働きかけるものを「主体」[subject]，受動的に働きかけられるものを「客体」[object]という。ラテン語の[subjectum]は元々，「主語」や「実体」を意味する言葉で，知性的な自我を「主観」と呼ぶのに対して，行為する具体的な自我を「主体」と呼ぶ。近代以降，神に依存しない主体としての人間のあり方が問題とされるようになった。

　カントは，単なる客体にすぎない物件と区別して，自由な意志をもった**人格**が道徳的な主体であると考えた。これに対して，ヘーゲルは，**絶対精神**において，主体は自らが世界全体を支えるものであると自覚する存在であり，主体が同時に実体であるとした。

2 神話から哲学へ

ギリシャ思想　**Ｂ②**（-しそう）　古代ギリシャで前６世紀頃から展開された思想。ポリスの生活を基盤とし，自由・自足，調和を重視する理性主義に特徴がある。

　ギリシャ思想は，大きく三つの時期に分けられる。①前ソクラテスの哲学。植民都市ミレトスなどから自然哲学が誕生し，民主政の発展とともにソフィストが活躍した。②アテネの哲学。善く生きることを求めたソクラテス・プラトン・アリストテレスらの思想がアテネを中心として花開いた。③ヘレニズムの哲学。ポリスが崩壊（ほうかい）するにしたがい，エピクロス派・ストア派・懐疑（かいぎ）派などが内面的な幸福を求めた。これらの思想は，ユダヤ-キリスト教思想と並んで，西洋思想の大きな源流のひとつとなった。

ギリシャ神話　**Ａ②**（-しんわ）　古代ギリシャに伝えられていた宇宙生成，神々，英雄についての神話（ミュートス）。世界，社会制度，祭事の成り立ちや，自然現象を擬人

ギリシャ神話	ローマ神話	
ゼウス	ジュピター	主神。雷神
ヘラ	ジュノー	ゼウスの妻
アテナ	ミネルバ	戦争・知恵
アポロン	アポロ	芸術。太陽神
アフロディテ	ヴィーナス	愛と美の女神
アレス	マーズ	軍神
アルテミス	ダイアナ	狩猟・清浄
デメテル	セレス	農耕・大地
ヘパイストス	バルカン	火山・鍛冶
ヘルメス	マーキュリー	商業の神
ポセイドン	ネプチューン	海・泉
ヘスティア	ヴェスタ	かまど
ディオニュソス	バッカス	本能と葡萄酒
ハデス	プルートー	冥界の王
ペルセポネ	プロセルピナ	冥界の王妃

オリュンポスの12神

じん化して説明するもので，ギリシャ哲学を準備するものでもあった。もともと民衆に口伝されていたもので，ホメロスが『イリアス』『オデュッセイア』でトロイア戦争についての叙事詩を語り，ヘシオドスが『神統記』で神々の系譜を整理再編し，悲劇作家らが繰り返し取り上げた。自然哲学者やプラトンの思想に引き継がれ，ローマ神話にも取り込まれており，広く西洋の思想や文化に影響を与えた。

　有名なエピソードとしては，カオス（混沌）からウラノス（天）とガイア（地）が分離する宇宙創成論，ウラノス，クロノス，ゼウスの親子三代に渡る覇権争いとオリュンポスの神々による秩序の形成，トロイア戦争にまつわるヘクトル，アキレス，オデュッセウスらの英雄譚などが挙げられる。

類ミュートス C　　神話 A 6

神話的世界観 B 2

プロメテウス神話（-しんわ）　プロメテウスは，ゼウスの目を盗んで人間に火を与えた。その罰としてゼウスは，人間に対しては災いの元となる最初の女パンドラを贈り，プロメテウスに対してはカウカサス山に鎖で縛り，ヘラクレスによって解放されるまで毎日鷲に肝をついばませた。火は技術の根源であり，人間と技術の関係を象徴する神話である。

ホメロス A 6 ［Homēros，前8世紀頃（生没年不詳）］　古代ギリシャ最古の叙事詩『イリアス』『オデュッセイア』の作者とされる人物。その生涯については知られていない。トロイア戦争を題材とし，アキレス（『イリアス』），オデュッセウス（『オデュッセイア』）という英雄を主人公とした叙事詩を残した。前者は受難の，後者は性格の物語と呼ばれ，古代ギリシャ人にとっての基礎的教養であった。

『イリアス』 A 2 　ホメロスの作品とされるギリシャ最古の叙事詩。イリアスはトロイアの城をさす。トロイア戦争にまつわる伝説「叙事詩の環」のひとつ。トロイア戦争末期の，英雄アキレスの活躍を中心とした物語で，アキレスの怒りに始まり，ヘクトルが討たれて，トロイアの命運が尽きるところで終わる。

『オデュッセイア』 A 2 　ホメロスの作品とされる叙事詩。1万行以上に渡る壮大な物語で，トロイア戦争にまつわる伝説「叙事詩の環」のひとつ。トロイア戦争終結後，知略に富む英雄オデュッセウスが帰国するまでの物語で，オデュッセウスは，トロイア戦争に勝利し，凱旋帰国する道中でさまざまな苦難に遭遇し，それを知略によって克服していく。

ヘシオドス A 4 ［Hēsiodos，前8世紀頃（生没年不詳）］　古代ギリシャの叙事詩『神統記』『仕事と日々』の作者。芸術の女神ムーサの霊感によって詩人となったとされるが，詳しい生涯は不明。その作品はホメロスの作品と並んで古代ギリシャ人の基礎的教養となり，古典文学に大きな影響を与えた。

『神統記』 B 2 （しんとうき）　ヘシオドスの作品で，神々の系譜を整理してギリシャ神話を再編した叙事詩。原初のカオスからの宇宙の創成，ウラノス，クロノス，ゼウスへの覇権の引き継ぎ，そしてオリュンポスの神々による秩序の形成が語られる。死や愛，争い，苦悩といった抽象概念が

擬人化されて組み込まれている。また，その宇宙創成論は自然哲学者たちに影響を与えた。

『仕事と日々』 **C** (しごと-ひび)　ヘシオドスの作品で，正義と労働の尊さを歌った教訓詩。他に，季節ごとの農耕に関する知恵を詠んだ農事暦や，火を盗んだために災いの元，パンドラを贈られたというプロメテウス神話が語られている。

ギリシャ悲劇 **B** (-ひげき)　古代ギリシャのディオニュソス祭で上演された悲劇。俳優と合唱隊（コロス）によって演じられた。題材はギリシャ神話の英雄譚であり，運命に立ち向かう人間の葛藤とその解決を描き，必ずしも悲しい話というわけではない。アリストテレスは，悲劇の構成要素とは，筋，性格，語法，思想，外観，音楽の6つからなるとしている。前5世紀に活躍した，『オレステス三部作』の**アイスキュロス**（前525～前456），『オイディプス王』『アンティゴネ』の**ソフォクレス**（前496頃～前406），『メディア』の**エウリピデス**（前485頃～前406頃）が三大悲劇詩人と称される。

コスモス **C** [cosmos]　秩序づけられ調和した宇宙。古代ギリシャ人は，宇宙や自然とはさまざまな構成要素が調和して秩序をもったものと考えていた。これに対して，未分化で秩序のないことを**カオス**（混沌）という。ギリシャ神話では，カオスから神々が生まれ，秩序が形成されていったとされる。自然哲学では，特にピュタゴラス派でこの言葉が用いられ，コスモスが調和によって構成されていると説かれた。

ロゴス **A** **8** [logos]　理性，法則，根拠を意味するギリシャ語。そこから転じて「言葉」の意味ももつ。変転する現象の根柢にあって，世界の秩序を支配している普遍的な原理。また，この原理を把握し，説明する理性のことでもある。ミュートス（神話）と対比的に用いられ，神話的世界観から哲学への発展を**「ミュートスからロゴスへ」**と呼ぶことがある。

　ヘラクレイトスは，万物を支配する調和の原理をロゴスと呼び，その影響下でストア派は，自然が神のロゴスによって支配されていると考えた。また，フィロンは神と

世界を仲介するものを神のロゴスと呼び，キリストをロゴスの受肉とするキリスト教神学に影響を与えた。

ヌース **C** (知性 **A** **3**)　(ちせい) [nous]　直観的に働く知的能力。哲学としては，古代ギリシャの自然哲学者アナクサゴラス（前500頃～前428頃）が，宇宙の秩序を形成し支配する原理をヌースと呼んだ。また，アリストテレスは，人間のヌースを能動知性と受動知性に区別して，前者を肉体から離れて存在しうる不死のものと考え，宇宙の原理である知性に等しいものとした。

ドクサ [doxa]　思いなし，臆見。確実な根拠に基づかない知識や主観的な思い込み。これに対して，根拠をもった学問的・客観的知識を**エピステーメー** [epistēmē] という。プラトンは，感覚的・経験的な認識と理性的・普遍的な認識を峻別し，前者はドクサにすぎず，後者はイデアを認識する真の知，エピステーメーと考えた。

ハルモニア **C** (調和 **A** **5**)　(ちょうわ)　古代ギリシャの理想のひとつ。多様なものが全体として統一されていること。ギリシャ人にとって，コスモスとは秩序づけられ，調和した宇宙であった。ピュタゴラスは，数の比が音階を構成し，ハーモニーをなすのと同様に，宇宙もまた数によって秩序づけられていると考えた。また，ヘラクレイトスは，宇宙が対立するもの同士の調和によって成り立っているとした。

テオーリア **B** **2** (観想 **A** **8**)　(かんそう) [theōria]　事物を純粋に眺めて，**ヌース**（知性）によってその原理や本質を捉えようとすること。アリストテレスは，思考に関することがらを観想的（理論的），実践的，制作的に分類して，観想的学問を最上位に置いた。また，人間の生活を享楽的，政治的，観想的生活に分け，知性をもった人間にとって観想的生活こそが最も幸福であるとした。

スコレー **C** [scholē]　ギリシャ語で「閑暇，ひま」を意味する。スコラ [schola] 哲学，学校 [school] の語源。古代ギリシャでは，奴隷制によって労働から解放された市民が，閑暇に精神活動を深めたとされる。アリストテレスは**「幸福はスコレーに存する」** 資料 といい，忙しい政治的生活

1章　哲学と人生——ギリシャ思想　**25**

より，閑暇をもった観想的生活の方が幸福であるとした。

カロカガティア **C** [kalokagathia]　美にして善であること，善と美の調和。ギリシャ語の「美しい」[kalos]と「善い」[agathos]との合成語で，ギリシャ人の理想のひとつ。事物でも人間でも，それぞれの目的に適っていることを意味し，特に人間については，出自のよい紳士や，完全な徳を有する人物を指す。ソクラテスが自らの無知を自覚し，問答法によって追究したものこそ，この善美のことがらであった。

ポリス **A**⑤[polis]　古代ギリシャの都市国家。アリストテレスが「人間は本性上，ポリス的動物である」 資料 というように，ポリスは市民の生活の基盤であり，自由・自足を理想とする共同体であった。中央部のアクロポリスの丘には神殿が設けられ，麓のアゴラ（公共の広場）では民会が開かれ，議論や交流の場となっていた。

　代表的なポリスには，**アテネ**，**スパルタ**，テーバイ，ミレトスなどがある。ペルシア戦争（前492〜前479）以降，アテネは政治・経済・文化の中心地となったが，ペロポネソス戦争（前431〜前404）の敗戦により没落していき，総じてアレクサンドロスの世界国家によって各ポリスは独立性を失っていった。

3 自然哲学の誕生とソフィスト

自然哲学 **A** (しぜんてつがく)　万物のアルケー（根源・原理）を追求し，自然を神話によってではなく，客観的・普遍的に把握しようとした古代ギリシャの哲学。前7世紀から前6世紀にかけて，小アジアの**イオニア地方**で起こった。水がアルケーであるとした自然哲学の祖タレスや，数によって自然の調和を説いたピュタゴラス，火を万物の根源であると考えたヘラクレイトスらはアリストテレスによって「自然学者」と呼ばれ，哲学の始めとされた。後に，自然の構成要素として四元素を説くエンペドクレス，原子（アトム）の離合によって自然現象を説明するデモクリトスなどが出現した。

アルケー **A**② (**根源** **A**⑥)　(こんげん)[archē]　始まり，元のもの，根源。古代ギリシャの自然哲学において，万物がそこから生じ，それによって存在し，そこへと消滅していく根源的な原理を意味する。例えば，タレスは**水**，アナクシマンドロスは**無限なもの**，アナクシメネスは**空気**，ピュタゴラスは**数**，ヘラクレイトスは**火**をアルケーと考えた。

タレス **A**⑤[Thalēs，前624頃〜前546頃]　哲学の創始者。ミレトス出身で，七賢人の一人。天文学に通じて前585年の日食を予言したほか，幾何学や土木技術，政治等の分野でも活躍した。「万物の根源（アルケー）は水である」 資料 といったとされ，アルケーを探求した最初の自然哲学者と目される。また，大地は水の上に浮かんでいるとも主張した。天体を観測するために空を眺めていて井戸に落ちた，天文学からオリーブの豊作を予測して圧搾機を借り集め，富を得た等の逸話が残されている。

ミレトス学派 **C** (〜がくは)　前7世紀から前6世紀頃にイオニア地方の植民都市ミレトスで起こった自然哲学の潮流。タレス，アナクシマンドロス，アナクシメネスの3人を指し，最初の哲学者と呼ばれる。万物の**アルケー**（根源）を探求し，タレスは水，アナクシマンドロスは無限なもの，アナクシメネスは空気をそれぞれアルケーと考えた。

アナクシマンドロス **B**②[Anaximandros，前610頃〜前540頃]　ミレトス学派の自然哲学者。初めて哲学の書を散文で著したとされる。アルケーを質的・量的に限定されない**無限なもの**（ト・アペイロン[to apeiron]）であるとした。万物は無限なものから生成して，またそこへと消滅するという循環的な秩序の下にあり，無限なものは万物を統御する神的なものであるとも考えられた。

アナクシメネス **B** [Anaximenēs，前546頃]　ミレトス学派の自然哲学者。アナクシマンドロスの弟子。アルケーは**空気**（アエール[aēr]）であるとし，この空気が希薄化・濃厚化することによって，火・風・雲・水・土・石といった世界のさまざまな構成要素が生成すると考えた。

ピュタゴラス **A**④[Pȳthagorās，前6世紀頃]　古代ギリシャの自然哲学者・宗教家。ピュタゴラス派の創始者。サモスに生まれ，

僭主制政治から逃れるためにイタリアのクロトンへ移住し、オルフェウス教に影響された宗教結社を開いた。この学派では、アルケーは**数**であり、数の比によって宇宙の秩序と**調和（ハルモニア）**が成り立っていると考えられた。また、魂の不死と輪廻転生が説かれた。「フィロソフォス」（哲学者）という言葉を初めて用いたともいわれ、その思想はプラトンに影響を与えた。

ヘラクレイトス Ａ⑥〔Hērakleitos, 前500頃〕 古代ギリシャの自然哲学者。ペルシャ支配下のイオニア地方エフェソスの王家に生まれる。晦渋な文体から「暗い人」と呼ばれた。アルケーを**火**であるとし、火の燃焼と消滅が炎を形作っているように、対立物が動的に調和することによって万物の秩序が保たれるとした。こうした調和・秩序を**理法（ロゴス）**と呼び、自然が火的ロゴスによって秩序づけられるとするストア派に影響を与えた。また、世界を生成・運動・変化として捉えるこの思想は、「**万物は流転する**」（パンタ・レイ）資料に集約される。

「万物は流転する」 資料 Ｂ④（ばんぶつーるてん-） あらゆる事物は絶えず生成し運動・変化する、というヘラクレイトスの思想を象徴する言葉。ヘラクレイトスは、「川は同じだが、そのなかに入るものには、後から後からちがった水が流れよってくる。同じ流れに二度入ることはできない」資料とも語っている。これは、流れる川の水はそのつど異なりながらも、ひとつの川としては同じであるという対立物の動的調和を意味している。

エレア学派 Ｃ（-がくは） 前6世紀から前5世紀頃に南イタリアのエレアで起こった哲学の潮流。論理的思考を展開した。創始者のパルメニデス、その弟子のゼノンらが挙げられる。唯一で不動の神を唱えたクセノファネス（前560〜前470）をその祖とすることもある。不変で完全な唯一の存在だけがあると考え、存在の多数性や運動、無や空虚を否定した。

パルメニデス Ｂ②〔Parmenidēs, 前515頃〜前450頃〕 エレア学派の創始者。南イタリアのエレア出身。ホメロスやヘシオドスに倣って叙事詩の形式で哲学を著し、**在るもの（存在）**だけが在り、在らぬもの（無）は在らぬと主張した。在らぬものを前提とする生成・消滅、運動、変化、多数性などは単なる現象（見せかけ）であり、在るものは分割不可能で、不生不滅、完全で唯一のものであり、思考の対象であると

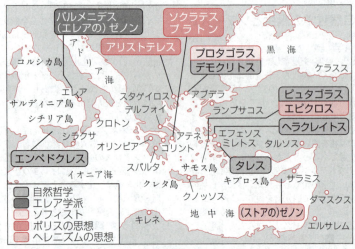

▲おもな思想家の出身地

した。

ゼノン C（エレア学派 C） (–がくは)［Zēnōn, 前490頃～前430頃］　エレア学派の哲学者。パルメニデスの弟子。僭主に対する謀反の罪で拷問にかけられたと伝えられる。存在は不変で一なるものだという師パルメニデスの教説を擁護し，存在の多数性や運動を否定するために，飛んでいる矢は静止しているという「飛ぶ矢のパラドックス」や「アキレスと亀」等の議論を提唱した。

アキレスと亀 C (–かめ)　運動を否定するためにゼノンが唱えたパラドックス。どんなに足の速い者（アキレス）でも足の遅い者（亀）に追いつくことは決してできない。なぜなら，追いかけている者は，まず先を行く者がいた地点に到達しなければならないが，その間に先行者はほんの少し前に進んでおり，以下無限に続き，結局追いつけないからだ。運動という前提から矛盾が帰結することを説明して，この前提が正しくないことを示している。

エンペドクレス A5［Empedoklēs, 前492頃～前432頃］　古代ギリシャの自然哲学者。シチリア島アクラガスの名門に生まれ，民主制のために尽力した。神と崇拝されるためにエトナ山の火口に身を投じたと伝えられる。万物は土（地）・水・火・空気（風）からなり，この四つの**元素（根）**の結合・分離によって，事物の生成・消滅や変化を説明した。また，四元素の結合・分離をもたらす力を「愛」「憎」と呼んだ。

デモクリトス A3［Dēmokritos, 前420頃］　古代ギリシャの自然哲学者。アブデラ出身。原子論を唱えたレウキッポス（前435頃）の弟子でソクラテスの同時代人。宇宙は**原子（アトム）**と空虚からなると考え，原子の結合・分離によって事物の運動や変化が生じると説いた。感覚や意識も同様に，この原子の形態や配列，位置によって生じる現象にすぎないとした。

原子論 B (げんしろん)　真に存在するものは，**原子（アトム）**と空虚だけであり，事物の運動や変化をこの原子の結合・分離によって説明する立場。レウキッポスと弟子のデモクリトスによれば，原子とはそれ以上分割できない不生不滅の実体（［atomon］不可分なもの）であり，これが空虚

の中を運動することで，あらゆる現象が生じるとされる。この立場は，エピクロスへと引き継がれることになった。

民主制〔アテネ〕 A (みんしゅせい)　民衆による支配，デモクラシー。王制，貴族制と区別される統治形態のひとつ。ギリシャ語のデモクラティアは，デーモス［dēmos］が「民衆」，クラティア［kratiā］が「支配・権力」を意味する。アテネの民主制は，戦争に従事することが義務づけられた平等な市民による直接民主制であったが，参政権は18歳以上の成年男子に限られた。

　アテネでは，ソロン（前640頃～前558）の改革以来，貴族制から民主制へと移行し，ペリクレス（前495？～前429）の時代に全盛期をむかえた。家柄や財産ではなく知識や弁論術といった政治的能力が重視され，そうした技術を教える教師として，ソフィストが活躍した。

衆愚政治 C (しゅうぐせいじ)　統治能力に欠けている愚かな民衆による政治。アテネの場合，民会でデマゴーグが実権を握ったことによってペロポネソス戦争に敗れ，法廷でも煽動された民衆によってソクラテスが死刑に処された。こうした情況を前に，プラトンは衆愚政治へと陥る危険のある民主制を否定し，善のイデアを認識した哲学者が統治する**哲人政治**こそが理想であるとした。

弁論術 A (べんろんじゅつ)　演説や議論において聴衆を説得する技術。レトリック［rhētorikē］，修辞学ともいう。アテネでは，民主制が成立するにつれて，法廷や民会で聴衆を弁論によって説得するために発展した。報酬を受けて弁論術を教える教師として活躍したのがソフィストである。特に，作家の文体にも影響を与えたゴルギアスの下では後に活躍する政治家クリティアス（前460頃～前403）やアルキビアデス（前450頃～前404）らが学んだ。

　これに対して，ソクラテスはソフィスト的な弁論術を真の知に基づかない一方的な説得であると批判し，対話を通した真理の探究である**問答法**（ディアレクティケー）を重視した。弁論術は，やがてローマへと引き継がれ，キケロやクインティリアヌス（35頃～95頃）らによって理論的に体系化

28　第Ⅱ編　人間としての自覚

され，重要な教養となっていった。

ソフィスト　**Ａ**③[sophist]　前5世紀頃，ギリシャ各地を巡り，弁論術や知識を教えて報酬を得ていた職業教師。ギリシャ語で「知[sophia]をもっている者」を意味する。プロタゴラス，ゴルギアス，厳格な文法家であったプロディコス（前5世紀頃），記憶術で知られるヒッピアス（前5世紀頃）らが代表的。アテネにおける民主制の興隆を背景として，政治的に有能な人物を育てるために，法廷や民会で人を説得するための技術を青年たちに教えた。

　その思想は，相対主義，人間中心主義であり，普遍的な真理を否定したことによってポリスの道徳的な荒廃を招いた。また，真偽にかかわらず，弁論での勝利を重視したために，自分に有利な理屈を強要する詭弁とも批判された。

ピュシス　**Ｃ**[physis]　自然あるいは本性。自然哲学者たちが追究したもの。古代ギリシャでは，自然とは生成変化するものであり，万物がそこから生じて，そこへと還っていくものと考えられていた。自然はまた，生命の原理でもあり，万物は生命あるものである。また，人為的なノモスとの対比では，事物が本来もっている本性・性質を意味する。

ノモス　**Ｂ**②[nomos]　法律，習慣，制度。自然本性的なピュシスに対して，人為的なもののこと。前5世紀のギリシャでは，宗教や道徳はピュシスであるかノモスであるか，という議論が広まっていた。ソフィストは，宗教や道徳はノモスにすぎず，真理や善悪についての普遍的な基準は存在しないと主張し，ポリスの道徳に荒廃をもたらした。これに対して，ソクラテスはピュシスに基づいた真の道徳を探究しなければならないとした。

プロタゴラス　**Ａ**⑥[Prōtagorās，前494頃～前424頃]　代表的なソフィスト。アブデラに生まれ，アテネで活躍した。徳を教えるソフィストとして報酬を要求した最初の人物とされる。「人間は万物の尺度である」　資料　と説き，**相対主義**・人間中心主義の立場をとった。また，神については，存在するともしないともいえない，

と懐疑主義的な主張をした。晩年には無神論の罪に問われ，焚書・追放の目に遭ったと伝えられている。

「人間は万物の尺度である」　資料　**Ａ**④
（にんげんばんぶつーしゃくど）　プロタゴラスの言葉で，相対主義・人間中心主義的な立場，すなわち，客観的・普遍的な真理の尺度は存在せず，ただ個々の人間の判断だけが善悪や真理の基準であるという人間尺度論を表している。真理は各人にとって現れている通りのものであり，主観的・相対的なものにすぎないことになる。

相対主義　**Ａ**（そうたいしゅぎ）　普遍的・絶対的な真理の基準の存在を否定し，真理や善悪は個人や時代，社会によって主観的・相対的でしかないとする立場。プロタゴラスは「人間は万物の尺度である」として各人にとって現れている通りのものが真理であるとし，総じてソフィストたちは道徳がノモスによって定められているにすぎないと主張した。

ゴルギアス　**Ｂ**①[Gorgias，前485頃～前375頃]　代表的なソフィスト。シチリア島のレオンティノイ出身。祖国がシラクサと争った際，救援を求めるために使節団代表としてアテネを訪問し，民会で演説をして民衆を驚かせた。その後，アテネへ亡命し，ソフィストとして活動を始めた。その**弁論術**で名声を博し，修辞学者イソクラテス（前436～前338）らの弟子が輩出した。

　エンペドクレスの自然学とエレア学派のパラドックスから影響を受け，「何もない，あるとしても人間には把握できない，把握できたとしても伝えられない」　資料　という**懐疑論**を展開した。この議論は弁論術によって真理を相対化するものであった。

アレテー　**Ａ**[aretē]　よさ，優秀性を意味するギリシャ語。徳，卓越性と訳される。事物にも人間にも用いられ，それぞれが固有にもっている役割を果たす特性のこと。例えば，剣のアレテーは「よく切れる」性質であり，馬のアレテーは「速く走る」能力である。ソクラテスは，人間のアレテーとは金銭や名誉・評判ではなく，「魂のよさ」であるとした。

4 ソクラテス

ソクラテス Ⓐ㉑

[Sōkratēs, 前470頃～前399] 古代ギリシャの哲学者。アテネ出身で、父は石工、母は産婆であったという。ペロポネソス戦争では、アテネの遠征軍に3度にわたって従軍し、豪胆な精神と強靭な肉体で知られた。「ソクラテス以上に知恵のある者はいない」というデルフォイの神託を受け、その真意を尋ねて町中を歩きまわり人々に問答を重ねたすえ、**善美のことがらについて自分は知らないと思っている点で知恵があるという無知の知**を得る。この問答を繰り返すことで相手に無知を自覚させ、真の知の探究へと向かわせる、その方法は**問答法**と呼ばれる。ソクラテスはアテネ市民に対して、人間のアレテーとは富裕や名声ではなく、魂のよさであり、**魂への配慮**によって、「**善く生きること**」が人間の生の目的であると説いた。

やがて危険人物と見なされるようになったソクラテスは、「ポリスの認める神々を認めずに、他の新奇な神霊をもちこむこと」「青年たちを堕落させること」という罪状で告発され、裁判にかけられた。法廷の場で、哲学の活動をやめるという条件をのめば無罪になる可能性もあったが、あくまでも自らの正当性を主張した。投票によって死刑の判決が下され、刑の執行までに1ヶ月の猶予があり、友人たちが亡命を勧めたにもかかわらず、自らの信念を貫いて毒杯をあおいだ。

その哲学は、プラトンのアカデメイア派のほかに、禁欲主義のキュニコス（犬儒）派、快楽主義のキュレネ派、論理学のメガラ派に引き継がれた。自らは著作を残しておらず、その言行はプラトンの『ソクラテスの弁明』『クリトン』等の初期対話篇、クセノフォンの『思い出』や、アリストファネス『雲』等によって伝えられている。

『ソクラテスの弁明』 Ⓐ② (べんめい)　ソクラテスの弟子プラトンの初期対話篇のひとつ。ソクラテス裁判の様子とその哲学が描かれる。ソクラテスは「ポリスの認める神々を認めずに、他の新奇な神霊をもちこむこと」「青年たちを堕落させること」という罪状で告発され、法廷で弁明するが、陪審員によって死刑を宣告される。**神託事件**をきっかけとして**無知の知**に至ったこと、**魂への配慮**こそが人間の生の目的であることなどが訴えられる。

『クリトン』 Ⓑ③　プラトンの初期対話篇のひとつ。ソクラテス最期の様子が描かれる。裁判後に牢獄で死刑を待つソクラテスのもとに友人クリトンが訪れ、脱獄を勧める。しかし、「ただ生きるのではなく、善く生きること」を説くソクラテスは、ポリスの法を遵守することが正義であるとして、その提案を断り、毒杯をあおぐ。

「汝自身を知れ」 資料 Ⓐ① (なんじじしん－し－)　デルフォイのアポロン神殿に掲げられていた格言。元々は「身の程を知れ」といった意味。これをソクラテスはデルフォイの神託と結びつけながら、自己自身の魂について知ることと考えた。すなわち、自らの無知を自覚したうえで、真の知を愛し求め、自己の魂へ配慮し、それをよりよくすることが重要だとされたのである。

無知の知 Ⓐ② (**無知の自覚** Ⓑ④)　(むち－ち) (むち－じかく)　自分が無知であることを自覚していること。「ソクラテス以上に知恵のある者はいない」という神託を受けたソクラテスは、その真意を探るために、賢者と呼ばれる人々と問答した結果、次のような結論に達する。すなわち、彼らは善美のことがらについて何も知らないのに、知っていると思っている。これに対して、自分もそれについて何も知らないが、知らないと思っている。したがって、「私は知らないことを知らないと思っている」　資料　という点で、わずかに他の人よりも賢い、と。ソクラテスにとって、この無知の自覚が「知を愛すること」つまり哲学の出発点となり、そして問答相手にも無知を自覚させることで、その魂を哲学へと向けようとしたのである。

神託事件 Ⓒ (しんたくじけん)　ソクラテスの友人カイレフォンが、デルフォイのアポロン神

殿で「ソクラテス以上に知恵のある者はいない」という神託を受けた事件。これを聞いたソクラテスは，自分が無知であるという自覚と神が嘘をつくはずがないという信仰の間で板挟みになった。そこで，神託の真意を探るために，賢者と呼ばれる人々と問答し，**無知の知**に至った。しかし，ソクラテスは最終的にはこの神託を，神こそ真に知恵のある者であり，人間の知恵など取るに足りないものだ，という意味に解釈している。

類 **デルフォイの神託** B

アポロン神殿 B (-しんでん)　アテネの北西のポリス，デルフォイにあるアポロンを祀った神殿。アポロンは，理性的な太陽の神であり，予言を司る。この神殿には，「汝自身を知れ」「度を過ごすな」といった箴言が掲げられており，古くから巫女による神託で知られ，ギリシャの宗教的な中心地であった。有名な神託には，「ソクラテス以上に知恵のある者はいない」の他，オイディプスの父親殺しに関する予言等がある。

愛知 B ③ (あいち)　哲学，フィロソフィア。ギリシャ語で，フィロス[philos]が愛，ソフィア[sophia]が知を意味する。ソクラテスは，無知を自覚して，真の知を探究することが愛知であるとし，その弟子プラトンは，**イデア**を愛し求めることが愛知であると説いた。

　日本語の「哲学」は，**西周**(1829〜97)が西洋語のフィロソフィ[philosophy]の訳語として造語したものである。

類 **フィロソフィア** A　**知への愛** C ②

問答法 A ⑦ (**産婆術** B) (もんどうほう) (さんばじゅつ)　相手との対話を通して真の知を探究する方法。ソフィストの**弁論術**が真の知に基づかず，相手を一方的に説得する術であるのに対して，ソクラテスの問答法は，対話[dialogos]を通して相手に無知を自覚させ，真理の探究へと赴かせようとする方法である。ソクラテスの役割は，あくまでも相手が思索を深めることを手助けし，引き出された知の真偽を吟味することである。相手を助けて真の知を産ませることから，ソクラテスの母親の生業に準えて，産婆術とも呼ばれる。

類 **助産術** A ③　ディアレクティケー C

アイロニー C [irony]　皮肉。自分が無知の立場に立って問答することで，かえって知っていると思い込んでいた相手の無知がさらけ出される方法。まず相手に知っていることを語らせ，次に問答を重ねて相手の主張の矛盾を指摘し，最後に無知を自覚させて真の知の探究へと向かわせる。ギリシャ語の**エイロネイア**[eirōneia]の元の意味は，「騙すこと・偽装すること」であり，知っているのに知らないふりをするので「空とぼけ」とも訳される。

魂への配慮 A ④ (たましいーはいりょ)　自己の魂(プシュケー)ができるかぎりよくなるように気遣うこと。ソクラテスは，人間の徳(アレテー)とは金銭や名誉・評判から生じるのではなく，魂がよい状態であるとした。というのも，徳とは人間の「よさ」であり，人間にとって固有の働きとは理性だからである。理性を働かせ真理を探究する魂こそが，配慮されなければならない。金銭も名声も魂のよさがなければ，善いものとはならないのである。ソクラテスによれば，すぐれた魂とは，自己自身の秩序を保ち，思慮節制のある魂である。

類 **魂の世話** C　すぐれた魂 C
プシュケー A　**魂** A ⑩

徳は知なり C (とくーちー)　徳(アレテー)について真に知らなければ，徳を身につけることはできない，ということ。徳を認識し実現するものは知的な働きであるという，ソクラテスの**主知主義**を示す言葉。勇気や節制といった個々の徳の根柢には，徳全体についての知識があり，それは善と悪についての正しい知にほかならない。ソクラテスにとって，そうした徳や善についての真の知を探究することが愛知の活動であった。このように，徳とそれについての知識を同一視する立場を**知徳合一**という。

類 **知徳合一** B　主知主義 B

知行合一 A ② (ちこうごういつ)　真に知っているならば，必ず行為へと導かれる，ということ。ソクラテスは，善とは有益なもの，悪とは有害なものであるから，人間は必然的に自分にとって有益なものを求め，善い行為をすると考えた。悪をなす者がいるのは，何が善であるかを知らないからである。す

なわち，善悪についての正しい知識をもたないために，自分の意図に反して悪をなすという逆説に陥っているが。逆からいえば，もし人が善を真に認識していれば，必ず善い行い，徳のある行為をなすのである。

福徳の一致 C②(ふくとく-いっち) 徳を身につけることが同時に幸福でもある，ということ。ソクラテスによれば，人間は誰でも幸福を望むものである。つまり，幸福とは人生の目的である。ところで，善や徳は何らかの目的のための手段ではなく，それ自体として望ましいものである。だとすれば，善や徳は人生の究極の目的であり，幸福と結びつく。このように，徳についての真の知を得て，それを身につけて実践し，**善く生きることこそが**，人間にとっての幸福なのである。

善く生きる C④(よーいー) 単に生き続けることではなく，徳に従って生きること。人間にとって，単に生命を永らえさせることより，自らの魂に配慮して徳を実践して生きることの方が幸福である。だから，「善く生きる」ことは幸福と同じことである。

牢獄で死刑を待つソクラテスは，逃亡を勧めるために訪れた友人クリトンに対して，次のように語る。「いちばん大切なことは，ただ生きるのではなく，善く生きることである。善く生きることと，美しく生きることと，正しく生きることは同じだ」資料。ソクラテスにとって，死を恐れて生きながらえることよりも，真理と正義に従うことの方が重要であった。こうして，ソクラテスはクリトンの申し出を断ることになる。

ソクラテスの死 A(-し) 死刑判決を受けたソクラテスは，牢獄で刑の執行を待つ間，友人たちに亡命を勧められる。しかし，「ただ生きるのではなく，善く生きること」が大切だといって，それを拒否する。ソクラテスは，友人たちが見守るなか，毒杯をあおいで死ぬ。善く生きることは，美しく生きること・正しく生きることと同じであり，正義に従って生きることには，ポリスの法を守ることも含まれる。だから，法によって命じられた刑に服さなければならない。また，ソクラテスは，誰も死を経験したことがないのだから，それを恐れることは知らないことを知っていると思うこと，すなわち「恥ずべき無知」だと語っている。ソクラテスにとって死刑を恐れずに愛知の活動を貫き通すことが，善く生きることであった。

類アガトン　善A⑪

5 プラトン

プラトン A㉓ [Platōn, 前427～前347] 古代ギリシャの哲学者。アテネの名門に生まれる。20歳の頃，悲劇の競演に参加しようとしてソクラテスに諫められ，作品を火に投じて，そのまま弟子になったと伝えられている。ペロポネソス戦争でのアテネの敗北，30人僭主政とその崩壊，ソクラテスの死刑という出来事を目の当たりにし，国政に幻滅して政治の道を諦める。

ソクラテスの死後，各地を歴訪してピュタゴラス派等の哲学を修める。前386年，アテネに帰国したプラトンは，学園**アカデメイア**を開設する。それから20年間，研究・教育活動に専念した。前367年，プラトンは理想国家を実現するためにシラクサへ旅立つ。しかし，政争に巻き込まれ，1年余り監禁されたすえ，アテネに帰国。その後もシラクサへと渡るが，結局，理想国家の夢は果たせなかった。

プラトンの哲学の特徴は，イデア論を中心とする**理想主義**にある。真の実在であるイデア界とその影にすぎない現象界の二元論的世界観をとり，最高のイデアである**善のイデア**を認識した哲学者が統治する**哲人政治**による**理想国家論**を説いた。その対話篇は，ソクラテスの哲学を顕著に示す初期（『ソクラテスの弁明』『クリトン』等），イデア論が登場する中期（『パイドン』『饗宴』『国家』等），そしてイデア論が後景に退く後期（『ソフィスト』『法律』等）に分けられる。

理想主義 A②(りそうしゅぎ) 現象よりも理念や理想，イデアに価値を置く立場。イデアこそが完全なもの，真の実在であり，現象

はその不完全な模倣にすぎないとしたプラトンが，その代表である。これに対して，アリストテレスは，現象から分離されたイデアを批判し，個物こそが実体であると説いたため，**現実主義**と呼ばれる。

イデア **A**14 [idea]　理性によってのみ把握される永遠的・普遍的な真の実在。ものがまさにそれであると言われるところのもの，ものそのもの。感覚的に捉えられる現象はつねに変化し不完全であるのに対して，理性によって捉えられるイデアは普遍的で完全である。例えば，美しい事物は，時間の経過や観点の違い，他との比較によって，美しくなくなるものである。つまり，美しい事物はそれ自体として美しいわけではない。では，なぜそれらが「美しい」と言われるかといえば，それ自体で美しいもの，すなわち「美そのもの」に与かり，分かちもつ（分有ぶんゆう）からである。この美そのものが「美のイデア」である。また，イデアは事物の理想的な原型・範型はんけいであり，現象はその不完全な影にすぎないとも言われる。

善のイデア **A**2（ぜん～）　イデアの中の最高のイデアであり，他の諸イデアの根拠となる究極のイデア。これをプラトンは，現象界を照らす太陽にたとえて（**太陽の比喩ひゆ**），イデア界全体に光を与えるものだとする。哲学とは，善のイデアを探究することであり，それを認識した者こそ統治者にふさわしい（**哲人政治**）とされる。

イデア界 **A**2（～かい）　諸々のイデアが存在する完全な世界。人間はこれを理性によってのみ捉えられる。**善のイデア**は諸イデアの根拠となる最高のイデアであり，イデア界の太陽に準なぞらえられる。人間の魂は，**現象界**に生まれる以前，イデア界にいて諸イデアを見ていたのであり，現象界の事物を感覚することをきっかけとして，イデア界を想起（アナムネーシス）する。

現象界 **B**2（げんしょうかい）　人間が感覚的に捉える現象の世界。現象はイデアを分有ぶんゆうないし模倣している影にすぎず，真に存在するものではない。プラトンにとって，**イデア界**が永遠的で完全な世界であるのに対して，現象界は生成消滅し変化する不完全な世界である。

二元論的世界観 **C**（にげんろんてきせかいかん）　イデア界と現象界の二つからなるという世界観。前者は理性によってのみ捉えられる永遠的なイデアの世界であり，後者は感覚によって経験される生成変化する現象の世界である。現象界はイデア界を模倣する不完全な影の世界である。人間の魂は元々，イデア界に住んでいたが，現象界に生まれることで肉体の牢獄ろうごくに囚とらわれている。現象界の事物を見ることで，イデア界を思い出し（**想起**），完全なものへの憧れ（**エロース**）を抱くのである。

洞窟の比喩 **B**2（どうくつ～ひゆ）　プラトンが，イデア界と現象界の関係を示すために用いた比喩ひゆ。人間は，生まれた時から手足・首を縛られた状態で洞窟に囚とらわれている。その後ろには火が燃えており，その前にさまざまな物体の像が差し出される。振り返れない囚人しゅうじんは，洞窟の壁に投影された物体の影を見て，それが実物だと信じこんでいる。洞窟の外には，太陽の光に照らされた世界が広がっている。ここで，洞窟は感覚的世界，物体の影は現象，外界はイデア界，そして太陽は善のイデアの譬たとえである。真理の探究のためには，この洞窟（「肉体という牢獄ろうごく」）に囚とらわれた人間を理性的なイデアの方へと向け変える必要がある。

エロース **A**6（**愛慕**）（あいぼ）[Erōs]　善きもの・完全なもの（イデア）を所有したいという熱烈な欲求・憧あこがれ。哲学者（愛知者）が知を探究するのは，エロースによる。ギリシャ神話では，エロースは策謀さくぼうの神ポロスと窮乏きゅうぼうの神ペニアの子とされ，完全性を求める中間的存在とされる。プラトンは，真のエロースとは肉体的な美を愛することではなく，イデアを純粋に愛することであるという。そうしたイデアの探究こそ，知への愛，すなわち哲学である。

想起A1（**アナムネーシスA**）（そうき）[anamnēsis]　感覚的な認識をきっかけとして，そのイデアを思い出すこと。人間の魂は，肉体に宿る前にイデア界にいてイデアを見ていたが，現象界に生まれたことで，その記憶を喪失してしまった。しかし，事物を感覚することにより，忘却ぼうきゃくしていたイデアを想起する。イデアは永遠的な実

在であるゆえ、それを認識できる魂もまた永遠的な存在である。だから、魂は不死なのである。

『饗宴』 **A** (きょうえん) エロース(愛)をテーマとした、プラトン中期の対話篇。悲劇詩人アガトン(前448頃～前401頃)が悲劇コンクールで優勝した際に開かれた饗宴を舞台として、アリストファネス(前450頃～前386頃)、ソクラテスら6人がエロースについて論じる。そこでソクラテスは、エロースとは肉体の美、精神の美、そして美そのもの(美のイデア)への愛へと上昇していくものだと説く。

魂の三分説 **C4** (たましいさんぶんせつ) 人間の魂は、**理性・気概(意志)・欲望(情欲)** の3つの部分からなるというプラトンの説。魂の中で、イデアを知る理知的な部分が理性であり、それが、感覚的・肉体的な部分としての、意志を司る気概(意志)と快楽を充足させる欲望(情欲)をコントロールしなければならないという。

四元徳 **A6** (し/よんげんとく) **知恵・勇気・節制・正義** という四つの主要な徳。理性・気概・欲望という魂の3つの部分が本来の働きを果たすことで、それぞれの徳が実現する。すなわち、理性は善を認識して魂を正しく支配するならば知恵を実現し、気概は理性の命令に従って欲望を抑えるならば勇気となり、欲望は理性に支配されて快楽に溺れることがないならば節制の徳を実現する。

　プラトンは、3部分の関係を2頭立ての馬車にも譬えている。理性は御者であり、気概と欲望が2頭の馬である。理性が気概と欲望を正しく導き、気概と欲望がそれに従うことで馬車は走れる。このように、魂の3部分が調和している状態が正義である。プラトンの正義は、魂の諸部分が本来あるべき仕方で統御され、秩序づけられた状態をさし、不正とはこの秩序が乱れた状態のことである。

哲人政治 **A6** (てつじんせいじ) 知恵の徳をもった哲人(哲学者)が統治者となって国の政治を行うこと。プラトンは、理想国家を実現するための条件として、「哲学者が政治家になるか、支配者が理性を働かせて哲学を学ぶか」資料 が必要であるとした。と

いうのも、善のイデアを認識し、知恵の徳を備えた者こそが、統治者にふさわしいからである。

類 哲人 **A3**

理想国家 **A2** (りそうこっか) プラトンは、**支配者階級・防衛者階級・生産者階級** というポリスの3つの階級を、魂の3つの部分の徳と類比的に捉えた。すなわち、**知恵** をもった支配者(統治者)がポリスの政治を担当し、**勇気** に長けた防衛者(軍人)が防衛を担当し、**節制** を守る生産者が生産を行う。これら3つの階級がそれぞれの職分を果たして調和し、ポリス全体がよく統治されるならば、**正義** の国家が実現するというのである。プラトンがこうした理想を抱いた背景には、ペロポネソス戦争以降のアテネの衰退と衆愚政治へと陥りがちな民主制への批判があった。

『国家』 **A6** (こっか) 理想国家をテーマとした、プラトン中期の対話篇。太陽の比喩・洞窟の比喩や、魂の三分説およびポリスの三階級における四元徳の実現論、哲人政治論、詩人追放論等、有名な議論が多く、話題は多岐にわたる。

アカデメイア **A** [Akadēmeia] プラトンが前387年頃アテネに設立した学園。「幾何学を知らざる者、この門を入るべからず」資料 という額が門に掲げられており、幾何学や哲学の研究・教育が盛んに行われた。プラトンの死後、529年のユスティニアヌス帝による禁止令まで存続した。新プラトン主義のプロクロスも学頭を務めている。

6 アリストテレス

アリストテレス Ⓐ

31[Aristotelēs, 前384〜前322] 古代ギリシャの哲学者。マケドニアのスタゲイラに生まれる。前367年、17歳でアカデメイアに入学し、プラトンの弟子となり、「学園の頭脳」と謳われた。プラトンの没後、アテネを離れ、小アジアのアッソスへと移り、自然研究に従事する。前343年、ピリッポス2世の招きに応じて、マケドニアへと赴き、王子アレクサンドロスの家庭教師となる。アレクサンドロスが王に即位した後、アテネへ戻り、リュケイオンに自らの学園を開く。屋根付きの遊歩道（ペリパトス）を歩きながら弟子たちに講義したことから、彼の学派はペリパトス学派（逍遙学派）と呼ばれた。前323年、アレクサンドロス大王がアジア遠征中に病死すると、アテネの反マケドニア気運が高まり、アリストテレスも不敬罪で告訴される。彼は、ソクラテスのようにアテネ市民ではなかったため、留まって裁判を受けることはなかった。翌年、母の生地カルキスで病を得て没する。

その哲学の特徴は、社会や自然の緻密な観察に基づく現実主義にある。師プラトンのイデア論を批判し、**形相**と**質料**からなる具体的な個物こそが実体であると唱え、また、徳を単なる知としてだけではなく、習慣づけによって**中庸**を身につける**習性的徳**としても捉えた。その研究は、哲学・倫理学・論理学・自然学・政治学・詩学など多岐にわたるため、**万学の祖**と称される。主著に『形而上学』『自然学』『ニコマコス倫理学』『政治学』等がある。

現実主義 Ⓐ2（げんじつしゅぎ）　理想や理念よりも目の前の現実を重視する立場。現象からイデアが離れて存在するというイデア論を批判して、イデアは事物に内在し、個物こそが実体であると考えたアリストテレスがその代表例である。これに対して、イデアを真の実在としたプラトンは理想主義と呼

▲ プラトン（左）は天（イデア界）を示し、アリストテレス（右）は地（現実世界）をさしている。

ばれる。ラッファエッロの壁画「**アテネの学堂**」では、プラトンが指を天に向け、アリストテレスが手のひらを地に向けて描かれており、両者の思想的な立場を象徴している。

実体 Ⓐ3（**ウーシア**）（じったい）[ousia]　真に存在するもの。さまざまな性質がそこに帰属する基底にあるもの。プラトンは現象から離れて存在するイデアが真の実在であるとした。これに対して、アリストテレスはイデア論を批判し、イデアは事物に内在すると考え、**質料（ヒュレー）**と**形相（エイドス）**からなる個物こそが実体であるとした。例えば、銅像という個物であれば、青銅が質料、像の姿が形相である。

ヒュレー Ⓐ（**質料** Ⓐ3）（しつりょう）[hylē]　形相を受け容れるための素材、材料。何らかの形相を受け容れることで個物となる。例えば、銅像であれば、その素材である青銅が質料にあたる。銅像はその形相を実現しているのに対して、素材としての青銅はまだ形相を実現しておらず、それになる可能性を含んだ状態だと考えられる。この意味で、質料は**可能態**ともいわれる。

エイドス Ⓐ（**形相** Ⓐ2）（けいそう）[eidos]　事物の本質。それが何であるかを示すもの。プラトンのイデアにあたるが、イデアが現

象から離れて存在するのに対して、アリストテレスの形相は事物に内在するとされる。例えば、銅像であれば、その像の姿が形相にあたる。**質料**である青銅がまだ形相を実現していない状態であるのに対して、銅像はその形相を現実化した状態だと考えられる。この意味で、形相は**現実態**ともいわれる。

現実態 B③（エネルゲイア C）（げんじつたい）
[energeia]　事物の形相が実現された状態。アリストテレスは、さまざまな事物を（自然物であれ人工物であれ）その目的を実現していく運動として捉えた。事物の目的となるものが形相である。例えば、木の種子はまだその形相（木）が現実化していない**可能態**であり、木は種子の中に潜在していた形相が実現した現実態である。さらに、形相が完全に現実化した状態は、完全現実態（エンテレケイア [entelecheia]）と呼ばれる。

可能態 B③（デュナミス C）（かのうたい）
[dynamis]　形相がまだ現実化していない潜在的な状態。アリストテレスは、事物の内にはその目的（形相）が含まれていると考え、この目的がまだ実現されていない状態を可能態と呼んだ。例えば、木という形相が実現した状態が木の**現実態**であるのに対して、木の種子は、まだその形相を現実化していない可能態である。

目的論的自然観　**A②**（もくてきろんてきしぜんかん）
生物個体や自然全体が何らかの目的を実現するように秩序づけられているとする立場。アリストテレスがその代表例。アリストテレスは、事物の原因には①質料因、②形相因、③始動因、④目的因があるとする**四原因論**を唱えた。自然の生物もまた、自らの内に潜在する形相を実現することが、その目的であると考えられた。

知性的徳　A⑥（ちせいてきとく）　人間の理知的な部分に関わる徳。教育や経験によって獲得される。アリストテレスは、人間の魂を理性的な部分と感情・欲望の部分に分け、それぞれに対応させて、徳を知性的徳と**習性的徳（倫理的徳）**に分類した。知性的徳に導かれて倫理的徳を身につけることで、人間の徳は実現される。

　人間の理性的能力には、①制作に関わる技術（テクネー）、②実践に関わる思慮（フロネーシス）、③学問的知識（エピステーメー）、④直観的な知性（ヌース）、⑤学問知と直観知をあわせもつ知恵（ソフィア）がある。このなかでも、フロネーシスとソフィアが、特に知性的徳といわれる。前者は、**中庸**のような必然的でない事柄に関わる**実践的な知**であり、後者は、真理のような必然的な事柄に関わる**理論的な知**である。

　　類 理論的な知　ソフィア **A**　実践的な知 **C**
　　　　　フロネーシス **B**　思慮 **A①**

習性的徳 B②（倫理的徳 A③）（しゅうせいてきとく）（りんりてきとく）　人柄・性格的な部分に関わる徳。習慣づけによってその人の**エートス**（習慣・性格）となるので、習性（エートス）的徳と呼ばれる。習性的徳は、知性的徳である思慮によって過度と不足の両極端を避けて中庸を選び、これを繰り返し実践することで獲得される。正義・勇気・節制などがこれに分類される。

　　　　　　　　　　　　類 性格的徳 **B**

習慣 A（エートス B）（しゅうかん）[ēthos]
繰り返し行為することによって獲得された習慣・性格。「第二の自然」とも呼ばれる。アリストテレスは、人間には生まれつき徳が備わっているのではなく、徳を身につける可能性が備わっていると考えた。この可能性を現実化するのが習慣である。

　後に、マックス＝ウェーバーは、この言葉を内面化された「倫理的雰囲気」の意味で用い、カルヴィニズムの禁欲主義的なエートスが、資本主義を準備したと説いた。

　　　　　　　　　　　　　類 習性 **A**

中庸 A⑪（メソテース B）（ちゅうよう）
[mesotēs]　過度と不足との両極端を避けて、中間（メソン）を選ぶこと。ただし、それは過度と不足のちょうど中間とか平均という意味ではなく、状況に応じて適切な行為をすることを指している。中庸は**習性的徳**の規準となるものであり、過度や不足は悪徳と呼ばれる。例えば、無謀（過度）と臆病（不足）の中間が勇気の徳である。

友愛 A⑧（フィリア A②）（ゆうあい）[philia]
相手にとっての善をお互いに願う相互的な愛情。アリストテレスは、友愛を有用なも

のへの愛，快楽への愛，善への愛に分けた。有用なものはそれ自体としては目的とならず，快楽のために相手を愛することは自分のためにすぎない。したがって，相手の善さを愛することが真の友愛である。同じくらい優れた人間同士の友愛こそ，最高で完全な愛である。

ポリスにおいて，人々は理性に基づく正義と，情に基づく友愛によって結合されている。アリストテレスによれば，完全な友愛があれば正義は必要でないが，正義があっても友愛がなければならない。

正義 **A7**（せいぎ） 習性的徳のなかでも最も優れた徳であり，他者との関係における完全な徳とされる。アリストテレスは，人間はポリスにおいて他者と共同生活を営むことによって幸福や徳を実現できると考えた。それゆえ，共同生活を営む際に必要とされる正義こそが，最も重要な徳である。正義には，ポリスの法を守ることである**全体的正義**と，財貨の分配や交換における公正・平等を意味する**部分的正義**がある。後者はさらに，地位や能力，業績に応じて名誉や報酬を与える**配分的正義**と，裁判などで，地位や業績に関係なく，利害・損得を平等にし調和させる**調整的正義**に分類される。

全体的正義 **A2**（ぜんたいてきせいぎ） ポリスの法を守ること。徳のなかで最も優れた徳，すなわち完全徳であり，徳全般に対応するとされる。なぜなら，正義とは徳を他者に対して発揮することであり，法は徳全般を命じるものだからである。

部分的正義 **A6**（ぶぶんてきせいぎ） 平等・公正であること。徳のうちのひとつ。地位や能力，業績に応じて名誉や利益を配分する**配分的正義**と，裁判などで，地位や業績に関係なく，利害や損得を調和させる**調整的正義**に分類される。また，アリストテレスは，どちらにも当てはまらない場合として，価値が等しい物同士を交換する交換的正義を挙げている。

配分的正義 **A7**（はいぶんてきせいぎ） 各人の地位や能力，業績に応じて名誉や利益を配分する正義。部分的正義のひとつ。各人の地位・能力・業績とその取り分の比率が等しいという意味で，幾何学的比例に基づく平

等である。

調整的正義 **A2**（**矯正的正義** **C2**）（ちょうせいてきせいぎ）（きょうせいてきせいぎ） 裁判などにおいて，地位や業績に関係なく，各人の利害や損得を調整する正義。部分的正義のひとつ。害悪を与えた者には罰を，損害を被った者には補償を与えることで調整をはかること。利益と損失を均等にするという意味で，算術的の比例に基づく平等である。

最高善 **B2**（さいこうぜん） 人間にとって究極目的であるような善。アリストテレスは，善とは人間がそれを目ざして行為するもの，すなわち目的だと考えた。人生の最終目的が「よく生きること」すなわち**幸福**（エウダイモニア [eudaimonia]）であるとすれば，幸福こそが最高善である。また，人間に固有の働きは理性（知恵）であり，理性的活動を完成させることが人間にとっての幸福である。だとすれば，知を求める生活である**観想**的生活（テオーリア）こそが，人間にとっての幸福であり，最高善なのである。

観想 **A8**（**テオーリア** **B2**）（かんそう）[theōría] 観ること。実用目的や娯楽目的ではなく，純粋に事物を眺めて真相を究明しようとする知的な態度。アリストテレスは，幸福を求める人間の生活を，①快楽を目的とする享楽的な生活，②名誉を求める政治的生活，③純粋に知を求める**観想**的生活の三つに分類した。幸福が人間にとっての善であるかぎり，人間に固有のよさ（アレテー）が最も発揮される生活こそが真の幸福である。ところで，人間に固有の働きとは理性（知恵）である。理性的な活動とは知を求める観想のことだから，観想的生活が人間にとって最も幸福だということになる。

類 テオーリア的生活**2**

リュケイオン **A**[Lykeion] アリストテレスがアテネ郊外に開いた学園。施設には屋根付きの遊歩道（ペリパトス）があり，そこを歩きながら弟子たちに講義したことから，ペリパトス学派（逍遥学派）と呼ばれた。

『ニコマコス倫理学』 **A3**（－りんりがく） 息子ニコマコスが編纂した，アリストテレスの倫理学についての著作。最高善としての

幸福，知性的徳と習性的徳の区別，習性的徳の規準である中庸，正義と友愛の分類，人間の幸福としての観想的生活などが論じられている。

『政治学』 **B** (せいじがく)　アリストテレスの政治学についての著作。アリストテレスは，「人間は本性上，ポリス的動物である」 資料 として，最高の自足的な共同体であるポリスにおいてこそ人間の幸福と徳は実現されると説く。ポリスの政治形態は大きく6つに分類される。公共の利益に適う正しい形態は，支配者の数に応じて，**王政，貴族政治，共和政治**に分けられる。また，それぞれの堕落した形態として，**独裁政治，寡頭政治，衆愚政治**が挙げられる。

王政 **A** (おうせい)　1人の優れた支配者による正しい政治形態。徳を有した支配者が公共の利益を目的として統治する理想の形態であるが，現実性は低いとされる。

貴族政治 **C** (きぞくせいじ)　少数の優れた支配者による正しい政治形態。徳を有した複数の支配者が公共の利益を目的として統治する理想の形態であるが，現実性は低いとされる。

共和政治 **C** ② (きょうわせいじ)　多数の支配者が公共の利益を目的として統治する政治形態。アリストテレスは，これを寡頭政治と衆愚政治の中間であり，現実的な可能性のある最善の政体とした。

僭主政治 **C** (せんしゅせいじ)　王政の堕落した形態。1人の支配者が自分の利益のために統治する形態であり，最悪の政体とされる。

寡頭政治 **C** (かとうせいじ)　貴族政治の堕落した形態。少数の富裕者が自分たちの利益のために統治する形態であり，2番目に悪いとされる。

衆愚政治 **C** (しゅうぐせいじ)　共和政治の堕落した形態。民主政ともいわれる。多数の貧困者が自分たちの利益のために統治する形態であり，3つの堕落した形態の中では最もよいとされる。

7　ヘレニズムの思想

ヘレニズム **A** ② [Hellenism]　ギリシャを制覇したアレクサンドロスの死からアウグストゥスによるローマ皇帝即位までの期間に繁栄したギリシャ文化。もとはドイツの歴史家 J. G. ドロイゼン(1808〜84)の造語であり，ヘレネス[Hellenes]とはギリシャ人が自分たちの民族を呼ぶときの総称である。

　東方を含む巨大な世界国家(コスモポリス)が生まれた結果，ギリシャ文化と東方オリエント文化の融合が生じた一方で，ポリスの没落によって，精神的基盤を失った人々は個人の内面に幸福を見出すようになっていった。また，広義にはギリシャ・ローマ文化を指すこともある。哲学としては，アリストテレス以後のストア派，エピクロス派，懐疑派が代表的である。

アレクサンドロス **A** ① [Alexandros, 前356〜前323]　マケドニア王のアレクサンドロス3世(大王)。ギリシャ，エジプトからインドにいたる世界帝国を築いた。マケドニア王フィリッポス2世の子として生まれ，少年時代にアリストテレスを家庭教師として教育を受ける。父王の死後，20歳で王位を継ぎ，ギリシャを制覇した。イッソスの戦い(前333年)，ガウガメラの戦い(前331年)で，ダレイオス3世率いるペルシア軍を撃破した。インドにまで侵攻した後，前323年にバビロンにて病死。その没後，後継者をめぐってディアドコイ戦争が起こった。

　アレクサンドロスの文化への影響としては，各地にアレクサンドリア市を建設したこと，東西を結ぶ世界帝国が結果として**ヘレニズム文化**を生み出したことが挙げられる。

コスモポリタニズム(世界市民主義 **C** ⑤) (せかいしみんしゅぎ) [cosmopolitanism]　民族や身分によって差別されず，世界に生きる市民として平等であるという思想。アレクサンドロスの世界国家(コスモポリス)の勃興とポリスの衰退にしたがって，ストア派を中心として広がった。コスモス[kosmos]は「世界・宇宙」，ポリテース[politēs]は「市民」を意味する。ストア派にとって，世界とは神が理性(普遍的法則)によって秩序づけ統治する，ひとつのポリスであった。人間は理性を分かちもっているので，神の摂理を認識できるとい

う特権をもっている。この意味で、人間は神が支配する世界における共通の住人（コスモポリテース）であり、お互いに平等な存在なのである。こうした発想は、後にキリスト教や近代の自然法思想にまで影響を与えることになった。

類 コスモポリテース B　世界市民 A4
　　コスモポリス B　世界国家 B

エピクロス A8

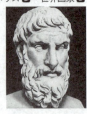

[Epikouros, 前341頃～前270頃] エピクロス派の創始者。サモス島にアテネ植民者の子として生まれる。サモスでは、プラトン派のパンピロスに哲学を学んだといわれる。18歳で兵役に就くためにアテネに出た後、20代の頃、各地を巡って原子論派について学んだ。紀元前307年、アテネに小さな土地を買い、「エピクロスの園」（「庭園」）と呼ばれる学園を開く。集まってきた弟子たちは、そこで質素な共同生活を営んだ。

　自然学に関しては、デモクリトスの原子論を継承し、宇宙は原子と空虚からなるとして、原子の結合と運動によってあらゆる現象を説明する。また、倫理学に関しては、**快楽主義**の立場をとり、**禁欲主義**のストア派から激しい批判を受けることになった。非常に多作で300巻以上の著作があったとされるが、そのほとんどが散逸しており、現存するものは『主要教説』や『ヘロドトス宛の手紙』等わずかである。

エピクロス学派 C (-がくは)
エピクロスを開祖とし、原子論・**快楽主義**の立場をとる哲学の一派。宇宙を神の摂理として捉え、**禁欲主義**をとる**ストア派**と対立した。エピクロスによって開かれた「エピクロスの園」（「庭園」）で共同生活を営みながら研究をした。この学園は女性や奴隷にも開かれていたという。学園は弟子たちに代々引き継がれ、その影響力はローマ時代にまで及んだ。特に『事物の本性について』で、エピクロス哲学を詳細に叙述したローマの詩人ルクレティウス（前99～前55）が有名。

快楽主義 A7 (かいらくしゅぎ)
快楽を善、苦痛を悪とみなし、快楽の追求を人生の目的とする立場。哲学としては、ソクラテスの弟子でキュレネ派のアリスティッポス（前435～前355）が初めとされる。アリスティッポスは、刹那的な肉体的・感覚的な快楽を善とした。

　これに対して、エピクロスは、飲酒や美食、性的快楽は心の動揺をもたらすとして否定し、精神的・永続的な快楽を追求した。エピクロスにとって善とは、何ものにも苦悩せず煩わされない自己充足（**アウタルケイア**）の境地であり、快楽とは肉体において苦痛がなく、魂において平静なこと（**アタラクシア**）である。また、近代以降では、ベンサム（量的快楽主義）や J. S. ミル（質的快楽主義）といった功利主義が挙げられる。

アタラクシア A2 (心の平静 C、魂の平安 B2) (こころへいせい、たましいへいあん)
[ataraxia] 思い煩いや苦痛がなく、魂が平安なこと。エピクロスは、神が宇宙を統御しているという迷妄、死を恐れること、肉体的・精神的欲求の不充足などから苦悩が生じ、魂が動揺すると考えた。あらゆる欲求が満足され、いっさいの動揺から解放された理想の状態がアタラクシアである。自然学は宇宙についての誤った認識によって動揺しないために研究されたのであり、不正義も動揺をもたらすから避けるべきだと考えられた。

「隠れて生きよ」 資料 A (かく-い-)
エピクロスの箴言。幸福とは、富や名声・権力ではなく、悩みがなく穏やかで節度のある魂の状態であると考えるエピクロスは、心の動揺をもたらす世俗社会や政治活動から身を引き、平穏で安全な生活を営むことを理想とした。とはいえ、それは人間関係を遮断したものではなく、性別や身分にかかわりのない、友情に満ちた共同生活である。

「水と一切れのパンがあれば足りる」 資料 C2 (みず-ひとき-た-)
エピクロスの手紙にある言葉。その快楽主義が、贅沢な食事を楽しむような肉体的快楽を目ざすものではなかったことを象徴している。むしろ贅沢による快楽は、それがもたらす苦痛ゆえに、唾棄すべきだとされる。また、

苦痛が取り除かれることが快楽だから、パンと水といった質素な食事でも、空腹の人にとっては、贅沢な食事に等しい快楽が得られるのである。

ゼノン Ⓐ④［Zēnōn，前335頃〜前263頃］ストア派の創始者。キプロス島出身のフェニキア人。父親の営む貿易商を手伝っていたが、仕事をやめ、アテネでキュニコス派（犬儒派。禁欲主義で知られ、樽の中のディオゲネスが有名）、メガラ派（論理学）やアカデメイア派に学び、自らの哲学的立場を確立した。神殿の近くの柱廊（ストア）で講義をしたため、集まった弟子たちは**ストア派**と呼ばれるようになった。マケドニア王アンティゴノス（前320頃〜前239）に宮廷に招かれたが断った。

哲学を論理学・自然学・倫理学の3つに区分し、宇宙は神の理性（ロゴス）によって支配されており、理性をもつ人間は自然と調和して生きるべきだと考えた。『国家』『自然に即した生活について』等の著作があったが、わずかな断片を除き現存していない。

「自然に従って生きよ」 資料 Ⓑ④（しぜんにしたがって） ゼノンとストア派の思想を代表する言葉。ストア派では、宇宙の万物は神の理性（ロゴス）によって支配されており、人間もまた種子的な理性をもつ存在であるから、理性に従って生きることが自然に従って生きることである。非理性的なパトスによって攪乱されることなく、これを抑制することが自然と調和して生きることであり、人間にとって究極の目的つまり最高善・幸福にほかならない。

ストア学派 Ⓒ（ーがくは） ゼノンによって創始された学派。アテネのストア・ポイキレ（彩色された柱廊）で教えられたことから、その名がついた。①ゼノン、ストア哲学を体系化したクリュシッポス（前280頃〜前207頃）らの初期、②博識で知られるポセイドニオス（前130頃〜前50頃）、ローマ共和政末期のキケロらの中期、③ローマ帝国時代のセネカ、エピクテトス、マルクス＝アウレリウス＝アントニヌスを代表とし倫理学を重視した後期、に分けられる。

その哲学は、論理学（認識論）・自然学・倫理学の3つの分野からなる。ストア派では、宇宙は神の理性の法（ロゴス）によって支配されており、自然は必然的な因果関係によって決定されている、と考えられた。情念（パトス）によって乱されず、自然に従って理性的に生きることが最高善とされ、**アパテイア**の境地に至った賢者が理想とされた。人間は同じ理性を共有する者として平等であるという思想から、**コスモポリタニズム**が生まれた。こうした自然の法則への随順は、後の**自然法思想**へと引き継がれ、その倫理学はスピノザやカントに影響を与えた。

禁欲主義 Ⓐ⑦（きんよくしゅぎ） 理性や意志によって肉体的・精神的な欲望や快楽・感情を抑制・統御することで、道徳的・宗教的な目的を達成しようとする立場。哲学としては、地位や名声、財産といった通俗的な価値を否定したキュニコス（犬儒）派や、それから影響を受けたストア派に代表される。ストア派では、欲望や快楽は自然本性に反する情念であるとされ、情念を抑制して理性的に生きる**アパテイア**の境地が、人生の究極目的であると考えられた。

また、宗教としては、キリスト教とりわけプロテスタンティズムを挙げることができる。マックス＝ウェーバーによれば、浪費を抑制して勤勉を重視する世俗的な禁欲主義が、資本主義の精神を準備したとされる。

類 **克己主義**

アパテイア Ⓐ④［apatheia］ 情念（パトス）に煩わされずに、心が平静・不動であること。ギリシャ語の意味としては、情念［pathos］の否定形［a-］（ないこと）。ストア派では、魂を攪乱し自然本性に反するものである情念に囚われず、神の理性（ロゴス）によって統御された自然と調和し、理性に従って生きることが理想とされた。このようなアパテイアの境地に至った者が賢者と呼ばれる。

類 **不動心** Ⓒ②

パトス Ⓐ②［pathos］ 情念、欲望。スト

ア派では，パトスとは苦痛・恐怖・欲望・快楽を意味し，非理性的で自然本性に反した魂の動きであるとされた。パトスをしりぞけ，理性（ロゴス）に従った**アパテイア**の境地こそが理想と考えられた。

アウタルケイア **C**［autarkeia］　他のものに依存せず自足していること。アリストテレスは何も欠如していない自足の状態が最高善であり，ポリスという共同体においてそれが実現されるとした。これに対して，情念によって動かされることのない自足を賢者の徳とするストア派や，苦悩に煩わされない自己充足を善とするエピクロス派では，個人主義的な自足が重視された。

セネカ **A5**［Lucius Annaeus Seneca, 前1頃〜後65］　ローマ帝国時代の政治家・哲学者・悲劇作家。コルドバに生まれる。皇帝ネロ（37〜58）の教育係を務め，政治最高顧問も務めたが，陰謀事件に加担したとして自害を命じられた。ストア派の倫理学・自然学に影響を受け，賢者は不動心をもち，困難な運命にも耐えるべきことを説いた。主著に『道徳に関する手紙』『幸福論』などがある。

エピクテトス **A2**［Epictetus, 55頃〜135頃］　ローマ帝国時代のストア派の哲学者。プリュギアに奴隷の子として生まれる。キュニコス派とストア派の哲学を学び，ドミティアヌス帝（51〜96）による哲学者追放令の後は，ニコポリスに学校を開いて哲学を教えた。自己の内面的な意志を重視し，宇宙を支配している神に対する敬虔を説いた。自分では書物を著さず，弟子アリアノス（86頃〜160頃）の『語録』『要録』にその言葉が残されている。

マルクス＝アウレリウス＝アントニヌス **A5**［Marcus Aurelius Antoninus, 121〜180］　ローマ五賢帝のひとりでストア派の哲学者。ローマに生まれ，幼少の頃からストア派の哲学者たちを家庭教師とした。皇帝に即位してからは戦乱が絶えず，ドナウ河畔の陣内で病に倒れ，そのまま没した。神に与えられた運命を受け入れる敬虔と理性によって自己を律する克己心を重視した。主著に『自省録』がある。

『自省録』 **C3**（じせいろく）　マルクス＝アウレリウス＝アントニヌスの手記。死後にま

とめられて公刊された。神に対する信頼から，自分に与えられた運命を喜んで受け入れること，また，自己に対しては理性に従って自然の本性と一致して生きること，他者に対しては同じ理性を共有する**世界市民**として同胞愛を抱くことなどが綴られている。「私の属する都市と国家は，アントニヌスとしてはローマであるが，人間としては宇宙である。」**資料**

キケロ **B6**［Marcus Tullius Cicero, 前106〜前43］　ローマ共和政末期の政治家・哲学者。ローマの執政官を務めたが，カエサル死後の政争に巻き込まれ，アントニウス（前83？〜前30）によって暗殺された。ストア派，アカデメイア派などを学び，哲学的思考をラテン語で記述したことは大きな功績である。また，自然に内在する神の理性を法の根源であると説き，後の**自然法思想**に影響を与えた。主著に『国家論』などがある。

自然法 **A12**（しぜんほう）　時代や国，慣習によらず，自然本性に基づいた，万人に当てはまる永遠・普遍の法。これに対して，人為的・歴史的な法を実定法と呼ぶ。

　自然法思想は古代ギリシャに始まり，ストア派では，自然は理性によって支配されており，人間もまた自然の法に従って生きるべきだとされた。この思想はキケロを介してローマ法に引き継がれ，中世のキリスト教神学では，トマス＝アクィナスが，世界を統治する神の摂理へ理性をもつ人間が参与することを自然法とした。近代以降では，自己保存の欲望である**自然権**と理性の命令である自然法を区別したホッブズや，人間の理性に基づく自然法とそこから導出される国際法を提唱したグロティウスらが挙げられる。

新プラトン主義 **B2**（しん-しゅぎ）　3世紀から6世紀にかけて展開したギリシャ思想。代表的な哲学者として，始祖のプロティノス，その弟子のポルピュリオス（234〜305頃），アカデメイアの学頭で『神学綱要』を著したプロクロス（412〜485）が挙げられる。一者から知性，魂が流出するという思想は，キリスト教の三位一体論に寄与し，また一者との合一という神秘体験は神秘主義に大きな影響を与えた。

1章 哲学と人生── ギリシャ思想 **41**

プロティノス B5[Plotinos, 205〜270]
新プラトン主義の創始者。エジプト出身と
される。プラトン主義者アンモニオ＝サッ
カス（3世紀前半）について哲学を学ぶ。
ペルシャとインドの哲学を学ぼうと遠征軍
に加わるも挫折。その後、ローマで哲学
の私塾を開いた。万物は善そのものである
一者（ト・ヘン[to hen]）から**流出**したの
であり、人間はその魂を一者にまで高めて
合一することで至福の体験が得られると説
いた。弟子のポルピュリオスが編纂した
著作集『エ（ン）ネアデス』が残っている。

懐疑派 C（かいぎは） ピュロンを始祖とする
ギリシャの、懐疑主義を標榜する学派
で、その立場はアカデメイア派に引き継が
れた。ピュロン主義ともいう。心の平静
（**アタラクシア**）を目標として、真理は把
握できないのだから判断中止（**エポケー**）
しなければならないと唱え、ストア派を独
断哲学であると批判した。その思想は、セ
クストス＝エンペイリコス（2〜3世紀
頃）の『ピュロン主義哲学の概要』によっ
て知られる。また、ルネサンス以降、モン

テーニュ（1533〜92）らに大きな影響を与
えた。

ピュロン [Pyrrhōn, 前365頃〜前270頃]
懐疑派の哲学者。エリスの生まれで初めは
画家であった。アレクサンドロス大王の東
方遠征に随行し、インドの行者たちと親
交を結んだとされる。事物それ自体とその
現れを区別し、事物の真理については知り
えず、判断中止（エポケー）することで、
アタラクシアへ至るとした。書物は著さず、
弟子のティモン（前320頃〜前230頃）に
よってその思想が残された。

フィロン [Philōn, 前25〜後45頃／50頃]
ユダヤ人哲学者。アレクサンドリアのフィ
ロンともいう。ローマ帝国支配下のアレク
サンドリアで裕福な一門に生まれる。当地
のユダヤ人の政治指導者でもあった。ユダ
ヤ教とギリシャ哲学を融和させ、『旧約聖
書』の寓意的解釈や、神と世界を仲介
する「神のロゴス」といった思想は、初
期キリスト教に大きな影響を与えた。主著
に『ガイウスへの使節』『モーセの生涯』等
がある。

第Ⅱ編

2章 宗教と人生（1）—— 一神教

1 宗教の基本用語

宗教 **Ａ**⑨（しゅうきょう）　一般的に，超越的な
ものに対して信仰を抱き，教祖や教義，儀
礼，組織などをもつもの。宗教は次のよう
に分類される。①宗教の原初的な形態であ
る**原始宗教**と，その進化・複雑化した宗教。
②特定の民族や国家に根づいた**民族宗教**と，
民族や国家を超えた**世界宗教**。③人間の本
性に基づく自然宗教と神の啓示に依拠する
啓示宗教。④多数の神を崇める**多神教**と
唯一の神を崇拝する**一神教**。

　また，宗教はさまざまに定義されてき
た。①霊的・超自然的な存在，絶対者への
信仰という信念に基づく定義。②人間が直
面する様々な問題に対する応答としての社
会的機能に基づく定義。③聖なるものや絶
対者に対する畏怖や崇敬の感情に基づく
心理的な定義，④儀礼や宗教的な行為に基
づく実践的な定義。しかし，現在では，こ
うした宗教の定義は西洋中心的であり，そ
の概念は定義できないとして批判されても
いる。

原始宗教 **Ｃ**（げんししゅうきょう）　古代社会ある
いは未開社会の単純で未分化な宗教。一般
に，自然発生的で，明確な教祖・教義をも
たず，儀礼中心と考えられる。19世紀か
ら20世紀の初頭，進化論の影響によって，
単純な宗教から複雑な宗教へという宗教進
化論が唱えられた。また，宗教学が成立す
るにつれて宗教の起源が探求された。こう
して，宗教の原始的形態が探求されるよう
になる。例えば，M.ミュラーは**自然崇拝**，
E.B.タイラーは**アニミズム**，デュルケー
ムは**トーテミズム**をそれぞれ宗教の起源で
あるとした。

タブー **Ｂ**（**禁忌 Ｃ**）（きんき）[taboo]　特定
の事物に触れたり，特定の行為をおこなっ
たりすることを禁止する規則，あるいはそ
の対象。例えば，死・出産・王など。聖な
るものと俗なるもの，浄と不浄を区別する
呪術的・宗教的な観念であり，これを侵犯

すると，その当事者や共同体は超自然的な
力によって災厄に見舞われると信じられ
ている。ポリネシア語のtapu（徴をつ
ける）に由来し，デュルケームがこの観念
を発展させて聖・俗を区別する宗教の基礎
とした。

シャーマニズム [shamanism]　シャーマ
ンを中心とする呪術的・宗教的形態。
シャーマンとは，恍惚状態（トランス）
で超自然的な存在（神や精霊）と直接的に
接触・交流し，予言や託宣，治療，祭儀
などを行う能力者である。自らの魂を分離
させる脱魂型と霊を自らに引き寄せる憑
霊型に分類される。邪馬台国の卑弥呼
や東北地方のイタコなどがその代表例。

アニミズム **Ｂ**①[animism]　人間だけで
なく動植物や無生物など，あらゆる事物に
霊的な存在（霊魂・精霊・死霊・神など）
が宿るという宗教的態度。アニマ[ani-
ma]とはラテン語で「霊魂」の意味。イギ
リスの人類学者 E. B.タイラー（1832～
1917）が『原始文化』（1871年）の中で，宗
教の起源として提唱し，大きな反響を呼ん
だ。これに対して，霊魂よりも生命力の観
念の方が先行するというアニマティズム
（マナイズム）の考え方もある。

トーテミズム **Ｃ**[totemism]　ある社会集
団と結びついた特定の事物や動植物（トー
テム）を崇拝する宗教の一形態。トーテム
はしばしば神話によって氏族の先祖と結び
つけられ，それを殺害・採取することはタ
ブーとされる。デュルケームは，トーテミ
ズムを宗教の原初的な形態であると考えた。

儀礼 **Ａ**⑦（ぎれい）　宗教的・社会的・文化的
な儀式や，一定の規則に従って制度化され
た行動。具体的には，タブー，供犠，祈
禱，成人式，結婚式，農耕儀礼など。特
に，人のステータスが変わる時に執行され
る儀礼を「通過儀礼」と呼ぶ。また，儀礼
は宗教において教義と並んで重視される要
素であり，共食や供犠によって神と人の紐
帯や宗教的共同体の組織が形成される
と考えられる。

フェティシズム（呪物崇拝，物神崇拝
Ｃ）（じゅぶつすうはい，ぶっしんすうはい）[fetishism]
山・石・植物・動物など，物体そのものを
崇拝すること。これに対して，偶像崇拝は

不可視の神の代理物・象徴を崇拝すること
である。アフリカで崇拝されていた呪物
「フェティッシュ」に由来する。

自然崇拝 C（しぜんすうはい）　自然現象や自然物
を神格化して崇拝する宗教的態度。比較言
語学者で宗教学の生みの親とされる M.
ミュラー（1823～1900）は，『リグ・ヴェー
ダ』の分析から，自然崇拝が宗教の起源で
あるとした。崇拝の対象には，太陽・月・
天空・雨等の天体現象や，地・海・山・火
等の地上現象がある。

一神教 A（いっしんきょう）　唯一の神を立てて崇
拝する宗教。一神教の神は一般的に，全知
全能の創造主であり，人格神として考えら
れる。ユダヤ教のヤハウェ，キリスト教の
父なる神，イスラーム教のアッラーが挙げ
られる。

　多数の神々の中で一神だけ崇拝すること
を「拝一神教」と呼ぶのに対して，他の神
の存在を認めない一神教を特に「唯一神
教」という。

多神教 B③（たしんきょう）　多数の神々を崇拝
する宗教。多神教の神々は，自然現象の人
格化や人間的な性格を持つものが多い。古
代ギリシャの神々やインドのヒンドゥー教，
日本の八百万神などが挙げられる。

汎神論 A①（はんしんろん）　宇宙のすべてが神
であり，神と世界を同一視する思想。唯一
の実体は神であり，世界はその様態である
という「神即自然」を唱えたスピノザが典
型例。他にも，神のみが実在であり，宇宙
は幻影にすぎないとする古代インドのウパ
ニシャッド哲学や，宇宙の万物が神の理性
によって支配されていると考えるストア派
などが挙げられる。

無神論 B①（むしんろん）　神の存在を否定する
立場。哲学としては，古代ギリシャで，宇
宙は原子と空虚からなるとしたデモクリト
スやエピクロスが無神論とされる。近代以
降では，人間機械論を唱えたラ＝メトリ
（1709～51）や，『キリスト教の本質』（1841
年）において，神とは人間の類的本質を疎
外したものにすぎないとしたフォイエル
バッハ（1804～1872），「神は死んだ」とし
たニーチェ，実存主義的無神論を説いたサ
ルトルなどが挙げられる。

民族宗教 B（みんぞくしゅうきょう）　特定の民族・

地域・国家に根ざした宗教。**世界宗教**と対
比的に用いられる概念。その特徴は一般的
に，①自然発生的で明確な教祖・教義をも
たず，②特定の民族に伝統的に伝承されて
排他的であり，③信仰が儀礼中心である，
とされる。例えば，ユダヤ教，ヒンドゥー
教，道教，神道などが挙げられる。

世界宗教 A（せかいしゅうきょう）　特定の民族・
地域・国家を超えて広がった宗教。**民族宗
教**と対比して用いられる概念。普遍宗教と
もいう。民族宗教を母胎としながら，それ
を否定して普遍的な宗教となったとされる。
その主な特徴は，①強力な宗教的指導者・
教祖と明確な教義・経典をもち，②規律を
もった教団が組織化され，③民族や国家の
枠を超えて世界的に布教されることが挙げ
られる。例えば，仏教，キリスト教，イス
ラーム教など。

三大世界宗教 C（さんだいせかいしゅうきょう）　キリ
スト教・イスラーム教・仏教を指す。

神 A㉒（かみ）　神の概念は多様であるが，大
きく三つに分類される。①自然神。太陽や
月といった天体，雨や雷といった自然現象，
木や石といった自然物を神格化したもの。
②人間神。男神・女神，英雄神，農耕神，
守護神，祖先神など，人間を神格化したも
の。③超越神。世界を超越した唯一絶対の
神で，ユダヤ教・キリスト教・イスラーム
教の神が代表例。

　アニミズムやマナイズムのような原始宗
教では，自然物である神には必ずしも人格
を付与されていないが，ギリシャ神話のオ
リュンポスの神々は，天体や自然現象を司
(つかさ)ると同時に，人間的な性格が与えられて
いる。また，『旧約聖書』の神ヤハウェは，
世界の創造主・絶対神であるが，人間と人
格的に関わろうとする人格神でもある。

絶対者 A（ぜったいしゃ）　いかなる制限・制約
も受けず，他のものに依存せずに独立・自
存する完全な存在。無限なもの・永遠なも
の・神でもある。これに対して，人間は他
者と関係し，他に依存しなければ生きられ
ず，制限・条件づけられた相対的な存在で
ある。ユダヤ教・キリスト教では，神は世
界から超越した絶対者であると同時に，啓
示を通して世界内の人間と関わる存在でも
ある。

人間の有限性 **C** (にんげん-ゆうげんせい)　人間の生は死によって限界づけられ，その精神と身体は個体として制約を受け，能力が制限されている有限な存在である。人間は，無限な存在・絶対者・超越者・神を前にして，自らのはかなさや卑小さを自覚する。こうした有限性の自覚と無限なものへの希求が，宗教的な感情へと繋がっていく。レヴィナスは，他者とは人間の思考をはみ出す「無限なもの」であるとし，これに応答することが倫理の始まりだとする。

罪 **A**16 (つみ)　法的・道徳的・宗教的な規範・戒律に違反する行為。特に宗教では，罪を犯した者に報いがあると信じられる。原始宗教では，タブーを犯した者には超自然的な力によって災いがおとずれると信じられた。キリスト教では，全人類が生まれながらに罪を負っており，イエスが原罪を贖い救済するキリストである，という教義をもつ。また，仏教では，戒律に反する行為は，因果応報によって苦を報いる罪業であると考えられる。

生と死 **A**1 (せいし)　人間は死を意識しながら生きる存在である。人間は，自らの死を意識して不安と苦悩に怯え，それを克服しようとする。他方，他者の死に際しては，看取り，弔い，慰める。いずれにせよ，生と死をどのように捉えるかという死生観は，宗教の本質に関わる事柄である。

　例えば，プラトンやオルフェウス教では，人間の生は肉体という牢獄に囚われており，死はそこからの解放であった。バラモン教や仏教では，生とは苦しみに満ちたものであり，死んでもなお輪廻転生し，苦しみからの解放である悟りが目指された。また，キリスト教では，世界の終末において死者は肉体と霊魂をもって復活し，救済されると考えられた。

信仰 **A**21 (しんこう)　神や仏，教義などを信じ崇めることであり，宗教の基本的な要素。客観的な行為である儀礼に対して，信仰は主観的な・内面的な態度である。また，一般的に理性と対比される。ユダヤ教・キリスト教・イスラーム教では，それぞれ神によって示された啓示こそが第一の信仰の対象である。仏教では，仏に帰依して仏門に入ることを特に信心といい，悟りに至

る第一歩である。

救い **A**2 (すく-)　罪や苦しみから解放されること。宗教では，神などの絶対者から救いを与えられる「救済」（他力救済）と，自己自身の努力によって救いを得る「解脱」（自力救済）がある。前者の代表例としては，キリスト教が挙げられる。キリスト教では，人類の原罪がキリストの犠牲によって贖われ，神との和解が成立することで，人類は救済されるとする。後者の例としては，仏教が挙げられる。仏教では自ら悟りを開くことで，苦しみに満ちた現世から解脱するとされる。また，浄土信仰のように，阿弥陀仏（他力）によって救済されるとする思想もある。

祈り **B**1 (いの-)　宗教や信仰の最も基本的な行為。具体的には，超自然的存在への賛美・感謝，神仏の名を唱える称名，自らの願望成就を願う祈願・誓願，祝福や呪い，悔い改めなどが挙げられる。イスラーム教の礼拝のように，祈りの場所・時間・身振りの形式が決められ，共同的に行われる場合もあるが，個人の内面において自由に捧げられる祈りもある。

悟り **A**16 (さと-)　真理に目覚めること，世界の真のあり方について完全な認識を得ること。特に仏教に関していわれ，ブッダとは「目覚めた者・悟った者」の意味である。ブッダが悟った内容は，苦の原因とそれを滅する方法である。すなわち，自我への執着があるから苦が生じるのであり，苦を消滅するには八つの正しい道を行わなければならないという真理（四諦）である。ブッダは悟りを開くことで，輪廻の世界から解脱したとされる。

永遠 **A**6 (えいえん)　有限な時間を超えて存続すること。過去・現在・未来を超越した無時間的な永遠と，時間が終わりなく継続していく永続・永世に区別される。前者の例としては，ユダヤ教・キリスト教の直線的に進行する歴史的時間に対する，神の真理の永遠性が挙げられる。後者の例としては，ギリシャ思想に見られる循環する時間や，古代インドの輪廻が挙げられる。いずれにせよ，永遠は有限な人間の時間を超えた存在や真理として捉えられる。

聖なるもの **C** (せい-)　世俗の世界から隔て

られた神聖不可侵なもの，宗教の根本的な価値。崇敬・信仰・畏怖の対象であり，人間の日常的な領域である「俗なるもの」と対立する。ドイツの神学者 R. オットー（1869～1937）は，聖なるものを「まったき他者」であるとし，それを前にした人間は畏れと魅了という両義的な感情をもつとした。また，デュルケームは，聖と俗は絶対的に異質なものであり，両者の対立を設定するものが宗教であると考えた。

啓示 Ⓐ⑤（けいじ）　神や神の真理が地上世界や人間に示されること。例えば，ユダヤ教では，ヤハウェがモーセを通して語った律法，キリスト教では，神のロゴスが受肉したイエス＝キリストの存在そのもの，イスラーム教では，ムハンマドを通して示されたアッラーの意志などが，啓示である。啓示に依拠してこれを布教する宗教を「啓示宗教」と呼び，人間の自然本性に基づく「自然宗教」と対比される。

祖先崇拝 Ⓑ（それんすうはい）　死んだ祖先が生者に影響力をもつと考え，儀礼的関係を保持する宗教形態。祖先は，子孫を加護し，秩序を乱す者に対しては祟るとされる。親子関係のような実際の親族関係が反映されることもあるし，逆に，共通の祖先が，集団を形成するための象徴として利用されることもある。主に，アフリカ，オセアニア，東アジアに見られる。

政教分離（せいきょうぶんり）　政治と宗教を分けること。ヨーロッパでは，宗教改革や市民革命を経て，教会と国家が分離され，信教の自由が認められるようになった。特に現代フランスでは，世俗主義を「ライシテ」[laïcité]と呼び，宗教に対する政治の自律，国家の宗教的中立性，信教の自由などが保障されている。日本国憲法でも政教分離が定められている。他方，イスラーム教圏では政教一致の国家が多く見られる。

呪術 Ⓑ（じゅじゅつ）[magic]　神や精霊などの超自然的な存在に働きかけて，意図した現象を起こそうとする宗教的行為。例えば，雨乞いや豊作祈願，病気治癒など。呪術・宗教・科学の三つの段階が考えられ，目的を達成するために因果関係を考えるという点で，呪術は科学に似ているとされる。

偶像 Ⓐ①（ぐうぞう）[idol]　人間の感覚では捉えられない神の代理物・象徴。偶像崇拝とは，神や仏を象った感覚的な像を崇拝すること。モーセの十戒の二番目に「偶像を造ってはならない」とあり，ユダヤ教・キリスト教・イスラーム教では，原則として偶像崇拝が禁止されている。キリスト教や仏教における神像，聖像，仏像等の場合は，単なる偶像とは区別して，神像崇拝ということもある。

② ユダヤ教

ユダヤ教 Ⓐ㉑（-きょう）　唯一神ヤハウェと，選ばれた民イスラエル人（ユダヤ人）との間での契約に基づいて，モーセを介して与えられた律法を規範とする宗教。狭義には，バビロン捕囚後，第二エルサレム神殿を中心に成立した，ラビ（宗教指導者）によって導かれたユダヤ教を指す。また，古代の神殿を中心とする地域共同体としてのユダヤ教を特に「古代ユダヤ教」と呼ぶ。キリスト教・イスラーム教の母胎となった。

　その特徴としては，①ヤハウェを天地の創造主・支配者・唯一絶対の神として崇める一神教，②イスラエル人が神によって選ばれ救済されるという選民思想，③神からモーセを介して授けられた律法の遵守，④終末にメシアが現れ救済されるというメシア思想が挙げられる。主な聖典は，『旧約聖書』，『ミシュナ』（口伝の律法集），『タルムード』（聖書やミシュナの釈義・史料集）である。

ヤハウェⒶ（ヤーウェⒷ）[Yahweh]　『旧約聖書』におけるイスラエル人の神の名前。神からモーセに示された名で，「ありてあるもの」という意味。ただし，イスラエル人は神の名をみだりに呼ぶことを恐れ，「主」（アドーナイ）と呼んでいた。ヤハウェは，宇宙・万物を創造し支配する人格神であり，唯一絶対の神である。イスラエル人を選び，律法を与えて救済する愛の神であると同時に，律法を守らない者には罰を与える裁きの神でもある。

『旧約聖書』 Ⓐ⑥（きゅうやくせいしょ）　ユダヤ教の聖典。キリスト教の聖典でもあり，イスラーム教でも啓典として信仰の対象である。前10世紀から前2世紀頃にかけて，主に

ヘブライ語（一部はアラム語）で書かれた。律法（**トーラー**，「創世記」「出エジプト記」など），預言の書（**ネビーイーム**，「士師記」「エレミヤ書」など），諸書（**ケスービーム**，「ヨブ記」「雅歌」など）の三つの部分からなる。「旧約」とは，神が民と結んだ契約を意味し，キリスト教の新しい契約（新約）との対比で，キリスト教の側からそう呼ばれる。ユダヤ教ではキリスト教の契約を認めていないので，正典三部分（「トーラー」「ネビーイーム」「ケスービーム」）の頭文字に母音を付して「タナハ」と呼ぶ。

主な思想的特徴としては，①ヤハウェを唯一絶対の神・天地創造の主・宇宙の支配者とし，偶像崇拝を禁止する**一神教**，また，②イスラエル人が神に選ばれて律法を授けられ，救済されるという歴史観が挙げられる。

ヘブライズム **C** [Hebraism] ヘブライ人の思想。ギリシャ思想（ヘレニズム）と並んで，ヨーロッパ思想の源流となった。広くはキリスト教思想も含む。その特徴は，天地を創造し支配する唯一絶対の神への信仰，また，歴史が神によって運営され，終末において人類が救済されるという歴史観と**メシア思想**にある。

イスラエル人 **A8** (-じん) ユダヤ教を信仰する部族集団。ヘブライ人・ユダヤ人ともいう。カナン（パレスティナ地方）で遊牧生活を送り，エジプトから脱出した後，カナンの地で王国を建設した。統一王国の分裂後，北はイスラエル王国，南はユダ王国（ユダヤ人の語源）と呼ばれた。後に南北王国は滅ぼされ，各地にディアスポラ [diaspora]（離散したユダヤ人社会）が形成された。

　　　　類 ヘブライ民族 **C** 　ユダヤ人 **A**

人格神 **B** (じんかくしん) 意志や感情のある人格をもって主体的に働き，人間と交流する神。ギリシャ神話の神々や日本の神がこれにあたる。ユダヤ教やキリスト教の場合，神は自らに似た像として人間を創造し，人間と人格的な関わりを持つとする。そこで神は，人間に対して自らを啓示し，契約を結び，愛によって赦しを与え，怒りによって罰を報いる存在と考えられている。

裁きの神 **B2** (さばきがみ) ユダヤ教の神の性格のひとつで，正しいことを愛し，不義や悪を憎んで裁きを下す「義」の神。神は律法に背く者を裁き，厳しい罰を与えると信じられ，預言者たちは民に悔い改めを迫った。また，黙示思想やキリスト教では，世界の終末に神が最後の審判を下すとされる。

創造神 **B2** (そうぞうしん) 天地の万物を創造した神。ユダヤ教やキリスト教の神は，自らの意志で無から世界を創造した神であり，創造した後も世界を統治する支配者であると考えられている。また，「創世記」に，神は6日間で天地を創造し，7日目に休んだとあることから，ユダヤ教では週の最後の日を安息日と定め，労働が禁止されている。

絶対神 **B1** (ぜったいしん) 他のものに依存せず，制限も受けず，他に並ぶものがない絶対的な神。世界の被造物から超越しており，唯一の神でもある。ユダヤ教，キリスト教，イスラーム教の神がこれにあたる。

契約 **A9** (けいやく) ユダヤ教・キリスト教における神と民との関係。ユダヤ教では，神がイスラエル人を選び，律法を与え，民はこの律法を守ることで救済されると考えられた。モーセがヤハウェから十戒を授けられたシナイ契約が代表例である。これに対して，キリスト教では，預言者エレミヤの「新しい契約」という言葉がイエスの死と復活に結びつけられ，イエスの十字架上の死が新しい契約のための犠牲とされた。なお，『旧約聖書』『新約聖書』の「約」とは，契約のことである。

選民思想 **A** (せんみんしそう) ユダヤ教の基本的な信条で，イスラエル人は神によって選ばれた民族であるという思想。ヤハウェはイスラエル人を選んで契約を結び，律法を与えた。民は，律法を守ることで救済される。これに対して，キリスト教では，救済の対象はイスラエル人に限定されず，全人類が神によって救われると考えられた。

律法 **A20** (りっぽう) 神から預言者や祭司を媒介として与えられた宗教的・倫理的な規範。ヘブライ語のトーラー [tōrāh] の訳語で，神の「教え」を意味する。十戒がその典型であるが，広くは『旧約聖書』全体を指すこともある。律法は生活の規範であ

2章　宗教と人生(1)──一神教　**47**

り，ユダヤ教信仰の究極的なよりどころである。それに従う者は神から祝福され，守らなければ罰せられる。また狭義には，「モーセ五書」と呼ばれる「創世記」「出エジプト記」「レビ記」「民数記」「申命記」を指す。

類 トーラー **B** 2

十戒 **A** 9 (じっかい)　神がシナイ山でモーセを通じてイスラエル人に与えた10か条の戒め。①私の他に，何ものをも神としてはならない。②偶像を造ってはならない。③あなたの神，主の名をみだりに唱えてはならない。④安息日を覚えて，これを聖とせよ。⑤父と母を敬え。⑥殺してはならない。⑦姦淫してはならない。⑧盗んではならない。⑨隣人について偽証してはならない。⑩隣人の家をむさぼってはならない。
　①から④が神に関する戒め，⑤から⑩が人に対する戒めである。

安息日 **A** 5 (あんそくにち)　ユダヤ教で，労働が禁止され，休息が命じられている日。一週間の最後の日で，金曜の日没から土曜の日没までにあたる。神が天地創造を終え，7日目に休んだことを起源とする。十戒の4番目にも「安息日を覚えて，これを聖とせよ」とあり，重要な律法のひとつである。イエスは，「安息日は人のためにあるもので，人が安息日のためにあるのではない」 **資料** として，安息日の形式主義的な遵守を批判した。

モーセ **A** 10 [Moses, 生没年不詳]　紀元前13世紀頃の古代イスラエル人の指導者。ナイル川に流されていたところをエジプト王女に拾われ，宮廷で育てられた。その後，ヤハウェの顕現に接し，奴隷状態にあったイスラエル人をエジプトから脱出させて，カナン(パレスティナ地方)の地へと導いた。その途上のシナイ山で，ヤハウェから**十戒**を授けられ，民に与えたとされる。『旧約聖書』の律法は，モーセによって書かれたと信じられたため，「モーセ五書」と呼ばれる。

ダヴィデ **B** [David, ?～前961?]　イスラエル王国の第2代王で，統一王国を確立した人物。ベツレヘムの羊飼いの子で，初代の王サウルに仕え，ペリシテ人ゴリアテを倒したことで知られる。サウルの死後に

王位につき，イスラエルの統一王国を築いた。イスラエル人から理想の王と称えられ，イスラエルが危機に陥った際には，ダヴィデの子孫からメシアが誕生すると考えられた。

ソロモン **A** [Solomon]　イスラエル王国第3代王でダヴィデの息子。その知恵で知られ，王国の最大の経済的繁栄を築いた。また，エルサレム神殿を建設し，宗教的な中心地となった。その死後，王国は北のイスラエルと南のユダに分裂した。

パレスティナ **B** [Palestina]　死海とヨルダン川を結ぶ線と地中海に挟まれた地域で，肥沃な三角地帯の一部。古くはカナンと呼ばれ，パレスティナとは「ペリシテ人の土地」の意味。イスラエル王国があったが，アッシリア，ペルシャ，ローマ等，しばしば大帝国の支配下に置かれた。
　第二次世界大戦後，この地にイスラエルが建国し独立を宣言(1948年)，アラブ系のパレスティナ人との間で数度にわたる戦争が起こるなど，「パレスティナ問題」が生じている。

カナン **B**　パレスティナ地方の古い呼び名。ヨルダン川西部の地域を指し，セム族の領土で，農耕神バアルが礼拝されていた。『旧約聖書』では，アブラハムとその子孫に与えられた「約束の地」であり，出エジプトの結果，イスラエル人がその地を征服し，定住した。

預言者 **A** 7 (よげんしゃ)　神の召命を受けて，その言葉を伝える者。特に『旧約聖書』の預言の書に収められているイザヤ，エレミヤ，エゼキエルなどを指す。バビロン捕囚のような危機の時代に登場し，苦難はイスラエル人の罪に対するヤハウェの裁きであるとして，罪の自覚と悔い改めを訴えた。また，キリスト教では，イエスこそが預言者たちによって予告されたメシアであるとされた。

イザヤ **B** [Isaiah]　前8世紀頃，ユダ王国で活躍した預言者で，三大預言者の一人。前740年頃，神の召命を受け，北のイスラエル王国の滅亡に立ち会った。悔い改めない民にはヤハウェの審判が下り，「残りの者」に希望が託されるとし，メシアによる公正な支配がおとずれると説いた。『旧約

第Ⅱ編

聖書」「イザヤ書」の第1～39章がその預言とされる。

エレミヤ **C** [Jeremiah]　前7～6世紀頃，ユダ王国で活躍した預言者で，三大預言者の一人。前626年頃，召命を受け，バビロン捕囚後もユダに留まったが，後にエジプトへ連行されたといわれる。捕囚はイスラエル人に下った神の裁きであり，やがてメシアが現れ「新しい契約」を結ぶ日がくると預言した。キリスト教では，この預言がイエスの死と復活による新しい契約であると解釈された。『旧約聖書』「エレミヤ書」の著者とされる。

エゼキエル [Ezechiel]　前6世紀頃，バビロン捕囚期の預言者で，三大預言者の一人。バビロニアに連行された5年後に，川のほとりで神の幻影を見て，召命を受けた。エルサレム滅亡を預言し，神による新たなイスラエルの創造によって救済がなされると説いた。『旧約聖書』「エゼキエル書」の著者とされる。

アブラハム **B** [Abraham]　『旧約聖書』の「創世記」に伝えられる，イスラエル人の先祖。カナンの地で遊牧生活を送った。神との契約によって，カナンの地の所有と子孫の繁栄を約束され，アブラムからアブラハムへと改名され，割礼の義務が課された。神がアブラハムの信仰を試すために，息子のイサクを犠牲にするよう命じた「イサク奉献（献供）」物語に見られるように，神への信仰・服従の模範とされる。

バビロン捕囚 **A** (-ほしゅう)　前586年～538年に，ユダ王国の住民の大部分が新バビロニア帝国に連れ去られた事件。統一王朝分裂後，北のイスラエル王国がアッシリアの侵略を受けて滅亡（前721年）し，次いで南のユダ王国も前586年，バビロニアによって滅ぼされた。捕囚はバビロニアを滅ぼしたペルシャ王キュロスによって解放されるまで続いた。捕囚下では，イスラエル人としてのアイデンティティを維持するために，会堂（シナゴーグ）に集まって礼拝が行われ，『旧約聖書』の原型が形成された。解放後には，エルサレム神殿が再建され，ユダヤ教が完成していった。また捕囚以降，各地に離散したユダヤ人は，ディアスポラと呼ばれる共同体を形成していった。

終末観 **④**（**終末論的世界観** **C**）(しゅうまつかん) (しゅうまつろんてきせかいかん)　世界の終末を想定して現在や未来を意味づける歴史観。時間を円環として考えるギリシャ思想に対して，ユダヤ教・キリスト教では，神による天地創造から世界の終末へと進む歴史的な時間が考えられた。ユダヤ教では，預言者によって，終末にイスラエル人の審判がなされ，メシアが現れて救済されると説かれた。この終末観は，バビロン捕囚の後，世界史的な終末と新しい世への転換という黙示思想となっていった。キリスト教では，イエスによって神の国の到来が予告され，終末にキリストが再臨し，死者の復活，最後の審判，神の救済が起こるとされた。

メシア **A②**（**救世主** **A④**，**キリスト** **A⑥**）(きゅうせいしゅ) [Messiah，Christos]　『旧約聖書』に由来する，救い主のこと。「油を注がれた者」を意味し，元来は王を指す言葉。キリスト[Christōs]はメシアのギリシャ語訳である。ユダヤ教では，バビロン捕囚の時期に，イスラエル人を解放する者が現れるという政治的なメシア待望が高まり，後に世界の終末に民が救済されるとする**終末論的思想**と結びつき，宗教的なメシアを求めるようになっていった。他方，キリスト教では，イエスこそが全人類の罪を贖い救済するメシア（キリスト）であるとされる。

苦難の僕 (くなん-しもべ)　神の僕としてのメシア。『旧約聖書』「イザヤ書」に描かれ，自ら苦難を負うことによって民の代わりに贖罪し，救済するメシアである。キリスト教では，イエスこそが苦難の僕である。イエスは自ら犠牲となって十字架上で死ぬことにより，人類の罪を贖い，救済すると考えられた。

アダム **A⑨** [Adam]　『旧約聖書』「創世記」に記される，神が創造した最初の人間・男性。ヤハウェは，土から自らに似せて人間をつくり，他の被造物を治める権を与えた。さらに，人が一人でいるのはよくないとして，アダムの肋骨から最初の女性エバ（イヴ）をつくった。二人は神に禁じられた知恵の木の実を食べたため，楽園エデンから追放された。こうして，人間は自らの犯した罪の罰として，労働と苦しみと

死を運命づけられた。キリスト教では，アダムの犯した罪が，その子孫である人間全体に帰せられる**原罪**として解釈される。

類 エデンの園 C

バベルの塔（-とう）　『旧約聖書』「創世記」に記される，人間の不遜と神への反逆の象徴。人間は元々，同じ言葉を話しており，天まで届く塔を建てようとした。神はこれを見て，人々に違う言葉を話させるようにした。このため，人々は混乱し，塔は建てられなくなり，世界各地へと散っていった。

「創世記」 B 2 （そうせいき）　『旧約聖書』の第一巻で，律法のひとつ。神による天地創造，人類の創造と楽園追放，ノアの方舟，バベルの塔，アブラハムやイサクといったイスラエル人の祖先をめぐる物語（族長物語）などが収められている。

　特に，アダムの楽園追放を通じて語られる人類の原罪と追放の問題や，世界を創造した神の摂理による人類の救済という歴史観が重要である。また，アブラハムが息子イサクを神の犠牲に捧げるという「イサク奉献（献供）」の物語は，キルケゴールの『おそれとおののき』のモチーフとなった。

「出エジプト記」 B （しゅつ-き）　『旧約聖書』の第二巻で，律法のひとつ。モーセを指導者とするイスラエル人のエジプト脱出，シナイ山での十戒の賦与が描かれている。特に，十戒による神とイスラエル人との契約と救済，一神教と偶像崇拝禁止の思想などが重要である。

預言の書（よげん-しょ）　『旧約聖書』の三つの部分のうちのひとつ。前期（「ヨシュア記」「士師記」など）と後期（「イザヤ書」「エレミヤ書」「エゼキエル書」など）に分けられる。前期では，カナンの地の征服から，ダヴィデの登場，統一王朝の分裂などのイスラエル史が描かれる。後期は，主にバビロン捕囚前後の預言者たちの言葉が集められている。

諸書 C （しょしょ）　『旧約聖書』の三部分のひとつで，律法，預言の書以外の文書を集めたもの。格言を語る説教集である「箴言」や，恋愛の歌を集めた「雅歌」，「ヨブ記」など多様な内容を含む。

「ヨブ記」 C （-き）　『旧約聖書』の諸書のひとつで，知恵文学に分類される。ヨブは神によって様々な苦難を与えられるが，神への信仰を失わなかった。苦難が罪の因果応報であると主張する友人に対して，ヨブは苦難を与える神の意図は人間には測り知れないとした。神義論（神が創造した世界になぜ悪が存在するかという議論）と信仰の絶対性が語られている。

嘆きの壁（なげ-かべ）　ソロモン王が建設したエルサレム神殿の城壁の一部と伝えられる壁。70年にローマ軍によって破壊され，ユダヤ人にとって約束の地の再興のシンボルとなった。岩のドームに隣接し，イスラーム教徒にとっても聖地であるため，紛争の火種となった。

3 キリスト教 ── イエスの思想

キリスト教 A 30 （-きょう）　イエスをキリスト（救世主）として信仰する世界宗教。ユダヤ教を母胎とし，『旧約聖書』をも聖典とし，創造主である唯一絶対の神を崇めるという点では共通しているが，イエスを**メシア**と認め，その死と復活によって全人類が救済されると考える点で異なる。

　イエスの死後，ユダヤ人を中心として**エルサレム教会**が成立。その後，パウロらの宣教によって異邦人にも福音が広められ，聖典として『新約聖書』も編まれ，教義や教会組織が確立していった。

　4世紀にローマ帝国の国教となり，11世紀に**ローマ＝カトリック教会**と**ギリシャ正教会**（東方正教会）が分離。16世紀に西ヨーロッパで**宗教改革**が起こり，プロテスタントが成立した。また，15世紀に始まる大航海時代に世界中へ伝道され，16世紀にはイエズス会宣教師フランシスコ＝ザビエルが来日している。

　思想的特徴としては，①パウロによって**贖罪**論が唱えられ，②ギリシャ思想から影響を受けた教父哲学によって，**三位一体説**や自由意志などが理論化され，③アラビアから流入したアリストテレス哲学の影

響を受けたスコラ哲学によって，理性と信仰の問題が体系化された。

ギリシャ思想と並んで西洋思想の源流のひとつとなり，政治的にも世界的な影響力をもつ。

イエス＝キリスト

Ⓐ27［Jesus Christ, 前4？〜後30頃］　キリスト教で救世主として信仰される人物。ベツレヘムでマリアの子として生まれる。幼少期はナザレで過ごし，父ヨセフの家業である大工を手伝った。30歳の頃，ヨルダン河畔でヨハネから洗礼を受けた後，「神の国は近づいた。悔い改めて福音を信ぜよ」 資料 と宣言し，ガリラヤ地方で宣教を始める。イエスは集まった弟子の中から12人を選び，宣教の使命を託した（十二使徒）。イエスの活動は，ユダヤ教の指導者たちの反感を買ったため，反逆者として告発され，ローマの提督ピラトによって，十字架刑に処せられた。その言行は，『新約聖書』「福音書」によって伝えられている。

刑死の後，イエスの復活と聖霊の降臨を信じる弟子たちの間で，イエスが人間の罪を贖（あがな）い救済するメシア（キリスト）であるという信仰が生まれた。ここから，イエスをキリストとするキリスト教が形成されていった。なお，特に歴史的人物としてのイエスを指す場合，ナザレのイエス，史的イエスとも呼ばれる。

その思想の特徴としては，①**神の国の到来と悔い改めの訴え**，②**律法の形式的な遵守に対する批判と律法の内面化**，③**神への愛と隣人愛の重視**が挙げられる。

バプテスマのヨハネ　Ⓐ［Joanes Baptesma, 後20頃］　イエスに洗礼を授けた預言者。バプテスマ［Baptesma］とは「洗礼」の意味で，当時のユダヤ教では改宗の儀式とされた。ヨハネは，祭司の子に生まれ，ヨルダン川付近で宣教し洗礼を授けた。後に，ヘロデ王によって処刑された。**神の国の到来と悔い改め**を説き，キリスト教では，イエスの先駆者とされる。

神の国　Ⓐ5（かみ-くに）　神による支配，神が支配する領域。ユダヤ教では，神が王としてイスラエル人を支配すると考えられていた。また，終末論的世界観と結びつき，終末の時にメシアを王とする神の国が現れるとされた。これに対して，イエスは，神の国の到来が近づいていると告げ，悔い改めて用意すべきであると説いた。イエスにとって，神の国とは人間の内面に実現されるべき世界である。

『新約聖書』　Ⓐ6（しんやくせいしょ）　『旧約聖書』とともにキリスト教の聖典である文書。ギリシャ語で書かれ，イエス＝キリストを通して神が人間と交わした「新しい契約」の意味で，旧約に対して新約と呼ばれる。その構成は，イエスの言行録である「福音書」（マタイ，マルコ，ルカ，ヨハネ），初期キリスト教会の歴史書である「使徒行伝」，パウロらの手紙，「ヨハネの黙示録」の全27巻からなる。最も古い文書が50年頃に書かれ，4世紀末に現在の形のものが正典として公認された。

その思想の特徴は，①イエスがその死と復活によって全人類を救済するメシア（キリスト）であるとする信仰，②神とキリストから人間に対し無差別に無償で与えられる**アガペー（神の愛）**，③キリストが十字架上の死によって人類の罪を贖（あがな）ったとする**贖罪**（しょくざい）**論**，④律法の遵守ではなく信仰によって義とされる信仰義認論が挙げられる。

福音　Ⓐ6（ふくいん）［gospel］　よい知らせ，喜ばしいおとずれ。『旧約聖書』では，ヤハウェによる支配と救済が到来することを意味する。キリスト教では，神の国が到来すること，イエス＝キリストの死と復活によって人類の罪が贖（あがな）われ，救済されること，また，イエス自身の言行を指す。こうした救いのおとずれは，使徒たちによって全世界に宣べ伝えられるとされる。

福音書　Ⓐ1（ふくいんしょ）　『新約聖書』のマタイ，マルコ，ルカ，ヨハネの四書を指し，特に初めの三つは共観福音書と呼ばれる。福音とは，イエス＝キリストによってもたらされ，使徒によって宣べ伝えられた救済の告知のことであり，福音書には，イエスの生涯や言行，十字架上の死と復活が書かれている。

山上の垂訓Ⓑ（**山上の説教**Ⓒ）（さんじょうす

（いくん）（さんじょう-せっきょう）　『新約聖書』「マタイによる福音書」の第5章から第7章にあるイエスの説教。イエスの噂を聞きつけて集まった群衆を前に行ったとされ，イエスの倫理思想の中核をなす。その内容は，「心の貧しい人たちは幸いである」 資料 という祝福の言葉に始まり，古い律法に対するイエスの律法が説かれる。そこでは，単に殺人を禁止するだけでなく，怒りをもつことも禁じられ，「目には目を」の復讐が禁じられるだけでなく，敵を愛することが命じられるなど，律法の内面化がなされる。

他にも，「何ごとでも人々からしてほしいと望むことは，人々にもその通りにせよ」 資料 という黄金律や「狭い門から入りなさい。滅びへの門は広く，そこに通じる道は広々としていて，そこから入る者は多い。しかし命への門は狭く，そこに通じる道は細くて，それを見つける者は少ない」 資料 といった言葉が有名である。

悔い改め Ａ2（く-あらた-）　自分の罪を認めて詫び，神の恵みによって赦しを得るために，神へと向かうこと。バプテスマのヨハネは「悔い改めよ。天の国は近づいた」 資料 といって宣教し，イエスもまた，「悔い改めて，福音を信じなさい」 資料 と説いた。キリスト教では，悔い改めは，神による救済に必要な条件とされる。

律法の内面化 Ｃ2（りっぽう-ないめんか）　律法を単に形式的に守るだけでなく，律法の精神を理解し，それを守るときの心情を問題とすること。例えば，イエスは労働を禁じる安息日の規定に対して，それは人のためにあるものだといって，安息日に病人を治療した。また，殺人を禁じる律法に対しては，心の中で人に怒りを抱く者は，それだけですでに殺人と同じ罪を犯したのだと説いている。律法の内面化によって，イエスは律法を否定するのではなく，律法を完成させるのだという。

アガペー Ａ4 **（神の愛 Ａ5）**（かみ-あい）　［agapē］　キリスト教における愛の中心的な概念で，人類の罪を贖うために自ら十字架上で死んだイエス＝キリストによって体現されている。一般的にエロースと対比され，エロースが対象の価値を追求し，利己的なものであるのに対して，アガペーは無差別の他者に注がれる，自己犠牲的な無償の愛である。

イエスは，99匹の羊を残して迷った一匹を探すという「一匹の羊」 資料 の譬えや，放蕩して財産を使い果たした息子の帰還を喜ぶ「放蕩息子の帰宅」 資料 の譬えによって，罪人でも悔い改めれば，神から赦され救われると説いた。

山上の垂訓では，「天の父は，悪い者の上にも良い者の上にも太陽を昇らせ，正しい者にも正しくない者にも雨を降らして下さる」 資料 として，神の愛が無差別であることが説かれ，「悪人に手向かうな。もしだれかがあなたの右の頬を打つなら，もう一方も向けてやりなさい」 資料 として，復讐の禁止と赦しが命じられた。また，『新約聖書』「ヨハネによる福音書」では，「一粒の麦が地に落ちて死ななければ唯一つである。もし死んだなら，多くの実を結ぶであろう」 資料 と自己犠牲的な愛が語られている。

「ルカによる福音書」では，「隣人とは誰か」と問われたイエスが，瀕死者を助けたのは祭司でもレビでもなく，通りすがりの異邦人であるサマリア人であったという「よきサマリア人のたとえ」をもって答えた。これは，アガペーの下では人間は平等であり，異邦人や敵でさえ隣人愛の対象であることを示している。

カリタス Ｃ［caritas］　愛を意味する「アガペー」（ギリシャ語）のラテン語訳。アウグスティヌスは，キリスト教の三元徳（信仰・希望・愛）の中でも，特に愛（カリタス）を重視し，神と隣人を正しく愛するという「愛の秩序」が徳の定義であるとした。

二つの戒め Ｃ（ふた-いまし-）　イエスが律法全体の中で最も重要な二つとしたもので，神への愛と隣人愛。パリサイ派の律法学者から「律法の中で大切な戒めは何か」と問われたイエスは，「心をつくし，精神をつくし，力をつくして，主なるあなたの神を愛せよ」 資料 と「自分を愛するように，あなたの隣人を愛せよ」 資料 の二つであると答えた。

神への愛 Ｂ（かみ-あい）　神を全身全霊で愛すること。イエスは二つの戒めの中でも，第一に神への愛を挙げ，最も重要であるとす

る。『新約聖書』では，神がまず人間を愛したのであり，人間による神への愛は隣人愛（兄弟愛）によって具体的に表現される，といわれている。また，アウグスティヌスは，人間の至福は神への愛によってのみかなえられ，神を愛し，神のために隣人を愛することを，愛の正しい秩序とした。

隣人愛 **A** **7**（りんじんあい）　他者である隣人を愛すること。二つの戒めのひとつ。イエスは，山上の垂訓に「敵を愛し，迫害する者のために祈れ」 資料 とあるように，親しい隣人ばかりではなく，異邦人や敵でさえも隣人として愛することを説いた。『新約聖書』では，神が人間を愛するから人間同士も愛し合わなければならないとされ，信仰をもった同胞の兄弟愛（隣人愛）こそが神への愛の表現であるとされる。

黄金律 **B**（おうごんりつ）　キリスト教道徳の最高の教え。『新約聖書』「マタイによる福音書」にある山上の垂訓の一節「なにごとも人にせられんと思うことは人にそのごとくせよ」（7章12節） 資料 のこと。

パリサイ人（パリサイ派 A 2）（-びと）（-は）前2世紀頃から紀元後にかけて活躍したユダヤ教の一宗派。中産階級が中心で，会堂（シナゴーグ）で宣教して，改宗者を集めた。その特徴は，律法を厳格に遵守する**律法主義**にあり，『旧約聖書』の律法だけでなく口伝の律法も重視した。後にラビによるユダヤ教を生み出す母胎となっていった。『新約聖書』では，イエスと敵対する形式的な律法主義者として描かれ，イエスはこれを批判して律法の内面化を唱えた。

律法主義 **A** **6**（りっぽうしゅぎ）　ユダヤ教の律法を重視する立場。律法には『旧約聖書』の律法だけではなく，口伝の律法もふくまれる。ユダヤ教の基本的な信仰は，神から授けられた律法を遵守することにあるが，特に，バビロン捕囚後のユダヤ教再興において，律法を重視する思潮を律法主義と呼ぶ。パリサイ派などの主張がこれにあたる。これに対して，イエスは，形式主義的となって人間の生活を拘束するだけの律法主義を批判し，律法を守るときの心のあり方こそ重要であるとして，**律法の内面化**を唱えた。

サドカイ派 **C**（-は）　前2世紀頃から後1世紀頃に活動したユダヤ教の一宗派。祭司の家系を中心とした上流階級で，神殿祭儀を司っていた。口伝の律法を重視するパリサイ派とは異なり，『旧約聖書』の律法しか認めなかった。『新約聖書』では，イエスの批判の対象となり，また，使徒たちの成功を妬んで迫害を加えたとされる。

エッセネ派（-は）　イエスの時代に活動していたユダヤ教の一宗派。神殿祭儀を批判して，死海周辺で祈りと農作業を中心とした修道院のような共同生活を送った。その特徴は，財産の共有・独身主義・厳格な宗教的戒律で知られる。20世紀に発見された「死海文書」に残るクムラン教団は，エッセネ派に関係があると考えられている。

4 キリスト教の展開

原始キリスト教 **A** **2**（げんしーきょう）　イエスの死後（30年頃），エルサレム教会の成立から1世紀末までのキリスト教。イエスの死後，イエスを救世主であると信じるイエスの弟子（十二使徒）は，ペテロを中心としてユダヤ人のエルサレム教会を設立した。迫害によってエルサレムを逃れた信徒は，サマリアやアンティオキア，ローマなどで異邦人に対して福音を伝え，さらにパウロらの宣教によって周辺世界にもキリスト教が広まっていった。この時期に，イエスの復活，キリストとしてのイエス，イエスの死による贖罪という信仰，『新約聖書』の編集，教会制度が成立していった。

原罪 **A** **7**（げんざい）[original sin]　キリスト教で，神の命に背いてアダムが犯した罪。アダムの子孫である人類は皆，生まれながらに原罪を負っているとされる。また，より一般的には，自由意志をもつがゆえに罪に陥らざるをえない人間の傾向性。

　『旧約聖書』「創世記」では，神によって禁じられていた知恵の木の実をアダムとイヴが食べ，その罰として楽園を追放されたことが書かれている。パウロは，この罪が全人類に受け継がれたと考え，イエス＝キリストがその十字架上の死によって全人類の罪を贖ったとした。さらに，アウグスティヌスは，原罪がアダムから人類に遺

伝したと考え，原罪によって罪を犯さざるをえない人間は，神の恩寵によってのみ救済されるとした。また，聖母マリアとイエスだけは原罪を免れているという考えを「無原罪の宿り」という。

類 **アダム** A9
イヴ C4

贖罪 A4（しょくざい）
[satisfaction] キリストの死が人類の罪を贖ったとする，キリスト教の教義。キリストは，自ら犠牲となって十字架上で死ぬことによって，人類の罪を贖い，神と人間との和解が成立した。また，原始キリスト教では，贖罪の観念が苦難の僕と結びつき，イエスは救世主（キリスト）であるとされた。神による罪人の赦しと神の子キリストの自己犠牲の愛は，人間に対する神のアガペーであり，終末にキリストが再臨することをもって贖罪は完成する，とされる。

▲楽園を追われるアダムとイヴ

十字架 A1（じゅうじか） キリスト教におけるイエス＝キリストの受難の象徴。古代ローマでは，奴隷・非市民・大罪人などの刑罰として，十字架に手足を縛りつけたり釘で打ちつけたりして，餓死させた。パウロは十字架に，キリストの受難の象徴としての聖なる意味を与え，コンスタンティヌス帝が磔刑を禁止した後，十字架はキリストの受難・贖罪の象徴として崇敬の対象となった。

復活 A2（ふっかつ） イエスが刑死の三日後に復活して昇天したという信仰。キリスト教の最も基本的な教義のひとつ。キリストの復活は，十字架上の死による人類の救済と，罪と死に対する勝利を意味する。使徒たちは，キリストの復活と聖霊の降臨に立ち会うことで，教会の設立と宣教活動を始め，パウロは復活したキリストによって，宣教の任を託された。また，キリストは最後の審判において再臨し，神の国が成就するとされている。

恩寵 A14（おんちょう） キリスト教における，神から人間に無償で与えられる愛や憐れみ。具体的には，イエス＝キリストの死と復活を通して示された神の愛であり，人間の罪を赦して救うことを意味する。また，人間の神への信仰そのものも神から与えられた恩寵である。アウグスティヌスは，罪へと不可避的に陥る人間は，恩寵によってのみ救われるとした。

使徒 A4（しと） イエスによって選ばれ，福音を宣べ伝える使命を託された弟子たち。イエスの死後，イエスの復活と聖霊の降臨をきっかけとして，教会の設立や宣教といった活動を始めた。

特にイエスの生前に選ばれた使徒を**十二使徒**と呼び，ペテロ，アンデレ，ヤコブ，ヨハネ，ピリポ，バルトロマイ，マタイ，トマス，アルパヨの子ヤコブ，タダイ，熱心党のシモン，ユダ（後にマッテヤ）を指す。また，パウロは復活したイエスにより選ばれた使徒とされる。使徒の活動は『**使徒行伝**』（『使徒言行録』）に記されている。

ペテロ A2［Petros, ?～64頃］ イエスの十二使徒の筆頭で，初代ローマ教皇とされる。元の名はシモン。ガリラヤ湖畔で漁師を営んでいたが，「人をとる漁師にしよう」とイエスに召されて，弟のアンデレとともに最初の弟子となる。イエスの死後，**エルサレム教会**の設立に中心的な役割を果たし，ユダヤ人キリスト教徒の指導者となっていった。後に**ローマ教会**へと渡って指導者となるが，ネロ帝の迫害によって殉教したと伝えられる。

パウロ A25［Paulos, ?～60頃］ 原始キリスト教の最大の宣教者・神学者。キリスト教が世界宗教へと発展していく礎を築いた。元の名はサウロ。小アジアのタルソス出身で，ローマ市民であった。元々，厳格なユダヤ教徒であり，キリスト教徒を迫害していた。しかし，ダマスカスの迫害に向かう途上，復活したイエスの声を天から聞き，回心する。それ以降，キリスト

教の伝道者として活動。ペテロがユダヤ人を中心に宣教したのに対して，パウロはユダヤ人以外の異邦人を中心に宣教活動を行ったため，「異邦人の使徒」とされる。アンティオキア，エフェソス，アテネ，ローマなどを巡る伝道の旅を重ねたが，ネロ帝の弾圧にあって刑死したとされる。

その思想の特徴としては，①原罪を負った人類を救済するために，神が神の子キリストをこの世に送り，イエスが自ら犠牲となって人類の罪を贖ったとする**贖罪論**，②律法の遵守ではなく，「信仰のみによって義とされる」 資料 という信仰義認論が挙げられる。

『新約聖書』には，「あなたがたはイエス＝キリストを着なさい。肉の欲を満たすことに心を向けてはならない」 資料 として信徒の生活指針やパウロ自身の神学を説いた『ローマ人への手紙』の他，多くの手紙が収められている。

類 **異邦人伝道** C ② 異邦人の使徒

回心 A （かいしん） 罪を悔い改めて，神へと心を向け変えること。一般的に，改宗することを意味する。ユダヤ教徒であったパウロは，キリスト教徒を迫害する途上で天の声を聞いて回心し，キリスト教の宣教者となった。また，マニ教や新プラトン主義に傾倒していたアウグスティヌスは，近所の子どもの「取って読め」という声に誘われて聖書を開き，回心に至ったとされる。

『使徒行伝』（**『使徒言行録』**）（しとぎょうでん）（しとげんこうろく）『新約聖書』の中の一書で，イエスの死後における使徒たちの活動を記したもの。『使徒言行録』とも訳される。第一部では，ペテロを中心として，エルサレム教会の設立と宣教活動，第二部では，パウロを中心として，異邦人への宣教活動と福音がローマに伝わるまでが記されている。

『ローマ人への手紙』 C （-びと-てがみ）『新約聖書』の6番目の書で，パウロがローマ教会へ宛てて書いた手紙。パウロ神学の基本的な理論が述べられている。パウロは，「私の欲する善はこれをなさず，私の欲しない悪はこれをなす」 資料 といって，原罪をもつ人間にとって律法の遵守は失敗せざるをえないとする。すべての人間が

罪人であり，律法の遵守によってではなく，信仰によって義と認められるという「信仰義認説」が説かれる。

『ガラテア人への手紙』 C （-びと-てがみ）『新約聖書』の9番目の書で，パウロがガラテアの諸教会に宛てて書いた手紙。パウロがガラテアに伝導した後，その地に自らの福音とは異なる律法主義が入り込んだ。パウロはこれを批判して，「私はキリストとともに十字架につけられた。生きているのはもはや私ではない。私のなかでキリストが生きている」 資料 といい，自ら犠牲となったキリストを信じる信仰によってこそ義と認められるとした。

教会 A ⑤（**エクレシア** C ）（きょうかい）[ekklēsia] キリスト教の信仰をもつ人々の共同体。キリスト教徒全体を指すこともある。ギリシャ語の[ekklēsia]は「集会」を意味する。キリストによる啓示を保持して，それを伝達することを使命とし，典礼を行う。パウロは教会を「キリストの身体」であるとした。ローマ，コンスタンティノポリス（コンスタンティノープル），アレクサンドリア，アンティオキア，エルサレムが5大教会である。

エルサレム教会 C （-きょうかい） エルサレムにある最古のユダヤ人教会。イエスの死後，ペテロを中心とする使徒たちによって設立された。信徒は，兄弟愛の精神に則って財産を共有し，共同で食事を摂った。当初はユダヤ教から分離せず，モーセの律法を守り，神殿にも参拝していた。その後，異邦人への伝道を重視するパウロらのキリスト教団と合流し，5大教会のひとつとして認められていった。

アンティオキア教会 （-きょうかい） シリアにある，最も古い教会のひとつ。ステファノの殉教をきっかけとして，エルサレムから逃れてきた信者が設立した。この地で「キリスト教徒」という呼称が始まったとされ，パウロの宣教の旅の出発地でもある。後に，アリストテレス哲学を背景とした神学が盛んになり，5大教会のひとつとなった。

教義 A ①（きょうぎ）[dogma] 特定の宗教で公認された信仰を表す命題や解釈のこと。ギリシャ語の[dogma]は，「そのように見

2章 宗教と人生（1）――一神教

えるもの，臆見（おっけん）」の意味。キリスト教の場合，教義とは教会によって公認された正統的な教えを意味し，信者はそれを信仰する義務を負う。キリストの人格に神性と人性の両方の性質があるとするキリスト両性論や三位一体説の他に，マリアの無原罪の宿り，教皇の無謬（むびゅう）性などが挙げられる。

テルトゥリアヌス［Tertullianus, 155頃～220頃］ 初期ラテン教父。カルタゴ出身。法律と修辞学を学んだ後に，キリスト教に改宗。異端を攻撃し護教論を展開したが，後年カトリックから離脱した。三位一体論や神学のラテン語化に貢献し，「非合理なるがゆえに信ず」 資料 （信仰は理性を超えたものである）という言葉で知られる。

教父哲学 **C** （きょうふてつがく） 1世紀末から8世紀頃までの古代キリスト教会において，教父によって展開された哲学・神学。キリスト教徒の迫害やローマ帝国内での公認を背景として，一方で，異教徒からの批判に対する反論や布教のため，他方で，異端の排斥のために，教父がギリシャ哲学を利用して正統的な教義を整備していった。その思想は，三位一体説や自由意志論の確立，修道院制度など，後の神学やスコラ哲学に大きな影響を与えた。

教父 **A** （きょうふ） 古代キリスト教会で，ギリシャ哲学を用いて，キリスト教の正統的な教義を理論的に確立していった指導者・著述家。ギリシャ語で著述した東方のギリシャ教父として，アタナシウス，カッパドキアの三教父（バシレイオス（330頃～379），ナジアンゾスのグレゴリオス（325頃～390頃），ニュッサのグレゴリオス（330～394））等，ラテン語で著述した西方のラテン教父として，テルトゥリアヌス，アウグスティヌス等が挙げられる。

神学 **A**4 （しんがく） 神の教え，神についての学問。特にキリスト教では，神によって啓示された真理を観想すること，あるいは，それを理性的に探究する学問を指す。フィロンや新プラトン主義の影響の下で成立した教父時代の神学は，三位一体説やキリストの受肉といった正統の教義を形成した。アリストテレスの思想が流入したスコラ時代の神学は，その哲学や論理学を用いて信仰を学問的に体系化していった。

修道院 **A** （しゅうどういん） 修道士たちが共同生活を行う場。修道士はそこで禁欲的な戒律に従って生活し，祈りを捧げたり，勤労にいそしんだりする。その建物は周壁で囲まれ，聖堂や食堂，寝室からなり，修道院学校が併設されていることもある。農村部で経済的に自足し，祈りと労働の調和を重視したベネディクト会やシトー会，都市部で巡歴説教した托鉢修道会のフランシスコ会やドミニコ会の修道院が有名。

アウグスティヌス **A**19 ［Aurelius Augustinus, 354～430］ 最大のラテン教父。北アフリカのタガステ出身。青年時代に放蕩（ほうとう）生活を送り，マニ教に入信

するも失望し，新プラトン主義に傾倒する。32歳で劇的な回心を経験し，キリスト教徒となる。その後，ヒッポの司祭・司教となり，膨大（ぼうだい）な著作を残した。父・子・聖霊の統一性を強調した三位一体説，信仰・希望・愛という三元徳の重視，歴史を「神の国」と「地上の国」の戦いとする歴史観などを説いた。その思想は，カトリックの教義だけでなく，西欧の思想一般に大きな影響を与えた。主著に『告白』『神の国』など。

三位一体説 **B**3 （さんみいったいせつ） 「父なる神」「子なるイエス」「聖霊」という三つの位格（ペルソナ［persona］）が一体であるという説。三位一体論ともいい，キリスト教の中心的な教義のひとつ。「一つの本質・三つの位格」と定式化され，神が唯一であることと三つの位格が神性をもつことを両立させる論。キリストが受肉した神のロゴスであるという受肉説の根拠となる。アタナシウス，カッパドキアの三教父らによって理論化され，325年ニケーア公会議と381年コンスタンティノープル公会議を経て正統な教義として確立された。アウグスティヌスは，父・子・聖霊を愛するもの・愛されるもの・愛の関係として捉えた。

アタナシウス派 **C** （-は） アタナシウス（295～373）はアレクサンドリアの司教。キリストは父なる神によって創られた被造物にすぎないと説いたアリウス派を攻撃し，父

と子は同一の本質をもつ主張した。325年のニケーア公会議で、同一本質説が認められ、アリウス派は異端とされた。

三元徳 A6（さんげんとく）　信仰・希望・愛というキリスト教の基本的な徳。パウロによれば、「いつまでも残るものは信仰と希望と愛である。その中で一番すぐれているのは愛である」資料。アウグスティヌスはこれをキリスト教の三元徳として、ギリシャの四元徳の上位に位置づけた。特に愛（カリタス［caritas］）については、神と隣人を正しく愛するという「愛の秩序」が徳の定義であるとされる。

『告白』 A3（こくはく）　アウグスティヌスの著作。前半では、自らの半生を振り返り、青年時代の放蕩生活における罪の告白や、宗教遍歴、回心などが語られる。後半では、神の天地創造とその賛美や、過去・現在・未来を記憶・直覚・期待として捉える有名な時間論などが論じられている。

『神の国』 A3（かみ-くに）　アウグスティヌスの著作。異教徒を論駁し、世界の歴史を、神を愛する人々の「神の国」と自己愛に従う人々の「地上の国」（「悪魔の国」）との対立として見る歴史哲学を展開した。また、原罪により罪を犯さざるをえない人間の自由意志は、神の恩寵によって罪を犯しえない自由意志へと至るとされる。

スコラ哲学 A2（-てつがく）［Scholasticism］　9世紀から15世紀頃までの西欧中世で、教会や修道院付属の学校（スコラ［schola］）や大学で発展した哲学。キリスト教信仰に導かれた理性的な探究を特徴とし、「哲学は神学の婢」とされた。権威ある文献の解説・註解である「講読」と、賛否の典拠を示しながら議論される「討論」によるその方法は、スコラ学的方法と呼ばれる。

　スコラ哲学は、初めプラトン・新プラトン主義の影響下で神学を体系化していったが、十字軍遠征をきっかけとして、アラビアからアリストテレスの文献が大量に流入すると、その下で教義を新たに整備していった。主なスコラ哲学者には、先駆者とされるボエティウス（480頃～525頃）や、アンセルムス、トマス＝アクィナス、オッカム、ロジャー＝ベーコン、ドゥンス＝スコトゥスなどがいる。

トマス＝アクィナス
A11［Thomas Aquinas, 1225頃～74］　スコラ哲学最大の神学者・哲学者。イタリアのアクィノ領に生まれる。ナポリ大学で学び、19歳の時にドミニコ会修道士となる。パリへ移り、アルベルトゥス＝マグヌス（1200頃～1280）に師事。その後、パリ大学や修道院などで講義をしながら、アリストテレス『形而上学』への註解など膨大な著作を残した。信仰と理性を区別するラテン・アヴェロエス主義とアリストテレス解釈をめぐって論争し、哲学は啓示された真理の解明を目指すものであり、理性と信仰は相反せず、両者は調和すると主張した。また、理性をもつ人間が神の摂理に参与するという自然法思想を展開した。主著に『神学大全』などがある。

『神学大全』 A3（しんがくたいぜん）　トマス＝アクィナスの主著。トマス哲学の入門書であり、後に神学の教科書となった。三部構成で、第一部は、神の存在を証明する5つの途などが論じられる神論。第二部は、信仰・希望・愛という神から恩寵として授けられる徳などが論じられる人間論。第三部は、キリストの受肉やその生涯などが論じられるキリスト論である。

「哲学は神学の婢」 資料　C1（てつがく-しんがく-はしため）　哲学は神学に仕えなければならない、ということ。哲学とは、理性による真理の探究であり、神学とは、神の啓示を信仰によって受け容れることから始まるものである。哲学は人間の理性という限界をもつかぎり、神学に奉仕することで正しく導かれ、神学は哲学の原理を利用することができる。

「恩寵は自然を破壊することなく、かえって自然を完成する」 資料　B（おんちょう-しぜん-はかい-しぜん-かんせい-）　トマスの言葉で、信仰と理性の関係を表したもの。恩寵とは、神の恩寵によって人間に与えられた信仰を、自然とは、自然本性によって賦与された理性を指す。理性は神が創造した自

2章　宗教と人生（1）――一神教　**57**

然によって人間に与えられているのだから，信仰と対立しえない。むしろ限界のある理性的な探究は，信仰によって完成されなければならない。

普遍論争 **C**（ふへんろんそう）　類や種，イデア，形相といった普遍的なものは実在するか，という問題をめぐるスコラ哲学の論争。ボエティウスによる註解（ちゅうかい）をきっかけとして，ポルピュリオス『イサゴーゲー』にある「類や種が存在するか，それとも単なる観念か」等の問題をめぐって議論が起こり，普遍が事物だとする立場と音声言語だとする立場とに分かれた。これが後に，普遍は実在するという**実在論**と，普遍はものを名指す名称あるいは概念であるとする**唯名論**の対立となっていった。

実在論（実念論）（じつざいろん）（じつねんろん）［realismus］　普遍論争において，普遍的なものが実在すると考える立場。イデア界こそが実在するとした新プラトン主義を源流とする。普遍は精神の中にあるのと同じように外部にも実在するという極端な実在論を唱えたシャンボーのギョーム（1070頃〜1120頃）や，アンセルムス，トマス＝アクィナス，ドゥンス＝スコトゥスなどが代表。

アンセルムス［Anselmus，1033〜1109］中世の神学者・哲学者。「スコラ哲学の父」と呼ばれる。イタリア出身で，カンタベリーの大司教。「知らんがために信ずる」　**資料**　という言葉で知られ，信仰を理性の条件とすると同時に，信仰の真理を理性によって探究する必要を説いた。また「神は最大のものである。最大のものは実在を含む。よって神は実在する」という「神の存在論（本体論）的証明」は，デカルトらに影響を与えた。主著に『モノロギオン』等。

ドゥンス＝スコトゥス［Johannes Duns Scotus，1266頃〜1308］　スコラ哲学者でフランシスコ会修道士。スコットランド出身で，オックスフォード大学などで教鞭をとった。普遍論争では，**実在論**の立場をとり，共通の本性（人間）に「このもの性」が加わることで個体（この人間）になるとした。主著に『命題集註解』など。

唯名論 **C**（ゆいめいろん）［nominalismus］　普遍論争において，実在するものは個物で

あって，普遍はそれを名指す名称や言語，概念にすぎないとする立場。普遍は事物ではなく音声言語であるとしたロケリヌス（1050〜1124）や，普遍は語・名称であるとしたアベラール（1079〜1142），オッカムなどが代表。

オッカム **B****5**［William of Ockham，1285頃〜1349頃］　スコラ哲学者でフランシスコ会修道士。イギリス出身で，フランシスコ会をめぐる教皇との論争によって破門された。個物こそが真の実在であって，普遍的なものは概念であり，記号にすぎないとして，唯名論の立場をとった。また，論理学において「必要なしに多くのものを設定してはならない」という，いわゆる「オッカムの剃刀（かみそり）」で知られる。主著に『論理学大全』。

ロジャー＝ベーコン［Roger Bacon，1219頃〜92頃］　スコラ哲学者でフランシスコ会修道士。イギリス出身。パリ大学で当時禁じられていたアリストテレスについて講義した。危険な思想家として，ほとんど一生の間迫害された。外国語，数学を重視して，実験と観察に基づく経験科学を提唱した。主著に『大著作』など。

ローマ-カトリック教会 **A**（-きょうかい）ローマ教皇を首長とする教会。カトリックとは「普遍的」の意味。ペテロの後継者であるローマ教皇を最高指導者とし，各地の司教・司祭からなる**ヒエラルヒー（位階制度）**をもつ。ローマ帝国の東西分割以降に分裂し，ローマ教皇の首位権を認めないギリシャ正教会（東方正教会）や，宗教改革によって分離したプロテスタント諸派と区別される。

　ローマ-カトリック教会は現在，キリスト教会の中でも最大の信徒数を擁している。その総本山は，ヴァチカン市国の**サン＝ピエトロ（聖ペテロ）大聖堂**であり，元々はペテロの墓所を祀ったものとされる。

ローマ教皇 **B**（ローマ法王）（-きょうこう）（-ほうおう）　ローマ-カトリック教会の最高指導者であり，ヴァチカン市国の元首。ペテロが創設した**ローマ教会**は「教会のなかの教会」とされ，その司教はペテロの後継者として全カトリックの最高責任者であり，キリストの代理人とされる。1073年に叙任

第Ⅱ編

権力（じょにん）闘争で知られるグレゴリウス7世（1020頃～85）によって「教会の自由」（いっさいの世俗権力から独立していること）が宣言され，第1ヴァチカン公会議（1869～70）では，教皇の不可謬性（ふかびゅうせい）（教義について決して間違いがないこと）が確認された。

類 教皇 **B** ・ 法王 **B**

ヒエラルヒー C（位階制度 C）（いかいせいど）[Hierarchie] ローマ－カトリック教会における聖職者の階級秩序。元々は，神によって定められた天使の序列を指す言葉。カトリックでは，ヒエラルヒーは神の計画によって制定されており，司教・司祭・助祭から成り立つことを教義としている。

カトリック A②[Catholic] 「普遍的・全体的・世界的」を意味するギリシャ語[katholikos]に由来する言葉。初め，キリストは「全教会」の頭であるという文脈で用いられ，3～4世紀頃に「普遍性」が教会の特徴であるとされるようになった。異端的・分派的な教会と区別して，正統的な全教会が「カトリック教会」と呼ばれ，特に，東方正教会やプロテスタントとの対比で「ローマ－カトリック教会」を指すようになった。

類 カトリシズム[Catholicism] **C②**

カトリック教会 A（-きょうかい）ローマ－カトリック教会。カトリック[Catholic]とは「普遍的」という意味。元々は，異端的・分派的な教会に対して，正統的・全体的な教会を「カトリック教会」と呼んでいたが，東方正教会との東西分裂，宗教改革によるプロテスタント諸教会の分離を通じて，特にローマ－カトリック教会のことを指すようになった。

5 イスラーム教

イスラーム教 B㉒（-きょう）7世紀にアラビア半島でムハンマドによって開かれた宗教。ユダヤ教，キリスト教と同じく一神教で，唯一の神アッラーへの絶対的な服従を教える。またキリスト教，仏教とともに三大世界宗教のひとつであり，アラビア半島を含む西アジアをはじめ，アフリカ，南アジア，東南アジアを中心に約18億人の信者を持つといわれる。

アッラーが唯一の神であり，預言者ムハンマドがアッラーの使徒であると認めることが，イスラーム教徒であるための不可欠の条件である。アッラーはユダヤ教の『旧約聖書』やキリスト教の『新約聖書』を与えたのと同じ神であり，またユダヤ教のモーセやキリスト教のイエスなども神の言葉を伝える預言者であるが，ムハンマドがもっとも完全なかたちで神の言葉を伝える最後の預言者であり，その記録がイスラーム教の聖典『クルアーン』であるとされる。

人間観に関しては，アッラーがアダムの罪を赦（ゆる）したとされるため，キリスト教のような原罪の思想はないが，唯一絶対の神のまえでは人間はみなとるに足りない存在であるという人間理解を持つ。信仰の特徴としては内面的な信仰だけでなく実際の行いも重視し，内的信仰に関わる六信とともにその信仰を行為で示す五行を義務とし，またイスラーム教徒の信仰共同体（ウンマ）は，政治や法律や日常生活の様式といった世俗の領域にも積極的に関与する。

イスラーム A⑥[Islam] アラビア語の「イスラーム」は，絶対的に帰依（きえ）し服従することを意味する。アッラーへのイスラームを説くのがイスラーム教である。

ムハンマド A㉓（マホメット B）[Muhammad, 570頃～632] イスラーム教の開祖。イスラーム教で唯一神アッラーの最後の預言者とされる人物。アラビア半島のメッカに生まれ，幼くして両親を失い孤児となり，祖父や叔父の保護を受けて育つ。15歳ほど年上の未亡人と結婚し，商業に従事しながら生活していたが，40歳のころ，天使ガブリエルからアッラーの言葉を伝えられる。以後20年以上にわたり啓示を受け，それを記した書物が聖典『クルアーン』である。

はじめは啓示に戸惑ったムハンマドであったが，やがて預言者としての自分に目覚めて，神の教えを伝える布教活動に乗り出す。それまでのアラブ部族の多神教を否定する新しい宗教は激しく迫害され，ムハンマドは622年にメッカからメディナに逃れるが（ヒジュラ），そこで教団の形成に成功して勢力を盛り返し，630年にメッカ

を奪還。カーバ神殿内の偶像を破壊し、メッカを聖地とした。イスラーム教を開くとともに、イスラーム教の教えに基づく国家を建設し、アラビア半島を統一した。632年に死去したが、預言者としての役割を果たし終えて世を去ったとされる。

アッラー Ⓐ⑲ 〔Allāh〕 イスラーム教徒が信仰する、唯一絶対の神。アラビア語の「アッラー」の語は、定冠詞「アル(al)」と神を意味する「イラーフ(ilah)」からなる「アル＝イラーフ」(英語では the God) が短縮されたものと説明されることが多い。アッラーは全知全能であって、天地と万物と人間を創造し、この世のすべての出来事をあらかじめ見通し、世界の終わりには最後の審判をとりおこなう。この神は人間の言葉で人間に語りかける人格神であり、悪人を憎み厳しく罰する正義の神であるとともに、罪を悔い改めた人々を快く赦す慈悲深い神でもある。

なお、ユダヤ教やキリスト教における神と同様に唯一絶対の創造神であるが、ユダヤ教のように特定の民族の神ではなく、民族や人種の違いを超えた全人類の主であるとされる。またアッラーの唯一性が強調され、アッラーには子も親もないとされるため、イエス＝キリストが神の子であることや、キリスト教の**三位一体**は、イスラーム教では認められない。

最後の審判 Ⓑ⑧ (さいご-しんぱん) 世界が終わるときに、すべての人が受けるアッラーによる裁きのこと。世界の終わりは天使のラッパによって告げ知らされ、天変地異となって現れる。このときすべての人間がよみがえり、敬虔で正しい人間だと認められた者は天国へと至り、罪深い不信仰な者は地獄へと突き落とされる。キリスト教の最後の審判と基本的には同じだが、『クルアーン』は個々の行為についての審判をより強調し、また天国や地獄の描写にもイスラームの風土や文化の特色が見られる。

啓示 Ⓐ⑤ (けいじ) 人間が自分の力では知ることのできない真理が、神や超越者によって人間に開示されること。啓示された真理に基づく宗教を啓示宗教といい、ユダヤ教・キリスト教・イスラーム教が代表例。

イスラーム教の啓示は、アッラーが預言者ムハンマドに20年以上にわたり、天使を介して語りかけた言葉であり、その啓示の言葉が書き記された書物が『クルアーン』である。

啓典の民 Ⓒ② (けいてん-たみ) イスラーム教徒から見たユダヤ教徒やキリスト教徒のこと。イスラーム教ではユダヤ教の『旧約聖書』とキリスト教の『新約聖書』、そしてイスラーム教の『クルアーン』は、みな同じ唯一神から啓示されたものと考えられる。それゆえ同じ神からの啓示による信仰を共有するものとして、イスラーム法ではユダヤ教徒やキリスト教徒は生命や財産の保護を受けることができるとされた。ただし『クルアーン』がもっとも完全な啓示であると考えられている。

『クルアーン』 Ⓐ㉒ 〔Qur'an〕 イスラーム教の聖典で、唯一神アッラーによる最後の預言者ムハンマドへの啓示を書き記した書物。アラビア語の「クルアーン」のもともとの意味は「読誦されるもの」。長短の様々な

▲『クルアーン』

114章からなり、ムスリムが持つべき正しい信仰(イーマーン)や、行うべき宗教儀礼(イバーダート)、さらに人間関係を律するべき規定(ムアーマラート)を含む。イスラーム世界の生活の決まりとして日本でもよく知られている、利子の禁止や豚肉食の禁止は『クルアーン』を根拠とする。

なおイスラーム教では『クルアーン』は『旧約聖書』や『新約聖書』と並ぶ同じ神から啓示された聖典のひとつであるとされるが、そのなかでももっとも完全な啓示の書だとされるのが『クルアーン』である。

同『コーラン』Ⓒ⑲ 類 利子の禁止 Ⓒ⑧

飲酒の禁止 (いんしゅ-きんし) イスラーム世界では、理性を失わせるという理由で飲酒が禁止されている。『クルアーン』には禁酒の命令はあるが、飲酒の詳細な規定や罰則の定めはない。そこでイスラーム法学者たちのあいだでも酒の種類や飲酒の量などに

60 第Ⅱ編　人間としての自覚

関する意見の相違があり，また罰則も鞭打ち40打もしくは80打と学派によって異なっている。

利子の禁止 C⑧（りし-きんし）　イスラーム世界では利子の徴収や支払いが禁じられている。『クルアーン』に利子をとることへの禁令があることを根拠とし，シャリーア（イスラーム法）が利子を禁じている。この禁令は現代でもイスラームの金融システムに大きな影響を与えており，利子なしに運用可能な金融システムを整備することが課題となっている。

六信 A⑩（ろくしん）　ムスリム（イスラーム教徒）が信じなければならない六つのことがらのこと。「信仰の柱」とも呼ばれ，この信仰を具体的に行為として示す**五行**とともに，ムスリムであることの基本的な条件をなす。

①唯一絶対の神である**アッラー**の存在，②神の言葉や意図を伝える複数の**天使**の存在，③『クルアーン』が最良かつ最後のものであるが，ユダヤ教やキリスト教の聖典をも含めた**聖典**の存在，④同じくムハンマドが最後で最大の預言者であるが，モーセやイエスなども含めた**預言者**たちの存在，⑤**最後の審判**が行われたのちの**来世**の存在，⑥この世のあらゆるできごとはアッラーの御心によってあらかじめ決められているという**天命**が，六つの信じられるべきことがらである。

五行 A⑱（ごぎょう）　ムスリム（イスラーム教徒）が信仰を示すために行わなければならない５つの行為。「イスラームの基」とも呼ばれるこれらの信仰行為は，内面的な**六信**と対をなし，具体的な実践を尊重するイスラーム教の特徴を示す。

①まず「アッラーのほかに神はなく，ムハンマドはアッラーの使徒である」ととなえる**信仰告白（シャハーダ）**が，もっとも基本的な最初の義務である。②ムスリムの日々の義務としては，１日に５回，メッカのカーバ神殿の方角に向かって神を拝する**礼拝（サラート）**という２番目の義務がある。③また年に１回，ラマダーン月（イスラーム暦の９月）の１か月間は，暁から日没まで飲食と性行為を絶つ**断食（シャーム）**を行わねばならない。そのことで自分

の欲望に打ち勝つとともに，貧しい信仰上の仲間たちに思いをよせるのである。④その貧しい信徒たちのためには，自分の財産から一定の割合の救貧税を支払う**喜捨（ザカート）**を行わねばならない。⑤そして一生に１度はイスラーム歴の12月に，全世界中のムスリムが集結するメッカを訪れ，カーバ神殿とその周辺の聖所で祈りを捧げる**巡礼（ハッジ）**を行うことが，最後の義務である。

ムスリムとしての日々の生活や人生と密接に関わる，以上の信仰告白，礼拝，断食，喜捨，巡礼をまとめて五行という。

スンニー派 C②**（スンナ派** B④**）**　（-は）（-は）イスラーム教の多数派。「スンナ」とは慣行の意味で，ムハンマドの伝えた慣行と共同体の秩序に従う人々がスンニー派である。歴史的にはムハンマドのあとの４人のカリフを，すべて正統なカリフとして認め，思想的には共同体の安定と団結を重視して，極端な主張を避け多数の人が受け入れやすい穏健で現実的な立場をとる。

シーア派 A②（-は）　イスラーム教の少数派だが，代表的な一派。ムハンマドの娘婿である４代目カリフのアリーと，アリーの子孫のみをイスラーム世界の正統な指導者として認め，それ以外の歴代の現実の指導者たちを正統なものと認めない。「シーア」とは党派の意味で，シーア派のなかにもいくつかの支派がある。現在でもイランを中心に強い影響力を持つ。

ヒジュラ A[hijra]　メッカで迫害を受けたムハンマドとその信奉者たちが，622年にメディナに逃れたできごと。日本語では「聖遷」と訳される。ムハンマドはメディナの地で，イスラーム教の信仰に基づく共同体を形成し，また攻め寄せるメッカからの軍勢を迎え撃ち，ついに630年にメッカを征服してイスラーム教の聖地とした。イスラーム世界では，ヒジュラのあった622年を元年とするヒジュラ暦（イスラーム暦）が用いられている。

ジハード A⑦[jihād]　イスラーム教徒の信仰と共同体を守るための，聖なる戦いのこと。すべてのムスリムが果たすべき義務と考えられている。もともとは神のために自己を犠牲にするまで努力することを意味

するが、異教徒たちとの戦いの意味で用いられることが多い。そのため中世における十字軍に対する防衛戦争や、近年のパレスティナでの対イスラエルの闘争などが代表例としてよく知られているが、神のための努力であれば自己との闘いも「ジハード」である。

ウンマ Ａ⑧〔umma〕 特定の信仰に基づく共同体のこと。とくにムスリム（イスラーム教徒）の共同体を意味し、そこでは聖なる領域と世俗の領域が区別されず、宗教と政治や法律が一体となっているのが特色である。ヒジュラのあとのメディナにおいてはじめて成立した。

類 イスラーム共同体 Ｂ⑤

シャリーア Ａ⑨（**イスラーム法** Ａ②）（-ほう）〔sharia〕 ムスリムが実行すべきことを定めた包括的な規範体系。「シャリーア」とは「水場にいたる道」の意味で、ムスリムが進むべき途を定めたもの。一般的な法律の範囲を超えて、宗教儀礼や道徳的義務、婚姻や親子関係の定めなど、社会生活の全般に関わるルールを含む。『クルアーン』を根源的な根拠とし、法学者の解釈を通じて定められる。

ムスリム Ａ⑩〔muslim〕 イスラーム教徒のこと。「ムスリム」とは「帰依する者」の意味で、絶対神アッラーに服従し、わが身を完全にゆだねた者を指す。民族や人種は関係なく、アッラーが唯一の神でありムハンマドがその使徒であることを公言する者は、みな平等にムスリムである。

カーバ神殿 Ｂ④（-しんでん） イスラーム教の聖地メッカにある、石造りの聖殿。「カーバ」とは立方体の意味で、文字通り立方体のかたちをした石の建物が、キスワという黒い布で覆われている。イスラーム教徒

▲ メッカのカーバ神殿

の礼拝はこの神殿の方角に向かって行われる。なおイスラーム教の聖地としてはメッカのほかに、メディナ、エルサレムがある。

類 **メッカ** Ａ⑥ **メディナ** Ａ①

モスク Ｂ〔masjid〕 イスラーム教徒が礼拝を行う建物。もともとは「ひざまずく場所」を意味し、金曜日にイスラーム教徒たちが集まって集団礼拝を行う。今日のモスクには必ず、聖地メッカの方角を示すくぼみ（ミフラーブ）がある。

▲ モスク内のミフラーブ

ミフラーブ〔mihrab〕 モスクの内壁にもうけられるアーチ型のくぼみ。礼拝のためにメッカの方角を示し、ミフラーブのない建物はモスクとは呼ばれない。

ラマダーン Ｃ④〔Ramadan〕 イスラーム歴における9月の月名。イスラーム教徒にとって神聖な月で、**五行**のひとつである**断食**が行われるため、日中は飲食が禁止される。貧しい人々への援助もこの月にとくに強く奨励される。

カリフ Ａ⑧（**後継者** Ａ）（こうけいしゃ）〔caliph〕 預言者ムハンマドの後継者とされる、イスラーム世界の指導者。ムハンマドの死後、イスラーム教徒たちの共同体の最高指導者についたアブー＝バクルが初代のカリフである。初代から第4代のアリーまでの時代を正統カリフ時代という。

偶像崇拝の禁止 Ｂ⑥（ぐうぞうすうはいきんし） 神や仏をかたどった像や絵（偶像）を崇拝することの禁止。偶像崇拝は、唯一の存在であり感覚できる世界を超え出ている神のあり方に反するとされるため、偶像崇拝の禁止はユダヤ教やキリスト教にも見られるが、イスラーム教においてはとくに厳しい。ムハンマドはイスラーム教以前のアラブの部族社会で行われていた、守護神の石像や木像の崇拝を、アッラーの唯一性を認めない不信仰であるとして徹底的に批判した。また聖母マリアやイエス＝キリストの絵や像が製作されているキリスト教文化とは異なり、イスラーム世界ではムハンマドの肖像を描くことも許されていない。

岩のドーム （いわ-） エルサレムにあるイスラーム教の聖地。ムハンマドが昇天を行った場所とされ，金色のドームがある。ユダヤ教の聖地である「嘆きの壁」に近接している。

イスラーム文化 Ⓐ （-ぶんか） イスラーム教の信仰とアラビア語の使用を特徴とする，イスラーム世界に独自の文化。8世紀に成立し，最盛期には，西は北アフリカや南スペインから東は中央アジアやインドにまで広まった。ギリシャ文化やオリエント文化を引き継ぎつつ，イランやインドの文化の要素も含む国際性豊かな文化であり，古代ギリシャ文化を継承してこれをヨーロッパに伝え，近代ヨーロッパ文化の形成にも寄与した。医学や天文学，数学等の諸科学に優れ，『千夜一夜物語』に代表される文学やモスクを作り出した建築などに，イスラーム文化の個性が認められる。

アヴィケンナ（イブン＝シーナー） ［Avicenna，980～1037］ イスラーム世界を代表する哲学者，医学者。アヴィケンナはラテン語名で，本名はイブン＝シーナー(ibn Sīnā)。中央アジアのブラハ近郊に生まれ，イラン各地の宮廷に医師や政治家として仕えた。哲学者としてはアリストテレス哲学を中心とするギリシャの学問の方法論と世界観を導入し，必然的存在者としての神の存在証明に至る存在論や，霊魂は身体から独立し死後唯一の知性とひとつになると説く知性論などを展開した。その仕事はラテン語の翻訳を通じて，12世紀以降のヨーロッパの哲学や医学に大きな影響を与えた。哲学の主著としては『治癒の書』が，医学分野での主著としては『医学典範』がある。

アヴェロエス Ⓒ **（イブン＝ルシュド** Ⓒ **）** ［Averroes，1126～1198］ イスラーム世界の代表的な哲学者。アヴェロエスはラテン語名であり，本名はイブン＝ルシュド(ibn Rushd)という。イスラーム法学の名門の家に生まれ，法学や医学の分野でも優れた業績を残し，法官や宮廷医として活躍した。またアリストテレスの文献研究を進め，『政治学』を除くアリストテレスの全著作の注釈を執筆した。これらの注釈はヘブライ語やラテン語の翻訳を通じて，中世ヨーロッパにおけるアリストテレスの理解と，ユダヤ人たちの哲学やスコラ哲学の形成に大きな影響を与えた。

哲学者としてはイスラームの宗教的真理と哲学の調和を説き，また人間の知性に個人差はなく万人において単一であり，個人の知性は死後この唯一の知性になるという**知性単一説**で有名。晩年には哲学研究を理由に追放され，イスラーム世界では後継者を見出さなかったが，13世紀からルネサンスの時期のヨーロッパの思想界に大きな影響力を保ち，アヴェロエスの主張を引き継ぐ**ラテン・アヴェロエス主義**と呼ばれる潮流が形成された。

3章 宗教と人生（2）—— 仏教

1 古代インドの思想

アーリヤ人 **B**(-じん)　インド・ヨーロッパ語族に属する民族。インド・イランに定住している。「アーリヤ」とは「高貴な」の意。もとは中央アジアの遊牧民族で、紀元前1500年頃にインダス川流域に進入し、インド西部のパンジャブ地方に定住した。前1000年頃には、さらにガンジス川流域に進出し、それにつれて農耕社会へと移行した。そのころから社会階級の固定化が進み、厳格な**カースト**制度が成立した。

　彼らの宗教はバラモン教とよばれる多神教であり、おもに自然神を崇拝した。また、祭祀に関する複雑で煩瑣な規定がつくられ、それを掌る祭祀階級（バラモン）が大きな権威をもった。その祭祀のための讃歌や祈禱句を集成したものが『**ヴェーダ**』である。こうした祭式万能主義と並行して、宇宙と人間との本質を探究し、解脱をもとめる思弁的な**ウパニシャッド哲学**も発展した。

『ヴェーダ』 **A**②[veda]　バラモン教の根本聖典。「ヴェーダ」とは「知識」の意。神々（太陽、火、風、水などの自然現象を神格化したものが多い）への讃歌を集めた**リグ-ヴェーダ**、歌詠を集めた**サーマ-ヴェーダ**、祭詞を集めた**ヤジュル-ヴェーダ**、呪術を集めた**アタルヴァ-ヴェーダ**の四つに大別される。祭儀のための詞章を記録したこれらは本集（サンヒター）とよばれ、狭義でこれをヴェーダというが、さらにこの四大ヴェーダを神学的に解説するブラーフマナ（祭儀書）、アーラニヤカ（森林書）、ウパニシャッド（奥義書）が付随しており、広くはこれらをすべてふくめてヴェーダとよんでいる。とくにウパニシャッドでは、きわめて思弁的な哲学が語られ、世界最古の哲学書ともいわれる。

ウパニシャッド哲学 **A**⑦(-てつがく)　ヴェーダのうちのウパニシャッド（奥義書）で語られた哲学。ウパニシャッドは「近くに座る」の意で、師から直々に秘伝として伝えられるヴェーダの究極の真理（奥義）を意味する。きわめて多様な内容が語られるが、その中心思想は**梵我一如**である。宇宙の根本原理であるブラフマン（梵）と、人間の本体であるアートマン（我）とが本来同一であるとされ、またその合一を実現するための方法として、遁世やヨーガ（瑜伽行）などの修行が説かれた。また、**輪廻**の思想も見られ、ジャイナ教や仏教の母胎となった。

ブラフマン **A**⑥**(梵 A)**　(ほん)[brahman]　ウパニシャッド哲学における宇宙の最高原理。元来「聖なる知識」「讃歌」を意味し、ヴェーダと同じ意味であったが、ほかに祭祀を通じて宇宙万物を支配する呪力をも意味するようになった。バラモンとは、この呪力としてのブラフマンをそなえた者の意である。この呪力としてのブラフマンがヴェーダのなかで地位を高め、やがてウパニシャッドにいたって、宇宙の永久不変の最高原理として確立された。

アートマン **A**④**(我 A)**　(が)[ātman]　「呼吸する」という動詞に由来する語で、人間および万物の不変の本質を表す。人間にとっては日常的な自我ではなく、その奥底にある真の自我であり、身体の生滅に関わらず、輪廻を通じて常住不変のものとされた。最終的には、宇宙の根本原理であるブラフマン（梵）と同一のものと考えられた。

梵我一如 **A**①(ぼんがいちにょ)　宇宙万物の根源にして究極原理であるブラフマン（梵）と、個人の本質であるアートマン（我）とが、同一であるとする説。ウパニシャッド哲学の根本原理であり、このことを了解し、また実現することで輪廻からの解脱が可能となると説かれた。「我はブラフマンなり。」 資料

カースト **A**[caste]　インド社会の伝統的な身分制度。ポルトガル語のcasta（種別）に由来し、大航海時代に来航したポルトガル人がインドの厳格な階級社会をこの語で形容したことから、一般的な呼称となった。アーリア人に支配された古代インドにおける四種の**ヴァルナ**にはじまり、社会や産業の発展とともにいっそう身分が細

かく分化し，今日では2,000～3,000のカースト（現地語ではジャーティ）に分かれている。職業の世襲固定化や異なるカースト間の結婚の禁止など，多くの問題をはらんでいる。特にアウト－カースト（社会外存在）で不浄の存在とされる不可触民に対する差別意識は深刻で，20世紀にはいってガンディーが彼らをハリジャン（神の子）とよび，種々の救済政策を行なったが，いまだにインド社会には差別意識が根強く残存しており，大きな社会問題となっている。

ヴァルナ Ⓐ [varna] 古代インドにおける階級集団。サンスクリットで「色」の意で，ヴェーダに多くの記述がみられる。カースト制度の基礎となったもので，**四姓**とよばれる次の四階層から成る。

バラモン…司祭者。ヴェーダの祭祀や教学を独占した社会の指導階級。

クシャトリヤ…王族・武士の階級。

ヴァイシャ…農・工・商に携わる庶民階級。

シュードラ…隷属民の階級。

ジャーティ Ⓑ [jati] 「出生」「生まれ」の意。インドのカースト制度下における，血縁・出身地・職業・信仰などによる区分。

バラモン教 Ⓐ⑫ (-きょう) 古代インドの民族宗教。ヴェーダを聖典とし，太陽・火・雷・水ほかの自然神を信仰する多神教である。祭祀とその形式を至上のものとして重んじるため，司祭階級であるバラモンの権威は絶対的であり，王や武士（クシャトリヤ）を越えて，バラモンが四姓の最上位に位置することになった。こうした自然神信仰と祭式至上主義の一方で，ウパニシャッド哲学における梵我一如（ぼんがいちにょ）など，高度な哲学的思考も一部で発展した。

紀元前6世紀ごろから，バラモン教の司祭の権威や固定的なカースト制度を批判する自由思想家たちが現れた。その代表はジャイナ教のマハーヴィーラと仏教のブッダである。しかし，ジャイナ教や仏教には，業（ごう）と輪廻（りんね）の思想など，バラモン教から多くの重要な思想が引き継がれることにもなった。仏教がさかんになった後も，民間に根強く残存し，民間信仰と結合してヒンドゥー教となり，今日に至っている。

輪廻 Ⓐ⑬ (りんね) インド思想にひろく見られる，生きとし生ける者はみな，死後も別の生に生まれ変わり（転生（てんしょう）），永遠に生死を繰り返すという思想。回る車輪のように生死を繰り返し続けることから，輪廻（りん）（**サンサーラ**）とよばれる。バラモン教で説かれ，ジャイナ教，仏教，ヒンドゥー教などのちの諸宗教に継承された。

生前の行為の積み重なりを業（ごう）（**カルマ**）といい，この業が因（原因）となって，その果（結果）として，次にどのような生に生まれ変わるかが決定されると考えられた。生前に善業を行った者は人間や神（天）に生まれかわり，悪業を行った者は，より下等な動物に生まれかわるとされた。最終的には，この苦に満ちた輪廻から解放されること，すなわち解脱（げだつ）が目指され，ウパニシャッド哲学や仏教などでそれぞれにその方法が模索された。

同 **輪廻転生** Ⓑ①

業 Ⓐ⑥ (**カルマ** Ⓐ④) (ごう) [karman] 人間をはじめ，生きとし生けるものの行為のこと。身体的な行為（身業（しんごう））だけでなく，心の働き（意業（いごう））や言語表現（口業（くごう））も含まれる。この業が原因（因）となって，その性格に応じた特定の結果（果）を引き起こすとされ，善なる業に対しては善なる果を，悪なる業には悪なる果を，必ずみずから受けねばならないものと考えられた（**自業自得**（じごうじとく））。前世の業によって現世のありようが決まり，また現世の業によって来世が決まるという輪廻思想の核心をなしている。

因果応報 Ⓒ③ (いんがおうほう) 善なる行為（業）は必ず善なる果，すなわち幸福をもたらし，逆に悪なる行為は不幸を必ずもたらすと考える思想。この世に生起する現象はすべて厳密な原因（因）と結果（果）との関係によって決定されているという，因果の思想が基盤となっている。さらに輪廻の考えと結びつき，現世での幸・不幸や宿命は前世での業の果として与えられ，また現世での業が因となって来世の境遇が決定されるという，三世にわたる因果が説かれた。

解脱 Ⓐ⑪ (げだつ) 苦に満ちた輪廻（りん）から解放され，永遠の生命と安らぎを得ること。インドの諸宗教の共通目標であり，それぞれに解脱への方法が提示された。ウパニ

3章 宗教と人生（2）——仏教 **65**

シャッド哲学では，梵我一如の真理を体得することで解脱が可能になるとされたが，仏教ではブラフマンやアートマンを実体としてとらえることが煩悩を，苦の原因であるとして，無我を悟り煩悩を捨てることが解脱にいたる道とされた。とはいえ，輪廻と業の世界観の上に立って，悟りを開き解脱をめざすという点では両者は一致しており，それはジャイナ教やヒンドゥー教にも共通する見解である。

ジャイナ教 Ａ7（-きょう）　仏陀と同時代の人ヴァルダマーナ（**マハーヴィーラ**と尊称される）によって開かれた宗教。ジャイナ［Jaina］とは勝者（ジナ）の教えを意味する。仏教とともに，バラモン教のバラモン絶対視やカースト制に反対した。

　ジャイナ教では霊魂は本来純粋であるが，身体の行為，すなわち業によって微細な物質が侵入して霊魂に付着し，霊魂を束縛するために，死後霊魂は解脱者の世界に入ることができず，輪廻をくり返すと考える。したがって徹底した**不殺生**（アヒンサー）や無所有などの戒めを厳守し，断食や禅定などの苦行を積むことによって，霊魂が束縛から解放され，「生をも望まず死をも欲せず，現世も未来も願わない」解脱の境地が達せられると説く。

ヴァルダマーナ Ａ4［Vardhamāna，前549頃〜前477頃］　ジャイナ教の開祖。「**マハーヴィーラ**」（偉大な勇者の意）と尊称される。仏陀とほぼ同時代に生まれ，30歳のとき出家して苦行生活にはいり，その後，完全な知恵を得てジャイナ（勝利者）となり，その教えを説き広めて，72歳で没した。カースト制度を否定し，輪廻を脱するための苦行と，あらゆる生き物に霊魂が宿るという信念から徹底した不殺生（アヒンサー）とを説いた。

六師外道 Ｂ2（ろくしげどう）　ブッダとほぼ同じ時代に，ヴェーダと祭祀を重んずるバラモン教を批判し，独自の思想を自由に展開した六人の思想家。仏教の立場からは，真の道を得ていない者として「外道」とよばれてきたが，今日ではより中立的に，**自由思想家**ともよばれる。それぞれ懐疑論・七要素集合論（唯物論）・宿命論・道徳否定論・快楽主義などを説き，ジャイナ教のマ

ハーヴィーラもその一人に数えられている。

ヒンドゥー教 Ａ2（-きょう）　古来のバラモン教に複雑な民間信仰が結合して成立したインドの民族宗教。第二次世界大戦後にイスラーム教徒がパキスタンとして分離した今日のインドでは，大多数がこのヒンドゥー［Hindu］教の信者である。ウパニシャッド哲学やヴェーダーンタ学派（六派哲学の一つ）の影響を強く受け，ヴェーダのみならず叙事詩『**マハーバーラタ**』や聖典『**プラーナ**』等も聖典とし，明確に体系化された宗教というよりも，インドの伝統的宗教生活が堆積されてできたインド宗教の総称とみるべきである。

　多くの神々が信仰されるが，その中の三大神は**ブラフマー・ヴィシュヌ・シヴァ**の三神であり，もっとも崇敬されている。ブラフマーが世界を創造し，ヴィシュヌがそれを維持し，シヴァが世界を破壊すると説かれる。『マハーバーラタ』ではヴィシュヌ神が**ラーマ**や**クリシュナ**といった多くの英雄の姿の化身（**アヴァターラ**）をとって活躍するさまが描かれた。帝釈天・毘沙門天・閻魔など，日本で信仰される神々の起源でもある。

ラーマクリシュナ Ｃ［Ramakrishna，1836〜86］　近代インドの宗教者。ヴィシュヌ神を信仰するヒンドゥー教のバラモンの家に生まれ，女神カーリーを祀る寺院に入る。そこで神秘的な神のあらわれを体験し，シャクティ（女性原理）に深く帰依した。その後，種々の苦行を重ね，シャクティとブラフマンとの同一を中心的な教義とする独自の教説を説いた。弟子たちによって組織された教団では，ヴィシュヌ神の化身として崇拝されている。

2 仏陀の教え

仏教 Ａ33（ぶっきょう）　ゴータマ＝シッダッタ（釈迦）を開祖とする世界的な宗教。紀元前5世紀ごろ（または4世紀ごろとも）に，ジャイナ教などとともに従来の伝統的なバラモン教を批判する自由思想として北西インドに興った。このころの原始仏教においては，仏陀［Buddha］（覚者）になるための教えとして，法＝ダルマ（真理）が

第Ⅱ編

説かれ，特に四諦・八正道，縁起が強調された。極端な苦行を否定して正しい智慧を求める態度や，平等主義がその特徴である。

仏陀入滅後100年ほど経って，釈迦の教えを守る集団は上座部と大衆部に分裂して，部派仏教を形成した。タイやラオスなど東南アジアの国々の仏教は，上座部仏教の流れをひく。さらに紀元前後に，大衆部を母胎としつつ大乗仏教が成立し，アショーカ王やカニシカ王の庇護のもとに興隆し，竜樹・世親などの思想家を輩出した。そして西域・チベットを経て中国に伝わり，さらに6世紀には日本に伝来した。

日本でも真言宗・天台宗，また鎌倉仏教（浄土宗，曹洞宗，日蓮宗など）などの多くの宗派にわかれて独自の展開を見せ，今日に至るまで根強く信仰されている。インド本国ではイスラーム教やヒンドゥー教に押されて衰退し，東南アジアや東アジア，またチベットで信仰を保っている。

仏陀 A 15（ぶっだ）
[Buddha，前463〜前383，前563〜前483など諸説がある]

仏教の開祖。出家前の名を**ゴータマ＝シッダッタ**，あるいはガウタマ＝シッダールタ [Gotama Siddhattha] という。シャーキヤ族の出身なのでシャーキヤムニ（釈迦牟尼と音写，釈迦族の聖者の意味），また単に**釈迦**（部族名），あるいはブッダ（仏陀と音写，悟りにめざめた真人の意味。覚者）と尊称される。

ネパールとインドの国境付近の小部族シャーキヤ族の王子として，都城カピラヴァストゥ近くの**ルンビニー園**で生まれる。生まれ落ちてすぐに七歩歩き，「天上天下唯我独尊」と唱えたと伝えられる。母マーヤー夫人をすぐに亡くしたほかは何不自由なく育ち，成人してヤショーダラーと結婚し，一子ラーフラをもうける。

しかし，しだいに深く人生の問題に悩みはじめ，王城を出て生・老・病・死の実態を目の当たりにし（四門出遊），29歳のときに家族をはじめすべてのものを棄てて出家。苦行者の群れに身を投じ，苦行によって悟りを得ようとするがかなわず，35歳のとき苦行の無意味を知り，断食を解いて村の娘のさしだす乳がゆを食したのち，森の樹の下で瞑想（禅定）に入り，ついに悟りを開いて仏陀となった。そこでこの樹は**菩提樹**（菩提はボーディの音写で，悟りの意）とよばれ，この地は**ブッダガヤー**とよばれるようになった。

ここで悟られた真理の内容については，四諦とするもの，縁起の法とするもの，中道とするものなど複数の伝説が残されている。そしてベナレス近郊の**サールナート**（鹿野苑）で，まず苦行をともにした五人の修行者に，悟られた真理（法，ダルマ）のうちの四諦・八正道を説いて（初転法輪），彼らを弟子とし，最初の仏教教団（サンガ，僧伽と音写）を形成した。その後もマガダ国・コーサラ国を中心に中インド地方を遊行して説法を続けたが，80歳のときに帰依者から布施された食を受けて重病に陥り，ネパールに近い**クシナガラ**の沙羅樹の下で般涅槃（＝完全なる悟りの境地，仏陀の死を意味する）に入った。

入滅に際し，仏陀はさまざまな遺言をなしたとされるが，「自らを灯明とし，自らを帰依処となせ。法を灯明とし，法を帰依処とせよ」 資料 との言葉が有名である。これは遺された弟子たちに対し，自分に依存せず自ら真理を目指して修行せよと述べたものであるが，その遺骨（仏舎利）を納めた仏塔（ストゥーパ，卒塔婆）の信仰や，釈迦如来への帰依など，とくに大乗仏教の中では，仏陀信仰が盛んになった。

同 覚者 A

苦行 A 7（くぎょう）　身体に激しい苦痛をあたえる過酷な修行方法。バラモン教やジャイナ教において，執着を離れ解脱を得るためにさかんに行われたが，仏陀はかえって身体に執着しているものとしてこれを否定し，快楽と苦痛との均衡のとれたありよう（中道）によって悟りと解脱を求めることを説いた。

四大霊場（よんだいれいじょう）　仏陀生誕の地ル

ンビニー、悟りを開いたブッダガヤー、初転法輪の地サールナート、入滅の地クシナガラの四箇所をいう。仏教の聖地として寺院や仏塔が建てられ、信者たちの巡礼参拝の地となった。

▲ サールナートのダーメク塔

四門出遊 C (しもんしゅつゆう) 釈迦が在俗の王子であったとき、カピラヴァストゥ城の東西南北の四つの門から外出しようとした際、まず老人を見、次に病人を見、次に死人を見て、人生が苦に満ちていることを痛感し、最後に北門で修行者(サマナ＝沙門)を見て、老・病・死を克服する道は修行のほかはないと感じ、出家を決意したという伝説。

初転法輪 B (しょてんぼうりん) 仏陀が悟りを得て、最初に行なった説法。ガンジス川中流域のベナレス郊外のサールナート(鹿野苑)で、ともに苦行にはげんだ五人の修行者に対して行なったとされる。具体的には、四諦と八正道が説かれた。はじめ苦行から脱落した仏陀に対して不信の念を抱いていた彼らも、そこで説かれた法に深く帰依し、最初の仏陀の弟子、仏教の僧侶となった。

四諦 A① (したい) 仏陀が初転法輪で説いた内容で、仏教の根本教理。いかなる実践を通じて解脱にいたるかを示す四つの真理(＝苦諦、集諦、滅諦、道諦)をいう。四聖諦、苦集滅道ともいう。

　苦諦(苦の真理)とは、人生は生老病死(四苦)などの苦に満ちており、これらの苦は自己の人生にとって避けられない、「人生は苦なり」と自覚することである。
　集諦(原因の真理)とは、これら苦を集めおこす原因が、無知(無明)から起こる種々の欲望(煩悩)にあると知ることである。

滅諦(苦の滅の真理)とは、原因である煩悩や、さらにその原因である無明を滅却すれば、苦しみもなくなるということである。そして最後の**道諦**(道の真理)は、煩悩を滅却するための具体的な実践方法を意味し、八正道という八種の正しい修行方法によって示される。

八正道 A⑨ (**八聖道** C) (はっしょうどう) 苦を滅して解脱し、涅槃にいたるための八つの正しい行いであり、修行の基本となる徳目。次の八種の修行方法をいう。「**正見**」は物事を正しく観ずること。「**正思**」は、貪(貪欲)・瞋(怒り)・痴(愚かさ)を離れて心を正しく落ち着かせること。「**正語**」は嘘や中傷をいわず、正しく言葉を語ること。「**正業**」は殺生などを避け、正しい行為を行なうこと。「**正命**」は戒律に従って正しい修行生活を送ること。「**正精進**」は正しい方向に努力すること。「**正念**」は万物を誤って常なるもの・快楽に満ちたものと見ることなく、無常で苦に満ちたものと正しく念じること。「**正定**」は正しい瞑想(禅定)を行なうこと。

中道 A② (ちゅうどう) 快楽と苦行、決定論と虚無主義といった対立する極端な立場にかたよらない観(ものの見方)や行(修行)の立場。快楽に走ることも、苦行で心身を痛めつけることも、ともに自己と世界とを正しい智慧のもとに認識して悟りを得るためには妨げになるとし、健全な生活のもとで、具体的には八正道にのっとって修行を行なうという仏教の立場を示した語。

四苦八苦 A② (しくはっく) 仏教において、苦の内実を示す語。**生**、**老**、**病**、**死**をあわせて**四苦**というが、さらにこの四苦に、愛する人と別れる苦しみ(**愛別離苦**)、怨み憎む人と会う苦しみ(**怨憎会苦**)、もとめるものが得られない苦しみ(**求不得苦**)、自己の生存(五蘊)に執着することにより生ずる苦しみ(**五蘊盛苦**、五取蘊苦とも)を加えて、八苦とする。

五蘊 A③ (ごうん) 蘊とは「集まったもの」を意味し、人間の心身を構成している物質的・精神的な五種類の要素をいう。ここでは人間の心身は、**色蘊**(＝色・形あるもの、肉体や物一般)、**受蘊**(＝感受性、感情や感覚)、**想蘊**(＝表象、観念)、行

蘊（＝形成力，特に心の意志作用），識蘊（＝識別，認識，判断）の五つに分析される。人間をかたちづくるのは，絶えず変化する無常な五蘊だけであり，常住の自我などはどこにも存在しない（無我）と説かれた。

我執 Ａ④（がしゅう）　自我が永遠に存在し続けてほしいと願い，また永遠不変の我（アートマン）が輪廻を越えて存在し続けると信じる，人間の自己自身への執着。ヴェーダ，ウパニシャッド以来のインドの伝統的思想はこうした常住の自我の実在を主張し，この我を輪廻から解脱させることが追求されたが，仏教では人間存在を構成する五蘊すべてが無常であり，どこにも永遠の実体たる自我のようなものはなく，かえって実体のない自我に執着することから煩悩と苦が生ずるという，無我説に立つ。

煩悩 Ａ㉑（ぼんのう）　人間の心身の苦しみを生みだして煩わせ，悟りへの到達を妨げる，誤った精神の働き。さまざまな欲望や怒り，ものごとへの執着，誤ったものの見方など煩悩の種類は多く，「百八煩悩」などともいわれる。

　仏教では特に根源的な煩悩として，**無明**と**渇愛**が強調される。無明とは根本的な無知を意味し，事実をありのままにみないことである。一方，渇愛とはあらゆる欲望の根底にある不満足性をいう。煩悩はまた，**貪**（＝むさぼり），**瞋**（＝いかり），**癡**（＝おろかさ）の**三毒**の三つに分類されることもある。この場合，四諦や縁起などの真理を正しく認識しない癡が，根本的な煩悩である無明に相当する。

無明 Ａ（むみょう）　根本的な無知を意味し，事実をありのままにみないこと。煩悩のうちでもっとも根源的なものであり，十二縁起では，すべての苦はこの無明に起因すると説かれている。

渇愛 Ｃ（かつあい）　仏陀が初転法輪の際に，煩悩の根源的なありようを説いた語。人間，さらにはすべての衆生が，つねに何かの不足を感じつつ，その渇きを満たそうと，ものごとに対する激しい欲望を起こしているということ。

三毒 Ａ④（さんどく）　衆生を毒する煩悩を三種に分類し，それぞれの根源的なあり

ようを説明した語。貪・瞋・癡の三つをさす。

　貪（貪欲）…むさぼりのこと。
　瞋（瞋恚）…怒りや憎しみ。
　癡（愚癡）…愚かであること，無知であること。

智慧 Ｂ③（ちえ）　仏教においては，無明をさり，物事をありのままに見ることをいう。日常の中で，煩悩に衝き動かされて生きている凡夫のままでは決して得られず，真理を目指して発心し，修行を重ねることで，はじめて得られるものと考えられた。この意味での智慧を得ることが，仏教のめざす悟りである。さらに，究極的にはそれは言語化できないもの，分別を越えたものとされ，真理を得るための手段として立てられた無明，四諦，十二縁起，八正道といった諸概念（分別知）も，悟りが成就した際には捨てられるべきとされた。菩提樹の下で悟りを得た仏陀が，はじめ真理を他者に説こうとせず，梵天（ブラフマー）の懇請によってはじめて説法を行なったという伝説も，この智慧の言い表せなさを示している。のちの大乗仏教においても，六波羅蜜のうちの般若波羅蜜に数えられた。

法 Ａ①（**ダルマ** Ａ）　（ほう）［dharma］　仏教でいう法は，真理そのものと，その真理へと他者を導くために仏陀が説いた教義（仏法）の両方をいう。法［dharma］とは語源的には「保つ」を意味する動詞から派生した語で，ここから「変わらないもの」の意味が生じ，さらに社会秩序，義務，徳，真理をあらわすようになった。仏教で「法を見る」「法を悟る」という場合の法は「真理」を意味する。しかし仏教ではさらに煩悩や悪などもふくめて現象そのものを「法」とよぶようになった。「諸法無我」というときの「法」はこうした現象の意で，あらゆる存在には常住の実体はなく，無常であるという意味になる。

縁起 Ａ⑨（えんぎ）　仏教の基本的な世界観。事物を固定した実体的なものととらえず，すべての物事はさまざまな原因（因）や条件（縁）が寄り集まって生じたと見る。存在は固定的，自立的に存在するのではなく，他者に依存して生起する，すなわち他者と

の縁によっておこると解する。このように，一切の事物がそれ自身として独立して存在するのではなく，他の物と依存し合い関係し合ってはじめて存在しているさま（相依）が，「此（これ）あるとき彼（かれ）あり，此生ずるより彼生ず。此なきとき彼なく，此の滅するより彼滅す」（『阿含経（あごんきょう）』）**資料**と説かれている。全ての存在が互いに依存し合っているために，世界の変化から独立した常住の実体などは存在せず，すべては流動的で，無常・無我であるとされるのである。

ところが，このように無常な存在を固定し，実体としてみるところから我々の煩悩（ぼんのう）が生じ，苦が生じる。したがって縁起の理法を悟ってはじめて苦が滅し，悟りの智慧（ちえ）に達するのである。「縁起を見るものは法を見る。法を見るものは縁起を見る」（『阿含経』）**資料**と説いている。ここでの「法」は真理そのものの意味である。

十二縁起（じゅうにえんぎ）　人間の苦と迷いがどのように生じるかを，十二の法（十二支）の間の縁起の関係から説き明かしたもの。まず根源的には真理に対する無知である**無明**（むみょう）（＝無知）が置かれ，それが行（ぎょう）（＝認識を形成する力，業（ごう））を生じ，さらに行が識（しき）（＝認識）を生じ，以下つぎつぎに名色（みょうしき）（＝精神的要素と物質的要素），六入（ろくにゅう）（＝六種の認識器官），触（そく）（＝認識器官と対象との接触），受（じゅ）（＝感受），愛（あい）（＝渇愛，欲望），取（しゅ）（＝執着），有（う）（＝生存），生（しょう），老死（ろうし）が，縁起の法にしたがって連鎖的に生じてゆく。

このように，無明から，苦にほかならない生・老死がいかに発生するかが説明される（順観（じゅんかん））とともに，逆に，苦を滅するためには何を滅すればよいかも明らかにされる（逆観（ぎゃっかん））。この十二縁起を瞑想（めいそう）（八正道の正定（しょうじょう））の中で観察することは，とくに原始仏教の出家者たちにとっての中心的な修行ともなった。

同 十二因縁

四法印（しほういん）**A**③（しほういん）　仏教の教えを，四つの簡潔な句に要約したもの。**諸行無常**（しょぎょうむじょう），**諸法無我**（しょほうむが），**一切皆苦**（いっさいかいく），**涅槃寂静**（ねはんじゃくじょう）の四つ。一切皆苦を抜いて三法印ともいう。

類 三法印 **C**

諸行無常　**A**⑦（しょぎょうむじょう）　一切の現象や行いは絶えず流転し続け，常なるものはないということ。四法印の一だが，『平家物語』の冒頭にも引かれるように，無常観を端的に表した語として，一般に広く流布した。

諸法無我　**A**③（しょほうむが）　一切の存在の中には，永遠不変の本質（我，アートマン）などはないということ。

一切皆苦　**A**③（いっさいかいく）　万物の無常・無我を知らず（無明），何ごとかの永続を願う我々の迷いの生は，苦しみでしかありえないということ。

涅槃寂静　**A**③（ねはんじゃくじょう）　縁起の道理を得て存在の無常・無我を悟ることではじめて，煩悩（ぼんのう）の世界から解脱（げだつ）して苦しみを根源から断ち，静かな安らぎの悟りの境地（涅槃）に達することができるということ。

涅槃　**A**④（ねはん）　ニルヴァーナの音訳。もともとは火が消された状態を意味する語。煩悩（ぼんのう）が吹き消され，それゆえ苦も滅され，精神の究極の平安を獲得した悟りの境地をさす。またのちに，仏陀は死んだのではなく，さらに完全な悟りの状態に入ったのだとする考えから，クシナガラでの仏陀の入滅（にゅうめつ）をも意味するようになった。今日でも毎年仏陀の入滅の日には，寺院で涅槃会（ねはんえ）が営まれる。

慈悲　**A**⑲（じひ）　仏や菩薩（ぼさつ）が衆生（しゅじょう）（＝生きとし生けるもの）を憐れみ，いつくしむ心をいう。楽をあたえることを慈，苦を取り除くことを悲とし，あわせて与楽抜苦（よらくばっく）として説明される。他の人間のみでなく，動植物や諸天（神々）・餓鬼（がき）をも含めたすべての生きとし生けるもの（一切衆生（いっさいしゅじょう））に対して，母が子をいとおしむような慈しみの心を起こすことが慈であり，また迷いの中で生きている彼らの生の苦を嘆き憐れみ，すべての衆生の苦を取り除こうとするのが悲である。

仏教では仏や菩薩のもつ，差別なく一切衆生に広がる平等で無量無辺（むへん）な慈悲心が讃嘆（さんたん）されるとともに，修行者たちはみずからそうした広大な仏の慈悲にならおうとつとめる。「あたかも，母が己（おの）が独り子を命を賭（か）けて護（まも）るように，いっさいの生きとし生けるものどもに対しても，無量

70 第Ⅱ編 人間としての自覚

のこころを起こすべし。」(『スッター二パータ』)**資料**

類 慈 **A**③　慈しみの心 **B**②　与楽抜苦 **C**

3 仏教のその後の展開

原始仏教 **B**(げんしぶっきょう)　仏陀の教えがほぼそのままに伝えられ，実践されていたとされる最初期のインド仏教。仏陀の伝道から，およそ百年後に部派仏教の分裂がはじまるまでの間の仏教をさす。

　仏陀の入滅後，仏陀の説いた教法(ダルマ)は経としてまとめられ，教団の規律は戒律(ヴィナヤ)としてまとめられた。この経・律は仏滅直後に，その教えを残そうとした仏陀の直弟子たちによって記録され(結集),さらに仏滅の約百年後に経蔵・律蔵として整理された。その後，教団が分裂し，各派によって変容がもたらされ，それらが今日の南伝のパーリ語仏典や，北伝の漢訳仏典(『阿含経』,各派の律)として残されている。これらの経典から推察される仏陀自身や，直弟子の時代までの仏教を原始仏教，あるいは初期仏教とよんでいる。男女の出家者は，俗世のカースト制を離れた平等な教団(僧伽)に入って，その戒律を守り，とくに四諦・十二縁起などを瞑想し，輪廻からの解脱をめざした。

結集 **B**(けつじゅう)　釈迦の死後，さまざまな異説があらわれたので，その本来の教義を正しく伝えるために，弟子たちが集まって教えを整理し，経典を編集したことをいう。入滅直後，その後継者である迦葉のよびかけで仏陀の弟子五百人がマガダ国のラージャグリハ(王舎城)に集まり，仏陀一代の説法を集めて整理したといわれ，これを第一結集とよんでいる。その後，数回結集がなされたといわれている。

経 **A**①(きょう)　釈迦の教えや言葉をできるだけそのままの形で記録したとされる文章。経(スートラ)とは「縦糸」という意味で，仏の広く多様な教えを貫く，もっとも基本的な線を意味する。多くの経が「かくのごとく我聞けり」(「如是我聞」),すなわち仏陀の直弟子たちがそれぞれ"このように私は釈迦から教えを聞いた"と語りだされる。律・論とともに三蔵をなし，その

中でもっとも尊重された。

戒と律(かい・りつ)　「戒」は釈迦の教えに帰依した者が自発的に守ることを決意した内容であるのに対して，「律」は教団運営のための具体的な規律であり，罰則を伴う。後世，徐々にこの区別がなくなって，あわせて戒律といわれるようになり，仏教信者が守るべき規則の意味になった。在家者が守るゆるやかな五戒から，比丘(男性出家者)は二五〇戒，比丘尼(女性出家者)は三四八戒にものぼる出家者向けの具足戒まで，多くの戒律がつくられ，同時にまた戒学としてその研究もすすめられた。

出家A①と在家A(しゅっけ・ざいけ)　出家とは，家族などの世俗の関係のいっさいをすてて仏教に帰依し，僧侶となって修行を行なうこと，またその修行者。仏陀の弟子のうちには，出家して僧侶となり，きびしい戒律を守りながら，信者からの施し物によって生活しつつ修行に専念するこうした人びとのほかに，世俗の職業に従事しながら，出家者の生活の糧を施して教えを受け，自らゆるやかな戒律(五戒)を守る人々，すなわち在家の人々がいた。出家の男女を比丘，比丘尼といい，在家の男女を優婆塞，優婆夷という。仏教教団を意味するサンガ(僧伽)は，厳密には出家者の集団をさす。

五戒 **A**⑥(ごかい)　在家の仏教信者が守るべき五つの戒律。

　不殺生(ふせっしょう)(=生きものを殺さない),

　不偸盗(ふちゅうとう)(=盗みをしない),

　不邪婬(ふじゃいん)(=性の秩序を守り，愛欲に溺れない),

　不妄語(ふもうご)(=嘘をつかない),

　不飲酒(ふおんじゅ)(=酒を飲まない)

の五つをいう。このどれかを犯した信者は，自らの罪を告白し，懺悔することがもとめられた。

三宝 **A**③(さんぽう)　仏教徒が帰依すべき三つの宝。仏陀を「仏宝」,仏陀が説いた真理の教えの内容を「法宝」,仏陀の教えに従って修行する教団，すなわちサンガ(僧伽)と，そこに属する僧侶たちを「僧宝」といい，あわせて三宝とよばれる。

類 仏・法・僧 **B**⑥

『スッター二パータ』 **A**②　東南アジアに伝

3章 宗教と人生（2）――仏教

わった（南伝），パーリ語の経蔵にふくまれる経。『ダンマパダ』（『法句経』）と並び，現存する最古の仏典で，もっとも直接に仏陀の教えを伝えているものとされる。経集と訳される。煩悩の滅尽と輪廻からの解脱，またカースト制の否定など，仏教の基本的な教理が比喩を用いて説かれる。

『ダンマパダ』B（『法句経』C）（ほっくきょう） パーリ語で書かれた南方上座部の経典の一つ。『スッターニパータ』と並び現存する最古の仏典。北伝の漢訳仏典では，『法句経』にほぼ相当する。ダンマパダとは「真理のことば」を意味し，仏教の倫理的な教えをきわめて平易に示している。「およそこの世において，怨みは怨みによってやむことはない。怨みを棄ててこそやむのである」 資料 。なお，大乗仏教が基調となった中国や日本では，小乗の教えを説く経典として，あまり重視されなかった。

部派仏教 A4（ぶはぶっきょう） 仏滅約百年後に，仏教教団は戒律を厳密に守ることを主張する上座部と，その柔軟な適用を主張する大衆部に根本分裂し，おのおのがその後百年間にさらに分裂をくり返し，二十の部派（諸説がある）に分かれた。この教団分裂期以降の仏教を部派仏教という。

そのうち，上座部はセイロン（現スリランカ）に伝わり，さらにビルマ，タイ，カンボジアへと伝播して「**南伝仏教**」とばれる。そのほか有力な部派としては説一切有部，正量部，経量部などがあった。出家してきびしい戒律生活を送るなかで仏法を学び，弟子としての最高の段階である阿羅漢をめざすところから，のちに登場した大乗仏教徒によって，「**声聞乗**」とよばれ，また自己の修行の完成に専念し他人の救済に関心をもたないとして「**小乗**」とも蔑称された。

声聞乗C・小乗A2（しょうもんじょう・しょうじょう） ともに大乗教徒による部派仏教に対する蔑称。部派仏教は阿羅漢をめざす仏弟子の立場での仏教であったので「声聞（弟子）乗」とよばれた。また，あくまで仏の弟子の立場であるから，みずから仏陀になるなど思いもよらず，他者を救済するよりも，まず自己の修行の完成のみにはげんでいたので，「小乗」すなわち小さな乗り物に乗り，自分一人で悟りに向かおうとする態度とさげすまれた（自ら小乗と名のった教団はない）。なお東南アジア（スリランカ，タイ，カンボジアなど）に伝播したという意味で，**南伝仏教**ということもある。

類 **上座部 A8**

阿羅漢 A3（あらかん） 原始仏教以来，修行者が悟りに進む段階として，預流，一来，不還，阿羅漢の四つ（四位）が立てられた。その最終段階である阿羅漢とは，拝まれるべき人，尊敬されるべき人を意味するアルハットの音写で，修行を完成しいっさいの煩悩を断じて，この世で涅槃に入る最高位である。ただし，仏陀自身は菩提樹下でただちに悟りを開き，広大な慈悲心をもって衆生を救うべく法を説いたので，この四位には入らない。したがって阿羅漢は，あくまで仏弟子としての最高位である。

上座部 A8（じょうざぶ） 根本分裂に際し，仏陀の定めた戒律の厳守を主張した保守的な長老比丘たちの部派のこと。その後，枝末分裂で11部に分裂したという。

上座部系は元来インドの西方，北方で発展したが，アショーカ王の時代にセイロン（スリランカ）に伝わった。セイロン上座部は，正統上座部として現代にいたり，さらに東南アジアに広く伝播している。原始仏教以来の厳密な出家主義を保ち，戒律を厳しく守りつつ，仏陀の残した教えを細

▲ 仏教の伝播

かく分類・分析することを通じて智慧を得，阿羅漢となって輪廻から離脱することをめざした。

大衆部 **Ａ２**（だいしゅぶ）　根本分裂に際し，戒律の寛容な適用と大衆の教化を主張して，保守的な上座部に敗れて分派した部派。大衆とは人数が多いという意味だが，実際には有部などの上座部系にくらべて劣勢であった。なお，仏陀観，菩薩観に大乗仏教と近いものがあり，かつては大乗仏教の源流ともいわれた。

大乗仏教 **Ａ17**（だいじょうぶっきょう）　紀元前後にインドに興った新しい仏教運動。中国，朝鮮，日本などに伝わり，東アジアの仏教の基調となった。北方に伝播したという意味で**北伝仏教**ともいう。仏陀の慈悲の精神を重んじ，自己のみではなく他者の救済（利他）をめざす。伝統的な部派仏教を，仏弟子の仏教（声聞乗）であり，ひたすら自己の修行の完成をめざすのみで他者の救済に消極的な自利の考え（小乗）として批判し，自らは一切衆生の救済を理想とし，仏陀そのものをめざす菩薩の教えととらえた。「大乗」とは大きな乗り物の意味で，一切衆生を悟りの世界（彼岸）に導く教えであるとした自称である。

　　大乗経典としては『般若経』『法華経』『華厳経』『維摩経』「浄土三部経」などが有名である。また教学としては，ナーガールジュナ（竜樹）が確立した空の思想や，ヴァスバンドゥ（世親）らによる唯識の思想がある。

ストゥーパ **Ｃ２**（**信仰** **Ａ21**）（しんこう）　ストゥーパは仏陀の遺骨（仏舎利）をおさめた塔で，音写して卒塔婆，あるいは意味のうえから仏塔と訳される。上座部の出家者は仏陀の人格への信仰はもたなかったが，在家の信者は仏陀を深く信仰し，仏塔の周囲でさかんに祭儀を行なった。このストゥーパ信仰の中から，仏陀への信を強調する大乗仏教が生じてきたとも考えられている。

菩薩 **Ａ11**（ぼさつ）　「悟りを求める人」の意で，大乗仏教で目指された人間のありよう。もとは悟りを得る前の釈迦や，前世における釈迦を呼んだ語であった。原始仏教や上座部仏教では，仏弟子としての最高位（阿羅

漢）が目指され，みずから仏になろうとはしなかったが，新しく登場した大乗仏教徒は，こうした従来の立場を批判し，最終的には釈迦と同じ悟りを得て，一切衆生を救済することを目指す者として，自分たちを菩薩と呼んだ。小乗の行者がひとり輪廻から脱することを目指す（自利）のに対して，菩薩はすべての衆生が救済されるまでの間，あえて輪廻から脱さずに生まれ変わり続け，利他の行を行じ続ける存在である。

　　こうした大乗仏教の理念（大慈悲心・菩提心）に心から共鳴し，実践する人は出家・在家を問わず菩薩であるが，ほかに弥勒菩薩・観音菩薩など，大乗仏教で信仰の対象となる超人的な存在も，同じく菩薩とよばれる。

自利 **Ａ１**と**利他** **Ｂ２**（じり・りた）　大乗仏教徒が小乗とよぶ従来の仏教では，基本的に，ひとり悟りを得て苦を滅すること，つまり自らに利益をもたらすことが，最重要課題であった。こうした自利のみの立場に対して大乗仏教では，自分のみならず一切衆生の苦をのぞき救済すること，すなわち他者を利益すること，なによりも目指された。そのために大乗仏教では過酷な自己犠牲による利他の行（捨身行）がしばしば説かれ，行われたが，それは自己の幸福を軽んじているわけではなく，他者の幸福・救済が実現してはじめて自己の幸福もあり得ると考え，自利・利他の両方を成就することを目指したものである。

一切衆生悉有仏性 **Ａ７**（いっさいしゅじょうしつうぶっしょう）　大乗仏教の経典である『涅槃経』の中の言葉。すべての衆生は，みな等しく，悟りを得て仏になりうるための可能性・素質である仏性を備えているとの意。従来，悟りを得ることができるか否かについては生まれながらの素質によって違いがあり，釈迦をそしった提婆達多のように永遠に悟ることができず，輪廻の中で苦しみ続ける衆生もいるというのが一般的な理解であったが，こうした差別観を退け，あらゆる衆生が平等に成仏できると説いたもの。

　　とくに日本では重視され，最澄の一乗思想として現れたほか，道元や親鸞の思想に

3章　宗教と人生（2）── 仏教　**73**

も決定的な影響を与え，「草木国土悉皆成仏（そうもくこくどしっかいじょうぶつ）」が説かれたように，自然観や芸術観にも影響を及ぼしている。

仏性　Ａ②（ぶっしょう）　仏になり得る素質。衆生の内に蔵された如来（仏）の性質という意味で，**如来蔵**（にょらいぞう）ともいわれる。大乗仏教では「一切衆生悉有仏性（いっさいしゅじょうしつうぶっしょう）」が説かれ，基本的にあらゆる衆生が平等にこの仏性を備えているとみる。これは，悟れる者とそうでない者，また悟れる者の中でもどの段階までの悟りに至れるかの差は一人一人の資質に応じて決定されているとする従来の仏教の見方に対して，平等な人間観を主張したものだが，同時にすべての衆生に仏になるための修行の実践をもとめるものでもあった。

一切衆生　Ａ⑤（いっさいしゅじょう）　生きとし生けるもののすべて。人間のみならず，動物（畜生（ちくしょう）），神々（天・修羅（しゅら）），餓鬼（がき）など生物を広く含む。ただし，衆生が「有情（うじょう）」と訳される場合もあるように，精神作用のない（無情な）植物は，その中から排除される場合もあった。

『大般涅槃経』　Ｃ（だいはつねはんぎょう）　大乗経典のひとつで，仏陀が入滅する直前の最後の説法のさまを描いた経典。すでに初期仏教経典に釈迦の死のさまを記録的に描いた『涅槃経』が存したが，それとは別に，新たに大乗の見地から仏陀の入滅の意味を説き直したもの。人間としての釈迦の死は，衆生を教えに導くための仮のもの（方便（ほうべん））であり，真理そのものである釈迦の本体（法身（ほっしん））は常住不滅であると説く（如来常住（にょらいじょうじゅう））。さらに，仏陀の本質である真理は仏性として一切衆生に有されていると説いた（**一切衆生悉有仏性**）。

ここから，この経をめぐって，一切衆生が平等に成仏できるのか，それとも資質によって差があるのかが，後代の中国および日本で激しく議論されることとなった（仏性論争）。平安時代の最澄と徳一（とくいつ）との一乗・三乗論争はその一部である。

六波羅蜜　Ａ⑧（ろくはらみつ）　波羅蜜は「パーラミター（完成）」の音写で，大乗仏教の菩薩（ぼさつ）の自利・利他の修行。伝統的な理解では，「悟りに至る実践」の意とされる。その中心的な行が，六波羅蜜としてまとめられる。

布施（ふせ）（＝他者に衣食などの物資や教えを与えること），
持戒（じかい）（＝戒律を守ること），
忍辱（にんにく）（＝苦難に堪え忍ぶこと），
精進（しょうじん）（＝修行にはげむこと），
禅定（ぜんじょう）（＝瞑想による精神の統一），
般若（はんにゃ）（＝悟りの智慧）
の六つの完成がめざされる。

ナーガールジュナ　Ａ⑦（**竜樹**　Ａ⑤）（りゅうじゅ）［Nāgārjuna，150頃～250頃］　大乗仏教の代表的な思想家。2世紀半ばに南インドのバラモンの家に生まれ，出家。はじめ神仙道を学び，享楽的な生活を送っていたが，ともに学んでいた友人の死を目の当たりにして無常を観じ，出家したとの伝説が残っている。また，本来は久遠の昔から存在していたが，その真理のあまりの深遠さに釈迦の在世時には海底に隠されていた大乗の諸経典を，竜王に託されて世にひろめたなど，大乗仏教運動の中心的な思想家として，伝説のたえない人物である。

『中論』『十二門論』などの主要な著作で，初期大乗経典である『般若経（はんにゃ）』の「空」の思想の内実を，多様な比喩を用いて種々の角度から論証した。その思想は，我々が日常の中で独立した存在と見なしている一切のもの（色（しき））は，実は縁起によって相互依存的に成立しているにすぎず，いかなる固定的実体（我や自性など）もないとし，その無自性（むじしょう）なありようとして『般若経』の「**空**」を説明したものである。主著『中論』は鳩摩羅什（くまらじゅう）の漢訳によって広く読まれた。

空　Ａ⑥（くう）　大乗仏教の根本的な立場を表した語。執着するべき不変の実体はないということ。原始仏教のころから縁起および無我の思想として説かれてきた内容を，さらに発展させたもの。はじめは最初期の大乗経典である『般若経』で説かれ，それを竜樹が『中論』などで無自性空（むじしょう）として，理論的に深めた。

　　　　　　　　　　類　**無自性**　Ｂ②　**無常**　Ａ⑥

色即是空　Ｂ②（しきそくぜくう）　『般若心経（はんにゃしんぎょう）』の中で説かれる有名な言葉。五蘊（ごうん）の一つである色（色・形ある物質一般）は独立した実体としては存在せず，その実相は空であるとの意味。さらに五蘊の残り

（受・想・行・識）も同様に空であると述べられ、我々が日常の中で固定的な実体と見なしている物、感覚、心の動きなど、一切の現象が空であることが説かれる。しかも同時に、「空即是色(くうそくぜしき)」と、空が単なる空虚を意味するのではなく、諸要素が互いに相互に依存しながら、多様な表れとして現象しているありようをさすことも述べられる。文芸の世界などでは、「諸行無常」と並んで、無常観を表す言葉として多用される。

『般若心経』 **C** （はんにゃしんぎょう）　大乗仏教の中心的な経典で、正式名称は『般若波羅蜜多心経(はんにゃはらみた)』。最初期の大乗経典である『般若経』は六百巻にわたるものもふくまれる大部の経だが、そのエッセンス（「心」）を短く、わずか三百字内外に要約した経。大乗仏教の根本教理を短い中に集約した経として、今日でも宗派を越えて、仏教儀礼の際にもっとも多く読誦される経典である。「色即是空、空即是色」 資料

無自性 **B②** （むじしょう）　竜樹が空を説明するために用いた語。「自性」は事物をそのものたらしめている固定的な本質で、伝統的なインド思想でいう「我」（アートマン）に近い概念である。竜樹は、いっさいの法（存在）は縁起(えんぎ)によって相互依存的に現象しているにすぎないのだから、個々の法に自性などは存在せず、「一切皆空(いっさいかいくう)」であると主張した。「是の物は、もろもろの因縁に属するが故に、自性無し。自性無きが故に空なり。」（『中論』）資料

中観派 **C** （ちゅうがんは）　唯識派とならぶ大乗仏教の主流学派のひとつ。ナーガールジュナを祖師とする。自我と法（存在）との空（我空・法空）を強く主張し、バラモン教諸派や上座部、さらには唯識説(ゆいしきせつ)をはげしく批判した。その際、相手の議論を取り上げ、その矛盾をついて論破することで自らの主張の正しさを示す破邪顕正(はじゃけんしょう)の立場をとった。

唯識説 **B②** （ゆいしきせつ）　無着(むじゃく)や世親(せしん)によって説かれた大乗仏教の教説の一つで、あらゆる存在は、人間の心の働きによってつくり出された仮の存在にすぎない（「三界唯心(さんがいゆいしん)」）とする説。

人間の外界に対する認識は、眼や耳などの感覚器官を通じて成立するが、その認識の対象となる外界は、認識主観から独立して実在するように、普通は見なされる。しかし、実際には認識と外界の二つが存在するのではなく、実在するのは認識のみであり、外界とは認識の変化した姿にほかならない。そして、さまざまな認識の根底に**アーラヤ識**という根源的な意識作用を想定し、このアーラヤ識こそが根本的実在であるとした。こうした思想を奉ずる**唯識派**は、意識作用も含めて一切を空とする中観派とは激しく対立し、インドの大乗仏教を代表する二大学派となった。修行としては、このような心の動きを瞑想の中で観じてゆく**瑜伽行**(ゆがぎょう)を重んじ、瑜伽行派とよばれた。中国・日本では法相宗に相当する。

マイトレーヤ（弥勒C） （みろく）[Maitreya, 270頃～350頃]　瑜伽行派(ゆがぎょう)（唯識説）の開祖とされている人物だが、アサンガが禅定(ぜんじょう)のなかでみた弥勒菩薩(ぼさつ)にほかならないという説もあり、その実在性は不明確である。

アサンガ **A②** **（無着B、無著B②）** （むじゃく、むちゃく）[Asanga, 310頃～390頃、または395頃～470頃]　大乗仏教の思想家で、唯識思想の大成者。ガンダーラ地方のペシャワール（パキスタン北方）のバラモンの家の生まれで、ヴァスヴァンドゥ（世親）は実の弟である。はじめ小乗に属する部派で出家したが、後に大乗に転向。マイトレーヤの教えを受けて、唯識思想の教理を大成した。主著『摂大乗論(しょうだいじょうろん)』

ヴァスバンドゥ **A③** **（世親A⑤）** （せしん）[Vasubandhu, 320頃～400頃]　部派仏教、および大乗唯識説の思想家。アサンガの弟で、はじめカシミールで部派仏教の一派である説一切有部(せついっさいうぶ)で出家。その教理を大成した『倶舎論(くしゃろん)』を著す。その後、兄の勧めで小乗から大乗に転向。唯識派に転じてからも、唯識派の中心的な思想書『唯識三十頌(ゆいしきさんじゅうじゅ)』および『唯識二十論』を著し、唯識思想を完成させた。

『般若経』 **C④** （はんにゃきょう）　般若波羅蜜(はんにゃはらみつ)を表題とする一群の大乗経典の総称。般若波羅蜜とは「智慧(ちえ)の完成」を意味し、六波羅蜜の一つである。もっとも早く成立した大乗仏教の経典であり、従来の部派仏教に

対してはじめて「大乗」の立場を宣言し、「空」を説いた。代表的な般若経として『大品般若経』『大般若経』『八千頌般若経』のほか、その主張を簡潔にまとめた『般若心経』がある。

『**維摩経**』 **B**②（ゆいまぎょう） 『般若経』につぐ古い大乗経典。在家の維摩居士が出家者である釈迦の高弟たちを次々に論破してゆくという筋書きで、従来の仏教の出家第一主義に対して、大乗の在家尊重の立場を示す。特にそのなかで、文殊菩薩が絶対的な真理である「不二の法門」を示したのに対し、維摩居士が沈黙を守ることで、それが言語を越えたものであることを示した「維摩の一黙」は有名である。

『**法華経**』 **A**⑥（ほけきょう） 代表的な大乗経典のひとつ。正式には『妙法蓮華経』。泥のなかから出て、しかもその汚れに染まらない蓮の花のごとき正しい教えを説いた経という意味。

内容としては、まず冒頭の**迹門**で**一乗思想**が説かれる。悟りに進む実践法には、人の能力や資質に応じて、声聞乗（＝自己の悟りをめざす弟子の実践）、縁覚乗（＝ひとり悟るものの実践）、菩薩乗（＝大乗菩薩の実践）と三乗あるが、この区別は仮に設けられた方便であり、究極的には一切衆生を成仏させる唯一の教え（一乗・一仏乗）があるだけだと説くのである。大乗の平等思想の極致である。

さらに続く**本門**では、**久遠実成の本仏**が説かれる。本来の仏陀は永遠の昔に解脱して成仏しており、釈迦という人間の姿をとった仏陀は衆生を導くため仮にあらわれた方便にすぎないとし、仏陀の永遠性を強調するのである。その一乗思想は天台宗の根本教理となったほか、さらに日蓮がこの「法華経」への帰依を説いて法華宗（日蓮宗）を立てるなど、多くの宗派によって重視された。

鳩摩羅什 **C**（くまらじゅう）［344〜413、一説に350〜409］ 仏典を漢訳した六朝期の僧侶。西域亀茲の出身で、カシュガル（現在の中国・新疆ウイグル自治区）で中観派の思想を学んだのち、長安でサンスクリット語の大乗経典を漢訳した。『法華経』『般若経』『維摩経』などの経典のほか、『中論』などの中観派の論書が主な訳書である。彼の訳文は正確かつ流暢であったので、中国および東アジアでの、仏教についての理解を飛躍的に進展させ、この地域の仏教が大乗一色となる機縁をつくった。

達磨 **C**（ボーディダルマ）（だるま）［Bodhidharma, ?〜530頃］ 禅宗の開祖。生没年は不詳だが、南北朝時代にインドから中国に渡来し、活動したと伝えられる。禅宗は、仏の教えは言語を絶したものと見、それゆえ言葉による真理の伝達を退け（不立文字）、師から弟子への**以心伝心**と、禅定の一種である**坐禅**とによって真理を体得しようとする宗派である。中国来訪の当初は理解者が得られず、山中で岩壁に向かって九年もの間坐禅を続け（面壁九年）、悟りを得た。その後、中国人の弟子である慧可に法を伝え、ここに中国の禅宗が興隆することになった。

玄奘 **C**（げんじょう）［602〜664］ 唐代の僧侶で、訳経家。三蔵法師とよばれる。はじめ長安や成都で唯識思想を学んだが、飽き足らず、本場での研究を志し、単身西域を越えてインドに赴いた。仏教研究の本場であるナーラン

ダー寺院で唯識を学び、そこでも卓越した学才を示したのち、大量の仏像や経巻を携えて帰国。唐の太宗の厚い帰依を受けつつ、持ち帰った経論の翻訳に没頭し、膨大な仏典漢訳事業を成しとげた。

彼の翻訳は訳語が厳密ですぐれており、鳩摩羅什らの翻訳を旧訳というのに対して、玄奘以降の翻訳を新訳という。おもな漢訳として『大般若経』『般若心経』『唯識三十頌』などがある。法相宗（唯識宗）では、その祖として仰がれている。インド旅行記『大唐西域記』があるほか、小説『西遊記』のモデルともなり、高僧として後代にも尊崇を受けた。

4章 中国の思想

1 諸子百家の登場

春秋戦国時代 B（しゅんじゅうせんごくじだい）　周の東遷（前770）から秦の統一（前221）までの時代。前403年までを春秋時代，その後を戦国時代といい，それぞれ『春秋』，『戦国策』という書名に由来する。中央の周王朝の権力が衰退し，斉，秦，楚といった地方の有力な諸侯たちがそれぞれに覇権を狙い，戦乱の絶えない下剋上の時代であった。覇権をめざす列国は富国強兵につとめるとともに，有能な人材を求めて厚く待遇したため，思想・言論活動が活発化し，それぞれにユニークな思想をもつ**諸子百家**とよばれる思想家たちが次々に輩出した。彼らが互いに論争しつつ思想を深めてゆくさまを**百家争鳴**というが，その中には儒家の孔子および孟子や，法家の韓非子，兵家の孫子，そして道家の荘子らもふくまれ，以降の中国思想の基本的な原型が形成された。

周 A①（しゅう）　中国古代の王朝。悪政によって人望を失っていた殷王朝を，武力で打倒した武王によって，中国全体を支配する王朝となった。国内各地に王室に血縁のある諸侯を任命し，代々世襲させ，実質的な政務を彼らに行わせる封建制をとり，中央の王室は，儀礼的な秩序である**礼楽**によって彼らを統合する分権的な統治形態であった。それゆえ中央の王の権力が弱く，とくに紀元前770年に王室内の内紛によって幽王が殺害され，異民族が侵入して都を東に移してから（周の東遷）は，各地の諸侯が中央の統制を離れてそれぞれに覇権を狙うようになり，春秋・戦国時代という戦乱状態が長く続いた。その中で，再び周のさかんであったころの復古を願った孔子は，礼楽を定めた**周公旦**（武王の弟）を慕い，諸侯に仁と礼楽を説いたが，容れられなかった。

孔子にはじまる儒家が，漢の時代以降正統な教えとなってからは，この周王朝のありようが，国家のあるべき模範として後代の王朝によって尊崇され続けた。戦国時代に入ってからはいっそう力を失っていたが，紀元前256年に，諸侯の覇権争いに最終的に勝利した秦によって滅ぼされた。

天 A④（てん）　儒家，老荘，法家などの学派の別を越えて，中国思想全体で中心的な位置を占める超越（絶対的な存在）の概念。基本的には頭上にひろがる天空の意味であるが，思想史の展開の中で，世界の主宰者・運命・道義・自然・自然法則など，きわめて多様な意義をもつに至った。

初めに意識されたのは殷から周への武力による王朝交替（**易姓革命**）の際である。周の武王は，天下の統治者は世界の主宰者である天の命を受けて統治するものとし，悪政を行なって民を苦しめる殷はすでに天の命を失い，それは新しく周に下った（天の命が革まった）と宣言した。ここから，周以降の王・皇帝は天子を名乗ることになった。またこうした国家に正統性を与える主宰者の意味から，「五十にして天命を知る」（『論語』）といわれるように，次第に，善なる者には幸福を，悪なる者には災厄を与え，ひとりひとりの人間の運命・宿命を支配する存在としての性格ももつと考えられるようになった。さらに，四季の運行や動植物の消長といった自然の運行それ自体ととらえられる場合もあり，老荘思想ではとくにこの面を重視し，その本質を無為自然と見た。

このように天とは神・運命・自然といった多様な内容をもつ概念だが，そのすべてを通じて，人間の行為とこの天の働きとを結びつける**天人相関**・天人合一の考えが貫いているのが中国思想の特徴である。

天命 A③（てんめい）　天から人間に与えられた命令。本来は，徳のある者に下り，新しく王朝を開かせるという政治的な命令だが，孔子以降，生まれながらに与えられた，いかんともしがたい個人の運命や宿命の意味をももつようになった。

天子 B（てんし）　中国の王・皇帝の呼称。易姓革命による周の成立以降，中国の統治者は天の命を受けて国家を統治するという観念が正統化したため，天に代わって，その

命を受けて天下を統治する王や皇帝（秦以降は，王でなく皇帝を名乗った）は天の子であると考えられた。

祭祀 B3（さいし）　中国では，礼楽のうちでもっとも重要なものは祭祀であるとされ，国家，都市，村落，家族といったさまざまな人間集団で，さまざまな神が祀られ，その祭祀儀礼が集団の団結の中心となった。皇帝は時を定めて天と，自分の祖先である歴代皇帝を祀り，そのほかに山や川の神をも祀った。天の祭祀は，皇帝のもっとも重要な任務であった。また血縁で結びついた家族の中でも，先祖の霊が祭られ，家のもっとも奥まったところには，先祖の霊を祀る祠廟（びょう）が置かれるのが一般的であった。

　後代，儒教が正統となり，孔子が尊崇されるようになると，各地の学校や私塾で，孔子を祀る祭祀も行われるようになった。日本の湯島聖堂でも，今日に至るまで行われている。

礼楽 B（れいがく）　周の時代に整備された，人々の教化や社会の安定を図るための儀礼秩序。人間同士の上下関係（**君臣の別，長幼**（ちょうよう）**の序**（じょ））をはっきりと示すことを眼目として，細かい作法を定めた礼と，そこで演奏されたり歌われたりして，人の感情の融和をはかる楽（音楽）とから成る。孔子が重視し，漢の時代以降儒教が国教化してからは，代々の王朝は礼楽による統治をむねとし，中国の伝統の中心をなした。しかし近代に入ると，「礼教は人間を食らう」といわれ，その堅苦しさや非人間性が激しい批判にさらされることになった。

周公旦 B（しゅうこうたん）[生没年不詳]　易姓革命を行なった周の武王の弟。兄を助けて革命を行なったのち，周王朝の特色である礼楽を制定した。父の文王，兄の武王とともに，聖人のひとりとされる。その子が魯の国の諸侯に任命され，のちに魯に生まれた孔子は周公旦を尊崇（そんすう）し，その礼楽を復興することを目指した。「丘（きゅう）や衰えたるかな。夢に周公を見ず」（『この私も衰えたものだ。最近では周公旦の夢を見ることもなくなってしまった。』『論語』） 資料

諸子百家 A4（しょしひゃっか）　春秋・戦国時代に登場した多様な思想家たちの総称。とく

学派	おもな思想家	思想内容
儒家	孔子	仁と礼
	孟子	性善説
	荀子	性悪説
道家	老子	無為自然
	荘子	万物斉同
法家	商鞅・韓非子・李斯	法治主義
墨家	墨子	兼愛・非攻説
名家	恵施・公孫竜	論理的思考
縦横家	蘇秦・張儀	外交策
兵家	呉子	戦略・戦術論
農家	許行	農本主義
陰陽家	鄒衍	陰陽五行説

▲ **春秋・戦国時代の思想家たち**

に戦国時代に，富国強兵のために広く有能な人材をもとめた諸侯のもとに集（つど）い，諸侯に進言したり，またたがいに論争したりして，それぞれの思想を深めた。おもな学派に，儒家，道家，墨家，兵家（が），法家，縦横家（しょうおうか）などがある。後代，儒家が正統思想となったが，他の思想もさまざまに活用され，後代の中国思想を支える知恵の宝庫となった。

類 百家争鳴 C

儒家 A13（じゅか）　春秋・戦国時代におこった諸子百家のひとつで，孔子を祖とし，その思想を継承・発展させた学派。堯舜（ぎょうしゅん）や周公といった古代の聖人たちが定めた古えの国家のありようを理想とし，その根本である礼楽の復興を目指す。無為自然を説く道家に対しては人間社会（**人倫**）の中で道徳的に生きることを主張し，無差別愛を説く墨家に対しては君臣・親子といった区別を明確にした上での和合を説き，現実の社会秩序を肯定する傾向があったため，後漢以降，法家や道家を退けて歴代中国王朝の正統思想となった。道徳と政治とを一体不可分のものととらえるのも，大きな特徴である。

　孔子の後，その学派には孔子に続く者として，内面的道徳性を重視する曽子（そう），子思（し），孟子の流れと，外面的礼を重視する子夏（か），荀子（じゅん）の流れが生じた。

　宋の時代になると，「理」の思想のもとに，当時，禅や道教に押されがちであった儒家を復興しようとする朱子らの**朱子学**がおこり，さらに明代に入るとその朱子学を批判する**陽明学**が興った。これら後代の朱子学

や陽明学を新儒教というが，こうした思想としての再生が繰り返されることで，近代化までの間中国の伝統思想の中心であり続け，今日でもその影響は随所に残っている。

道家 Ａ③（どうか）　諸子百家の一つ。春秋時代の老子を開祖とし，戦国時代の荘子によって大成されたので，老荘思想ともいう。儒家が現実の社会秩序を尊重して人倫の道を説くのに対し，道家では人倫を，人間のこざかしい知恵の産物として否定し，宇宙万物を秩序づけるいっそう広大な天道を考え，これに従う**無為自然**の生き方を人間の理想的なありようとした。儒家はともすれば堅苦しい道徳や秩序で人をしばるが，道家はなにものにもしばられない自由を説く思想として，儒教とならぶ中国思想の一大潮流となった。後代の神仙思想や隠遁の思想，また道教の母胎となった。

墨子 Ａ⑭（ぼくし）［一説に前470頃〜前390頃］墨家の祖。魯の国の出身で，戦国の乱世を憂え「**兼愛**」（他者への無差別な愛）や「**非攻**」（徹底した非戦論）を唱え，強力な教団を作り上げた。その思想は都市の手工業者や農民といった庶民に多く受容された。それゆえ，上流階級の贅沢を批判して「**節用**」が説かれ，また身分にかかわらず人材を登用する「**尚賢**」が主張されるなど，戦乱に明け暮れる諸侯や貴族たちの価値観に反対し，平等で飢餓や戦争のない社会を，庶民の団結によって新しくつくろうとする態度が顕著である。上下の秩序や礼楽を重んじる儒家に対しては最大の論敵となり，百家争鳴の中で論争が繰り広げられたが，中央集権的な秦が政権を握ると，教団としては消滅した。

兼愛交利 Ｂ③（けんあいこうり）　兼愛は，家族や親族にとどまらず，すべての人を平等に愛すること。家族と他人とで愛情の濃淡の差があることを正当化する儒家の愛を，墨子は「別愛」（差別愛）と呼んで批判し，家族の枠を越えてあまねく広がる無差別な愛を説いた。さらにそれは，心情の上での愛にとどまらず，相手への思いやりのもとに物質的な利益をはかりあう態度として実践されるべきことが説かれた。これが「交利」である。

尚賢 （しょうけん）　賢人を尊重する（尚ぶ）の意。墨子の主張の一つで，その家柄や身分に関係なく人の才能を評価し，能力ある人を国家の役職につけること。

非攻 Ａ③（ひこう）　墨子の主張の一つで，徹底した非戦論。しかし武力の全面的な放棄ではなく，墨家集団はみずから強力な軍団を所有していた。ただ，その武備はあくまで専守防衛のためのみに整えられ，各地で大国の小国に対する侵略戦争が勃発すると，墨家集団はすぐさまそこに介入し，小国側について防衛に努め，戦争状況をすみやかに終息させようとした。墨家の中には都市の職人も多く，その専守のための武備はきわめて巧みなものであり，「墨守」の語が今に残されている。

法家 Ａ（ほうか）　諸子百家の一つ。刑罰をともなった法律を，国家統治の中心とみる学派。儒家では徳治・礼治を説き，法による人民の強制をしりぞけるが，荀子の**性悪説**の影響を受けた法家では，本性として自己の利益を追求し，苦痛を避けようとする民は，過酷な刑罰を伴った法に強制されることによって，はじめて正義にかなった振る舞いができるようになると考えられた。そこで，まずは現実に即した法の制定を行ない，その実施においては信賞必罰主義によって法の厳しさを示し，さらに法を運用する君主に権力を集中するために，群臣や国民を巧みな術策によって自由に操り，富国強兵を達成することが説かれた。

　代表的な思想家としては**商鞅**，**韓非子**，**李斯**らがいる。秦はこの法家思想を採用して強国化し，天下を統一した。

法治主義 Ａ②（ほうちしゅぎ）　過酷な刑罰をともなう法律によって人民を統治する，法家の立場を示した語。有徳の君主による教化や礼楽によって統治する儒家の徳治主義や礼治主義とは対立する。両者の対立の根底には，性善説と性悪説という人間観の相違がある。戦国時代の覇者となった秦は法治主義をとっていたが，すぐに滅び，その後を継いだ漢の時代に儒家が正統とされてからは，基本的に法治主義は異端とされた。

　なお，中国古代の法治主義は，法を運用する君主の絶対的な権力を肯定するものであり，法による権力の制限を目指した近代

国家の法治主義，あるいは法の支配とは，まったく別の概念である。

兵家 C（へいか） 軍事・戦争に関する思想を展開した諸子百家の一派。**孫子**や**呉子**などが代表である。とくに書物『孫子』は孫子の兵法として有名で，後代の日本の武士たちにも読まれた。武田信玄の幟に筆写された「風林火山」はこの書が典拠である。

名家 B（めいか） 名（ことば・概念）と実（実体・現象）の関係に注目して，百家争鳴の中で論争に勝つための弁論術をみがいた一派。**公孫竜**や**恵施**が代表者。名と実との関わりから，白馬非馬説（白馬は馬ではないという主張）など，人の意表をつく議論を展開したが，詭弁に流れる傾向が顕著であった。

縦横家 C（しょうおうか） 戦国時代に，諸国の為政者に外交政策を説いた一派。その外交策としては，**合従**策と**連衡**策とが有名である。法家思想のもとに富国強兵策をとった秦が，列国間のパワーバランスを崩すほどに強大化したため，秦の脅威にさらされた残りの諸国が，どのように生き残りを目指すかがさまざまに説かれた。すなわち，**蘇秦**は，東方の六国が縦に同盟を結んで秦に対抗すべきだという合従策を説き，**張儀**は，六国がそれぞれ横並びで秦と和を結ぶ連衡策を説いた。この二人の代表者の主張から縦横家と名付けられたが，秦の覇権が確定するにしたがって，その活動は見られなくなった。

陰陽家 C（いんようか） すべての現象を陰陽五行説で説明する諸子百家の一派。**鄒衍**が代表者。**陰陽五行説**は，自然現象や社会現象を，陰・陽の両気の消長と，五行（木・火・土・金・水）の相互関係で説明するものであり，天文，暦，易占などの理論的な枠組みをなしている。後世では道教の神秘思想と結合して，占いや天文で吉凶禍福を判断する陰陽道や，方位・地勢に従って住居の構えを選定する風水思想などを生みだした。

陰陽 B 4（いんよう） 中国思想において，世界を構成する2種類の気。気は，物質にしてエネルギーであり，世界はその運動と循環によって成り立っていると考えられた。その気の様態には，陰と陽とがあり，剛強なもの，能動的なものは陽の気を，柔弱なもの，受動的なものは陰の気を帯びているとされた。陰陽家だけでなく，儒家や道家にも見られる考え方である。

農家 A（のうか） 農業を中心とした倫理思想を展開した諸子百家の一派。**許行**が代表者。農耕の方法を発明したとされる伝説上の帝王・神農を崇拝し，全員が農耕に従事する平等な社会へと回帰することを説いた。

2 孔子と儒家の思想

孔子 A 28（こうし）[前551頃～前479] 儒教の祖。春秋時代の末期，魯の国に生まれる。名は丘，字は仲尼。幼くして両親に死別し，貧困の中で古典を修めて礼楽を身につけ，30歳のころ，礼楽の専門家として世に立った。当時，周王朝の権威は衰え，魯国も豪族が専横をきわめる乱世であった。彼は周王朝の文化と政治を理想視し，その基礎であった礼楽を復興することによって，「**堯舜の世**」（聖人が治める理想世界）を再建しようとした。そのため礼楽の中から**仁**や**忠信**といった道徳的な理想を読み取り，それらを身につけた有徳の君子による**徳治主義**を理想とした。50歳をすぎて魯の大司寇（司法大臣）の地位につき，政治改革にのりだしたが失敗。魯をあとに弟子とともに，自己の理想を託せる諸侯をもとめて遊説の旅に出た。その理想主義は諸侯に受け入れられることなく，苦難と失意の旅は14年におよんだ。晩年，魯に帰り74歳で没するまで，古典の整理，編纂と弟子の教育に全力を注いだ。その言行は弟子たちによって『**論語**』にまとめられ，後代に読み継がれた。

「吾十有五にして学に志し，三十にして立ち，四十にして惑わず，五十にして天命を知る，六十にして耳順う，七十にして心の欲するところに従いて矩を踰え

ず。」<志学・而立・不惑・知命・耳順>（私は15歳で学問に志し，30になって独立した立場をもち，40になってあれこれ迷わず，50になって天命をわきまえ，60になって人のことばが素直に聞かれ，70になると思うままにふるまっても道をはずれないようになった。）**資料**

道 **A**5(みち)　中国思想の中心概念。もともとは人が通行する道路の意味だが，諸子百家の時代から，人や自然の事物が必ずそこを通るべき法則・規範という哲学的な意味をこめて用いられるようになった。四季や天体の運行といった自然の中に見出される法則は，「**天道**」ともいわれる。さらに儒家では，基本的にこの天道と人道を一なるものと考え，仁，礼，忠恕といった人間関係の中の道徳的な規範である「**人倫の道**」を強調した。孔子は『論語』で「朝に道を聞かば，夕べに死すとも可なり」（朝，真理を聞いて満足したら，夕方に死んでも思い残すことはない）**資料**とさえ述べている。それに対して道家は，天道の存在自体はみとめ，尊崇するものの，人間社会の規範はこの天道に背いた作為（つくりもの）にすぎないとみなし，天の道に即した**無為自然の道**こそが，真の人間の道であると説いた。

『論語』 **A**8(ろんご)　孔子と，その弟子の顔回・子路・子貢らの言行を，孔子の死後に記録し，編纂した書。儒家の祖である孔子の人格と思想を伝える書として最重要視され，宋代の朱子以降は四書五経の筆頭とされたほか，儒学を教える学校・塾などで伝統的に素読（音読）に用いられた。

　その思想内容としてまず挙げられるのは，周公の礼楽を慕った孔子ならではの，「**温故知新**」すなわち「故きを温ねて新しきを知る」**資料**と説かれる古典尊重の態度である。この態度は，『論語』冒頭で，まず「学びて時にこれを習う，亦た説ばしからずや」（古典を学んでは，適当な時期におさらいをする，いかにも心うれしいことだ）**資料**と述べられることにも示される。さらに，孝悌・忠信といった日常的な徳目を実践することで，仁をひとりひとりの内に育てあげようとする日常の道徳実践重視の態度も，その特徴である（「**孝**

悌なるものは，それ仁の本たるか」**資料**）。

　同時代に信仰されていた天や鬼神といった神秘的な対象については，きわめて重要視してはいるが，その内実については「怪力乱神を語らず」**資料**，あるいは「未だ生を知らず，いずくんぞ死を知らん」（未だ現実の人生のことがわからないのに，死後のことがわかるはずがない）**資料**，または「鬼神は敬して遠ざく」**資料**など，慎重に限定した言い回しがとられている。

仁 **A**22(じん)　儒教における根本的な徳目。しかし，『論語』の中で孔子は，状況に応じて異なるしかたで仁を説明しており，そのため後代に，孔子の説く仁とは何かという議論が生じた。後代には，仁・義・礼・智・信の五常の徳の第一に置かれ，しかも残りの四者の基底にあるものとされた。

　その内容は，基本的には，他者への愛である（「**樊遅**，仁を問う。子曰く，人を愛す」**資料**）。それは家族・肉親に対する愛のような他者への温かい思いを基本としつつ，かつ理想の為政者（聖人・君子）が人民を見る際の如く，隔てなくあらゆる他者に行き渡る広大な愛情と考えられた。この仁を自らのうちに打ち立てるべく，『論語』の中では**孝悌**，**忠恕**，**信**，**誠**，**愛**，**克己**といった，数多くの日常的な実践が説かれる。礼楽を重視した孔子は，周公が定めた礼の本質もこの仁だと考えていたが，ときに形式的な規範に流れがちな礼に，仁の内面的な精神をふきこみ，礼を真に道徳的な社会規範として再興しようとした。そこで，単に礼法によって外面を飾る態度は，仁に遠いものとして批判された（「子曰く，巧言令色，鮮なきかな仁」**資料**）。

孝悌 **A**11(こうてい)　儒教で重視される実践的な徳目。「孝」とは親子，兄弟，親族のあいだに通う自然な親愛の情を基礎として，子が父母や祖先に仕える義務。「悌」は年少者が年長者に対して敬意をもって従順に従う義務。いずれも血縁や地縁でむすびついた身近な人間関係を律する道徳である。孔子は孝悌を「仁の本」であると述べ，はるかな仁の達成にむけてのスタートを，この身近な人倫の中での実践に置いた。

忠恕 **B**②（ちゅうじょ） 忠とは私心なく全力で他者につくすこと，日本語でいう「まごころ」である。恕とは他人の身になって考えること，すなわち「思いやり」である。

この両者は「忠恕」と並べられ，仁の達成のための基礎的な徳目とされるが，力点は主に恕にある。恕の本質は，『論語』中で「己れの欲せざる所，人に施すことなかれ」**資料**，あるいは「己達せんと欲して，まず人を達せしむ」**資料**と説かれるように，エゴイズムを捨てて自己と他者とを隔てなく見る態度（一視同仁）である。孔子は仁を最高の徳としたが，「吾が道は一以てこれをつらぬく」**資料**といい，その一なるものを忠恕に見出しており，また「夫子の道は忠恕のみ」（孔子先生の説かれた道は，つまるところ忠恕だけだ）**資料**といわれるように，仁に至るための最重要な実践とされた。

信 **A**③（しん） 儒教の基礎的な徳目のひとつ。基本的には他者の信頼に応えて己れの持ち場を守ることを意味し，具体的には約束を守ることや，嘘をつかないことをさす。後代，五常の一つとされ，とくに友人関係における最大の徳目（朋友の信）とされた。

礼 **A**⑮（れい） 人間が従うべき礼儀，マナー，儀礼，習慣，良風美俗，法，制度などを未分化のまま包含する伝統的社会規範。単に礼儀作法といったせまい概念ではなく，天や神や祖先を祀る宗教儀礼を起源としている。それがしだいに発展し，身分，尊卑に応じた行為の基準としての政治儀礼，家族や共同体を律する家族儀礼，個人の日常生活を律する慣習などとして，社会生活のすべてをおおうに至った。

孔子は周公のたてた周の礼を尊び，その復興を通して乱世の社会秩序と平和を回復しようとした。その基本的な精神は，**君臣の別・長幼の序**といわれるように，身分や年齢に応じて，人間関係の中にはっきりと上下関係を意識し，上位者から下位者への尊重と，下位者から上位者への敬意とを，具体的な行為の型を通じて示し出すことで，社会の秩序を再確認することにある。

類 礼楽 **B**

克己復礼 **A**（こっきふくれい） 『論語』の中で，孔子が仁に与えた説明のひとつで，仁を礼との関わりから説明している。「己れに克ちて礼に復る」と読み，自己の内なる我欲や我執に打ち勝って礼に従うことで，仁が達成されると説く。礼を重んじる儒家の伝統の中で，礼とは何かが反省されるときに多く典拠となり，礼の本質が克己，すなわち自己の情欲に打ち勝つことであると考えられるようになった。

君子 **A**⑦（くんし） 儒教で目指される理想的な人間像。厳しい克己の修練によって智・仁・勇といった徳をやしない，道徳的な人格を獲得した高潔な人物をさすが，同時に実際の政治に携わって人々を導く指導者・為政者としての性格も強調される。また，徳の完全な体現者である**聖人**とは厳密に区別され，堯舜や周公といった古代の聖王たちである聖人には，凡人は努力しても到達することができないとされ，あくまで聖人の教えにしたがって君子となることが，孔子の門下では目指された。後代の朱子学では，この聖人と君子との区別をなくし，だれもが聖人になれると説かれた。

徳 **A**⑫（とく） 卓越した能力や高潔な品性など，人間として身につけていることが望ましい特徴。生まれつきのものもあるが，儒教では「徳は得なり」といわれるように，学問と修養によって後天的に身につけられる道徳的能力を重視した。

『論語』の中では，孝悌，忠恕，誠，勇，知などさまざまな徳が挙げられているほか，後代の儒教では，君子の備えるべき徳とされた「知，仁，勇」の**三徳**，五つの人間関係に応じた「親，義，別，序，信」の**五倫**，「仁，義，礼，智，信」の**五常**などが体系的に説かれ，そのそれぞれを己れの身に得ることが目指された。こうした徳を身につけた者が為政者となって政治を通じて人々を教化し，人々にも徳を身につけさせるという過程が，儒家の徳治主義である。

徳治主義 **A**④（とくちしゅぎ） 孔子，および儒家が理想とした政治のありよう。有徳の君子による道徳的政治をさす。政治に携わろうとする者は，つねに修養に身をくだき，仁をはじめとする徳を身につけなくてはならないとされ，仁の最高の表現はよき政治の実現と考えられた。こうして有徳の君子

が為政者となって人民に対して徳をもってのぞみ、さらに礼楽を社会にひろめて人々を道徳的に教化すれば、人々の徳も養われ、厳しい刑罰なしでも国は自然に治まると考えられた。厳しい法律と刑罰によって人々を恐れさせることで国を治める法家の法治主義と対比される考え方である。孔子が『論語』の中で理想国家の姿として説き、その後孟子によって王道政治論として発展させられた。

「政を為すに徳を以てすれば、たとえば北辰（＝北極星）のその所にいて、衆星のこれをめぐるがごとし。」（『論語』）資料

「これを導くに政を以てし、これを斉ふるに刑を以てすれば、民免れて恥なし。これを導くに徳を以てし、これを斉ふるに礼を以てすれば、恥ありて且つ格し。」（同）資料

中庸 A 11 （ちゅうよう） 物事に対処する際に極端に走らず、適切にことの中正を得ているという徳。堯舜や周公ら、代々の聖人たちが王者のもつべき徳として重視してきた徳だが、孔子は『論語』で「中庸の徳たるや、至れるかな」と述べている。また、孔子の孫・子思の作と伝えられる『中庸』では、「喜怒哀楽のいまだ発せざる、これを中という」と説かれ、中正を得たあり方は、心の動く以前の本来の状態であると説明された。

3 孟子と荀子

孟子 A 26 （もうし）［前372頃〜前289頃］戦国時代の儒教の思想家。名は軻。孔子におくれること約100年、孔子の生国魯に近い鄒に生まれた。早くに父を失い、「孟母三遷」の教えで知られる英明な母の導きで、幼時から学問にはげんだ。長じて孔子の孫・子思の門人に学んだ。孔子に心酔してその道を守り伝えることを自分の任と自覚し、その学説を理論化・体系化したうえで諸侯に説き、孔子のころよりもなお乱れた戦国の乱世を救おうとした。

その主張の根本は、人間の内面的道徳性に信頼をおく**性善説**と、仁・義・礼・智を中核とした**王道政治**論である。権力と術数で統治する覇道の政治に反対し、人民の内的な可能性を信ずる孔子の理想を擁護し、ひろめる役割をはたした。50歳をこえたころ、梁・斉・宋の諸侯に王道政治の実現を説き、いくたびか政治顧問に就任して理想の実現に努力したが、厳しい国家間競争の中でのすみやかな成果を求める諸侯には、現実離れした理想論とみなされて退けられた。晩年は故郷に帰り、弟子の教育に専念した。その思想を伝えるものに『孟子』七編がある。

後代、荀子らの性悪説ではなく、孟子の性善説こそが孔子の道を正しく継いだものととらえられ、孔子が聖人とされたのに対し、孟子は亜聖（聖人に次ぐ者）といわれて尊崇された。儒教のことを孔孟の道とよぶ場合もある。

孟母三遷 C （もうぼさんせん） 『列女伝』に伝えられる、孟子の母の逸話。孟子は父を早くに失い、母ははじめ墓の近くに暮らしていたが、幼い孟子は見よう見まねで葬式ごっこをはじめた。そこで母は急いで転居した。次に市場の近くに居を構えると、孟子は商売の真似をはじめた。そこでまた急いで転居した。最後に、学校の近くに移り住むと、孟子はしきりに礼法の練習をはじめたので、安心して、母はそこに落ち着いたというエピソード。教育に与える環境の影響を示す逸話としても取り上げられる。

性善説 A 2 （せいぜんせつ） 天に与えられた生まれながらの人間の本性（性）は、善であるとする説。孟子によって強力に主張された。『論語』の中で孔子がどんな失意や苦難のなかでも人間性への信頼を失わなかったことにすでにその萌芽がみられる。孟子は、孔子のこうした態度を理論化し、人の性が善であると言いうるその最終的な根拠を、万人がもつ**四端の心**に見出した。人は誰でも善なる性をのばそうと努力すれば、仁・義・礼・智の徳を実現できるはずであり、また人が悪事を犯すのは、感性に誘惑されてこの本性を見失った偶然の過ちであって、性善そのものを否定することはできないと説かれた。

後代の儒家では，人の性については性善，性悪，性無記(性は善とも悪ともいえない)などと多様な主張が登場したが，朱子以降は孟子のこの性善説が正統となった。

四端説 **C** (したんせつ) あらゆる人間の心には，仁，義，礼，智の四徳の萌芽・発端が生得のものとして内在し，それを修養によってのばしてゆけば，かならず四徳を実現することができるという孟子の説。性善説の根拠として説かれた。その発端とは，四端の心であり，惻隠の心・羞譲の心・辞譲の心・是非の心の四つの心をいう。

惻隠の心…幼児が井戸に落ちそうになっているのを見たときは，たとえ盗人であっても自然に手をさしのべてしまうというような，誰もがもっている他者の苦難を放っておけない気持ち，同情心。この心を修養によってのばしてゆけば(拡充という)，仁の徳となる。「人皆，人に忍びざるの心ありと謂う所以の者は，今，人乍に孺子の将に井に入らんとするを見れば，皆怵惕惻隠の心あり。」 **資料**

羞悪の心…自他の不善を恥ずかしく思う気持ち。この心が，善悪を道理のままに判別し，それに従って潔白にふるまう義の徳の発端。

辞譲の心…他人と出会ったとき，その人に敬意を抱き，自然と譲る気持ち。謙遜の心。礼の徳の発端。

是非の心…善きものを善と，悪しきものを悪と，道理のままに感ずる心。智の徳の発端。

五倫 **A** **2** (ごりん) 孟子が説く五つの基本的な人間関係と，それぞれにおいて守るべき道徳規範のこと。父子の**親**(親愛の情)，君臣の**義**(それぞれの地位や状況に応じた適切な態度)，夫婦の**別**(男女のけじめ)，兄弟の**序**(兄弟間・長幼間の序列)，朋友の**信**(友人間の信義・誠実)である。儒教においては五常と合わせて，五倫五常として人間関係の総体と，そこで行われるべき徳目とを表す。このように個々の人間関係のあり方に応じてあるべき振る舞い方を区別する孟子の思想は，一面では墨家の無差別愛(兼愛)の主張に対する批判として説き出されたものである。

類 父子・君臣・夫婦・長幼・朋友 **B** **2**
　　親，義，別，序，信 **B** **1**

五常 **A** **4** (ごじょう) 儒教で重んじられる五つの徳，仁，義，礼，智，信をいう。どのような時代・地域においても変わることなく，人間として欠かせない徳として要求されることから，「常」といわれる。孟子の四端説にいう「仁，義，礼，智」の四徳に「信」を加えたもので，前漢の儒学者，董仲舒(前176～前104)が定着させた。

四徳 **A** **2** (しとく) 孟子が四端の心の拡充によってそれぞれ獲得されると説いた四つの徳。惻隠・羞悪・辞譲・是非に，それぞれ仁，義，礼，智が対応する。孟子はとくに仁と義を重視し，仁について説く場合にも，多くは義の字をそえて，仁義という語で示した。後代では信を加え，五常として説かれる場合が多い。

仁義 **A** **10** (じんぎ) 孔子が説いた仁を，孟子が意味内容の上からとらえなおした概念。仁は家族の中に通い合うような温かい思いやりの心だが，国家や家庭といった人間集団を運営していくためには，こうした温情だけではすまず，正しいことは正しい，間違っていることは間違っていると，はっきりとした基準を立ててゆくことが必要である。こうした客観的な基準を孟子は**義**とよび，仁の徳には必ず付随していなくてはならないものと考えて，議論の中で「仁義」という言葉を多用した。後代には孟子のこの考え方が主流となり，仁義の語が，儒家の思想を示す語として用いられるようになった。

王道 **A** **3** (おうどう) 孔子の政治思想である徳治主義を，孟子がさらに展開して説いた，理想主義的な政治思想。王がなによりもまず徳を身につけ，仁愛・仁義の政治を行なって人民の精神・物質両面の幸福をはかりさえすれば，その善政は自然と周囲の諸侯からも敬服をうけ，結果的に外交関係の安定(独立の維持や天下の統一)も達成されると説く。孟子の同時代の諸侯の多くは，権力や術数で政治を行ない，民の生活の安定よりも富国強兵を目指して国力増強に腐心していたが，こうした現実の政道を孟子は「覇道」とよんで否定し，はるか古代の聖人たちや，孔子の理想であった徳治

のありようを「王道」とよんで、その復興をめざした。後世には王道こそがあるべき為政の姿とされ、為政者が正しく王道を行なっているか、覇道に陥っていないかという議論（王覇の弁）がさかんに行なわれることになった。

対 覇道 A2

覇道 A2（はどう）　人民や他国に対し、権力や武力を背景とした実力でのぞむ、現実主義的な政治のあり方。礼を重視し、君子が仁政を施す王道に対する語。孟子は王道を主張して覇道を否定した。荀子は王道を高く評価しながらも、覇道を次善として認めた。法家は王道を空想的理想主義として退け、覇道による富国強兵と天下統一をめざした。

対 王道 A3

易姓革命 A2（えきせいかくめい）　中国の伝統的な王朝交代のあり方。**天命**説に基づく。すなわち、天子は有徳の人物に天命を下し、王・皇帝として統治を行なわせ、その子孫が代々王位を継いでゆく。しかし、殷の紂王のように、その子孫が徳を失って民を苦しめるに至ると、天命は改めて別の有徳者に下り、前の為政者は王としての資格を失って、位を追われる。それからは次の有徳者の子孫が王位を世襲するので、王の姓（苗字）が変わることになる。このように王の姓が易わり、天の命が革まる王朝交代のあり方を、易姓革命という。

孟子は周初以来のこの考え方をいっそう推し進め、天の意志とは民の意志にほかならず、民を苦しめる暴虐な天子はすでに天子ではなくなり、一人の凡人にすぎなくなっているのだから、これを武力で追い払っても何の問題もないと説いた。その交代の仕方としては、平和的に位を譲る**禅譲**と、武力で前王を討伐する**放伐**とがある。放伐を明確に肯定した孟子の思想は、後代には危険思想とみなされることもあった。

同 禅譲放伐

天人相関説 C2（てんじんそうかんせつ）　中国思想に広く見られる、天と人とを対応しあうものとしてとらえる思想。国家の正統性を天の命にもとめる天命説もその一つだが、孟子においては、性善の根拠である四端の心が、万人が天から受けた性質であると考えられ、これを養い育ててゆくことは、天道の流行にかなった営みとされた。また、この四端の心に相通う浩然の気を養ってゆけば、やがてそれは天地に充満するとも説かれた。

浩然の気 A2（こうぜん-き）　目の前の名利にとらわれず、自分の内なる四端の心や仁義の良心を養い育ててゆこうとする人が帯びる、力強くもおおらかな気概。この気を涵養してゆけば、それはやがて天地の間に満ち満ちるほどにまで広がり、天地自然との合一が成ると孟子は説いた。浩然の気の涵養につとめる道徳的な人物を**大丈夫**という。

孟子 A7（もうし）　戦国時代の儒家である孟子が諸侯や弟子たちとかわした論議を、没後に編纂した書。四書の一つに数えられ、朱子以来儒教の根本経典となった。

『論語』よりも理論面ですぐれ、性善説、四端説、五倫五常、仁義を中核とした王道政治、易姓革命論、浩然の気を養う**大丈夫**の理想など、後代の儒教の基本的な思想の多くが、この書に発している。革命の明確な肯定の主張を含むため、革命の経験のない日本では、忌避される場合もあった。

荀子 A13（じゅんし）[前298頃～前235頃]　戦国時代末期の、儒家に属する思想家。**性悪説**と礼治主義の主唱者。孟子の約60年後に趙の国に生まれた彼は、あい続く戦乱を終わらせ、平和を確立するためには、人間の善意に信頼をおく徳治のみでは不可能であり、人間本性の悪や利己心を直視し、外的規範である礼を守らせることが必要であると考えた。荀子本人はあくまで儒家であったが、その門下には韓非子、李斯らの法家の代表者が輩出し、秦の天下統一の直接の立役者となった。後代、性善を説く孟子が正統とされたことで、否定的に取り扱われる場合が多かったが、実際には儒家に属する諸思想に多大な影響を与え続けた。

性悪説 　**A⑧**（せいあくせつ）　人間の本性は悪であるとする荀子じゅんの説。孟子もうの性善説を批判して説き出されたもの。荀子によれば，人間は生まれつき欲望に従って利を好み，悪に傾き，争乱をおこしがちである。そこでこの悪を矯正きょうし，徳を実現するためには，聖王や聖人の定めた礼に従うことが不可欠であるとされた。礼とは，礼儀作法や習慣から国家の法令や制度までをふくむ客観的な規範の全体である。荀子はこうした外的で客観的な規範を，「偽」（つくられたもの）と呼んだ。悪なる性と，外的・人為的な偽とが出会うことで，はじめて人間の善が可能になると考えられたのである。

　　「人の性は悪にして，その善なるものは偽ぎなり。」（人間の善は客観的な規範である「偽」によって可能となる，の意であり，善はすべて偽りとの意ではない。）　**資料**

　　　　　　　　　　　　対性善説 A②

礼治主義 　**B④**（れいちしゅぎ）　荀子が性悪説のもとで主張する政治思想。欲望や悪に流れる本性をもつ人間を統治するには，人為的に定められた規範である礼を守らせることで，その性質を矯正きょうする必要があると説いた。弟子の韓非子かんぴや李斯りの法治主義につながる考え方であるが，過酷な刑罰によって人民にのぞむ法治とは違い，あくまで人民の自発性を重んじ，根気強い教育や習慣を通じてその性を矯正することを目指す点に，礼治の特徴がある。

韓非子 　**A⑫**（かんぴし）［？〜前233頃］　法家思想の大成者。儒家の荀子じゅんに学び，その性悪説や，君主権の強化をめざす考え方から深い影響を受ける。しかし，儒家の徳治主義については無力有害として退け，法律と刑罰によって人民を制御する**法治主義**を説いた。人間を性善なるものと見ず，利己心によって自己の利害を計算して動く存在ととらえていたためである。君主は権力を一手に掌握しょうして法令をしき，法に照らした賞罰をきびしく励行れいこうし（信賞必罰しんしょうひつばつ），ときには非情・冷酷であっても群臣や国民を統制して，富国強兵に徹すべきことを主張した。

　　秦しんの始皇帝は韓非の才を見抜き，登用しようとしたが，同じく法家で，当時秦の

宰相であった李斯りの謀略ぼうりゃくにあって投獄され，獄舎で自殺した。

李斯 　**B⑥**（りし）［？〜前208?］　法家に属する思想家・政治家。秦王・政（のちの始皇帝）に仕え，中央集権や法治主義へと国政を改革し，秦の全国統一（覇業はぎょう）の基礎となる富国強兵を成し遂げた。秦の天下統一後は，封建制から郡県制（中央集権制）への改革を強力に推し進め，同時に儒家・墨家などを徹底的に弾圧し（焚書坑儒ふんしょこうじゅ），思想統制をはかった。始皇帝の没後，後継の皇帝と不和になり，処刑された。

4　朱子学と陽明学

儒教 　**A⑬**（じゅきょう）　春秋・戦国時代の諸子百家の一つである儒家の教えは，前漢の武帝のとき，董仲舒とうちゅうじょの献策によって国家の正統の学となり，以降，清王朝の終わりまで，中国歴代王朝の正統思想であり続けた。この儒家にはじまる中国の正統思想を儒教という。道徳思想の議論や四書五経の研究のほかに，天や先祖の祭祀のような宗教的な側面をふくむため，純粋な学問としての儒学と区別して，とくに「儒教」という呼称が用いられる場合もある。

儒学 　**A⑳**（じゅがく）　「儒教」と同じ意味でも用いられるが，儒教のうちで，その経典である四書五経の実証的な研究（訓詁学くんこがく）や，五倫五常など道徳思想の研究のような，学問的な領域を，とくに「儒学」と呼ぶ場合がある。天の祭祀や先祖崇拝を中国から輸入しなかった日本の儒教思想は，この意味では「儒学」に属する。

四書 　**A②**（ししょ）　儒教の中心的な経書である『論語』『孟子』『大学』『中庸』の総称。宋代に儒教を哲学的に体系化した朱子が，五経に先立つ必読書として重視し，儒教の根本教典となった。『大学』と『中庸』は，朱子が五経のなかの『礼記』から抜き出して加筆したものである。

『中庸』 　**B①**（ちゅうよう）　四書の一つ。孔子の孫，子思しの作と伝えられる。儒家の哲学的・形而上学的な体系を述べたもの。天に受けた人の性を十全に発現させるのが道であり，その道に至るために聖人の教えがあると説かれる。そして「誠は天の道なり，

これを誠にするは人の道なり」資料 と，天道と人道との本質がともに誠であるとされ，人道で誠を尽くすことは，同時に天道と合一することにもなるという，天人相関の立場を強く打ち出す。

五経 A[2]（ごきょう）　『詩経』『書経』『礼記』『易経』『春秋』の五書の総称。漢代に儒教の根本教典として定められた。周王朝のさまざまな記録を，孔子が編纂したもの。『詩経』は地方ごとの民謡や儀礼歌の記録，『書経』は歴代の帝王の演説の記録，『礼記』は礼のこまかい規則，『易経』は占いの方法と宇宙の神秘を記した書，『春秋』は孔子の生まれた魯の国の歴史を記録した書である。

六経 B[2]（りくけい）　周王朝の文物を伝える『詩経』『書経』『礼記』『楽経』『易経』『春秋』の六つの教典。五経とは『楽経』以外は同じだが，『楽経』は失われて後代に伝わらなかったので，実際には五経として用いられた。

類 五経 A[2]

董仲舒 B[4]（とうちゅうじょ）[前176頃〜前104頃]　前漢代の儒者。儒教の国教化を皇帝に進言し，儒教が後代に正統思想として伝えられる決定的な要因をなした。とくにその進言によって五経博士が置かれたことが，漢唐訓詁学の発展の基礎となった。

経学 C（けいがく）　五経，あるいは六経を中心とした儒教の経書の文献学的な研究を行なう学問。前漢の時代に，董仲舒の献策により五経博士が置かれたことにはじまり，漢・唐代を通じて儒教の主流であった。特に秦の時代の焚書によって，孔子や孟子の時代の儒家文献の大半が失われていたことから，当初はその文献の復元のためにはじめられたが，徐々に細かい文言の穿鑿に陥り，宋代の朱子たちには，いたずらに文献に沈潜して，儒教の根本である修己治人の精神を忘れたものと批判された。

類 訓詁学

訓詁学（くんこがく）　五経に記載された言葉・文字の意味を，古い注釈や発掘資料を用いて客観的に解明する学問。経学の中心的な一部門であり，ときに経学と同じ意味で用いられる。董仲舒以来，朱子や王陽明の新儒学が登場するまでの間の旧儒教の

もっとも核心部分を成しており，宋・明の理学に対して漢・唐の訓詁学と対比される。

類 経学 C

朱子学 A[15]（しゅしがく）　宋代には貴族に代わって，科挙に合格した知識階級である**士大夫**が政治の担い手になり，彼らが新しい為政と道徳の理念を求めて，宋学・道学・性理学などとよばれる新しい儒教運動を開始した。この運動を体系化し，大成したのが南宋の朱熹であり，彼の名をとってこの新しい儒教は朱子学とよばれるようになった。

その特徴は，人事自然のいっさいを，抽象的な法則・理法である「理」と，流体として運動し続ける物質である「気」との二元的関係としてとらえ尽くそうとする**理気二元論**である。この理気二元論によれば，人間は，理にもとづく本然の性と，気にもとづく気質の性の両面を備えた存在となる。本然の性は，天命，あるいは天理そのものとされる（**性即理**）。この本然の性こそが天から受けた本来の人間性であり，気質の性は理を曇らすことであることから，気質の表れである人欲や情欲を退けて，本然の性に立ち返ることが人間の当為であるとされる。この本然の性を回復するための具体的実践としては，個々の物の理を解明してゆく**窮理**と，心身をひきしめ，精神を集中させる**居敬**とが説かれた。

朱子学は，宋代以降の中国王朝で，従来の訓詁学に代わって正統教学となったほか，李氏朝鮮でも受容され，また江戸時代の日本でも思想や学問の中心となり，西洋近代思想が流入するまでは，東アジアでもっとも影響力のある体系的哲学思想であった。

類 性理学　宋学

朱子 A[15]（**朱熹** A[8]）（しゅし）（しゅき）[1130〜1200]　南宋の儒学者で，朱子学の大成者。名は熹。官吏の子として生まれ，19歳で科挙に合格し，その後生涯の大半を官吏としてすごしながら，四書や『易経』の研究を続け，朱子学を大成した。はじめ北宋の儒学者である程明道・程伊川

4章　中国の思想　**87**

兄弟の学統に学んだ。彼らの思想は，経書の訓詁に堕することなく，理気の枠組みのもとに哲学的な人性論や実践的な修養論を説いたものだったが，朱子は彼らの思想を，古代の聖人から孔子に継承され，孟子以来途絶えていた正しい儒教の伝統（道統の伝）を復活させたものとうけとった。そこで朱子は彼らの言行を『近思録』にまとめるとともに，その思想を体系化した。

官吏としては，飢饉からの領民の救済や，皇帝に対する率直な提言などを行ない，志ある士大夫として奔走したが，政権内の有力者に憎まれて失脚し，弟子の育成と著述とに晩年を過ごした。主著『四書集注』（四書の注解）『近思録』

性即理 Ⓐ（せいそくり）　朱子学の基本的な主張のひとつで，人間のもっとも根源的な本性は，天から受けた理そのものであるとする考え方。孟子の説いた性善説を，理気二元論の枠組みから説明しなおしたもの。

すなわち，物質や身体といった気と接触する前の人間のまっさらな心のありよう（**本然の性**）は，一切の情欲や人欲によって汚されておらず，善きものを善きものとし，悪しきものを悪しきものとし，全く道徳的で，天理そのものである。しかし，この本然の性は，悪への傾向性をもった気（**気質の性**）に触れることで，情欲におおわれてしまっており，普通の人間においては十分に機能していない。そこで，人欲を否定して本来の天理を輝き出させることが必要となる。いっさいの人欲を放棄することを説く厳しい教えであるため，明代の王陽明は，朱子の性即理を批判し，人欲も含めて天理のうちであるとする心即理を説くことになった。

窮理 Ⓐ9（きゅうり）　朱子学で説かれる修養のひとつ。ひとつひとつの事物について，それに内在する理を探究してゆく（理を窮める）ことで，万物を一貫する普遍的な理をさとること。具体的には，政治的事件や，天理（道徳心）と人欲とがないまぜになった折々の自分の心の状態や，目に触れる草木のような自然の事物まで，あらゆる物事が窮理の対象とされたが，最も重要なのは聖人の遺した経書（とくに四書）の意味を明らかにすることとされた。居敬とならん

で，人欲を去って天理を存するための修養の二本柱とされた。

類**格物致知** Ⓐ2

居敬 Ⓐ6（きょけい）　朱子学で窮理と並んで説かれる修養法。私利私欲をおさえて理に従い，自己の心身の動きを厳粛にして，敬の心を内にもつこと。具体的には，その厳粛な心身のつつしみがのっとるべき規範として，礼が想定されていた。持敬ともいわれる。

同**持敬** Ⓐ

持敬 Ⓐ（じけい）　居敬と同義。心を情動にまかせてうかうかと外に放たず，自己の内面にむかって引き締めることであるから，『孟子』の表現を用いて存心持敬ともいわれる。

同**居敬** Ⓐ6

理 Ⓐ10（り）　朱子学において，天地の間の万物に内在し，そのものをそのものとしてあらしめている理法・原理。個々の特殊なものに内在するものでありながら，その理法は究極的には一なるものと考えられた（理一分殊）。自然の事物においては自然法則としてあらわれるが，人間にとっては同時に道徳法則としてあらわれ，理にかなった生き方が人間の当為とされる。

気 Ⓐ7（き）　世界に充満し，無窮に運動を続けている流体状の物質。これが凝固することで人間や草木といった一切の存在者が成り立っており，しかも凝固したのみで終わらず，それがさらに天地の間で循環運動を続けてゆくことで，世界は無窮に運動・展開し続けると考えられた。はるか古代からこうした気の思想は存在していたが，朱子学ではこの気が理との関係でとらえ直され，理を実現してゆく物質的原理とされた。理は，気がなくては具現化されないが，濁ったり偏ったりすることのある気は，理を時にゆがめ，悪の根本原因ともなると考えられた。

理気二元論 Ⓐ8（りきにげんろん）　朱子学の根本的な発想。天地万物の一切を，理と気との二つの要素によって成り立っているものととらえる。自然の事物はもちろん，人間存在や，その内心の動きまでも，理と気との兼ね合いから説明された。理と気とのどちらが優先するのかについては，理先気後，

気先理後，理気同時などさまざまな説明がなされ，後代の中国や李氏朝鮮にて盛んな論争が続けられたが，正統派の中では，基本的に理が気を主宰するものと考えられた。

本然の性 Ⓒ ② (ほんねん-せい) 天から受けたままの，人間の根源的な本性。いまだ個性や情欲などは存在せず，万人にとって同一であるとされる。天理そのものであって，それゆえ純粋に善なるものと考えられた。具体的なイメージとしては，生まれ落ちたばかりの赤子のけがれのない心のありようとして説明され，後に気の影響できざしてくる欲望やゆがみをはらって，この初めの状態に帰ること（**復初**）が目指された。

気質の性 Ⓑ (きしつ-せい) 現実の人間がもっている本性。天理そのものである本然の性は，気によって具体化されて身体や情欲を付与され，現実の人間となるが，その具体化の際に，気そのものがもつ濁りや，悪への傾向性によって，純粋な天理そのものではいられなくなる。こうして，個々の人間の個性や，悪しき欲望が生じてくる。このように，気によって個性や情欲を与えられた現実の人間の多様な本性が，本然の性と区別して気質の性とよばれた。

天人合一 Ⓒ (てんじんごういつ) 天と人とが天命や天災を通じて交渉しあうという**天人相関説**は，儒教の中で長く説かれていたが，宋代の朱子学になると，「理」の発見とともに，天の本質も理，人間の本質も理とされることで，気質の性をはらって本然の性を発現させれば，誰もが聖人となり，天と一体化できると考えられるようになった。従来から，聖人は天と合一した存在であるとされていたが，後天的に聖人になりうる者はいないと考えられていたのが，理を説く朱子学に至って，聖人となって天と合一することが，誰にも可能であると考えられるようになったのである。

類 **天人相関説** Ⓒ ②

格物致知 Ⓐ ② (かくぶつちち) 朱子が見出して四書に数えた『大学』の中で，治国・平天下をめざす君子の修養の第一に置かれている修養法。朱子の理解では，物に格って知を致すこと，つまり一々の事物についてその理を探究することを意味し，窮理と重なる概念である。研究するべき具体的な物としては，多くの場合経書が選ばれたが，ときに自然の事物の理が探究される場合もあり，ここから本草学や博物学といった自然についての学問が成長してゆくことになった。

類 **窮理** Ⓐ ⑨

「修己治人」 資料 Ⓑ (しゅうこちじん) 儒家の修養の目標を示した言葉で，徳治主義に基づいている。まず自己自身の道徳的修養をつみ（己れを修め），その徳をもって人々を統治する（人を治む）との意。のちの『大学』にて，「修身・斉家・治国・平天下」（「身修まって家斉い，家斉って国治まり，国治まって天下平らかにす」 資料 ）と定式化された。自己の修養のために重んじられたのは，聖人の著した古典の学習と，身近な道徳的実践である。古典については，「学びてときにこれを習う」 資料 と，古典の学習が説かれる一方，「学んで思はざれば則ち罔し。思うて学ばざれば則ち殆うし」 資料 といわれ，ひとりよがりな思考とともに，単なる古典の丸暗記も戒められた。また，修養のあり方について「過ぎたるは，なお及ばざるがごとし」 資料 といわれ，極論に偏ることのない中庸を目指すことが説かれた。

『大学』 Ⓐ ③ (だいがく) 儒教の経書（経典）のひとつ。君子になるための具体的な修養の方法を，「格物・致知・誠意・正心・修身・斉家・治国・平天下」の八段階として提示し，儒家の**修己治人**の理想を示す。もとは『礼記』の中の一篇であったが，宋代の朱子が独立した書物として扱って以来，『論語』・『孟子』・『中庸』とともに四書の一篇となり，尊重された。

王陽明 Ⓐ ⑩ (おうようめい)［1472～1528］明代の儒学者で，陽明学の開祖。名は守仁で，陽明と号した。28歳で科挙に合格し，おもに軍人官僚として各地の反乱の平定に奔走しつつ，そのかたわらで思索を深めた。

最初，当時の正統教学となっていた朱子

学を学び，格物致知の実践として庭の竹について理を窮めようとしたが，うまくいかずに神経衰弱に陥り，自己の外に客観的な理を求める朱子学に次第に疑念を抱くようになる。そこで朱子の論敵であった陸象山の心即理の立場に立ち，理は外の事物に求めずとも，人間の生き生きと動く心そのものに備わっているという立場を打ち出し，この心に内在する天理を，『孟子』に由来する良知とよび，それを具体的な事物との応接の中で磨き上げてゆき（事上磨練），現実の上に実現してゆくこと（致良知）を説いた。陽明の説は正統朱子学の立場から激しい攻撃にさらされたが，陽明の説に共鳴する門人たちも多く集い，陽明学派が形成された。主著『伝習録』

陽明学 Ａ（ようめいがく）　王陽明を開祖とする明代の儒学の一派。朱子学が窮理を重視して主知主義的であり，また外的な規範にのっとることを重んじるのに対して，実践を重視し，また形式的な拘束をきらい，実践の中での生き生きとした心身の活動を肯定する。心の本体である良知はそのまま天理であるという**心即理**を説き，外界の理の探求ではなく，自己に内在する良知を発現させること（致良知）こそが天理との合一の手段であると説いた。朱子学に見られた知（窮理）と行（居敬）との区別はなくなり，**知行合一**の立場をとった。

　明・清代をつうじて科挙の公式科目となった朱子学ほどの勢力はもたなかったものの，多くの行動派の共鳴者をもち，日本でも中江藤樹や熊沢蕃山らが傾倒したほか，近世末期に世直しのために蜂起した大塩中斎も陽明学者であった。

心即理 Ａ２（しんそくり）　南宋の儒者で，朱子の論争相手であった陸象山の説を王陽明が発展させたもの。現実の心の全体がそのまま理と一致しているという考え。朱子学でも人間の心に理が備わっていると説かれていたが，心を性（本然の性）と情（気質の性と，そこから生じる人欲）に区別し，本然の性は理であるが，後天的な情は天理をおおい隠す非本来的なものとした。この朱子学の性即理説を陽明は批判し，きびしく人欲を否定することではなく，具体的

な実践の場に置かれて生き生きと活動する心の全体が，おのずと理を生みだすものと考えた。

良知 Ａ６（りょうち）　人間の内面に先天的に備わっている善悪の判断能力と，善きものは善く感じ，悪しきものは悪しく感ずる道徳的な感受性。王陽明にとっては，人間が天理と合一するための手がかりは，朱子が説くような外界の理の客観的な探究ではなく，この自己の内なる生得的な良心であった。

　　　　　同 良知良能 Ｂ　　良能 Ｂ

致良知 Ａ２（ちりょうち）　王陽明が，朱子学の窮理や格物致知に代わって，理を見出すための具体的な方法として説いた修養。己れをきびしく抑制して外界に理を求めるのではなく，日常的実践の中に身を置きいれたとき，自己の内なる良知がおのず働き出して（良知を致す），その場その場にかなった生きた理を見出すことができると説かれた。

知行合一 Ａ（ちこうごういつ）　王陽明の特徴的な考え方。朱子学でも行，すなわち自己の心身の実践は重んじられたが，それと同時に，窮理や格物致知として，外界の理を客観的に探究することも必要とされていた。知先行後といわれ，実践に先立ってまずことがらの客観的な反省が必要だとされていたのである。

　それに対して陽明は，実践の中で，良知の働きによっておのずと知は生じるものであり，また実践を離れた知は無意味であると説き，知と行との一体化を説いた。例えば親に対する徳目である孝については，孝についての知識（知）と，孝の具体的な実践（行）とが一致しなければ孝を知ったことにも，孝を行なったことにもならない。むしろ，孝の実践に心身をうちこんでいるときに，おのずと了解されてくる内容こそが，孝についての真の知であるとされた。それゆえ，「知は行のはじめであり，行は知の完成である」 資料 と，知と行との不可分が説かれたのである。

『**伝習録**』 Ｂ（でんしゅうろく）　王陽明の言行と書簡を，弟子がまとめた書。陽明学で最も重んじられる書であり，心即理，致良知，知行合一などのその根本思想が，陽明の語として語られる。

良知良能 Ⓑ (りょうちりょうのう) 良知とほぼ同義。もともとは『孟子』の中で、学ばずとも人間に生得的に備わっている良心(仁義の良心)を説いた語。王陽明は『孟子』のこの語を用いて、変動する現実の状況の中に理を見出し、正義を行なう人間の自発的な道徳能力を形容した。

同 良知 Ⓐ6

良能 Ⓑ (りょうのう) 良知とほぼ同義で、『孟子』のことば。人間が生得的にもつ道徳的な能力のうちで、善を善、悪を悪とはっきり知る知的な働きが良知、その善悪を実行する実践的な能力が良能とされる。

同 良知 Ⓐ6 良知良能 Ⓑ

5 道家の思想

老子 Ⓐ14 (ろうし) [生没年不詳] 道家の祖。『老子』(『老子道徳経』)の著者とされるが、生涯は伝説につつまれて明らかではない。その実在さえも疑う説もある。

『老子』も漢代のはじめに今日の形に定着したもので、その成立についても諸説がある。しかし、人間の社会や文化を人為的なつくりものとして退け、自然に帰って素朴・無為な生活の中で生を全うすることを説くその思想は、後世に大きな影響をあたえた。

その思想の中心は「道」の思想と、そこから導かれる「無為自然」の政治哲学、人生論である。老子における「道」は、儒家の説く仁義の社会的、道徳的道ではなく、天地万物に先立って存在し、万物を生み、秩序づける根源であり、原理である。それは名づけようもなく、語りえない神秘なもので、仮に名づけて「道」とよばれている。人間はこざかしい知恵や人為をすて、道と一体となって自然の摂理に身をゆだねることが「無為自然」であり、それこそが政治と人生の要諦であると説いた。

荘子 Ⓐ17 (そうし) [生没年不詳] 道家、老荘思想の代表的な思想家。本名は荘周。戦国時代の宋の人。孟子とほぼ同時代に活躍した。楚王は荘子の賢を聞き、高位をもって迎えようとしたが、とりあわず、悠々自適の隠居、自由人として生涯を送ったと伝えられる。

荘子の思想は老子と同じく道と無為自然とを説くが、老子があくまで国家の運営のために、諸侯に向かって無為自然を説いたのに対して、荘子には政治的現実の世界をこえた超俗的、宗教的境地への関心が強い。美醜、善悪、大小といったすべての区別や弁別は人為的で相対的なものであり、したがって万物は本来すべて斉しいとする「万物斉同(ばんぶつせいどう)」の思想を立てた。この立場から、生存の不安と苦悩を生みだす狭小な価値判断をのりこえ、何ものにもしばられず、名誉や利益にもとらわれず、生死に対する憂慮からも解放された自由人(真人(しんじん))となって、広大な道に遊ぶこと(逍遙遊(しょうようゆう))を理想とした。その思想は『荘子(そうじ)』33編として伝えられている。

老荘思想 Ⓐ2 (ろうそうしそう) 春秋時代の老子と、戦国時代の荘子とを開祖とする思想。儒教と同様に道を重んじるが、その道は無為自然の道であり、儒家が尊重する社会秩序や人倫の道は、むしろそこからの逸脱によって生じたつくりものにすぎないととらえ、人為を越えた自由の境地に遊ぶことを目標とする。後代、公的な正統思想となったのは儒教であったが、政治に失望・挫折した知識人を中心に、多くの人をひきつけ、また庶民にも受容されて、民間宗教である道教の母胎ともなった。

同 道家 Ⓐ3

道 Ⓐ6 (タオ Ⓑ) (みち) [Tao] 老子の中心思想。万物がそこから生まれ、そこに帰る根源をいう。老子は仮に名づけて道とよび、また名づけようもないから無であるともいった。儒家でいう道がおもに形而下の人倫の道であるのに対して、老子の道は形而上の神秘的なものである。

類 無 Ⓐ4

「大道廃れて、仁義有り。知恵出でて、大偽有り。六親和せずして、孝慈有り。

4章　中国の思想　**91**

「国家昏乱して，忠臣有り」 資料 **B2**

（だいどうすた－じんぎあ－ちえいで－だいぎあ－りくしんわ－こうじあ－こっかこんらん－ちゅうしんあ－）　老子の言葉で，儒家の主張を批判したもの。儒家は仁義や忠孝といった人倫の中での徳目を永遠不変のものと考えるが，じつはそうではなく，それらは老子のいう道，すなわち無為自然の本来の道が見失われてしまったために，後から人為的に説き出されたものにすぎないと説く。しかもこうした人為的な道徳は，かえって偽善を増長させるばかりで，世を悪くしているとさえ，老子は考える。

無為自然 **A2**（むいしぜん）　老子が大いなる道と，その道に即した人間の理想的なありようとを形容したことば。「無為」は人為・作為をすてること，「自然」は自らからそのようにある（然らする）の意で，さかしらな人為的努力を行なわず，天地全体の悠々とした運行の中で，そのもののありのままにまかせることである。万物の根源である道は，もとよりこの無為自然なあり方をしている。さらに，この道によって生み育てられる森羅万象もまた，そうである。四季の推移や日月星々の運行など，そこには何らの行為のあとはないが，万物は道の恩恵によって生成化育し，見事な秩序が実現されている。まさに自らそのようになっている。

　老子は，このような道および万物のありようである無為自然を，人間の理想的な生き方の原理，さらには政治の原理とした。個人の生き方としては，名利にとらわれず，無欲・無心に，**柔弱謙下**の処世術を用いて，与えられた生を全うするありようが無為自然にかなっているとされ，また統治のあり方としては，儒家のように礼楽によって民に干渉するのではなく，君主が徳によって，無干渉のままに民を治める為政のあり方が道にかなっているとされた。

　のちの荘子は，この無為自然をいっそう宗教的にとらえ，人為的な価値判断を去って，万物斉同の真理にめざめ，何ものにもしばられない自由な生き方として説き出している。

類 無為 **A2**

柔弱謙下 **A**（じゅうじゃくけんげ）　老子の基本的な考え方の一つ。剛強をさけ柔弱につき，

尊大をいましめて謙虚をよしとし，他者と競争せずに人の下につく生き方であり，無為自然に合致した生き方とされた。

　老子は，そのたとえとして，水を例にあげ，水があらゆる生物に恵みを施しながら少しも他と争わず，すべての人がさげすむ場所に満足しているあり方が，この柔弱のさまをよく示しているという。しかもこのような生き方こそ，柔よく剛を制して，最終的には勝利をおさめるとして次のように説く。「人の生まれたときは柔弱であるが死ねば堅強になる。草木が萌え出るときは柔らかであるが，枯れたときは固い。してみれば堅強は死の仲間であり，柔弱は生の仲間である。」（『老子』76章）資料

「上善は水の若し」 資料 **C4**（じょうぜんーみずーごとー）　老子の柔弱謙下の処世術を表現したことば。水はあらゆる生物に恵みをほどこしながら少しも他と争わず，しかも人の嫌がる低い位置に満足している。また柔らかい水は，堅い岩のように砕けることもなく安穏に存在し続け，最後には，長い間のしずくのしたたりが，岩を穿つことさえある。もっともすぐれた人間（上善）とは，普通に考えられるような自分の才を誇って周囲と争い，富や名声を勝ち取ってゆく人ではなく，むしろこの水のようにへりくだって，与えられた生をたのしむ人物なのだと老子は説いている。

小国寡民 **A6**（しょうこくかみん）　老子が思い描く理想郷で，無知無欲で素朴な人民が，少数で（寡なく），たがいに争わずに平和に暮らしている小国をいう。老子の考えでは，人民が争わないようにするには，こざかしい知恵をすて，太古の素朴に帰ることである。そこでは舟や車さえ不用となり，文字の使用もやめてしまう。鶏や犬の鳴く声が聞こえるほど近い隣国へさえ，人民は行こうともせず，自らに自足している。

　この理想は儒家への批判であり，同時に，戦国の七国のように，広大な領土のうえに中央集権制をしき，強大な武力をふりまわす王たちへの批判でもある。君主の最上の美徳は無為であり，人民に損害をあたえない不干渉である。こうした小国寡民こそ最良の統治のモデルであるとされる。「学を絶たば憂い無からん」 資料 と説か

第Ⅱ編

れ、儒家が修己治人をめざして行なう学問・修養はかえって世を乱し、憂いを生じさせるものととらえ、聖人・真人による無為の統治が夢想された。無為にして治まるのは、「道は常に為すなくして、而もなさざるはなし」資料といわれるように、道が神妙不測なもので、一見働いていないように見えても、天地の間のあらゆる事象にその微妙な働きが充満しているからだと考えられた。

『老子』 A (『老子道徳経』 C) (ろうし)(ろうしどうとくきょう)
老子の著とされる、老荘思想の基本教典。上下二巻、81章が残されている。諸国が覇権を争う現状や、それを正そうとする儒家を批判し、無為自然を真の道とする立場から、乱世を生きぬくための生き方(「柔弱謙下」)や、あるべき統治のあり方(「小国寡民」)が説かれる。

万物斉同 A6 (ばんぶつせいどう)
荘子の世界観の基本的な骨格をなす主張。『荘子』斉物論篇で説かれる。宇宙万物の根源である「道」の立場に立つと、万物には区別や差別がなく、すべてが斉しいと説く。人間は善悪、美醜、是非、真偽、生死といった区別を立て、それをめぐって争い悩む。しかし、そのような区別は、人間のせまく作為的な了見から与えられた相対的な認識でしかない。人為をこえて「道」と一体となった立場からみると、それらの相対的な区別はいっさい消え去り、無差別の世界が出現する。そこでは、すべてが等しい価値をもち、あるがままの存在がそのまま肯定される。善悪、美醜にとらわれず、真偽、是非の論争もやみ、いっさいの変化を自然のままに受け入れる境地に遊ぶことができるとされる。

類 斉物論 C

心斎坐忘 B2 (しんさいざぼう)
荘子が説いた、真人に至るための修養法。心斎は、心を虚にして、一切の作為的な分別をやめること。坐忘は、静かに坐していながら、自己を取り巻く外界も、自己自身も、そして坐っているということ自体も、一切を忘れること。この両者を通じて、人為的な区別を作り出す心の働き自体を停止することで、人間ははじめて天地自然と一体となることができると考えられた。

類 坐忘 B

無用の用 C (むようのよう)
老子、および荘子が説いた思想。例えば器は中が無(空洞)であることではじめて器としての用を果たせるように、一見無用のものであっても、じつは世界に欠かせない働きを担っているのだと説く。乱世に生きた荘子はさらに、建材にも薪にも使えない樹だからこそ伐採されずにすむように、あえて俗世の価値観からすれば「無用」であるかのように振るまうことで身にふりかかる災難を避けようとする、一種の処世術も説き出している。

真人 A7 (逍遙遊 A2) (しんじん)(しょうようゆう)
荘子の説く理想的人間。至人、聖人ともいう。荘子の理想はあらゆる外的制約から解放され、名声や富ももとめず、権力に屈せず、内なる精神の自由を謳歌して悠々適に生きることである。そのためには、万物斉同の真理にめざめ、無為自然なる「道」と一体とならねばならない。そのとき、あらゆるとらわれから自由になって、あるがままの自己を受け入れ、生死・禍福もおのずからなる運命として受け入れられるようになる。こうした境地に達した者を真人とよんだ。世俗をこえて宇宙の真理と一体となり、永遠無限の世界に遊ぶその真人の境地は、逍遙遊(=あてどもなくさまよい遊ぶ)とよばれた。

胡蝶の夢 B (こちょう-ゆめ)
『荘子』に見える寓話。荘子(荘周)は、夢の中で蝶となり、ひらひらと空中を飛び回ったが、目覚めるともとの荘周のままであった。荘子は、自分が夢の中で蝶になったのか、そ

▲ 胡蝶の夢(英一蝶画)

4章　中国の思想　**93**

れともいま蝶が荘周になった夢をみているのか，わからなくなったと述べる。この寓話を通じて，夢と現実，貧富，生死，美醜など，人間が当然と考えている区別が，万物斉同の真実の世界から見れば，相対的なものに過ぎないことを示した。また同時に，社会的な制約に囚（とら）われた人の身から，夢の中で脱し，自由な境地に逍遙遊するさまも示されている。万物斉同・逍遙遊を表現した寓話（ぐう）である。

『**荘子**』　Ａ④（そうじ）　荘子（荘周（しゅう））の著書。人物名との混同を避けるために，書物のほうを「そうじ」と読むのが慣例である。内篇・外篇・雑篇33篇が残っているが，荘子自身によるのは，このうち内篇7篇のみで，残りは後代の老荘思想家たちの加筆とされる。内篇の「斉物論（せいぶつろん）」「逍遙遊（しょうよう）」の2篇が，荘子の根本思想を示した篇として後代に愛読された。人の意表を突く巧みで壮大な比喩によって，人為的な価値観の相対性を知らしめ，真なる道に遊ぶことを説く。

道教　Ａ（どうきょう）　中国の伝統的な民族宗教。古来の民間信仰を土台に，道家や儒家の思想，さらには仏教の教え・儀礼を融合しながら，六朝から唐にかけての時期に確立した。教えの根本は，道と一体化して不老不死の神仙となることにあり，そのためのさまざまな実践（道術）を説いて，広く民間に流布した。仏教・儒教とともに三教とよばれるほどの勢力を誇り，現在も中国各地に道士（道教の僧）の住まう道観（どうかん）（道教寺院）が残っている。

第Ⅱ編

5章 芸術と人生

1 芸術の基本用語

芸術 **A**⑥(げいじゅつ) [art] 鑑賞(かんしょう)の対象となるものを作り出す活動・技術，またはそれによって生み出された作品のこと。文学，音楽，絵画，彫刻，建築，演劇，舞踊など多様な分野があるが，技術革新や時代・社会の変化にともない，芸術と認められるものは変化していく（写真芸術，アニメーション，コンピューターグラフィックスなど）。もとは職人の単なる手仕事として見なされていた絵画・彫刻・建築などが，ルネサンス期以降，精神の表現活動として認められていったのにともない，作り手の技術を指した art という語に，鑑賞・美的対象を創出する技術という意味が付加され，実用的技術と区別されるようになった。こうして，art を作り，用いる芸術家が誕生した。

美 **A**⑤(び) [beauty] 人間に快の感情を引き起こす，自然や芸術作品のもつ性格をあらわす語。プラトンは「美なるもの」が実在し，人間はそのような究極(きゅうきょく)の美（美のイデア）に近づこうとするものであると考え，美を真や善といった哲学的・倫理的価値と重なるものとしてとらえた。

これに対し，近代以降はカントのように，美的判断と倫理的判断を区別して考える観点が出てきた。また，カントは『**判断力批判**』で，美の認識において人間の想像力（「構想力」）が果たす役割に注目し，ゲーテも自然の美とそれを認識する人間の関係を論じた。さらにヘーゲルは，人間の精神から生まれた芸術美と自然美とを区別し，人間精神が自然よりも高いものであるがゆえに，前者の方がより優れているとした。

日本においても，古来，美的価値と倫理的価値は重ねてとらえられ，『万葉集』『古今和歌集』などでは，自然の美しさ（透き通った水，清潔な白砂等）が，人間の目指すべき理想として褒(ほ)め詠われてきた。

遠近法 **B**①(えんきんほう) 平面に空間的遠近感や立体感を表現する絵画技法のこと。その主なものとして，遠くにあるものが空気や光の影響で薄く青っぽく見える現象を画面上に再現する空気遠近法や，一定の視点から見ると遠く（画面の奥）へと向かう線は一点（消失点）に集中するという幾何学的知見に基づいた線遠近法（透視(とうし)図法）があるが，狭義には後者をさすこともある。線遠近法は，古くは古代ギリシャにその萌芽(ほうが)が見られ，ルネサンス期にブルネレスキ，アルベルティらによって確立された。ダ＝ヴィンチの「最後の晩餐(ばんさん)」は遠近法を駆使(くし)した代表的作品。

カタルシス [katharsis] 悲劇等を鑑賞(かんしょう)することで，心に鬱積(うっせき)していた恐れや憐れみといった感情が放出され，心が浄化(じょうか)されること。アリストテレスが『詩学』において悲劇が備えるこの効果を示したが，芸術一般に同様の効果があるとする考えもある。

マニエリスム [maniérisme] ルネサンスからバロックへの移行期にあたる16〜17世紀初頭に，イタリアを中心としてヨーロッパでさかんであった美術様式。語源のマニエラ[maniera]とは手法，様式を意味し，ダ＝ヴィンチ，ミケランジェロ，ラファエロら先人たちの手法を学び，さらに展開させていくことがめざされた。洗練された技巧によって曲線が多用され，不自然なまでに誇張(こちょう)された人体表現，非現実的な色彩を特徴とする。

バロック **C** [baroque] 16世紀末から18世紀にかけてヨーロッパ全土で流行した美術様式。調和と均整を重視するルネサンス美術に対し，強烈(きょうれつ)な明暗対比や劇的でダイナミックな構図を特徴とする。代表的作家に，マニエリスムの要素も強くルネサンスとの橋渡し的役割を果たしたエル＝グレコ，色彩や明暗表現に優れたカラヴァッジョ，ベラスケス，レンブラント，フェルメール，彫刻家・建築家のベルニーニらがいる。同様の特色を持つ文学や芸術様式の総称としても使われる。

バッハ **C** [Johann Sebastian Bach, 1685〜1750] バロック音楽を集大成したドイツの作曲家・音楽家。音楽家の家系に生まれ，オルガン奏者として活躍，並行して多

くの宗教音楽，器楽曲，声楽曲等を作曲し，近世音楽の祖とされる。代表作に「マタイ受難曲」「ブランデンブルク協奏曲」など。やはり音楽家として大きな足跡を残した息子たちと区別して「大バッハ」とも呼ばれる。

ロココ ［rococo］ バロックの後，フランスを中心とする18世紀のヨーロッパで広まった美術様式。荘重(そうちょう)・重厚なバロックに比べ，当時の宮廷文化や貴族階級の享楽(きょうらく)的精神性を背景に，軽快優美で装飾(そうしょく)的傾向を持つ。

古典主義 **Ｃ** (こてんしゅぎ)［classicism］ 古代ギリシャ・ローマの芸術作品や思潮を理想，規範とし，合理性や調和を志向する立場や傾向のこと。ルネサンスがその先駆(せんく)であり，17〜19世紀のヨーロッパで広く見られ，文学のラシーヌやゲーテ，シラー，音楽の**モーツァルト**らが代表者である。

　また特に，バロックやロココへの反動から18世紀末〜19世紀前半に主流となった，規範的・権威的なものを強調する芸術上の傾向を新古典主義［neoclassicism］と呼ぶ。ナポレオンを題材に「英雄」などを作曲したベートーヴェン，「ナポレオンの戴冠(たいかん)」など当時の人物，歴史画を多く描いたダヴィドらが挙げられる。

ロマンティシズム ［romantisism］ 18世紀後半〜19世紀前半に，ヨーロッパで隆盛(りゅうせい)した思潮・芸術運動。ロマン主義。理性や形式，権威を重視する同時代の古典主義（新古典主義）や啓蒙主義への反発もあり，個性や情緒，想像力，自由な表現を重んじた。その理想主義的な発想から，当時台頭しはじめた市民階級や革命運動とも結びつき，時事問題や架空(かくう)の世界を題材とした作品が多く作られた。文学では，憂愁(ゆうしゅう)や異国情緒に溢れた詩を詠みギリシャ独立戦争に参加したバイロンや，『レ・ミゼラブル』で知られるユゴー，美術では「民衆を率いる自由の女神」「キオス島の虐殺」などを描いたドラクロアらがいる。

マーラー **Ｃ**［Gustav Mahler, 1860〜1911］ オーストリア出身の，後期ロマン主義を代表する作曲家，指揮者。民族的旋律(せんりつ)を基調にし，一般的ではない楽器も含めた大編成のオーケストラと声楽パートによる長大な交響曲や歌曲を残した。代表作

に交響曲「大地の歌」など。

リアリズム **Ｃ**［realism］ 現実を美化・理想化することなくありのままに描写しようとする芸術上の立場。写実主義。ヨーロッパではロマン主義への反動として，19世紀半ばに興(おこ)った。美術では当時の庶民のありようを描いたクールベやドーミエがおり，フローベール『ボヴァリー夫人』，ゾラ『居酒屋』などに代表される文学のリアリズムは自然主義へと展開していった。

印象主義 (いんしょうしゅぎ)［impressionism］ 19世紀の後半からフランスで興った美術様式。絵画では，事物を客観的に写し取るのではなく，事物が画家に与える印象を，あらたな色彩表現や光線理論によって描こうとし，「睡蓮(すいれん)」等の連作で光や色彩の変化を独自の方法で表現したモネや，肉体の輝きを題材にしたルノワールらが先駆(せんく)。

　その後，激しい筆致と鮮やかな彩色で情念を表現したゴッホ（「自画像」）や，対象を球や円錐(えんすい)など幾何学的にとらえてその存在感を描きだそうとしたセザンヌ（「りんごとオレンジ」），民俗文化に惹(ひ)かれ，人間の生について問いかけるような作品を描いたゴーギャン（「我々はどこから来たのか，我々は何者か，我々はどこへ行くのか」）ら，ポスト印象主義（後期印象主義）とも呼ばれる潮流が登場し，その単純な輪郭(りんかく)線や平面的な表現，ラフな筆触などの表現は，従来の西洋絵画の伝統から20世紀以降の現代絵画への橋渡しともなった。

　音楽では，西洋音楽の伝統にない音階を駆使(くし)して感情や雰囲気を表現しようとしたドビュッシーやラヴェルらが活躍した。

キュビスム ［cubisme］ 20世紀初頭のフランスを中心として興った美術運動で，立体主義，キュービズムともいう。対象を立方体や球体など幾何学的形態に分解，それを複数の視点からとらえて再構成し，ルネサンス以来の西洋絵画の伝統である単一視点の遠近法から脱却した。代表的な作家に，ナチス-ドイツによるスペインの小都市ゲルニカへの無差別爆撃を題材に「ゲルニカ」を描いたピカソやブラックらがいる。

フォーヴィスム ［fauvisme］ 20世紀初頭のフランスに興った美術運動で，野獣(やじゅう)主義ともいう。対象を実物どおりに描くこ

とを否定し，画家の主観を自由な色彩と筆触によって表現した。代表的な作家にマティス，ルオーらがいる。

シュールレアリスム［surréalisme］ 1920年代のフランスで興った新芸術運動で，**超現実主義**と訳される。フロイトの精神分析の影響を受けて，潜在意識や非合理なものを表現することをめざした。非理性的，想像的，非現実的な表現を特色とする。代表的人物に，「形而上絵画」と呼ばれる幻想的な作品を描いたキリコ，夢や意識下の世界を描いたダリや超現実的な光景を描いたマグリット，詩人・小説家のアラゴンらがいる。

パウル＝クレー C［Paul Klee, 1879～1940］ スイス生まれの画家。子どもが描くような筆致で表意的・抽象的絵画を多く残し，その情念や感覚に訴える作品は，1960年代のアメリカで大量生産・消費社会といった日常を肯定したポップアートなどにも影響を及ぼした。代表作に「パルナッソス山へ」など。音楽や詩，文学への関心も深く，1921年から31年まで美術・建築の総合学校であるバウハウスで教鞭をとり，美術理論の研究者としても活躍した。

パブロ＝カザルス C［Pablo Casals, 1876～1973］ 現代チェロ奏法を確立したスペイン・カタルーニャ地方出身のチェロ奏者，指揮者，作曲家。音楽学校で教えられたチェロ奏法に違和感を抱きその改良に取り組み，チェロ演奏の幅を格段に広げた。また，それまでは練習曲と考えられていたバッハの「無伴奏チェロ組曲」を研究，その真価を再発見し，世に知らしめた。スペインのフランコによる独裁政権に抗議し，晩年はプエルトリコに移住。カタルーニャ民謡「鳥の歌」の演奏を通して平和を訴えた。

東山魁夷（ひがしやまかいい）［1908～99］ 日本画家。東京美術学校卒業後，1933年～35年にかけてドイツ・ベルリン大学で美術史を学ぶ。夕影に映える山並みを美しい色調で描き日展の特選を受賞した「残照」（1947年），まっすぐにのびた道を描いた単純な構図の中に豊かな詩情をたたえた代表作「道」（1950年）など，自然に対する観照の深さを感じさせる風景画が高く評価されている。

岡本太郎 C（おかもとたろう）［1911～96］ 画家・芸術家。父は漫画家の一平，母は小説家で歌人のかの子。1929年に一家で渡欧し，40年までフランス・パリに滞在。パリ大学で美学や民族学を学びながら，抽象芸術運動にも参加した。戦後は日本の前衛芸術運動を推進し，原色と激しい筆致が特徴的な絵画や独特なモチーフを使った立体作品を数多く制作するのと並行して，芸術論も執筆。縄文土器の中にある芸術性を掘り起こし，沖縄・東北の文化・伝統の再評価に貢献した。1970年の日本万国博覧会ではテーマ館展示プロデューサーをつとめ，「太陽の塔」を制作し話題となった。

2 作品群

シュールレアリスム

「大家族」 B（マグリット画）（だいかぞく）（-が）
シュールレアリスムの代表的作家マグリット（1898～1967）の代表作（1947年）。マグリットは，この作品に見られるような「デペイズマン（配置転換）」と呼ばれる，意外なもの同士の組み合わせによって超現実的な光景を多く描いている。他にも，パイプの絵の下に「これはパイプではない」という言葉が書かれた「イメージの裏切り」など，言葉とイメージの関係を問うような作品も制作し，美術のみならず言語学や哲学など多方面に影響を与えた。

遠近法の視点

「最後の晩餐」 B②（ダ＝ヴィンチ画）（さ

5章 芸術と人生 97

(いご-ばんさん) (-が)　イタリアの美術家・科学者でルネサンス期を代表する人物であるレオナルド＝ダ＝ヴィンチ（1452〜1519）による、遠近法を駆使した代表的作品（1494〜98年　サンタ-マリア-デッレ-グラーツィエ修道院）。イエス＝キリストと十二弟子の最後の晩餐の席で、キリストが「ここにいる弟子の一人が私を裏切る」と予言した際の様子を描いている。この作品では消失点が中央のキリストの、向かって左のこめかみの位置に置かれ、画中のすべての要素がそこに集中するように構成されており、奥行きを表現する透視図法が、主題の表現の効果をも劇的に高めるべく的確に使われている好例。

曲一双、東京国立博物館　1595年頃）。
　等伯はこの作品で、室町時代の僧・雪舟（代表作に「冬景山水図」など）が確立した日本独自の水墨画画風をさらに進め、余白を効果的に配すことで、松林を詩情豊かに描くことに成功した。これは桃山文化の特徴のひとつである、抑制を旨とするわびの精神を表現したものといえるが、その一方で彼はほぼ同時期に、金と濃彩を使って豪華さを追求した金碧画「智積院障壁画」も制作しており、権力や物質的豊かさをめざす桃山時代のもうひとつの側面も描き出している。

東西の比較の視点

「ミッテルハルニスの並木道」（ホッベマ画） (-なみきみち) (-が)　オランダの風景画家ホッベマ（1638〜1709）による作品（1689年）。遠近法を駆使した代表例とされる。主題である道とそこに植えられた木を中心に、風景全体が画面奥の**消失点**に向かって描かれ、奥行きの深さを感じさせることに成功している。

構図について

「夜警」（レンブラント画） (やけい) (-が)　バロックを代表するオランダの画家レンブラント（1606〜69）による、市民自警団の出動場面を描いた集団肖像画（1642年）。一般的に集団肖像画では登場人物が平等に描かれるが、強い光が斜め上から差し込む構図によって中央の二人の人物が浮かび上がり、その対比によって周囲は影の中に沈み込むことで、劇的・動的な効果をあげている。

「松林図屛風」（長谷川等伯画） (しょうりんずびょうぶ) (はせがわとうはくが)　桃山時代の画家長谷川等伯（1539〜1610）の屛風画（六

「宮廷の侍女たち」(ベラスケス画)

(きゅうていのじじょ-)(-が) バロックの代表的画家、スペインのベラスケス(1599〜1660)の作品(1656年)。「ラス・メニーナス」とも呼ばれる。王女マルガリータを侍女たちが囲み、その背後にキャンバスに向かうベラスケス自身、さらに鏡に映った王と王妃がキャンバスの下半分に集中して描かれるこの絵の構図は、過去多くの議論を呼んできた。遠近法により奥行と立体感が表現され、陰影が効果的に用いられている本作は、集団肖像画の最高傑作ともいわれる。

光と影
「青いターバンの娘」(フェルメール画)

(あお-むすめ)(-が) オランダ・バロックの画家フェルメール(1632〜75)の代表作(1665年頃)。「真珠の耳飾りの少女」とも呼ばれる。フェルメールの他の作品にも共通する青と黄を主調とする色彩は、斜め上から差し込む光とそれによって作られる陰影との対比でより鮮やかに浮かびあがり、真珠の耳飾りは輪郭を描かずに光の反射だけで描写され、作者の技倆的特徴が凝縮された作品といわれる。

継承・模倣の視点
三美神 C

(さんびしん) ギリシャ・ローマの神話に登場する美と優雅の女神たちで、カリテス、グラチアエとも呼ばれる。ゼウスとエウリュノメの間に生まれたアグライア(光輝)、エウフロシュネ(歓喜)、タレイア(花の盛り)の三人姉妹で、古代から何度もくり返し図像化されており、美術史の研究テーマとしても重要な題材となっている。

「春」A2 (ボッティチェッリ画 B5)

(はる)(-が) 「ヴィーナスの誕生」と並び、ボッティチェッリ(1445〜1510)が描いた、ルネサンス期を代表する作品(1482年頃)。「ラ-プリマヴェーラ」とも呼ばれる。愛と美の女神であるヴィーナスを中心に、花の女神フローラ、三美神などギリシャ・ローマ神話に題材をとった、ルネサンスらしい作品であるが、その神々の姿は、優美な曲

線の多用など，のちのマニエリスムへの影響をも予料(りょう)させるものとなっている。

時代・社会情況の反映

「**病める少女**」（ムンク画）(やーしょうじょ) (-が)　ノルウェーの画家ムンク(1863〜1944)の作品(1885〜86年)。「病める子」とも呼ばれる。幼少の頃に母と姉を亡くしたムンクは，不安・欲望・恐怖・孤独・愛・死など人間の抱える不安や緊張を対象に投影し，強烈な色彩や平面的表現で描いた作品を多く生み，ドイツ表現主義の先駆者といわれる。この作品では，病床の少女の手を握りうなだれる母と，達観したかのような穏やかな表情を見せる少女が，心理・感情がにじみ出るかのように素描(そびょう)風の筆致で描かれている。

他の代表作に，少女のこわばった表情や体に思春期独特の不安定さを描き出した「**思春期**」，〈生命のフリーズ〉という連作として発表された「**叫び**」「**不安**」など。

「**民衆を率いる自由の女神**」（ドラクロア画）(みんしゅう-ひき-じゆう-めがみ) (-が)　フランスの画家ドラクロア(1798〜1863)が1830年に起こったフランス七月革命を題材に描いた作品(1830年)。フランス共和国を擬人化した女性(自由の女神)に導かれて蜂起(ほうき)する民衆を描いたこの絵は，既存の権威や社会的価値を否定し，時事問題をも積極的に題材とするロマン主義を代表する作品とされる。

ドラクロアは他にも，神話的世界を描いた「**ダンテの小舟**」，ギリシャ独立戦争中のトルコ軍の蛮行に材を取った「**キオス島の虐殺**」，アッシリア王サルダナパールの最期を描いた歴史画「**サルダナパールの死**」など，ロマン主義の時代を象徴するドラマティックな作品を多く残している。

第Ⅲ編 日本の風土と思想

竜安寺の石庭〔京都府〕

1章 日本人の考え方

1 風土と自然観・宗教観

日本の風土 Ａ② (にほん-ふうど) 「風土」は「自然」に近い語だが，客観的な自然の事物だけでなく，人々の自然との関わり合いや，その生活に取り入れられた自然をもふくむ。たとえば日本の風土を特徴づける梅雨や里山なども，単なる自然の事物ではなく，稲作農耕という生活様式の中に不可分に組み込まれた事象であり，これらを「風土」とよぶ。こうした日本の風土の特徴としては，**四季の変化**に富むことや，季節風による夏の高温多湿と，それによる植物の旺盛な繁茂，また台風・積雪・地震などの**自然の猛威**が挙げられる。こうした風土によって，情緒の豊かさと激しさ，自然への畏敬，また共同作業の不可欠な稲作の特性にもとづく集団主義といった，日本人の精神性が培われた。

稲作農耕文化 Ｃ (いなさくのうこうぶんか) 日本人の精神生活の基底をなす文化。稲作の起源はアッサム－雲南の山岳地帯か，あるいは長江（揚子江）流域と考えられている。東南アジアなどでは，大河流域の湿地帯の自然の地形を生かした粗放的な稲作も見られるが，日本に伝播してきた水田農耕は，綿密な計画性と人手とを必要とする，区画された水田での水稲栽培である。

この型の稲作は水利・灌漑，田植えや収穫など，共同体単位での各種の共同作業を必要とすることから，日本では村落を中心とする強い社会的統合が生まれた。また宗教面でも，稲魂信仰や田の神神事など，稲の生育や豊作を願うさまざまな儀礼や信仰が発達した。

類 水稲耕作 Ｂ

村落共同体 Ｂ② (そんらくきょうどうたい) 遊牧や焼畑，あるいは小麦の輪作といった他の文化圏における農牧業の形態とは異なり，日本の水稲栽培は，別の土地に移る必要がなく，毎年同じ土地（十分な水・気温・日照量が得られる平野部など）で収穫が可能である。しかも田植えや水路の保全など集団で協力して管理を行なう必要があるため，きわめて固定的で，強力な結びつきをもっ

た村落共同体が形成されることになった。いわゆる**ムラ社会**であり，多くの人が稲作農業を生業としなくなった今日でも，日本社会の特質をなしている。定期的な祭事（年中行事，村祭り）によって再確認される共同体の結びつきは極めて強いが，その分，多くのしきたり（**習俗**）が張りめぐらされ，それに違反した者や，新参のよそものを「**村八分**（火事と葬式との二分以外はムラのつきあいをしないの意）」などとして排除する傾向もみられる。

同 ムラ **C**

和辻哲郎 **A**10（わつじてつろう）[1889〜1960]
大正・昭和期の倫理学者，哲学者。ニーチェやキルケゴールなど実存哲学の研究から出発したが，のちに日本文化に美や卓越性を改めて見出し，『古事記』神話や仏教美術の研究におもむいた。とくに清新な筆致で天平の仏教美術の美を再発見した『古寺巡礼』は，教養主義の時代の青年たちに熱狂的に読まれた。

官命でのドイツ留学（1927年）の途次に立ち寄った，東アジア・南アジア・中東・地中海沿岸などの寄港地それぞれの風土や気質の違いに着目し，各々の風土が人々の情緒・思想・芸術・宗教などに決定的な影響を及ぼしているとする『風土』を著す。この書の方法論は，人間存在の具体的なありようを現象学的に分析するハイデガーの『存在と時間』に学びつつ，いっそう具体的な人間の姿に迫ろうとするものである。

帰国後は京都帝大，つづいて東京帝大の倫理学教授となり，独自の「人間の学」としての倫理学を提唱した。

『風土』 **A**4（ふうど）　和辻哲郎の著書。1935年刊。世界の各地域のそれぞれに特色ある民族性・国民性を，それぞれの風土との関わりから考察する。具体的には，世界の風土をモンスーン（季節風）型・砂漠型・牧場型の三種に分類し，そのそれぞれを東アジアおよび南アジア・西アジア（中東のイスラーム圏）・西ヨーロッパに対応させた。このそれぞれの風土が，各地域の人々の感情の傾向から，芸術・思想をへて宗教に至る全精神生活を規定しているさまを，きわめて流麗な文体で描き出した。

この書では，日本はモンスーン型の風土に分類されるが，夏の台風・冬の豪雪のような四季の推移の激しさ（「熱帯性と寒帯性との二重的性格」）が，独特の性質を日本人の気質に与えているとされる。つまり，自然の猛威にさらされる東・南アジアのモンスーン型風土の人間を特徴づけるのは受容的・忍従的な性格だが，日本の気候の突発性は，さらにそのうえに「しめやかな激情」「戦闘的な恬淡」を日本人に与え，「あきらめでありつつも反抗において変化を通じて気短に辛抱する忍従」という複雑な日本人の国民性を形成したと分析されている。哲学的な日本人論・日本文化論の先駆けであり，しかもその広く鋭い視野や，生気ある記述によって，現代まで読み継がれている。とくに戦後においては，日本人の国民性・民族性の原理的な説明を明示した書として，繰り返し読み返される書である。

モンスーン型 **A**（-がた）　『風土』における風土の三類型の一つ。日本，中国，東南アジア，インドなどの諸地域がモンスーン型風土に属する。モンスーンは夏・雨期に熱帯の大洋から吹きつける，水蒸気を多分に含んだ季節風である。そのため，モンスーン地域の気候は暑熱と湿気との結合を特性とする。こうした湿潤な気候は，人間のうちに自然への対抗心をよびおこさない。多量の水蒸気と暑熱は，自然の恵みとして，植物を旺盛に繁茂させるため，人は自然に対して**受容的**になる。しかしその一方で，またモンスーン地域の自然は，人間に暴威をふるい，大雨，暴風，洪水をもたらす。それは人間に対抗を断念させるほどに強力であり，人を自然の暴威に対して**忍従的**たらしめる。

このように，モンスーン地域には，自然の猛威の前には耐え忍びつつ，一方で自然の恩恵を受けて生活するという関係がみられる。こうして恵みと暴威との両方の性格をもったモンスーン地域の自然に対しては，人はただ畏敬の念を抱くことになり，あらゆる自然の事物に神が宿るという汎神論的な思考が育まれるとされる。

砂漠型 **B**2（さばくがた）　『風土』における風土の三類型の一つ。西アジアやアフリカに対応する。砂漠型の風土の地域においては，

第Ⅲ編

モンスーン型の風土と違い，極度の乾燥が，生物を育まない不毛の大地をつくりあげている。ここでは自然は，人間にまったく恵みを与えることはなく，ただ人を飢えや渇きによって死に追いやろうとする脅威的な存在として現れる。しかも，人はこの自然の脅威と闘いつつ，同時に他の他の人間の集団とも，乏しい水源や草地をめぐって戦わなければならない。それが砂漠型の風土に生きる人間に**対抗的，戦闘的**な性格をもたらすとされる。さらにこの風土のもとでは，人は部族単位でしか自然および他集団との闘争に勝利できないため，部族の全体意志への服従がなによりも要求されることになる。

そこで，この風土における神は，自然と対抗し，自然を支配しようとする人間の全体性を集約的に表現した人格神として，思い描かれることになる。具体的にはユダヤ教・キリスト教・イスラーム教などの一神教で信仰される人格的な**唯一神**が，この砂漠型風土の産物とされる。

牧場型 Ａ②（ぼくじょうがた）　『風土』における風土の三類型の一つ。ヨーロッパがこれに該当する。日光のとぼしさと夏の乾燥のため，ヨーロッパでは雑草が育たず，冬の湿潤は牧草を生育させる。ここでは自然が人間に対して従順であり，自然の暴威はまれである。こうした地域では，自然は整然と消長を繰り返し，**合理的**な姿で現れてくる。そこで人は自然のなかから規則を見いだし，その規則に従って自然にのぞむと，自然はさらに従順に人間の意志にしたがう。ヨーロッパの**自然科学**の発達は，この風土の産物と解される。

二重性格 Ｃ（にじゅうせいかく）　『風土』において，日本の独自な風土と，それに基づく日本人特有の精神性を表現した言葉。夏に太平洋上から湿潤な季節風が吹きつける日本は，モンスーン型の風土に分類されるが，夏の台風・冬の豪雪に見られるように，季節の変化が突発的で，かつその寒暑の幅が極端に大きいことが，熱帯性と寒帯性との「二重性格」として，日本の風土の一特色となっている。

この二重性格が，独特の性質を日本人の気質に与えているとされる。つまり，モンスーン型風土の人間特有の受容的・忍従的な性格に加えて，日本の気候の二重性格は，「しめやかな激情」「戦闘的な恬淡」を日本人に与え，情に厚いがかっとなりやすく，またあまり物事に執着しない，小ざっぱりとした日本人の国民性を形成したのである。

照葉樹林文化 Ｃ（しょうようじゅりんぶんか）　中国の西南部から西日本にかけて分布する，照葉樹（カシ・シイ・クスなどの常緑広葉樹）の森林地帯の，文化的な共通性に着目して提唱された文化圏。養蚕，大豆の発酵食品（みそ，納豆）や餅，茶を飲む習慣，祭りや神話などの類似性がある。なお，東日本は，中国の北東部や朝鮮半島と共通点が多く，ともに**ナラ林文化圏**に属するとされる。

正直 Ａ⑨（せいちょく）　神道の根本的な徳。古代には「清き明き心」といわれていたものだが，次第にこの「正直」に置き換わっていった。もとは祭祀において神に対する際の，清らかで緊張に満ちた心身の構えを指していたが，のちには祭祀の場を離れて，日常生活における私心の無さや，うそをつかないことといった，日常道徳的な内容をもつに至った。

〔同〕清き明き心 Ａ③　〔類〕誠 Ａ②

誠 Ａ②（まこと）　儒教の主要な徳目のひとつ。とくに『中庸』で強調される。他者と対する際にうそをつかず，私心なく他者のために尽くすというきわめて日常的な道徳的態度から，「誠は天の道」というように，天地万物の生成変化を貫く根本法則までを広くおおう概念である。このような「誠」の意味の広さは，儒教の**天人相関**（てんじんそうかん）の思想に基づいている。儒教が広く学ばれた江戸時代の日本では，山鹿素行や伊藤仁斎らによって，外形的な礼儀を重んじる「敬」よりも，偽りなく，純粋な心で他者と関わるという「誠」が重視されていった。日本の「誠」重視の伝統は，吉田松陰ら幕末の志士たちが，純粋な心情である「至誠」を運動のスローガンとしたことにまで引き継がれている。

日本神話 Ａ②（にほんしんわ）　神々の事跡として，日本の国土や国家の成り立ちを語る物語。通史的・体系的に整理された『古事記』と『日本書紀』とが根本資料だが，『風

1章　日本人の考え方　103

土記などや祝詞などの古代の文献にも，かなりの断片がふくまれている。

『古事記』 **A**15（こじき）　奈良時代に成立した，日本最古の歴史書。「帝紀」「旧辞」とよばれる古い資料をもとに，稗田阿礼が口誦し，太安万侶が筆記したもの。『日本書紀』と大筋の内容は同じだが，特殊な表記によって日本語の響きを保存しようとしていることや，歌や恋物語を多く載せていることに特徴がある。『日本書紀』と違って公式の歴史書ではなかったので，江戸時代まではあまり重視されなかったが，江戸時代中期の本居宣長の研究，『古事記伝』を通じて，広く読まれることになった。天地の始まりから，推古天皇の治世までが語られる。

『日本書紀』 **A**7（にほんしょき）　奈良時代に舎人親王らにより編纂された歴史書。『古事記』と並び日本の神話の根本資料である。『古事記』よりも儒教思想や老荘思想からの影響が色濃く見られるが，公式の歴史書として時代を通じて尊重された。『古事記』と同様に「帝紀」や「旧辞」を資料としているが，本文記述とは別に，異なる伝承や記録を「一書に曰く」という形で列挙しているのが特徴的である。

八百万神 **B**3（やおよろずのかみ）　「八百万」はきわめて大きな数であることを示す表現で，決まった数ではない。岩，大木，川，動物など，あらゆる自然物にそれぞれ神が宿っているという，日本人の多神教的でアニミズム的な感覚を表す呼称。太陽や作物など人間に恵みをもたらすものだけでなく，猛獣や氾濫する河川など，人間に害をもたらすものもふくめて，威力をもち，人に畏敬の念をもよおさせるもの全てが，神として祀られた。

伊邪那岐命 **B**4・**伊邪那美命** **B**6（いざなきのみこと・いざなみのみこと）　記紀神話において，日本の国土と神々とを生んだ男女の二神。日本列島を形成する島々や，火・山・風・川などの自然を司る神々が，この二神の間に生まれたと語られる。その最後に生まれたのが，天照大神・月夜見命・須佐之男命の三神である。また『古事記』や『日本書紀』の「一書」では，国生みの途上で命を落とした伊邪那美命を，伊

邪那岐命が黄泉国まで追ってゆく有名な物語が語られる。

天照大神 **A**10（あまてらすおおみかみ）　伊邪那岐命・伊邪那美命の子として生まれた女神。神々の世界である高天原の中心的な神で，皇祖神として後代重視され続けた。太陽を神格化した存在であるといわれ，最高神的な性格をもつ。記紀神話において，弟である素戔嗚命の暴力に心を痛めて天の岩戸に隠れてしまい，高天原の神々が知恵と工夫とを凝らしてそこから誘い出す「岩戸隠れ」の伝説が有名である。

また，和辻哲郎は日本神話に登場する多数の神々を，「祀る神」と「祀られる神」とに分類した（『日本倫理思想史』）が，この天照大神は，高天原の主宰者として「祀られる神」でありながら，同時に「祀る神」としての性格ももっていることが注目されている。すなわち，神話の神々の中には，はっきりした形姿をもたなかったり，あるいは岩や獣などの自然物の姿であったりして，周囲の人びとによって「祀られる神」が存在するのはもちろんだが，そのほかに，人間と同様の人格と身体とをもち，他の神の祭祀を行う「祀る神」も存在する。天照大神は，高天原で何ものかを祀っている様子が記紀神話に描かれており，この「祀る神」としての性格も併せもっているのである。

類 皇祖神　祀られる神 **C**　祀る神 **C**

祭祀 **B**3（さいし）　神や祖霊などの超自然的な存在を祀ること。どのような宗教や文化にも見られるが，一般に，日常とはきびしく区別された非日常的な儀礼として執り行われる場合が多い。日本でも多くの祭祀遺跡が出土し，はるか縄文時代から，祭祀が行われていたことが知られている。

皇祖神（こうそしん）　皇室（天皇）の先祖とされる神。ほとんどの場合，記紀神話の中で天皇の直系の先祖とされている天照大神を指す。

類 天照大神 **A**10

須佐之男命 **C**（**素戔嗚命** **C**2）（すさのおのみこと）　天照大神の弟にあたる神で，荒々しい性格で知られる。暴風を神格化した存在とされる。高天原で暴れて天照大神の岩戸隠れを引き起こし，追放された。その後出雲

第Ⅲ編

国(いずも)に降り，八岐大蛇(やまたのおろち)を退治して出雲の神々の祖となった。乱暴で武勇に秀でる神であるが，和歌の始祖としての一面ももつ。

大国主命 **C**② (おおくにぬしのみこと)　『古事記』に記された出雲神話の主神。素戔嗚尊(すさのおの)の子孫で，現在の出雲大社の祭神である。国作りを行ない，地上の統治者として君臨したが，天皇の祖先であり，高天原から天下った瓊瓊杵命(ににぎのみこと)に国を譲って，退隠した。また，各地のヒメと恋をし，歌を交わす色好みの神としても知られる。

ヤマツミ　山の神。記紀神話では，高天原から降臨した天津神(あまつかみ)に対する土着の神，国津神(くにつかみ)であるオオヤマツミ神として登場する。娘のコノハナサクヤヒメとともに，山を祀る神社の祭神として，ひろく信仰されている。

ワタツミ (ワダツミ)　海の神。記紀神話では天孫降臨以前から地上に住む国津神(くにつかみ)のひとり，オオワタツミ神として登場する。その宮殿である海底の国は，常世(とこよ)や竜宮城といった，海の彼方の理想郷のイメージの源流となった。

ムスビ　「産霊」や「産巣日」と表記される。万物を生成し，成長させる神秘的な力。日本の神話や信仰の中で伝統的に重視され，『古事記』では天地のはじまりに際して，高御産巣日(たかみむすひ)と神産巣日(かみむすひ)との二柱のムスビの神が生まれたと伝えられる。

氏神 **C** (うじがみ)　本来は血縁でつながる氏族集団(藤原氏，橘(たちばな)氏など)が，その一族の祖先神として祀る神。しかし後代には血縁関係はなくとも，同じ地域に住む者たちがその土地の神として共同で祀る神をもさすようになり，産土神との区別が明確でなくなっていった。

類 産土神 **C**②

産土神 **C**② (うぶすなのかみ)　その人が生まれ落ちた土地の神。血のつながる人びと(血縁集団)が共に祀るのが氏神であるのに対し，血はつながらなくとも同じ土地に生まれ，住まう人びと(地縁集団)が共に祀るのが産土神であるが，中世以降，両者の区別があいまいになっていった。

類 氏神 **C**

田の神 **C** (た－かみ)　稲作農業を守護し，豊饒

をもたらす神。古来日本は稲作農業に立脚した社会だったので，あらゆる地域で，また歴史を通じて，信仰され続けた。記紀神話の稲魂(いなだま)神や年神，あるいは仏教的な稲荷神(いなりしん)など，多くの姿でイメージされたが，柳田国男(やなぎたくにお)は，その正体を，稲作を営むその家の祖霊(それい)であると論じた。

年の神 **C** (とし－かみ)　正月ごとに，その年の吉方(えほう)から来臨して，その年の福をもたらす神。門松は本来，この年の神が憑依(ひょうい)するための依代(よりしろ)である。田の神と同体であり，その正体は祖霊であるとする言い伝えも各地に多く残されている。

霊魂 **B**⑥ (れいこん)　人間の身体や，物に宿るとされる超自然的な存在。日本のみならず，多くの文化集団のなかで信じられてきた。

同 タマ **B**

タマ **B**　日本人の伝統的な霊魂観。人間のみならず，草木・獣・岩石・川など，万物に宿るものと考えられてきた。人間のタマについては，時に身体から遊離するものと考えられていた。生きている間にも，生霊(いきりょう)として身体から遊離し，また死後も祖霊や怨霊など，さまざまな形で身体と離れてタマは残存し続けると考えられていた。「憧(あこが)れ」とは元来，強い慕情や嫉妬(しっと)によって，霊魂が身体から離れて，その情念の対象(恋人など)のもとへと遊離してしまったさまを示す語であった。

同 霊魂 **B**⑥

言霊 **C** (ことだま)　言葉にこもると信じられる神，あるいは神のはたらき。『万葉集』に多くの用例が見られる。口に出された言葉は，その言葉通りの内容を実現するという信仰を中核とする。そこで，不吉な内容を口に出さないようにする(「言挙(ことあ)げを忌(い)む」)，あるいは逆は田植えや旅の出発などの際に，目的のめでたい成就をあらかじめ言葉に発しておく(予祝(よしゅく))といった，さまざまな言葉についての儀礼が発達することになった。

呪術 **B** (じゅじゅつ) [magic]　神や精霊などの超自然的な存在の力に訴えることで，豊作や勝利などの現実的な目的を達成しようとする術策や，それを用いた行為そのもの。一般に，いまだ近代的な自然科学を知らない文化共同体における，自然や他者への基

本的な働きかけ方ととらえられる。

同 魔術 C

祖霊 C （それい）　すでに他界した祖先の霊。日本の伝統的な信仰の中では、この祖霊への崇拝が重要な位置を占めている。死者はまずは個別の霊として遺族によって祀られるが、死後33年目の「弔い上げ」からは、個としての性質を失い、先祖たちの霊魂の集合体である祖霊へと融合するものと考えられた。現代にも残る正月や盆の儀礼は、元来この祖霊を迎えるためのものである。

祖先神 C （そせんしん）　祖霊が子孫による供養を受け、長い月日がたって神として祀られたもの。

類 祖霊 C

祟り A3 （たた-）　もともとは、神が人間の前に立ち現れること一般を意味する語。神の示現の際には飢饉や疫病などの、人間にとっての災厄が引き起こされるのが常であることから、後代には、とくに神の怒りによるものと感じられる災厄を指す言葉となった。

類 祟り神 B

怨霊 C （おんりょう）　この世に無念を遺して死んだ者の霊。平安時代以降、菅原道真や平将門らが、戦争や政争での敗北者たちの霊が疫病や大火などの災厄をもたらすと信じられるようになり、その霊を慰めるために御霊会や念仏、あるいは能などのさまざまな鎮魂の儀礼が発達することとなった。

同 御霊 C

御霊信仰 2 （ごりょうしんこう）　特に高貴な身分の人の霊、または怨霊を御霊とよぶ。御霊信仰は平安時代にさかんとなった。菅原道真の霊を祀る北野天満宮はその鎮魂のためにつくられたもので、いまに続く御霊信仰の代表的な例である。

▲落雷の祟りをなす道真の霊

祖先崇拝 B （そせんすうはい）　ある血縁共同体（家族や氏族など）に属する者が、その先祖を崇拝する信仰の一形態。世界各地に見られ、とりわけ儒教の影響の強い東アジア地域では今日でも根強い。日本人の一般的な宗教心の根幹でもあるが、在来の田の神・山の神信仰のうえに仏教や儒教の影響も重なり、きわめて複雑な様相を呈している。

他界 B （たかい）　この現世とは別の所に存在し、また現世とは別の性格をもつと想像された世界。古来、日本人は山中他界、海上他界、天上他界、地下他界など、さまざまな場所に他界を思い描いてきた。神話の中のわたつみの宮や常世国は海上他界、高天原は天上他界であり、黄泉国は山中と地下との両説がある。日本人の他界観の特徴として、浦島伝説などに見られるように、現世と他界との往来を比較的容易なものと考える傾向が挙げられている。仏教渡来後は、この他界観の延長線上に、極楽浄土のような仏教的な他界が構想されることになった。

高天原 A8 （たかまがはら）　『古事記』に記された神々の世界。天照大神を主宰者とし、一般に天上にあるものと考えられている。

葦原中国 B （あしはらのなかつくに）　天上の高天原に対して名づけられる、人間が住む地上の世界。伊邪那岐命・伊邪那美命の国生みによって生まれたとされる。

同 豊葦原瑞穂国 とよあしはらみずほのくに

黄泉国 B3 （よみのくに／よもつくに）　「根の国」ともいわれ、死後の霊魂が赴く他界。長い間、人間界のはるかな地下にあるものと解されてきたが、今日では人間界を見下ろす山上にあると解する説もある。

同 根の国

清き明き心 A3 （きよ-あか-こころ）　日本神話の時代に理想とされた人の心のあり方のこと。和辻哲郎はそれを、私心を去って純粋に全体と融和して生きる心ととらえた。記紀や宣命の中では「明浄心」や「赤心」ともいわれ、類義語として「直」「正」「誠」「善」も用いられる。対義語は「暗く汚き心」「穢き邪心」「黒心」「濁心」である。

こちらは和辻によれば、他者から見通さ

106 第Ⅲ編　日本の風土と思想

れない私心をもった，後ろ暗いありようを
さす。倫理的な価値判断を示す語でありな
がら，「清し」「穢きたし」といった美的な感
覚に根ざしている点に特徴がある。中世神
道における「正直せうじき」，また近世の儒教に
おける「誠」の思想的な源流となった。

同 清明心 **A**2　赤心　**類** 正直 **A**7　誠 **A**2

罪 **A**5（つみ）　罪は，祭祀や農耕の妨害，あ
るいは反社会的な行為を主な内容とするが，
人間の行為のみでなく，病気や災害をも含
んでいる点に特徴がある。キリスト教の原
罪や仏教の罪業ざいごうの観念とは違い，定期的
な祓はらいによってさっぱりと取り除かれるも
のと考えられていた。

　大祓おおはらえの祝詞のりとは，天津罪あまつつみ として畦
放はなち，溝埋みぞうめ，頻蒔しきまきほかの八種を，国
津罪くにつつみ として，生膚断いきはだ断，死膚断しにはだ断，
白人しろひと，おのが母犯せる罪，昆虫こんちゅうの災，
蠱物まじものする罪など十三種を挙げている。

類 けがれ **B**6

けがれ **B**6　死や血に関係し，不吉・不浄
と考えられたもの。心身に付着すると，さ
まざまな災厄を引き起こすと考えられた。
「ケ枯れ」を語源とするとされ，生命力が
枯渇こかつした状態を意味するともいわれてい
る。

類 罪 **A**16

みそぎ **C**3（禊 **A**5）（みそぎ）　罪・穢けがれを
除去するために行われる神道の儀礼のうち
で，水を使うもののこと。海や河川に入り
身を清める。沐浴もくよく，水垢離みずごりなどともい
われ，神社に参拝する際の手水ちょうずも，こ
のみそぎの一種である。日常語として，よ
くないことを「水に流す」という表現もこ
の語からの発想である。

類 祓 **A**4

はらい **C**4（はらえ **C**2，祓 **A**4）（はらい）
清浄せいじょうな心身で神と交流するために，罪
や穢けがれを除き去る行事。罪を償うための
財物を提供する，人を模してつくられた形
代かたしろに罪・穢れを託して川に流す，大祓
おおはらえの詞を宣読せんどくするといったさまざまな
内容をもつが，のちには次第に「みそぎ」
と同一視されるようになった。

類 みそぎ **C**3

祝詞 **B**1（のりと）　祭祀の際に，神前で唱え
られる言葉。神官が神に向かって奏上そうじょう

するものと，神官が神に代わって儀式に参
集した人びとに向かって読み上げるものと
の二種類がある。対句・繰り返しの多用や，
文末が「〜と白もうす」や「〜と宣のる」で終わ
るなど，独特の文体を用いる。とくに「大
祓詞おおはらえのことば」が有名である。

きよし **C**・**さやけし**（清し **C**・明けし）
（きよ−し・あ−）　古代の日本人が尊重した美意識
であり，同時に道徳的な価値感情でもある。
『万葉集』で澄み渡った月夜や，深山に流
れる清流が多く「清し」または「明けし」と
形容されているが，これは清浄せいじょうでけが
れがなく，神がそこにのぞんでいるかのよ
うな自然の美感を表す。同時に「清明心」
のように，この「清し」「明けし」は人間の
曇りなく純粋な心のありようを示す語とし
て，道徳的な価値をももって用いられてい
る。

　このように，自然の美と，人間の内面の
無私性とが同じ言葉で言い表され，連続す
るものと考えられていたことは，「潔さ」
を重んじる武士道などにも連なり，日本人
の道徳観念のうえで重要である。

類 清明心 **A**2　清浄 **B**　**対** きたなし **C**

きたなし **C**　「きよし」「さやけし」に対す
る観念で，感覚的な不潔さ・不浄じょうさを
表していると同時に，人間の内心や行為が
道徳的に正しくないことも意味する。不浄
さを感じられた対象は，悪行，病気，穢けが
れ，災い，醜さ，死など，否定的なものの
いっさいであり，人間の道徳的な悪から自
然の災厄までをひろく含んでいる。「きよ
し」の場合と同様に，自然の不浄と人間の
倫理的悪とが連続してとらえられている。

類 けがれ **B**6　**対** きよし **C**

二心 （ふたごころ）　心のなかに二つの相対立す
る感情や欲望をもち，純一な心の状態にな
りえていないこと。具体的には浮気心，謀
叛むほん心，疑心などをさす。例えば，源実朝
の歌に「山は裂け海は褪あせなん世なりと
も君に二心わがあらめやも」（たとえ山が
裂け，海が干上がってしまうような絶望的
な世の中になったとしても，どうして私に
主上に対する謀叛心がありましょうか）
資料 とある。

『風土記』 **C**2（ふどき）　713（和銅6）年，元
明天皇は諸国の産物，地味，地名の起源，

伝承などの報告をそれぞれに提出するよう命を下した。この命に応じて国ごとに編纂されたのが風土記だが、後代に多く散逸し、現存するのは常陸国、播磨国、出雲国、豊後国、肥前国の各風土記のみである。『古事記』『日本書紀』が国家の神話や伝承を伝えているのに対して、それぞれの土地の自然や歴史に密着した地域の神話や伝承を伝える書である。

『万葉集』 **A** 10 （まんようしゅう）　日本最古の歌集。全二十巻から成り、7世紀前半から8世紀半ばにかけての和歌を約4,500首収録している。正確な編者は不明だが、大伴家持がその成立に中心的な役割を果たしたとされている。仮名ではなく、漢字の音を借りた万葉仮名という特殊な表記を用いている。また、後代の『古今集』や『新古今集』の歌のような繊細で技巧的な歌風（「たをやめぶり」）とは異なり、素朴で雄大な歌風（「ますらをぶり」）を特徴とする点が、賀茂真淵や正岡子規といった、のちの歌人たちに尊重された。

神道 **A** 17 （しんとう）　日本の伝統的な民族宗教。他の宗教とは、八百万神といわれるように多神教である点、および特定の教祖を持たない点で、大きく異なる。元来の原始神道は自然神や祖先神を畏れ敬う心性と、これらを祀る儀礼とを中心としたものであったが、仏教の流入につれてこれと習合（**神仏習合**）し、平安時代には、神は仏や菩薩の化身とする**本地垂迹説**が流行した。中世になると、神仏習合の前提のもとで、日本の神々に力点を置く**伊勢神道**や**吉田神道**が登場した。儒教が盛んとなった近世には、はじめ儒教と神道との習合が説かれたが、後半になって、仏教や儒教の影響を排し、もともとの純粋な古代日本のありように道を求める国学者たちの**復古神道**が力を得た。明治期には、国教化をめざすさまざまな政策が実施され、いわゆる国家神道体制が成立したが、敗戦後の「神道指令」によって解体され、現在に至っている。

古神道 **B** （こしんとう）　仏教や儒教など外来の宗教や思想の影響を受ける以前の神道。原始神道ともいう。

同 原始神道

伊勢神道 **B** （いせしんとう）　平安末から鎌倉にかけて、伊勢神宮外宮の神職であった度会家行が中心となって成立した神道。神仏習合が主流の時代に、神道の自立的な立場を強調している点や、儀礼を実修する神職の立場から、清浄や正直といった徳を説いている点に特色がある。『神皇正統記』を著した北畠親房や室町時代の吉田神道、また江戸時代の神儒習合神道も、この伊勢神道の強い影響下にある。

同 度会神道

吉田神道 **C** （よしだしんとう）　室町時代の吉田兼倶（1435〜1511）が提唱した神道の一派。従来の神道に抗して、吉田家に古来伝わる神道（元本宗源神道・唯一神道）こそが真なる神道であると説いた。教義の上では、神を無始無終の絶対的実在（大元尊神）ととらえ、それが人間には心（心神）として内在するとした。本地垂迹説に対しては、むしろ神道が根本であり、仏教や儒教は神道を種子として展開した花・実であると主張した。応仁の乱により政治的・文化的混乱が極まる中、朝廷の支持をとりつけ、さらには近世に幕府の公認をうけ、吉田家は明治初年の神道界の刷新まで神道界の頂点に君臨した。

ハレ **C**　ケの対義語。非日常的な、あらたまった状態。元服・婚礼などの人生の通過儀礼や年中行事など、一般に神と交流する場面に相当する。このようなハレの日には、特別の衣服（晴れ着）をつけ、特別の食事（晴れの食事）をし、また定められた言葉づかいや振る舞いをする。

対 ケ **B**

ケ **B** （褻 **C**）（け）　ハレに対して、普段の日常的な状況のこと。たとえば普段着はケギ（褻着）、雑穀まじりの日常食はケシネ（褻稲）とよばれる。ケとは日常生活のエネルギーであるが、田植えをケウエ、稲刈りをケガリとよぶように、穀物を実らせる生産のエネルギーでもある。このケが月日の推移とともに衰えると、生産が減退し生活が危機におちいる。この事態がケ枯れであり、ケの活力の再生のために、ケ枯れを晴らすハレの行事が営まれる。

対 ハレ **C**

2 日本人の心情

新嘗祭 (にいなめさい)　その年収穫されたばかりの新穀を神々に供えたうえ，祭祀者自身も神とともに食す祭り。古代から民間でも宮廷でも執り行われている，秋の収穫の祭りである。

年中行事 **B** (ねんちゅうぎょうじ)　毎年一定の時期に，特定の集団により繰り返し行われる儀式・伝承行事。日本では，１年間の農作業のリズムにあわせて，日常（ケ）とは異なった特別の儀礼の日（ハレ）が設けられている。のちには宮中で行われていた行事や外国から導入された行事も取り入れられるようになり，今日の一般的な年中行事のサイクルが形成された。

五節句 (ごせっく)　節句は，日常の仕事を休み，家々で神を祭るハレの日。江戸時代に，正月１日(人日 じんじつ)，３月３日(上巳 じょうし)，５月５日(端午 たんご)，７月７日(七夕 しちせき)，９月９日(重陽 ちょうよう)の五節句が定められた。正月や雛祭りなど，今日でも民間行事としてひろく行われている。

種類	おもな内容	農事
人日 (じんじつ) 1月1日	正月 七草粥 (ななくさがゆ)	農耕開始
上巳 (じょうし) 3月3日	ひな祭り・桃の節句	田植え
端午 (たんご) 5月5日	菖蒲 (→尚武とかける)，武者人形・鯉幟 (こいのぼり)	草取り
七夕 (しちせき) 7月7日	牽牛と織女の伝説	稲の刈り入れ準備
重陽 (ちょうよう) 9月9日	菊の節句・菊人形	

▲ 五節句とおもな内容

日本人の道徳意識 **C** (にほんじん-どうとくいしき)
日本人は，周囲の世界や，自己を取り巻く客観的諸条件を肯定的にとらえ，受容してしまう心性をもっているといわれる。そのため，欧米のように目に見える現実を越えたところに絶対者や，絶対者によって与えられた規範を認め，現実と対峙する立場はとらない。こうした日本人の現実容認型の人生観においては，外的自然のみならず，人間関係における自他の欲望や感情も，おのずからなるもの，ままならないものと

してそのまま承認し，強いてそれと争う努力をしない傾向がある。このことは日本人の倫理的な意識が，人間関係に基礎をおき，人間関係を捨象 (しゃしょう) した普遍的な秩序や価値に重きをおかない傾向の一因となっている。

日本人の宗教観 **A**①(にほんじん-しゅうきょうかん)
日本人にはいくつもの信仰が併存 (へいぞん) している現象がみられる。結婚式は神式で，葬式は仏式で，クリスマスを祝い，正月には神社に初詣で，お盆にはお経をあげるなどの例をあげることができる。過去の宗教史においても，神仏習合や神儒習合にみられるように，外来の新しい宗教は，在来の宗教とそれほど摩擦を起こさず，曖昧 (あいまい) に融合してゆくのが常であった。

こうした日本人の宗教意識については，すべての現象の背後にある単一の絶対者や真理を追求する態度が希薄 (きはく) であるということを指摘できる。こうした日本人の宗教観は，数多くの神や仏を分け隔てなく信仰する，多神教的なものと一般に形容される。ただし，キリスト教のような一神教の立場からは，無定見な態度であると見なされることもある。

日本人の美意識 **A**②(にほんじん-びいしき)　日本人の美意識の底流をなしているのは，四季を織りなす自然の豊富さ・多様さである。『古今集』にはじまる勅撰集の伝統的な部立ての中で，春の桜や秋の時雨 (しぐれ) と紅葉など，春・夏・秋・冬それぞれの美しい風物が主題とされ，全体として四季の諧調 (かいちょう) ある移行を描きとっているように，季節のひとこまを彩っては次々に消えてゆく移ろいやすい自然の景物の美と，それらへの愛惜 (あいせき) の情が，日本人の美感の基幹となっている。それらは，和歌や絵画の伝統の中で花鳥風月 (かちょうふうげつ)，あるいは雪月花 (せつげつか) などと定型化されている。また，自然の移ろいやすさへの愛惜は，仏教的無常感ともつながり，堅固に持続するものよりは瞬間における充実や，後をひかないこざっぱりとした感じへの，愛好を生みだした。水墨画の即興性や，茶の湯の一期一会 (いちごいちえ) の精神には，こうした傾向がよく表れている。

日本人の行動様式 **C** (にほんじん-こうどうようしき)
日本人の行動様式の特色として，個々人の

独立した内面的な価値判断よりも、人間相互の**間柄**を重視して振る舞う傾向が強い。この傾向が、人情の細やかさを生みだしている反面、行動に論理性を欠き、派閥的な閉鎖性や、情緒性への過度の傾斜をもたらし、模倣には長じていても独創性にとぼしいなどの側面をも生みだしている。この間柄重視の傾向はさらに、何ごとも世間に随順することをよしとする傾向となってあらわれる。

世間体（せけんてい）　「世間」はおおむねその人の属する社会のことだが、特定のあの人・この人ではなく、ぼんやりと無人称的な世の中一般を示す。世俗をこえた絶対的な基準（神や理性）をもたない日本人の社会的規範の基本は、この「世間」に準拠して、恥ずかしくない行動をすることにあった。その意味で、世間の人びとから見られたときの自分を恥じるという倫理を内面にもっている。「世間」の基準からの逸脱を恥として、世間と自分のあいだに大きなズレが生じないように、すなわち「世間体」を気にしながら「世間なみ」に生きることが、日本人の社会的規範となっている。

罪の文化◉**と恥の文化**◉（つみ-ぶんか-はじ-ぶんか）　ベネディクトの『**菊と刀**』で、欧米人の行動様式と日本人のそれとを対比するために提出された、一対の概念。欧米人の行動様式やその文化が**罪の文化**であるのに対して、日本人の文化は**恥の文化**であるとベネディクトは主張した。罪の文化に属する人は、道徳の絶対的な基準を定め、それに基づいて自分の行為を律しようとする。その基準に背いた場合に生じるのが罪の意識である。それゆえ、その人は自分の非行を誰一人知る人がなくとも、善行を行なおうとする。それに対して、恥の文化に属する人は、外面の強制力に基づいて善行を行なう。具体的には、世間の目に対して恥ずかしくないように振る舞おうとする。逆にいえば、世間の目に触れない限りはたとえ悪事を働いてもかまわないと考えてしまう。こうしたベネディクトの分類は、欧米とは異質な日本人の文化や行動様式を理解しようとする際の、一つの明快なとらえ方として、以降の日本人論・日本文化論に大きな影響力をもった。

ベネディクト　B1［Ruth Fulton Benedict, 1887〜1948］　アメリカの文化人類学者。ニューヨークに生まれ、コロンビア大学の教授をつとめた。日本文化論として有名な『**菊と刀**』（1946年）では、あらゆる文化共同体に見られる「文化のパターン」を行動心理学的に分析する手法で、おもに日本映画や日本人捕虜の観察を通じて、日本の文化の型を論じた。この書は、太平洋戦争中の1944年に、すでに終戦後の占領政策を計画中であったアメリカ政府に委託されて、アメリカにとっての異文化である日本文化の特色を把握しようとする意図のもとに、執筆されたものである。

タテ社会（-しゃかい）　文化人類学者**中根千枝**（1926〜2021）が、日本社会特有の人間関係を分析する際に用いた概念。会社、官庁、軍隊、学校、家族など、日本のさまざまな社会集団に共通する構造として、「タテ」組織を中根は指摘する。つまり、集団の中で親子関係、上司・部下関係など上下の区別がはっきりと決まっており、しかも同僚やクラスメートといった、同格のはずの成員同士の間にさえ、入社順、年齢、勤続年数、昇進順、先輩と後輩など微妙な序列が存在して、結局組織の全成員が上下（タテ）の関係に序列化されることで、集団が成立しているというのである。さらに、タテ関係で組織された小集団では、家族のような感情的な団結と一体感が求められ、成員に集団への全面的な参加を要求してくる。こうした集団はきわめて閉鎖的で、「ウチ」と「ソト」との区別に敏感である。

　以上のような日本のタテ組織では、ヨコの意志疎通や調整が難しく、派閥争いやセクショナリズムの原因となっていると中根は分析する。また、この外に向かっては閉鎖的、内に対しては家族的な小集団が乱立し、集団同士の交流や流動性に乏しい日本社会の特徴を、政治学者の丸山真男は**タコツボ型**の社会とよんだ。

義理Bと**人情**A2（ぎり・にんじょう）　日本人の人間関係のありようを特徴づける一対の社会的感情。とくに江戸時代に発展した。「義理」は人間関係において守らねばならない規範であり、「人情」は他者に対する自然な情愛である。両者はともに人間関

係の中での人の振る舞い方を規定するものだが、恋に落ちた相手が、世間の許さぬ相手であった場合のように、相対立する場合も多い。近松門左衛門（ちかまつもんざえもん）の作品をはじめとする江戸時代の文学においては、義理と人情との対立が繰り返しテーマとして取り上げられた。

建前と本音 C（たてまえ-ほんね）　「建前」とは、一つの集団内で従うべきこととして決まっている表向きの方針や原則。その集団に属する人は、本心はどうあれ、その集団の方針や規則に従う姿勢を見せなくてはならない。それに対して「本音」とは、そうしたうわべの原理原則とは別に、自分自身が本心から感じ、信じている内実。日本人は建前と本音とを明瞭（めいりょう）に分けて物事に対応するといわれており、そこには集団の和を保とうとする日本人特有の努力と知恵とがうかがわれる。

甘え C（あまー）　土居健郎（どいたけお）（1920〜2009）が『「甘え」の構造』（1971年）において、精神医学の立場から日本人の精神構造を分析した際に用いた概念。「甘え」とは、自分に愛や恵みを与えてくれると他者に期待し、そうした他者に受身に依存する態度のことである。しかも、暗黙のうちに相手に自分の要求を察してほしい、汲（く）み取ってほしいとする態度が伴っている。子どもの成長には、母親に対するこの甘えとその受容がなければ、自律した人格形成が困難とされる。しかし、こうした幼児期の健全な甘えのほかに、日本の社会には、人としてのあり方や社会関係のなかに、この甘えが構造化されて組み込まれていると土居は指摘している。たとえば、自分の気持ちを察してもらいたいという甘えから、ことばでものごとをはっきりと相手に伝えないにもかかわらず、相手が自分の思いを察した対応をしてくれない場合には、「すねる」「ひがむ」「ひねくれる」などの反応を示し、ひいては恨みに転じたりするような態度である。自立した個々人によって構築される西欧近代の人間関係を基準として、日本社会の特性や、その未成熟を示した概念である。

おのずから B①　日本人の思考の根底に流れている発想の原型であり、自然観。丸

山真男は、日本の思想史の中では、自然や人事のいっさいを「おのずから次々になりゆく勢い」の中で生起するものととらえる感覚が、古代から近現代に至るまで流れ続けていると指摘した。それは、人格的な唯一神が万物を「つくる」という一神教的な発想ではなく、『古事記』の神話の中で神々が次々と「生（な）りゆく」ように、また草木が自然と萌（も）え出でるように、生成されるものそれ自身に内在する無人称的なエネルギーによって、万物が生成し、無窮に消長（しょうちょう）を繰り返してゆくという感覚である。こうした発想のもとでは、あらゆる自然的・歴史的な事象が、いかんともしがたい「なりゆき」によって生じたものと受け止められ、とくに歴史的な事象に対する人間の主体的な決断と責任とを問う態度が生じにくいとされた。

またこれをうけて、倫理学者の相良亨（さがらとおる）（1921〜2000）は、日本人は「みずから」する行為についても、どこか「おのずから」に接していると感受する感覚をもち、またそのように「おのずから」なることを尊ぶと指摘した。

日本文化の重層性 B（にほんぶんかーじゅうそうせい）　和辻哲郎が「日本文化から外来文化を取り去ればあとにはほとんど何ものも何も残らないにもかかわらず」、日本人はその文化に対する「摂取者・加工者としての独立性を保ち続けた」（『日本倫理思想史』）と指摘するように、日本の文化は、基本的に外来文化の取り入れと、その日本化によって成り立っている。

その摂取に際しては、儒教の渡来、仏教の伝来、新儒教（朱子学・陽明学）の輸入、西洋近代の受容などいくどかの大きな波があったが、新しくやってきた外来文化が、それまでの在来文化をまったく駆逐（くちく）してしまうのではなく、在来文化のうえに新しい文化が地層のように重なり、**重層的な文化**が形成されてゆく点に、日本文化の特色がある。たとえば仏教渡来時の在来の神信仰と新来の仏教との共存に、この重層性の端的な例がみられる。

類 雑種文化 B

2章 仏教の伝来と隆盛

1 仏教の受容──古代仏教

仏教の伝来 B②（ぶっきょうでんらい） 公式には6世紀半ば，欽明天皇の治世に，百済から仏像や経典を贈られたことにはじまる。伝えられた仏教は，当時の中国仏教の傾向を反映して，大乗仏教であった。日本固有の神信仰を重視する物部氏との対立などはあったものの，とくに現世の利益や死後の安穏を求める豪族層に，急速に受容された。

蕃神 B④（ばんしん） 「となりぐにのかみ」または「あだしくにのかみ」とも訓読する。異国の神，あるいは異国から到来した神の意。長く神々への信仰に生きてきた古代の日本人は，仏教伝来の当初，そこで祀られる仏ないし仏像を，こうした在来の神と同質の存在ととらえ，深く崇拝した。外国から到来した異質なものであるだけに，在来の神（国神）よりも強い呪力をもった神であると考えられたのである。

聖徳太子 A③（**厩戸皇子** C）（しょうとくたいし）（うまやどのみこ）[574～622] 用明天皇の皇子で，飛鳥時代の代表的な政治家・思想家。豊聡耳皇子，上宮太子ともよ

ばれる。その生涯は伝説化されているが，生まれつき抜群の聡明さで知られ，叔母にあたる推古天皇を補佐し，蘇我氏との協力体制のもとに内政・外交双方の政治改革や，仏教の興隆に活躍した。

政治的な面では冠位十二階や憲法十七条の制定が有名である。思想的には，儒教にすぐれた理解を示しつつも，「天寿国繡帳」の「世間虚仮，唯仏是真（せけんこけ，ゆいぶつぜしん）」（「世間は虚仮にして，唯だ仏のみこれ真なり」） 資料 という言葉が太子のものと伝えられるように，仏教に深く帰依した。憲法十七条の中にも，三宝への帰依や凡夫の自覚など，仏教の思想が深く根を下ろしている。また『三経義疏』の撰述や四天王寺・法隆寺・広隆寺の建立など，仏教の振興につとめ，後代の仏教者たちからは，日本における仏教の実質的な開祖，「和国の教主」とあがめられ，次第に太子を仏・菩薩の化身とする伝説も形成されていった。

　　同 **豊聡耳皇子**（とよさとみみのみこ）　**厩戸皇子**（うまやどのみこ）C

凡夫 A⑧（ぼんぷ） 憲法十七条の第10条に，「われ必ずしも聖にあらず，かれ必ずしも愚にあらず。ともにこれ凡夫のみ」 資料 とみえる言葉。国政に携わる官人が，自らの賢明さにおごり，ほかの官人を愚か者として見下す態度を戒め，絶対的な真理を体現した仏の視点からすればお互いに無明の中の衆生にすぎないという謙虚な自覚のもとに，互いを尊重し合うよう求めた。

和 A④（わ） 聖徳太子が十七条憲法で強調する，融和の精神。第１条の「和を以て貴しとなし，忤ふることなきを宗とせよ」 資料 を典拠とする。この表現自体は『論語』に由来し，儒教で重んじられる自他の和睦を意味するとともに，仏教の僧団（僧伽）で重視される修行者同士の「和合」をも意味しているといわれる。

三宝 A（さんぽう） 仏宝・法宝・僧宝。仏・仏の教え・修行者の共同体（僧伽）という，仏教にとって不可欠なものとして最重要視される三つの要素。憲法十七条の第２条において，「篤く三宝を敬へ。三宝とは仏，法，僧なり」 資料 と述べられ，仏教を国家運営の指針としてゆくことが宣言された。

「世間虚仮，唯仏是真」 資料 A④（せけんこけ，ゆいぶつぜしん） 「天寿国繡帳」および『上宮聖徳法王帝説』が伝える聖徳太子のことば。一般に「世間は虚仮にして，唯だ仏のみこれ真なり」と訓読される。太子の無常観と仏への帰依を表している。

憲法十七条 B⑤（けんぽうじゅうしちじょう） 聖徳太子が604年に制定した，官吏の服務のありようを定めた規定。日本で最初の成文法とされる。官人一人ひとりが凡夫の自覚のもとに，天皇の権威に服従しつつ，相互に協力して国政を運営することを求める。

礼の重視や，文言の多くが『論語』や『書経』から取られていることから，儒教の精神に貫かれたものと一般にいわれるが，同時に第二条に「篤く三宝を敬へ」とあるように，仏教を尊重し，その精神を国政に活かしてゆく態度もみられる。また，第一条の「和を以て貴しとなす」は，「和」を重んじるとされる日本人の社会意識の典型的な表れとして，よく引用される。

『三経義疏』 Ａ２(さんぎょうぎしょ)　聖徳太子が著したと伝えられる，「法華経」「維摩経」「勝鬘経」の三経の注釈書のこと。当時の中国の高僧たちの説をよく理解しつつも，多くの衆生を仏法によって救うことを重んじる立場から，それらを自由に批判しつつ，独自の見解を述べている。

奈良仏教 Ｂ２(ならぶっきょう)　奈良時代に発展した仏教。鎮護国家の思想に基づいて，国家や政治との深い結びつきをもった点に特色がある。その最大の表れは，聖武天皇が行った東大寺の盧舎那大仏造立や，国分寺・国分尼寺の建立である。また教義の研究の振興，東大寺の戒壇の設置など，仏教界の制度も整備された。こうした国家事業とは別に，行基ら私度僧の教化活動や社会事業も，民衆からのつよい支持を得て展開された。

聖武天皇 Ａ１(しょうむてんのう)〔在位724〜749〕　仏教への熱烈な帰依で知られる，奈良時代の天皇。**国分寺・国分尼寺**や，**東大寺および大仏**(盧舎那仏)を建立したほか，**鑑真**を師として，天皇としては最初の出家者となった。

戒壇 Ｂ６・**東大寺戒壇** Ｃ２(かいだん・とうだいじかいだん)　志願者に僧侶として守るべき規律である戒律を授け，僧侶の資格を与える場所。日本では，鑑真を招いて754年にはじめて東大寺に設けられたが，これは具足戒という上座部仏教の戒を授ける戒壇であった。大乗の戒である菩薩戒を授ける戒壇は，平安時代になって，はじめて比叡山に設けられた。

南都六宗 Ａ４(なんとろくしゅう)　奈良時代の国家公認の六つの仏教集団のことで，三論宗・成実宗・法相宗・倶舎宗・華厳宗・律宗をいう。当初は

一つの寺のなかに複数の教派がおかれ，他宗を学ぶことも自由で，教学のための集団という性質が強かった。排他的な宗派としての性質をもつようになるのは，9世紀に入ってからである。

鎮護国家 Ａ９(ちんごこっか)　仏教の力によって国家を守ろうとする思想。仏教伝来当初よりこの思想は見られたが，とくに奈良時代になると，護国思想をふくむ経典が講釈・読誦され，東大寺や諸国の国分寺をはじめとする護国のための諸寺の建立が相次ぎ，強調されるに至った。鎌倉時代の禅宗や日蓮宗にも，新しい形でのこの鎮護国家の思想が見られる。

鑑真 Ａ６(がんじん)〔688〜763〕　中国唐代の僧で，日本における律宗の開祖。中国仏教界でもきわめて信望の篤い高僧であった。当時の日本では仏教の普及にともない，受戒制度を整え戒律の研究を深める必要が高まっており，遣唐使を通じて中国やインドの高僧を招く努力をしていた。鑑真はこのもとめに応じ，船の五度もの難破や，失明などの苦労の末，六回目の渡航でようやく日本に渡った。東大寺に戒壇院を設立し，大僧都の位を授かったほか，唐招提寺を建立した。

行基 Ａ２(ぎょうき)〔668〜749〕　河内(現在の大阪府)生まれの奈良時代の僧。15歳で出家し，仏教の普及と社会事業につくした。また土木技術を民衆に教え，多くの治水，灌漑や港湾，道路整備に功績を残した。一時国家による弾圧を受けたが，後に改めて認められ，大僧正の位を受けた。衆生救済につくした人物として慕われ，行基菩薩とよばれてさまざまな伝説が生まれた。

私度僧 Ｂ(しどそう)　律令体制の下では，出家は必ず国家の許可を得て行うものと定められたが，その公的な許可を得ずに，私的に出家した僧。官庁の許可状を得て出家した官僧が多くの場合大きな寺に属し，教義の研究や鎮護国家の祈禱を行なったのに対して，私度僧の多くは各地の山林で修行を積み，また民衆への直接の教化を行なった。

2 平安仏教——最澄と空海

平安仏教 Ⓑ（へいあんぶっきょう） 平安時代には新しい仏教のあり方が模索された。まず台頭したのは、密教の加持祈禱などによって宮廷の貴族の心をとらえた天台宗と真言宗である。その後、平安時代の半ばにあたる1052年から世は末法に入ったという観念（**末法思想**）が強くなると、現世からの離脱と浄土への往生を説く浄土教が強い支持を受けるようになった。

山岳仏教 Ⓑ（さんがくぶっきょう） 人里離れた山中に寺院や道場を構えて修行する仏教。比叡山による天台宗、高野山による真言宗、また役小角のにはじまる修験道が有名であるが、仏教伝来以前の、日本古来の山岳信仰からも強い影響を受けている。

最澄 Ⓐ⑨（さいちょう）

［767～822］ 平安初期の僧で、日本の天台宗の開祖。後年朝廷から**伝教大師**の号を受けた。12歳のとき近江国分寺に入り、14歳で正式な僧となる。19歳で東大寺の戒壇で受戒するが、まもなく**比叡山**に入り、十数年にわたるきびしい山林修行をはじめる。788年、比叡山に根本中堂を創建し、一乗止観院と号した。そこで中国の天台宗の教学を学び、やがて世に知られるようになる。804年に、遣唐使船に乗り入唐。天白山へ赴き、正統の天台教学を学び、すべての人間は素質や能力にかかわりなく仏になる（成仏する）本性をもつとする**一乗思想**を確立するにいたった。

帰国後も研鑽を重ね、806年、新しく天台法華宗（天台宗）を建てることを朝廷から許可されたが、大乗戒壇の設立をめぐって、法相宗や律宗などの奈良仏教の諸派とはげしく論争することになった。特に、法相宗の徳一との「三一権実論争」が有名である。徳一が法相宗の立場から、個々の衆生の素質には差等があり、成仏できる者もいればできない者もいると主張したのに対し、最澄は一乗思想の立場から、あらゆる衆生の成仏を主張したのである。また、818年から819年にかけて、『**山家学生式**』を朝廷に提出し、大乗戒壇の設置をもとめた。比叡山に大乗戒壇の設置が許可されたのは、最澄の死後7日めであった。

しかしこれ以後、比叡山は総合的な仏教の研究・教育・研修機関となり、またその一乗思想によって広汎な地域と階層の人びとの間に受け入れられ、天台宗は日本仏教の母体となる基礎を固めた。鎌倉時代の仏教を担った法然・親鸞・栄西・道元・日蓮らは、みな天台宗の出身である。主著『顕戒論』『山家学生式』

徳一 Ⓑ（とくいち）［生没年不詳］ 平安時代前期の法相宗の僧。常陸国（今の茨城県）、のちに会津国（今の福島県）に住み、東国の人びとを教化しつつ多くの寺を開いたと伝えられる。最澄との「三一権実論争」が有名だが、空海に対しても批判を加えており、最澄・空海らの平安時代の新しい仏教に対する、南都六宗の立場からの最大の批判者であった。

天台宗 Ⓐ⑧（てんだいしゅう） 中国隋代の僧智顗を始祖とする仏教の宗派。『**法華経**』を根本経典とし、その一仏乗の精神のもとに小乗・大乗の諸宗派を包摂することをめざした。実践のうえでは瞑想（観心）を重んじる。留学した最澄はこの中国天台宗の教えを継承し、比叡山に**延暦寺**を開き、日本天台宗を興した。最澄は天台の教学以外に、唐で戒律・禅・密教も同時に学んでいたため、日本の天台宗はこれら戒・禅・密も併せ学ぶ点に特色がある。

ここから、中世・近世を通じて比叡山は仏教の総合的なセンターとして栄えることになり、親鸞・道元・日蓮らがここに学んだ。最澄の後継者である円仁・円珍以降、密教化が進み、東寺に拠った真言宗の東密に対して、台密とよばれる。

一乗思想 Ⓑ（**法華一乗** Ⓑ）（いちじょうしそう）（ほっけいちじょう）『法華経』の前半部で展開され、天台宗の根本教理となった思想。釈迦は衆生それぞれの素質に応じて、方便としてさまざまな教えを説いたが、それらの多様な教えは、究極的には『法華経』のただひとつの真なる教えに帰されるのであ

り，それゆえあらゆる衆生が最終的にはひとしく成仏することが可能であるとする思想。日本では，成仏できるか否かはその人の素質に左右されるとする法相宗の徳一との間に三一権実論争を引き起こしたが，以降は一乗の立場が主流になってゆき，一切衆生の成仏が説かれた。

本覚思想 C（ほんがくしそう） 天台宗で発展した思想。もともとはあらゆる衆生に悟りの本性(仏性)が内在していることを意味し，一切衆生の成仏を説く一乗思想の根拠となっていた。しかし平安後期以降，衆生の煩悩に満ちた眼前の現実が，そのまま悟りの姿であるという極端な思想に展開した。この思想の影響で，中世の思想や文芸では「山川草木悉皆成仏(さんせんそうもくしっかいじょうぶつ)」という言葉が多用され，草木の成仏までもが主張されたが，こうした本覚思想の展開には，移りゆく自然の中に真理の表れを見出す日本人のアニミズム的な自然感覚が反映しているともいわれる。

大乗菩薩戒 C2（だいじょうぼさつかい） 鑑真が日本に伝えた具足戒は上座部仏教のものだが，きわめて細かく，かつ厳しい戒律であった。これに対して最澄は大乗仏教独自の戒律の採用を主張し，この大乗戒を授ける戒壇を比叡山に設ける許可を朝廷に願い出た。この戒は，もともと在俗信者のためのもので，具足戒にくらべてゆるやかなものであったが，最澄は同時に出家者に対して，12年間，比叡山に山籠りをしてきびしい修行生活を送ることを課していた。最澄の没後七日を経て，この大乗戒壇の設置が許可され，実現した。

空海 A10（くうかい）[774～835] 真言宗の開祖で，弘法大師の尊号を受けた。讃岐国(香川県)に生まれ，15歳で京に上り，18歳で大学に入り官学を学ぶが，あきたらず仏教に進む。はじめは私度僧としてきびしい山林修行や教学の研鑽を行ない，『三教指帰』を著して儒教・道教に対する仏教の優越を説いた。

このころから密教の研究に努め，やがて804年，31歳で遣唐使の一行に加わり，入唐し，長安に入り諸寺を訪れ唐文化を広く学んだ。特に青龍寺の恵果から密教の灌頂を受け，ことごとく秘法を伝授された。806年には，多くの密教の経論・法具・曼荼羅などをもって帰国した。帰国して高雄山寺(神護寺)に住して真言密教を伝え，多くの人びとを教化し，また『十住心論』を著すなど，真言宗の教学の確立につとめた。816年には高野山を開き，**金剛峯寺**を建て密教の修行道場とした。823年には，朝廷から平安京に**東寺(教王護国寺)**を賜り，東寺はその後，鎮護国家の根本道場となった。

数々の著作のほか，詩文集『**性霊集**(しょうりょうしゅう)』をはじめとする文芸や書道でも知られる。思想面では即身成仏と衆生の教化を強調したが，ほかに土木事業の指導，民衆のための教育施設である**綜芸種智院**の設立など，広く社会事業につくした。現在でも弘法大師信仰は各地に根強く残っている。著書『三教指帰』『十住心論』。

真言宗 A2（しんごんしゅう） 空海を開祖とする日本仏教の一派で，密教に属する。中国密教の流れを受けており，空海は長安青龍寺の恵果から正式に法を伝えられ，日本で開宗した。密教のうちでもとくに三密行のうちの口密の行に用いる真言を重視することから，真言密教，また真言宗といわれる。また，空海の著『即身成仏儀(そくしんじょうぶつぎ)』に拠って，他の密教諸派よりも即身成仏を強調するのも一特徴である。

はじめ高野山金剛峯寺を道場としていたが，桓武天皇から平安京南部の東寺の寄進を受けてここを根本道場としたため，のちに密教化した天台宗の台密と区別して，**東密**ともよばれる。全国に残る弘法大師信仰や，修験道との関係から，日本の民衆信仰との関わりが深い。

同 **真言密教** B4 同 **東密**

三密の行 B4（さんみつぎょう） 空海が組織した，即身成仏を目指すための三種の具体的な修行法。①身密…指で仏や法を象徴する形である**印契**を結ぶこと，②口密…口に真言を唱えること，③意密…心に曼荼羅や大日如来を思い描くこと

の，身・口・意の三種から成る。

同三密瑜伽行（さんみつゆがぎょう） **類**三密加持

真言 **A**③（しんごん）　梵語（ぼんご）マントラ［mantra］の訳語で，神秘的な呪力をもつ仏の秘密のことば。これを口に唱えることが即身成仏のためのひとつの修行（口密（くみつ））とされ，またさまざまな現世利益をもたらすものとも説かれた。

同マントラ**A**

加持祈禱 **B**（かじきとう）　密教の行者（ぎょうじゃ）が行う呪術行為。一般に加持の「加」は仏から衆生（しゅじょう）への働きかけ，「持」は衆生がこれを受持することであると説明され，具体的には三密の行を通じて，仏と衆生との交流ないし合一が成るとされる。祈禱は雨乞い・疫病除け祈願など，神や仏の力に働きかけて現世での利益を求めること。

現世利益 **B**（げんぜりやく）　神仏への信仰によってこの世で受ける恵みのこと。無病息災（むびょうそくさい），出世栄達，あるいは長命などを具体的な内容とする。本来，仏教ではこうした現世利益はあくまで人々に仏教を広めるための方便（ほうべん）とされていたが，中国，日本の仏教では，鎮護国家思想や加持祈禱の流行にみられるように，現世利益を目的視する傾向が強かった。

密教 **A**⑥（みっきょう）　7世紀ごろにインドで成立した大乗仏教の一派。ほかの大乗の諸宗派を，釈迦が万人のために説いたわかりやすい教え，顕教（けんぎょう）であるとし，みずからの立場を，宇宙の真理そのものである大日如来が限られた者のためにひそかに説いたもの，すなわち密教と称した。教理のうえでは即身成仏（そくしんじょうぶつ）の思想や現実の絶対的な肯定に，実践のうえでは曼荼羅（まんだら）や真言を用いた瑜伽行（ゆがぎょう）に特徴がある。日本ではまず空海の真言密教（東密（とうみつ））が体系的にこの密教を輸入し，宮廷社会を中心に密教の儀礼や呪術を根づかせたほか，天台宗もやや遅れて密教を大幅に取り入れ，台密（たいみつ）とよばれた。

類東密　台密**C**　**対**顕教**B**②

大日如来 **A**⑧（だいにちにょらい）　密教の本尊。あらゆる仏・菩薩（ぼさつ）を包摂（ほうせつ）する存在であり，個々の仏や菩薩，またあらゆる現象は大日如来のあらわれとされる。このように大日如来を世界の中心にして根源とする密

教の壮大な世界観を，象徴的な図として示したものが曼荼羅（まんだら）である。大日如来はもともとインドの太陽神を前身とすることから，本地垂迹説（ほんじすいじゃくせつ）では，天照大神（あまてらすおおみかみ）の本地とみなされた。

即身成仏 **A**①（そくしんじょうぶつ）　三密の行を通じて，生きているこの身のままで悟りを開き仏の境地に達するという密教の教義。一般に成仏のためには輪廻（りんね）の中で何度も生まれ変わりつつ，途方もない時間の修行が必要とされるのが一般だが（歴劫成仏（りゃくごうじょうぶつ）），密教では現世のこの身（「即身」）のままで成仏が可能とする。空海が強調したのが有名だが，最澄や，最澄に連なる台密（たいみつ）の中でも主張され，日本の仏教の一つの特色をなしている。

曼荼羅 **B**②（まんだら）［mandala］　梵語［mandala］の音訳。曼陀羅とも。諸仏・菩薩（ぼさつ）・諸天（インドの神々）などを象徴的に配置した図絵。密教では，そこに描かれるすべての仏・菩薩が大日如来のあらわれとされ，修行や祈禱（きとう）の際に側に掛けられたり，瞑想（めいそう）の対象とされたりして用いられる。「金剛界（こんごうかい）曼荼羅」と「胎蔵界（たいぞうかい）曼荼羅」の二種に大別される。

『三教指帰』 **A**①（さんごうしいき）　空海24歳の著。儒教・道教・仏教の三つの教えを比較しつつ，仏教が三教のうちで最も優れた教えであることを示し，そのことを通じて，自身の出家の理由を表明した著作。

『十住心論』 **A**（じゅうじゅうしんろん）　空海の主著。人間の心を十の段階（「住心」）に分け，動物的な本能に生きている段階から，道徳性の芽生え，仏教への帰依（きえ），そして大乗への帰入（きにゅう）を経て，最終的に真言密教の悟りの境地に至るまでを記述した書。

いろは歌 **C**（―うた）　「色は匂（にほ）へど散りぬるを，わが世誰（たれ）ぞ常ならむ，有為（うい）の奥山けふ越えて，浅き夢見じ酔（ゑ）ひもせず」という，仏教の無常観を七五調で表した歌。五十音の各かなが一度づつ使われているので，かなの手習いや，辞書の配列によく利用された。『涅槃経（ねはんぎょう）』の中の「諸行無常（しょぎょうむじょう），是生滅法（ぜしょうめっぽう），生滅滅已（しょうめつめつい），寂滅為楽（じゃくめついらく）」の句の意を示したものとされる。伝承では空海の作とされてきたが，現在では否定されている。

本地垂迹説 **A**2 (ほんじすいじゃくせつ)　もともと本地垂迹とは，永遠不滅の存在としての釈迦と，歴史的人物としての釈迦との関係を示すもので，前者を本地(本体)，後者を垂迹(仮の形をとってあらわれたもの)という。この発想が神道と仏教との融合(**神仏習合**)のために用いられ，日本独特の本地垂迹が説かれた。そこでは，釈迦・阿弥陀・大日如来など仏教の仏が本体(本地)であり，それらが日本の衆生を救うために仮の形をとって現れたのが神道の神々であると説かれた。平安期以降にさかんになり，神仏習合を進展させた。八幡大菩薩(はちまんだいぼさつ)，蔵王権現(ざおうごんげん)といった神格に，その具体的な例をみることができる。また天照大御神も大日如来の垂迹とされ，各地の有力な神社や寺院で，山王一実(さんのういちじつ)神道・三輪(みわ)神道・伊勢神道(度会(わたらい)神道)などが唱えられ，仏教の教義にもとづいた神道の体系化が進められた。

　このように仏が本地，神が垂迹とする仏本神迹が鎌倉期までは主流であったが，元寇(げんこう)を機に国家意識が高まり，逆に神が本地，仏が垂迹とする**神本仏迹説**(反本地垂迹説)もあらわれた。室町時代の吉田神道がその代表である。

神仏習合 **A**2 (しんぶつしゅうごう)　日本の神道と，大陸伝来の仏教との融合現象。古く奈良時代にはじまり，平安末期に本地垂迹(ほんじすいじゃく)思想を生みだしたほか，鎌倉時代以降の神道思想の進展の基礎ともなった。近世中期以降，復古神道を唱える国学者たちによる批判を受けたものの，明治政府による1868年(明治元年)の神仏分離令までの間，日本人の基本的な宗教のありようであった。

権現 **B**4 (ごんげん)　「権」は「かり」の意。日本の神々を，仏が衆生を救うために仮に神の姿をとって現れたものととらえる考え方。神仏習合の進展の中で，9世紀末ごろから唱えられるようになった。有名な神として，熊野権現(くまのごんげん)や蔵王権現(ざおうごんげん)が挙げられる。

反本地垂迹説 **B**2 (はんほんじすいじゃくせつ)　平安以降の本地垂迹説は仏を本体(本地)，神を現れ(垂迹)とするものであったが，鎌倉時代末期から，逆に神を本体，仏を現

れとする説が登場した。これが反本地垂迹説である。その内容から，神本仏迹説(しんぽんぶつじゃくせつ)ともいわれる。元寇(げんこう)による日本人の国家意識の高まりが，この説の背景とされている。

　　　同 神本仏迹説　**対** 本地垂迹説 **A**2

修験道 **C** (しゅげんどう)　日本の伝統的な宗教。元来土着の山岳信仰であったが，平安時代後期に強く仏教の影響を受けた。奈良時代の山岳宗教者である役小角(えんのおづの)が伝説的な開祖とされている。大峯(おおみね)，吉野，白山など各地の霊峰で厳しい修行を行なうことで超自然的な験力(げんりき)を得た修験者(山伏(やまぶし))が，呪術的な治病や除災等を行なう。

神宮寺 **B**3 (じんぐうじ)　奈良時代から平安時代にかけて，神社に祀られた神は宿業(しゅくごう)によって神の身を得て苦しんでおり，神の身をすてて解脱したいと願っているという，神身離脱思想が流行した。この思想のもとに，神に対して仏教の儀礼を行なうため，神社に併設された寺が神宮寺である。越前(今の石川県)の気比神宮寺(けひじんぐうじ)や常陸(今の茨城県)の鹿島神宮寺(かしまじんぐうじ)が有名である。

3 末法思想と浄土信仰

末法思想 **A**2 (まっぽうしそう)　釈迦の入滅後を正法(しょうぼう)・像法(ぞうぼう)・末法(まっぽう)の三期に区分し，次第に仏教が衰えて，最後の末法にはついに仏教の消滅に至ると考える思想。釈迦の入滅の年や，それぞれの期間の長さには諸説があったが，日本では1052(永承6)年に末法に入るという説が広く信じられるようになった。ちょうどそのころに天変地異や戦乱が相次いだこともあり，無常観や厭世(えんせい)観の高まりにつれて末法思想は盛んになり，浄土教が流行した。鎌倉時代に入っても，この末法の世に対処するべく，法然や日蓮が新たな仏教のありようを模索し提唱した。

正法 **A**2 (しょうぼう)　釈迦の入滅後500年または1000年の時期。仏陀の教え(教)と，その教えによる修行(行)，そしてその修行の成果である悟り(証)の三つがすべて存在する時期。

像法 **A**2 (ぞうぼう)　正法に続く500年または1000年の時期。証(悟り)がなくなり，教・

行だけが存在する。

末法 **A**[7]（まっぽう）　像法の後，一万年続くとされる時期。証も行も失われ，ただ仏の教えだけが残るとされる。

同 末世 **C**[2]

浄土思想 **B**[1]（**浄土信仰** **A**[4]）（じょうどしそう）（じょうどしんこう）　浄土とはもともと諸仏がつくりあげた仏国土，すなわち清浄な地の意味で，煩悩で汚れた凡夫の住む現世（穢土）に対する語である。日本では奈良時代の後期以降，阿弥陀仏の極楽浄土信仰が中心となった。源信の『往生要集』が極楽と地獄をあざやかに描きだし，また末法思想とも結びついて，極楽浄土への往生を願う浄土信仰は，鎌倉時代にさかんになり，法然や親鸞らの浄土教が生まれた。

浄土教 **B**[3]（じょうどきょう）　阿弥陀仏への帰依によって，死後に極楽浄土に往生することを目指す教え。インドで大乗仏教の一派として説かれ，中国に伝わり，唐・宋代に栄えた。特に唐の善導（613〜681）は，念仏による往生を説き，多くの信者を集めた。日本では，平安後期に空也や源信により創唱されたが，ひとつの教派としての発展は専修念仏を強調する法然にはじまる。

浄土 **A**[4]（じょうど）　仏や菩薩が住まう，理想的で清浄な世界。観音菩薩の補陀落山や弥勒菩薩の兜率天など，多くの浄土が説かれるが，もっとも一般的なのは阿弥陀仏の極楽浄土である。

類 極楽浄土 **A**[8]

源信 **A**[9]（げんしん）[942〜1017]　平安中期の天台宗の僧で，恵心僧都ともよばれる。比叡山に入り13歳で得度受戒し，すぐれた学才で知られたが，やがて比叡山内の横川に隠棲して，修行と著述に専念した。一乗思想を論じた『一乗要訣』など，天台宗の教学についての著作も数多いが，同時に主著『往生要集』3巻などを通じて，平安時代の浄土思想を主導した。

とくに『往生要集』の「厭離穢土」，「欣求浄土」というスローガンや，地獄の凄惨な描写は，宗教のみでなく，文学・建築などの方面にも多大な影響をもたらした。また，阿弥陀仏が衆生を迎えにく

るさまを描いた来迎図や，そのさまを儀礼化した迎講など，浄土教にかかわる美術や儀礼の発案でも知られる。生涯に20億回もの念仏を行なったといい，76歳での臨終に際しては，阿弥陀仏の像から引いた糸を握り，念仏を唱えつつ来迎を願って息を引き取ったと伝えられている。また，『源氏物語』の宇治十帖にて女主人公・浮舟を導く横川僧都は，源信がモデルであるとされている。

『往生要集』 **A**[4]（おうじょうようしゅう）　源信の浄土教方面での主著。地獄をはじめとする穢土と，それと対照的な浄土のさまを提示したうえで，浄土に往生するための手立てである念仏の方法を解説した著作。冒頭の大文第一「厭離穢土」で示される地獄や餓鬼道の凄惨な描写と，続く第二「欣求浄土」で描かれる快楽に満ちた浄土のさまは，多くの人びとに衝撃を与え，彼らを浄土教へと招き入れる大きな機縁となった。またこの地獄と極楽のさまは，地獄絵や来迎図といった浄土教美術のモチーフとなった。

地獄 **A**[8]（じごく）　現世で悪業を重ねた者が，死後そこに生まれ変わると説かれる世界。はるかな地下にあるとされる。六道の一つであり，そこに堕ちたものは生前の罪業に応じて，途方もない時間をかけて自らの罪業を償わねばならない。『往生要集』は地獄を阿鼻地獄・無間地獄などと詳細に分類したうえで，そこでの責め苦を生々しく描き出した。炎が燃えさかっていたり，獄卒（鬼）に責められたりという今日の地獄の一般的なイメージは，『往生要集』に由来するものである。

来迎図 **C**（らいごうず）　源信の考案とされる。極楽往生を願い念仏する人の臨終に際して，阿弥陀仏が菩薩や天人たちをともない，念仏者を極楽に迎えに来るさまを描いた仏画。地獄絵とならんで浄土教美術の中心であり，平安後期以降に多く描かれた。

往生 **A**[7]（おうじょう）　もともとは輪廻の思想において，現世の生が終わって，次の生に往き生まれること一般を意味したが，浄土教の進展にしたがって，この穢土を去って，浄土に生まれることを特に意味するようになった。さらに，多数の浄土の中

で，とくに阿弥陀仏の極楽浄土に赴くこと，すなわち極楽往生をいうようになった。

類 **極楽往生** C⑪

阿弥陀仏 A⑯ (あみだぶつ) 浄土教で信仰される仏。浄土三部経(『無量寿経』『観無量寿経』『阿弥陀経』)で説かれる。菩薩であったはるかな昔に，衆生を救済するために四十八の誓願(すなわち**弥陀の本願**)を立てて途方もない年月の修行を重ね，ついに仏となり，いまは極楽浄土にあって法を説いているとされる。その誓願の中に，自分に帰依して念仏を唱えた衆生を必ず極楽に往生させるという誓いがふくまれていた(第十八願)ため，この誓いをめぐって，観想念仏や称名念仏といった，浄土教における具体的な実践についての議論が盛んに行なわれるようになった。

念仏 A⑩ (ねんぶつ) もともとは修行の一環として，精神を集中させて心の中に仏を思い描くこと。思い描かれる対象は，仏の姿，仏の個々の身体的特徴，仏の衆生救済の働き，またその浄土などさまざまであった。浄土教にあっては，はじめ阿弥陀仏の姿や極楽浄土のありさまを思い浮かべる観想念仏が中心であり，源信もこの観想念仏を勧めている。一方，唐の善導は，阿弥陀仏の名を唱える称名念仏を中心とする念仏を説き，善導に深く帰依した法然以降，日本では称名念仏が優勢となった。

観想念仏 B⑥ (かんそうねんぶつ) 精神を集中させ，阿弥陀仏の姿をありありと思い浮かべる行。源信はこの観想念仏を往生のための主要な行と位置づけており，称名念仏はこの観想を行えない者のための二次的な行とみなしていた。

称名念仏 B③ (口称念仏 B②) (しょうみょうねんぶつ)(くしょうねんぶつ) 「南無阿弥陀仏」と阿弥陀仏の名を口に唱える念仏。長く観想念仏よりも下位のものとされてきたが，この称名を重んじた善導に深く帰依した法然は，観想よりもこの称名こそが極楽往生のための主要な行であると位置づけ直した。以降，親鸞や一遍の思想においても，この称名念仏が重視されることになった。

「南無阿弥陀仏」 A② (なむあみだぶつ) 称名念仏にて唱えられる文言。「南無」は梵語の[namas]の音写訳で，「敬い従う・帰依する」の意をもち，全体としては「私は阿弥陀仏を信じ，心より帰依する」の意となる。

空也 A⑤ (くうや／こうや)

[903〜972] 平安時代中期の僧。諸国を遊行遍歴しつつ，無縁の死者の供養や，井戸掘りなどの社会事業を行ない，人々に**市聖**あるいは**阿弥陀聖**と崇められた。源信とほぼ同年代の人だが，源信がとくに貴族に対して浄土教を広めたのに対して，空也は庶民を中心に浄土教を広めたのが特徴である。その浄土教の性質も，源信の知的なものと違って，熱狂的な雰囲気のものであり，また称名念仏中心であった。平安京のさなかで，貧民に施物をあたえつつ，鹿の角の杖をつき，鉦をたたいて遊行し，念仏を庶民に勧めた。浄土教が貴族階級にとどまらず，ひろく日本社会に受け入れられる基盤を作った人物であり，同じように庶民の間で浄土教を広めた鎌倉時代の一遍には，先達として仰がれた。

踊念仏 C③ (おどりねんぶつ) 念仏の一形態で，口に念仏を唱えながら，鉦を打ち，飛んだり跳ねたりして乱舞するもの。平安時代の半ばに空也が京の街中で踊ったのがはじまりとされ，その後，鎌倉時代に入って一遍の時宗が取り入れ，庶民に熱狂的な支持を受けた。

4 鎌倉仏教①── 他力の教え

鎌倉仏教 A⑥ (かまくらぶっきょう) 鎌倉時代には，浄土教系の浄土宗・浄土真宗・時宗，禅宗に属する臨済宗・曹洞宗，また法華信仰の日蓮宗など，仏教はそれぞれに独創的な多くの宗派を生み，日本独自の展開を見せた。今日の仏教界で強い力をもっているのも，これらの鎌倉時代に生まれた諸宗派である。これらを**鎌倉新仏教**ともよぶ。

これらの宗派に共通する特徴として，念仏(浄土系)・坐禅(禅宗)・唱題(日蓮宗)

といった，誰にとっても実践しやすい一つの修行方法（易行）を指定したこと，またこれと関連して，都の貴族や官人だけでなく，地方の農民や武士たちにも広まったことが挙げられる。

法然 A⑧（ほうねん）

[1133～1212] 浄土宗の開祖。美作（岡山県）の生まれで13歳のとき比叡山に入り，15歳で出家。「知恵第一の法然房」といわれるほどの学才を示したが，比叡山内の黒谷に隠遁し，浄土教と大乗戒との研究に没頭した。43歳のとき，唐の善導が著した『観無量寿経』の注釈書に見える「一心専念弥陀名号」ということばに衝撃をうけ，専修念仏にめざめた。その後，比叡山を降り，善導にしたがって称名念仏を民衆に広めることに専念した。貴族・武士・庶民にわたる幅広い層に信者を獲得し，親鸞らの有力な弟子も得たが，比叡山や南都からの攻撃を受け，ついには朝廷によって土佐（実際には讃岐）に流刑となった。一年後に許されて帰京したが，翌年80歳で死去。主著『選択本願念仏集』。

浄土宗 A（じょうどしゅう）　法然を開祖とする浄土教の一派。自力を捨て，称名念仏によって阿弥陀仏にすがり，極楽浄土へ往生することをめざす。親鸞をはじめとする弟子をかかえ，農民や武士の信者も多かったが，他の宗派が勧める念仏以外の修行方法を捨て，念仏を「選択」するよう説いたため，他宗派とたびたび対立し，法然らが流罪となったこともある。

善導 C①（ぜんどう）[613～681] 中国の浄土教の大成者。隋代から初唐にかけて活躍。その『観無量寿経疏』は称名念仏を重視する独特のものであり，法然や親鸞らの日本の浄土教に決定的な影響を与えた。法然が「偏えに善導に依る」といい，善導への深い帰依を表明しているほか，親鸞も「善導独り仏の正意を明らかにせり」と讃えている。

専修念仏 A③（せんじゅねんぶつ）　法然の立場をあらわす言葉。極楽往生のためには称名念仏こそが正しい行であると信じ，他のいっさいの行をすててひたすらに称名を行なうこと。他の行を捨て，称名念仏を選ぶことを選択というが，法然はさらに，この選択とは，極楽に往生しようとする修行者の「選択」ではなく，阿弥陀仏が穢土に苦しむ衆生を極楽に救いとるための行として念仏を選んだ，阿弥陀仏の「選択」であると考えをすすめている。他の行を行なうことや，称名念仏と他の行を併せ行なうことなど，専修念仏以外のあらゆる立場を雑修として否定したため，他宗派との対立を生む原因となった。「ただ往生極楽のためには，南無阿弥陀仏と申して，疑なく往生するぞと思いとりて，申す外には別の子細候わず。」（『一枚起請文』）
【資料】

弥陀の本願 B（みだ-ほんがん）　はるかな昔に，阿弥陀仏の前身である法蔵菩薩が，衆生救済のための修行をはじめるにあたって立てた四十八の誓願で，『無量寿経』で語られる。そのうちの第十八願がとくに重視され，念仏の行の根拠となった。

「生きとし生けるものがすべて，純粋に信心して，わたしの国（極楽浄土）に生れたいと願い，たった十回でも念仏したにもかかわらず，もし往生できないようなら，わたしは決してさとりを開きません。」（第十八願）【資料】

類 本願 A②

他力 A④（たりき）　仏や菩薩の救いの力，またその力によって悟りを得ることもさす。自力に対する語。浄土教は阿弥陀仏の他力（本願力とも）によって極楽に往生し，悟りを得ることを目指す他力の宗派であり，禅宗などの自力の宗派を聖道門と呼ぶのに対し，みずからの立場を浄土門と呼んでいる。また親鸞に至っては，念仏すること自体が阿弥陀仏のはからいだとする絶対他力の立場へと深められた。

同 本願力

易行 B①（いぎょう）　念仏によって阿弥陀仏の他力にすがることで極楽浄土へ往生し，悟りを得ることができるという浄土教の立場。修行者自身の自力によって修行を行ない，悟りを得る難行に対することば。浄土教の立場からは，浄土教以外の諸宗派を自

力の難行による**聖道門**（しょうどうもん）といい，また自らの立場を他力の易行による**浄土門**（じょうどもん）と呼んで区別する。

対 難行 C

『選択本願念仏集』 A⑤（せんちゃく／せんじゃく／ほんがんねんぶつしゅう） 法然の主著。浄土三部経と，善導をはじめとする高僧たちの三部経への注釈を引用しながら，末法の世に応じた行は称名（しょうみょう）念仏であることを明らかにし，他の行を捨てて念仏を選び取るよう説く。こうした専修念仏の宣言を明確に含むため，他の宗派や朝廷からの排撃の原因となった。

親鸞 A⑧（しんらん）

[1173～1262] 浄土真宗の開祖。9歳で出家して比叡山に入る。20年間の修行を積むが，飽き足らず，29歳のとき京都の六角堂にこもった。

そこで夢に聖徳太子のお告げを得て法然を訪ね，自力作善（じりきさぜん）の考えをすてて他力本願に回心した。その法然への傾倒は，『歎異抄』に「たとい法然上人にすかされまいらせて，念仏して地獄に堕（お）ちたりとも，さらに後悔（こうかい）すべからず候」資料 という親鸞自身の言葉が残されるほどであった。1207年の法然教団の弾圧の際に，親鸞も越後（新潟県）へ流罪となり，同時に僧の資格を剥奪（はくだつ）されるが，その地で「**非僧非俗**（ひそうひぞく）」（僧でも俗人でもないということ）を名乗り，肉食妻帯の凡夫（ぼんぷ）だからこそ阿弥陀仏の救いの対象であるということ，すなわち**悪人正機**（あくにんしょうき）の思想を，身をもって訴えた。やがて流罪を許されるが，京には帰らず，妻子をつれて東国で布教を行ない，武士や農民に多くの信者を得た。六十歳を過ぎて京へ戻り，主著『**教行信証**（きょうぎょうしんしょう）』などの著述に没頭する。この間，自らのはからいを完全にすて去り，阿弥陀仏にすがろうとする**絶対他力・自然法爾**（じねんほうに）の境地を開いた。

凡夫の自覚 C④（ぼんぷじかく） 親鸞は「煩悩具足（ぼんのうぐそく）の凡夫，心は蛇蠍（だかつ）のごとくなり」資料 と，自己が末法の世の凡夫であることを深く自覚した。この自覚が，阿弥陀仏の救いの力にひたすらに身を委（ゆだ）ねようとする絶対他力の思想を導き出すのである。

類「悪性さらにやめがたし。こころは蛇蝎のごとくなり。」資料

妻帯 B（さいたい） 越後へ流罪になり，僧籍を剥奪（はくだつ）された親鸞は，恵信尼（えしんに）と結婚し，子どもをもうけた。当時，「肉食妻帯」は官僧には禁じられていたが，私度僧のような民間の仏教者の間では，妻帯し肉食をするのは一般的なことでもあった。

非僧非俗 B（ひそうひぞく） 「僧に非（あら）ず，俗に非ず」。国家公認の正式な僧（官僧）ではないが，しかし全くの俗人となるわけでもなく，生涯を仏道に生きるという，流罪後の親鸞が自らのあり方を示した語。

類 愚禿（ぐとく）C

浄土真宗 A②（じょうどしんしゅう） 親鸞（しんらん）を開祖とする浄土教の一派。長らく**一向宗**（いっこうしゅう）とよばれてきた。法然の教えをさらに徹底して，絶対他力の立場から専修念仏による極楽往生を説く。親鸞の死後，いくつかの分派が生じたが，室町中期に越前（福井県）を中心として布教した蓮如（れんにょ）の本願寺派は大きな勢力となった。農民を中心とするその門徒は，しばしば一向一揆をおこし，戦国時代の政治の動きにも大きな影響をあたえた。江戸時代以降も，多数の門徒を得て今日に至っている。

同 一向宗 C

悪人正機 A（あくにんしょうき） 『歎異抄（たんにしょう）』の「善人なほもて往生をとぐ，いはんや悪人をや」資料 ということばに示される，親鸞の思想。自分で善行を積む人（善人）が極楽往生するというのは，一見もっともらしい。しかし，阿弥陀仏の本意は，自力で善を行なうことができず，他力にすがるほかはない煩悩にまみれた人々を救うことにある。それゆえ，善人よりは，自分の非力さ，罪深さにあえぎ苦しむ人の方が，往生と悟りにより近い存在であると説く。

同「善人なをも往生をとぐ，いわんや悪人をや」資料 A

「**善人なほもて往生をとぐ，いはんや悪人をや**」資料 A（ぜんにん－おうじょう－あくにん） 唯円（ゆいえん）の『歎異抄（たんにしょう）』にある親鸞（しんらん）のことばで，悪人正機の思想を説く。悪人でも往生

できるなら，善人なら確実に往生できると考えるのが普通の考え方である。しかし，善人は，自力の善行に自信をもつがゆえに，阿弥陀仏にすがる気持ちが薄い。そういう善人でも往生するのなら，阿弥陀仏にすがるほかはない悪人こそは，必ず往生すべき存在であるという意味。ここでいう悪人とは，世俗の道徳をかえりみずに悪行を働く人のことではなく，自分の非力さ，罪深さを深く自覚し，あえぎ苦しむ人のことである。人々が積極的に悪事をなすことについては，親鸞は強くいさめている。

同 悪人正機 A

絶対他力 A③(ぜったいたりき) 浄土門に帰依した者が信心を得て，念仏を唱え，極楽に往生して悟りを得るまでのいっさいが阿弥陀仏のはからいであって，自分自身の力によることではないという親鸞の考え方。念仏を唱えることでさえも自己の努力によるのではなく，阿弥陀の力がそうさせるのだと考える点で，法然の他力の考えをいっそうおしすすめたものである。

自然法爾 A(じねんほうに) いっさいの事物は作為によらず，本来あるがままにあるということ。親鸞はこれを阿弥陀仏信仰にあてはめ，自力の作為を徹底的に否定し，すべてが阿弥陀仏のはからいによってあるがままにあり，その本願力によって衆生はおのずと悟りを得ることになると説いた。

『教行信証』 A⑤(きょうぎょうしんしょう) 親鸞の主著。正式な題名は『顕浄土真実教行証文類(けんじょうどしんじつきょうぎょうしょうもんるい)』。教・行・信・証・真仏土・化身土の六巻から成る。多くの仏典や高僧の著書を引用しつつ，絶対他力の思想を述べる。

『歎異抄』 A⑤(たんにしょう) 親鸞の弟子，唯円の著書。親鸞と唯円との問答を記録した部分と，親鸞の没後に多くの弟子たちが親鸞の思想とは異なる説を説き出したことに対する唯円自身の歎き（歎異）を述べた部分とから成り，とくに悪人正機説をはじめとした親鸞の生き生きとした言動を記録している点で重要な書。

蓮如 C②(れんにょ) [1415～99] 浄土真宗の本願寺8世で，真宗の中興の祖。戦国時代に，地方の信者(本願寺門徒)を講や道場に組織することを通じて，強力な本願寺教団を発展させた。特に北陸や畿内の農民の間に根強い信仰を得，その一向一揆は時に大名の力をしのぎ，門徒による一国の統治が行われるほどのものであった。門徒に当てて書かれた**御文**(おふみ)(手紙)は，念仏の教えを平易に説いている。

一遍 A⑤(いっぺん) [1239～89] 鎌倉時代の僧。時宗の開祖。はじめ天台宗を学んだが，浄土宗の教えを受けて念仏修行に専念した。全国をひたすら旅しながら念仏を勧めて回ったが，これを遊行といい，彼は**遊行上人**(ゆぎょうしょうにん)ともよばれた。その念仏は空也の伝承に習い，鉢(はち)や鉦(かね)を鳴らしながら身ぶり手ぶりを交えて踊るので，**踊念仏**(おどりねんぶつ)ともよばれ，これはやがて念仏踊りとして農民の芸能として親しまれることになった。**遊行上人・捨聖**(すてひじり)ともよばれた。

▲一遍の踊念仏
（「一遍上人絵伝」）

時宗 A②(じしゅう) 一遍を開祖とする浄土系の宗派。ただいまこのときを死期と心得て（平生をつねに臨終のときと心得て），念仏する臨命終時宗(りんみょうじゅうじしゅう)である。諸国を遊行し布教することから，**遊行宗**(ゆぎょうしゅう)ともいう。

同 遊行宗

5 鎌倉仏教②── 自力の救済

禅宗 A(ぜんしゅう) 6世紀前半に，インドの僧達磨が中国に伝えた修行法によって悟りをめざす宗派。仏心宗，達磨宗ともいう。坐禅は仏教の修行法として，多くの宗派で広く用いられるが，中国では宋の時代に坐禅を修行の中心とする宗派がさかえた。

日本にも鎌倉から江戸時代にかけて，多くの流派が伝えられ，**臨済宗**(りんざいしゅう)，**曹洞宗**(そうとうしゅう)，**黄檗宗**(おうばくしゅう)の三つの宗派がある。禅の修行は，浄土教の他力本願に対して，自力による修行であり，鎌倉新仏教のもう一つの大きな流れとなった。その精神は仏教にとどまらず，文学や建築・絵画，茶道などに幅広く影響をあたえ，鎌倉以降の日本

文化を特徴づける大きな要素となっている。

禅 A4 (ぜん) もともとは梵語の「dhyāna」の音訳で、心をしずめ、精神統一すること。禅定ともいわれる。仏陀がこの禅定によって悟りを得たことから、重視されてきた。

　　　　　　　　　　　　　　　同 禅定 B1

坐禅 A6 (ざぜん) 両足を組んで坐し(結跏趺坐といい、片足だけのものを半跏趺坐という)、瞑想する禅宗の修行方法。臨済宗では公案(問題)を考えながら坐する看話禅であるが、曹洞宗ではひたすら坐する黙照禅である。

栄西 A9 (えいさい/ようさい)[1141〜1215] 鎌倉時代初期の僧、日本の臨済宗の開祖。神官の家系の出身で、8歳から仏典を学び14歳のとき比叡山で受戒。天台宗の研究にはげむ。28歳のとき、半年ほど中国(宋)で修行、帰国後も密教を研鑽する。しかし47歳から4年あまり、ふたたび中国を訪れて禅の悟りを体験。帰国後、博多の聖福寺などで伝道するが、天台宗の排撃を受け、反論のために『興禅護国論』を著す。やがて鎌倉の北条政子と二代将軍源頼家の帰依を受け、寿福寺に臨済宗を開く。のち京都にも建仁寺を建て、禅宗は広く認められることとなる。また日本に医薬として茶を伝えたことでも知られ、『喫茶養生記』の著作もある。

『興禅護国論』 A5 (こうぜんごこくろん) 栄西の主著。禅宗に対する弾圧に反論しつつ、禅を体系的に解説したもの。戒律の重視や、禅の振興が国の守護につながるという鎮護国家思想の傾向が強いことが特徴。

臨済宗 A5 (りんざいしゅう) 中国禅宗の一派で、開祖は唐代の僧、臨済義玄。わが国には最初栄西が伝えたが、その死後、1246年に来日した蘭溪道隆(1213〜78)、その弟子の大応国師(1235〜1308)により、禅宗として純粋化された。公案とよばれる特別の問題が出され、それを追求していくうちに、あらわれる疑問をつきぬけたところに悟りを得るという。このような方法を看話禅とよぶことがあるが、これは公案を用いない中国曹洞宗による批判的なよび方である。

公案 C1 (こうあん) 臨済宗において、悟りに到達させる手段として、坐禅する者に与えられる問い。たとえば、「隻手音声」、つまり「両手をたたけば音がするが、片手ではいかなる音がするか」というように、知的理解(分別知)のおよばない難問である。

道元 A10 (どうげん)

[1200〜53] 日本の曹洞宗の開祖。京都の上級貴族の子として生まれたが、幼少時に両親を失い、13歳で比叡山に入る。1223年、宋へ渡り幾人かの禅僧について修行するうち、曹洞宗の僧如浄に出会う。如浄の禅は、世間の雑事をすてて公案ももたずに、ひたすら坐禅に徹する只管打坐の禅であった。如浄の厳しい指導のもとで、自己の心身をはじめとする一切のものへのとらわれを超えた境地、すなわち「身心脱落」の悟りを得て1227年に帰国し、日本の曹洞宗を開く。黙照禅である中国曹洞宗の禅風を伝えるとともに、禅は悟りを得るための修行なのではなく、禅の修行がそのまま悟りの証であるという修証一等の立場を唱えた。建仁寺・興聖寺などを経て、1243年越前(福井県)に永平寺を開く。主著『正法眼蔵』『永平広録』。弟子がその言行を記録した『正法眼蔵随聞記』も広く読まれている。

曹洞宗 A (そうとうしゅう) 中国禅宗の一派で、日本へは南宋の禅僧如浄の教えを受けた道元が1227年に伝えた。道元は中国曹洞宗にならって、只管打坐をつらぬき、また禅修行の生活について綿密な指導を行った。弟子たちも民衆教化に努めたので、地方武士層を中心に信徒は増え、教団は大きく発展した。現在は永平寺(福井県)、総持寺(神奈川県)が二大本山。

永平寺 A (えいへいじ) 総持寺とともに曹洞宗の本山。福井県吉田郡永平寺町にある。1244年、京都深草から道元が移って開山した。

如浄 A (にょじょう)[1163〜1228] 中国曹洞宗の僧。天童山景徳寺で、世間の雑事をすてて公案ももたずに、ひたすら坐禅に徹す

2章 仏教の伝来と隆盛

る厳格な教えを実践した。宋に渡った道元はこの如浄のもとで3年間修行し、その「心身脱落」の言葉によって大悟して、教えを受け継いだ。

自力 A①(じりき) 他力に対する語で、自己の努力や能力などで悟りにいたろうとする立場。道元の「人びと皆仏法の器」資料として自己の仏性を自覚して只管打坐を勧める自力信仰の立場である。
対他力 A④

只管打坐 A④(しかんたざ) 曹洞宗の坐禅の特徴である、ただひたすらに坐禅することをいう。いっさいの世事や理屈をすてて坐禅にうち込むこのやり方については、中国で最初批判的に用いられた黙照禅というよび方が、日本では肯定的に解釈された。道元は只管打坐を強調し、さらに坐禅の修行こそ悟りの証であると説いた。
同黙照禅 対看話禅

修証一等 A②(しゅしょういっとう) 修証一如ともいう。道元の坐禅についての独自の思想。「修」とは禅の修行をさし、「証」とは悟りの証をさす。悟りは修行の結果として得られるのではなく、坐禅の修行は悟りそのものであるという意味。それゆえあらゆるものを捨てて坐禅に徹する只管打坐がもとめられる。
同修証一如 C

身心脱落 A④(しんじんだつらく) 身も心もぬけ落ちるという意味で、道元が師の如浄に伝えられ、それによって大悟した言葉。道元は、いっさいの雑事雑念を離れてひたすら坐禅することは、身体も心もすべての束縛を離れた境地に達することであると説いた。

「仏道をならうというは、自己をならうなり。自己をならうというは、自己をわするるなり」資料。『正法眼蔵』の一文で、自己への執着心を忘れる、無我の境地を示す。

『正法眼蔵』 A (しょうぼうげんぞう) 道元の主著。もともとは禅における仏法(正法)の真髄(眼はすべてを照らす、蔵はすべてを包み込む)という意味である。1231年から1253年にわたって書かれた全95巻からなり、只管打坐、修証一等など、道元の禅についての思想が網羅されている。

『正法眼蔵随聞記』 B②(しょうぼうげんぞうずいもんき) 道元の弟子でその法を継いだ懐奘が、師の言葉をまとめたもの。全6巻。道元の禅についての考え方が、日常のことばで生き生きと語られている。

隠元 C(いんげん) [1592〜1673] 中国明代の禅僧。諱は隆琦。1654(承応3)年に多くの弟子を率いて来日した。1658年には将軍徳川家綱と会見し、1660年に山城国(今の京都府)宇治郡大和田に寺地を賜り、翌年、黄檗山萬福寺を開創し、黄檗宗を開いた。

黄檗宗 C(おうばくしゅう) 日本の禅宗の一つ。江戸時代初期の1654(承応3)年に明朝の中国から招かれた中国臨済宗の隠元隆琦を開祖とする。本山は、京都府宇治市にある黄檗山万福寺。黄檗宗は中国では臨済宗の一派だが、宗内の制度・規則が明朝風で日本の臨済宗と異なるため、独立の宗派となった。

日蓮 A⑥(にちれん) [1222〜82] 日蓮宗の開祖。安房国(千葉県)の漁師の子として生まれ、16歳のとき天台宗の清澄寺で出家。鎌倉や比叡山で修行を続

ける中、天台の一乗思想に大きな影響を受け、『法華経』こそが末法の世を救う最上の教えであるという確信を得、故郷の清澄寺に帰って「南無妙法蓮華経」の唱題を唱え、法華宗(日蓮宗)を開いた。法華経の真理によって社会を正すことを主張し、当時流行していた禅や念仏を、国を滅ぼすものとして激しく批判。また『立正安国論』を著し、国家を挙げて『法華経』に帰依することを幕府執権の北条氏に進言したが入れられず、かえって流罪となる。以後もたびたび弾圧を受けながら、法華経にもとづく仏国土の実現をめざして活動する。一度は死罪寸前に至るが(龍ノ口の法難)、危うく助かり、佐渡に流罪となる。佐渡にて『開目抄』などを著して法華宗の教義を深めたのち、53歳で許され、甲斐国(山梨県)身延山に入っ

た。61歳のとき湯治に向かう途上，池上（東京）で死去。主著『立正安国論』『開目抄』。

日蓮宗 **B**2（にちれんしゅう）　日蓮を開祖とする宗派。はじめ**法華宗**といったが，天台宗（天台法華宗）と区別して日蓮法華宗とよぶようになる。はじめ日蓮の出身地である関東に勢力をもったが，日蓮の没後，とくに京都をはじめとする近畿地方にも広まった。日蓮以来の他宗派や政府への激しい批判と実践が特徴であり，迫害を受ける場合もあった。日蓮が住した身延山久遠寺（山梨県）を総本山とする。

同 法華宗 **C**

『法華経』 **A**6（ほけきょう）　大乗経典の一つで，正式名称は『**妙法蓮華経**』。前半ではおもに一乗思想が，後半では歴史的な存在としての釈迦を超えた永遠不変の仏（久遠実成の本仏）の存在が説かれる。日本では，聖徳太子がその注釈書『法華義疏』を著し，また天台宗では中心経典として重視されるなど，伝統的に尊重されてきたが，日蓮はこうした伝統を受けつつこの経を絶対視し，『法華経』の題目（「南無妙法蓮華経」）を唱えること（唱題）を勧めた。

同 妙法蓮華経 **B**

唱題 **A**1（しょうだい）　日蓮は，『法華経』が末世にとっての最上の教えだとみなしたのみでなく，その『法華経』の真理はすでにその「妙法蓮華経」という五字の題目の中にすべて表現されていると考えた。そこで，その「妙法蓮華経」という題目に帰依する（「南無」）ことで，『法華経』の真理にあずかり，成仏できると説いた。こうして「南無妙法蓮華経」を口に唱えることが日蓮宗の中心的な修行となったが，この行を**唱題**（題目を唱えること）という。

「南無妙法蓮華経」 **B**5（なむみょうほうれんげきょう）　「南無」は心より信じ，帰依すること。「法華経に帰依したてまつる」の意。

折伏（しゃくぶく）　仏教における伝道教化の方法の一つ。相手の立場や考えをいったん聞き入れながら，おだやかに争わずやがて正法に導こうとする**摂受**に対して，折伏は最初から相手の誤りをするどく突き，徹底的に批判して正法を受け入れさせる方法。

中国法華仏教にも折伏の考えがみられるが，日本では，日蓮がこれを末法の世における布教の方法として積極的に展開した。

対 摂受

四箇格言 **B**1（しかくげん）　日蓮が法華経を絶対視する立場から他宗を批判して述べた，「念仏無間　禅天魔　真言亡国　律国賊」 資料 という四つのことば。

法華経の行者 **B**（ほけきょう－ぎょうじゃ）　『法華経』の教えに帰依して修行し，それを広める人。『法華経』そのものの中に，この経の行者は周囲からの迫害（法難）を受けることが予言されているが，日蓮は，自己への迫害や受難が繰り返される中で，自らがそうした法華経の行者であると確信していった。日蓮に帰依した北一輝や宮沢賢治にも，こうした預言者的な自覚がみられる。

法難 **C**（ほうなん）　教団や仏教徒に対する迫害や攻撃，弾圧事件のこと。教団や信徒が護持する法（仏教の真理）が危難にさらされた状態の意。日本では日蓮が，みずからが受けた何度かの迫害を「法難」としてとらえ，いっそう信仰と使命感とを強めていった。

『開目抄』 **A**2（かいもくしょう）　日蓮の主著の一つ。幕府批判のかどで流罪になった佐渡で記された。たび重なる迫害にも負けず，「われ日本の柱とならん，われ日本の眼目とならん，われ日本の大船とならん」 資料 と，使命感を表明した条が有名である。

『立正安国論』 **A**2（りっしょうあんこくろん）　日蓮の主著で，1260年に成立。『法華経』に帰依しないと内乱や外敵の侵略にあうとして，『法華経』による鎮護国家を説く。日蓮はこの書を前執権の北条時頼に上呈したが，受け入れられず，その浄土教批判や政治批判は，浄土教徒との対立や流罪の原因となった。上呈後の1274年に生じた元寇は，日蓮や周囲の人びとには，予言の成就として受けとられた。

叡尊 **B**2（えいそん）［1201～91］　鎌倉時代の律宗に属する僧。東大寺戒壇で受戒したのち，戒律とともに密教を併せ学び，奈良の西大寺にあって律宗を再興した。病人の救済活動や宇治橋の建造など，衆生救済の

社会事業につとめて，都の人々の支持を得，鎌倉新仏教が流行する中で，大きな教団をなした。

明恵 **B** （みょうえ）［1173〜1232］　鎌倉時代の僧で，華厳宗中興の祖。華厳経の研究を深める一方，座禅や密教行など種々の行を実践し，ひたむきな求道者として多くの人々の尊敬を集めた。また法然の『選択本願念仏集』が悟りをめざす心（菩提心）を軽んじていることに怒り，『摧邪輪』を著して痛烈に批判した。

忍性 **C** ①（にんしょう）［1217〜1303］　叡尊の弟子で，師に従って実践的な社会活動に努めた律僧。叡尊教団の中でもとくに献身的に社会救済事業につとめた慈悲の人として知られる。とりわけ，鎌倉で行ったハンセン氏病患者の救済事業が有名である。

覚鑁 **C** （かくばん）［1095〜1143］　平安時代末期の真言宗の僧。当時流行していた浄土教の念仏を，密教の即身成仏の思想と結びつけ，密教の修行として念仏を取り入れた新義真言宗の遠祖となった。

貞慶 **C** （じょうけい）［1155〜1213］　鎌倉時代の法相宗の僧。南都六宗の立場から法然を批判し，「興福寺奏状」を執筆して専修念仏の禁止を朝廷に求めたが，同時に弥勒菩薩や観音菩薩への信仰によって浄土教に対抗しようともした。没後，解脱上人と称された。

凝然 **C** （ぎょうねん）［1240〜1321］　鎌倉時代の東大寺の学僧。華厳・律・天台・密教・浄土教など，当時のさまざまな仏教諸派を広く学んで抜群の学識をもち，それらをまとめた著書は千数百巻にものぼるといわれる。各宗派の教義と歴史とをまとめた『八宗綱要』のほか，聖徳太子の『三経義疏』や空海の『十住心論』への注釈も行っており，特に仏教史の方面では，日本を代表する学僧である。

6 仏教的無常観と日本文化

みやび　宮廷風であり，上品で優雅なこと，あるいは都会風であること。「みや」は「宮」からきており，「さとび（里び）」ないし「ひなび（鄙び）」に対する語。宮廷人の洗練された生活態度や美意識をもともとの

意味とするが，とくに国風文化が栄えた平安時代の王朝貴族たちが和歌や絵画に表現した美的感覚が規範となり，後世の日本人の美意識や，芸術活動を規定することになった。

あはれ **A** ①（-わ-）　自然の景物や人生の諸相など，物事と触れた際に湧き上がってくるしみじみとした感動のこと。心を動かされた際に，"ああ"と漏れ出る嘆息を語源とする。王朝文学の基底にあるとされる情感，あるいは美意識のひとつ。とくに『源氏物語』が「あはれ」の文学とされる。古くは明るいものもふくめて，喜怒哀楽のあらゆる感動を指して用いられたが，次第に，身にしみる哀感の意味に限定されるようになった。江戸時代の本居宣長は，あらゆる和歌の本質はこの「あはれ」であると指摘した。

　　　　　　　類 **幽玄** **A** ⑤ **もののあはれ** **A** ⑤

をかし （お-）　王朝文学の美意識を示す言葉。一般に，『源氏物語』が「あはれ」を表現しているのに対して，『枕草子』が「をかし」の文学であるとされる。「あはれ」と同じように物事に触れた際の情感を示す言葉であるが，濃厚に情にひたされた「あはれ」に対して，対象から一歩退き，理知的な観察を交えつつそのものを興がる点に特徴がある。『枕草子』では四季の移ろいや些細な人間模様など，さまざまなものが「をかし」と評されている。

『平家物語』 **C** （へいけものがたり）　平安時代末期，平清盛を中心とする平氏一門の栄華から，源氏との争いによる没落，滅亡までを描く軍記物語。作者は不詳だが，鎌倉時代以降，盲目の琵琶法師が，琵琶を弾きつつ独特の節回しで語るという形式で広まり，広汎な層に親しまれた。

　　「祇園精舎の鐘の声，諸行無常の響きあり。沙羅双樹の花の色，盛者必衰のことわりをあらわす」 資料 という有名な冒頭に表されているように，権勢を誇った平家一門の没落を，盛者必滅・諸行無常という仏教的無常観のもとに語る。初期の武士たちの「弓矢取る身の習い」（のちの武士道）がうかがわれる点でも重要。のちに謡曲や浄瑠璃などの素材としても取り入れられ，中世を

126 第Ⅲ編　日本の風土と思想

代表する文芸となった。

無常観 **Ａ**6（むじょうかん）　すべては絶えず移り変わり，永遠なものは何もないとする世界のとらえ方。仏教に由来し，日本人の美意識や人生観の基底をなしている。とくに末法思想が流行した平安時代の後半から，中世にかけては，文芸・美術・建築などにわたる文化全般を貫く精神となった。無常「観」という場合は，無常な世のありようを冷静・理知的に看取する態度をさすが，より情緒的に，しみじみとした情感としてこの無常を感受する態度，すなわち無常「感」も，日本人には強いといわれる。

「九相詩絵巻」 **Ｃ**（くそうしえまき）　鎌倉時代以降に多く制作された仏画の一種。美女の死体が，次第に腐敗し，鳥獣に食い荒らされ，最後は骨と灰になるまでを，九段階に分けて描いた図。それぞれの段階ごとに，死体の状態を表し，同時に無常を説きすすめる漢詩が付されている。美しい人も死後には醜く変化し，最後には無に帰してしまうことを示し，人々に世の不浄・無常をありありと知らしめるために描かれた図画。また，図ではなく実際の死体を見て世の無常を観ずる白骨観・不浄観も，仏道修行としてひろく行なわれた。

西行 **Ａ**2（さいぎょう）[1118〜90]　平安時代末期の歌人。武家に生まれ，鳥羽院・崇徳院に北面の武士として仕えたが，23歳で出家，隠遁。諸国を遍歴しつつ，多くの和歌を詠んだ。桜や月といった自然の景物への深い愛着と，技巧を弄しない率直で奔放な詠みぶりとで知られる。隠遁の歌人の先駆者として，芭蕉をはじめ後代の多くの人びとに慕われた。歌集『山家集』があるほか，勅撰の『新古今和歌集』にも多くの歌が収められる。「願はくは花の下にて春死なむ　そのきさらぎの望月のころ」（辞世の歌）**資料**

鴨長明 **Ｂ**（かものちょうめい）[1153〜1216]　院政期から鎌倉時代の隠遁者・歌人・随筆家。京の下賀茂神社の神職の家に生まれ，歌人としても知られたが，神職としての昇進がかなわず，出家，隠遁。その後は京都郊外の山中に草庵を結び，仏道修行と著述とに日々を送った。源信にはじまる天台浄土教に深く帰依し，出家した者や浄土に往生した者についての説話を集めた『発心集』を著した。隠遁のありようをつづった有名な『方丈記』にも，末世意識や深い無常感が表れている。

『方丈記』 **Ｂ**（ほうじょうき）　鴨長明の随筆。1212年成立。大火や地震などを無常の端的な表れとして生々しく描写しつつ，世の無常を深く歎き，日野山に草庵を結んで，隠者としてひたすらに浄土を欣求する現在の自身のありようを述べる。冒頭は無常感を典型的に表した文章として有名。「ゆく川の流れは絶えずして，しかも，もとの水にあらず。淀みに浮かぶうたかたは，かつ消えかつ結びて，久しくとどまりたるためしなし。」**資料**

吉田兼好 **Ｂ**4（よしだけんこう）[1283〜1350]　鎌倉時代末期の隠遁者，歌人，随筆家。神官の家に生まれ，朝廷に官人として仕えたが，30歳前後で出家隠遁。一時は山中で修行にはげんだが，のち京にもどり，貴族や武士たちと歌や学問の交流を続けた。隠者であるにも関わらず，現世への旺盛な知的好奇心をもち，随筆『徒然草』にはその態度がよく表れている。

『徒然草』 **Ｂ**4（つれづれぐさ）　1331年頃に成立した吉田兼好の随筆。多くの章段から成り，その中には世の無常を観じ，仏道を説くものだけではなく，世俗の恋愛や社交，また衣食住など，多様な対象についての鋭い省察が収められている。仏教の無常観を基底としつつも，哀しみや諦めに流れるのではなく，無常だからこそ現世をまたとないものとして肯定する態度が特徴。次の一節も，そうした兼好の態度の表れである。「あだし野の露消ゆるときなく，鳥部山の煙たちさらでのみ住み果つる習いならば，いかにもののあわれもなからん。世はさだめなきこそ，いみじけれ。」**資料**

一休（いっきゅう）[1394〜1481]　室町時代の臨済宗の禅僧。公然と飲酒するなど，戒律をかえりみない奇行で知られたが，それらは世俗化し，名利を追い求める当時の宗門に対しての過激な批判として行われたものであった。一生を風狂に生き，漢詩集『狂雲集』を残した。その形式にとらわれない自由な生きざまは多くの人に慕われ，後代多くの一休伝説を生んだ。

2章　仏教の伝来と隆盛　127

能 A①（能楽 B④）（のう）（のうがく）　中世芸能を代表する歌舞劇。もともとは狂言とともに猿楽とよばれていた芸能で、滑稽な物まね等を中心的な演目として、平安ごろから寺の法会や農村の祭礼で広く行われていた。室町幕府の将軍の庇護をうけた**観阿弥**（1333〜84）、**世阿弥**（1363頃〜1443頃）親子が歌舞を取り入れ、滑稽さを排し、『平家物語』などの古典に取材した台本をつくるなど洗練の努力を重ね、今日の能に近い舞台芸術へと昇華させた。

　世阿弥の大成した能の多くの曲では、主人公（シテ）が亡霊や草木の精など、超自然的な存在であるため、夢幻能とよばれる。

狂言 B①（きょうげん）　室町時代に能とともに成立した喜劇。能と同じく、平安時代の猿楽とよばれる芸能を起源とする。日常的な題材を笑いの中に表現する。

幽玄 A⑤（ゆうげん）　もともと仏法の奥深さをいう仏教用語であったが、和歌の批評において、ことばに言いつくせない神秘的な余韻や情感をあらわす語として、院政期の藤原俊成以来多用されるようになった。また、能の世界でもこの流れをうけて、世阿弥が能の美の本質を幽玄にあると主張した。この場合は基本的に、洗練された優美さの意味で用いられている。

〈類〉**あはれ A①**

世阿弥 A④（ぜあみ）〔1363頃〜1443頃〕　室町時代の能役者、また能作者。大和（奈良県）の猿楽一座（観世座かんぜ）の長であった父観阿弥の後を継ぎ、足利義満の寵愛を得て当代一の役者として活躍しつつ、同時に多くの能の台本を書き、また能の演技の理論の体系化につとめた。今日の能はこの世阿弥によって大成された。今日演じられる能の大半が世阿弥作のもので、代表的なものとして「井筒」「実盛」がある。また、能の理論書としては『風姿花伝』が有名。

『風姿花伝』 C④（ふうしかでん）　世阿弥による能の理論書。長年の演者としての実体験をもとに、稽古の過程、演出のこつ、細部の演技のしかたなどをきわめて実践的に説明する。舞台の上で観客をひきつける魅力を「花」と総称しており、いかに「花」を

もった演者であり続けられるかが追求されている。「秘すれば花、秘せずは花なるべからず。」〈資料〉

藤原俊成 C（ふじわらのしゅんぜい／としなり）〔1114〜1204〕　平安時代末期の歌人。勅撰集『千載和歌集』の撰者で、藤原定家は子、また西行とも親交があった。『古来風体抄』をはじめとする多くの歌論書の中で、容易にはとらえがたい微妙繊細な余情である**幽玄**を説いた。俊成の説く幽玄は優美さをふくみつつも、枯れさびた美をめざす面があり、「わび」や「さび」の美意識への道を開いた。

わび A②　もともとは、心細く物哀しい、うらぶれた心境をあらわすことばである。そこから、簡素で清貧なありようの中に、かえってひそんでいる趣きや心情の美しさを表現する語として用いられるようになった。茶道を大成した千利休せんのりきゅうは、その理念をこの「わび」としてとらえた。簡素な茶室の中で、主人と客とが一期一会いちごいちえの精神において出会う点に、あたたかな心情の通い合いや、枯淡な興趣を見出したのである。利休は「わび」の精神をあらわす歌として、**藤原定家**の「見渡せば花も紅葉もなかりけり　浦の苫屋とまやの秋の夕暮れ」〈資料〉、藤原家隆の「花をのみ待つらむ人に山里の　雪間の草の春を見せばや」〈資料〉をあげている。

〈類〉**さび A②**

さび A②　寂び。「わび」に近い言葉で、「わび、さび」と連用されるが、「わび」がおもに風景や器物などの客観的な対象についていわれるのに対して、「さび」は内面の情感についていわれるとされる。松尾芭蕉が俳論の上でとくに強調し、あわれな余情を表現する「しおり」、「細み」さらに「軽み」へと展開した。

〈類〉**わび A②**

千利休 A④（せんのりきゅう）〔1522〜91〕　安土桃山時代の茶人。堺の商家の出身で、幼少より茶の湯を好み、茶人として有名になる。参禅の経験から、禅の境地を生かした、質素ななかに茶の湯の真髄しんずいを見いだす「わび茶」を大成した。織田信長、次いで豊臣秀吉に仕え、とくに秀吉とはその茶の湯の師として深い結びつきをもつが、やがて対

立し切腹を命じられた。『**南方録**』は利休の教えを弟子が記録した書。

茶道 A 4（茶の湯） (さどう)(ちゃーゆ) 千利休によって完成された，茶を通して行われる総合芸術。茶の湯ともいう。栄西(『喫茶養生記』の著書もある)によって茶が伝えられて以来，禅宗の寺院で発達し，書院の茶として行われていたものが，**村田珠光**(1422～1502)や**武野紹鷗**(1502～55)を経て洗練され，利休が**わび茶**として完成させた。

類 わび茶 B

一期一会 B 2(いちごいちえ) 利休にはじまる茶道で説かれる，茶会の心得。人生は短く，一度限りであり，また今日という日も二度とはない。そこで，今日のこの茶会は主人にとっても客にとっても生涯にただ一度の出会いであると心得，主客ともに心を尽くして真摯に会に参ずるべきであるとの意。

和敬静寂(わけいせいじゃく) 茶道の精神とされてきた四字。和は会に集まった人々と互いに睦まじくやわらぐ心持ち。敬は「うやまう」で，敬い慎む心。清はきよらかで汚れのないこと。寂は俗世間や心中の妄想を離れた静けさで，どんなときにでも動じないこと。茶道の母体であった禅宗の修行道場にて，修行者に求められるありように源流をもっている。

華道 B(かどう) 花を器に生けてその美を引き出す日本独特の芸術。もとは仏前に捧げる花(供花)の活け方の作法に源流をもつ。室町期になると書院造の室内装飾や茶室の飾りとして花をいけること(「立花」「投入花」)が一般的となり，六角堂池坊の僧専応がその技術を体系化した。さらに江戸時代のはじめには「生け花」が習い事として学ばれるようになり，明治以降は華道とよばれるようになって，稽古事のひとつとして今日に至っている。

同 いけばな　花道 C

水墨画 B 1(すいぼくが) 単色の墨のみを用いて，その墨の濃淡や線の強弱で対象を表現する，東洋独特の絵画。深山の幽邃な風景を画題とするものが多く，特に山水画ともいわれる。中国で唐代にはじまり，とくに禅宗の僧侶によって，その禅の悟りの境地を表現するものとして描かれていた。日本には鎌倉時代に禅宗とともに移入されたが，日本の水墨画は，室町時代に禅僧の**雪舟**(1420～1506)が明に渡って現地の技法を伝えたことから本格的にはじまる。

枯山水 B(かれさんすい) 室町時代におこった，石と砂利による作庭様式。それまでの寝殿造の庭とは違って，水(川や池)や樹木を用いずに，白砂と石の構成のみで，そびえる山や流水，滝など山水の風景を象徴的に表現する。水墨画とともに，わび・さびの美学の典型である。京都の竜安寺の石庭や大徳寺大仙院の庭が有名である。

竜安寺石庭 C(りょうあんじせきてい) 京都にある臨済宗の竜安寺の石庭。築地塀に囲まれた長方形の敷地一面に白砂を敷き，虎の子渡しといわれる大小15個の石を配置する。その石と砂との構成のみで，雲の上に出た山や海に浮かぶ島などを象徴している。

桂離宮(かつらりきゅう) 京都桂川のほとりに建てられた八条宮家の別荘。江戸時代初期の建造。八条宮家の創設者の智仁親王(1579～1629)は風流を好み，「瓜畑のかろき茶屋」を建てた。これが桂離宮の始まりで，この茶屋は現在の古書院にかつての姿をとどめている。1641(寛永18)年ごろに宮家を継いだ智忠親王(1619～62)が改築して中書院を増築し，さらに63(寛文3)年の後水尾上皇の桂御幸のために，楽器の間や新御殿を増築し，ほぼ現在の姿となった。数寄屋風をとりいれた書院造の書院と回遊式庭園から成り，さらに数件の茶室をそなえる。こけら葺きの屋根，杉の面皮柱，土壁など，どこまでも装飾を排した質素なつくりでありながら，簡素な美を湛え，近代に来訪したドイツの建築家ブルーノ＝タウトに絶賛された。

▲ 回遊式庭園と茶室

3章 儒教の日本化

1 朱子学と陽明学

儒教の日本化 **B**（じゅきょう-にほんか）　儒教は四，五世紀頃に朝鮮半島経由で日本に伝来し，一部の貴族や僧侶に学ばれてきたが，社会の広い層に受け入れられ，本格的に定着したのは江戸時代のことである。

まず有力になったのは林羅山（はやしらざん）や山崎闇斎（やまざきあんさい）を代表とする**朱子学**であり，やがて幕府や諸藩の公式の学問となって，支配層である武士たちの基礎的な教養となった。一方，**陽明学**も中江藤樹（なかえとうじゅ）らによって受容され，身分制の正当化に傾きがちな朱子学とはやや違って，心身の修養を通じて個々人が自由な道徳的主体となることを目指すに至った。こちらの流れは，やがて庶民の道徳的な自覚をうながす**石門心学**（せきもんしんがく）につながってゆく。

その後，朱子学や陽明学といった比較的新しい儒教思想を否定し，周公や孔子の時代の原始儒教そのものに回帰しようとする**古学派**が，日本独自の儒教学派として登場した。伊藤仁斎（いとうじんさい）や荻生徂徠（おぎゅうそらい）がその代表的思想家である。幕末が近づくと，朱子学に強い影響を受けつつも，日本の国体の優秀さや尊王攘夷（そんのうじょうい）を説く後期**水戸学**が力をもち，近代以降のナショナリズムに多大な影響を残した。

以上のような江戸時代における儒教の日本化の特徴としては，①易姓革命（えきせいかくめい）の思想が受容されなかったこと，②神道と習合したこと，③科挙がなかったため，かえって広範な層に学ばれたこと，④客観的な理法の探究よりも，内面的な心情の純粋さを追求する傾向が存在したことなどが挙げられる。

日本の朱子学 **B** **④**（にほん-しゅしがく）　朱子学はすでに中世から一部知識人によって学ばれており，南北朝期の北畠親房（きたばたけちかふさ）の『神皇正統記（じんのうしょうとうき）』などにもその影響がうかがわれるが，本格的に思想として受容され，日本人の朱子学者が現れたのは江戸時代で

ある。こうした朱子学の受容の理由は，ひとつには泰平の世に応じた新しい生き方が模索されたためであり，またもうひとつには固定的な身分秩序を正当化する思想が求められたためでもある。

近世初期の朱子学には，大きく分けて，京都の禅寺に学んだ藤原惺窩（ふじわらせいか）にはじまり，林羅山，新井白石，室鳩巣（むろきゅうそう）が属する**京学派**と，戦国時代の土佐（高知県）にはじまり，山崎闇斎（やまざきあんさい）を代表とする**南学派**の，二つの流れがあった。南学派はきびしい修養で知られたが，政治の中枢に近づいたのは京学派である。とくに林羅山は徳川家康に仕え，その子孫も代々幕府の儒官を世襲したうえ，その私塾がのちの官学・昌平坂学問所となり，林家は江戸の思想界で正統の位置を占めた。幕府ははじめ，陽明学や古学など朱子学以外の儒学派にも比較的寛容だったが，近世後期，**寛政異学の禁**（1790年）によって朱子学以外の儒学を官学で講ずることを禁止すると，この禁が各地の藩校にもおよび，ここに朱子学が武士のための正統教学となった。また，朱子学の厳しい華夷名分論（かいいめいぶんろん）は，水戸学の大義名分論を生みだし，幕末の尊王攘夷（そんのうじょうい）運動や近代の国粋主義思想にまで，根強く影響を与え続けた。

藤原惺窩 **A** **⑨**（ふじわらせいか）［1561〜1619］　近世儒学の祖。藤原定家の子孫として播磨（はりま）国に生まれ，幼くして出家。京都五山の一つである相国寺（しょうこく）の禅僧となるが，次第に仏教が現世を軽視するものと考えるに至り，朱子学に傾倒し，還俗（げんぞく）して儒者となった。林羅山（はやしらざん）ら多数の学者を門下に輩出したが，自身は仕官せず，晩年は京都の郊外に隠棲（いんせい）した。学風としては，朱子学を尊びつつも，陽明学や禅宗なども寛容に取り入れる点に特色がある。

林羅山 **A** **⑪**（はやしらざん）［1583〜1657］　朱子学が幕府の官学となる基礎を築いた朱子学者。京都の生まれで，五山の一つである建仁寺（けんにんじ）に入るが，仏教を好まず，朱子学に志した。藤原惺窩（ふじわらせいか）に師事し，彼の推薦で徳川家康に仕えることになった。幕府内部では，法度（はっと）や外交文書の作成に活躍した。思想的な活動としては，『三徳抄（さんとくしょう）』や『春鑑抄（しゅんかんしょう）』といった啓蒙書を

通じて朱子学の普及につとめるとともに，仏教やキリスト教に対しては激しい批判を展開した。上野に開いた私塾は幕府の官学である湯島聖堂および昌平坂学問所の前身となり，またその子孫が代々大学頭（だいがくのかみ）を世襲して幕府の学問を司（つかさど）るなど，幕府の思想政策に決定的な役割を果たした人物である。

『春鑑抄』 Ｂ②（しゅんかんしょう） 林羅山の著書。1629年刊。和文でわかりやすく朱子学を啓蒙する。支配層である武士が人倫の道を自覚することを狙いとして，儒教の基本的な徳目である仁・義・礼・智・信の五常のそれぞれについて，平易に説いている。上下定分の理の主張をふくむことで有名。

上下定分の理 Ａ④（じょうげていぶんのり） 林羅山が朱子学の「理」の一内容として主張した，自然と人事とを貫く法則。自然界においても人間社会においても，上・下の定めが本来的に存在するとした。羅山は「天は上にあり，地は下にあるは，天地の礼なり。この天地の礼を，人生まれながら心に得たるものなれば，万事につきて上下，前後の次第あり」（『三徳抄』）**資料**，あるいは「天は尊く地は卑し，上下差別あるごとく，人にもまた君は尊く，臣は卑しきぞ」（『春鑑抄（しゅんかんしょう）』）**資料**と，繰り返しこの上下定分の理を強調している。自然界にも天と地との上下貴賤があるのだから，人間社会にも君と臣，親と子，夫と妻ほかの上下関係が存在するのが当然であり，この上下の区別にのっとって行為することで，社会の安定がもたらされると説いた。

これは武士階級内での身分秩序や，士農工商の身分秩序などを，天地自然の理法にかなうものとして正当化するものであり，朱子学が封建社会を支える幕府の学問として重視され続ける根拠をなした。

存心持敬 Ａ③（そんしんじけい） 「存心」は「放心」の反対で，外界の状況に振り回されることなく，「理」と一体である本来の心のありようを保つこと。羅山（らざん）は朱子に従って，人間の内面を道心（天理）と欲心（人欲）との不断の戦いととらえ，支配階級である武士に，いついかなる時も自己の内な道心に即して，欲心に打ち勝ち続けることを求めたが，そのための具体的な方法が

「持敬」，すなわち心身の慎（つつし）みを維持し続けることであった。その慎みとは，具体的には，日常の人間関係の中におのずと存する上下の礼儀をゆるがせにせず，守り続けることを意味した。

敬 Ａ⑤（けい） 朱子学でもっとも重んじられた徳目。儒教では古来重視された徳目だが，天や神といった自分の外の他者を「うやまう」ことよりも，自己の感情や欲望を「つつしみ」，自己の本然の性を十全に発揮しようとするものである点に，朱子学の「敬」の特色がある。

類居敬（きょけい）**Ａ⑥ 持敬**（じけい）**Ａ**

昌平坂学問所 Ｂ（しょうへいざかがくもんじょ） 幕府公式の学問所。林羅山が上野に開いた私塾を前身とし，元禄年間に時の将軍綱吉の援助で湯島に移転したのを機に，公立の教育機関となった。おもに朱子学を教授した。孔子を祀（まつ）る聖堂（湯島聖堂）を併設している。

同湯島学問所 類湯島聖堂 Ｃ

山崎闇斎 Ａ⑦（やまざきあんさい）[1618～82] 江戸前期の儒学者，神道家。京都に生まれ，出家して京，のちに土佐の禅寺に入るが，朱子学に触発されて帰京・還俗（げんぞく）し，儒者となる。京都に開いた塾はきわめて厳しい学風で知られるが，佐藤直方（さとうなおかた）を筆頭に六千人もの門弟が集（つど）い，また時の老中の師ともなり，一時その名声は林家をもしのいだ。晩年には神道に傾倒し，朱子学と神道との根源的な一致を唱えて垂加神道（すいかしんとう）を創始した。闇斎の思想は，神道家や幕末の志士たちにも，大きな影響を与えた。おもな著作は『文会筆録（ぶんかいひつろく）』『大和小学（やまとしょうがく）』。

垂加神道 Ａ⑤（すいかしんとう） 山崎闇斎（やまざきあんさい）が提唱した神道。中世の伊勢神道や吉田神道の流れを汲みつつ，それらを朱子学の概念や理論を用いて集大成した神道。神道と朱子学とは，異なる場所で別々に成立したが，とらえている真理は同一なので，おのずと両者は一致するものと考え，正直や清浄（しょうじょう）といった神道の徳目を朱子学の理論でとらえ直した。江戸時代の儒家神道の中では最大の勢力をもち，近世後半には復古神道からの批判も受けたが，のちの神道思想に多大な影響を残した。

南学 B （なんがく） 戦国時代以降，土佐（今の高知県）で独自に発展した朱子学の一派。とくに京都を本拠とした京学に対していわれる。その中心人物の一人である野中兼山は，土佐の吸江寺の禅僧であった若き日の山崎闇斎と親交を結び，闇斎が朱子学に転ずるきっかけを作った。

対 京学 B

南村梅軒 C （みなみむらばいけん）［生没年不詳（16世紀ごろ）］ 戦国時代の儒学者。南学の祖。禅儒一致的な立場から，外界の流動に流されない「定静」なる本心の確立を説いた。

佐藤直方 C （さとうなおかた）［1650〜1719］ 江戸前期・中期の朱子学者。山崎闇斎の高弟で，崎門三傑の一人に数えられたが，のちに経典解釈をめぐって師である闇斎と対立し，破門された。日本の朱子学者のうちでもっとも「理」を重んじ，「情」を重視する陽明学や伊藤仁斎の古義学を厳しく批判した。「理」の重視に由来する批判的な精神で知られ，多くの儒者が赤穂浪士の討ち入りを称賛する風潮の中で，その行為を「理」に当たらないものとして批判した。

京学 B （きょうがく） 藤原惺窩を祖とする朱子学の一派。林羅山，松永尺五，木下順庵，貝原益軒，雨森芳洲，新井白石，室鳩巣といった優れた儒者たちを輩出した。南学に比べて，幕府との関係が深かったこと，また博学の傾向を特色とする。彼らの多くが京の出身，あるいは京に居住したので，この呼称でよばれる。

対 南学 B

木下順庵 B 2 （きのしたじゅんあん）［1621〜98］ 江戸前期の儒学者。藤原惺窩の弟子である松永尺五に師事。巧みな詩文で知られるほか，教育者として優れ，その門下に室鳩巣，雨森芳洲，新井白石らが輩出した。

室鳩巣 B 6 （むろきゅうそう）［1658〜1734］ 江戸前・中期の朱子学者。木下順庵の門下で，同門の新井白石の推挙で幕府の儒官となった。徳川吉宗の信任を得，その教化政策に深く関与した。赤穂浪士の討ち入り事件に際しては彼らをいちはやく「義人」と讃え，その行動を肯定した。

雨森芳洲 C 4 （あめのもりほうしゅう）［1668〜1755］ 江戸中期の朱子学者。木下順庵の門下で，対馬藩に仕えた。中国語・朝鮮語の両方に通じ，当時対馬藩が窓口の役割を果たしていた朝鮮との外交に活躍した。

朝鮮通信使 C （ちょうせんつうしんし） 李氏朝鮮の国王が日本に派遣した国使。豊臣秀吉の朝鮮出兵後，朝鮮との国交は途絶していたが，江戸時代には将軍の代替わりなどを期として，計12回の通信使の来訪をみた。両国間の仲介はおもに対馬藩が担当した。

貝原益軒 B 9 （かいばらえきけん）［1630〜1714］ 江戸中期の朱子学者。筑前（福岡県）の出身。きわめて博学な人物で，とくに**本草学**（中国から伝わった薬学学）を学び，朱子学的な科学精神のもとに日本在来の動植物を観察・分類して『大和本草』を著した。また庶民の教化にも熱心で，益軒十訓とよばれる数多くの平易な朱子学の教訓書を刊行し，広い層に朱子学が広まるきっかけをつくった。

そうした教訓書の中には，良妻賢母主義にたつ女子教育書で，「家にあっては父に従い，嫁しては夫に従い，夫死しては子に従う」資料という三従の倫理を説いた『女大学』もふくまれるが，この書については別人が益軒に仮託したものとの説もある。長生でも有名だが，晩年には朱子学の正しさを疑う『大疑録』を表し，古学の先駆者となった。主著『大和本草』『和俗童子訓』『大疑録』『養生訓』。

陽明学 A （ようめいがく） 中国明代の王陽明にはじまる儒学。朱子学を批判的に継承した学派だが，形式主義・主知主義に陥りやすい朱子学に対して，「知行合一」「致良知」を説き，実践的な性格の強い点に特徴がある。江戸時代の前期には中江藤樹や熊沢蕃山が陽明学に傾倒したが，朱子学や古学といった他の学派ほどの勢力にはならなかった。しかし，江戸時代後期から幕末にかけての社会の混乱の中では，大塩平八郎や佐藤一斎（表向きは朱子学者）らが活躍することになった。

中江藤樹 A 12 （なかえとうじゅ）［1608〜48］ 江戸初期の儒学者。日本の陽明学の祖。近江（滋賀県）に生まれ，武士として仕官しつつ独学で朱子学を学んだ。しかし27歳の時，老母を養うために武士の身分を捨て，脱藩。以降は郷里の近江で私塾を開いて

儒教を講じながら、清貧の生活を送った。藤樹ははじめ朱子学を奉じていたが、その思想内容に次第に懐疑的になり、37歳のときに『陽明全書』を読むに至って、陽明学へと傾倒した。彼は身分秩序に基づく形式的な礼儀を重んじる朱子学を批判し、武士だけでなく万人に共通する道徳をもとめ、「孝」こそが道徳の根源であるとし、「孝」を中心とする徳を日常の中で実行すべきであると主張した。その後41歳で没するまで「孝」の実践を説き、身分に関わりなく遠近の多くの人々を徳化した。

没後も「近江聖人」とよばれ、その高潔な人柄が慕われた。主な弟子に熊沢蕃山がいる。主著は『翁問答』。

近江聖人 A (おうみせいじん) 中江藤樹はさまざまな徳行によって知られ、その感化は近隣の農民にもおよび、周囲の村々の風俗まで変えたといわれる。死後とくに名声が高まり、**近江聖人**とよばれた。

孝 A 10 (こう) 儒教の徳目のひとつで、子孫がその先祖に、また子がその父母に、感謝の念をもって尽くすこと。初等教育で用いられる『孝経』で強調され、儒教文化圏の日常道徳の基礎となった。日本では、中江藤樹が孝をめぐって独自の思想を展開した。藤樹はこの孝を、眼前の父母に対するものにとどまるとは考えず、さらに父母を超えて、自己を産み育てた天地や万物の根源にまでも、その対象が無限に広がってゆくものとしてとらえた。さらに藤樹は、この孝の具体的な内実を、「愛敬」として説明した。藤樹によれば、「孝」は単に親に仕えることではなく、親を愛敬する孝行や、君を愛敬する忠、さらにすべての人を愛敬する心や天地宇宙に対する心へと広がってゆく。このような意味で「孝」がすべての人間関係の根本とされたのである。

愛敬の二字 (あいけいのにじ) 藤樹は『翁問答』で、「孝徳は手近になづけていへば、愛敬の二字につづまれり」 資料 と述べ、「孝」の本質は「愛敬」であるとした。「愛」とは真心をもって人と親しむ心であり、「敬」とは目上の人を敬い、また目下の人も軽侮しない心である。
類 愛し敬う B

時・処・位 B (じ・しょ・い) 人間の心の持ち方や振る舞い方を、「時代」(時)と「地域の風土」(処)と「身分」(位)に応じて柔軟に変えてゆくべきとする発想。とくに固定的な規範や礼儀作法にとらわれ過ぎずに、柔軟で洒脱とした心身のありようを保つために、中江藤樹や熊沢蕃山によって強調された。

知行合一 A 2 (ちこうごういつ) 王陽明の実践的な立場を表明することば。「知は行のはじめであり、行は知の完成である」 資料 といわれるように、知と行は一つのものであり、真の知は実践を離れては成立しないという考えを示す。つまり単なる見聞の知は真の知ではなく、それは行を通じてのみ真の知となるというのである。朱子は知(認識)と行(実践)を分けて考え、知が先で行が後であるべきだと説いたが、陽明は、両者は表裏一体のものだと考えた。客観的な認識をまたずとも、本来性善である人間には、実践の中でおのずと生得的な「良知」が湧いてくると考えたのである。中江藤樹はこの知行合一説に従って実践を重んじ、その「良知」の内実を、他者を愛し敬う心である「孝」ととらえた。

良知 A 6 (りょうち) 王陽明が説いた、人間に生まれつき備わっている倫理的な判断力・徳性。陽明学を受容した藤樹は、この「良知」の内実を、万人に備わる「天下無双の霊宝」とよび、その実質は孝の徳であると説いた(『翁問答』)。

『翁問答』 A 2 (おきなもんどう) 中江藤樹の主著。師弟の問答形式で、万物の根源としての「孝」や時処位論など、藤樹の中心思想がわかりやすく説かれている。1643年の初版以来、八度にわたって出版され、江戸時代を通じて広く読まれた。

熊沢蕃山 B 5 (くまざわばんざん) [1619〜91] 江戸前期の儒学者。23歳のとき中江藤樹に入門。備前藩主池田光政に仕え、藩政改革に大きく貢献した。のち、幕政に対する批判的議論をきっかけに幕府によって幽閉され、生涯を終えた。とくに藤樹の時処位論の影響を強く受け、礼法はとき・と

ころ・身分(時・処・位)に応じて適切に権りながら定めていかねばならないと説き、中国の儒学を日本の現実の状況に適合させようとした。

大塩平八郎 C (おおしおへいはちろう)[1793〜1837] 江戸後期の陽明学者で、大坂町奉行所の与力。引退後、家塾で門人の教育に努めた。陽明学の知行合一説の信奉者であった。天保の飢饉(1833〜36)に際し、不正を働く奉行や大商人らを批判し、大塩の乱をおこしたが敗れて自殺した。その行動はまさに知行合一の実践であった。

思想的には「五倫は太虚にあらざれば即ち皆偽のみ」 資料 と語り、形式的道徳の虚偽を憎み、人欲を去って、心を万物の根源である太虚と一致させること(「帰太虚」)を説いた。

2 古学・古文辞学

古学 A③(**古学派** B①)(こがく)(こがくは) 江戸時代の中期に登場した、日本独自の儒教の一派。当時にあっては、『論語』や『孟子』といった古代儒教の経書であっても、朱子による注釈を通じて内容を理解するのが一般的であったが、こうした態度を退け、経書の本文からじかに周公・孔子・孟子ら古代の聖人の思想を読み取ることを通じて、儒教本来の精神にたち返ろうとした学派。山鹿素行、伊藤仁斎、荻生徂徠の三人を代表とする。

もっとも年長の山鹿素行は朱子学を批判し、周公や孔子の精神にたち返ることを説いたが、その説はいまだ十分な実証性を備えていなかった。続く伊藤仁斎と荻生徂徠はともに中国語に通じ、きわめて実証的に経書の原意をとらえていった。仁斎には個人的な日常道徳の問題に関心を集中する傾向があるのに対して、その仁斎を批判した徂徠は、政治的・制度的な観点から経典を解釈しなおした。仁斎は、朱子学が重視していた『大学』『中庸』を退け、直接『論語』や『孟子』に学ぶことを説いたが、さらに徂徠は、孔子以前の聖人たちの記録である六経(『易経』『詩経』『書経』『春秋』『礼記』『楽経』)までたち返ることを目指した。後代の解釈を排して、実証的な手続きによって古典の原意に迫るという古学の方法論は、本居宣長らの国学に受け継がれ、日本の古代文化を再評価する道を開くことにもなった。

山鹿素行 A⑥(やまがそこう)[1622〜85] 江戸前期の儒学者にして、兵学者。古学の提唱者の一人。生前は儒学者としてよりも、むしろ兵学者として有名であった。

幕末の吉田松陰も、素行にはじまる山鹿流の兵学者である。

幼少のころから林羅山に朱子学を学びつつ、同時に武田信玄の軍法に基づく甲州流の兵学を修めた。しかし素行の兵学は、戦場の中で培われた戦国武士道そのものよりも、むしろ儒教の概念を通じて、太平の世の統治者としての武士のありようを確立しようとする「士道」に重きを置いたものであった。45歳のとき、朱子学を批判する『聖教要録』を刊行したため、幕命により赤穂の浅野家にお預けとなった。また、中国ではなく、実は日本こそが聖人の道の行われた国だと主張する『中朝事実』でも知られる。主著は『聖教要録』『山鹿語類』。

聖学 C②(せいがく) 素行が自らの古学の立場を称した呼称。後代の解釈を排し、古えの聖人の教えそのものに即する学問の意である。

士道 A①(しどう) 武士道のうちで、とくに江戸時代に、儒教の強い影響を受けて説かれたもの。島原の乱以降大きな合戦のない「泰平の世」が続いた江戸時代には、武士は戦国時代まで最重要視された戦闘者としての能力よりも、統治者としての資質を要求されるようになった。こうした背景から、「仁」や「礼」といった儒教の諸概念を用いて、泰平の世の為政者としての武士のあり方を説いたのが士道である。

その代表的な論者である山鹿素行は、武士の職分は三民(農・工・商)の長として自ら道を修め、その模範となることにあると説いた。戦国時代までの武士道から死を恐れぬ勇ましさや潔さは引き継ぎつつ、

その粗暴な部分の洗練をめざし,人倫の道の自覚と,高潔な人格の形成を主眼とした点が特色である。

武士道 A⑥（ぶしどう） 武士としての心構えや生き方の総体をさす言葉。武士という階級・職分の発生とともに培われてきたものだが,鎌倉時代に入ると「弓矢取る身の習い」としてその自覚がすすんだ。その内容としては,死を恐れぬ潔さ,主君への献身,己の「名」を生命よりも重んじる独立心,人と関わる際の威厳と礼儀などが挙げられる。江戸時代には,『葉隠』に代表されるような戦闘者としての現場感覚に根ざそうとする武士道とは別に,儒教の影響を受けつつ為政者としての人格修養を説く士道が登場した。明治に入ると,武士という存在は失われたが,その精神である武士道は,近代日本人の足元にあるものとして影響を与え続けた。福沢諭吉の独立自尊の考え方や,「武士道の上に接木されたるキリスト教」という内村鑑三のキリスト教の受容のしかたに,こうした武士道の影響があらわれている。

　　　　　　　　　同 もののふの道　兵の道

『葉隠』 B③（はがくれ） 鍋島藩士山本常朝（やまもとつねとも）(1659〜1719)の言行を記録した武士道書。「武士道というは,死ぬことと見付けたり」資料 と,武士たる者に不断の死への覚悟を説き,また主君に対する絶対的な忠節をもとめた。泰平の世を嘆き,鍋島家のはじまりである戦国時代の緊張感を今に持ち続けることをよしとし,山鹿素行の士道をはじめとする儒教的な士道に対しては激しい批判を加えている。

『聖教要録』 B②（せいきょうようろく） 山鹿素行の主著。「仁」や「誠」などの儒教の主要概念についての朱子学のとらえ方を批判し,「聖学」の立場から個々の概念を定義し直した書。兵学に親しみ,現実的・客観的な態度を重んじていた素行は,朱子学が抽象的な空論に陥りやすい点を批判し,日用に即した実学をもとめた。山崎闇斎の影響を受けて朱子学を尊んでいた保科正之（ほしなまさゆき）(会津藩主)の怒りに触れ,素行は流罪となったが,日本の古学派の始まりを告げる書となった。

伊藤仁斎 A⑧（いとうじんさい）［1627〜1705］

江戸前期の儒者で,古義学派の創始者。京都堀川（ほりかわ）の裕福な商人の家に生まれたが,家族の反対を押し切って儒者となり,はじめ朱子学を学んだ。ところが,朱子学に対して次第に懐疑を抱き始め,陽明学や禅宗も学んだものの,定見がもてず,ついには神経衰弱に陥って数年間ひきこもる。33歳の時,「敬」ではなく「仁」を儒学の根本とする立場を見出し,儒者としての号も「敬斎」から「仁斎」へと改め,36歳で私塾「古義堂」を開いた。各地から3,000人余りの門人が集まったといわれる。やがて,古学の方法を提唱し始め,57歳で『語孟字義（ごもうじぎ）』を著すに至って独自の「古義学」を完成させた。この仁斎独自の思想はその目標からみて**古義学**,成立場所の名をとって**堀川学**,彼自身の号から**仁斎学**とよばれる。

　また彼は朝廷や公家との関係が深く,肥後（ひご）細川家などの諸藩主にも重んぜられ,朝廷や諸藩からたびたび招聘（しょうへい）されたが,仕官はせず,一生を町人学者として送った。古義堂は息子の伊藤東涯（とうがい）以降,代々の子孫に受け継がれ,京都を中心に一派をなした。主著『童子問（どうじもん）』『論語古義』『語孟字義』。

仁 A㉒（じん） 儒教のもっとも重要な徳であり,朱子学においても重視されていたが,朱子学では仁は「理」として理解されていた。伊藤仁斎はこうした朱子学の解釈に反対し,孔子の説いた仁とは,胸中におのずから湧（わ）きあがる温かい愛が,あらゆる人々にまでくまなく行き渡った状態であるととらえ直した。

愛 A⑩（**仁愛** B⑫）（あい）（じんあい） 仁斎はとくに愛を徳として強調し,仁の本質も究極のところは愛につきると見た。少しでも残忍,薄情で人をそこなう気持ちがあるときは仁であることはできないと仁斎は説く。「われよく人を愛し,人またわれを愛し,あい親しみ,相愛す」資料 という相互の愛の交通を人間の日常従うべき道とし,人間どうしが親しみ愛し合うことをもとめた。そして人間関係を規定する五倫,すなわち

君臣関係における義も、父子の間の親も、夫婦間の別も、兄弟間の序も、朋友間の信も、みな愛から発したものであり、愛から発するときにのみ本物であると説いた。

類仁 A22

誠 A5（まこと）　伊藤仁斎は孔子の説いた仁を愛ととらえ、さらにこの愛を実現するために誠が必要だと考えた。仁斎は「誠は道の全体。故に聖人の学は、必ず誠を以て宗と為す」（『童子問』）資料 といい、儒教の実践においては誠こそがもっとも重要なものだと考えた。そしてその誠とは「真実無偽」、すなわち他者との交わりにおいて、自分に対しても他者に対しても一片の偽りもない純粋な心のありようであった。心をこのように誠にするには、日々の生活のなかで忠信を守ることが必要だと仁斎は説いた。

こうした仁斎の「誠」は、古代・中世の「清明心」や「正直」の流れをくむものであると同時に、幕末の志士たちが重んじた「至誠」の精神へも連なってゆく。

忠信 B6（ちゅうしん）　仁斎が説く「誠」の、具体的な実践内容。「忠」は他者に全力で関わり、その内情を自分のことのように深く思いやること、「信」は他者の信頼に対して全力でこたえ、うそをつかないこと。

古義学 A3（こぎがく）　伊藤仁斎の唱えた学問。朱子をはじめとする後代の注釈を排し、直接『論語』『孟子』を熟読することによって、周公や孔子といった古の聖人たちの本来の意思をとらえ、儒教のもともとの意味（古義）を理解しようとした。同時に、抽象的な議論を忌避して、人倫日用に密着した儒学をめざした。そこには、町人の日常生活の感覚から儒学を受容しようとする態度が見られる。仁斎が京都の堀川に開いた古義堂が拠点で、そのことから堀川学ともよばれる。

同堀川学 C　仁斎学

古義堂 A（こぎどう）　伊藤仁斎が京都堀川に開いた私塾。仁斎は終生仕官せずにここで多くの門弟を指導し、その没後は子孫に代々受け継がれ、明治時代まで存続した。大坂の懐徳堂と並んで、上方の学問を支えた儒学の一大拠点であり続けた。安藤昌益も一時この塾に学んだ。

▲ 堀川の古義堂跡（京都府）

『論語古義』 C（ろんごこぎ）　伊藤仁斎の著した『論語』の注釈書。当時『論語』の注釈としてもっとも正統なものと見なされていた朱子の『論語集注』の説を、孔子の原意を理解していないものとして否定し、改めて、仁斎自身が「最上至極宇宙第一の書」と絶賛する『論語』のもともとの内容（古義）を明らかにしようとしたもの。

『語孟字義』 B（ごもうじぎ）　伊藤仁斎の主著。「天道」や「仁」や「誠」といった儒教の基礎的な概念のひとつひとつについて、仁斎が『論語』や『孟子』の研究の中でとらえたその「古義」を解説した書。

『童子問』 A3（どうじもん）　伊藤仁斎が晩年に著した問答体の書。童子の問いに対して逐一答えるという体裁をとり、彼の学問（古義学）の原理や方法から、具体的な実践論までを幅広く説き、仁斎の思想への最良の入門書となっている。仏教や朱子学を現実から遊離した空理であるとして退け、人倫日用に即した学問を理想とするが、その行論を貫く精神は仁と愛であり、五倫もみな愛のあらわれであると説かれている。「仁の徳たる大なり。しかれども一言もってこれをおおう。いわく、愛のみ。」資料

荻生徂徠 A16（おぎゅうそらい）［1666～1728］江戸中期の儒学者。将軍綱吉に仕える医師の子に生まれたが、14歳の時、父が綱吉の怒りを買って江戸を追放され、上総（千葉県）の農村で約12年を暮らす。その間、独学で儒学を学びつつ、同時に農村の人びとの生活の実態にふれ、このことが、独自の儒学説を打ち出すひとつの遠因をな

した。のち許されて江戸にもどると，柳沢吉保に召し抱えられ，厚遇されるようになり，綱吉の学問相手も務め，幕政にも影響をあたえた（赤穂浪士の処分問題など）。吉保の隠居にともない，江戸市中に家塾を開き，とくに伊藤仁斎と対抗しつつ，儒学の研究を進めた。はじめは朱子学を奉じていたが，五十歳ごろから徂徠学とよばれる独自の儒学を説き始める。**古文辞学**ともよばれるこの学は，伊藤仁斎の古義学とならんで古学の代表的な学派であり，**経世済民**の学とも称されるように，具体的な政治・経済の諸制度に注目する点に特色をもつ。

彼の思想は17世紀後半からの朱子学批判を完成させつつ，その後の本居宣長の国学への展開を準備するなど，江戸時代の思想史の転回点に位置している。主著『弁道』『政談』『論語徴』。

古文辞学 Ａ6（こぶんじがく）　荻生徂徠が提唱した儒学派。京都の古義学とならんで，江戸の古学を代表する学派である。徂徠は長年朱子学を学んできたが，次第に宋代の朱子は古代中国の文献である四書五経を正しく読めていないのではないか，それゆえ聖人の教えを誤解しているのではないかという疑念をもつようになった。そこで，朱子をこえて聖人の教えを正しくうけとめるためには，まず古代中国の文章，すなわち古文辞に習熟したうえで，改めて経典を読み直すことが必要だと考えるに至った。

おもな研究対象としては，四書に代わって，六経（聖人の述作として尊重されている『易経』『詩経』『書経』『春秋』『礼記』『楽経』）が選ばれた。古文辞学の，古の言葉を重視し，その緻密な研究のうえで経典を読み直すという方法論は，国学にも影響を与えた。

古文辞 Ａ（こぶんじ）　古代中国の言語と，それを用いた文章のこと。荻生徂徠の主張によれば，四書および五経や，諸子百家の経典は，いずれも古文辞で記されている。

経世済民 Ａ5（けいせいさいみん）　世を経め，民を済うこと。荻生徂徠は儒学の学問の目的はつねに経世済民になくてはならないと説いた。彼は，古文辞学の立場から「六経」を研究し，その結果，聖人

の道とは個人的な道徳のことではなく，天下を安んずる営みのことであり，具体的には「先王」とよばれる古代中国の理想的君主たちが定めた政治制度のことであるとした。そして道を行うというのは，先王が古代に行なったように，天下を安んずるに有効な制度を定めることであると主張し，この意味から，彼のきわめて実践的で政治的な学問は「経世済民の学」とよばれる。

先王之道 Ｂ4（せんのうのみち）　先王とは，堯，舜など古代中国の理想的君主のこと。荻生徂徠は，古文辞学の立場から，孔子のもとめた道とは古代中国の理想的君主の道（先王の道）であり，それは**天下を安んずる道**にほかならず，その道は「六経」のなかにあらわれていると説いた。

つまり道とは先王が定めた礼儀，音楽，刑罰，政治制度などすべてを合わせたもの（**礼楽刑政**）につけたよび名であり，それ以外に道といわれるものはない。しかも，これらは先王がつくった人為的なものであり，朱子学派のいうような，天地自然のあるがままの道ではないとした。

同天下を安んずる道Ｃ　安天下の道Ａ2　礼楽刑政Ｂ4

『弁道』 Ａ2（べんどう）　荻生徂徠の著書。弁道とは道を明らかにするという意味であり，簡潔にまとめられた彼の思想の概説書というべきものである。朱子学や伊藤仁斎の学問を批判し，「先王之道」は人為的なものだという考えや，その目的は経世済民であるという主張，経書解釈の方法として古文辞学が必要であるという考えなどが展開されている。「孔子の道は，先王の道なり。先王の道は，天下を安んずるの道なり。」 資料

太宰春台 Ｂ（だざいしゅんだい）〔1680〜1747〕江戸中期の儒学者，初め朱子学を学ぶが，荻生徂徠の門をたたき32歳で古文辞学に転じた。徂徠の影響を受けて「経世済民」を前面に押し出し，主著『経済録』では，当時の幕藩体制下での社会・経済の実態を強く批判して富国強兵を主張した。

海保青陵 Ｃ（かいほせいりょう）〔1755〜1817〕江戸後期の儒学者。古文辞学を学び，荻生徂徠および太宰春台の経世済民の学をより発展させて，重商主義的な改革策に

基づき藩を運営することを説いた。従来は絶対的なものと考えられてきた君臣の関係さえも，実は両者のあいだでの俸給と労働との売買にすぎないと見るほどの，徹底した経済的・功利的なものの見方が特徴である。主著『稽古談』。

赤穂浪士の討ち入り　B①(あこうろうし-う-い-)

1702（元禄15）年12月，大石良雄以下47名の赤穂浪士が，主君の仇討ちの目的で，江戸・本所の吉良義央邸に討ち入り，義央を殺害した。この47名の処分について，幕府内でも意見が分かれた。助命論が優勢だったなかで，荻生徂徠は，主君の仇討ちという行為は義であるが，大石以下の47名は私党であり，これを認めれば法はくずれるとして，全員の切腹を主張した。徂徠のこの議論が，将軍綱吉の裁定に影響したともいわれている。

結局，全員が切腹を命じられたが，佐藤直方や太宰春台のようなごく一部の儒者が批判した以外は，多くの儒者，および市井の人々が浪士たちの行為を義挙として称賛した。中でも室鳩巣は『赤穂義人伝』をいち早く著し，彼らは一般に「義士」と讃えられるようになった。

▲ 吉良邸に討ち入る赤穂浪士（歌川広重画）

4章 近世の思想

1 国 学

国学 A⑨(こくがく) 『古事記』や『万葉集』などの日本の古典を研究することで，日本古来の道を明らかにし，そこに日本人としての真実の生き方を見いだそうとした学問のこと。江戸中期に興り，近代に入っても国文学や民俗学に受け継がれた。

国学の先駆をなしたのは僧の**契沖**，ついで**荷田春満**であり，東満に学んだ**賀茂真淵**は激しく儒教を批判して，日本固有の道に拠ることを主張した。その後国学の大成者となったのは**本居宣長**であり，さらに宣長の没後の門人の**平田篤胤**は，国学の政治的・宗教的な方面を発展させた。

国学の台頭の過程は，中国の文化的影響下に長いあいだおかれてきた日本が，改めて自己認識を行う過程でもあった。国学の思想は幕末において，人びとに幕藩体制という枠をこえて日本という国を自覚するきっかけをあたえ，明治維新の思想的原動力のひとつとなった。

契沖 A②(けいちゅう) [1640〜1701] 江戸中期の古典学者で，国学の先駆者。真言宗の僧であったが，隠遁生活を送りつつ日本の古典の研究を行なった。それまで仏教や儒教の枠組みのもとに解釈されていた『万葉集』などの日本の古典を，実証的に研究し直し，『万葉代匠記』ほかの画期的な著作を著した。儒教や仏教の形式的な教えにとらわれず，古典の中に表現された人間の自然な諸感情をありのままにとらえようとする契沖の方法論は，後の国学者たちに継承され，近世古典研究の出発点となった。

荷田春満 A②(かだのあずままろ) [1669〜1736] 江戸中期の国学者。京都の伏見稲荷の神官であり，契沖とほぼ同時期に『万葉集』を研究し，古語を理解することによって古義(日本の古典の意味内容)を明らかにし，それによって古代精神を明らかにす

るという考えを示した。晩年，『創学校啓』を著し，日本の古道を学ぶ学校を京都に創建するよう幕府に訴えた。この訴えは認められなかったが，国学勃興の気運をつくりだすうえで大きな役割をはたし，その研究業績とともに，後世，国学の祖といわれるようになった。

賀茂真淵 A⑥(かものまぶち) [1697〜1769] 江戸中期の国学者。浜松の神職の家に生まれ，荷田春満に学び，おもに『万葉集』の研究を行って国学を発展させた。儒教や仏教が日本に渡来する以前の，純粋な日本の古代精神(古道)を理想化し，そこに立ち返ることを主張した。儒教に対しては日本の古道をくらますものとして痛烈に批判したため，儒者たちとの間に激しい論争が巻き起こった。『古事記』や『万葉集』に見られる「高く直き心」を古道の本質とみなして，『万葉集』の素朴で尚武的な「ますらをぶり」を尊び，平安以降の柔弱な「たをやめぶり」や儒教・仏教の影響を色濃く受けた「からくにぶり」を強く批判した。国学を大成した本居宣長はその晩年の弟子である。主著『国意考』『万葉考』『歌意考』

ますらをぶり B③ **(益荒男振** B③) (ますらおぶり) 賀茂真淵が理想とした，『万葉集』の歌にみられるおおらかで男性的な精神。真淵はこれを，仏教・儒教渡来以前の古代日本人の美質とみなした。「たをやめぶり」に対する語。

〔対〕たをやめぶり B②

たをやめぶり B②(-お-) 「ますらをぶり」に対する語で，『古今集』や『新古今集』の歌にみられる，繊細で女性的な精神。真淵は『万葉集』のころの素朴さや純粋さを喪ったものとして否定したが，弟子の本居宣長は，「人のまことの情といふものは女童のごとくみれんにおろかなるもの也」〔資料〕と述べ，この心情を重視した。

〔対〕ますらをぶり B③

高く直き心 A④(たか-なお-こころ) 賀茂真淵が『万葉集』の中に見出した古代日本人の理想的な心のありよう。小ざかしい知恵を去った，純朴ながらも高貴さをもった心。自然な人情に即しつつも高い道徳性をもったありようを保つ，日本の古道の本質を示

4章 近世の思想

す標語とされた。

類 直き心 A

『**国意考**』 B 2 (こくいこう) 真淵の主著。1806年刊。儒教を作為的なもの、また日本の本来の国の姿に合わないものとして激しく批判し、日本の古道へと復古することを説いた。

本居宣長 A 14 (もとおりのりなが) [1730〜1801] 江戸中期の国学者。松坂(三重県)の商家に生まれるが、商売が性に合わず、医者になることを決意。

22歳のとき京に上り、儒学と医学の修業を行う。そこで契沖の著作や古文辞学を唱えた荻生徂徠の著作に接し、大きな影響を受ける。33歳のとき賀茂真淵に会い入門する。真淵の志を継ぎ、その後35年かけて『**古事記伝**』を完成させ、国学の大成者となった。

彼は『源氏物語』の研究を通して、文芸の本質は「**もののあはれ**」であるとした。また、後世の解釈によらずになにごとも古書によって古代の本来の姿を明らかにすべきだと説き、その立場から「からごころ(漢意)」を排し、『古事記』にあらわされた世界をそのまま事実と信じ、受け入れるべきだとした。古代の研究を通じて発見した日本固有の道は、「**かむながらの道**」とよばれるもので、彼はそれを生まれながらの「**まごころ(真心)**」にほかならないとし、そこに返ることを主張した。

1801(享和元)年の没後、彼の研究は国語学方面が実子の春庭に、歌文学が養子の大平に、神道論は没後の門人である平田篤胤に受け継がれ、後世に大きな影響をあたえた。主著『古事記伝』『源氏物語玉の小櫛』『玉勝間』『直毘霊』

もののあはれ A 5 (ーわー) 「あはれ」とは事物(「もの」)に触れた際におのずと湧きおこる"ああ"という嘆息を、そのまま感嘆詞としたもの。本居宣長が和歌や物語など、あらゆる文芸の本質であるものとして提唱した。彼によれば「もののあはれ」とは、人間の心が自然や人間のさまざまな面にふれたときにおこる、しみじみとした感情の

動きのことである。また文芸の本来の意味は儒教や仏教のいう、読者を道徳的に教えさとすこととは無縁であり、「もののあはれ」を知ること、つまりものに感じて動く人の心を知ることにある。江戸時代の儒学が提出した道徳主義的人間観を排して、あるがままの心情にさからわない情的な人間を肯定したのである。

類 あはれ A 1

からごころ C (**漢意** A 3) (からごころ) 中国から伝わった儒教や仏教に影響・感化され、その考え方や生き方に染まってしまった心。「大和心」に対することば。本居宣長は、仏教や儒教はさまざまな教えを説くが、それらはみな人間の浅薄な知恵(さかしら)から出たつくりごとであり、そのような才知や意志による作為を捨て、「よくもあしくも生まれつきたるままの心」に返ることを主張した。ここには儒学が人間の自然の性情を抑圧し、社会の秩序に従順であることをもとめていたことに対する批判があらわれている。

「学問して道をしらむとならば、まず漢意をよくのぞきさるべし。」資料

対 やまとごころ　まごころ C

真心 A 6 (まごころ) まことの心、偽りのない真実の心。本居宣長は、真心とは「よくもあしくも生まれつきたるままの心」資料 のことであり、「生まれながらの真心」こそが道にかなうと考えた。そして、平安時代以降の人びとが「からごころ」に染まって、この「真心」を失ってしまったことを批判した。「真心」とは「からごころ」に対する「大和心」ともいわれる。これは日本に固有の心であり、人間の自然の心情のままに素直でやさしく、ときに女々しくもある心のことである。また「敷島の大和心を人問はば 朝日ににほふ山桜花」資料 という有名な宣長の歌に表れているように、「大和心」は「もののあはれ」を知る心でもある。彼はこのような心を重視し、さかしらから出たつくりごとでない、人間の自然のままの性情を肯定した。

類 やまとごころ

かんながらの道 C 3 (ーみち) 「惟神の道」と書く。神代すなわち『古事記』『日本書紀』に記された神々の時代から伝わってき

た，神々の御心のままに人為を加えない日本固有の道。本居宣長は古道（古代精神）をつかむために古代語を研究し，『古事記』を研究したが，この**古道**が「かむながらの道」である。つまり『古事記』に記された神々の事跡に示されたものであり，宣長はそれを具体的には「真心」であるととらえた。

類 古道 B③ 神の道 B①

『古事記伝』 A（こじきでん） 本居宣長による『古事記』注釈書。彼が34歳から68歳にいたる生涯の大半をかけて完成した畢生の大著。全44巻。今日においても第一級の『古事記』研究文献の地位を占めている。冒頭で，古代の言葉と事蹟と思想とは相互に密接に連関しているため，古代の道を明らかにするためにはまず古代の言葉に通じなくてはならないという方法論が示されるが，これは契沖の方法とともに荻生徂徠の古文辞学の影響も受けたものである。この書の一部として公刊された『直毘霊（なおびのみたま）』は儒教を痛烈に批判しつつ，古道の復古を説き，儒者からの批判を招いたが，幕末の国粋主義的な諸思想に大きな影響を与えた。

『源氏物語玉の小櫛』 B②（げんじものがたりたまのおぐし） 本居宣長による『源氏物語』の注釈書。「もののあはれ」論が特に有名である。従来，『源氏物語』は儒教や仏教の教えに即して読者への道徳的な戒めを示したものと解されてきたが，宣長はこうした通念を退け，この物語はただ人情のありのままを記し，読む人に「もののあはれ」の諸相を示す書だと主張した。『源氏物語』を道徳的な勧善懲悪から解放し，純粋に美的・芸術的に鑑賞する道を開いた著作として重要である。

『玉勝間』 A（たまかつま） 本居宣長の随筆集。学問・思想から世事に至るまでの多種多様な対象についての宣長の見解が述べられている。

塙保己一 B（はなわほきいち）［1746〜1821］ 江戸後期の国学者。幼時に失明し，整体師として身を立てるが，生来学問を好み，賀茂真淵に入門して国学者となる。古い書物が散逸することを危惧し，思想・歴史ほかあらゆる分野に渡る古書を校訂・編纂した膨大な『群書類従』全530巻を刊

行した。この作業は，後代の歴史学や文学・思想研究に対する絶大な寄与をもたらした。

平田篤胤 A⑥（ひらたあつたね）［1776〜1843］ 江戸後期の国学者。秋田藩の武士の子に生まれたが，20歳のとき脱藩して江戸へ出，苦学する。やがて本居宣長の著作に感激し，夢のなかで宣長から死後の門弟（没後門人）としての認可を得たという。その後，『霊（たま）の真柱（みはしら）』や『古史伝』といった神話研究の著作を著し，きわめて宗教的な性格のつよい独自の国学説を主張するようになる。逆に契沖や宣長のような，実証的な文学研究にはあまり関心を示さなかった。

弟子のなかからは尊王攘夷（そんのうじょうい）の志士が多く出，幕府およびそれ以降の国粋主義的な運動に多大な影響を与えたほか，日本人にとっての死後の世界（幽冥界（ゆうめいかい））の観念にも強い関心をもって研究し，近代の民俗学の源流となった。柳田国男と折口信夫は，ともに篤胤の学統の出身である。

復古神道 A④（ふっこしんとう） 従来の仏教や儒教と習合した神道のありようを批判し，日本固有のいにしえの神の道を説いた神道。平田篤胤によって大成された。従来の神仏習合や儒家神道に対しては激しい批判を行なった。篤胤は，神々の子孫である天皇の絶対性と，その天皇のひきいる日本の優越性を主張し，幕末期以降の国粋主義を鼓吹したが，同時に幽冥界（ゆうめいかい）のありように深い関心を示し，日本人の霊魂観や死生観を探求する道をもひらいた。

② 近世庶民の思想と町人文化

安藤昌益 A⑥（あんどうしょうえき）［1703〜62］ 江戸中期の思想家。生い立ちや詳しい経歴は明らかでないが，中年以降八戸（青森県）で町医者として生活しつつ，儒教とも仏教とも異なる独特の思想を深め，門人たちを指導した。刊本『自然真営道（しぜんしんえいどう）』など著書の一部は当時から出版されていたが，彼の思想が世に知られた形跡はなく，明治後半にその特異な思想に注目されるまではまったく埋もれた存在であった。さらに，当時において封建的な身分制度を根本から批判した日本で唯一の思想家として広

4章　近世の思想　**141**

く知られるようになったのは，第二次世界大戦後のことであった。

彼は，当時農民の困窮がとくに激しかった東北地方で，農民の生活を目のあたりにし，徹底した平等主義・農本主義の立場から，「万人直耕」を説き，上下の身分差別のある「法世」を批判し，「自然世」をもとめた。主著『自然真営道』『統道真伝』。

自然世 **A** (しぜんせい／じねんせい)　安藤昌益が説いた，人間が本来の姿で生きる理想社会。それはすべての人が直接農業労働に従事し，自らの衣食を自給し，男女は対等に一夫一婦の関係を結び，あらゆる差別のない社会である。彼によれば，人間はもともと平等で，自然のままに働き，生活を営んできたが，やがて支配者があらわれ，自らは耕さないで他の労働の成果を略奪するようになり，階級差や貧富の差が生まれた。このような不平等な現実の社会を打ち破り，農業を基本とした生活に立ち返るべきだというのが彼の主張であった。

対 法世 **A**

法世 **A** (ほうせい／ほっせ)　法とは作為のことであり，安藤昌益は人為的な法律や制度により上下の身分が定められている現実の差別社会をこうよんだ。そして儒学や仏教などの伝統的な教えは，いたずらに上下・天地・陰陽・善悪・仏衆などの別を分け，それぞれの一方に価値をおく考えに立っており，これらが天下をまどわし，不自然で作為的な「法世」をもたらしたものだとしてきびしく批判した。

対 自然世 **A**

万人直耕 **A**② (ばんじんちょっこう／ばんにんちょっこう)　安藤昌益が説いた人間本来の姿。すべての人が直接田畑を耕し，農耕に従事する姿をさす。儒学や仏教は上下や陰陽など「二別」すなわち二つのものを分け，その片方に価値をおく考えに立っているが，自然界の真実の姿（活真）は，対立する要素がおたがいに対等に関連しあいながら活動を営んでいるさまである。彼はその活動の法則（道）に従うのが人としての正しい生き方であるとし，それが「直耕」であるとする。このような立場から，「不耕貪食」の徒ら，つまり自らは田畑を耕さず，

他の労働の成果としての収穫物をむさぼり食す者をはげしく非難した。彼は「不耕貪食」がまかり通る「法世」を否定し，「自然世」に帰るべきだと考えたのである。

対 不耕貪食 **B**

土活真 **C** (どかっしん)　安藤昌益の自然哲学において，宇宙の万物を構成している実体。物質と流動するエネルギーの両方の側面をもち，中国の伝統的な自然哲学でいう「気」に相当する。単に「活真」ともいわれる。農業を人事の根源として重んじた昌益は，この活真にとくに「土」を冠した。天地の運行から人体の活動まで，あらゆる事象を昌益はこの「土活真」の運動として捉えた。

自然活真 **C** (しぜんかっしん)　安藤昌益は，自然を「自ら然る」と読み，外の力をまたず，自ら動き続ける自己運動，すなわち「活真」としてとらえた。しかし，現在の堕落した「法世」は身分秩序を固定し，この活真の運動を妨げていると昌益は見た。そこで「自然活真の世」への回帰が志向された。

類 互性活真 **C**

互性活真 **C** (ごせいかっしん)　昌益は，土活真の活動はつねに進と退，転（天）と定（地），男と女など，相互に対立する二要素が循環してゆくことで成り立っていると考えた。しかもこうした二要素は，対立しつつも，その相手がないと自分も成り立たないという意味で相補的・相互依存的でもある。こうした関係を昌益は互性とよんだ。

自然世においては，この互性の関係にある天と地，男と女などが対立しつつも相互に安定して循環し続けるのに対し，法世においては，天や男といった一方が上位に固定され，自然の循環が阻害されてしまうとした。

類 自然活真 **C**

『自然真営道』 **B**④ (しぜんしんえいどう／じねんしんえいどう)　安藤昌益の主著。題名は自然界の，真にしておのずからなる道を意味する。現実の人間社会である「法世」がこれに反していることを示し，「自然世」へと還帰するべきことを説く。江戸時代の思想書の中で唯一，封建制度や階級社会を真正面から批判した書である。短い3巻の版が昌益の生前に刊行されていたが，ほとんど影響はなく，長大な稿本（本文100巻　92冊と大

序巻1冊)が1899年に発見されるまで，彼は埋もれた思想家であった。しかし，この稿本は1923年の関東大震災で大部分が消失した。

ノーマン❸(『忘れられた思想家』❸)(わすーしそうか) ハーバート＝ノーマン(1909～57)はカナダの外交官，歴史家。戦後は，昭和天皇とマッカーサーの会見の際の通訳をつとめたほか，カナダ政府の首席代表として占領政策に関与した。日本には，土着的でありつつも封建社会を否定した革新的思想家はいなかったのかという問いに導かれて安藤昌益を再発見し，その成果として書かれたのが『忘れられた思想家―安藤昌益のこと』である。昌益の思想は明治時代に狩野亨吉によって紹介されていたが，この書によって，封建社会への批判者・先駆的な社会主義者として広く知られるようになった。

二宮尊徳 Ⓐ⑥(にのみやそんとく)[1787～1856] 江戸末期の農政指導者。幼名金次郎。少年時に父母を失い，兄弟は離散し，他家を手伝いながら辛酸をなめつつ勤労と独学にはげんで，生家を再興した。その後小田原藩をはじめとして諸藩に迎えられ，荒廃した約600の農村を復興したうえ，晩年は幕府にも登用され，直轄領の経済や産業の立て直しにあたった。同じく農業に基盤を置いた思想家ではあるが，安藤昌益が観念的かつ現実の政治体制に対して批判的であったのに対して，尊徳はきわめて実践的で，その分現実的であり，幕府や藩と協力しつつ，農民の生活を着実に立て直してゆく道をとった。その教えは死後も多くの人びとに支持され，**報徳運動**とよばれる道徳運動として，近代以降まで受け継がれた。また明治以降，修身の模範として国定教科書に登場することになった。

報徳 Ⓐ(ほうとく) 『論語』の「徳をもって徳に報いる」に由来する語で，二宮尊徳が説き広めたもの。「我々が今このように存在していられるのは天，地，人(君主や親・祖先)の広大な徳のおかげであり，その徳に報いるに徳の行いの実践をもってしなくてはならない」という考えである。この報徳とは，具体的には分度と推譲によって農村，およびその個々の家の経済を立て直してゆき，安定した生活を取りもどすことを意味していた。

分度 Ⓐ(ぶんど) 尊徳の報徳の実践方法の一つで，自己の財力に応じて予算を立て，合理的な生活設計を行うこと。

推譲 Ⓐ(すいじょう) 尊徳の報徳の実践方法の一つで，折々に細かく倹約にはげみ，それによってできた富の余剰を，子孫や同じ村の隣人たちに譲り与えること。具体的には，子孫のために貯蓄したり田畑を計画的に開墾したりすることのほか，村単位でお金を出し合って，困窮した者に低利で融資する報徳金の仕組みをいう。

天道Ⓐ③と人道Ⓐ③(てんどう-じんどう) 二宮尊徳は，天道と人道とを明確に区別した。天道とは，田畑の作物を成長させるように人間の役に立つ場合もあれば，雑草を生やしはびこらせるように，人間に害をなす場合もあるなど，人間にとっての善悪を超えた自然の運動である。それに対して，こうした自然と関わりつつ生きる人道は，天道とは別の作為的な道であり，勤勉に立ち働くことで自然と折り合いをつけ，人間らしい生活を成り立たせてゆくものだと考えられた。人道は，具体的には分度と推譲を行ない続けることを中心とする。

農本思想 ❸(のうほんしそう) 農業を人間生活および人間社会の根本と考え，重視する思想。商業を重んじ，貨幣経済の進展を肯定する重商主義と対立する。代表的な思想家として，安藤昌益，二宮尊徳らがいる。また，昭和期には，ファシズムを支える理論として農本主義が唱えられた。

対重商主義

石田梅岩 Ⓐ⑧(いしだばいがん)[1685～1744] 江戸中期の思想家，石門心学の祖。丹波(京都府)の山村に生まれ，農業に従事したが，23歳のときから京都の商家に奉公した。そのかたわら独学で神道，儒教，仏教の書物を読みあさり，やがて商家を退き，45歳のとき町人を対象に「聴講自由，席料無料」の看板をかかげて講釈をはじめた。これが日本における社会教育の初めだとい

われる。むずかしい問題は比喩をもって説明し、日常のことばでわかりやすく教えを説く梅岩の講釈には多くの人が集まった。

農業に立脚した当時の社会では、商人の営利活動は一般に悪しきものとされ、商人は士農工商という身分秩序の下層に置かれていたが、梅岩は社会の中で不可欠な流通を担うものとして、商人の利潤追求を肯定した。同時に士と農工商という身分秩序を職業の別による分業体制ととらえ、人間としての上下の区別を否定した。そして商人の従うべき道として**正直**と**倹約**を説き、悪徳商人を非難した。彼の学問は石門心学とよばれ、弟子たちによって広く社会に流布された。主著『都鄙問答』『斉家論』

<u>**正直**</u> A⑨（しょうじき）　石田梅岩が「倹約」とともに町人道徳の基礎とみなした徳目。彼は身分の別は職分のちがいであるとし、「商人の買利は士の禄に同じ」 資料 だと説いて、商人の営利活動を肯定した。そして武士には武士の道があるように、商人には商人としての生き方があり、その根本が「正直」と「倹約」であるとした。暴利をむさぼらないかぎりの営利は、道徳的に正当だとする彼の主張は、貨幣経済の発達にともなって力をつけてきた商人の自信のあらわれとみることができる。

一方で、「各人は足るを知って分に安んぜよ」 資料 ということばに示されるように、彼は当時の身分秩序そのものは否定せず、それぞれの身分・職分にふさわしい生き方をもとめて封建制に順応する道を教えている。

石門心学 A④（せきもんしんがく）　石田梅岩によりはじめられた町人の修養のための学問。心学とは心を修養する学の意だが、陽明学や禅宗などのほかの「心学」との区別のため、石田梅岩の門流という意味で石門という語が冠された。町人としての日常の生活体験に根ざしながら、儒学、仏教、神道などを幅広く取り入れて融合させ、万人が平等にもっている道徳的で本来的な「心」の涵養を説いた。手島堵庵をはじめとする弟子たちによって継承され、彼らは道話とよばれる平易な形式で人々におもしろく語りかけ、江戸時代の庶民の生活倫理に多大な影響をあたえた。

類 心学 A

知足安分 B②（ちそくあんぶん）　石田梅岩や、その弟子の手島堵庵が強調した町人の生活態度。足るを知って分に安ずる、すなわち封建的身分秩序のなかで自己の職分に満足し、正直と倹約に心がけ、分をこえた営利追求の欲心を抑えること。

「**商人の買利は士の禄に同じ**」 資料 B
（しょうにん-ばいり-し-ろく-おな-）　石田梅岩の『都鄙問答』のことば。商人蔑視の一般的な風潮の中で、とくに商人が利子や手間賃等を取ることが悪しき私欲の表れと考えられていたが、梅岩は、流通過程で利益・利潤を得るのは商人の職分としての正当な報酬であり、武士が俸禄を得ているのと同じだと主張した。

『**都鄙問答**』 A②（とひもんどう）　石田梅岩の主著。彼は月に3回商家の主人たちを集めて勉強会を開いていたが、そのときの問答の抜粋がこの著であり、石門心学の思想が集約されている。彼は「まことの商人は、先も立ち、我も立つことを思ふなり」 資料 といい、商人の活動を肯定しつつ、正直と倹約に生きる、あるべき商人の姿を説いた。

手島堵庵 C③（てしまとあん）[1718～86]　江戸中・後期の心学者。京都の商家に生まれ、石田梅岩に師事したが、44歳で家業を長男に譲り、心学の普及と組織化に努めた。京都に明倫舎をおこした。主著『前訓』『知心弁疑』

寺子屋（てらこや）　江戸時代の庶民向けの初等教育施設。武士・僧侶・医者・神職などの当時の知識層が師となり、手習い・読み方・そろばん・修身などを教えた。

▲ 心学の講席

鈴木正三 **B5**（すずきしょうさん）[1579〜1655]
江戸前期の禅僧。曹洞宗。徳川家の旗本として関ヶ原・大坂で武勲を挙げたが、42歳で出家。武士の出身らしい勇猛な禅風で知られ、また広い層への仏教布教を目的とした啓蒙的な著作を多く残した。主著『万民徳用』では「世法即仏法」の観点から、士農工商がそれぞれの職分にはげむことを仏道にかなうものとして肯定した。とくに商人の営利活動を肯定したことは重要である。

富永仲基 **B5**（とみながなかもと）[1715〜46]
江戸中期の思想家。大坂町人の出身で、**懐徳堂**に学ぶ。従来、仏教の経典はすべて釈迦が語ったものとみなされてきたが、仲基は主著『出定後語』にて、多くの経典は釈迦の没後に、後代の人々が次々に付け加えて成立したものだと主張した。

この立場は近代の仏教学に連なるものだが、この立場からすれば、成立した年代が遅い大乗経典のほとんどは釈迦が語ったものではないことになるため（**大乗非仏説**）、同じ時代の僧侶たちから、きわめて多くの反論がまきおこった。

山片蟠桃 **B4**（やまがたばんとう）[1748〜1821]
江戸時代後期の思想家。懐徳堂に学び、商家の番頭として働きながら研究と著述を行なった。需要と供給の観点からの貨幣経済の分析や、地動説にたった天文学の研究、また仏や鬼神の存在の否定（無鬼論）など、きわめて合理的な思考方法で知られる。

懐徳堂 **B3**（かいとくどう）　大坂の商人らが1724年に設立した民間の学問所。設立後に幕府の公認を受け、半官半民の学問所となった。大坂商人の経済的な自立を背景に、町人たちの学問への要求から生まれた。朱子学中心の学風だが、町人の気風を反映して、合理的・実学的な傾向が強かった。そうした学風の中から、富永仲基や山片蟠桃らが登場した。

良寛 **C**（りょうかん）[1758〜1831]　江戸時代の禅僧。歌人、画家としても知られる。越後（新潟県）の旧家に生まれたが18歳で出家、曹洞宗の寺で厳しい修行生活を送るが、33歳で大悟してからは、諸国行脚の旅に出、漂泊の生活を送る。農民と接し、

子どもたちと交わり、一生涯寺を持たず、無欲な生活のなかで天衣無縫かつ格調高い書と歌を残した。人々から慕われ、とくに子どもの純真な心を愛した。

「形見とて　何残すらむ　春は花　山ほととぎす　秋はもみじ葉」**資料**

「散る桜　残る桜も　散る桜」（辞世の句）**資料**

円空 （えんくう）[1632〜95]　江戸時代前期の修験僧、仏師。諸国を遊行しつつ、円空仏とよばれる独特の仏像を残した。木材の個性を活かしつつ鑿の跡を鋭く残して造形する作風と、その仏像たちの、ほのかな微笑をふくんだ円満な表情とによって知られる。一生のうちに12万体の仏を彫ることを誓ったと伝えられ、岐阜・愛知を中心に数千体の円空仏が残されている。

西川如見 **B4**（にしかわじょけん）[1648〜1724]
江戸前期の天文学者・地理学者。長崎商人の子に生まれ、その地で得た西洋の知識をもとに、『華夷通商考』で中国やオランダなど各国の地誌をまとめて紹介した。また西洋の天文学にも通じ、晩年には徳川吉宗の招きにより、江戸で天文学を講じた。『町人嚢』『百姓嚢』といった、庶民向けの教訓書の作者としても知られる。

井原西鶴 **B2**（いはらさいかく）[1642〜93]　江戸元禄期の大坂の町人で、俳諧師・浮世草子作家。『好色一代男』『好色一代女』などの好色物や、『日本永代蔵』『世間胸算用』などの町人物の作品がある。どこまでも色欲と金銭欲とを追求する上方の庶民たちのエネルギッシュな姿を、滑稽な筆致でなまなましく描き出し、リアリズム小説の遠祖ともいわれた。

浮世草子 **B2**（うきよぞうし）　江戸時代の小説の一形態。1682年刊の井原西鶴『好色一代男』にはじまる。民衆の教化・啓蒙を目指す教訓的な仮名草子とは違い、どこまでも商業的・娯楽的な文学であり、遊里・芝居を中心に、町人のあくなき色欲や金銭欲の追求を肯定的に描く。仏教的な視点から現世を否定的にとらえる従来の「憂き世」観（無常観）を離れ、現世を快楽主義的に肯定する「浮き世」観に立脚している。好色物・町人物・気質物・怪異小説など、多くのジャンルにわかれ、近世を通じ

4章　近世の思想　**145**

て広く読まれた。

義理Ｂと人情Ａ2（ぎり・にんじょう）　日本の封建社会に発展した独特の社会的感情。義理は人として踏み行なうべき道であり，多くの場合社会的な制約をさす。人情は，家族や恋人，友人など，自己の周囲の個々人に対する私的な情愛のこと。時に義理と人情とは対立する場合があり，近松門左衛門の作品の多くは，この義理と人情との板ばさみの悲劇を主題としている。

近松門左衛門Ａ（ちかまつもんざえもん）[1653～1724]　江戸中期の浄瑠璃および歌舞伎の台本作者。元禄年間を中心に京・大坂で活躍した。その作品の主題は義理と人情との葛藤である。代表作は『曽根崎心中』『国姓爺合戦』。

浄瑠璃Ｂ（文楽）（じょうるり）（ぶんらく）　もともとは独特の節回しで仏教説話を語る芸能だったが，江戸時代に入って人形芝居と三味線の伴奏が加わり，人形浄瑠璃が成立した。文楽ともいう。竹本義太夫の義太夫節と近松門左衛門の台本による『曽根崎心中』ほかの作品は，元禄年間の上方で大当たりをとった。

歌舞伎Ｃ（かぶき）　江戸時代に大成された日本の代表的演劇。「かぶき」は奇抜で派手な姿や振る舞いをする「傾く」に由来する。安土・桃山時代に，漂泊の巫女である出雲の阿国が踊った阿国歌舞伎にはじまるが，徳川幕府は世の風紀を乱すとしてこれを禁止。その代替として行われた少年による若衆歌舞伎も禁止されると，成人男性による野郎歌舞伎が元禄期（1688～1704）ごろに成立し，大衆的な人気を得た。女性の役も，女優ではなく女装した女形が演じる。「仮名手本忠臣蔵」「義経千本桜」「菅原伝授手習鑑」の三大作品や黙阿弥の世話狂言などがあり，現代でも上演されている。

松尾芭蕉Ｂ2（まつおばしょう）[1644～94]　江戸前期の俳人。伊賀（三重県）上野に生まれる。武士として主家に仕えながら俳諧に親しむが，やがて主家をやめ，江戸に移って専門の俳人となる。深川の芭蕉庵に隠棲したが，一所不住を志して諸国を漂泊し，旅の先々で俳句と紀行文とを著した。「さび」や「しをり」を重んじる，蕉

風とよばれる新しい俳風を樹立し，俳諧をそれまでの生活の余興から，独立した芸術へと高めた。45歳のときの７か月にわたる『奥の細道』の旅がもっともよく知られている。

「造化にしたがい，造化にかへれとなり。」**資料**

さびＡ2　松尾芭蕉にはじまる蕉風で重んじられる美的精神。寂しい情景の中に，どこか奥深さや豊かさ，あるいは精神の気高さが感じられる，味わい深い境地をいう。

俳諧Ｂ（はいかい）　日本独自の短詩形文芸。もともとは正統な和歌や連歌に対して，余興として機知や滑稽味をねらった「俳諧の連歌」を起源とする。江戸時代に松永貞徳が独自のジャンルとして確立し，松尾芭蕉が文学的に高めた。五・七・五の十七音の俳句は，連歌として行われた俳諧の発句（第一句目）が独立したものである。

類俳句Ｂ1

いきＢ4　江戸時代の，おもに都市や遊里で重視された美的理念。「意気」または「粋」と表記され，「粋なはからい」などと用いられる。九鬼周造は『「いき」の構造』（1930年）で，この「いき」を媚態・意気地・諦めの三つの契機から成るものと分析している。異性を恋い慕いつつも，さっぱりと洗練された潔さを自ら心がける構えである。対義語は「野暮」。

類通Ｂ2　対野暮Ｃ

通Ｂ2（つう）　江戸時代中期から後期に定着した美的理念。世間や人情の機微に通じ，ものごとをスマートに処理し，また人情を深く解する，よく練れた心の持ち方，またはその持ち主。「野暮」と対比される。上方の「粋」に対して，多く江戸で用いられた。

類粋Ａ3

浮世絵Ｃ（うきよえ）　江戸時代の風俗画。はじめは遊里や遊女を描いた肉筆画であったが，安価で量産が可能な木版画が次第に主流となり，広く庶民に普及した。江戸の中期には，技術の進展により，錦絵とよばれる多色刷りのものが一般的となった。美人画・役者絵・名所絵を中心とする。美人画の菱川師宣・鈴木春信・喜多川歌麿，役者絵の東洲斎写楽

名所絵の歌川（安藤）広重（『東海道五十三次』）・葛飾北斎（『富嶽三十六景』）などが有名である。また、欧米にも輸出され、ゴッホをはじめとする印象派の絵画に大きな影響を与えた。

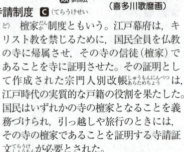
▲「婦人相学十躰」（喜多川歌麿画）

類 錦絵

寺請制度 Ｃ（てらうけせいど） 檀家制度ともいう。江戸幕府は、キリスト教を禁じるために、国民全員を仏教の寺に帰属させ、その寺の信徒（檀家）であることを寺に証明させた。その証明として作成された宗門人別改帳（しゅうもんにんべつあらためちょう）は、江戸時代の実質的な戸籍の役割を果たした。国民はいずれかの寺の檀家となることを義務づけられ、引っ越しや旅行のときには、その寺の檀家であることを証明する寺請証文（てらうけしょうもん）が必要とされた。

この制度を通じて、江戸時代の仏教諸派は幕府の行政を代行する公的機関としての性格を強めた。江戸幕府が崩壊しても、1871（明治4）年に戸籍制度が定められるまで宗門人別帳の作成は続けられ、仏教各宗派は檀家関係を教団の基盤として維持し、現代におよんでいる。

同 檀家制度

3 西洋文明との接触と幕末の思想

蘭学 Ａ２（らんがく） 江戸時代の鎖国下に、長崎出島のオランダ商館を通じて導入されたオランダ系の西洋学術のこと。殖産興業をめざす徳川吉宗の命によって西洋学術の禁制がゆるめられた近世中期に、杉田玄白（げんぱく）らによるオランダ語の解剖書の翻訳、刊行を皮切りとして、本格的な研究が開始された。医学を中心に発達し、物理学、化学、天文暦学などの研究が進められ、科学技術のほかに西洋事情の研究も行われた。幕末期になると、オランダ以外にイギリスやフランスの学術も輸入されるようになり、次第に「洋学」の呼称に取って代わられていった。

類 洋学 Ａ１

洋学 Ａ１（ようがく） 江戸時代に導入された西洋学術の総称。安土・桃山時代から江戸時代初期にかけては、ポルトガルやスペインなどの学術という意味で「南蛮学」「蛮学」とよばれた。その後鎖国が完成し、オランダ以外の欧米諸国との通交が途絶えると、オランダ語の書物が西洋学術を知る唯一の径路となり、和蘭陀（おらんだ）の書を学ぶ学問として、「蘭学」とよばれるようになった。さらに幕末開港後にイギリスやフランスからも学術が導入されるようになると、それらを包括（ほうかつ）して「洋学」とよぶようになった。

類 蘭学 Ａ２

和魂洋才 Ｂ（わこんようさい） 日本の伝統的な精神をもとに西洋の知識、技術を取り入れること。10世紀頃から「和魂漢才」ということばがあらわれ、これは日本の伝統的な精神をもとに中国の学問を取り入れることを意味した。幕末において洋学がさかんになると、今度は「和魂洋才」という考え方が生まれ、明治時代に入っても多くの知識人たちを支配する理念であり続けた。

この精神を表す語として、佐久間象山の「東洋道徳、西洋芸術」の語が有名である。この理念のもとでは、西洋の文化は自然科学、軍事技術などの実践的な知識、技術として取り入れられる傾向が強かった。「和魂」の中身としては、天皇への忠誠、儒教道徳、武士道、神道などさまざまなものが考えられ、論者によって幅があった。

同 東洋道徳 Ｂ１、西洋芸術 Ｂ

新井白石 Ａ７（あらいはくせき）[1657〜1725] 江戸中期の朱子学者、政治家。ほぼ独学で儒学を学んだののち、木下順庵（じゅんあん）の塾の客分となり、その十哲の一人に数えられる。六代家宣（いえのぶ）・七代家継（いえつぐ）の二代にわたって徳川将軍に仕え、朱子学の理念のもとに、従来の武断政治を文治政治に改める政治改革を行なった。その改革は「**正徳（しょうとく）の治**」として名高いが、八代吉宗の就任により失脚し、以降は学問に専念した。儒学・歴史学・国語学・地理学などきわめて多方面にわたる博学で知られ、その知識は『西洋紀聞』によりヨーロッパ諸国の地誌や思想にまで及んでいる。随筆『折たく

4章 近世の思想 **147**

『柴の記』も名文として名高い。

『**西洋紀聞**』 **B**（せいようきぶん）　新井白石の著。密入国したイタリア人宣教師シドッチへの尋問を通じて得た知識をもとに、欧米の風土や歴史、またキリスト教の教義など、西洋事情を紹介した書。鎖国下の日本にあって、西洋についての高度な理解を示している。本書で白石は西洋の文化を紹介しつつ、天文、地理などの知識においては西洋がすぐれているが、形而上の問題では儒教のほうがすぐれているとした。これは幕末の「東洋道徳、西洋芸術」あるいは「和魂洋才」の発想の先がけをなすものである。

青木昆陽 **C**（あおきこんよう）[1698〜1769]　江戸中期の実学者。伊藤仁斎の長子である伊藤東涯に師事。享保の飢饉から人々を救うため、飢饉に強い甘藷（サツマイモ）栽培を主張し、将軍吉宗に認められた。また江戸参府のオランダ人から通辞（通訳）を介してオランダ語を学び、蘭学の先駆者となった。門下に前野良沢らがいる。

山脇東洋 **C**（やまわきとうよう）[1705〜62]　江戸中期の医者。当時の日本の医学は、朱子学に基づく漢方医学（近世方）であったが、荻生徂徠の影響を受け、そうした近世方は人体についての正しい知識に立脚していない独断的なものだと考えるに至り、古代中国の医学にたちかえる古医方を新しく主張した。また正確な医学知識を得るため、日本でははじめて人体解剖に参加して、日本初の解剖書である『蔵志』を著し、従来の人体説の誤りを指摘した。日本における実証的医学の創始者である。

『**解体新書**』 **A**①（かいたいしんしょ）　前野良沢・杉田玄白らによるオランダ語の解剖書『ターヘル・アナトミア』の訳書。1774年刊。日本初の本格的な西洋医学の翻訳書で、蘭学が盛んになる端緒となった。

『**蘭学事始**』 **B**（らんがくことはじめ）　1815年刊の、杉田玄白の回想録。ほとんどオランダ語の知識もないままに始められた『解体新書』翻訳の苦労話や、当時の蘭学の状況を中心に語られる。蘭学の開拓者たちの情熱や探求心がうかがわれる書である。

前野良沢 **A**②（まえのりょうたく）[1723〜1803]　江戸中期の蘭学者、蘭方医。オランダ語を

青木昆陽に学び、長崎で蘭語学を修める。江戸小塚原での腑分け（解剖）に立ち会い、西洋医学の知識の正確さに驚愕し、『ターヘル・アナトミア』翻訳を決意。杉田玄白らと共同しての翻訳事業にあたり、指導的役割をはたし、蘭学の発展に貢献した。

杉田玄白 **A**（すぎたげんぱく）[1733〜1817]　江戸中期の蘭方医。山脇東洋の腑分けに触発されてより正確な医学知識をもとめ、しだいに蘭学に傾倒するに至る。前野良沢とともに江戸の死刑場で刑死体の解剖を実見し、オランダ解剖書の正確さに驚嘆して、『解体新書』翻訳事業に着手する。私塾を開いて多くの弟子を育て、蘭学をひとつの学問として成立させた。

平賀源内 **C**（ひらがげんない）[1728〜80]　江戸時代の蘭学者・本草学者・作家。静電気を発生させる装置・エレキテルの復元で有名だが、ほかにも洋風絵画の制作、浄瑠璃台本や滑稽本の執筆、薬草の栽培、耐火布の発明など、きわめて多方面に手腕を発揮した一世の奇人であった。

志筑忠雄 **C**（しづきただお）[1760〜1806]　江戸時代後期の蘭学者。地動説やケプラーの法則、ニュートン力学などを日本に紹介した。著書『暦象新書』『鎖国論』。

三浦梅園 **B**②（みうらばいえん）[1723〜89]　江戸中期の思想家。豊後（大分県）の医師の子に生まれ、家業を継いだ。長崎でヨーロッパの天文学をはじめとする自然科学に触れつつ、それらを中国の気の哲学によって解釈し、独自の「条理」による世界観を打ち立てた。生活に密着した実学を目指す傾向のある日本近世の思想の中で、壮大な形而上学・自然哲学を構想した点で特色ある思想家である。主著『玄語』。

条理学 **C**②（じょうりがく）　三浦梅園が提唱した、万物にそなわる条理をとらえる学。「条」は木の枝、「理」はその筋をつくっている理脈の意。梅園はこうした筋道があらゆる事象に備わり、自然や人事の運行のリズムをなしていると考えた。梅園のいう条理は、西洋近代科学における自然法則のように、単なる規則として世界（自然）を外から規定しているのではなく、世界そのものの根本的なあり方として、自律的にその

生成変化をつくりだしている点に特色がある。

佐藤信淵（さとうのぶひろ）[1769〜1850] 江戸後期の農政学者，蘭学者。鉱山開発を手がける山師の子に生まれ，家業を継いだ。家業に関わる学問である鉱山学や地質学を研究しつつ，江戸で蘭学を学び，また平田篤胤にも入門。自然科学に関わる著作のほかに，『経済要録』や『海防策』など，国家経営や外交のあり方を論じた著作も多く残している。その全体主義的な国家構想は，昭和の超国家主義に大きな影響を与えた。

緒方洪庵 B② （おがたこうあん）[1810〜63] 江戸末期の蘭学者。大坂，江戸，長崎で医学・蘭学を学び，大坂で医業に従事するとともに**適塾**とよばれる蘭学塾を開き，大村益次郎，福沢諭吉，橋本左内など，明治期の日本で活躍した多くの人材を育てた。

大槻玄沢（おおつきげんたく）[1757〜1827] 江戸後期の蘭学者・蘭方医。杉田玄白や前野良沢から医学，オランダ語を習う。長崎にも遊学し，江戸に家塾芝蘭堂を開き，『**蘭学階梯**』を著し，また多数の洋書を翻訳して，蘭学の発展に貢献した。

シーボルト B [P.F.von Siebold, 1796〜1866] ドイツ人医師。1823年に長崎出島に来日し，1829年に日本地図の海外持ち出しをはかった嫌疑で国外追放となるまで，長崎に**鳴滝塾**を開いて高野長英らの弟子を育て，蘭学の発展に寄与した。

高野長英 A④（たかのちょうえい）[1804〜50] 江戸末期の蘭学者。長崎でシーボルトに医学などを学び，江戸の町医者となる。モリソン号事件に関して幕府の鎖国政策を批判し，**蛮社の獄**に連座して永牢に処せられた。脱獄したが，後に自殺。著書『**戊戌夢物語**』

渡辺崋山 A②（わたなべかざん）[1793〜1841] 江戸末期の画家，蘭学者。西洋画の技法を習った。田原藩の家老になり，高野長英らに蘭書の翻訳を依頼し，**尚歯会**（蛮社）を設立し，西洋事情を研究した。長英と同様に，蛮社の獄によって藩内蟄居を命じられ，後に自害。著書『**慎機論**』

おらんだ正月（しょうがつ） 大槻玄沢ら蘭学者たちは，西洋の文物を日本に積極的にとり入れようとした。そうした態度の一つの表れとして，寛政6年閏11月11日が太陽暦の1794年1月1日にあたるというので，その正月を祝う宴が開かれた。これが「おらんだ正月」である。

佐久間象山 A②（さくましょうざん）[1811〜64] 江戸末期の思想家。朱子学を学んだが，アヘン戦争（1840〜42）に衝撃を受けて対外的危機にめざめ，西洋砲術

を学び，洋学の研究にはげんだ。やがて西洋砲術の塾を開き，その門に勝海舟，坂本竜馬，吉田松陰，加藤弘之，西村茂樹らの逸材が学んだ。

松陰の米艦密航事件に連座し，藩内蟄居を命ぜられる。この間，洋書を読んで西洋研究に没頭し，洋学と儒学の兼修を主張するとともに，固定的な攘夷論から現実的な和親開国論に転じ，そのための国内政治体制として公武合体を唱えた。赦免された後，一橋慶喜らに開国論や公武合体論を説き，尊王攘夷派に暗殺された。彼は対外的危機を克服するために「東洋道徳，西洋芸術」という和魂洋才論を唱えた。

「東洋の道徳，西洋の芸術」 資料 B（とうよう−どうとく，せいよう−げいじゅつ） 佐久間象山が唱えた考え。「芸術」とは技術の意である。アヘン戦争で中国がイギリスに敗れたことに衝撃を受け，道徳や社会体制の面ではあくまで儒学に代表される東洋の伝統的精神をもとにしながら，実践的な技術面では西洋の科学技術を積極的に摂取して国力を充実させ，対外的危機を克服することをもとめた。和魂洋才の典型。

同 **和魂洋才** B

寛政異学の禁 C（かんせいいがく−きん） 1790年，江戸幕府が寛政の改革の一環として，昌平坂学問所に対し，朱子学以外の教授を禁止したこと。各藩の藩校の多くもこれにならって朱子学への学風の統一を行ない，朱子学が官学化する決定的な要因となった。

安政の大獄 C（あんせい−たいごく） 1858（安政5）年から翌年にかけ，大老井伊直弼

が尊王攘夷運動派に対して行った弾圧。吉田松陰・橋本左内ら八名が処刑された。

佐藤一斎 C (さとういっさい)[1772〜1859] 近世後期の儒者。美濃岩村藩の家老の家に生まれ、懐徳堂の中井竹山に学ぶ。その後、江戸で林家の鳳岡・述斎二代の門人となる。次第に頭角を現し、林家の塾長となった後、昌平坂学問所の儒官もつとめた。林家は朱子学を正統としていたが、一斎は陽明学に親近感をもち、「陽朱陰王」と評された。周囲の情勢の変転に動じない自己の「独立」を説いた『言志四録』は、西郷隆盛をはじめ幕末の志士たちに愛読された。門下に渡辺崋山、佐久間象山らを輩出した。

水戸学 B (みとがく) 常陸(茨城県)の水戸藩で、徳川光圀の命による『大日本史』編纂事業を中心におこった学派。当初は朱子学的な学問姿勢のもとに『大日本史』の編纂が進められていたが、幕末になると、改革派の藩主徳川斉昭を中心として、藤田幽谷・東湖父子や会沢正志斎らが国体論・尊王攘夷論を唱えるようになり、尊王の志士たちに決定的な影響をあたえた。

尊王攘夷論 B 2 (そんのうじょういろん) 天皇を日本の中心として崇拝する尊王論と、欧米諸国を排斥しようとする攘夷論とが結合したもの。江戸末期の幕藩体制の動揺期に成立し、政治運動として激化した。当初は、天皇に委任されて政務を代行する存在として徳川幕府を肯定していたが、天皇の意志に反した日米修好通商条約の締結(1857年)以降、倒幕論の方向に進んだ。

藤田東湖 C (ふじたとうこ)[1806〜55] 江戸後期の水戸学者。『大日本史』の編集所である彰考館の総裁をつとめ、「正名論」などを著した藤田幽谷(1774〜1826)の子。父の後を継いで彰考館に入り、総裁に就任。藩主徳川斉昭を助けて藩政改革に尽力するが、斉昭とともに失脚。その後は蟄居しつつ著述に専念する。その間に著された、忠孝一致論・名分論・尊王攘夷論などを唱える『弘道館記述義』や『回天詩史』は、水戸学を代表する著作となった。のちに斉昭が幕府の

海防を担当するようになると、再びその補佐に当たった。安政の大地震の際、逃げ遅れた老母を助け、自らは圧死した。

会沢安② **(正志斎)** B (あいざわやすし)(せいしさい)[1782〜1863] 幕末の水戸学者。安は名、正志斎は号。水戸城下に生まれ、藤田幽谷に学んで彰考館に入り、『大日本史』の編纂に携わる。徳川斉昭が水戸藩主に就任すると、その腹心として藩政改革をすすめた。斉昭によって創設された藩校**弘道館**の初代総教に就任し、敬神崇儒・文武両道の学風を鼓吹した。幕府・水戸藩の経済的危機と水戸藩領へのイギリス人上陸の危機感という内憂外患に促されて執筆された主著『**新論**』は、日本の**国体**と**尊王攘夷**とを説き、明治維新に参画した志士たちに広く読まれ、絶大な影響を及ぼした。晩年は攘夷論から開国論へと、大きく主張を向けかえるに至った。

大義名分論 B 2 (たいぎめいぶんろん) 水戸学の中で発展した思想。主君と臣下とのそれぞれの「名」(名目・資格)を明確にしたうえで、臣下がどのようにその「分」(任務)を遂行するかという問題を問う。日本の「名」のうえでの主君は天皇であるが、個々の国民は直接天皇に忠誠を尽くすのではなく、将軍やそれぞれの藩主に尽くすことが、間接的に天皇への忠義となるという考え方が、幕末に至るまでは一般的であった。しかし幕末になると、将軍や藩主を飛び越え、その意向に背いてでも天皇に直接忠を尽くすことこそが臣下としての「大義」であるという考えが広まった。吉田松陰の草莽崛起論はその端的な表れである。

吉田松陰 A 6 (よしだしょういん)[1830〜59] 幕末の思想家、教育者。長州(山口県)の下級藩士の子に生まれ、山鹿素行にはじまる山鹿流の兵学を学んで、藩の軍学師範となる。その後諸国を見物して対外危機の深刻さに目覚め、佐久間象山に入門して西洋の砲術を学ぶ。1854年のペリーの再来航に際して、西洋の技術を直接学ぼうと黒船への密航を企てるが、米国

側に拒否され，失敗。自首して投獄された後，獄中にて囚人たちに『孟子』を講じ，『講孟余話(こうもうよわ)』を著した。獄を許されて自宅謹慎の身となったのち，そこで**松下村塾**を開いて，久坂玄瑞(くさかげんずい)，高杉晋作(たかすぎしんさく)，伊藤博文，山県有朋(やまがたありとも)ら多数の志士を育成した。

のち，個々の日本人が，封建的な身分秩序を乗り越えて「**至誠**」の精神をもって勤王に尽くすべきとする立場に至り，老中の襲撃など直接行動を画策したが，安政の大獄によって刑死した。辞世の歌は「かくすればかくなるものと知りながらやむにやまれぬ大和魂」であった。

一君万民論 **A** **2** (いっくんばんみんろん)　吉田松陰が提唱した思想。江戸時代の一般的な意識では，個々の人が忠節をつくすべき主君はそれぞれの地域の藩主であり，天皇への帰属意識は薄かったが，こうした感覚を乗り越え，日本のあらゆる民は天皇を唯一の主君として仰ぐものであり，「誠」(「至誠」)をもって天皇に忠節をつくすべきだと説いた思想。天皇の権威を強調する本居宣長(もとおりのりなが)や平田篤胤(ひらたあつたね)らの国学にも，その萌芽がふくまれていた。

松下村塾 **B** (しょうかそんじゅく)　海外渡航に失敗して萩(はぎ)郊外の松本村に蟄居(ちっきょ)した吉田松陰が，その地で開いた私塾。松陰の指導は1856年から安政の大獄で再び下獄する1858年までの2年間だが，そのわずかな期間に，久坂玄瑞(くさかげんずい)・高杉晋作(たかすぎしんさく)・伊藤博文・山県有朋(やまがたありとも)ら，維新や明治国家の建設を主導する指導者たちがその門に輩出(はいしゅつ)した。

久坂玄瑞 **C** (くさかげんずい) [1840〜64]　幕末の尊王攘夷派志士。松下村塾に学び，俊秀(しゅん)として松陰に愛され，その妹婿となった。長州藩における過激な尊王攘夷論者の中心人物であり，松陰の死後，数々の政治運動に奔走(ほんそう)したが，京都で禁門の変に参加し，敗れて24歳で自刃。

高杉晋作 **C** (たかすぎしんさく) [1839〜67]　幕末の志士。長州に生まれ，松下村塾に学んで頭角をあらわし，久坂玄瑞(くさかげんずい)と並び称された。藩命によって渡航した上海にて，西洋列強による中国の植民地化の実態を目撃し，深刻な危機感を抱く。帰国後，尊王攘夷運動に挺身(ていしん)し，奇兵隊を結成。討幕派として長州の実権を握り，討幕の重大な基礎をつくったが，28歳で病死。

伊藤博文 **C** (いとうひろぶみ) [1841〜1909]　幕末の志士，また明治時代の政治家。松下村塾に学び，維新期は開国派の尊王志士として討幕運動に従事する。維新後，明治新政府に入って高官を歴任し，初代の内閣総理大臣に就任。『大日本帝国憲法』や皇室典範(こうしつてんぱん)の制定にも大きな影響力を行使した。同じく松下村塾出身の山県有朋(やまがたありとも)とならんで，藩閥政治の中心人物であった。日露戦争後，韓国総督府の初代総監に就任するが，韓国の植民地化に反対する安重根(アンジュングン)によって，ハルビンで射殺された。

横井小楠 **A** (よこいしょうなん) [1809〜69]　幕末の思想家。福井藩主・松平春嶽(まつだいらしゅんがく)の顧問として，開国や公武合体を説き，幕末の政局に大きな役割を果たした。維新後も明治政府の基本政策の確定に尽力したが，1869年，過激派の志士によって暗殺された。内政面では天下の公論に基づく共和制を主張し，外交面では植民地主義を否定し，諸外国との平和共存を説いた，開明的思想家であった。主著『国是三論』。

坂本竜馬 **C** (さかもとりょうま) [1835〜67]　幕末の討幕運動を主導した，土佐藩(高知県)出身の志士。土佐で勤王運動を行なったのち，脱藩して江戸に赴き，勝海舟(かつかいしゅう)に航海技術や西洋軍学を学ぶ。薩摩藩と長州藩とを仲介して薩長同盟を成立させ，明治維新に多大な貢献(こうけん)をなしたが，維新を俟(ま)たず，京都で暗殺された。

5章 近代の思想

1 啓蒙思想

近代日本の思想 **A**①（きんだいにほん-しそう） 明治維新後の日本の思想界では，西洋近代の異質な，しかし圧倒的に進んだ科学・技術・社会思想・哲学などをどのように日本に受容するかということが最大の焦点となった。しかもその際，仏教・儒教・神道といった日本の伝統的な思想や，それを支える習俗がいまだ根強く残っていたため，西洋思想と伝統思想との複雑なせめぎあいが長く続いた。

明治の初めにまず思想界を主導したのは，西洋文明を積極的に日本に導入しようとした，明六社を中心とする啓蒙主義者たちであった。彼らは，西洋の技術のみを受容しようとしたのではなく，それを支える個人主義やキリスト教といった思想・宗教までも，摂取しようとした。儒教を批判し，功利主義を説いた福沢諭吉，ルソーの社会思想を紹介した中江兆民，西洋の道徳の根底をキリスト教と見，その受容をはかった内村鑑三らがその代表である。しかし明治後期になると，西洋思想そのものや，あるいは政府主導の欧化というありようへの反省・批判がいくつかの形で登場するようになった。その一つは，政府主導の欧化に対する反発から，民権より国権を，また欧化よりも伝統を重んじる国粋主義・民族主義の運動である。三宅雪嶺がその代表である。また，資本主義の進展による貧富の差の拡大を背景として，片山潜や幸徳秋水らの社会主義運動もさかんとなった。さらに，文学の世界では近代的な自己のありようを鋭く反省する姿勢が現れ，北村透谷，夏目漱石，森鷗外らが活躍した。とくに夏目漱石は，日本の開化を外発的と批判し，近代的自我の確立を説きつつ，その困難を描いた。

大正期に入ると，大正デモクラシーを背景に，吉野作造が民本主義を唱え，また平塚らいてうらが女性解放の思想を説き，普通選挙運動や部落解放運動が展開される一方で，西田幾多郎や和辻哲郎が，漱石以来の課題である欧化と伝統との統一をめざし，独自の思想を生みだした。昭和期になると，世界恐慌や満州事変を機に台頭した軍部が強力な思想統制を行い，多くの人々は自由な思想表現を奪われて，その軍国主義に対して転向したり，あるいは積極的に協力したりすることとなった。

戦後の思想は，この戦中期の反省から，もう一度近代と伝統との関係を捉え直す営みを通じて再出発した。丸山真男や吉本隆明がその代表的思想家である。

文明開化 **A**（ぶんめいかいか） 明治初期に，明治新政府が推進した，西洋文明の導入による近代化（西洋化）策。当時勃興しつつあったマスメディアによって宣伝され，一種の流行語・社会現象ともなった。近代的工場，鉄道，電信，郵便，ガス，洋服，洋風建築などが東京を中心に導入され，洋風建築による政府の迎賓館である鹿鳴館や，従来の髷を改めたザンギリ頭などが，その象徴となった。イギリスやフランスの近代化（科学革命や産業革命）と比べて，政府主導であり，また外発的なものである点が特色。

　　　　　　　　　　　　　　 同 欧化 A

神仏分離令 **B**②（しんぶつぶんりれい） 明治維新直後に，新政府が出した一連の法令。神道の国教化をすすめるため，従来の神仏習合を禁じ，神社から仏教色を取り除くことを命じた。具体的には，従来神社を管理していた僧侶を還俗させて神職とし，また権現などの仏教的な神の名を改めるなどの改革が行われた。新政府には仏教を弾圧する意図はなかったものの，全国各地で寺や仏像を破壊する廃仏毀釈運動へと展開した。奈良時代以来の神仏習合を中心とする日本の宗教文化を根本的に変えた出来事として重要である。

廃仏毀釈 **B**（はいぶつきしゃく） 神仏分離令を受けて，国学者を中心として全国各地で行われた，仏教寺院や仏像を破壊する運動。明治政府は神仏分離の意図は廃仏にはないとして事態の収拾を図ったが，この運動によって多くの寺院・仏像等の文化遺産が失われた。また，寺請制度の廃止とともに，

仏教者に強い危機感を与え、清沢満之らが仏教の近代化を推し進める契機ともなった。

国家神道 C（こっかしんとう）　明治維新後、キリスト教への対抗と国民精神の統一とを目指して、新政府によって国教化された神道。のちに発布された大日本帝国憲法には信教の自由が掲げられていたが、神道は宗教ではなく、日本人の伝統的な生活倫理であるという神道非宗教説によって、実質上、全国民が従うべき教えとなった。終戦後、GHQの神道指令によって禁止され、解体された。

教派神道 C（きょうはしんとう）　幕末から明治にかけて民間で成立した神道教団。天理教や金光教を代表とする十三派が明治政府によって公認されたが、国家神道とは制度上区別され、政府と対立した大本教などは強く弾圧された。

啓蒙運動 C（けいもううんどう）　理性の力で社会の封建的因習や迷信を打破し、公正な社会を作ろうとする思想運動。18世紀のヨーロッパで盛んであったが、日本では明治初期に推進され、江戸時代の旧習を捨てて西洋近代を受容することが目指された。その主な担い手である明六社の同人たちが多く新政府の官僚であったこともあり、明治日本の啓蒙運動は、国家中心の発想をとることに特色をもつ。

明六社 A3（めいろくしゃ）　森有礼の首唱によって結成された啓蒙思想団体。明治6（1873）年の結成にちなんでこの称をもつ。機関紙**「明六雑誌」**を発行して西洋の思想や文化を紹介しつつ、近代日本の進むべき道をさかんに議論した。福沢諭吉・中村正直・西周・津田真道・加藤弘之・西村茂樹をおもな同人とし、福沢を除いては、その多くが留学して洋学を学び、新政府の官吏となった人々であった。

福沢諭吉 A10（ふくざわゆきち）［1835〜1901］幕末から明治期の啓蒙思想家。豊前（大分県）中津藩の下級藩士の子に生まれる。父が能力に見合った出世を阻まれたこ

とから、「門閥制度は親の敵」と、身分制度に対する激しい反発を終生抱くことになった。21歳の時、大坂に出て緒方洪庵の適塾で洋学を学び、次第に頭角をあらわしてその塾頭となる。その後、幕府に翻訳官として仕え、三度にわたってヨーロッパやアメリカに派遣され、西洋をその目で見、肌で触れる機会に恵まれた。1868年に、慶応義塾大学の前身となる私塾・慶応義塾を設立。明治維新以降は、在野の立場をつらぬき、教育・言論に啓蒙思想家として活躍した。明六社に加入し、「明六雑誌」に数々の論考を発表したほか、一般向けに著した『学問のすゝめ』が当時の一大ベストセラーとなり、明治前期の啓蒙運動の第一人者となった。日本と日本人との「独立自尊」をめざす立場は生涯を通じて変わらなかったものの、明治後期になると、脱亜入欧を説き、また民権運動に対しては、日本の現状に鑑みて時期尚早と考え、「駄民権論」と批判しつつ、官民調和論をとった。その他の著作に、『西洋事情』『文明論之概略』『福翁自伝』などがある。

天賦人権論 A2（てんぷじんけんろん）　人間の自由・平等・幸福追求の権利は生まれながらに天から与えられたものであり、それゆえ、いかなる人や権力によっても制限されるべきでないとする考え。フランス啓蒙思想の中の自然権思想として、ルソーらによって唱えられていたものを、幕末から明治初期に加藤弘之や福沢諭吉らが紹介し、後に植木枝盛や中江兆民らによる自由民権運動の中心理論となった。福沢の『学問のすゝめ』の冒頭にある「天は人の上に人を造らず　人の下に人を造らずと云へり」 資料 という有名な宣言によって明治日本にひろまった。

独立自尊 A1（どくりつじそん）　福沢諭吉の思想の核心で、個々人がほかに依存せず、自主独立の生活を営もうとする精神。福沢は、儒教道徳のもとにある東洋では、厳しい上下関係や男尊女卑の気風によって、個々人のうちにこの精神が培われていないことを歎き、「東洋になきものは、有形に於て数理学、無形に於て独立心と、此の二点である」（『福翁自伝』） 資料 と述べた。

数理学（数学や物理学，また経済学）のような実学を通じて合理的な思考態度を養うことで，独立の精神も涵養されると考えたのである。

さらに福沢は，個々の日本人の独立を越えて，激しい国家間競争の中で日本という国家の独立を全うすることを重んじた。「一身独立して一国独立す」 資料 というように，個々人の独立と一国の独立とは不可分のものと考えられていた。

実学 Ａ4（じつがく）　福沢諭吉が重視した，日常生活に実際に役立つ学問のこと。これまでの日本の学問が，『論語』などの古典をひたすらによむ，実用性に乏しい漢学中心であったと批判した上で，西洋でさかんな「人間普通日用に近き実学」 資料 へと切り替えてゆくことを『学問のすゝめ』で説いた。この実学の具体的な中身としては，「数理学」（数学や物理学）や「理財学」（経済学）が考えられていた。

脱亜論 Ａ2（だつあろん）　後年の福沢の主張。1885（明治18）年3月，福沢が主宰する「時事新報」紙上に発表された。なかなか近代化が進まないアジアの悪友（中国，李氏朝鮮）を「謝絶し」，西洋文明国と同じような方法でアジアに進出すべきであると説いた。福沢ははじめ，アジア諸国の近代化に期待しつつ，さかんに援助し，近代化したアジア諸国による連帯を構想していたが，朝鮮の親日開化派による甲申事変の失敗後に，アジア諸国の近代化に限界を見て脱亜論に転換し，対清強硬，アジア進出を主張するようになった。福沢自身によるものではないという説もある。

官民調和Ｂ・**富国強兵論**Ｃ3（かんみんちょうわ・ふこくきょうへいろん）　後年の福沢諭吉の主張。欧米列強の進出から日本の独立を守ることが福沢の根本目的であった。そこで明治13年頃からさかんとなり，政府と激しく対立した自由民権運動に対しては，国内の分裂を招くものと見，その急進的な民権の要求を批判して，政府の方針と国民の要求とを穏当に調和させてゆくことを説いた。また同じ目的から，官主導で産業および軍事力を振興してゆく，当時の政府の富国強兵策を支持した。

『文明論之概略』 Ａ（ぶんめいろんのがいりゃく）

1875（明治8）年に刊行された福沢諭吉の主著。古今東西の文明を比較しながら，西洋文明と日本文明との特質を明らかにした。文明とは単なる物質文明のことではなく，国民の知徳の進歩の程度であるとし，日本の独立を実現するには，まず国民の智力を進めて個々人を独立させるべきであり，そのためには西洋文明を摂取する必要があると主張した。

『学問のすゝめ』 Ａ1（がくもん）　福沢諭吉の著作で，1872～76年にかけて刊行された。「天は人の上に人を造らず，人の下に人を造らずと云へり」 資料 という初編の書きだしは有名。「門閥制度は親の敵でござる」 資料 と前代の封建制度を攻撃し，実学を奨励。「学ぶ」ことによる個人の独立が国家の独立をうながすとした。340万冊というベストセラーとなり，その四民平等，自由独立の主張は，多くの国民に影響をあたえた。

中村正直 Ａ4（なかむらまさなお）［1832～91］明治前期の教育家，啓蒙学者。号は敬宇。幕臣の子として江戸に生まれ，昌平黌で朱子学を学びつつ，後年洋学も併せ学ぶ。幕府の派遣によりイギリスに留学するが，その間大政奉還が成り，やむなく帰国。奉還後静岡に蟄居した徳川氏に仕えつつ，イギリスの思想家たちの著作を翻訳した。とくにスマイルズの"Self Help"（『自助論』）の翻訳である『**西国立志篇**』（1871年刊）は，儒教的論理を加味しつつ，西洋的な自立の精神を説いたもので，「天は自ら助くる者を助く」という冒頭が有名。出自に関わらず，個人の才能と勤勉な努力とによって道を切り開いてゆく新時代の生き方を示した書として明治の青年たちに愛読され，その立身出世主義の基礎をつくった。

その他『**自由之理**』（J.S.ミル『自由論』の翻訳）などで自由民権思想の発展に影響をあたえた。のち，東京に移って明六社に参加。後年キリスト教に傾倒し，明治政府のキリスト教公認のきっかけを作るとともに，みずからも入信した。

西周 Ａ3（にしあまね）［1829～97］　石見（島根県）津和野の藩医の子として生まれ，洋学を志し脱藩，幕府の蕃書調所に入っ

た。1862年、幕命で津田真道らとオランダに留学し、法学・経済学を学ぶ。維新後は明治政府の官僚をつとめ、兵部省では山形有朋のもとで近代軍制確立を進め、軍人勅諭の起草にあたった。1873年からは明六社同人として、コントやミルなどのヨーロッパ近代思想の移入紹介など啓蒙活動を行う。西洋のフィロソフィの最初の紹介者であり、著書『百一新論』において、日本の文献史上はじめて「フィロソフィ」が「哲学」と訳出された。

加藤弘之 Ｂ (かとうひろゆき)[1836〜1916] 明治期の法学者、政治学者。但馬国(兵庫県)出石藩出身。洋学を修め幕府の蕃書調所に入った。『隣艸』や『立憲政体略』を著し、儒教政治を批判して立憲政体を紹介する進歩的な思想家であり、維新後も『真政大意』『国体新論』などで天賦人権説を主張したが、板垣退助らの民撰議院設立建白には時期尚早として反対した。

その後、東京大学の初代綜理に就任するも、スペンサーの進化論に親しんで以前の著作を絶版とし、『**人権新説**』(1882年刊)では、一部の指導層が権力を握る社会的な不平等を「優勝劣敗」「弱肉強食」の法則にかなうものとして正当化し、従来の持論である天賦人権説を否認した。晩年には社会有機体論に立って国家主義を唱えた。

森有礼 Ａ (もりありのり)[1847〜89] 薩摩藩出身の政治家。幕末に藩命で英米に留学、維新後は明治政府に入って清国行使、外務大輔、イギリス公使などを務める。その間、明六社設立の中心人物となる。明六社では、「**妻妾論**」によって一夫一妻制を主張し、みずから契約結婚を行なうなど啓蒙活動にあたるが、のちに富国強兵論に傾斜した。1885年、第1次伊藤内閣にて初代の文部大臣となり、ドイツの国家主義的教育体制を目標に一連の学校令を制定し、わが国近代教育制度の基礎を確立した。渋沢栄一とともに、一橋大学設立の中心人物でもある。憲法発布の日に国粋主義者により暗殺された。

津田真道 Ｂ② (つだまみち)[1829〜1903] 明治期の啓蒙思想家で、明六社社員。1862年に西周とともにオランダに留学し、維新後、政府に仕えて人身売買の禁止など、各種の立法に尽力した。明六社では、コントの実証主義の影響を受けてきわめて科学的・唯物論的な思想を展開し、朱子学や国学など、従来の日本の学問の非科学性を批判した。

❷ 民権思想

自由民権思想 Ａ④ (じゆうみんけんしそう) 藩閥政治の専制を批判し、国民の自由権や参政権の拡大をめざした思想。その展開にあっては二つの流れがみられる。一つはフランス系の、自然権思想に立脚した急進的なものである。これは社会契約説・人民主権説に立って抵抗権・革命権を行使して専制体制を変革し、立憲政治を実現しようとするもので、中江兆民や植木枝盛らによって担われた。もう一つはイギリス系で、ミル、スペンサーらイギリス功利主義の流れをひく。「私利」を肯定しつつ社会の改良をめざす漸進主義的なもので、明六社社員たちにまず受容されたあと、民権運動の時代には改進党系の主張として論じられた。

自由民権運動 Ａ⑤ (じゆうみんけんうんどう) 明治10年代に藩閥政治に反対して、議会制民主主義を要求した政治運動。**板垣退助**・**後藤象二郎**・**中江兆民**・**植木枝盛**らを指導者とし、天賦人権論や社会契約説を思想的基盤とした。はじめは薩摩・長州の藩閥に締め出された不平士族たちによって担われたが、やがて重い地租に悩む地方の農民層も加わり、国民的な運動となった。

1874 (明治7)年の民撰議院設立建白書の提出を機に、国会開設・租税軽減・条約改正などをもとめて全国的に展開。一部では加波山事件・秩父事件のような武力闘争にも発展した。しかし、明治10年代の終わりごろ、政府の弾圧と運動内部の急進化による分裂により、衰退した。

中江兆民 Ａ⑧ (なかえちょうみん)[1847〜1901] 明治期の自由民権思想家。土佐藩の出身でフランス留学後、仏学塾を開いた。「東洋自由新聞」主筆。自由党の

機関紙「自由新聞」にも関与した。1882年ルソーの『社会契約論』の翻訳『民約訳解』を発刊，天賦人権説による人民主権や抵抗権を説き，フランス流の民権思想の普及活動を行い，**東洋のルソー**と称され，自由民権運動の理論的支柱となった。「民権是れ至理り也。自由平等是れ大義也」**資料**として専制政府をはげしく攻撃した。1889年，自由党の衆議院議員になったが，政府と民党の妥協をまえに，議場を「無血虫の陳列場」と評して憤激，議員を辞した。

1901年，喉頭がんのため余命1年余を宣告されたが，『一年有半』『続一年有半』で「民権自由」の不滅を訴えつつ独自の人生哲学を語り，健筆をふるい続けた。みずから「生前の遺稿」と呼んだ『一年有半』では，「我が日本，古より今に至るまで哲学なし**資料**と喝破し，日本独自の哲学を打ち立てることを後人に要求している。門人に幸徳秋水がいる。主著『三酔人経綸問答』『一年有半』『続一年有半』『民約訳解』（翻訳）

恩賜的民権 **A**③（おんしてきみんけん）　中江兆民が『三酔人経綸問答』で用いた言葉で，為政者によって上から人民に恵みあたえられた政治的権利のこと。兆民は，明治日本の民権は，市民革命を通じて戦い取られたイギリスやフランスの民権とは違い，この恩賜的民権であるとする。しかし兆民は，一気に回復の民権を実現することは当時の日本が置かれた情勢の中では無理があるとし，この恩賜的民権を育てあげ，恢復的民権と実質的に同様のものへと鍛え上げてゆくことを当面の日本人の課題とした。

恢復的民権 **B**①（回復的民権 **B**①）　（かいふくてきみんけん）　中江兆民が『三酔人経綸問答』で用いた言葉で，人民が下から勝ち取った民権のこと。兆民の理想とするところであり，「自由は取るべきものなり，貰うべき品にあらず」**資料**と喝破された。

『民約訳解』 **A**②（みんやくやっかい／みんやくやくげ）　中江兆民が1882（明治15）年に刊行したルソー『社会契約論』の翻訳書。その主権在民や抵抗権の思想が，自由民権運動の理論的支柱となった。

『三酔人経綸問答』 **A**②（さんすいじんけいりんもんどう）　1887（明治20）年刊の中江兆民の著書。兆民の一側面をそれぞれ象徴する三人の分身に，憲法発布・国会開設を間近に見すえた日本の行く末を議論させる。すなわち，「洋学紳士」は軍備の即時撤廃と民主主義の徹底を説き，それに対して「東洋豪傑」は軍備の拡大によってアジアへと雄飛し，西洋列強に伍すること（具体的には韓国併合と列強による中国分割への参加）を説く。この二人の意見を聞いたうえで，経験と熟慮に富んだ「南海先生」は，両者の意見をともにあまりに行き過ぎたものとし，「陳腐」ではあるが民権の理念を，時間をかけて衆人に根づかせてゆくことが，もっとも現実的な方策であると論ずる。民権期を代表する政治評論である。

植木枝盛 **A**③（うえきえもり）　[1857～92]　明治の自由民権思想家。土佐藩（高知県）出身。同郷の先輩である板垣退助の演説に触発されて自由民権思想に目ざめ，自由民権運動の理論的な側面に貢献し，自由党から衆議院議員にも当選するが，36歳で病死。彼の起草した私擬憲法は，主権在民や天賦人権を主張し，国民の抵抗権の保障をうたった画期的なものであった。急進的な民権思想を展開し，主権在民の立場を堅持して活動した。

「そもそも国とは人民の集まるところのものにして，決して政府によってできたものでもなく，君によって立ったものでもない，国はまったく人民によってできたものじゃ」**資料**ということばに，その思想が集約されている。主著『民権自由論』。

私擬憲法案 **C**（しぎけんぽうあん）　明治初期の憲法制定前に，民間人によって作られた憲法案。植木枝盛が起草した**東洋大日本国国憲案**がもっとも有名で，君主権の制限，基本的人権の保障，抵抗権（および革命権），上院（貴族院）を否定した民選による一院制などを内容とした。「政府国憲に違背するときは，日本人民は之に従はざることを得」**資料**と国民の抵抗権を明示している。

田中正造 **B**①（たなかしょうぞう）　[1841～1913]　明治・大正期の社会運動家。栃木県県会議員となって県令の専制と闘うも，加波山事件に連座して投獄された。その後，立憲

改進党に加入し、第1回総選挙により衆議院議員となる。足尾銅山の鉱毒問題がおこるや政府を追及、対策を訴えたが効果なく、1901年議員を辞し解決に専心した。天皇直訴を試みたが失敗。以後は農民とともに谷中村の遊水地化、強制廃村に抗議し、足尾鉱毒問題の解決に生涯をそそいだ。

足尾銅山鉱毒事件 C⑤（あしおどうざんこうどくじけん）日本の公害問題の原点とされる公害事件。栃木県の足尾銅山から排出された硫酸銅が、渡良瀬川・利根川流域を汚染し、農業・漁業に深刻な被害を与えた事件。被害を受けた周辺の農民が鉱山の操業停止を訴えるも、県および政府は容れず、当時衆議院議員であった田中正造が先頭に立って運動をすすめることになった。この運動は明治の社会主義運動の母胎ともなった。

3 キリスト教の受容

プロテスタンティズムの受容 A（-じゅよう）[Protestantism] 明治維新とともに欧米宣教師によって移入されたキリスト教の一派。都市を中心に広がり、その唯一神観念ときびしい倫理観は、信仰をいかに自己の内面的なものとしてとらえるかという、人間の主体性に関する問題と密接にかかわり、日本人の近代的自我の確立に大きな影響をもった。また神のもとの平等を説くキリスト教は、明治社会の価値観とはげしく衝突し、さまざまな社会問題をひきおこした。

内村鑑三 A⑨（うちむらかんぞう）[1861～1930] 近代日本の代表的キリスト者、宗教思想家。高崎藩士の子。開国にともない武家が没落するなかで少年期を送り、

独立・自立の精神が肝要であることを知る。札幌農学校に入学し、在学中にキリスト教に入信。23歳のとき渡米し、苦学して神学を学ぶ。

帰国後、日本は武士道精神にもとづく高貴な道徳心をもつとして、日本にキリスト教が根づくことを確信し、「二つのJ」すなわち日本[Japan]とイエス[Jesus]への愛に生涯をささげることを決心する。第一高等中学校の教員となるも、1891年の教育勅語不敬事件では良心にもとづいて権威に抗し、井上哲次郎ら保守派の攻撃を受け退職。以降、在野の社会評論家として活躍。『万朝報』や他の新聞を主な発表媒体として、1901年の足尾銅山鉱毒事件では企業倫理をもとめて財閥を攻撃し、また日露開戦時には非戦論を訴え、理想主義をつらぬいた。キリスト教の信仰面では無教会主義を唱え、教会や儀式にとらわれず、自己の信仰のあり方に重心をおいた信仰を確立した。主著『余は如何にして基督（キリスト）信徒となりし乎』『基督信徒の慰藉』『代表的日本人』

二つのJ A（ふた-） イエス[Jesus]と日本[Japan]のこと。内村鑑三はこの二つに忠誠をささげた。この二つは、彼にあっては矛盾したものではなかった。キリスト教国であるアメリカで、資本主義の発展による私欲の横行や、堕落・腐敗した信仰の実態を目撃した内村は、武士道に基づいた高潔な倫理観をもった日本こそが、神の義にかなう国となりうると考えたのである。

「私どもにとりまして、愛すべき名とては天上天下ただ二つあるのみであります。その一つはイエスでありまして、その他のものは日本であります。」 資料

「私は日本のために、日本は世界のために、世界はキリストのために」 資料

「武士道の上に接木されたるキリスト教」 資料

無教会主義 A（むきょうかいしゅぎ） 内村鑑三が新しく提唱したキリスト教の信仰形態。既存の教会に所属してその儀礼を行なうのではなく、人間が神の前においては独立した人格であることを重視し、教会や儀式に重きをおかず、直接『聖書』に向かい、個人の内面的信仰を深めることの重要性を強調した。このように信仰をどこまでも個の問題としてとらえる彼のあり方は、キリスト者のみならず、近代的自我の確立を急務とした知識人に大きな影響をあたえた。

非戦論 A③（ひせんろん） 1903年、日露開戦時に内村鑑三が展開した戦争反対論。「もっとも善い戦争も、もっとも悪い平和よりも悪い」 資料 とする徹底した戦争非難の主

張である。これはキリスト信仰にもとづいた正義と日本を愛するがゆえの戦争反対論であった。「余は日露非開戦論者であるばかりでない，戦争絶対的廃止論者である，戦争は人を殺すことである，そうして人を殺すことは大罪悪である。」**資料**

不敬事件 Ａ1 (ふけいじけん) 1891年，第一高等中学校で教育勅語の奉戴式が行われた際に，同校の教師であった内村鑑三が，勅語への拝礼をこばんだために非難を受け，同校を追われた事件。ここには，キリスト教の神以外を拝礼することを拒否するキリスト者としての良心と，国家主義的道徳との対決があった。はじめはキリスト教の流布に危機感を覚えた仏教界からの批判が主であったが，東京帝国大学の教授であった井上哲次郎が，『教育と宗教の衝突』でキリスト教を日本の国体と相容れないものとしてからは，保守派とキリスト教徒との間での大論争に発展した。

新渡戸稲造 Ａ7 (にとべいなぞう) [1862〜1933] 近代日本の教育者。盛岡生まれ。内村鑑三らとともに札幌農学校に学び，キリスト教の洗礼を受ける。農政学を中心に幅広い教養を身につけた教育者で，第一高等学校校長として人格主義と理想主義をかかげ，多くの学生に多大な影響をあたえた。また「太平洋のかけ橋とならん」**資料**というモットーをかかげて国際親善に尽力し，国際連盟事務次長にも就任し，国際平和に尽力した。英文で著した "BUSHIDO, the soul of Japan"（『武士道』）は欧米で広く読まれ，欧米人の日本観に大きく影響したほか，その和訳によって，日本国内での武士道論の流行の契機ともなった。内村と同じく，武士道に代表される日本人の高潔な道徳性が，キリスト教へと接続されうること，また接続されるべきであることを主張した。

『武士道』 Ａ4 (ぶしどう) 新渡戸稲造の英文の著書。1900年にアメリカで出版された。とくに日露戦争の勝利に代表される近代日本の躍進の原因を知りたい欧米人に広く読まれ，日本人の精神を世界に紹介する役割をはたした。欧米におけるキリスト教の代わりに，日本人の道徳心の支柱となっているものとして武士道を見出し，かつそれは

キリスト教を受け入れる下地ともなるととらえた。

クラーク Ｂ [William Smith Clarck, 1826〜86] アメリカ合衆国の教育者。カリフォルニアのアマースト大学等で植物学を講じた後，同大に留学していた新島襄(にいじまじょう)の仲介で，お雇い外国人の一人として来日。札幌農学校（後の北海道大学）の初代教頭となり，学校の立ち上げに尽力する。専門の植物学・自然科学を講ずるかたわら，学生たちにプロテスタントのキリスト教信仰を鼓吹し，帰依した学生と「イエスを信ずる者の契約」を結んで学生団体を組織。内村鑑三や新渡戸稲造が札幌農学校に学んだ頃にはすでに離日していたが，彼らの信仰に多大な影響を与えた。

植村正久 Ａ4 (うえむらまさひさ) [1857〜1925] 明治・大正期の日本プロテスタント教会の指導者，牧師。上総(かず)（千葉県）に武士の子として生まれ，維新後にキリスト教に入信。日本基督教会・東京神学社を設立し，日本へのプロテスタントの導入に主導的な役割を果たした。東京の一番町教会の牧師を終生つとめるかたわら，教義書の翻訳や『福音週報』などでの積極的な言論活動を展開した。主著『真理一斑』。

新島襄 Ａ9 (にいじまじょう) [1843〜90] 明治期の教育者，牧師。安中藩（群馬県）の武士の家に生まれ，幕末に国禁を犯して渡米し，クラークのいるアマースト大学で理学およびキリスト教学を学ぶ。維新後，宣教師として帰国。キリスト教の立場から思想，社会，教育事業につくす。キリスト教主義の学校として京都に同志社英学校（後の同志社大学）を創立した。

清沢満之 Ｃ1 (きよさわまんし) [1863〜1903] 明治期の仏教者，近代的仏教の創始者。名古屋に生まれ，15歳のとき浄土真宗大谷派（東本願寺）の寺で得度。その後東京帝国大学哲学科に入学し，フェノロサにヘーゲル哲学を学ぶ。卒業後中学校長などを務めるが，37歳の時，教育職を辞して禁欲的な求道生活に入る。肺結核に苦しみつつ主著『宗教哲学骸骨(だっ)』を著し，浄土真宗の信仰を，ヘーゲルを主とする西洋哲学と総合することを試みた。若手の僧侶たちと宗門の改革運動を起こすも，失敗して追放

される。その後，追放を許されて宗門の要職につくが，同時にいっそう禁欲的な求道生活に入り，雑誌「精神界」を通じて精神主義を青年たちに鼓吹した。40歳で病没。

4 国家主義の高まりと国粋主義

徳富蘇峰 **A**4（とくとみそほう）［1863～1957］
明治から昭和期のジャーナリスト。本名猪一郎。熊本県水俣の郷士の子に生まれ，同志社に学んで，民権運動家として活躍。23歳の時の『将来之日本』で名声を得，上京して民友社を設立し，「国民之友」を創刊。平民主義を主唱し，明治20年代の言論思想界をリードした。明治政府の皮相的な欧化政策を批判し，「下から」の着実な近代化を訴えたが，とくに日清戦争後の三国干渉を契機として，思想を大きく転化させる。帝国主義的な国家主義や海外膨張論を展開し，政府の参与となった。その「変節」は批判を浴びたが，その後は一貫してデモクラシー批判と膨張主義を主張。満州事変以降も主戦論を説き，総動員体制下では言論報国会の会長に就任した。戦後公職追放を受けるも，全100巻にのぼる『近世日本国民史』を完成させた。

「国民之友」 **B**（こくみんのとも） 徳富蘇峰によって，民友社から発行された総合雑誌。1887（明治20）年創刊。中江兆民・内村鑑三・新渡戸稲造・森鷗外ら，当時を代表する言論人たちが寄稿した。従来の政府高官主導の欧化を批判し，「平民主義」をかかげた。日清戦争を機に蘇峰が国家主義に転じ，政府参与となってからは人気を失い，廃刊となった。

平民主義 **A**3（へいみんしゅぎ） 徳富蘇峰が「国民之友」で主張した思想。「天保の老人」（江戸時代生まれの旧世代）である政府の要人たちではなく，「明治の青年」を中心とする新日本の構想を説いた。鹿鳴館に代表される，貴族主義的・形式的・官主導な従来の欧化主義を批判し，普通の人民を主人公とする新しい近代化のプランを提示。その内実は，従来の官営工場に代わる民間企業の振興（殖産主義）や，大陸膨張の否定（平和主義）などが主要なものであった。

国家主義 **A**3（こっかしゅぎ） 国家に最高の価値を見出す考え方。個人としての人格や信仰している宗教，あるいはその人の属している家族や共同体など，人が最高の価値を見出す対象はさまざまだが，国家主義はそれらよりも国家を価値的な上位に置き，宗教への絶対的な帰依の立場や個人主義と対立する。近代的な国民国家が成立したあらゆる地域で見られる考え方だが，西欧にくらべて近代国家の形成がおくれ，西欧に追いつくことが至上命題となった近代日本では，他よりも強調される傾向があった。のち，明治後半の国粋主義や昭和期の超国家主義へと展開した。

国粋主義 **A**3（こくすいしゅぎ） 明治期の日本におこった，国家主義の一形態。鹿鳴館に象徴される皮相な欧化主義に反発し，日本の日本らしさを担う固有の伝統を保存しようとする立場。三宅雪嶺らの「日本人」誌上ではじめて用いられた。国粋は［natitonarity］の訳語で，日本を日本たらしめている個性の意だが，後期水戸学で唱えられた「国体」の影響も受けている。雪嶺や陸羯南のころには，西洋文明の排斥は決して説かれず，近代化によって日本に得られた立憲制や科学精神をあくまで尊重しつつ，日本の文化や伝統を西洋に匹敵するものへと育て上げようとするものであったが，昭和期に入ると，排他的な日本絶対主義へと転化していった。

欧化主義 **A**（おうかしゅぎ） 開国後の日本で，西洋の制度や生活様式・習慣などを摂取・模倣しようとする考え方。明治10年代後半の鹿鳴館外交に典型的にみられる。西洋風の体面をつくろうことで西欧列強と対等の立場となり，不平等条約を改正することを狙いとしたものであったが，その極端な西洋崇拝や，庶民の生活からかけ離れた貴族趣味から反感をよび，その反動として，民間から平民主義や国粋主義が唱えられるに至った。

陸羯南 **A**4（くがかつなん）［1857～1907］ 明治期のジャーナリスト。津軽（青森県）に生まれて上京，政府の欧化政策に反発して官を辞した後，在野のジャーナリストとして活躍。新聞「日本」を創刊し，政府の専制をきびしく批判しつつ，国粋主義を説いた。

主著『近時政論考』（1891年刊）では，立憲制や代議制を肯定しつつも，ゆき過ぎた西洋追随を批判し，日本の歴史的な伝統や国民の有機的なつながりを活かした方向へと，近代化の方向転換を行なうことを提言した。

「日本」 Ａ２（にっぽん）　陸羯南（くがかつなん）が東京で創刊した新聞。1889（明治22）年刊。「国民主義」を掲げて政府の専制や欧化政策を批判。その文芸欄で正岡子規（まさおかしき）や高浜虚子（たかはまきょし）が活躍し，伝統的な和歌（短歌）や俳句の近代的な革新運動を展開した点でも重要である。

三宅雪嶺 Ａ２（みやけせつれい）［1860〜1945］　明治から昭和期の思想家，ジャーナリスト。金沢藩（石川県）の藩医の家に生まれ，東京帝国大学で哲学を学ぶ。明治政府の専制と欧化政策に反対して文部省を辞職したのち，1888（明治21）年に志賀重昂（しがしげたか）とともに政教社を設立して雑誌「日本人」を刊行。在野の立場から国粋主義を主張した。足尾銅山鉱毒事件に際しては被害者救済の論陣を張って政府を攻撃した。主著『真善美日本人』では，西洋の模倣に走る当時の日本人のありようを戒め，その文化的特殊性（国粋）を活かして世界，人類に貢献するという任務を担った日本人としての自信と自覚とをもとめた。

志賀重昂 Ｂ２（しがしげたか）［1863〜1927］　明治・大正期の地理学者。三宅雪嶺（せつれい）らと雑誌「日本人」を創刊し，欧化主義を批判して国粋主義的な論陣を張った。また地理学者として樺太（からふと）から，南洋諸島・オーストラリアにわたって広く旅し，その経験を活かして日本の風景の独自性を論じた『日本風景論』（1894年刊）は，日本特有の風景の形成要因を，火山性の高山が続くこと，河川が短く急なこと，また季節風・海流による水蒸気の多さにもとめている。日本風土論の先駆的著作であるとともに，日本の風景の美しさを印象的に訴え，登山の流行をもうながした。日本の「国粋」を自然，あるいは風景の美に見出した国粋主義者であった。

「日本人」 Ａ２（にほんじん）　三宅雪嶺（みやけせつれい）や志賀重昂（しがしげたか）らの同人組織である政教社が発行した雑誌。1888（明治21）年刊。政府の欧化主義を批判しつつ，日本固有の「国粋」の保存を説く国粋主義を基調とする。哲学館（後の東洋大学）の創始者で，妖怪研究でも知られる井上円了（いのうええんりょう）も主要同人として参加していた。陸羯南（くがかつなん）の「日本」とは共同戦線を張って政府の欧化主義を攻撃したが，1907年に合併して『日本及日本人』となった。

高山樗牛 Ｃ（たかやまちょぎゅう）［1871〜1902］　明治期の日本の文芸評論家，思想家。情熱的な文体で明治30年代の言論界をリードし，とくに青年層に熱狂的な支持を受けた。極端な思想上の転回を繰り返したことで有名。はじめ，西洋思想を排斥して国粋主義的な「日本主義」を唱えたが，病を得てからは内省的な傾向を強め，享楽的な美的生活こそが人間本来の要求を満足させるものとし，極めて個人主義的・ロマン主義的な思想を説くに至った。その後，晩年になると，さらにニーチェに傾倒し，日蓮に「超人」的な人格を見て賛美した。

日本主義 Ｂ（にほんしゅぎ）　高山樗牛（たかやまちょぎゅう）が雑誌「太陽」で提唱したことば。広義の国粋主義の一種。国家こそが，その国民にとっての「道徳の標準」でなくてはならないとし，国家とは別様の価値を人に教える宗教（日本では仏教やキリスト教）を排撃した。日本人にとっては，日本の「建国の精神」こそが唯一の道徳の原理であるとした。しかも近代化によってもたらされた立憲制や自由主義的な諸要素自体を外来のものとして否定するものであり，三宅雪嶺や陸羯南の開明的なナショナリズムとは対立した。

類 国粋主義 Ａ３

西村茂樹 Ａ１（にしむらしげき）［1828〜1902］　明治期の思想家・教育家。儒学を学びつつ，佐久間象山に蘭学を学ぶ。維新後は政府に出仕しておもに教育行政に携わり，同時に森有礼（もりありのり）・福沢諭吉らとともに明六社を結成して，啓蒙活動に従事した。しかし，やがて欧化主義のゆき過ぎと道徳の退廃（たいはい）に危機感を抱くようになり，日本弘道会を組織して「日本国の道徳の標準」（『日本道徳論』）の再建につとめた。この時期の西村は西洋の近代思想ではなく，儒教をこれからの日本の国民道徳の基礎とすることを主張しており，のちの教育勅語の発布（1890年）にも影響を与えた。

『**日本道徳論**』 **A**（にほんどうとくろん）　西村茂樹の主著。1887（明治20）年刊。世界各地で行われている道徳説としてキリスト教，西洋哲学，儒教，仏教の四つを挙げて比較検討し，キリスト教・仏教を現世離脱的な「世外教」，西洋哲学と儒教を現世的な「世教」と分類したうえで，これからの日本の国民道徳としては儒教を選択するべきであると説く。とはいえ旧来の儒教そのままの復活ではなく，その欠点である厳しい上下関係や男尊女卑を改め，近代社会にふさわしい洗練された形での受容を説くものであった。当時の文相で，ともに明六社社員でもあった森有礼らりのりに激賞され，従来の欧化・啓蒙路線とは違った，国粋主義路線での国民道徳教育に影響を及ぼした。

国民道徳論 **C**（こくみんどうとくろん）　明治後半以降，公的な教育を通じて普及せしめられた国家主義的な道徳思想。代表的な論者としては西村茂樹や井上哲次郎がいる。なかでも東京帝大教授をつとめ，内村鑑三の「不敬」を糾弾ぎだんした井上の影響力は多大であった。

　具体的な内容としては，日本を，天皇を中心とする一大家族とみなす家族国家論や，天皇への忠義と家長への孝とをともに最高の道徳とする忠孝一致論が代表的である。これら家族国家論や忠孝論は，幕末の水戸学ですでに説かれていた内容が改めて近代に取り入れられたものである。「教育勅語」（1890年）発布以降は，国民道徳は「教育勅語」に統一され，この勅語が各学校で儀礼とともに読み上げられて，道徳教育の中心となった。

教育勅語 **A**3（きょういくちょくご）　1890（明治23）年に発布された明治天皇の勅語。正式には「教育ニ関スル勅語」。儒者で明治天皇の侍講をつとめた元田永孚もとだながざねと，洋学官僚であった井上毅いのうえこわしが実際の起草にあたった。代々の天皇が徳をもって国を建て・治め，臣民がその天皇に忠孝を尽くしてきたとされる日本特有の国柄（「国体」）こそが日本の国民教育の根底であるとしたうえで，国民の実践するべき徳目を挙げている。そこで挙げられる徳は，孝・和・信など儒教的なものが中心だが，知能の啓発や危急の際の義勇奉公など，近代的な内容

も盛り込まれている。全国の学校でその奉戴式が極めて厳粛に執り行われ，終戦に至るまで国民道徳の根本的な規範となった。終戦後の1948年に正式に失効。

忠孝 **A**5（ちゅうこう）　主君に対する道徳（忠義）と，親に対する道徳（孝行）。もともとは儒教の用語であり，中国の儒教思想史の流れの中では，主君に献身することが家族を顧みないことになってしまうように，両立しがたいものと考えられるのが一般だったが，日本では近世後期の水戸学以来，一致すると考えられた。日本は天皇を中心とする，血のつながった一大家族である（家族国家論）から，天皇に忠義を尽くすことが，同時に家長への孝行となるというのである。このように忠孝が一致することが，他の国を凌ぐ日本の道徳性の証拠とされた。近代に入ると，「教育勅語」においても強調された。

井上哲次郎 **C**3（いのうえてつじろう）［1855〜1944］　明治から大正期の哲学者。ドイツ留学後，日本人初の東京帝国大学哲学科教授に就任し，ドイツ観念論を中心とする西洋哲学と，仏教・儒教を中心とする東洋哲学とをともに講じた。儒教的な立場から，当時の国民道徳論に強い関心と影響力をもち，「教育勅語」に対する公式の注釈書『勅語衍義えんぎ』を著したほか，内村鑑三の不敬事件に際しては「勅語の主意は徹頭徹尾国家主義にして耶蘇教やそきょうは非国家主義なり」（『教育と宗教の衝突』）　**資料**　と述べ，キリスト教を日本の国体と相容れないものとして激しく排斥した。

岡倉天心 **B**7（おかくらてんしん）［1862〜1913］　明治期の美術評論家，思想家。本名は覚三かくぞう。横浜の商家に生まれ，漢学と洋学を併あわせ学んだのち，東京大学でアメリカ人フェノロサに師事。当時，欧化主義の風潮の中で西洋美術がもてはやされ，仏画や浮世絵などの日本の伝統的な美術は顧みられなかったが，フェノロサと天心は日本美術に独自の美を見出し，法隆寺をはじめとするその精髄せいずいの保存と称揚につとめた。のち，東京美術学校（後の東京芸術大学）や日本美術院を設立して横山大観よこやまたいかんらを育て，明治の美術界を主導した。また，インドやアメリカを歴訪し，日本・東洋の伝統

美術や茶道を海外に紹介した。著書『東洋の理想』『茶の本』。

「アジアは一つ」 資料 とは，岡倉天心が『東洋の理想』(1901年)で述べた言葉。アジアの文化はもともと一つであり，日本の文化はそこから多くのものを受容・吸収して醸成されてきたと主張する。天心の原意では，西洋列強の進出に苦しむアジアに，西洋に匹敵する高度な一大文化が存在することを述べ，激励したものだが，昭和に入ると，日本主導での大東亜共栄圏の形成に利用された。

5 大正デモクラシーと解放運動

大正デモクラシー Ａ (たいしょう-) 大正期に展開された自由主義・民主主義的運動。日露戦争やロシア革命を契機として，広い層の国民が社会的な平等と政治参加への要求を抱くようになったことを背景とする。具体的には，藩閥・軍閥の専制に対して立憲政の擁護をもとめる護憲運動と，普通選挙運動とを二本の柱として展開した。吉野作造の民本主義がその理論的支柱であり，美濃部達吉の天皇機関説も大きな役割を果たした。また，社会主義・白樺派・フェミニズムなどの当時のいくつもの思想運動にも支えられて，政党内閣(1918年)と成年男子による普通選挙(1925年)を実現させた。さらに女性解放運動や部落解放運動など，抑圧されていた人々の解放運動にも転化した。

なお，今日では，その問題意識があくまで日本人のデモクラシーの達成に限定されていて，吉野作造や柳宗悦といった例外的な人物をのぞいては，その頃同時に進められていた日本のアジア進出・植民地化に対する批判に乏しい傾向にあった点が反省されてもいる。

　　　　　　　　　類 普選運動　護憲運動

吉野作造 Ａ3 (よしのさくぞう) [1878〜1933]
大正から昭和期の政治学者。宮城県の生まれで，東京帝国大学法学部の学生時代にキリスト教に入信。卒業後，東大の教官として政治史を講ずる傍ら，雑誌「中央公論」に多くの政論を発表。とくに論文「憲政の本義を説いて其の有終の美を済すの途を

論ず」 資料 (1916年)で，民本主義の理念を説いて政党内閣・普通選挙への道を示し，大正デモクラシーの理論面での指導者となった。また対外的には中国・朝鮮のナショナリズムに対して深い共感を示し，日本の強硬な対韓・対満政策を批判し続けた。

民本主義 Ａ4 (みんぽんしゅぎ) 吉野作造が提唱した民主主義的自由思想。とくに論文「憲政の本義を説いて其の有終の美を済すの途を論ず」 資料 (1916年)で明示された。

民本主義とは，デモクラシーの訳語であるが，主権を人民に置く民主主義とは区別される。民本主義は，主権が君主(天皇)にあるか国民にあるかというその所在は問題とせず，ただその主権を運用する政治の目的を一般民衆の福利の追求におき，またその政策決定にあっては人民の意向を重視すべきであるとする思想である。この民本主義の実現のためには，普通選挙制と政党内閣制の実現が必要であるとされた。主権の所在をあえて問わないことで天皇主権を唱える保守主義者からの攻撃を防ぎ，明治憲法の範囲内で，民主主義を最大限に実現しようとしたものである。大正デモクラシーの政治理論として大きな役割をはたした。

美濃部達吉 Ｂ1 (みのべたつきち) [1873〜1948]
明治から昭和期の法学者，東大教授，貴族院議員。国家の統治権は国家そのものにあり，天皇はその一機関であるとする**天皇機関説**を主張し，大正デモクラシーの自由な風潮の中でひろく受け入れられた。しかし昭和期に入ると，国体に反する説として軍部および右翼から激しい攻撃を受け(国体明徴運動)，著書発禁・貴族院議員辞任のうえ，公職追放に処せられた。主著『憲法撮要』。

石橋湛山 Ｂ (いしばしたんざん) [1884〜1973]
大正から昭和期のジャーナリスト，政治家。日蓮宗の僧侶の子として東京に生まれる。早大哲学科でプラグマティズムを学んだ後，1911年，東洋経済新報社の月刊誌「東洋時

報」の編集者として入社，のち記者に転じて自由主義に貫かれた論陣を張った。湛山の思想の核は「徹底的個人主義」で，この立場から女性の社会的自立，民主主義と国民主権，普通選挙実施，国際政治では帝国主義の排斥を主張した。戦後，自らの経済復興計画を実現させるために政界入りを決意し，自由党に入り，第一次吉田内閣の蔵相となった。56年，首相鳩山一郎の引退の後を受けて首相となったが，病気のためわずか2ケ月で辞職した。

部落解放運動 B (ぶらくかいほううんどう)　封建的な身分制のもとで差別を受けてきた部落の解放をもとめる運動。明治維新後の「解放令」によって「新平民」となり，法律上は身分差別が撤廃されたものの，実際には差別は根強く残存していた。大正期に入ると，大正デモクラシーを背景に，1922（大正11）年に全国水平社が設立され，被差別者自身による，解放と差別の撤廃を勝ち取るための運動が開始された。

全国水平社 A (ぜんこくすいへいしゃ)　1922（大正11）年，被差別部落の解放のために結成された結社。その創立大会で発表された西光万吉(さいこうまんきち)の起草による全国水平社宣言は，「人間性の原理」に基づいて被差別民の経済活動や職業の自由を唱えるもので，「人の世に熱あれ，人間に光あれ」資料と結ばれている。

女性解放運動 B 4 **(婦人解放運動)**　(じょせいかいほううんどう)(ふじんかいほううんどう)　大正デモクラシーを背景に発展した，女性を封建的因習や差別から解放しようとする運動。大正期以前から，自由民権運動の中で男女同権や一夫一妻制を主張した岸田俊子(きしだとしこ)(1863～1901)・景山(福田)英子(1865～1927)の運動や，婦人矯風会(ふじんきょうふうかい)を設立した矢島楫子(やじまかじこ)(1834～1925)らの廃娼(はいしょう)(買売春の廃絶)運動，また平塚らいてうらの青鞜社(せいとうしゃ)の活動があったが，大正期に入ると，普通選挙運動の一環として，女性の参政権を要求する運動へと展開した。平塚らいてう・市川房枝(いちかわふさえ)らが活躍したものの，女性の参政権は敗戦に至るまで認められなかった。

平塚らいてう A 3 (ひらつかーちょー)[1886～1971]　大正・昭和期の社会運動家，女性

解放運動の先駆者。本名は明(はる)。1911年青鞜社(せいとうしゃ)を創設，雑誌「青鞜」を発刊して女性の覚醒(かくせい)をうながし，「新しい女」の出現として多大の反響を生んだ。1920年には市川房枝(いちかわふさえ)(1893～1981)らと新婦人協会を結成し，女性参政権運動を指導。戦後はベトナム反戦運動など，平和運動にも活躍した。

「青鞜」 A (せいとう)　明治から大正期にかけて刊行された女性誌。与謝野晶子(よさのあきこ)らの支援を受け，平塚らいてうが結成した青鞜社の機関紙として，1911（明治14）年に発刊。らいてうによる創刊の辞，「元始(げん)，女性は太陽であった」資料は日本のフェミニズムの出発の宣言として有名。はじめは文芸誌として女性の芸術的な個性の伸長を目指していたが，次第により社会的な内容へと転化する。当時の結婚観や家族制度への疑問などが誌上で論議されるようになった。

6 日本における社会主義

日本の社会主義 C (2)(にほん-しゃかいしゅぎ)　日本の社会主義思想は，日清戦争後の資本主義の発達による社会問題の発生を契機に登場した。幸徳秋水(こうとくしゅうすい)や堺利彦(さかいとしひこ)らは中江兆民の民権論から，片山潜(かたやません)，安部磯雄(あべいそお)，木下尚江(きのしたなおえ)らはキリスト教的な人道主義から社会主義にすすんだ。大逆事件(1910年)による政府の弾圧によって一時衰退したが，大正期に発生した数多くの社会問題やロシア革命(1917年)を背景に，再び隆盛となる。このころから，マルクス主義が主導的な理論となり，1922年には日本共産党が結党された。以降，山川均(ひとし)や福本和夫らを指導者として，論争や分裂を繰り返しながらも運動が続けられたが，昭和期の大弾圧によって，運動は表面的には終息することになった。

片山潜 A 4 (かたやません)[1859～1933]　労働運動家。岡山県生まれ。留学したアメリカでキリスト教に入信。帰国後，労働組合の組織など，キリスト教精神に基づいた社会

主義運動をはじめる。1901年幸徳秋水らとともに,日本初の社会主義政党である社会民主党を結成する。その後,穏健な議会主義を提唱し,幸徳らの直接行動論と対立した。大逆事件後,社会主義への弾圧が高まると,アメリカ,さらにソ連に亡命。当地でコミンテルン幹部となり,日本共産党の創立に尽力した。

安部磯雄 A (あべいそお) [1865~1949] 明治から昭和期の社会運動家,政治家。福岡県に生まれて同志社に学び,新島襄から受洗。渡米中に社会主義にめざめ,帰国後早稲田大学で教鞭をとりつつ,キリスト教社会主義者として活動。1898年社会主義研究会に参加,1901年には幸徳秋水らと社会民主党を創立。日露戦争では非戦論を唱えた。1910年の大逆事件後運動を離れたが,大正デモクラシー期に復帰し,社会民衆党・社会大衆党の委員長を歴任。1940年に軍部に抗議して衆議院議員を辞職したが,戦後日本社会党の結成に尽力した。

木下尚江 B 4 (きのしたなおえ) [1869~1937] 明治・大正期のキリスト教社会主義者。松本に生まれ,キリスト教に入信後上京,毎日新聞社に入社して国体批判や反戦論,また家族制度批判など,政府批判に健筆をふるった。1900年に社会主義を受容して社会主義研究会に入会,さらに幸徳秋水らと社会民主党を結成した。「毎日新聞」の連載小説『火の柱』などを通じて社会主義と非戦論を訴える一方,一貫して女性問題に関心を持ち,女性の人間的開放や家庭内での男女の平等を主張し続けた。日露戦争後は政治的活動から離れ,内省的な求道生活を送った。

幸徳秋水 A 4 (こうとくしゅうすい) [1871~1911] 明治・大正期の社会主義運動家。本名伝次郎。高知県生まれ。自由民権運動に参加して中江兆民に師事,「万朝報」などの記者として活躍。しだいに社会主義に近づき,1898年**社会主義研究会**に参加,1901年社会民主党を創立。日

露戦争では堺利彦らと平民社を創立,「平民新聞」で非戦論を展開した。その後渡米を契機として無政府主義に傾き,帰国後,労働者による直接行動論を主張,安部磯雄らの議会主義と対立した。1910年,大逆事件で首謀者として検挙。事件には直接関与していないにもかかわらず,秘密裁判によって翌年処刑された。主著『廿世紀之怪物帝国主義』『社会主義神髄』

『廿世紀之怪物帝国主義』 C 3 (にじっせいきのかいぶつていこくしゅぎ) 幸徳秋水による反帝国主義論・非戦論。1901(明治34)年刊。内村鑑三が序をよせている。帝国主義と,そのもとでの戦争を,「いわゆる愛国心を経とし,いわゆる軍国主義を緯とする」 資料 ものと分析し,激しく批判した。

『社会主義神髄』 B (しゃかいしゅぎしんずい) 幸徳秋水の主著。1903(明治36)年刊。金銭=財貨が如何に人々を苦しめ,堕落させるかを指摘し,資本主義社会がはらむ矛盾,貧困や犯罪の分析から,社会主義の主張,さらにその効果などを論じた。マルクス主義に立脚しており,社会主義の理論をもっとも簡潔・明晰に説いた書として,明治・大正期に広く読まれた。

大逆事件 A 2 (たいぎゃくじけん) 1910(明治43)年,明治天皇暗殺をはかったとして,幸徳秋水ら社会主義者26名が大逆罪に問われ,逮捕・処刑された事件。社会主義者・無政府主義者の弾圧を図っていた政府は,天皇暗殺のため爆弾製造を行っていた社会主義グループの行動を探知し,幸徳らも関係者とみなして逮捕。非公開の裁判で大逆罪の判決が下され,翌年幸徳ら12人が死刑,12人が無期懲役に処された。社会主義運動のいったんの退潮の契機となった。

堺利彦 B (さかいとしひこ) [1870~1933] 明治から昭和期の社会主義運動家。日露戦争に反対し,内村鑑三・幸徳秋水とともに「万朝報」を退社し,幸徳とともに平民社を創立して「平民新聞」で非戦論を展開。日本で初めてのマルクス主義者となり,山川均らとともに日本共産党を創立。のち社会民主主義へと方向転換した。

大杉栄 B 3 (おおすぎさかえ) [1885~1923] 大

正期の無政府主義者。社会主義運動に参加し、幸徳秋水の直接行動論に影響を受ける。その後、無政府主義（アナーキズム）に傾倒して共産主義者とは対立。「生の拡充」を主張して、封建的な家族制度をかえりみない奔放な恋愛遍歴の果てに、女性運動家の**伊藤野枝**と同棲するが、関東大震災の混乱の中、甘粕正彦憲兵大尉によってともに殺害された。

無政府主義Ｂ（アナーキズムＢ）（むせいふしゅぎ）［Anarchism］ 国家をはじめとするあらゆる政治権力を否定し、個人の完全・無制限な自由と、そうした個人同士の結合による自由な社会の創立を説く思想。日本では幸徳秋水が渡米中にその影響を受け、帰国後に直接行動論を説いたのがその受容のはじめで、続く大杉栄らによって一つの社会運動となった。労働者をひとつの強力な政党へと組織することを目指す共産主義（ボルシェヴィズム）に対しては、あらゆる権力を否定する立場から、個人や小規模な労働組合ごとの直接行動を説いて反対し、アナ・ボル論争とよばれる論争を展開した。関東大震災後の大杉栄の虐殺を機に勢力を失い、日本の社会主義運動の主軸は共産主義にうつった。

賀川豊彦Ｃ（かがわとよひこ）［1888〜1960］ キリスト教社会運動家。神戸に生まれ、中学在学中に受洗。その後神戸神学校在学中から神戸の貧民街で布教活動を開始。同時に社会主義運動にも傾倒し、関西労働同盟会を結成して造船所の労働争議を指導するほか、消費組合運動も推進した。1923（大正12）年に関東大震災救援のため上京し、以降東京にて消費組合運動やキリスト教の伝道を行った。自伝『死線を越えて』は戦前の大ベストセラー。

河上肇Ａ４（かわかみはじめ）［1879〜1946］ マルクス主義経済学者。山口県生まれ。京大で経済学を教えるかたわら『**貧乏物語**』を著し、貧乏の実態、原因、解決を論じ、貧乏の問題を20世紀の大問題として提起した。以後、マルクス主義に近づき、1919年雑誌『社会問題研究』を通じてマルクス主義経済学の立場に立つ。1928年「三・一五事件」で京大を追われた後、大山郁夫らと新労農党を結成。1932年日本共産党に入党、後に治安維持法違反で検挙されて懲役5年の刑を受けた。社会主義・マルクス主義に立脚しつつも、東洋的な人道主義や求道者精神を持ち続けた。主著『貧乏物語』『資本論入門』『自叙伝』

貧乏物語 Ａ４（びんぼうものがたり） 河上肇が1916年に「大阪朝日新聞」に連載した論考。第一次世界大戦下の好況の日本にも、悲惨な貧乏が蔓延し、重大な社会問題として解決が迫られていること、またそれはいかに根治しうるかを明快に説いた著作。貧乏根治の根本方策が社会改造ではなく、贅沢の抑制や国民の心の修養に求められている点に、河上の修養主義があらわれている。

戸坂潤Ｃ（とさかじゅん）［1900〜45］ 哲学者、批評家。はじめ京都帝国大学で田辺元のもとで数理哲学を学ぶが、20代後半からマルクス主義に傾倒し、唯物論研究会を結成。検挙によって法政大学を辞職に追いこまれたあと、在野の思想家・批評家として活躍。当時のファシズムや自由主義を痛烈に批判した。1938年に逮捕・起訴され、服役。敗戦の直前に獄死した。主著『日本イデオロギー論』。

社会民主党 Ａ（しゃかいみんしゅとう） 1901（明治34）年5月、片山潜、安部磯雄、幸徳秋水、木下尚江らによって創立された日本最初の社会主義政党。2日後に結社禁止命令をうけ、解散した。

▲社会民主党の人びと　前列中央が幸徳秋水、その右が片山潜、左が安部磯雄。

万朝報Ｃ（よろずちょうほう） 1892年、黒岩涙香によって、東京で創刊された日刊紙。一時は最大の購読者数を誇った。日露戦争開戦の折、最初は非戦論を唱えていたものの、営業上の政策から主戦論に転じた。こ

のため，非戦を固持した幸徳秋水，堺利彦，内村鑑三が退社。それでも反権力的な論調をつらぬき，明治・大正期の民衆運動に影響を与え続けた。

平民社 Ⓑ（へいみんしゃ）　1903年に，堺利彦，幸徳秋水らによって，結成された社会主義結社。「平民新聞」の刊行をはじめとする社会主義運動を行なったが，内部対立や政府の言論弾圧によって，1907年に解散。

平民新聞 A2（へいみんしんぶん）　平民社から1903～05年まで発刊された週刊新聞。平民主義，社会主義，平和主義をかかげ，幸徳秋水・内村鑑三らによって日露戦争反対の非戦論が展開された。政府批判や『共産党宣言』の掲載により，政府から再三の発禁処分を受けた。

7 近代的自我の確立

近代的自我の確立 Ⓑ（きんだいてきじがのかくりつ）
明治期以降の近代日本思想史の中では，自然や神，共同体など自己の外部のものに従属するのではなく，それらを主体的に批判・改変してゆく近代的な自己意識を，己れのうちに打ち立てることが求められ，目指された。

こうした要求ははじめ，明治10年代に，強権的な政府に対して参政権などの政治的な自由を求める自由民権運動としてあらわれた。しかし民権運動が退潮した明治20年代以降は，政治から離れた個人の内面の独立を目指す運動として，おもに文学の世界で追求されることになった。自由民権運動から脱落したあと，評論や戯曲で個々人の「想世界」の独立を説いた北村透谷は，こうした変化の体現者である。透谷のロマン主義は自然主義へと継承され，文壇の主流をなした。ほかに夏目漱石や森鷗外は，自然主義からは距離を置きつつ，日本の文化的風土の中で近代的な自我を確立する方途をそれぞれ独自に問うた。

その後，大正デモクラシーの自由な風潮の中で，人格主義や教養主義，また白樺派が展開した。また，明治末年に登場した西田幾多郎の哲学は，明治初年以来のこの近代的自我の確立という課題を，文学ではなく哲学の立場から追求し，一定の解決を与えたものとして，大正の青年たちから大きな支持を受けた。

ロマン主義 Ⓑ4（**浪漫主義**）（ろまんしゅぎ）
18～19世紀のヨーロッパで起こった文学・芸術運動。外的な形式や規則の束縛をきらい，個々人の内的自我を絶対的なものとして，その想像力や感情の奔放な活動を表現する。日本では北村透谷・島崎藤村・与謝野晶子らによって担われ，封建的な旧道徳にとらわれない明治の青年の自由な個我のありようが模索された。

北村透谷 A5（きたむらとうこく）［1868～94］
明治期の詩人，評論家。日本のロマン主義の中心的存在で，島崎藤村らと雑誌「**文学界**」を創刊。自由民権運動の挫折から文学の道に進み，またキリスト教に入信。「**実世界**」から独立した自由な「**想世界**」が個々人の内面に存在すること，そして文学と宗教とがその世界に対応することを主張し，近代日本の青年の個我の覚醒を促した。24歳で自殺。主著『内部生命論』。

類 **実世界** A4　**想世界** A5

与謝野晶子 A5（よさのあきこ）［1878～1942］　ロマン派の歌人。1901年刊の歌集『**みだれ髪**』で，大胆ではげしい感情表現や，官能的な表現

にあふれた歌を発表し，封建的な道徳に挑戦した。「やわ肌のあつき血潮にふれもみで　さびしからずや道を説く君」 資料 ，また日露戦争に際しては，出征する弟を想う詩「君死にたまふこと勿れ」 資料 を発表し，反戦の立場をとった。

「明星」 Ⓒ（みょうじょう）　与謝野鉄幹（晶子の夫）が1900（明治33）年に発刊した詩歌雑誌。自我の拡張と恋愛への賛美を主調として，与謝野晶子，高村光太郎，石川啄木，吉井勇，木下杢太郎，北原白秋など，多くの詩人・歌人を育成し，日本のロマン主義の母胎となった。

自然主義 Ⓑ2（しぜんしゅぎ）　フランスにおこった自然科学的な文学手法。現実を直視するリアリズム精神をもって，自己と，自己をとりまく現実とをありのままに描こう

とした。日本では、島崎藤村の『破戒』と田山花袋の『蒲団』にはじまる。日本の自然主義は、現実の科学的な描写よりも、自己の暗部を赤裸々に告白する私小説が主流となった。

島崎藤村 B①（しまざきとうそん）［1872〜1943］明治から昭和期の自然主義作家。長野県生まれ。はじめ詩集『若菜集』で、浪漫的叙情詩人として出発するが、後に小説家に転じる。『破戒』で被差別部落を題材に社会と個人の相克を、『家』で封建的な家と対峙し、新しい家を築いていく苦悩を描き、『新生』では自己の生活の赤裸々な告白とともに新しいモラルの確立を模索した。また『夜明け前』においては、国学者であった父を主人公に、「草莽の中」からの明治維新の動きを描いた。日本の近代的自己が強いられた課題を、内面の告白という形式によって誠実に追究した作家である。

石川啄木 B⑤（いしかわたくぼく）［1885〜1912］明治の歌人。岩手県生まれ。与謝野晶子の『みだれ髪』を読んで詩歌の道を志す。代用教員や新聞記者をしながら詩作にはげむ。故郷喪失感や貧しい実生活の苦悩を口語体の三行書きで歌った。

とくに大逆事件後は社会主義に接近し、評論『時代閉塞の現状』を著し、国家権力を批判するが、貧困と病苦のなかで27歳の短い人生を閉じた。歌集『一握の砂』『悲しき玩具』

夏目漱石 A⑩（なつめそうせき）［1867〜1916］日本近代文学を代表する作家、また評論家。東京牛込の名主の家に生まれるが、すぐに養子に出され、屈折した少年期を過ごす。第一高等中学校在学中に正岡子規と知り合い、終生交友が続く。東京帝国大学で英文学を学び、卒業後は松山中学などで教鞭をとる。このときの経験が『坊ちゃん』に活かされる。その後、国費でイギリスに留学したが、極度の神経衰弱に陥って帰国。東京帝大で英文学を講じつつ、『吾輩は猫である』、『草枕』などの小説を発表。40歳のとき、大学をやめ、作家

業に専念することを決意。『三四郎』で明治の青年の青春を描いたが、続編的な『それから』『門』では、エゴイズムの苦悩や、宗教への傾倒など、近代的自我の暗部を主題とする。以降、『彼岸過迄』『行人』『こゝろ』など、愛を信じられない近代知識人の孤独な姿を描き続ける。最後の作品となった『明暗』は、近代的自我の孤独をのりこえた「則天去私」の境地を描こうとしたとされる。未完のまま、49歳で死去。

則天去私 A③（そくてんきょし）　晩年の漱石が自己本位の個人主義を徹底的に問い詰めた果てに辿り着いた境地で、小さな私（自我）を去って、天（大我・自然・運命）の命ずるままに生きるという姿勢をあらわす。漱石はイギリス文学を専攻し、小説では日本の近代的自我の問題を追究していたが、そのかたわら漢詩や俳句に親しみ、また参禅経験もあった。そこから得られた東洋的な天道や解脱の感覚が生かされた境地である。

自己本位 A④（じこほんい）　漱石が近代的自我の確立を探究した末に到達した考え。前近代の日本で主流であったような、自己を見失って、他者に隷属するような生き方（他人本位）を否定し、自己の個性に即し自己のために生きる生き方である。しかしながら、この自己本位が万人の立場として採用されたとき、個人と個人、自己本位と自己本位とのあいだに衝突と軋轢が生じる。個人が自己のために生きるあまりに他者の自己を奪い、他者を圧迫することになりかねない。

こうしたエゴイズムの相剋の解決の道としては、倫理的修養によって人格を築きあげることが考えられ、最終的には「則天去私」の境地が思い描かれるに至った。

類 個人主義 A②

内発的開化 B**・外発的開化** B（ないはつてきかいか・がいはつてきかいか）　漱石が日本近代文明の特質を表すために用いた概念。「西洋の開化は内発的であって、日本の開化は外発的である」資料 とされる。すなわち西洋の開化は蕾が破れて花が咲くように内部から自然に発展したものだが、日本の開化は、外から力を加えられて、無理に行われたものだとした。近代の日本は、西洋文明の圧

力によってやむをえず急激に開化し、軍備や機械技術は一応西欧の水準にたどり着いたものの、それらの土台として、社会全体の調和を実現すべき精神（内面）生活は貧困そのものであった。ここに近代日本の悲劇性があり、そのために日本人は、生き方においても自信をもつことができず、虚無感や不安といった感情にとらわれていると、漱石は分析した。

個人主義 Ⓐ② （こじんしゅぎ） 漱石は、講演『私の個人主義』（1914年）で、自己本位にもとづいた個人主義を、これからの日本人の理想の生き方とした。この個人主義は、自己のために他者を犠牲にして省みないエゴイズムではなく、他者や社会と融和しつつ、お互いの個性の発展を尊重しあう、理想主義的なありようとして構想された。

類 エゴイズム Ⓐ②

「現代日本の開化」 Ⓒ① （げんだいにほんかいか） 夏目漱石の1911（明治44）年の講演。明治以降の日本の近代化の特徴を論じ、「西洋の開化は内発的であって、日本の開化は外発的である」と規定した。

「私の個人主義」 Ⓐ① （わたしーこじんしゅぎ） 夏目漱石の1914（大正3）年の講演。留学先のイギリスで神経衰弱に陥り、自己本位の生き方の必要性を痛感した体験から、これからの日本人の生き方として、倫理的修養をもととした個人主義を打ち立てることを主張した。

森鷗外 Ⓒ⑤ （もりおうがい）［1862～1922］明治・大正期の小説家、軍医。津和野藩（島根県）の医師の子として生まれ、最年少で東京大学医学部を卒業後、陸軍軍医となる。その勤務のかたわら、創作や翻訳など文芸活動に活躍。きわめて抑制的・倫理的な『青年』『雁』ほかを著し、当時流行の自然主義とは一線を画す。漱石とともに自然主義からは距離をとり、社会の規範と自己の内的欲求とのぶつかり合いを主題とした作品を描き続けた。それは、陸軍軍医総監にまでのぼった鷗外自身が当時のエリートとして要求された社会的な振る舞い

と、近代人・文学者としての鷗外自身の内面の衝動との相克の表現でもあった。ほかに『舞姫』『高瀬舟』『かのように』などがある。また晩年には、『阿部一族』、『渋江抽斎』のような歴史的評伝に精力を傾けた。

「かのように」の哲学 Ⓒ （-てつがく） 鷗外が小説『かのように』（1912年）で展開した思想。あらゆる社会的な価値は、神や不滅の霊魂といった、それ自体は科学的に立証できない概念の上に成立しており、それら「意識された嘘」なしには社会は成り立たないとする。日本においては、当時は歴史的事実とされていた建国神話が、それに相当する。科学精神を身につけた自分は、それらを事実として受け取ることはできないが、それらが事実である「かのように」振る舞う以外には、日本で、日本人として社会生活を営んでゆく方法はない。鷗外の文学の主題であった社会と個我の相剋、またその結果としての「諦念」の一表明である。

類 諦念 Ⓐ⑤

諦念 Ⓐ⑤ （ていねん） 森鷗外の文学と実人生とを貫く基本姿勢。自我を抑圧する社会の重苦しさは感じつつも、浪漫主義者や自然主義者のように社会と敵対して自我を貫くのではなく、社会の中で自己が置かれた立場を受け入れることで、消極的な自由を得ようとする諦らめの境地。自然主義に反対して発表された談話「余が立場」（1909年）で、鷗外はレジグナチオン［resignation］（ドイツ語で「諦念」）を、自分の立場として表明している。

同 レジグナチオン Ⓑ⑤

『高瀬舟』 Ⓒ （たかせぶね） 1916（大正5）年に発表された森鷗外の小説。安楽死の是非と、社会の権威への疑念をテーマとする。江戸時代、貧困と病苦から喉に剃刀を突き立てて自殺を図るも、死にきれず血まみれで苦しむ弟に頼まれ、兄は剃刀をひき抜いて死なせてやる。兄は奉行所（裁判所）で流罪の判決を受けるが、その舟での護送中に兄から経緯を聞いた同心（役人）は、その奉行の判決に淡い疑念を抱く。

阿部次郎 Ⓒ （あべじろう）［1883～1959］大正の教養主義を代表する思想家。山形に生ま

れ、上京後夏目漱石の門下となる。人格の発展（自己の成長）に最高の価値をもとめる**人格主義**を唱え、そのために古今東西にわたる哲学、文学、美術、演劇など、幅広い教養を貪欲に摂取することをすすめた。その立場を表明した『三太郎の日記』は旧制高校生の必読書となり、教養主義・人格主義を大正のエリートたちに広めた。しかし、こうした人格主義はあくまでも個の充足や陶冶をもとめるもので、現実の社会に対する問題意識や具体的な実践を欠く傾向をもっていた。

白樺派 B2（しらかばは）　雑誌「白樺」で活動した武者小路実篤、志賀直哉、有島武郎らの文学者のグループ。漱石の個人主義を受け継ぎ、個性の拡充を善とした理想主義的な個人主義と人道主義を唱えた。

武者小路実篤 B4（むしゃのこうじさねあつ）[1885～1976]　白樺派の代表的な作家。漱石とトルストイの影響のもとに、自己の個性の成長がそのまま人類の発展につながるという楽天的な理想主義を掲げ、『おめでたき人』『友情』など数多くの作品を発表。また理想的な農村共同体の実現をめざし、宮崎県に「新しき村」をつくり移住した。

志賀直哉 C1（しがなおや）[1883～1971]　白樺派の代表的な作家。繊細な感受性や潔癖な倫理感を、よくしまった簡潔な文体で表現し、「小説の神様」と仰がれた。代表作は父との対立と和解の過程を描いた『和解』や、複雑な家庭環境に生まれた主人公の苦悶と、大自然に触れてのその救済を描いた『暗夜行路』。

有島武郎 C3（ありしまたけお）[1878～1923]　大正期の小説家。札幌農学校に学んで受洗後、白樺派の一員として活躍するが、当時台頭しつつあった社会主義運動の影響から、次第に上流階級出身の自己のありように苦悶するようになる。人道主義的な立場から、私有財産を放棄して小作人に分配するなどしたが、ついに絶望し、自殺。代表作は『惜しみなく愛は奪う』『生まれ出づる悩み』『カインの末裔』など。

芥川龍之介 C（あくたがわりゅうのすけ）[1892～1927]　明治・大正期の小説家。東大在学中に著した『鼻』を夏目漱石に激賞されて文壇にデビューし、一躍気鋭の作家として注目を集める。自然主義や白樺派とは距離を置いた、きわめて理知的な作風と高度な技巧によって高名となるが、次第に神経衰弱に陥る。1927年、「唯ぼんやりとした不安」から自殺。その死は太宰治らに大きな衝撃を与えた。代表作は『羅生門』『芋粥』『或阿呆の一生』など。

8 近代日本哲学の成立

西田幾多郎 A8（にしだきたろう）[1870～1945]　近代日本を代表する哲学者。石川の第四高等学校在学中に鈴木大拙と知り合うが、武断的な校風に反発して放

校。その後、苦学して東大哲学科選科を修了し、四高で哲学・倫理学を講じる。この時の講義草稿をまとめた『善の研究』(1911年)が倉田百三の紹介を通じて大正の教養主義の青年たちに熱狂的な支持を受ける。その後、京都帝国大学の哲学科教授となり、和辻哲郎や九鬼周造を京大に招聘したほか、弟子に田辺元・三木清らを育て、その一派は「**京都学派**」を形成した。学生時代から西洋哲学を学びつつも、一貫して参禅を続ける。主観と客観を対立させる西洋哲学に対して、主客の分化以前の「**純粋経験**」を『善の研究』で説いたが、そこには参禅で得られた一種の解脱体験が影響している。『善の研究』以降は、この「純粋経験」を思索の中で深め、「**絶対無**」や「**無の場所**」といった立場を次々に打ち出した。

こうした西田の思想は、それまで西洋哲学の移入に終始していた近代日本の哲学の中から、東洋の伝統を踏まえた独自の思想が初めて紡ぎだされたという点で、極めて重要である。戦時中には、京大の教え子であった近衛文麿らを通じて軍部独裁の是正に尽力するが、終戦を待たずに1945年に死去。京都学派の門下の中からは、「近代の超克」を唱えて日本のアジア進出を擁護する者も出た。

5章　近代の思想　169

西田哲学 Ａ②(にしだてつがく)　西田幾多郎の哲学。西洋哲学の移入，紹介に終始してきた近代日本の哲学が，最初にもった独自の哲学体系である。『善の研究』の「純粋経験」から「自覚」，「絶対無」，「絶対無の場所」，「行為的直観」と西田の思索は次々に深化していった。初期は個人的な倫理・道徳の問題を焦点とし，漱石以来の近代的自我の確立の問題に寄与して広い支持を受けたが，後期にはマルクス主義の隆盛に応じて，歴史の中での人間のありように焦点を当てるようになった。また，西田自身の仏教への傾倒もあり，宗教の問題もそこでは一貫して問われていた。

純粋経験 Ａ④(じゅんすいけいけん)　西田哲学の出発点で，いっさいの思慮分別が加わっていないありのままの経験をいう。「**純粋経験においては未だ知情意の分離なく，唯一の活動であるように，また未だ主観客観の対立もない**」資料。西田によれば，西洋哲学の認識論の基本枠組みである主観と客観との区別は，思慮分別を俟ってはじめて生じるもので，もっとも具体的で直接的な真の実在は，**主客未分**(主観と客観がまだ区別されていない)の純粋経験である。それはたとえば，すばらしい音楽に我々が魅了され，自己を忘れて聞き入っているときの経験のようなものであり，そこには自己と対象，精神と物質といった対立はいまだ萌芽していない。そうした主客の対立は，反省の思惟の働きによってはじめて生じると西田は考えた。

『善の研究』 Ａ②(ぜん-けんきゅう)　西田幾多郎が41歳(1911年)のときに刊行した，わが国最初の独創的な哲学書。参禅体験によって得た純粋経験に，主観と客観，精神と物質などをいかに統一するかという哲学上の根本問題の解決をもとめ，さらにそれをもとに「実在」「善」「宗教」について論じている。ここでは「**善とは一言にていへば人格の実現である**」資料と述べられている。ここでいう「人格」とは，個的な小我のことではなく，主と客，我と物との対立を統一してゆく世界大の大きな働きをさす。その運動を，個的な自己において実現させてゆくことこそが善だというのである。

　この思考は，近代的自己を引き受けつつ，いかに個的なエゴを超克し，倫理的な立場を確立するかという漱石以来の問題への，哲学的な応答でもあった。「**個人あって経験あるにあらず，経験あって個人があるのである。**」資料

絶対無 Ｂ④(ぜったいむ)　西田幾多郎が，純粋経験の考えをさらに深化させて得た立場。一般に「在る」に対して，その否定として言う「無い」はあくまで相対的な無(相対無)である。こうした相対的な有無を超えて，しかもこの相対的有無を成り立たせている絶対的なものを西田は絶対無とよんだ。それは何もない空虚ではなく，あらゆる個的な実在と，その否定としての相対無を包摂していながら，それ自体は個的なあれこれの実在として指差すことができないので，「無」と名指されるのである。さらにこの絶対無は，従来は対立するものと考えられていた主語と述語，主観と客観の両者を包摂し，その両者がともにそこにおいてある「**場所**」とも捉えられるに至った。主観と客観とが，ともに絶対無という共通の，もっとも普遍的な場所においてあるからこそ，両者が結びついて行為や判断が可能になるとされ，それゆえ世界で生起する諸活動の真の主体は，人間の主観ではなく，この絶対無であるとみなされたのである。この**場所の論理**から，歴史的な世界の展開が，絶対無が己れを展開・表現してゆく過程としてとらえられることになった。

絶対矛盾的自己同一 Ｃ(ぜったいむじゅんてきじこどういつ)　後期の西田哲学の根本思想。歴史的な世界の実相を示したもの。具体的なあれこれの個物は，それらを個として成り立たせている絶対的な全体(絶対無の場所)の否定・限定として存在している。その意味で，個々の個物と，絶対的なものとは，相互に矛盾し，緊張関係にあるが，同時にそのことによってそれぞれの自己同一性が保たれている。こうした関係が**絶対矛盾的自己同一**とよばれ，歴史的な実在の世界の基本的なありようとされる。たとえば世界と自己，あるいは民族・国家とそれに属する個人なども，このような全体と個との「**絶対弁証法的**」な関係にあるとされる。世界に対する自己，国家に対する個人が，大きな全体に属しつつ，しかし同時にそれ

第Ⅲ編

らを限定・否定する存在としてもあるということに、主体的な行為によって環境や社会を作りかえてゆく人間の自由が構想されている。

   同 行為的直観2 逆対応

田辺元（たなべはじめ）[1885～1962] 京都学派の哲学者。科学論の研究から出発して新カント学派、のちにヘーゲル哲学に親しむ。西田幾多郎の招きで京大哲学科助教授に就任し、西田の実質的な後継者となる。ヘーゲルと西田哲学をもとに独自の「種の論理」を説き、近代における民族・個人・国家の関係を模索した。戦後になると、親鸞や道元の思想をもとに宗教色の強い「懺悔道の哲学」「死の哲学」を説いた。主著『ヘーゲル哲学と弁証法』『哲学入門』『種の論理と弁証法』

三木清 C（みききよし）[1897～1945] 京都学派の哲学者・評論家。兵庫県に生まれ、西田を慕って京都大学哲学科に学び、歴史哲学を専攻する。ドイツ留学中にマルクス主義の影響を受け、これをヒューマニズムの立場から解釈して『人間学のマルクス的形態』を著し、日本におけるマルクス主義の普及に貢献した。ハイデガー・マルクス・西田らの影響のもとに、人間の行為をロゴスとパトスとの弁証法的総合とみる独自の「行為の哲学」「構想力の論理」を提唱。治安維持法違反で大学の職を失ったのちは、唯物論の立場に立つ評論家としてファシズムに抵抗したが、戦争末期に共産主義者をかくまった罪で検挙され、敗戦後も釈放されることなく、1945年9月に獄死した。ほかの著作に『パスカルに於ける人間の研究』『人生論ノート』がある。

九鬼周造 C4（くきしゅうぞう）[1888～1941] 昭和期の哲学者。岡倉天心を「精神上の父」として東京に生まれ、東大で哲学を学ぶ。ヨーロッパ留学中にベルグソン・ハイデガーに学ぶとともにサルトルとも交流をもち、帰国後は西田幾多郎の招きで京都帝国大学に赴任し、西洋哲学史を講じた。日本に生の哲学・現象学・実存主義などを紹介したほか、留学中に日本特有の美的観念として、フランスの「エスプリ」やイギリスの「シック」に相当する「いき」に注目し、帰国後にこの「いき」を現象学的に分析した『「いき」の構造』（1930年）を著した。当人も花柳界の粋人として有名であった。ほかの著作に『偶然性の問題』『人間と実存』がある。

鈴木大拙 B3（すずきだいせつ）[1870～1966] 仏教学者。金沢に生まれ、四高で西田幾多郎と知り合い、その終生の友人となる。上京して早大・東大で学び、さらに渡米して仏教思想を研究。在学中も、在家の居士として参禅を欠かさず続けていた。『大乗起信論』の英訳のほか、『禅と日本文化』など日本と仏教を紹介する書物を英文で多く執筆し、とくに欧米での仏教の普及につとめた。主著『禅と日本文化』『日本的霊性』。

和辻哲郎 A10（わつじてつろう）[1889～1960] 近代日本の代表的な倫理学者。兵庫県に生まれ、東大哲学科に学ぶ。はじめは文学者を志望して夏目漱石に師事していた

が、20代の半ばに本格的に哲学に転じる。ニーチェやキルケゴールなど実存哲学の研究を行ないつつ、日本の思想や美術にも親しみ、『古寺巡礼』で奈良の仏教美術を清新な筆致をもってよみがえらせたほか、『日本古代文化』では当時の国体論とは違った、新たな日本古代の姿を描き出した。西田幾多郎の招きで京都大学に赴任してからは、倫理学と倫理思想史の研究に集中し、『人間の学としての倫理学』によって独自の倫理学理論を打ち立てた。また帝大教授就任のためのドイツ留学の途次の各地の見聞は、『風土』に結実した。その後東大に転じて、『人間の学』を発展させた大部の『倫理学』上中下三巻を完成させる。東大退官後は、『桂離宮』などを著して日本の文化や美術を研究し、1960年に死去。

『人間の学としての倫理学』 B1（にんげんがくとしてのりんりがく） 和辻哲郎の著作。1934（昭和19）年刊。倫理学を「人間の学」、すなわち人と人との間柄（あいだがら）の学であると規定した。西洋近代の哲学・倫理学は、デカルト以来、人間をまず個（孤立した自我）としてとらえることから出発するが、和辻はここに近代倫理学の根本的な誤りが

あるという。人間は，もっとも具体的には，単なる個人でも，単なる社会的関係（間柄）でもなく，両者の二重性において存在していると和辻は見る。人間は，人間として存在する限り，つねに社会性・共同態においてあるのである。このことは漢語「人間」が，一人のひとを指すと同時に，人間総体，あるいは人間世界の全体をも同時に指すという消息に，よく表れている。ここから，人間存在の根本的な存立構造が，個体性と全体性との，個が全へと帰入し，また全から個が背き出てゆくという運動としてとらえられる。こうして，近代の倫理学が陥りがちな極端な個人主義・利己主義を否定するとともに，個を抑圧する全体主義をも否定し，新しい倫理学を創出することが目指された。

こうした和辻の倫理学は，個の突出を認めず，共同体の間柄を重んじる日本人の伝統的な道徳観念を，近代的・哲学的な文体で表現したものとしての意義ももっている。「人間とは『世の中』であるとともにその世の中における『人』である。だからそれは単なる『人』ではないとともにまた単なる『社会』でもない。」 資料

間柄的存在 **A**②（あいだがらてきそんざい）　和辻哲郎の倫理学の根本をなす思想で，人間存在の根本的なありようを表現したもの。人間は，いかなるときも単なる個人として存在するのではなく，人と人との間柄において，はじめて人間として存在するということ。こうした発想には，個としての内面よりも人と人とのつながりを重視する日本人の伝統的な道徳観念が影を落としている。

『風土』 **A**④（ふうど）　和辻哲郎の代表的著作。1935年刊。官命によるドイツ留学のため，中国，マレー半島，インド，スエズ運河，地中海と船で航行し，各地の多様な気候，街並み，人心，物産を目の当たりにした経験から，それぞれの地域の風土が，それぞれの地域の人々の生活や思想，気質を深く規定していることを論じた著作。各地の風土を東アジアの「モンスーン型」，中東の「砂漠型」，ヨーロッパの「牧場型」に三大別し，それぞれの風土とその地の人々の精神生活との関わりを示した。

9 昭和期の思想

北一輝 **A**②（きたいっき）［1883～1937］　大正・昭和期の国家社会主義者。佐渡に生まれ，早大在学中に『国体論及び純正社会主義』を著し，明治維新に続く第二の社会主義的な革命を構想するも，即発禁。その後中国に渡り，辛亥革命を援助して暗躍。帰国後，『日本改造法案大綱』を刊行し（1928年），天皇大権によって憲法を停止して戒厳令を敷き，政党や財閥を一掃して，天皇と国民とが直接に結びつく一君万民の社会へと国家を改造することを説く。この『大綱』に影響を受けた陸軍の青年将校グループが二・二六事件（1937年）を起こし，事件への直接の関与はなかったものの，黒幕として処刑された。佐渡に流罪になった日蓮に深く帰依しており，その理想国家の建設を目指して迫害に耐える預言者に，みずからをなぞらえていた。

超国家主義 **A**②（ちょうこっかしゅぎ）　国家主義の極端な形態。外（諸外国）に対しては膨張方針をとって侵略を行ない，内（国民）に対しては個々人の自由を極端に制限し，国家目的に従うことを強制する。

国家主義 **A**③（こっかしゅぎ）　宗教的価値や個人よりも，国家に最大の価値を置く思想。明治期の日本では，「民権」の主張と表裏をなす「国権」の主張として表れ，不平等条約下で列強の侵略の危機にさらされていた当時にあっては，ほとんどの民権論者が同時に国権の伸長を支持していた。その後，大正デモクラシーの隆盛によって一時国家主義は息をひそめるが，昭和期に入って世界恐慌などによる社会の動揺から，とくに軍部によって再び強調されるようになった。

ファシズム **A**③［fascism］　1922年から第二次大戦末期までのイタリアを支配したファシスト党に由来する言葉。立憲政治と多数政党制を否定して一党独裁を敷き，国民に対しては個人としての自由を制限して国家への全的な献身を求め（全体主義），対外的には軍事力によって積極的に進出する国家思想。ナチス政権下のドイツや，大政翼賛会成立後の日本もこのファシズム国家にふくめられる。

同 超国家主義 A2　全体主義 A4
類 軍国主義 B1

国体 B（こくたい）　他国にない、日本独自の国のあり方を示す語。天皇が統治し続けてきたことと、また国民が代々の天皇に対して忠誠をつくしてきたとされることとが、その基本的な内容と考えられることが多かった。もともとは幕末の水戸学の中で強調された概念だが、維新後も、『教育勅語』に「国体ノ精華」がうたわれ、また治安維持法が「国体ノ変革」を掲げる思想を取り締まり対象としたように、日本の国家主義思想の基本概念であり続けた。戦後は「天皇制」という言葉で言い換えられる場合が多い。

同 天皇制 B

柳田国男 A4（やなぎたくにお）[1875〜1962]

民俗学者。兵庫県生まれ。島崎藤村や田山花袋と交わり、ロマン派詩人として出発するが、転じて疲弊した農村を救済としようと農政学に志した。その農政学ははじめ農民の生産活動の研究に出発したが、次第にその精神的な生活におよび、農民たちが代々培ってきた伝統的な内面生活の端的な表現（心意伝承）として、民話や昔話、怪異譚に注目するようになる。こうして遠野（岩手県）の村民たちの伝承を集めた『遠野物語』（1910年）によって、民俗学が創始された。

柳田の民俗学ははじめ「何故に農民は貧なりや」の主題をかかえ、それを根本から解決する道を探るものであったが、次第にその対象が農民から日本人全体に広がり、学問領域も農・山・漁村の生活、民間信仰、伝説・昔話、社会政策、地域の歴史など多岐におよんだ。従来の歴史学とは別に、「ごく普通の百姓」である「常民」の日常的なありようが解明されなくてはならないとし、そこに民俗学の独自な使命を見た。こうした柳田の学問は、日本人の中核をしめる民衆（常民）の生活と精神構造、さらに日本文化の基層的特性（稲作農耕）を理解するために、現在でも重要な視座を提供している。主著『遠野物語』『日本農民史』『明治大正史世相篇』『先祖の話』『海上の道』

民俗学 A5（みんぞくがく）　民間伝承や民間信仰を通して、一般民衆の生活文化の発生と変遷のあとを訪ね、民俗の伝統文化を研究する学問。文献資料よりも口承・伝承の資料収集を重視する。日本では柳田国男によって、常民の心性と生活をさぐる学問として創始された。

常民 A（じょうみん）　柳田国男の民俗学が、日本人の民族的特性を明らかにするために、主要な研究対象とした階層。ムラに定住し、祖霊信仰を共有している自作農民を中核とした民衆層をさす。「常」は日常生活の常、「民」は官に対しての民で、文献史学がなおざりにした民衆のごく普通の生活意識史を明らかにしようとするために用いられる概念である。

対 漂泊民

習俗 B（しゅうぞく）　柳田国男の民俗学で主要な研究対象とされる、文字以外の形をもって地域社会に伝わっている史料。具体的には、しきたり、信仰と祭祀のありよう、歌謡、伝説・昔話などをさす。

類 民間伝承 C

折口信夫 A4（おりくちしのぶ）[1887〜1953]

大正・昭和期の民俗学者・国文学者・歌人・詩人。筆名は釈超空。大阪府の出身。幼い頃より国学に親しんできたが、1913年に柳田国男主催の「郷土研究」に投稿し、知遇を得て以来、その日本民俗学の方法論に触発された。民俗学の方法を国文学・神道学・芸能史など、幅広い領域に応用して独創的な論考を展開し、とくに古代信仰の研究や民俗芸能の発掘に多大の貢献を果たした。柳田が日本の神の正体を、山中から降臨する祖霊と見なしたのに対し、折口は海上の他界（常世国）から来臨する「まれびと」と見なした。主著『古代研究』ほか、歌集『海山のあひだ』『古代感愛集』、小説『死者の書』など多数の著書がある。

5章 近代の思想 **173**

新国学 **A**（しんこくがく）　柳田国男や折口信夫の民俗学は，外来文化渡来以前の日本の生活文化の基層をとらえ直す試みであったが，それは江戸時代の本居宣長もとおりや平田篤胤あつたねらによる国学運動と，問題意識を同じくしていた。しかも柳田・折口はともに，平田篤胤派の国学者に学んだ人物でもあった。そこで彼らは，自分たちの営みを開化の世の「新しい国学」と名指した。

まれびと **A⑧**　折口信夫のぶおがとらえた，日本における神の原型。客人まれ，またはめったに来ない稀人まれの意。まれびとは，海の彼方の理想郷，常世国とこよに住み，定期的に村落を訪れては，豊饒ほうや安穏あんを授けて去っていく。村落の人々がまれびとを手厚くもてなす一方，まれびとは呪的じゅなことばや動作によって人々を祝福した。

常世国 **C①**（とこよのくに）　海の彼方にあると考えられた想像上の異郷。不老不死の神仙境。また生命や豊饒ほうの源泉地でもある。ただし折口によれば，はじめは死者の住む恐ろしい国（常夜国とこよの）と観念されていたのが，時代を経るに従って富と永生を得る楽土と考えられるに至ったのだという。『古事記』にも不老不死の果実の実る国としてあらわれている。

南方熊楠 **A⑤**（みなかたくまぐす）[1867〜1941]　植物学者・民俗学者。大学予備門中退後，米国，ついで英国に渡り，大英博物館に所属して生物学・人類学を学び，Nature誌などに多くの英文論文を発表した。帰国後は，郷里の和歌山県田辺で変形菌（粘菌ねん）の研究に従事しながら，柳田国男と親しく交流し，民俗学を中心とする膨大な著作を残した。博覧強記はくらん，奇行をもって知られる。また郷里の神社の森の伐採計画がもちあがった際には，貴重な生態系が失われるとして猛然と保護運動を繰り広げ，環境保護運動の先駆者ともなった。代表的な著作に『南方閑話』『南方随筆』『十二支考』など。

伊波普猷 **C**（いはふゆう）[1876〜1947]　言語学者，沖縄学研究者。現在の那覇市出身。東京帝国大学言語学科卒業後，帰郷して沖縄県立図書館の館長を勤めつつ，「おもろ」（沖縄の古歌謡）を中心とした沖縄研究にとりくんだ。その沖縄研究は民俗学・言語

学・宗教学・歴史学などにわたる広汎こうはんなもので，「沖縄学の父」と呼ばれる。沖縄の言語・文化は，日本の言語・文化が次第に南にひろがって形成されたととらえた。柳田国男・折口信夫との親交が深く，とくに柳田晩年の南島論に，大きな着想と素材を提供した。主著『古琉球』『をなり神の島』

柳宗悦 **A③**（やなぎむねよし）[1889〜1961]　民芸運動の創始者。学習院在学中に『白樺』に参加し，その美術面を担当。東大卒業後，無名の職人がつくった日常使いの雑器類の中に素朴な美を見出し，そうした「用の美」をたたえた器物を「民芸」と名指す。以降，この民芸の美を啓発する民芸運動を展開し，雑誌「工芸」「民芸」を創刊したほか，1936年に日本民芸館を設立し，初代館長に就任する。また，もともと青磁せいを中心とする朝鮮の美術・工芸の美を高く評価していたこともあり，朝鮮半島における三・一独立運動（1919年）に際しては日本の朝鮮政策を批判した。主著『民芸四十年』『大日本主義の幻想』

民芸 **A②**（みんげい）　柳宗悦やなぎむねよしによる造語。無名の職人が無心につくり，まったく日常的に使われる工芸品であるにもかかわらず，独特の実用的な美をもった作品のこと。衣服，食器，家具など多岐にわたる。西洋の美術が特定の芸術家によって個性的に作られ，また展覧会や美術館など非日常的な場面で鑑賞されるのに対して，日本や朝鮮の民芸品は，無名の職人によって非個性的につくられ，何の気なしに日常的に用いられる。しかしそこに「用の美」「用に即した美」があると柳はいう。しかもそれは，特権的な貴族ではなく民衆が作り，民衆が用いるという，民衆的な美でもある。柳は，こうした無銘的・実用的・民衆的な美をたたえた民芸を自ら選びだし，日本民芸館に展示した。

小林秀雄 **A⑦**（こばやしひでお）[1902〜83]　昭和期の評論家。東京都生まれ。「様々なる意匠」（1929年）で，当時流行のプロレタリア文学運動（マルクス主義に立脚する文学）と芸術至上主義とを，ともに既成の「意匠」（趣向）によりかかって文芸作品を裁断するものと批判し，個々の作品と徒手で

第Ⅲ編

ぶつかり、その際の自己の内部を克明に表現するという批評の方法を主張し、近代日本における文芸批評の領域を確立した。その後、『私小説論』『ドストエフスキイの生活』ほかの重要な作品を表し、文芸批評家として独自の立場を築くが、戦時中は文壇の中心から離れ、印象派の絵画やモーツァルトの音楽、また骨董に親しむ。晩年には大著『本居宣長』を発表した。著書に『無常といふ事』や、翻訳にランボーの『地獄の季節』ほかがある。

「意匠」 B 2 〔趣向〕 C （いしょう）（しゅこう） 小林秀雄が出世作『様々なる意匠』（1929年）で、マルクス主義文芸理論や芸術至上主義など、当時の文学批評が依拠した思想・理論を揶揄する意味で用いた。小林は、こうした意匠によりかかった批評とは一線を画するものとして、自らの批評の立場を示した。

批評 A （ひひょう） 近代日本の文学界では、詩・小説の登場とほぼ同時に、その批評も現れ、明治・大正期を通じて行われていたが、一般には昭和初年の小林秀雄の登場によって、一個の作品としての文芸批評が確立したとされる。小林は『様々なる意匠』で、プロレタリア文学など既存の意匠に依存した批評を退けつつ、「批評とは竟に己の夢を懐疑的に語ることではないのか」 資料 と叫んだ。意匠によって作品を切り刻むのではなく、論じられる作品に批評家自身の内的な「夢」が重ねられ、それ自体で一個の文学となっているような作品を、小林は真の批評とした。以降、小林自身はドストエフスキー、モーツァルト、本居宣長らの作品を対象としてこうした批評を試み、またこのスタイルは保田與重郎や中村光夫、江藤淳ら昭和期の批評家たちに引き継がれていった。

宮沢賢治 A 5 （みやざわけんじ）［1896～1933］ 昭和期の詩人・童話作家。花巻（岩手県）の富裕な商家の長男に生まれ、盛岡高農（現岩手大学農学部）で農芸化学を学ぶ。在学中から日蓮宗の熱烈な信仰を抱き、卒業後は上京して布教活動に携わる。このころから、科学的知識と法華経思想に彩られた、独特の詩や童話の創作をはじめる。その後、帰郷して農業高校の教師となるも、最愛の妹の死や、資本家の子という負い目の意識から退職。地域の肥料や品種の改良を行なう羅須地人協会を設立し、専門の農業化学をもって、地域農民のために奔走したが、求道者的な過酷な生活で心身ともに疲弊し、37歳で急逝。

『法華経』に描かれている、他者たち、さらには生きとし生けるもの全てのために献身する菩薩を、自らの人生と作品とを貫く理想とした。その思想は、詩「雨ニモ負ケズ」や、「世界がぜんたい幸福にならないうちは個人の幸福はあり得ない」（『農民芸術概論綱要』） 資料 という言葉に表れている。ほかの著作に『銀河鉄道の夜』『注文の多い料理店』、詩集『春と修羅』など。

丸山真男 B 5 （まるやままさお）［1914～96］ 昭和の政治学者。東大法学部に学び、戦時中は荻生徂徠を中心に日本の儒学史を研究。徴兵・従軍を経て、戦後、雑誌『世界』に発表した論文「超国家主義の論理と心理」（1946年）にて、戦時中の天皇制国家の構造を、誰もが上位の権威に依存し、天皇自身でさえ決断と責任の主体とならない「無責任の体系」と分析・批判し、大きな反響を呼ぶ。

その後、一貫して戦後民主主義を唱えて代表的な進歩派知識人として活動し、日米安保改定反対運動（1960年）の先頭にも立った。安保闘争後は社会活動からは身を引いて日本の思想の研究に没頭し、日本思想史に通底する「原型」「古層」として、記紀神話以来の「おのずからなりゆく勢い」を見た。主著『日本政治思想史研究』『現代政治の思想と行動』『忠誠と反逆』『日本の思想』。

坂口安吾 B 4 （さかぐちあんご）［1906～55］ 昭和期の作家。新潟市生まれ。戦中には大胆な随筆「日本文化私観」を表し、さらに戦

後『堕落論』，小説『白痴』で混乱期の人びとの心をとらえると，一躍流行作家となった。『堕落論』では敗戦後の日本人に向けて，「生きよ，堕ちよ」，すなわち従来の偽善や形式的な道徳を徹底的に否定し，むしろ闇市にうごめく人びとのように自己の生のなまなましい基底に足場を置く所から，全く新たな生のモラルを築き上げるべきだと説いた。太宰治らとともに無頼派を形成した。ほかに小説『桜の森の満開の下』など。

吉本隆明 Ｂ③（よしもとたかあき）[1924～2011]
昭和期の詩人・評論家。東京生まれ。東京工業大学電気化学科卒。化学系技術者の道を歩みつつ，一方で宗教・思想や詩に傾倒した。20歳のときの終戦と，その際の知識人たちの変節に強い衝撃を受け，昭和30年の評論「擬制の終焉」や，「文学者の戦争責任」論争で従来の進歩派知識人の欺瞞をきびしく衝いて，若い世代の支持を受けた。『言語にとって美とはなにか』（昭和40年），『共同幻想論』（昭和43年）などで時代の思想状況に多大な影響を与え続け，1960年代の学生紛争の理論的指導者のひとりともなったが，その根本的な問いはつねに，近代知識人の転向問題に触発されて自覚されたところの，生活者の実感の中から日本人の「自立」のかたちを構想するという課題にあった。

野間宏 Ｃ（のまひろし）[1915～91]　小説家。神戸市生まれ。京大在学中に社会主義運動に参加するが，逮捕・弾圧される。戦後，その左翼青年としての戦争体験と，その中で痛感された人間にエゴイズムの醜さを，短編『暗い絵』『崩解感覚』に発表し，戦後文学の先駆けをなした。社会的には，戦後合法化した日本共産党に入党（1964年除名），また新日本文学会に入り，「人民文学」を編集した。長編に『青年の環』『真空地帯』があるほか，広範な言論活動を展開した。

加藤周一 Ｂ（かとうしゅういち）[1919～2008]
作家・評論家。東京に生まれ，一高・東大医学部在学中にフランス文学に傾倒し，中村信一郎らと「マチネ・ポエティク」という詩の会をつくり，詩の新たな定型を模索した。その後，医学留学生としてフランスに5年間留学し，その時の見聞をもとに，帰国後評論集『雑種文化』ほかで，日本文化の雑種性を説き，日本文化論に多大な影響を与える。以降は医師をやめて作家・評論家として立ち，国際的な視野から日本の文明・文化を論じた。著作にはほかに『日本文学史序説』，随筆『羊の歌』がある。

雑種文化 Ｂ（ざっしゅぶんか）　加藤周一が評論集『雑種文化』（1956年）などでとなえた，日本文化の特性をあらわす言葉。医学留学生としてヨーロッパを遊学した加藤は，英米の文化が「純血種」であるのに対して，日本の文化はインド，中国，ヨーロッパなどの諸文化が「吹きだまり」的に混交して形成された「雑種」的なものととらえた。しかしこのことは日本文化の劣等性を示すものではなく，むしろ諸文化を柔軟に受け入れ，自分たちに合うよう改変してゆくという，日本文化の積極面を示しているとした。

第Ⅳ編
現代社会と倫理

ブリューゲル画「バベルの塔」
(ウィーン美術史美術館)

1章 近・現代社会の特質

1 近代社会の成立

前近代社会 ①(ぜんきんだいしゃかい)[premodern society] 近代社会以前の社会、あるいは近代社会以外の社会類型をさす。そこでは、血縁や地縁にもとづく少数の人員によって集団が構成され、自給自足的な生活が営まれ、その集団内で生産・消費や教育など人間生活における諸機能が充足される等の特徴がある。

伝統社会 C (でんとうしゃかい) 長い時間をかけて形成・蓄積されてきた風俗・習慣・規範・思想などが人々に共有されている集団・社会のこと。一般に、近代社会に先行する社会のあり方を指す。

近代社会 A5(きんだいしゃかい)[modern society] 一般的には、17世紀〜18世紀の市民革命や産業革命によって形成された、経済的には資本主義、政治的には民主主義の体制をとる社会をさす。「資本主義社会」「市民社会」の意味で使われる場合もある。

近代社会では科学・技術や経済の飛躍的発展によって人々の生活に豊かさと便利さがもたらされる一方、組織の巨大化・複雑化にともない、能率的・合理的な管理・運営体制が整えられ、その結果、人間が組織の中に歯車のように組み入れられ、管理される危険性も指摘されるようになった。

近代化 A5(きんだいか)[modernization] 社会のあり方や人々の生活・考え方などが近代的なものになること。一般的には、封建的なあり方から、科学的・合理的・民主的なあり方に移行することであり、西欧においては工業化や都市化の進展とも重ねて考えられてきたが、第二次世界大戦後のアジアやアフリカで、かつて植民地であった国が次々と独立したことで進んだ「近代化」のように、従来考えられてきた過程とは異なる新たなかたちの「近代化」についても、さまざまに論じられるようになった。

産業革命 A5(さんぎょうかくめい)[industrial revolution] 技術革新にともなう、産業構造・社会構造の大変革のこと。18世紀後半にイギリスではじまり、1830年代以降、ヨーロッパ諸国から世界各地へ広がった。

産業の中心がマニュファクチュア[manu-facture]（工場制手工業）から大規模な機械工業に移り，大量生産が可能になることで，近代資本主義社会が確立していった。

産業化 B2（工業化 B1）（さんぎょうか）（こうぎょうか）[industrialization] 産業構造が農業中心から工業中心に変わること。また，それにともなう，立法や行政，社会制度，教育，人々の価値観など，社会・文化面における変化のこと。

産業社会 B（さんぎょうしゃかい）[industrial society] 工業化が進行し，社会全体がその産業様式・システムによって構成されている社会。それ以前の農業を中心とする社会と対比される。利潤の追求を目的とする企業が工業化の拡大の原動力となり，それにともなって経済が急速に成長し，金融や交通網などの社会資本が整備され，産業化が進展する。産業化社会ともいう。

工業（化）社会と同義で使われることもあるが，工業社会後の脱工業社会をさす場合もある。

同産業化社会 **類**工業社会 **C**（工業化社会 **C**）

現代社会 A（げんだいしゃかい）[modern society] 現在の社会のあり方をさしていう言葉。現在の日本であれば，高度情報化社会，少子高齢社会などの特徴を含んだ語として使われる。

また，重工業化と独占資本の巨大化が飛躍的に進行した20世紀以後の社会を，産業革命後の近代社会と区別する語として使われることもある。

合理主義 A3（ごうりしゅぎ）[rationalism] 科学的根拠に基づいて，目的達成のために，合理的・効率的に行動・思考する態度。一般に魔術的思考や非効率的方法を排する。特に哲学では，合理論ともいい，経験論と対立する。

類近代合理主義 **C**

科学・技術の発達（4）（かがく・ぎじゅつ－はったつ）科学の進歩とそれにともなう技術の発達のこと。科学の進歩によってさまざまな知識を習得した人間は，技術を飛躍的に発達させ，多種多様な商品を生みだし，豊かで便利な社会を築いてきた。しかし近年では，資源の枯渇や地球規模の環境破壊の問題など新たな課題も生じており，これまでの

大量生産・大量消費・大量廃棄を前提とする経済活動や社会のしくみが問い直されている。

類科学・技術 **B2** 科学技術文明 **C**

技術革新 B（イノベーション）（ぎじゅつかくしん）[innovation] 生産技術の画期的革新・改良のこと。イノベーション[innovation]は，もとはアメリカの経済学者シュンペーター（J. A. Schumpeter, 1883～1950）の用語で，生産技術の革新だけでなく，新たな生産物・生産方法・市場・供給源・組織の導入などにともなう経済・社会構造の画期的変化を指す言葉であった。日本では狭義の技術革新という意味で用いられることも多い。

2 近・現代社会の特質
── 大衆社会・管理社会

大衆社会 B6（たいしゅうしゃかい）[mass society] **大衆**の動向が，政治・経済・社会・文化などあらゆる分野で大きな影響力をもつ社会のこと。その成立の背景には，マス－メディアや教育制度の発達，大量生産・大量消費型の経済活動の進展などがある。

大衆とは，伝統的権威が解体され，孤独と不安にさいなまれて，他者やマス－メディアの動向に気をかけ（他人指向型），受動的・非合理的に判断して行動する人々をさす。主体的・合理的に判断・行動し，世論の担い手となる**公衆**や，共通の関心を持つ多数の人々が一時的・偶発的に集まった**群集（群衆）**とは区別される。

オルテガ[José Ortega y Gasset, 1883～1955] スペインの思想家，哲学者。個々人の生こそが究極の実在であり，それを統合して普遍へと高めていく「生の理性（生・理性）」に関する議論を展開した。1930年に刊行された主著**『大衆の反逆』**では，社会をエリートと大衆の二者から構成されるものと捉え，自身の欲求や権利のみを主張する大衆のあり方を批判し，「真の貴族」の必要性を唱えた。

リースマン B5[David Riesman, 1909～2002] アメリカの社会学者。社会心理学・人類学・経済学など，様々な視点から

第IV編

現代社会を分析した。主著『**孤独な群衆**』では、現代社会において人々は、工業化の進展や社会基盤の整備などによって豊かで便利な生活を手に入れながら、従来の直接的な人間関係や伝統的権威から切り離されることで孤独と不安にかられ、他者やマス-メディアの動向に敏感に反応し、それらへの同調性によって性格づけられた**他人指向型**（外部指向型）という社会的性格を示すようになっていると指摘した。

他人指向型 **B**④（たにんしこうがた）[other-directed type]　現代の大衆社会において特徴的な人間の社会的性格として、リースマンが提示した三つの類型のうちの一つ。豊かで便利な生活を手に入れた人々が、しかし、従来の直接的な人間関係や伝統的権威から切り離され、孤独と不安にかられることで、他者やマス-メディアの動向に敏感に反応し、それらへの同調性によって特徴づけられる性格類型のこと。

　文化が提供する伝統に忠実な「**伝統指向型**」、内面化された年長者（権威者・保護者）の教えに忠実な「**内部指向型**」との対比において論じられる。

大衆文化（たいしゅうぶんか）[mass culture]　大衆が主な担い手となっている文化のこと。教育の普及やマス-メディアの発達、生活水準の向上などによって大衆が政治・社会の動向に大きな影響を持つようになることで成立する。

　大量生産・大量消費を背景に、文化が商品化・娯楽化する場合が多く、また、マス-メディアからの一方向的な情報の伝達により、価値観や意識が画一的になる傾向も指摘されるが、階層や世代をこえる広がりを持ちうるものでもある。

伝統文化 **B**④（でんとうぶんか）[traditional culture]　ある民俗・集団において、長い時間をかけて作り上げられ、伝えられてきた文化のこと。その具体的内容は、風習や制度、思想、信仰、芸術など多岐にわたる。

大量生産 **B**（たいりょうせいさん）[mass production]　機械の導入や組織的で高度な生産設備によって、限られた種類の生産物を大量に生産すること。分業や作業の単純化によってコストの削減、生産性の向上

が実現され、低価格の商品が大量に出回ることで市場が拡大し、人々の生活を一変させる契機ともなる。

大量消費 **A**（たいりょうしょうひ）[mass consumption]　大量生産によって人々が商品を安価に購入できるようになることで、大量の商品を、頻繁に購入・消費・廃棄すること。資本主義社会の進展にともなう急速な技術開発や、マス-メディアの発達による宣伝効果の上昇などもあり、特に第二次世界大戦後、この傾向が顕著に進んだ。しかし、1970年代以降、資源の枯渇や環境破壊が地球規模の課題として議論されるようになり、これまでの**大量消費社会**やそれを前提とする経済活動の見直しや対策が進められている。

画一化 **B**⑨（かくいつか）[standardization]　ある集団の思想や信念、生活様式などを同質化・規格化させること、あるいはそうさせられること。現代では、マス-メディアから伝えられる大量の情報により人々の思想や流行がつくられていき、個々人の主体性が失われるというかたちの画一化が多く見られる。

『豊かな社会』 **C**（ゆた-しゃかい）[The Affluent Society]　アメリカの経済学者**ガルブレイス**（J.K.Galbraith, 1908〜2006）が1958年に発表した主著。従来「豊かさ」とは生産性の向上にともなう物質的豊かさだけが考えられてきたが、現代の物質的豊かさは、宣伝によって消費者がもともとは持っていなかった欲望が呼び起こされる、健全とは言いがたい構造によって支えられており、今後は大規模な公共事業や教育などの分野への投資を進めることで、物質的豊かさの影にある貧困に対処していくことが必要であるという。

類 **豊かさ A**①

大衆民主主義（マス-デモクラシー A）（たいしゅうみんしゅしゅぎ）[mass democracy]　大衆社会における民主主義のあり方と、その形骸化の状況を指す言葉。

　制限選挙から普通選挙に移行し、大衆の政治参加の機会が飛躍的に拡大されたことで、政治的な主義主張よりも個々の特殊な利益や欲求を実現するための代表が選出されたり、経済的安定や福祉国家への要求が

優先される傾向が強くなった。また、一過的で非合理的感情に左右されやすい大衆の意向が政治に反映されることも多いという問題もある。

普通選挙 Ⓑ（ふつうせんきょ）　社会的身分や性別、財産、教育などによる制限を設けず、成人として一定の年齢に達した男女に選挙権、被選挙権を保証する制度。日本では1925年に普通選挙法が成立、満25歳以上の成年男子が衆議院議員の選挙権を持つことになった。敗戦後の1945年、新選挙法の制定によって女性参政権が初めて認められ、満20歳以上の男女に選挙権が与えられた。

大衆政党（たいしゅうせいとう）[mass party]　たとえば労働者政党のように、議会の外に支部組織をもち、その意向を反映する政治をおこなう政党のこと。普通選挙の実施により選挙権が拡大されるなかで、有権者である大衆の票を集めることが必要とされる過程で成立してきた政党類型の一つ。

政治的無関心（せいじてきむかんしん）[political apathy]　政治についての関心が低く、政治への参加意欲も低いこと。市民の政治参加が少なくなることで、民主主義の基盤自体を揺るがす危険性もある。

アパシー Ⓒ [apathy]　様々なものに無関心・無気力な状態のこと。ギリシャ語で感情が動かないことを意味するアパテイア[apatheia]が語源で、心理学的には自分自身や身の回りのことにも興味を持たない状態、社会学的には社会で起こる事柄に無関心な状態をさす。

政治的無関心と同義で使われることも多く、巨大化・複雑化した現代政治に対して自身がどうすることもできないという政治的無力感、自身が政治の世界から疎外されていると感じる政治的疎外感と重なる部分も多い。

Ｄ．Ｋグループ [don't know group]　アンケートや調査などに対し、答えなかったり、「知らない」「わからない」[don't know]と無関心に答えたりする人々のこと。質問の意味が理解できないという場合もあるが、回答拒否・保留などの場合もあり、その意図を精査する必要があるとされる。

管理社会 Ⓑ①（かんりしゃかい）　組織・管理機構が巨大化し、社会のすみずみまで管理統制が張りめぐらされた社会のこと。

高度産業社会において、あらゆる分野で機械的組織化と官僚制的な管理による効率化が進められたことで、人間は細分化された規制によって画一的にふるまうことを求められ、疎外が深刻化することもある。また、情報化の進展により、個人の私的な生活や個人情報にも管理網が張りめぐらされ、プライバシーの権利が侵害される恐れもある。マス＝メディアによる情報操作の危険性も指摘されており、それらへの対策を講ずることも課題となっている。

官僚制 Ⓐ④（**ビューロクラシー** Ⓑ①）（かんりょうせい）[bureaucracy]　もともとは官僚が行政全般を支配する統治形態のことを指したが、大組織一般に見られる組織や管理の体系のこともいう。専門化・階級化された職務体系、規則に基づく職務配分、文書による事務処理などの原則による運営を特徴とする。

しかし、その場に応じた判断よりも画一的な基準が要求され、階層的な秩序（ヒエラルキー）が求められることで、**官僚主義**といわれる特有の行動様式・意識が組織を支配し、合理化をめざして形成された組織が、逆に非合理的結果をもたらしたり、組織の一員である個人に無力感を感じさせ、それによって「**精神のない専門人、心情のない享楽人**」が生み出されたりする危険性をマックス＝ウェーバーは指摘している。

マックス＝ウェーバー Ⓐ⑨ [Max Weber, 1864～1920]　ドイツの社会学者・経済学者。プロテスタンティズムというひとつの宗教から、「勤労」と「節約」という近代資本主義を支える精神が生じる過程を論じた『**プロテスタンティズムの倫理と資本主義の精神**』、社会における支配構造などを論じた『**経済と社会**』などの著作がある。

脱呪術化 Ⓑ（だつじゅじゅつか）[Entzauberung]　マックス＝ウェーバーが概念化した、世界像を合理化するプロセスのひとつ。

「呪術」とは，神仏などの超越的な存在に対して，人間の側から働きかけるための何らかの呪的な手段のこと。「脱呪術化」とは，呪術の意味や呪術による救済を否定して，人間からは神仏に働きかけることはできず，祈願や崇拝を通じてその力に服するのみとする「宗教」へと移行することである。この脱呪術化を徹底したプロテスタンティズムにおいて，合理的な世界認識が可能になったとウェーバーは考えた。

合理化 A4（こうりか）[Rationalisierung] 理性で納得できるように理由づけすること。また，技術導入や機械化などによって生産性の向上をめざすこと。

マックス＝ウェーバーによれば，脱呪術化とそれにともなう合理化によって近代文明の成立がもたらされた。

主体性の喪失（しゅたいせい・そうしつ）　人々が，自身がほかのものによって動かされているように感じ，人間らしい感情や生きがいを見失うこと。

近・現代社会では，巨大化・複雑化した組織において能率的な管理・運営の仕組みが発達することで，人間は組織の中に歯車のように組み込まれ，管理される。その結果，人々は，自分が自分ではないものに動かされているという自己喪失感，人間疎外を感じることになる。

アノミー [anomie] 急激な社会変動によって伝統的価値体系が崩壊することで，行為を規制する価値や道徳規範が失われた混沌（こんとん）状態のこと。

「無規制性」を意味するギリシャ語のanomiaが語源で，19世紀にフランスの社会学者デュルケーム（Émile Durkheim, 1858〜1917）が，伝統的価値や社会基準の喪失によって社会秩序が崩壊した状態を指す言葉として用いた。このような社会的アノミーから，人々に精神的な不安定（心理的アノミー）がもたらされることにもなる。

価値観の画一化（かちかん・かくいつか）　マス-メディアによってもたらされた情報で，受け手である大衆のものの見方・考え方が一様になっていること。マス-メディアから一方的に情報がもたらされる情報社会の弊害のひとつ。

人間疎外 B（にんげんそがい）　人間が，効率や目標達成のために自らつくり出した社会制度や組織，技術や機械によって支配され，人間として本来あるべきあり方から遠ざけられること。

高度資本主義体制の確立にともない，組織が巨大化し，合理的な管理システム（官僚制）が成立することで，その下にある人間が人間らしいあり方を喪失していく危険性をあらわす言葉として使われてきた。

　　　　　　　　　　　　　　　　類 疎外 A

チャップリン C [Charles Spencer Chaplin, 1889〜1977] イギリス生まれの映画監督，喜劇俳優。初期にはコミカルな演技で人々を笑わせる作品が多かったが，その後一兵卒の悲哀を通じて戦争の悲惨さを描いた「担（かつ）へ銃（つつ）」や，機械文明・資本主義社会を批判した「モダン-タイムス」，ヒトラー率いるナチス-ドイツをモチーフにした「独裁者」，老いてゆく道化役者のバレリーナへの恋を描いた「ライムライト」など，社会を痛烈に諷刺（ふうし）する一方，人間愛にあふれる作品を数多く製作した。

「モダン-タイムス」 C [Modern Times] 喜劇俳優チャップリンが製作・主演したアメリカ映画（1936年公開）。製鉄工場で単純作業をくり返す主人公が機械の実験台にされたり，巨大な歯車に巻き込まれたりする描写を通して，機械文明における人間疎外や，生産性・利潤ばかりを追求する現代資本主義のあり方を諷刺（ふうし）し，告発した。

2章 人間の尊厳

1 自己肯定の精神
—— ルネサンス

ルネサンス **A**14（**文芸復興** **B**）（ぶんげいふっこう）[Renaissance] 14世紀から16世紀にかけて，イタリアにおける古典文芸の復興運動に始まり，西ヨーロッパ各地に広まった文化的・思想的運動。ルネサンスは，フランス語で「**再生**」を意味する。ルネサンスを歴史上の文化運動をさす言葉として最初に用いたのはフランスの歴史家ミシュレで，さらにスイスの歴史家ブルクハルトが，『イタリア・ルネサンスの文化』のなかで，これを一つの時代相をあらわす言葉として使用して以来，歴史用語として広く定着した。ブルクハルトは，個人主義と現実主義にルネサンスの特色を見いだし，そこに近代精神の原型を見たが，これに対しては，ルネサンスと中世的なものとの並列や連続性を指摘する批判も提出されている。

「再生」とは，直接には**ギリシャ・ローマ古典文化**の復興・再生をいう。ルネサンス運動は，聖書や神学ではなく，より人間的なギリシャ・ローマの文芸を研究することによって，人間の精神や肉体の価値を発見し，人間中心的な世界観を打ち立てた。人間は宇宙の中心にあり，**自由意志**によって宇宙に働きかけ，自然を支配し，自己の個性を発展させていく無限の能力を持つ存在である。このような世界観・人間観の上に立つルネサンスの精神は，哲学，芸術，科学技術など幅広い分野にそのあらわれを見ることができる。プラトンやアリストテレスの研究を通じた人間本性の探求，聖書の一場面ではなく人間や自然を描く芸術作品の増加，いわゆるルネサンスの三大発明（火薬・羅針盤（らしん）・印刷術）に見られるような合理的・実用的な科学技術の発展などがその例である。
〔類〕ルネサンスの三大発明

ヒューマニズム **A**2（**人文主義** **A**3）（じんぶんしゅぎ）[humanism] 一般には，人間的なものに最高の価値を見いだし，人間の尊厳を重んじる思想的立場をいう。「人道主義」「人間主義」などとも訳される。

その源流は，ローマ時代にキケロらが説いた自由な市民のための学芸，「フマニタス研究」にある。「**フマニタス**」[humanitas]とは，ラテン語で「人間性」を意味する。ルネサンス期には，フマニタス研究の伝統を受けつつ，ギリシャ・ローマの古典文献研究が盛んに行われた。ルネサンスにおける人間尊重精神の発展，神中心・教会中心の人間観・世界観からの個人の解放は，この古典文献研究を通じてなされたので，この時期のヒューマニズムは，とくに「**人文主義**」と訳される。代表的な人文主義者としては，本格的な古典研究の先駆者**ペトラルカ**，人間を宇宙の中心にすえる哲学を展開した**ピコ゠デッラ゠ミランドラ**，プラトンの全著作をラテン語に翻訳した**フィチーノ**（1433〜99），聖書をギリシャ語原典から研究した**エラスムス**らがいる。
〔類〕**人間中心主義** **A**7

フィレンツェ **B** 北イタリア，トスカーナ地方の都市共和国。金融や貿易，毛織物業など商業の拠点であり，ルネサンス期には，銀行家であり政治的権力をも握っていたメディチ家の支配下にあった。メディチ家はルネサンス運動の保護者であり，フィレンツェはルネサンス文化の中心都市でもあった。とりわけ美術においては，フィレンツェ派と呼ばれる，構成やデッサンの正確さを重視する一派が形成された。

ヴェネツィア **C** イタリア北東部の都市共和国。十字軍遠征にともなう東方貿易によって，勢力を拡大した。フィレンツェと並び，ルネサンス運動の中心都市であった。美術においては，フィレンツェ派と異なり，色彩を重視するヴェネツィア派が形成された。

万能人 **A**7（**普遍人** **B**2）（ばんのうじん）ルネサンス期，とくにイタリア―ルネサンスにおいて理想とされた人間像で**普遍人**（ふへん）ともいう。中世期の封建的秩序や，神を中心とする世界観，ローマ‐カトリック教会の権威などから解放された人々は，個人の能力をあますところなく発揮し，芸術や科学・技術など，あらゆる学芸分野に

通じた人間を理想とした。

その典型としては、たとえば人文主義者・建築家の**アルベルティ**が挙げられる。アルベルティは古典文学、法学、数学、詩作、絵画などを広く学び、建築論や芸術論を執筆する一方、教会や聖堂の設計・建築を手がけるなど、万能の天才として活躍した。彼の言葉として「人間は欲すれば、何事もなすことができる」 資料 と伝えられるが、それは当時の人間観をよくあらわしている。アルベルティのほか、**レオナルド＝ダ＝ヴィンチ**や**ミケランジェロ**も多岐にわたる分野で多くの優れた作品を残しており、万能人と呼ばれる。

ダンテ **A**⑦[Dante Alighieri, 1265〜1321] イタリアを代表する叙事詩人。フィレンツェの貴族の家に生まれ、ラテン語、修辞学、スコラ哲学などを身につける。やがて政争に巻き込まれてフィレンツェを追放され、イタリアの各都市を流転する。中世からルネサンス初期にかけての時代を生き、叙事詩『新生』『神曲』などを著した。『新生』は若くして死んだ永遠の恋人ベアトリーチェに捧げられた自撰詩集。『神曲』でもベアトリーチェに対する至純の愛が謳われるが、そのころ公用語として一般的であったラテン語ではなく、イタリアのトスカーナ語で書かれている。

『神曲』 **A**⑤(しんきょく) ダンテの叙事詩。「地獄篇」「煉獄篇」「天国篇」の三部に分かれ、ダンテ自身が地獄・煉獄・天国の三界を巡る構成。「地獄篇」「煉獄篇」でダンテを案内するのは古代ローマの詩人ウェルギリウスであり、「天国篇」では永遠の恋人ベアトリーチェである。中世のスコラ哲学、とくにトマス＝アクィナスの世界観を前提とする一方、ラテン語ではなくイタリアのトスカーナ語で書かれ、当時の人々を驚かせた。

アルベルティ **C**②[Leon Battista Alberti, 1404〜72] イタリアの人文主義者、建築家。ジェノヴァの貴族の家に生まれ、パドヴァ大学でギリシャ・ローマ古典を学び、ボローニャ大学では教会法の学位を取得した。ローマ教皇庁の役人として働く一方、教会や聖堂の設計・建築に従事し、詩作や絵画など芸術の分野でも才能を発揮した。

著作も多く残しており、とくに『絵画論』『建築論』は優れた理論書として後世にも影響を及ぼしている。また『家族論』は、教育や家庭経済、家族の福利などを主題とするもので、時間の節約や勤勉、合理的な経済活動にもとづく利潤の追求が説かれ、当時の市民的な道徳観が示されている。

ピコ＝デッラ＝ミランドラ **B**②[Giovanni Pico della Mirandola, 1463〜94] イタリア–ルネサンス期の人文主義者。北イタリアの都市ミランドラの貴族の家に生まれる。ボローニャ大学やパドヴァ大学などで法学や哲学を学ぶ。1486年、各国の学者をローマに招いて哲学や宗教の討論会を開催しようと計画し、討論のための『900の論題』を出版する。また、討論会の開会演説として準備した草稿が、のちに出版される『人間の尊厳について』である。しかし、『900の論題』の幾つかが異端であると教皇インノケンティウス8世に断罪され、討論会は中止となった。ピコ自身もフランスに逃れたがまもなく捕らえられる。釈放後は、メディチ家の庇護のもとで哲学を研究し、31年という短い生涯を終えた。

自由意志 **A**⑪(じゆういし) 欲求や衝動などを、その動機・目標をはっきり意識しつつ、行為を通して実現しようとする精神の働きが意志である。このとき、目的・行為の選択・決定が、他の何ものにもよらずに意志の働きだけでなしうるならば、意志は全く自由であるということができる。このような自由な意志がありうるかどうかは、古来哲学上の大きな論題となってきた。

ルネサンスの人文主義者たちは、人間は自由意志によって自らの行為やあり方を決定できる存在であるととらえ、人間の尊厳を自由意志に見いだした。また、人間の行為が自由で自発的なものでなければ、責任や道徳といった概念が成り立たないことから、自由意志の存在は、カントやヘーゲルなどの近代の倫理学でも重要な前提になっている。

一方、人間の行為は自然の因果関係や絶対者などに支配されており、自由意志は存在しないとする立場は、**決定論**ないし**運命論**とよばれる。すべては神によって予定されており、人間に意志の自由はないとする

ルターの考え、人間は快楽と苦痛に支配されていて、意志もそれに従属するという功利主義の考え、善因善果・悪因悪果を説く仏教的因果論などは、広い意味での決定論的な思想である。

『**人間の尊厳について**』 **A⑥**（にんげん-そんげん-）
ピコ＝デッラ＝ミランドラの演説草稿。1486年にみずから企画したが、異端に問われて中止となった公開討論会のために準備され、ピコの死後、『著作集』の中で公表された。中世の伝統的な人間観に異議を唱え、人間は自由意志によって、みずからの本性を決定できると説く。ピコによれば、創造された最初の人間アダムに、神は次のように語りかける。「アダムよ、われわれはおまえになんら一定した住所も、固定した容貌も、特に定められた使命もあたえなかった。それはおまえが自分にほしいと思うあの住所と、あの容貌と、あの性質とを、欲求どおりに、またおまえ自身の考えどおりにもつようにというためである」
資料。自己のあり方を決定するこの自由意志のうちに、ピコは人間の尊厳が認められるとした。

ペトラルカ **A①**［Francesco Petrarca, 1304～74］ ルネサンス初期のイタリアの詩人、人文主義者。叙情詩にすぐれる。イタリア中部のアレッツォに生まれ、ボローニャ大学などで法律を学ぶ。やがてギリシャ・ローマの文献研究に没頭し、資料の収集につとめるかたわら、著述や詩作を行った。スイスの歴史家ブルクハルトには「最初の完全な近代人の一人」と評され、ルネサンス人文主義の先駆者とも称される。愛を主題とした『カンツォニエーレ』（『抒情詩集』）はヨーロッパ中に流行し、大きな影響を及ぼした。

ボッカッチョ **B②**［Giovanni Boccaccio, 1313～75］ イタリアの詩人、作家。フィレンツェの商人の子に生まれる。ギリシャ古典を学ぶ一方、早くからダンテの『神曲』に親しみ、ペトラルカとも親交を結んだ。当時の世相を生き生きと描き出し、人間の欲望を肯定した代表作『デカメロン』は、近代における人間性の解放を告げるものとして評価された。ペトラルカとともに人文主義の先駆者と称される。

『**デカメロン**』 **B②** ボッカッチョの代表作。「デカメロン」はギリシャ語で「10日」を意味し、『十日物語』とも訳される。トスカーナ地方のペストの流行から逃れ、フィレンツェ郊外の山荘にこもった10人の男女が、10日間、各人一話ずつ合計100話の物語をするという設定。内容は滑稽なものから悲劇的なものまでさまざまだが、ルネサンス期の人間像が生き生きと描写され、チョーサーの『カンタベリー物語』などに影響をあたえた。ダンテの『神曲』がモデルであるといわれ、『神曲』に対して『人曲』とも称される。

ボッティチェッリ **B⑤**［Sandro Botticelli, 1444/1445～1510］ イタリア-ルネサンス期の画家。フィレンツェで生まれ、フィリッポ＝リッピのもとで写実主義を学ぶ。フィレンツェ派の代表的画家として多くの傑作を残した。代表作「春（ラ-プリマヴェーラ）」では愛の女神ヴィーナスを流麗に描き、理想主義的な美を表現した。「ヴィーナスの誕生」とともにフィレンツェ-ルネサンスの最盛期を告げる作品とされる。他の主要作品に「聖アウグスティヌス」など。

レオナルド＝ダ＝ヴィンチ **A⑧**

［Leonard da Vinci, 1452～1519］ 絵画・彫刻・建築・土木工学・天文学・医学などに通じた、ルネサンス期を代表する万能の天才。フィレンツェ郊外のヴィンチ村に生まれ、少年時代にヴェロッキオ（当時の有名な彫刻家）の工房に入り、修業を積む。のちにミラノ、フィレンツェなどで宮廷芸術家となる。解剖学に基づく写実主義と、数学的な遠近法の技術を用いて、「モナ-リザ」、「最後の晩餐」に代表される不朽の名作を残した。構図や明暗の手法において、後世にあたえた影響も大きい。建築や土木技術への知識も深く、都市計画にも携わった。また、水力学・工学・数学・天文学など自然科学のあらゆる領域について膨大なノート類（『手稿』）を残しており、そこに描出された素描（デッサ

ン）や覚え書きなどから，レオナルドを近代科学の先駆者とする評価もある。

ミケランジェロ Ⓐ② [Michelangelo Buonarroti, 1475～1564]
イタリア-ルネサンス期の彫刻家・画家・建築家。ダ＝ヴィンチと並び，ルネサンスを代表する万能人。フィレンツェに生まれ，メディチ家のロレンツォの保護のもとでギリシャ・ローマ古典やダンテを学ぶ。また人文主義者たちとの交流からも影響を受ける。若くして，古代の肉体美に倣った彫刻「**ピエタ**」「**ダヴィデ像**」を制作するほか，システィーナ礼拝堂の天井画（「**天地創造**」）や壁画（「**最後の審判**」）を描くなど，数々の傑作を創作し，盛期ルネサンスを完成させた。サン-ピエトロ大聖堂の設計と工事にも関与する。晩年は内的世界を象徴する作品を残し，バロック美術の先駆けとなったと評される。他の主要作品に「モーセ像」など。

▲ ミケランジェロ画「最後の審判」（部分）

ラッファエッロ（ラファエロ）
Ⓒ③ [Raffaello Sanzio, 1483～1520] イタリア-ルネサンス期の画家。ウルビーノに生まれる。ペルージャやフィレンツェで絵画を学び，ダ＝ヴィンチとミケランジェロから多くの影響を受ける。20代の若さで教皇ユリウス２世に招かれ，ローマに赴いてヴァチカン宮殿の壁画に着手する。その署名の間の壁画「**アテネの学堂**」は，ルネサンス期の実在の人物をモデルにしつつ，古代ギリシャの哲学者が一堂に会するさまを描いたもので，とくにプラトンの理想主義とアリストテレスの現実主義がよく表現されている。「椅子の聖母子」「聖母子と幼児ヨハネ」など聖母子像や肖像画にも秀作が多い。

▲ ラファエロ「聖母子と幼児ヨハネ」

マキャヴェッリ（マキャヴェリ） Ⓑ④
[Niccolò Bernardo Machiavelli, 1469～1527] イタリア-ルネサンス期の政治家，歴史家。メディチ家の追放やフランスの侵入によって弱体化した共和国フィレンツェの外交官となり，軍事外交に奔走する。君主チェーザレ＝ボルジアとの邂逅は有名。しかし復帰したメディチ家によって解任，さらに反メディチ家の嫌疑を受けて郊外に追放される。その後は執筆活動に専念した。

主著『**君主論**』では，当時の混乱したイタリアを統一するために，現実的で強力な政治権力をもつ君主の出現が必要であると主張する。政治を宗教・道徳から切り離し，現実にもとづいて考察をすすめることを説いて，近代政治学の基礎を築いた。『君主論』のほか，「ローマ史」をもとに共和政を論じた『ローマ史論』，メディチ家の依頼で執筆した『フィレンツェ史』などがある。

『君主論』 Ⓐ④ （くんしゅろん）
1513年ごろに完成されたマキャヴェッリの主著。政治学の古典とされる。マキャヴェッリ自身が直面していたイタリア統一という課題にもとづき，君主権の確立や理想的な君主像を著述した。すなわち，君主とは強さとずる賢さ（「獅子の力と狐の奸知」**資料**）とを備えるべきで，権謀術数にたけ，人々から恐れられるほうが大事業を成し遂げるという。チェーザレ＝ボルジアがこうした君主像を体現しているともいわれる。この『君主論』からマキャヴェリズムという言葉が生まれ，目的のためには手段を選ばない権謀術数主義をあらわすものとされるようになった。

エラスムス Ⓐ⑨ [Desiderius Erasmus, 1466～1536]
オランダの人文学者。ロッテルダムで生まれる。青年期に修道院でス

コラ的な神学教育を受け，修道士のちに司祭となる。しかし，世俗化した僧侶の世界に嫌悪を感じ，しだいに神学を離れて，古典や聖書の原典研究に没頭するようになる。この間，トマス＝モアら各地の人文主義者と交流する。1516年，学問的，歴史的理解にもとづく注釈とラテン語訳を付した『校訂ギリシャ語新約聖書』をスイスで刊行し，「キリストの哲学」と称する批判的・合理主義的神学の樹立をめざした。人文主義の精神とキリスト教信仰とを結びつけようとする彼の立場は，**キリスト教的人文主義**ともよばれる。

宗教改革に際しては，はじめこれを支援する。しかし，神の絶対性と人間の自由意志との両立を論じた『自由意志論』に対して，ルターが，自由意志を否定する『奴隷意志論』を著して反駁したことから論争になり，やがてルターとは決定的にたもとを分かつことになる。著書『痴愚神礼讃』『自由意志論』

『痴愚神礼讃』 **C**5（ちぐしんらいさん） エラスムスの主著。1509年，ロンドンのトマス＝モア宅に滞在中にラテン語で書かれた諷刺的文芸作品。1511年にパリで刊行され，大きな反響を呼んだ。その内容は，痴愚神という架空の女神が，聖職者，神学者，王侯貴族などさまざまな人間の愚行を列挙しながら，人間はみな痴愚神の信奉者であると自慢するものである。各国語に翻訳され，版を重ねたが，教会や権力者への痛烈な皮肉を含むため，ローマ教皇などから禁書の処分も受けている。

　　　　　　　　類『愚神礼讃』 **B**3

トマス＝モア **A**7［Thomas More, 1478～1535］ イギリスの法律家・政治家・人文主義者。ロンドンに生まれる。オックスフォード大学で法律を学び，判事，下院議員，大法官の職に就く。オランダのエラスムスとも親交を結んだ。国王ヘンリー8世に重用されるが，国王の離婚問題に端を発したイギリス国教会の形成に反対し，刑死した。

代表作『ユートピア』では，共産制を土台とする理想社会が描かれる。「ユートピア」とはギリシャ語で「どこにもない場所」を意味するが，モアはどこにも存在しない

理想的社会を描くことで，当時のイギリスの政治体制を諷刺し，その改革をめざそうとした。とくに私有財産制を批判し，イギリスに特有な囲い込み運動が多くの失業者を生み出しているとして，「泥棒を養成してから，それを処罰する」と非難している。

シェークスピア ［William Shakespeare, 1564～1616］ イギリスの劇作家，詩人。イングランドのストラトフォードに商人の子として生まれ，おもにエリザベス朝のロンドンで活躍した。多くのソネットや悲喜劇・歴史劇は，人間に対する深い洞察，想像力，たくみな筋立てに裏打ちされ，イギリス-ルネサンス期の傑作と評価される。四大悲劇と呼ばれる『ハムレット』『マクベス』『オセロ』『リア王』，他に『ロミオとジュリエット』（悲劇），『ヴェニスの商人』（喜劇），『ヘンリー4世』（歴史劇）など，多くの作品が残されている。

ラブレー ［Franois Rabelais, 1483～1553］ フランスの作家，医師，人文主義者。教会や大学など中世的権威を痛烈に諷刺し，ルネサンス期の生命力と人間性解放の喜びにあふれた物語『ガルガンチュアとパンタグリュエル』を大成したことで知られる。

2 宗教観の転換 —— 宗教改革

宗教改革 **A**6（しゅうきょうかいかく） 16世紀に西ヨーロッパでおこった，ローマ-カトリック教会の改革運動。14〜15世紀にはすでに，イングランドのウィクリフ，ボヘミアのフス，イタリアのサヴォナローラらによる教会批判の動きがおこっていたが，これらはいずれも異端とされて弾圧を受けた。宗教改革の直接のきっかけとなったのは，1517年にルターが発表した「95か条の論題」で，当初は純粋に教義上の論争が展開された。しかし，この教義上の争いは，教会からの自立をめざすルター派の諸侯たちの動きと結びつき，やがて教会体制そのものへの抵抗（プロテスト）へと発展していく。その結果，西ヨーロッパのキリスト教社会は，ローマ-カトリックとプロテスタントに分裂し，宗教戦争が勃発することになる。

プロテスタントの運動は、統一されたものではなく、ルター派のほかに、カルヴァン派、ツヴィングリが率いたスイス改革派などがあり、相互に少なからぬ主張の隔たりがある。しかし、ローマ＝カトリック教会や、それに属する聖職者の権威を認めず、聖書を拠りどころとする個人の内面的信仰を重視する点では共通している。宗教改革は、教会と神聖ローマ皇帝の権威をゆるがし、地域の国々が独立した主権国家として成長するきっかけをつくるなど、西欧近代社会の成立に大きな影響を与えた。

ルター A13 [Martin Luther, 1483～1546] ドイツの神学者、宗教改革者。アイスレーベンに生まれ、エアフルト大学にて法律を学ぶ。22歳の時に落雷に遭い、それをきっかけにアウグスティヌス派の修道院に入る。神学を学び、ヴィッテンベルク大学の神学教授となる。

1517年「95ヵ条の論題」を公表し、贖宥状を乱発する教皇レオ10世とローマ＝カトリック教会を批判する。このことが宗教改革の発端となった。1521年には教会より破門され、ワルトブルク城に身を隠しながら、聖書のドイツ語訳に従事する。やがて出版されたドイツ語訳聖書は、ドイツ語圏への聖書の普及に大きな役割を果たした。

ルターは、教会や司祭を通じて救済にあずかるのではなく、個々人が聖書と向き合い内面的な信仰を育むことを重視した。聖書のドイツ語訳を行ったのもそのためであった。「聖書のみ」というこの理想はプロテスタント運動の核となるが、のちにドイツのミュンツァーやオランダのエラスムス、スイスのツヴィングリらとの対立を招くことにもなった。主著『キリスト者の自由』『奴隷意志論』

贖宥状 A3 (**免罪符** A2) (しょくゆうじょう)(めんざいふ) 中世末からローマ＝カトリック教会で、自己の犯した罪の償いが免除されるとして販売された証書。15世紀以降には教会の財源の一部となり、16世紀初めには、サン＝ピエトロ大聖堂の建築資金を確保するため、さかんに販売された。

『95か条の論題』 C (**『95か条の意見書』** B) (きゅうじゅうごじょうろんだい)(きゅうじゅうごじょういけんしょ) ルターが1517年に発表したラテン語の文書で、教皇レオ10世の贖宥状販売に抗議したもの。ルターによれば、罪からの救済は善行を積むことにあるのではなく、神への信仰のみにあり、信仰の拠りどころとなるのは聖書のみである。この立場から、贖宥状と魂の救済とは無関係であると主張した。1521年、ルターはウォルムス帝国議会で撤回を命じられたが、拒否して破門された。

聖書中心主義 A (せいしょちゅうしんしゅぎ) 信仰の拠りどころは、教会の行う儀式や慈善事業にではなく、聖書のみにあるとする考え方。ルターは、ローマ＝カトリック教会が唱えるように、贖宥状の購入や寄進などの善行を積むことで罪から救済されるとする考え方を批判し、魂の救済は信仰のみにあると強調した。さらにルターは、聖書を拠りどころとして各人が直接に神と向き合うことを重視し、聖書のドイツ語訳を行っている。

類 聖書のみ B　聖書のドイツ語訳

福音主義 B (ふくいんしゅぎ) カトリック教会の信仰に対する、プロテスタントの信仰のあり方を示す言葉で、教会の制度や儀式ではなく、聖書に記された福音を信仰の基礎におく立場。福音とはもともと「よき知らせ」の意で、イエスによる人類の救済やイエス自身の言動を意味する。イエス＝キリストの受難によって人間の罪があがなわれ、救済がもたらされるとする福音に立ち返って、神からの恩恵として与えられた信仰を強調する。

信仰のみ B (しんこう-) キリスト者が義とされ、救われるのは「ただ信仰のみによる」という信仰義認説の主張。新約聖書におけるパウロの「義人は信仰によって生きる」(「ローマ人への手紙」) 資料 という言葉にもとづくルターの根本主張で、『キリスト者の自由』のなかでくりかえし述べられている。

信仰義認説 A6 (しんこうぎにんせつ) 人間が罪を許され、救済されるためには、なんらの

善行も必要でなく，自分の信仰だけがあれば十分であるとする説。祭祀や律法などの外的な権威を否定し，内面的信仰の優位を説く。「義認」は，聖書の中の「義とする」という言葉に由来し，「正しいと認める」「無罪と認める」の意。律法に従えば人間はかえって罪人となり，また罪人であっても，キリストの受難によって示された神の義を信ずることによって赦（ゆる）されるとするパウロの思想を，ルターがさらに深めたもので，宗教改革運動の根本思想となった。

万人司祭主義 Ⓑ（ばんにんしさいしゅぎ） 聖書を拠りどころとする限り，神のもとでは，すべてのキリスト者は等しく司祭であるという考え方で，ルターにより強調された。ローマ＝カトリック教会の位階制度のもとでは，一部の人間のみが司祭として聖書の教えを伝えることができたが，ルターはこれに反対し，個々人が聖書を通じて信仰を高めることを重視した。ルター以降，プロテスタント諸派ではすべてのキリスト者は普遍（ふへん）司祭（万人司祭）とされ，神に対する責任と使命をもつとされた。信仰義認説や聖書中心主義とも関連する考え方。

職業召命観 Ⓐ（しょくぎょうしょうめいかん） 職業は神から与えられた神聖な義務であり，どの職業も等しく尊いとする考え方。ルターが，それまで聖職者の使命の意味に限られていたベルーフ[Beruf]（召命。英語ではcalling）という語を，世俗の職業にも適用したことにはじまる。カルヴァンはこれをさらに徹底して，すべての職業労働は神に対する義務の遂行であると説き，この考え方が，やがて近代産業社会における基本的な職業観として定着していった。

召命 Ⓐ（しょうめい） キリスト教において，神より呼びかけられて新しい使命につくことを意味する。もともとは聖職者だけが召命の対象と考えられていたが，宗教改革においてこの考え方が批判され，ルターやカルヴァンによって，すべてのキリスト者が召命の対象であり，神からこの世における神聖な務め（職業）を与えられるものと主張された。ドイツ語で職業を意味するベルーフ[Beruf]（英語ではcalling）は，「呼ぶ」を意味する[rufen]の派生語である。
類 Beruf Ⓒ calling Ⓒ

天職 Ⓑ（てんしょく） 神からこの世における神聖な義務として与えられた務め，職。

『キリスト者の自由』 Ⓑ③（-しゃ-じゆう） ルターの主著で，宗教改革におけるルターの意図が明瞭に示されている。1520年，レオ10世に献呈（けんてい）された。ラテン語版とドイツ語版の二種類がある。キリスト者の本来的なあり方として，何者にも妨げられない信仰の自由と，すべての者に従属し仕えようとする奉仕の愛が強調されている。「キリスト者はすべてのものの上に立つ自由な主人であって誰にも従属していない。キリスト者はすべてのものに奉仕する僕（しもべ）であって，誰にも従属している。」 資料

ドイツ農民戦争（-のうみんせんそう） 1524年〜25年に南部・中部ドイツで広まった農民の反乱。ルターの宗教改革から影響を受けたといわれる。代表的な指導者は，ルターの主張に共感した説教師トマス＝ミュンツァー（1489?〜1525）で，「シュワーベン農民の12ヵ条要求」を掲げ，10分の1税の負担や農奴制廃止などを要求した。しかしのちに一部が暴徒化したこともあり，ルターの支持を失う。統一性をもたない各地での反乱は領主連合によって鎮圧（ちんあつ）され，ミュンツァーは処刑された。

カルヴァン Ⓐ⑨

[Jean Calvin, 1509〜64] フランスの宗教改革者。ノワイヨンに生まれ，パリで神学・法学・人文主義を修める。ルターの影響を受けて回心し，宗教改革の神学を体系的に著した『キリスト教綱要』を刊行する。1536年，招かれてジュネーヴの宗教改革に加わるが，失敗して亡命。3年後，再びジュネーヴから招かれ，以降10数年にわたって宗教改革運動を推進し，フランスやネーデルランドなど他国の宗教改革も支援した。位階制度としての教会を否定し，聖書を尊重する立場をとる。人文主義的な方法にもとづいて，旧約・新約聖書の注解を行い，ほとんど聖書全体に及ぶ注釈書を残した。また，神の支配は世界のすべてに及ぶという信念のもと，神への感謝のしるしとして，この

世での生を積極的に送ることを説いている。
主著『キリスト教綱要』

カルヴィニズム Ⓐ⑤[Calvinism] フランスの宗教改革者カルヴァンに発する，宗教的・思想的運動。プロテスタントの教派としては，改革派，長老派とよばれる。神の絶対性と神への服従の強調，福音主義，聖書中心主義，予定説，禁欲と倫理的生活の重視などを中心的思想とする。スイスのジュネーヴにはじまって，オランダ，スコットランド，イギリスなどに広まり，1620年にはピルグリム-ファーザーズとともにアメリカへも移植された。

　職業労働を神への奉仕ととらえる考えは，近代市民の職業倫理を準備したものといわれる一方，予定説に固執する非寛容的な主張は，宗教戦争が激化する一因となったともいわれる。

予定説 Ⓐ⑧(よていせつ) キリスト教において，神があらかじめ，救済される者と滅びる者とを定めているとする教説。アウグスティヌスとカルヴァンの説がよく知られている。人間は自由意志にもとづく自らの努力によって救済されると説く修道士ペラギウス（354頃〜440頃）に対して，アウグスティヌスは，救済には神の恩寵が不可欠であると主張した。

　カルヴァンは，アウグスティヌスの考えをさらに推し進めて，神は絶対の意志によって，一部の人間には永遠の救済を，他の者には永遠の呪いと滅亡を予定した(二重予定説)と説く。カルヴァンによれば，人間は，信仰や善行によって神の意志を変えることはできず，ただ神の予定に服従し，神の意志を実現することだけが，人間の義務である。ここから，神によって定められた職業に専念することが，人間のあるべきあり方であるとする倫理観が成立する。

　　　　　　　類神の栄光のみⒸ②
職業倫理 Ⓑ②(しょくぎょうりんり) 職業の内面的・社会的意義の探求と，そこから導かれる職業生活上の行為規範をいい，武士道や町人道徳のような身分的道徳も，広い意味での職業倫理とみなすことができる。狭義には，個人の自己実現のためになされる職業労働そのものに，宗教的・道徳的価値を認める職業観をいい，思想史上ではと

くに，宗教改革を通じて形成された，プロテスタントの職業召命観をさしていわれる。

　ルターは，聖職者の仕事だけでなく，すべての職業が神の召命によるものであるとして，職業における聖・俗の差別を取りはらった。カルヴァンは，ルターの職業観をさらに徹底し，あらゆる職業が，神の栄光を増す聖なる価値を有するものであると説いた。マックス＝ウェーバーは，『プロテスタンティズムの倫理と資本主義の精神』のなかで，カルヴァン派の信仰が普及した地域で資本主義がいち早く成立したことに注目し，勤勉・質素・禁欲というカルヴィニズムの道徳が，労働と営利追求を倫理的義務とみなす「資本主義の精神」の支柱となったと考えた。

『キリスト教綱要』 Ⓑ⑥(-きょうこうよう) カルヴァンの主著で，宗教改革の神学を体系的に著したもの。ラテン語で書かれ，1536年に出版されたが，1559年に出された第5版が決定版とされる。早い時期からフランス語・英語・ドイツ語など各国語に翻訳され，多くの支持者を得た。綱要[institutio]とは「教育」の意味で，神による創造，贖罪，恩寵，救済，教会などについて論じられ，聖書に示された福音へと信徒を導くことが目ざされている。

プロテスタンティズム Ⓐ④[Protestantism] 16世紀の宗教改革を通じて，カトリシズムから分離して成立したキリスト教。新教ともいう。プロテスタント[protestant]とは「抗議」「反対する人」の意。1529年のドイツ国会で，カトリック側の皇帝カール5世が信教の自由を取り消したことに対し，ルター派の諸侯が抗議したことに由来する。典礼儀式を重視するカトリックに対し，神の前に立つ個人が自ら聖書と向き合い，信仰を高めることを主張した。ルターやカルヴァンらによる宗教改革運動を起源とするが，やがて多くの教派に分かれる。全ヨーロッパ，北アメリカに広がり，近代社会の形成に大きな影響を及ぼした。

　　　　　　　類プロテスタントⒷ②
ピューリタニズム Ⓑ②[Puritanism] イギリスの宗教改革を不充分なものとし，カトリック的制度や典礼儀式を取り除いて，

教会の純化をめざした運動。カルヴィニズムの流れをくみ，聖書にしたがって厳格な信仰生活を送ることを旨とする。人と神との関係や，家庭や国家との社会関係を契約としてとらえ，地上における「神の国」の実現をめざし，神に対し責任をもつ生活を送ろうとするところに特徴がある。

ピューリタン Ａ（清教徒）（せいきょうと）[Puritan] 清教徒と訳される。イギリスにおけるプロテスタント（カルヴァン派）で，エリザベス１世による宗教改革を不充分とし，カルヴァンの宗教改革をモデルにイギリス国教会を純化しようとした人々を指す。禁欲的で勤勉な生活を旨とした。国教会から分離した一部の人々は，信仰の自由を求めてイギリスを離れ，1620年メイフラワー号で北アメリカのプリマスに上陸する（ピルグリム−ファーザーズ）。イギリス国内では，議会派の多くを占めたピューリタンが，絶対王政をすすめようとするチャールズ１世と衝突し，ピューリタン革命（1642〜49年）をおこした。

ウィクリフ Ｃ②[John Wycliffe, 1320?〜84] イギリスの神学者。宗教改革の先駆者といわれる。オックスフォード大学で神学を教えていたが，聖書中心主義に立ち，聖書を英訳する。教会制度やローマ教皇の権力を批判し，宗教的権威に対する国家の優位を主張した。死後，コンスタンツ公会議でフスとともに異端とされた。

フス Ａ[Jan Hus, 1372?〜1415] ボヘミアの宗教改革者。プラハ大学で神学を修める。ウィクリフの思想に共鳴し，聖書のチェコ語訳を行う一方，チェコ語の表記法を新たに考案するなど民族教育にも貢献した。教会改革を主張し，贖宥状（しょくゆうじょう）の販売を批判して破門される。1414年コンスタンツ公会議で異端とされ，翌年火刑に処せられた。

サヴォナローラ[Girolamo Savonarola, 1452〜98] フィレンツェの宗教改革者。ドミニコ会修道士。ルネサンス末期，メディチ家支配のもとにあったフィレンツェの道徳的退廃を非難，贅沢（ぜいたく）の禁止など市政改革に携わる。一時は市民の支持を得るが，ローマ教皇を批判して破門され，異端として火刑に処せられた。

ツヴィングリ[Huldereich Zwingli, 1484〜1531] スイスの神学者，宗教改革者。チューリヒの司祭となるが，ルターの聖書中心主義の影響を受け，市政とも連携しながら宗教改革を推進した。チューリヒの宗教改革は，スイスの諸都市にも波及し，カルヴァン派にも影響を及ぼす。聖餐（せいさん）論をめぐってルターと決別し，カトリックとの戦いのなかで戦死した。

ギリシャ正教会（東方正教会）（せいきょうかい）（とうほうせいきょうかい） 教皇を首長とするローマ−カトリック教会に対して，ビザンツ皇帝を首長とする東方教会を指す。教義や典礼儀式をめぐって東西両教会は対立していたが，1054年最終的に分離する。西方教会に対し，正（オーソドックス）教会として発展した。神秘的な傾向が強く，典礼やイコン崇拝（すうはい）に特色が見られる。

イギリス国教会 Ｃ（−こっきょうかい） イングランド国教会。16世紀，ヘンリー８世の離婚問題を契機に，ローマ−カトリック教会から独立した。イギリスの統治者（国王）を首長とすることに特色をもつ。教義のうえではプロテスタンティズムに属するが，典礼儀式にはカトリックとの共通点が多い。

カトリック改革（−かいかく） プロテスタントの宗教改革に対抗してカトリック教会がおこした内部革新運動。教皇の存在を至上のものとし，組織の規律や秩序を正す一方，異端尋問所（いたんじんもんしょ）を設置し禁書目録を作成するなど，統制を強化した。ヨーロッパ以外の諸国への布教活動も積極的に行った。

類 対抗宗教改革 Ｂ　反宗教改革 Ｃ

イエズス会Ｂ②（ジェスイット教団Ｃ）（−かい）（−きょうだん） カトリック教会の修道会。1534年，スペインのイグナティウス＝デ＝ロヨラ（1491〜1556）が中心となって創立し，まもなくローマ教皇の認可を受けた。教皇への忠誠心のもと固く団結し，世界各地におもむいて布教活動に携わり，カトリック勢力の回復に成果をあげた。1549年には，イエズス会の布教活動の一環としてフランシスコ＝ザビエル（1506〜52）が日本に来航している。

宗教戦争 Ｂ②（しゅうきょうせんそう） 広義には，宗教をめぐって生じた戦争のことを意味する。一般的には，とくに宗教改革後の16

～17世紀に，プロテスタントとカトリック間の対立を原因として生じた戦争を指す。オランダ独立戦争，フランスのユグノー戦争，ドイツ三十年戦争などが挙げられる。

ユグノー戦争 C（－せんそう）　1562～98年にかけてフランスにおこったプロテスタントとカトリック間の宗教戦争。当時，フランスのカルヴァン派はユグノーと呼ばれていた。政治的な対立も絡んで勃発した「サン＝バンテルミーの虐殺事件」（1572年）では多くのユグノーが殺害され，フランス各地で激しい戦闘が繰り広げられることとなった。カトリックに改宗したアンリ4世が，ユグノーにもカトリックと同様に信仰の自由を認める「ナントの勅令」（1598年）を発したことで終結した。

三十年戦争（さんじゅうねんせんそう）　ドイツを舞台として，1618年～48年の30年間に繰り広げられた最大の宗教戦争。ボヘミア（ベーメン）におけるプロテスタントの反乱をきっかけに勃発した。初期にはドイツ領内でのプロテスタントとカトリックの抗争であったが，政治的な利害から，プロテスタント側にはおもにデンマーク・スウェーデン・フランスが，カトリック側にはスペインがそれぞれ荷担して，国際的な紛争に発展した。ウェストファリア条約によって終結するが，この戦争によってドイツは荒廃した。

魔女狩り C（まじょが－）　教会ないし民衆による，宗教に名を借りた，組織的・狂信的な異端者の摘発・追放運動。ヨーロッパでは16～17世紀にかけて盛んに行われ，魔女という疑いをかけられた人間（大半が女性であったが，男性も含まれる）が激しく迫害され，拷問や一方的な裁判の果てに虐殺された。ヨーロッパ全土でどれくらいの人々が魔女として処刑されたか，定かではない。

3　人間の偉大と限界
　―― モラリスト

モラリスト A4[moraliste]　直訳すれば，「道徳家」「道徳主義者」であるが，思想史の上では，16世紀末から18世紀にかけてあらわれた，道徳的な関心のもとに人間性を探求した一群の思想家をさしていわれる。モラル[moral]の語源[mores]には，社会の習俗と，内面的道徳の二通りの意味が含まれ，その両面から真の人間性を追求するのがモラリストの思想である。代表的なモラリストは，フランスで活躍した，モンテーニュ，パスカル，ラ＝ロシュフーコー，ラ＝ブリュイエールである。彼らは，社会の風俗・慣習や人間の心理を深く観察し，エッセーやアフォリズム（箴言，格言，警句）とよばれる断片的で自由な表現形式を駆使して，人間の真実を透徹した筆致で描き出した。

モンテーニュ A4
[Michel de Montaigne, 1533～92] 16世紀フランスの哲学者，モラリスト。ボルドー近郊の貴族の家に生まれる。幼少よりギリシャ・ローマ古典に親しみ，大学ではおもに法律を修める。高等法院評定官の職に就くが，やがて引退。読書や思索にはげみ，主著となる『随想録（エセー）』を執筆する。

その後ボルドー市長に推され，新旧キリスト教徒による宗教戦争のただなかで，政務に奔走する。新旧両派の，自己の立場を絶対視する宗教的不寛容さに苦悩しつつ，両派の和解に尽力した。引退後は再び『エセー』の執筆に集中する。

古典古代の教養を備えた人文主義者であり，人間とその社会を精緻に観察し，人間の普遍的なあり方について探究した。「クー゠セージュ？（Que sais je）」（「私は何を知るか」）という言葉は，つねに観察と内省を繰り返し，普遍的な真理を探究しようとするものであり，彼の思想の根柢をなすものであった。

『エセー』 A2[Essais]　モンテーニュの主著で，『随想録』と訳される。「エセー」とはフランス語で「試し」「試み」の意味。体系的な哲学書ではなく，長短さまざまな個別の章から構成されている。モンテーニュの生涯にわたって断続的に書き継がれ，内容は執筆の時期に応じて，ストア派的な克己主義（第1期）・懐疑主義（第2期）・

エピクロス派的な快楽主義（第3期）の三期に分類されることが多い。

「クーセージュ？」 資料 Ｂ ［Que sais je?］ 『エセー』（第2巻12章「レーモン・スボンの弁護」）に記されたモンテーニュの言葉で、「私は何を知るか」 資料 との意味。モンテーニュの懐疑論を表明するもので、人間の知識や理性、判断能力には限界があることを見きわめ、独断や偏見を退けて、謙虚な姿勢で真理の探究につとめようとするものである。

類 「私は何を知るか」 Ｃ

懐疑論 Ｂ（懐疑主義 Ｂ ２）（かいぎろん）（かいぎしゅぎ） 人間の認識能力は有限・相対的であるから、普遍的真理の認識は不可能であると説く立場。独断論に対立する。また、認識の限界を問題にする点では、批判哲学と重なり合う。

デカルトやヒュームの懐疑論がよく知られているが、古くは、ギリシャのピュロンが、事物の真相を認識することの不可能を説き、魂の平安（アタラクシア）を得るためには、すべての判断を中止すべきであると主張した。モンテーニュは、セクストゥス＝エンペイリコス（2～3世紀頃）の著した『ピュロン主義哲学の概要説』から懐疑論を学び、理性に対する過信をいましめ、自己や現実を謙虚に見つめ、省察すべきであると説いた。思考の中立を守って、より正しい認識に至ろうとする彼の懐疑論は、デカルトの「方法的懐疑」の考えにも大きな影響を及ぼした。

寛容 Ｂ ２（かんよう） 広義には、自己とは異なる、他者の思想・信条を受け入れること。また、自己の思想や信条を他者に強制しないこと。とくに宗教的な立場にかんしては、異なる信仰や宗派をたがいに容認し、相手を受け入れること。宗教改革後の、新旧キリスト教徒による抗争のなかを生きたモンテーニュは、独断や偏見、不寛容が狂信的な野蛮さを生み出すとして、寛容の精神を説いている。

パスカル Ａ 10 ［Blaise Pascal, 1623～62］ フランスの哲学者、数学者、物理学者。キリスト教神学者でもある。クレルモンに生まれる。幼時から英才教育を受け、多くの分野においてその才能を発揮した。とくに

数学において優秀さを示し、16歳で「円錐曲線試論」（のちに「パスカルの定理」として知られる）を発表する。自動計算機の発明、「パスカルの原理」の発見など数々の業績をあげるが、31歳で決定的な回心にいたる。ポール-ロワイヤル修道院の客員となり、恩寵論を主題とした書簡『プロヴァンシアル』を残す。また、無神論者に対しキリスト教護教論を執筆するが、未完に終わる。彼の死後、家族や友人によって、残された断片的な草稿が遺稿集として出版された。これが『パンセ』（『瞑想録』）である。

キリスト者としては、人間の理性に懐疑的な立場をとり、信仰は理性ではなく、むしろ「心」に神を感じることにあるとした。ここから、人間の精神を幾何学的精神（合理的精神）と繊細の精神の二種類に区別する。また、人間は神のような無限の存在ではなく、有限で偶然性に左右される存在であるとも述べている。

『パンセ』 Ａ ［Pensées］ パスカルの死後、家族や友人によって出版された遺稿集。フランス語で「考えられたもの」との意味。もともとキリスト教護教論として構想されたものの草稿。断片やアフォリズムからなり、「考える葦」（断章347）や「クレオパトラの鼻」（断章162）など有名な警句も含まれる。『パンセ』前半においては、人間の有限性や「偉大」と「悲惨」をあわせもつ不可解さが描出され、後半においてはキリスト教の真理と信仰への働きかけが著述される。

▲『パンセ』の扉絵

考える葦 Ａ ３（かんがえるあし） 『パンセ』のなかの言葉。無限の宇宙にあって、人間は最も弱く悲惨な存在であり、パスカルはこれを葦になぞらえる。「人間は自然のうちで最も弱い一本の葦にすぎない。しかしそれは考える葦である。これをおしつぶすのに宇

宙全体が武装する必要はない」(断章347)
資料。「これらの無限の空間の永遠の沈黙は私を震撼させる」(断章206) 資料。宇宙の広大さと人間の卑小さを対比する一方，パスカルは「考える」という行為に人間の偉大を認める。「我々のあらゆる尊厳は考えるということにある。だからよく考えることを努めよう。ここに道徳の原理がある。」(断章347) 資料

中間者 **A** **①**（ちゅうかんしゃ）　『パンセ』において提示された人間観。パスカルによれば，人間は天使でもなく獣でもない(断章358)。人間は虚無と無限の中間(中間者)であり(断章72)，偉大さとみじめさを併せもつ存在である。こうした人間にとって望ましいあり方とは，神を信じ，神の愛のもとに自己の有限性を自覚し，自己の悲惨さを見つめることである。

気晴らし **B**（きば一）　パスカルによれば，人間は死の不安や存在のみじめさから目をそむけ，娯楽や社交，戦争などの「気晴らし」によって自己を慰めようとする。しかし「気晴らし」は同時に，考えることから人間を遠ざけ，人間を知らず知らずのうちに滅びさせるものであり，人間のもつみじめさのうちで，最も大きなものである(断章171)。

三つの秩序 **C** **①**（みっつのちつじょ）　パスカルによれば，人間の生は「身体(物質)」「精神」「愛」という三つの秩序から成り立つ。三つの秩序は無限に隔てられ，人はそれぞれの秩序を生きているが，パスカルは「あらゆる物質を合わせても，あらゆる精神を合わせても，それは愛のどんなに小さな動きにも値しない」(断章793) 資料 と述べ，「愛」の秩序を最上位として，信仰に生きることを重視した。

幾何学的精神 **B** **③**（きかがくてきせいしん）　『パンセ』において用いられた語。明確な原理を出発点として緻密な推論をおこなう科学的・合理的な精神をさす。

繊細の精神 **B** **⑤**（せんさいーせいしん）　幾何学的精神と対をなすもので，現象の背後にある微妙な数多くの原理を，直観(直感)的に把握する精神のこと。柔軟な思考のもと，複雑に絡み合っている現象をひと目で見てとる精神であって，その原動力は愛であるという。

パスカルの原理 **A**（ーげんり）　1653年にパスカルが提唱した定理で，「密閉した容器の中で静止している流体の各部分の圧力は，一定である」という原理。水圧機の原理となる。

3章 自然や科学技術と人間とのかかわり

1 自然への目と科学的なものの見方

近代科学の成立 B 2 (きんだいかがく－せいりつ)
17世紀を中心として起こった自然科学の理論の刷新。コペルニクス，ガリレイ，ニュートンらが重要な役割を果たし，天文学における**天動説**から**地動説**への転回，物理学における重力の発見などがあった。

中世では，アリストテレスの自然学とキリスト教神学が権威をもっていた。しかし，ルネサンスや宗教改革を通じて，権威に縛られず，自然現象をあるがままに考察する態度が生まれた。また，近代初期には，**実験**と**観察**を尊重する精神，幾何学と代数学を結びつけた数学的方法が生まれ，近代科学が成立していった。近代科学は，自然の中に数量的な法則を発見し，それを利用することで，自然を支配する精神へとつながっていった。

科学革命 A 2 (かがくかくめい)　自然科学の理論が革命のように一新されること。また，特に17世紀の近代科学の成立を指すこともある。歴史学者バターフィールドが提唱し，科学史家クーンがその構造を論じて注目された。バターフィールドは，数学的方法と実験に基づく観察が科学革命をもたらしたとする。

また，クーンは科学者たちに共有された**パラダイム**が転回することで科学革命が起こると考えた。具体的には，プトレマイオスの天動説からコペルニクスの地動説への転回，ニュートンの絶対空間・時間に基づく物理学からアインシュタインの相対性理論への転換などが挙げられる。

バターフィールド C [Herbert Butterfield, 1900~79]　イギリスの歴史学者。ヨークシャーのオクセンホープに生まれる。ケンブリッジ大学で学び，母校の教授となった。1949年発表の『近代科学の誕生』では，科学史においてコペルニクス，ケプラー，ガリレイ，ニュートンらが果たした

役割を明らかにし，17世紀を頂点とする**科学革命**によって，近代科学が成立したことを跡づけた。

クーン A 4 [Thomas Samuel Kuhn, 1922~96]　アメリカの科学史家・科学哲学者。シンシナティに生まれる。ハーバード大で物理学の博士号を取得した。科学史を教え，プリンストン大，マサチューセッツ工科大学などの教授を歴任。1962年の『科学革命の構造』では，科学者集団によって共有された，理論的モデルである**パラダイム**の存在を提唱した。しかし，この概念は曖昧であり相対主義的であるという理由で，ポパーらとの間で「パラダイム論争」を引き起こした。他の著作に『コペルニクス革命』など。

パラダイム A 9 [paradigm]　一定期間，科学者集団によって共有され，そこから問いや答えが与えられるような理論的モデル。「模範，モデル」を意味するギリシャ語 [paradeigma] に由来する。具体的には，コペルニクスの地動説，ニュートンの力学，アインシュタインの相対性理論などが挙げられる。**科学革命**とは，こうしたパラダイムの転換によって起こるのである。

類 **パラダイム－シフト** A 3

観察 A 1 (かんさつ)　あらかじめ決まった説明に頼るのではなく，自然現象を客観的に受容すること。中世では，聖書や教会の権威によって自然現象が説明されたのに対して，近代科学では，**実験**と観察から始めることで客観的な自然法則を発見しようとした。

実験 A 2 (じっけん)　仮説を立てた上で，その仮説が正しいのかどうかを試験すること。中世では，実験をすることなしに権威によって教義が認められたのに対して，近代科学では，実験と観察によって確証されることが客観的真理の条件である。

天動説 B (てんどうせつ)　静止した地球の周りをすべての天体が回っているという考え方。古代では，アリストテレスとプトレマイオス（2世紀頃）の説が有名。中世でも，天動説は教会の権威によって公認された説であった。

類 **プトレマイオス** B 1

地動説 A 4 (ちどうせつ)　地球は太陽の周りを公転しているという考え方。太陽中心説と

もいう。古代でもすでにこれを唱える者はいたが、近代ではコペルニクスが初めて主張したとされる。後に、ケプラー、ガリレイ、ニュートンらによって、数学的・物理学的な説明が与えられた。中世のキリスト教の見解に反するため、ガリレイやブルーノは宗教裁判にかけられることになった。

コペルニクス A5［Nicolaus Copernicus, 1473～1543］ ポーランドの天文学者。東プロシアのトルニに生まれる。クラクフ大学などで教会法を学び、聖職者となる。古代の教養を学びつつ、天文学の研究を進め、**地動説**を唱える。コペルニクスは批判を懸念して、地動説を理論化した『天体の回転について』を公表したがらなかったという。実際に出版されたのは、その死の直前であった。

コペルニクスの地動説は、単に天文学だけではなく、中世に支配的であったアリストテレスの自然学の前提そのものを揺るがす、革命性を備えていた。主著に『天体の回転について』など。

ケプラー B9［Johannes Kepler, 1571～1630］ ドイツの天文学者・数学者。ヴァイル-デアー-シュタットに生まれる。テュービンゲン大学で神学を学ぶが、後に天文学に熱中する。コペルニクスに学びつつ、その学説に数学的な見地から修正を加える。それまで円形と考えられていた惑星の運動を楕円軌道であるとし、惑星運動の速度変化についての法則を発表した。これらは、ケプラーの惑星運動の三法則として知られている。天文学を数学によって緻密にした点で、近代自然科学の土台を築いたとされる。主著に『新天文学』など。

類 惑星運動の三法則 C

ガリレイ A7［Galileo Galilei, 1564～1642］ イタリアの科学者。ピサに生まれる。ピサ大学で医学を学ぶが、後に数学研究に熱中し、ピサ大学やパドヴァ大学で数学を教える。物理学では、**振り子の等時性**や**落体の法則**を発見し、天文学では、自作の望遠鏡を使って、木星の衛星や太陽黒点の運動などを観察し、地動説を主張した。教会の見解である天動説に反するこの説は、枢機卿から警告を受けるが、再び『天文対話』の中で主張された。結果、ガリレ

▲宗教裁判を受けるガリレイ

イの宗教裁判が行われ、その著作は禁書目録に入れられ、地動説は撤回させられた。

ガリレイは、観察に基づいた物理学・数学を根拠として、権威に頼らない近代自然科学の基礎を築いた一人として認められている。「自然という書物は数学の言葉で書かれている」資料 という言葉は、そうした信念を表現したものだといえる。他の著作に『新科学論議』など。

類 ガリレイの宗教裁判 C1

『天文対話』 B2（てんもんたいわ） ガリレイの著作。1632年出版。正確なタイトルは『プトレマイオスとコペルニクスとの二大世界体系についての対話』。対話形式で書かれ、**地動説**を主張する者と**天動説**を主張する者が、四日間にわたって議論を繰り広げる。教皇庁によって禁じられた地動説を主張したため、ガリレイは宗教裁判にかけられることになった。

振り子の等時性 C（ふーこ-とうじせい） 振り子の糸の長さが同じなら、振幅とは無関係に、振動の周期がつねに等しいこと。ピサ大学の学生であった当時18歳のガリレイが、ピサのドームで天井から吊り下げられているランプの揺れを観察し、発見したとされる。

落体の法則 C（らくたい-ほうそく） 真空中では、事物の質量・大きさ・形にかかわらず、等加速度で落下するという法則。ピサの斜塔での実験が有名であるが、実際には、斜面に球体を転がして実験を行った。ガリレイは、実験に基づく観察と数学的方法によって、この法則を発見した。

類 自由落下の法則 C

ニュートン A6［Isaac Newton, 1642～

1727] イギリスの数学者・科学者・哲学者。リンカンシャーのウールソープに生まれる。ケンブリッジ大学で学ぶ。学生時代からデカルト，ガリレオ，ケプラーなど，近代の哲学や物理学にも親しんだ。若くして光と色の理論，微積分の原理，**万有引力の法則**を発見する。その運動の原理の研究は，古典力学・ニュートン力学として，物理学の一つの標準となる。

　数学的な原理に従って，実証主義的な自然科学を打ち立てた点で，近代を代表する科学者として考えられている。また，熱心な神学者でもあり，錬金術（れんきんじゅつ）も研究していた。主著に『プリンキピア』（『自然哲学の数学的諸原理』），『光学』など。

　_類万有引力の法則 **B**③

『プリンキピア』 **B** （**『自然哲学の数学的諸原理』** **C**） （しぜんてつがくのすうがくてきしょげんり）
ニュートンの主著で，古典力学の標準的著作のひとつ。1687年公刊。全三巻からなり，第一巻では，真空中での物体の運動，第二巻では，抵抗のある媒質内での物体の運動，第三巻では，宇宙の数学的説明が論じられる。絶対時間・絶対空間といった概念（がいねん）は，科学のみならず近代思想に大きな影響を与えた。

ブルーノ **C**② [Giordano Bruno, 1548～1600] イタリアのルネサンスを代表する哲学者。南イタリアのノラに生まれる。ドミニコ修道院に入るが，エラスムスなどを学び，当時の教会とは異なる思想を持つにいたる。異端（いたん）の疑いをかけられ，逃亡。イタリア各地や国外を放浪することになる。最期はイタリアにて投獄され，処刑される。特に問題視されたのは，コペルニクスに従った地動説と，無限の宇宙と神とを同一視する汎神論（はんしんろん）であった。哲学的著作のほか，喜劇作家としても重要な作品を残した。主著は『無限，宇宙と諸世界について』など。

錬金術 （れんきんじゅつ）卑金属を金などの貴金属へ変える術。古代エジプトの金属精錬術が発祥（はっしょう）とされる。ヘルメス主義やグノーシス主義，アラビア科学と結びつき，イスラーム世界を経由して，中世の14～15世紀に西欧へ伝わった。魔術的・神秘的な側面をもつため，科学の発展とともに

衰退していったが，他方で，化学的な側面ももち，近代科学の成立を準備したとも考えられる。錬金術師としては，ドイツの医者パラケルスス（1493頃～1541）などが有名。

　_類近代科学の成立 **B**②

機械論的自然観 **A**⑨ （きかいろんてきしぜんかん）
自然を精巧な機械のような存在として捉え，自然の事象が機械的法則に従っているという考え方。運動の原因を機械的に説明する点で，アリストテレスを範（はん）とする中世の，**目的論的自然観**を否定した。デカルトやニュートンによって主張され，近代の自然科学の基本的な考え方となった。

生命的自然観 **C** （せいめいてきしぜんかん）　自然の物体には霊的なものが宿っているとする考え方。例えば，古代中国では，自然とは天地から万物が生まれる無窮（むきゅう）の活動であると考えられていた。古代ギリシャの**目的論的自然観**もその一種といえる。

目的論的自然観 **A**② （もくてきろんてきしぜんかん）
自然のすべての事物は何らかの目的にむかって変化・発展するという考え方。例えば，火が上昇することや石が落下することを，重量によってではなく，火や土がそのような目的をもっていると理解する。アリストテレスの自然学が代表的。

自然の支配 **C**① （しぜん—しはい）　自然と人間を区別して，人間が自然を征服し利用するという考え方。近代科学の成立によって，ヨーロッパでは，自然を機械として捉え，その法則を発見しようとする**機械論的自然観**が優勢となった。自然法則の解明とそれによる技術の進歩は，自然を技術的に操作・支配する態度へとつながっていった。

2　事実と経験の尊重—— 経験論

経験論 **A**⑧ （けいけんろん） [empiricism] 経験を重視する哲学のこと。狭義には，16～18世紀のイギリス経験論を指す。代表的な哲学者として，ロック，バークリ，ヒューム，先駆者として，ベーコン，ホッブズが挙げられる。基本的な立場としては，人間の知識や観念は感覚的な経験を通じて獲得するのであって，**生得観念**は存在しないというものである。これに対して，生得

観念を認め、理性を重視する立場を**合理論**という。こうした経験論は、功利主義や分析哲学にも影響を与えた。

類 **イギリス経験論** B4

ベーコン A10 [Francis Bacon, 1561～1626] イギリスの哲学者。イギリス**経験論**の先駆的存在。ロンドンの名門貴族に生まれる。ケンブリッジ大学などで法律を学んだ後、政治家としてエリザベス1世に仕えながら、自然科学の研究を進める。しかし後に収賄の疑いをかけられ引退。その後は隠遁生活を送り、著作に専念した。屋外の実験中、肺炎にかかり死亡したとされる。

哲学としては、当時支配的であったアリストテレスの自然学や、神秘的な要素を含む錬金術を批判して、実験と観察に基づいた経験的な自然学の重要性を主張した。また、イドラと呼ばれる偏見・思い込みを排除し、経験にもとづく知識を利用して自然を支配すること(「知は力なり」資料)こそ、学問の目的であるとした。主な著作に『学問の進歩』『新機関(ノヴム-オルガヌム)』『ニュー-アトランティス』。

イドラ A4 [idola] 偏見や思い込み。元々は「偶像・幻像」を意味する。ベーコンによれば、イドラには四種類ある。①人間という種が本性的にもっている種族のイドラ、②個々人の性質や教育による洞窟のイドラ、③人間同士のコミュニケーションや言語から生まれる市場のイドラ、④権威を無批判に受容することで生じる劇場のイドラ。ベーコンは、これらのイドラを退け、実験や観察によって真理に到達することを、自らの研究の目的とした。

種族のイドラ A4 (しゅぞく-) 人間という種族に固有の性質から生じる精神や感覚の誤り。例えば、自然の事象を単純化して理解すること、憶測によって誤った判断をすること、感情によって受け入れやすいものを信じることなどである。

洞窟のイドラ A5 (どうくつ-) 個々人が資質や環境に応じて身につけた偏見。教育や習慣、偶然によっても生じる。例えば、自分が愛好している学問・時代・対象に囚われて、正しい判断ができないことなどが挙げられる。

市場のイドラ A5 (しじょう-) 人間同士の交わりの中で言語の不適切な使用から生じる間違い。例えば、実在しないものに名称を与えることで根拠のない学説をこしらえること、誤った抽象化によって議論が混乱することなどが挙げられる。ベーコンはこのイドラが最も厄介だとする。

劇場のイドラ A4 (げきじょう-) 哲学の伝統的な学説や間違った論証などの権威を無批判に受容することで生まれる偏見。ベーコンは特にアリストテレスと錬金術師を批判している。アリストテレスは、実験を怠って自然哲学を台なしにし、錬金術師は、わずかな実験から哲学全体を引き出そうとしたとされる。

「知は力なり」 資料 A2 (ち-ちから-) 自然についての知識によって自然を支配し、利用することを意味する。ベーコンの『新機関』(『ノヴム-オルガヌム』)の一節「人間の知識と力は合一する」資料 に由来する。ベーコンは、実践的に応用される知識と、それを通じて新しい技術を発見することを重視した。知識が人間の力となるとともに、人間の力にならない単なる観想的な知識は、本来の知識ではない。あらゆる学問は、技術を産み出すような実践的な知識の上に築かれなければならない。この学問観は、ベーコンの没後、イギリス「王立協会」や、産業革命にいたる科学技術の発展にも貢献したといわれる。

類 **「人間の知識と力は合一する」** B1

「自然は服従することによってでなければ、征服されない」 資料 B (しぜん-ふくじゅう-せいふく-) ベーコンの『ノヴム-オルガヌム』のなかの言葉。観察と、そこから帰納法によって導き出された自然法則によって、自然の原因・結果の認識を通じ自然を征服する、という考え方を表す。

帰納法 A3 (きのうほう) [induction] 個別の事例から一般的法則を導き出す方法。一般的な原理から個別の原理を導き出す**演繹法**の反対。ベーコンは、実験と観察を通じて事例を比較・分析することによって一

3章 自然や科学技術と人間とのかかわり　197

般的法則を導き出すという方法が，学問の正しい道であるとした。

『新機関』 Ａ（『ノヴム-オルガヌム』Ａ）

（しんきかん）　ベーコンの主著のひとつ。1620年発表。ノヴム[novum]とは，ラテン語で「新」という意味。アリストテレスの論理学の著作『オルガヌム』に対して，「新しい論理学」を提示するために書かれた。二巻構成で，科学における実験の方法を論じた。第一巻は四つのイドラを批判し，「クモ」の巣のような中世スコラ哲学や，「アリ」のように事例をかき集める錬金術（れんきんじゅつ）を避け，熱心に働く「ミツバチ」を学究活動の模範とした。第二巻は，正しい帰納法によって，事例の表を作成することについて論じた。

ロック Ａ22 [John Locke, 1632〜1704]

イギリスの哲学者。リントンの新興地主の子に生まれる。オックスフォード大学で古典の教育を受けるが，スコラ学に不満を覚え，自然科学や哲学を研究する。議会派のシャフツベリの秘書となるが，王政復古後は反逆者としてオランダに亡命する。名誉革命後，帰国して新政府の要職に就いた。

哲学としては，経験論の立場から，あらゆる認識を感覚的な経験によって基礎づけた。人間が生まれながらにもつ生得観念を否定し，心は最初は**白紙**であると主張した。

また，政治哲学においては，自然権とは個人の生命・自由・財産の所有の権利（**所有権**）であり，自然権を保障するために契約によってそれを政府に信託すると説いた。そのため，人民は政府に対する**抵抗権**や**革命権**をもつとし，名誉革命やアメリカ独立宣言，フランス人権宣言にも大きな影響を与えた。主著に，『人間知性論』『統治二論（市民政府二論）』など。

白紙 Ｂ10 （はくし）[White paper]

いっさいの経験をする以前の心の状態を喩（たと）えたロックの言葉。ロックは，人間が生まれながらに持っているとされる**生得観念**を否定し，すべての観念や知識は経験から得られると主張した。そこで，何も経験していない人間の心は，いわば文字をまったく欠いた白紙であって，経験によって観念が書き込まれていくのだとした。

タブラ-ラーサ Ｃ3 [tabula rasa]

経験をする以前の心の状態。[tabula rasa]とはラテン語で「拭われた石版」という意味で，ロックの**白紙**と同じ。当時，生得観念を否定する立場を表す言い方として用いられた。これに対して，生得観念を認めるライプニッツは，人間の心をあらかじめ筋の入った大理石に喩（たと）えている。

バークリ Ａ5 [G.Berkeley, 1685〜1753]

アイルランドの哲学者・聖職者。アイルランドのキルケニーに生まれる。ダブリンのトリニティ-カレッジで学んだ後，ロンドンやアメリカ等を歴訪する。1734年からは，クロインの主教となり，地方の教化に尽力した。哲学としては，経験論を徹底させ，知覚された観念の外に存在があることを否定し，「存在するとは知覚されること」 資料 であるとした。外的な事物の存在を否定し，知覚する精神のみがあるとした点で，**唯心論**ともいわれる。主著に『人知原理論』『視覚新論』など。

ヒューム Ａ11 [David Hume, 1711〜76]

スコットランドの哲学者・歴史学者。ナインウェルズの名士の子に生まれる。エディンバラ大学で学んだ後，精神的危機を経て，因果律批判に至る。無神論者と目されたために，大学教授の職には就けなかったが，フランス大使秘書官・代理大使などを務め，パリのサロンで歓迎された。

哲学としては，**イギリス経験論**の最後の人物とされる。因果関係の客観性を否定して人間の心の習慣によるものにすぎないとし，人間の心を単なる「知覚の束（たば）」と捉えた。そのため，一般的に**懐疑論**であるとみなされる。主著に『人間本性論』（『人性論』），『自然宗教をめぐる対話』など。

類 知覚の束 Ｂ5

懐疑論 Ｂ （かいぎろん）

一般には，絶対確実な知識を否定し，判断を保留する立場。独断論と対立する。古代ギリシャのピュロン，ルネサンス期のモンテーニュなどが有名。ヒュームも，因果関係は心の習慣によるものだとして，その客観性を否定し，人間の心は「知覚の束（たば）」にすぎないとして，人格の同一性を否定した。そのため，懐疑論であると目され，カントはヒュームの懐疑論によって「独断のまどろみ」を破られたという。

3 理性の光——合理論

合理論 A5（ごうりろん） 感覚的な経験よりも理性を重視し、**生得観念**を認める立場。イギリス経験論に対して、特に**大陸合理論**という。代表的な哲学者としては、デカルト、スピノザ、ライプニッツが挙げられる。真理の探究のために感覚的経験よりも理性的論証を重視し、人間は経験に先立って観念を持っている（生得観念）と考え、経験的事例から一般法則を導出する帰納法ではなく、確実な真理から知識を導出する**演繹法**を用いた。

類 大陸合理論 B3

演繹法 A3（えんえきほう）［deduction］ 一般的な原理から個別的な原理や結論を導き出す方法。個別の事例から一般的法則を導き出す**帰納法**の反対。デカルトは演繹法を用いて、理性が正しいと判断した確実な原理を出発点とし、論証を積み重ねることで、あらゆる知識を論理的・必然的に導き出そうとした。

デカルト A16 ［René Descartes, 1596～1650］ フランスの哲学者。大陸合理論の祖・近代哲学の父とされる。トゥレーヌ州ラ-エに生まれる。イエズス会系の

ラ-フレーシュ学院でスコラ学の教育を受ける。ポワティエ大学で法学を修めるが、学問に不満を覚え、「世間という偉大な書物」から学ぶために、軍隊に入ったり旅をしたりして、現実世界を経験した。また、算術・幾何学・自然科学について学び、確実な真理を得るための方法を探求する。1628年、オランダへ移住し、哲学の研究に従事する。49年にはスウェーデンのクリスティーナ女王に請われて、ストックホルムへ移るが、翌年、寒さが災いし、肺炎のために没した。

その思想は、あらゆる事柄を疑う**方法的懐疑**を通じて、「**われ思う、故にわれあり**」という真理を獲得し、そこからあらゆる個別の真理を演繹し、学の体系を構築するものであった。主著に『方法序説』『省察』『情念論』など。

方法的懐疑 A2（ほうほうてきかいぎ） 疑わしいすべてのことについて判断を中止すること。**明晰判明な原理**を得るためにデカルトが提示した方法。あらゆる事柄を疑い、それでも残る真理を知識の最初の土台とした。

感覚はしばしば私達を錯覚させ、これまで当然とされてきた学説は習慣にすぎず、現実は夢かもしれない。さらに、数学的真理ですら、悪霊によってそのように思わされているだけかもしれない。こうした疑いによって、これらは真理から排除される。その結果残されたのが、「**われ思う、故にわれあり**」という真理であった。デカルトの懐疑は、確実な知識の土台を探求している点で、最初から知識を不可能なものと決めつけている懐疑論と区別される。

類 哲学の第一原理 B

「われ思う、故にわれあり」 B2（コギト-エルゴ-スム B1）資料（-おも-ゆえ-）［Cogito, ergo sum.］ デカルトが方法的懐疑によってすべてを疑った後に、それでも疑いえないとした**哲学の第一原理**。どんなに疑っても疑うことができないのは、疑っている「私」、思考する自分の存在である。デカルトは、この真理から**演繹法**によって、神の存在や物体の存在などを導き出す。考える「私」は精神であるから、肉体や物体とは区別された存在である。また、精神は他に依存することなく存在するから、**実体**である。コギト［cogito］とは、「私は考える」という意味のラテン語であり、デカルトのコギトは近代的自我の基礎となった。

類 私は考える、ゆえに私はある C

明晰 B1・判明 B1（めいせき・はんめい） デカルトが提示した真理の基準。「明晰」とは、事物が精神の前にあって明らかであること、「判明」とは、明晰に加えて、他の事物からはっきりと区別されていることである。デカルトは、単に感覚によって知覚されることや、権威によって保証されていることを真理からは退け、明晰・判明に知られるものだけを確実な真理とした。

『方法序説』 A2（ほうほうじょせつ） デカルトの主著のひとつ。1637年刊行。「屈折光学」「気象学」「幾何学」という試論のための学

問的方法を述べる序説として書かれた。学問の方法における規則として、①明晰・判明なものだけを真理として認める**明証の規則**、②問題をできるだけ小さな単位にまで分析する**分析の規則**、③小さな単位から始めて徐々に多くのものを認識する**総合の規則**、見落としがないように数えあげて全体を概観する**枚挙の規則**の４つが挙げられている。

良識 A6 （**ボン-サンス** A1）（りょうしき）[bon sens] 真と偽を判断する能力。理性ともいう。デカルトは『方法序説』の冒頭で、「良識はこの世でもっとも公平にあたえられているもの」資料だとする一方で、それを正しく使っている人はほとんどいないとも書いている。すなわち、万人が良識を等しく与えられており、理性の力で真理に達することができるのにもかかわらず、それを正しく使っていないために、真理から遠ざかっている、と考えたのである。ここからデカルトは、正しい良識の使い方として、**方法的懐疑**を提案する。

生得観念 B （**本有観念** C）（せいとくかんねん）（ほんゆうかんねん）人間が生まれながらに、すなわち、感覚による経験に先立って持っている観念。デカルトは、人間の精神が**明晰・判明**な知を持つことができるのは、神によって生得観念が刻み込まれているからだと考えた。こうした生得観念を認める立場が、後に**合理論**となったのに対して、生得観念を否定する立場が、**経験論**として展開された。

物心二元論 A1（ぶっしんにげんろん）物体と精神がそれぞれ別の実体であると考える立場。デカルトによれば、精神が思考する実体であるのに対して、物体は広がり（延長）をもつ実体である。精神は決して広がりをもたず、物体は思考することがない。物体と精神はたがいに独立して存在し、相互に影響を与え合うこともない。したがって、あらゆる物体の運動は自然法則に従っている機械のようなものにすぎない。このような前提から、**生命的自然観**や**目的論的自然観**と対比されるような**機械論的自然観**や自然科学の思想が発展していった。

心身二元論 B （しんしんにげんろん）人間の精神と身体がそれぞれ別の実体であると考える立場。デカルトは、精神を思考するもの（思惟実体）、物体を広がりのあるもの（延長実体）だと考えた。精神と物体はたがいに独立して存在し、相互に影響を与え合うことがない。物体は、物理的な因果法則に従う機械のようなものである。

人間の身体もまた、精神によって認識される対象であるかぎり、単なる物体にすぎない。しかし、こうした心身二元論の立場によると、どのように人間の精神と身体が結合するかが問題となる。デカルトは、脳の中心にある**松果腺**によって、精神と身体は結合すると考えた。

『省察』 A5（せいさつ）デカルトの主著のひとつ。1641年に初版刊行。本文は６つの部分からなり、６日間の省察という体裁をとっている。第一省察では、**方法的懐疑**によって感覚や現実、数学の真理が疑われ、第二省察では、思考するものである私の存在が真理であるとされ、第三省察では、神の存在と**生得観念**が証明される。第四省察では、**明晰・判明**の原理が真理の基準であることが確認され、第五省察では、延長する物体の本質と神の「存在論的証明」が論じられ、第六省察では、物体の存在と**物心二元論・心身二元論**が説明される。

情念 A9（じょうねん）身体から生じたものを精神が受容した状態。デカルトは、驚き・愛・憎しみ・欲望・喜び・悲しみの６つが基本的な情念であり、その他の情念はこれらの複合であるとした。デカルトの心身二元論によれば、精神と身体は別々の実体であるが、両者は脳の中心にある松果腺によって結合すると考えられた。身体が能動的に働いているとき、精神はその作用を受動する。この受動[passion]が情念[passion]である。

高邁の精神 A7（こうまいせいしん）デカルトの言葉で、理性にもとづく意志の働きであり、自己を尊重する気高い心。人間はしばしば身体から生じる情念に引きずられて過ちを犯すが、意志の作用によって情念をコントロールすることもできる。意志が情念を統

制することが徳であり，この徳を実現するために確固たる決意を自分自身のうちに感じることが高邁である。

『情念論』 B（じょうねんろん）　デカルトの主著のひとつ。1649年刊行。**心身二元論**をベースとして，精神と身体が結合する仕組みを論じている。精神と身体は松果腺によって結合し，身体が精神に働きかけるとき，**情念**が生じる。基本的な情念は，驚き・愛・憎しみ・欲望・喜び・悲しみの6つに分類され，**高邁の精神**によって情念を統制することで，徳が実現するとされる。

理性主義 B（**近代理性主義** C）（りせいしゅぎ）（きんだいりせいしゅぎ）　感覚的な経験に先立つ理性的な思考を重視する立場。しばしば経験主義と対比され，合理主義とも呼ばれる。哲学としては，理性を重視し，**生得観念**を認めたデカルトに始まり，スピノザ，ライプニッツへと引き継がれた。その思潮は一方で人間の理性を称揚するフランス啓蒙思想に，他方でカントの理性批判とその後に続くドイツ観念論へと展開していった。

また，特に人間の理性に信頼をおく西洋近代文明を特徴づける思考・行動様式として，近代理性主義ともいわれる。

スピノザ A8 [Baruch de Spinoza, 1632～77]　オランダの哲学者。アムステルダムにユダヤ人の商人の子として産まれる。ユダヤ教の教育を受けるが，独学でデカルト哲学を学び，ユダヤ教を疑うに至る。結果として破門され，その後は，独立した哲学者として執筆活動にいそしむ。「**神即自然**」という，神と自然，神と世界を同一視する**汎神論**を主張した。デカルトの心身二元論を批判的に受け継ぎ，精神と身体はただ一つ神という実体の属性であるとした。主著に『エチカ』『知性改善論』など。

「永遠の相のもとに」 資料 C3（えいえんのそう）　スピノザの言葉。人間の主観的な認識が時間的であるのに対して，それを超えた客観的な真理の認識が「永遠の相のもとに」見ることである。スピノザは，世界のあらゆる事柄が神の必然において生じると考えた。偶然に見えるのは，人間の認識の不十分さに起因している。「永遠の相のもとに」見るとき，自然の必然的法則が理解される。

『エチカ』 B2　スピノザの主著のひとつ。1677年公刊。エチカ [Ethica] とはラテン語で「倫理学」を意味する。幾何学の方法に倣い，定義・公理・定理・証明の順で叙述される。神即自然という神の証明に始まり，思惟（精神）と延長は神の属性であること，個物は神の「様態（神の属性が変化したもの）」であり，あらゆる存在が自己保存の欲望に従っていること，そして，人間の幸福は理性に基づく自然の必然的法則の認識であること等が論じられる。

ライプニッツ A8

[Gottfried Wilhelm Leibniz, 1646～1716]　ドイツの哲学者。ライプツィヒに生まれる。大学で哲学・神学・法学・数学を学ぶ。ハノーファー公に仕えながら，ヨーロッパ各地を歴訪し，多くの業績を残す。1700年には，ベルリン科学協会の初代会長に就任した。万能の天才で，数学における微積分法の考案をはじめ，哲学，言語学，中国思想の研究などの学問だけでなく，新旧教会統一計画，アカデミー計画，鉱山開発計画の立案などといった政治・政策の面でも活躍した。

哲学としては，**モナド（単子）** と呼ばれる実体をもとに宇宙論を構成した。同一律（A は A である）と充足理由律（理由なしには何も生じない）という，ライプニッツが重視した二つの原則は，その後の哲学において大きな影響を持った。主著に『モナドロジー』『弁神論』など。

モナド A2（**単子** B）（たんし）[monade]　すべての存在の最小単位。ギリシャ語で「一」を意味する [monas] に由来。ライプニッツは，モナドを最も単純な実体，空間的な広がりをもたない精神的な実体であるとした。モナドは無数にあり，相互に独立していて，何かが出入りするような窓がないとされる。他方で，外界を表象する能力を持ち，各モナドは鏡のように互いを映し，それぞれの視点から世界を表現している。

『モナドロジー』 B3（**『単子論』** B3）（たんしろん）　ライプニッツの主著のひとつ。単

純実体である**モナド**の説明に始まり、ふたつの大きな原理である矛盾律（矛盾するものは偽である）と充足理由律（理由なしには何も生じない）、永遠的真理と偶然的真理の区別、モナド間の**予定調和**、精神と身体の予定調和などが論じられている。

予定調和 **B**②（よていちょうわ）　独立して存在するもの同士が神の予定によって調和すること。ライプニッツ哲学の中心的な考え方。

無数の**モナド**は互いに影響を与えることなく、独立に存在している。しかし、モナドは互いを映しつつ、それぞれの視点で世界を表現し、各モナドと世界は調和する。それは、神があらかじめ世界のすべての出来事を配慮したうえで創造したからである。予定調和は、精神と身体の調和として、**心身二元論**の解決策でもある。

4章 民主社会における人間のあり方

1 市民社会と人権思想

ヨーロッパ中心主義 ⓒ (西洋中心主義) (ーちゅうしんしゅぎ)(せいようちゅうしんしゅぎ) 西洋，とくに近代化以降の西洋の文化や社会を基準に，他の地域の文化や社会をとらえようとする傾向。例えば近代西洋を「進歩的」「文明的」「理性的」とし，他の地域を「未開」「野蛮」「神秘的」とみなすなど。近代化は，科学技術の発達や民主主義の進展，物質的豊かさをもたらす一方で，その結果として形成された近代社会のみを絶対視する傾向も生み出した。歴史的には植民地支配などを正当化する根拠ともされた。自民族中心主義の一つとされ，レヴィ＝ストロースやサイードらによって批判の対象となった。

絶対主義 ⓒ② (絶対王政 Ⓐ②) (ぜったいしゅぎ)(ぜったいおうせい) 16〜18世紀のヨーロッパにおける，為政者(国王)に権力を集中させる政治体制や思想のこと。絶対君主政とも。その思想はルイ14世の言葉とされる「朕は国家なり」資料に端的に示される。

中世では，ローマ-カトリック教会が宗教的権威と世俗的権力を握り，国王の権威は弱かった。だが近世以降，ルネサンスや宗教改革を経てローマ教皇の権威は低下した。一方，大航海時代を背景に貿易など積極的な経済政策(重商主義)をとった国王は，官僚制と常備軍を整備して国内統一を推進し，国力増強をはかった。イギリス国教会のように，ローマ-カトリック教会から分離して，国王が教会の首長となることもあった。絶対王政は封建社会と近代社会の過渡期に位置する。絶対王政下での王権の強化と宗教的権威からの独立は，近代の主権国家の枠組みを準備した。また，経済の発達は市民階級の成長をもたらした。一方で，成長した市民階級と王権との対立が，市民革命の要因となった。

同 絶対君主制

王権神授説 Ⓐ② (おうけんしんじゅせつ) 国王の権力は神から授けられた神聖で侵しがたいものであるから，人民はそれに絶対服従すべきであるとする政治学説。国王が地上の全権力を握り，人民や議会，ローマ-カトリック教会などからの制約を受けないとする。絶対王政を正当化する理論的根拠として，とくに近代以降，イギリスのジェームズ1世やフィルマー，ブルボン王朝フランスのボシュエらによって唱えられた。

市民革命 Ⓑ (しみんかくめい) 17世紀末から18世紀末にかけて，絶対王政を倒し近代市民社会を形成したいくつかの革命の総称。イギリスの名誉革命やアメリカ独立革命，フランス革命などが典型的。革命の中心となったのは市民階級(ブルジョアジー，産業資本家)であり，資本主義経済と自由・平等な個人からなる民主主義を原理とした。ロックやルソーらの社会契約説がその原動力となった。

市民社会 Ⓐ⑤ (しみんしゃかい) 市民革命を経て確立した，自由で平等な個人(市民)からなる近代社会のこと。政治体制の面からみれば，絶対王政を否定しておもに議会政治にもとづく民主主義を採用するのが特徴で，所有権をはじめ自然権に基づく権利が保障されている。また経済の面からは，中産階級の自由な利益追求からなる資本主義社会を指すこともある。

ブルジョアジー ⓒ [bourgeoisie] 市民社会を構成する，自由で平等な個人のこと。自分で自分を律することのできる，理性をもつ主体とされる。歴史的には，貨幣経済や商品経済，工場制手工業(マニュファクチュア)の発達とともに登場した，都市でおもに商工業をいとなむ中産階級を指す。商工業の発達とともに経済力を蓄え，特権商人の排除や所有権の保障を訴えて市民革命を主導した。

市民社会を通して自由な利益追求がすすみ，資本主義経済が発達すると，マルクスらにより，無産階級の労働者(プロレタリアート)と対比して，有産階級の資本家を指す用語ともされた。

イギリス革命 (ーかくめい) ピューリタン(清教徒)革命(1642〜49年)にはじまり名誉革命(1688〜89年)に終わるイギリスの市民革命。ピューリタン革命のみを指す場合もある。「権利章典」の制定(1689年)により

立憲政治が確立され，近代民主主義の出発点となった。

ピューリタン革命Ａ（清教徒革命Ｃ）(かくめい)(せいきょうとかくめい)
1642年から49年にかけて，イギリスのプロテスタントであるピューリタン（清教徒）を中心とする議会派がおこした革命。イギリスにおける市民革命の出発点である。国王チャールズ１世の専制政治に反発した議会派と王党派との内戦にはじまり，議会派の一つである独立派のクロムウェルを中心として，国王の処刑と共和制への移行が行われた。しかしクロムウェルの死後，1660年に王政復古がおこり，反動的な政策がとられた。

名誉革命Ａ(めいよかくめい)
1688年から89年にかけて，イギリスでおこった革命。王政復古後に専制政治を行うジェームズ２世に抗して，議会は王女メアリとその夫オランダ総督ウィリアムを国王として招き，ジェームズ２世はフランスに亡命した。無血革命であったことから名誉革命と呼ばれる。議会主権を明確にした「権利章典」が制定され，議会制民主主義の基礎となった。ロックの『統治二論』が及ぼした影響も大きい。

権利章典Ｃ(けんりしょうてん)
1689年12月に制定された法典。正式には「臣民の権利および自由を宣言し，王位継承を定める法律」。名誉革命のときにウィリアム夫妻が承認した「権利宣言」を法文化したもので，国王に対して議会の承認のない法律の制定・執行や課税を禁じるなど，議会の権利が明確に示され，立憲君主制のもとでの議会主権が明確に示されている。

アメリカ独立革命Ｃ(どくりつかくめい)
1775〜83年にかけて，北アメリカ東部の13植民地による，本国イギリスからの独立にいたる一連の運動。独立に際してイギリスの君主政を否定し，三権分立にもとづく民主主義を採用したことから，市民革命の一つとされる。イギリスからの一方的な課税や支配の強化に対し，自治を求める主張（「**代表なければ課税なし**」）が高まり，ボストン茶会事件などをきっかけに対立が激化する。75年から戦争となり，76年，13植民地の代表が独立を宣言，83年のパリ条約にて独立を認められた。フランス革命に影響を及ぼした。

アメリカ独立宣言Ｂ(どくりつせんげん)
イギリスからの独立を宣言した文書で，1776年７月に採択された。先行する「ヴァージニア権利章典」などの影響のもとにトマス＝ジェファソンが起草し，「すべての人間は平等につくられている」資料として，人間の生存，自由，幸福の追求の権利とその保障を訴えた。また抵抗権や革命権が取り入れられている。ロックの『統治二論』などの影響が大きい。

アンシャン-レジームＢ１（旧体制Ｂ２）(きゅうたいせい)
[Ancien Régime] フランス革命以前の絶対王政下での政治・社会制度。ごく少数の第一身分（僧侶）と第二身分（貴族）が圧倒的に多数を占める第三身分（平民）を支配し搾取する，矛盾した封建的身分制度を特徴とする。フランス革命の指導者シェイエスは『第三身分とは何か』（1789年）において旧体制の矛盾や不合理を攻撃し，第三身分こそが真の国民であると主張した。

フランス革命Ａ２(かくめい)
1789年〜99年，アンシャン-レジームの打倒をとなえ，第三身分を中心としておこったフランスの市民革命。「**自由・平等・博愛**」を標語の一つとする。89年のバスティーユ襲撃を発端とし，当初は立憲君主政をめざすが，92年には王政を廃止，共和政が成立した。その後はロベスピエールによる恐怖政治や内紛が続き，ナポレオンの軍事独裁をゆるすこととなった。89年の「フランス人権宣言」には，ロックやルソーらの社会契約説のほか，アメリカ独立宣言からの影響も大きい。

フランス人権宣言Ｂ(じんけんせんげん)
1789年にラ＝ファイエットが起草した，フランス革命の理念をしめす17条の宣言で，アメリカ独立宣言とならび人権思想を歴史的に確立した。正式には「人間と市民の権利の宣言」といい，人間の基本的権利の尊重を説く。具体的には自由と平等，人民主権，言論の自由，権力分立，所有権の不可侵などをうたい，また政治社会の目的を人間の自然権たる「自由，所有，安全，圧制への抵抗」の保障にあるとした。17世紀以降の自然法・自然権思想，社会契約説，啓

蒙思想などとともに，アメリカ独立宣言の影響も大きい。

類 人権宣言 Ａ

社会契約説 **Ａ**4（しゃかいけいやくせつ）　17世紀〜18世紀のヨーロッパにおこった，政治社会における支配と権力の由来を，個人としての人間どうしの合意による**契約**にもとめる学説。ホッブズ，ロック，ルソーらが代表的。いずれもまず政治社会がない状態（**自然状態**）を想定しつつ，そこにある人間本来の権利（**自然権**）を確かなものとするために，個人が互いに合意して契約を結び，自分の権力や権利を共通の支配者にゆだねて，それの決める法に従うことで，政治社会が成り立つとした。支配と権力の根拠を神に置く王権神授説に対し，自然権の保障をめざす平等な個人の意思や契約を重んじる点で，市民革命の原理とされた。

類 社会契約 Ａ4

自然状態 **Ａ**8（しぜんじょうたい）　社会契約説によって想定された，政治や社会，法が成り立つ以前の状態のこと。自然状態においては人間はなにものにも縛られず，各々が生来の権利（自然権）をもつ個人である。こうした個人からなる人間の最初の状態を想定し，そこへ遡ることで，いまある政治社会のあり方を説明するのが，社会契約説である。

　ホッブズは自然状態を「**万人の万人に対する闘争**」だとし，そこからの脱却を訴えた。ロックは自然状態を自然法が通用する平和な状態だとしつつ，自然権を保障するしくみがないとした。ルソーは自然状態を思いやりや信頼で結ばれた平和な状態だとし，そこに存在していた生まれながらの自由や平等を回復することを訴えた。

自然権 **Ａ**11（しぜんけん）　自然状態において人間に生まれつきそなわる権利のこと。国や社会，時代を超えて人間が有する普遍的な権利である。近代の自然法思想を背景に社会契約説と結びつき，政治社会の目的は自然権の保障にあるとされた。アメリカ独立宣言やフランス人権宣言にも取り入れられた。ホッブズは自己保存の権利を，ロックは所有権をそれぞれ自然権とした。

類 生命・自由・財産 Ｂ2

自然法 **Ａ**12（しぜんほう）　国家や社会，時代を

超えて，どんな人間社会にもあてはまる普遍的な法則のこと。あたかも自然法則のように人間社会にもともと備わる秩序や規範であり，国家があとから定める法（**実定法**）を超える。

　古代のストア派では宇宙を支配する理法を，また中世のキリスト教神学では神の摂理を指す。近代では「人間の自然」（人間本性），つまり人間のもつ理性の命令とされた。社会契約説では自然権の保障の根拠となる。

類 理性の命令 Ａ1

実定法 **Ｂ**1（じっていほう）　ある国や社会のなかで定められ，そこでだけ通用する法のこと。制定法や慣習法，判例など。国や社会を超えて成り立つ自然法とちがい，普遍性をもたない。

グロティウス **Ａ**5［Hugo Grotius，1583〜1645］　オランダの政治家，法学者。近代自然法および国際法の父。アリストテレスやトマス＝アクィナスの影響を受け，人間を理性的で社会的な存在とみなし，自然法を人間が社会をもつかぎり必ず従うべき「正しい理性の命令」ととらえ，近代自然法思想の先駆けとなる。また，たがいに主権をもち独立している国家間にも自然法は通用するとし，国家間の戦争を規制する「諸国民の法」（**国際法**）をとなえた。主著『戦争と平和の法』『海洋自由論』。

国際法 **Ｃ**2（こくさいほう）　国家間の関係を規制する法。慣習や条約からなる。近代の国際法は，ウェストファリア条約締結（1648年）のころヨーロッパに形成された，独立・平等な諸国家による主権国家体制を前提とする。思想的には，グロティウスが国家間に自然法を適用することを説き，実定法を重視したヴァッテルによって確立された。

2 社会契約論
—— ホッブズ・ロック・ルソー

ホッブズ **Ａ**14［Thomas Hobbes，1588〜1679］　イギリスの哲学者，政治思想家。社会契約説をとなえ，生存と平和をめざす人間の契約に由来する絶対的な権力の成立を説いた。若いときはベーコンの助手をつ

4章　民主社会における人間のあり方

とめ、また大陸で近代科学に触れデカルトやガリレオらとも交流した。国王派だったが、51歳のとき議会派の追及をおそれ亡命。実際にその2年後にピューリタン（清教徒）革命がおこる。のちに帰国、王政復古を経験したのち91歳で没する。その10年後には名誉革命がおこるなど、その生涯はまさに市民革命の激動の時代だった。

　亡命時に執筆した『リヴァイアサン』のなかで、自然状態を「万人の万人に対する闘争」だとして、そこから抜け出るためにたがいに権利を放棄し、共通の支配者の絶対的な権力に服従する契約を結ぶことで、国家が成立し生存と平和が保障されるとした。その主張は絶対王政の正当化とされる一方で、王権神授説を否定して政治を宗教から切り離し、自然権（自己保存の権利）の思想から出発して世俗の人民自身による政治社会の形成をとなえた点で、近代政治思想の先駆けとなった。主著『リヴァイアサン』。

「万人の万人に対する闘争」　資料　B⑤
（ばんにんのばんにんにたいするとうそう）　ホッブズにおいて自然状態のありさまを指す言葉。ホッブズによれば自然状態における人間は平等だが、自分の生存（自己保存）だけを欲する利己的な存在で、その生存をめぐって他人への不信や暴力が生じる（「人は人に対して狼」　資料　）。この状態が「万人の万人に対する闘争」である。ホッブズは、自然状態での絶えざる死の恐怖と危険から抜け出るために、「平和を求めよ」という自然法のもとで社会契約が結ばれるとした。

自己保存　A③（じこほぞん）
自分の存在や生命を維持すること。ホッブズによれば、自然状態における人間の自然権とは自己保存の追求であり、人間はそのためには他人の生命や財産も含め、すべてのものに権利を主張してよい。だが、こうした自然状態は「万人の万人に対する闘争」となるため、社会契約の際には、各人は自然権を放棄し絶対的な権力にゆだね、代わりに生存と平和を得る。

『リヴァイアサン』　A②
[Leviathan]　ホッブズの主著。1651年刊。自然法や自然権の思想と結びつけられて社会契約説がとなえられる。リヴァイアサンとは『旧約聖書』ヨブ記に登場する怪物で、誰も

▲『リヴァイアサン』の扉絵

がおそれる絶対的な権力をもつ国家のことを指す。共通の権力がなく「万人の万人に対する闘争」にある人間の自然状態の悲惨さを訴えるとともに、「平和を求めよ」という自然法に導かれて社会契約を結ぶことで、国家のもとで生存と平和が保障されるとした。

ロック　A㉒
[John Locke, 1632～1704] イギリス経験論の哲学者、政治学者。イングランド南西部のリントンに生まれる。父は中産階級の地主（ジェントリ）で清教

徒であった。オックスフォード大学で哲学を学び、自然科学や医学にも携わる。議会派のシャフツベリ伯の秘書と侍医をつとめ、議会派の理論的支えとなる。王政復古の際は亡命するが、名誉革命後に復帰。晩年はマシャム夫人の保護を受け、72歳で生涯を終えた。

　知識の起源を経験に求め、生得説を否定した。また所有権を人間の自然権とし、所有権を確実に保障するために各人が政府に権力を委ねる（信託）ことで政治社会をつくるとする社会契約説を唱えた。権力の根本を立法権に置くが、ホッブズとは異なり、それを絶対的とはせず、立憲君主制のもとでの議会主権を支持した。また権力の濫用に対する市民の抵抗権や革命権をみとめ、名誉革命やアメリカ独立革命の原動力となった。主著『人間知性論』『統治二論（市

『統治二論』 **B** **1**（とうちにろん）　ロックの著作。1689年刊。『市民政府二論』『統治論』とも。社会契約に基づく議会政治を唱え，社会に生きる市民の自由や所有権の保障を説いて，名誉革命以降のイギリス議会政治の理論を支えた。

　そのなかでロックは所有権を人間の自然権とし，各人の所有する生命，自由，財産が侵されないことを自然法とする。人間は自然状態では自然法に従い自由・平等で平和だが，所有権の保障は不確かである。そこで人々は，所有権の保障のために合意のもとで政治社会をつくり，政府を信託してその立法に従うかわりに，自由や所有権の保障を受ける。ホッブズと異なり，政府の権力は絶対ではなく，議会政治に基づく立法権のみをもち，他の権力を兼ねない（**権力分立**）。また，政府が信託を裏切るならば，市民にはそれに対する**抵抗権**や**革命権**がある。「法のないところに自由はない。」
【資料】

類『市民政府二論』**C**　『統治論』**B**

所有権 **A** **1**（しょゆうけん）　一般にはもの（財産）を占有し，自由に使ったり処分したりできる権利。ロックは財産のみならず，自分の生命や健康，自由にかんする所有権もふくめて人間の自然権とする。また，あるものが自分の所有物になるのは，そこに自分自身の身体による労働が加わるからだとする。これとは反対にルソーは，財産の私有を社会的不平等の起源としている。

法・裁判官・権力の欠如（ほう・さいばんかん・けんりょく−けつじょ）　ロックの挙げる，自然状態に欠けているもの。ロックによれば，自然状態にも所有権を侵さないという自然法はあるが，そこにはまだ所有権の取り扱いの基準となる法や，その法のもとで公平に判断する裁判官（司法）や，その判断のもとで問題を処理する権力（行政）のしくみがない。ロックはここから，社会契約にもとづく政治社会の必要を説いた。

信託 **A**（しんたく）　ロックの用語。社会契約の際，人民の権力を政府に信頼してあずけること。ロックは信託を政府の権力の根拠とし，それは所有権の保障のためにのみ用いられるべきだとした。この権力は立法権に限られ，その法を執行する権力（執行権）はもたない（権力分立）。

抵抗権 **A** **4**（ていこうけん）　人民が政府に服従しない権利。政府を新しく作り直す場合には，とくに**革命権**と呼ばれる。ロックは，政府が人民の信託を裏切り，自然法に従わずに恣意的に権力をふるう場合には，信託は失われ，権力は政府から人民のもとに戻るとして，抵抗権と革命権を認めた。市民革命を正当化する根拠とされる。

類 革命権 **A**

権力分立 **B** **3**（けんりょくぶんりつ）　権力を有する機関を複数に分離してたがいに独立させ，互いに抑制と均衡（チェック・アンド・バランス）をはかること。ロックは立法権を権力の根本としつつ，権力の集中と濫用を防ぐために，執行権をそこから切り離した。

間接民主主義 C（議会制民主主義 B **2**）（かんせつみんしゅしゅぎ）（ぎかいせいみんしゅしゅぎ）　主権者たる国民が間接的に，つまり代表者を通して意思を表明することで政治に参加する制度，またはその思想。国民全体の代表者を立てる点では「代表制」，またとくに選挙で選ばれた議員からなる議会を権力の中心とする場合には，「議会制民主主義」とも呼ばれる。歴史的には名誉革命で確立し，思想的にはロックの影響が大きい。

対 直接民主主義 **B**

啓蒙思想 **A** **6**（けいもうしそう）　18世紀にフランスやドイツを中心におこった思想。啓蒙[enlightenment]とは，暗闇（無知でおろかな状態）に光（理性）をあてて解明するという意味で，人間の理性への信頼と，非合理的・前近代的な思想や宗教，社会制度からの解放を訴えた。イギリスの経験論や懐疑論，ホッブズ，ロックらの政治思想を先駆けとして，フランスではモンテスキューやヴォルテール，ディドロらが主導し，フランス革命にも影響を与えた。

　その多くは，市民社会の原理である人間の自由や平等，人権の尊重をうたい，また経験にもとづく実証主義的科学や，合理的・非神秘的な信仰形態（理神論）を重視した。その成果は『百科全書』に結実した。ドイツでは当初メンデルスゾーン（1729〜86）らの哲学（通俗哲学）などの形で広まり，

のちにルソーの影響を受けたカントの倫理思想のもとで新たな展開をみた。

『百科全書』 A2（ひゃっかぜんしょ） 1751年〜72年に編纂された，フランス啓蒙主義の思想運動を象徴する著作。ディドロ，ダランベールを中心に，モンテスキュー，ヴォルテール，ルソーら主要な啓蒙思想家を含む200人以上が執筆に加わる。『百科全書』にかかわった主要人物たちは「百科全書派」（アンシクロペディスト）と呼ばれ，この運動を牽引した。当時の科学や工芸をめぐる知識をまとめあげ，それらを互いに関連しあった一つの体系として示したのが特徴。

▲『百科全書』のさし絵

ディドロ A4［Denis Diderot, 1713〜84］ フランスの啓蒙思想家。百科全書派の一人で，『百科全書』の編者。他にも哲学や文学，批評など多方面で活躍する。シャフツベリらのイギリス道徳哲学に影響を受けたほか，無神論の立場をとり，生物学など新興のものをふくむ実証主義の科学を重視した。美術批評の先駆者としても有名。主著『ラモーの甥』『自然の解明についての随想』

ダランベール C2［Jean Le Rond d'Alembert, 1717〜83］ フランスの啓蒙思想家，数学者，物理学者。百科全書派の一人で，ディドロとともに『百科全書』編纂を主導し，その序論と数学部門を書く。感覚にもとづく実証主義をとなえたほか，「ダランベールの原理」をはじめ当時の数学・力学への貢献も大きい。

モンテスキュー A6［Charles L.S. Montesquieu, 1689〜1755］ フランスの啓蒙思想家。ボルドーに領地をもち司法に携わるいわゆる法服貴族であり，ボルドー高等法院の副院長を務めた。『ペルシャ人の手紙』で，フランスの絶対王政を匿名で諷刺した。『法の精神』では，国王の専制を批判して三権分立にもとづく立憲君主制を理想に掲げた。

三権分立 A4（さんけんぶんりつ） 権力を立法権，司法権，行政権の三つにわけ，それぞれ別の機関にゆだねること。各機関が互いに独立し互いに抑制と均衡をはかることで，権力の偏りや暴走が防がれ，政治の自由が守られる。モンテスキューが『法の精神』で提唱し，ロックの思想とともに，アメリカ合衆国憲法にも影響を及ぼした。

『法の精神』 A2（ほうせいしん） モンテスキューの著作。1748年刊。法（実定法）や制度の本質を，国ごとの風土や気質，習俗との関係もふくめ，実証主義の立場からとらえようとした。そこで政体を共和制，君主制，専制政治にわけ，自身は三権分立にもとづく立憲君主制を支持した。その実証主義は19世紀以降の社会科学の先駆とされる。アメリカ独立革命やフランス革命にも影響を与えた。

ヴォルテール A6［F.M.A. dit Voltaire, 1694〜1778］ フランスの啓蒙思想家。絶対王政下のフランスの旧制度や宗教を批判し，「恥知らずを粉砕せよ」と訴えた。また理神論（神の世界創造は肯定するが，神の人格性は否定する思想）を貫き，宗教における寛容を主張した。その活動は哲学，劇作，小説，歴史など多方面にわたり，『百科全書』の執筆にも加わる。主著『哲学書簡』『哲学辞典』『寛容論』

『哲学書簡』 B（てつがくしょかん） ヴォルテールの著作。1734年刊。イギリスの議会政治や宗教を紹介しつつ，フランスの旧体制や宗教をするどく批判した。18世紀のフランス啓蒙主義に大きな影響を与えた。

ルソー A22［Jean Jacques Rousseau, 1712〜78］ フランスの啓蒙思想家。人間のうちなる自然（感情や善良さ）に焦点をあてた社会契約説や文明社会批判，

教育論，文学などを展開し，18世紀啓蒙思想の理性のみを重んじる傾向に反省を加えた。その思想はしばしば「自然に帰れ」という言葉で紹介される。

ジュネーヴの裕福な時計師の子として生まれるが，10歳で天涯孤独となる。放浪生活を経て独学で哲学や歴史や音楽を学び，多方面で著述活動を行い，『百科全書』

の執筆にも加わる。一方で思想の違いや私生活をめぐる当局の迫害や，他の知識人たちとの対立に悩まされた。人間の自然状態を，自己愛をもちつつも思いやりによってそれが抑制された自由・平等な状態だとして，私有財産制によって生じた社会的不平等やそれに根ざす現存の文明社会を批判した。また社会契約にもとづく人民主権の社会を理想とし，そこで自然状態にあった自由や平等が回復されるとした。フランス革命やカント，また中江兆民ら近代日本の自由民権運動にも大きな影響を与えた。主著『学問芸術論』『人間不平等起源論』『社会契約論』『エミール』。

自己愛 **A**4（じこあい）　ルソーにおいて，自然状態の人間がもつ自分を愛する感情のこと。人間のもっとも根源的な感情であるが，悪徳をまだ知らない無垢な状態にあるため，争いや不平等をもたらすことはない。自己愛が過剰にはたらく場合があっても，思いやりがそれを和らげるとされる。ルソーによれば，ホッブズのいう自己保存の欲求は自己愛ではなく，他者との比較や競争から生まれる「利己心」であり，また利己心がもたらされるのは自然状態ではなく文明社会においてである。

思いやり **A**2（おも-）　ルソーにおいて，人間が生まれつきもつ他人の苦しみや不幸をきらう感情。自己愛の激しさをやわらげ，理性や道徳に先立って人類愛などの他の徳の起源となる。**あわれみ**とも。

財産の私有 **B**（ざいさん-しゆう）　土地や財産を万人のものではなく，自分だけのもの（私有財産）とすること。ルソーは『人間不平等起源論』で，財産の私有が人間の自然状態をそこね，貧富の格差や富者による貧者の支配といった社会的不平等の起源となるとした。

「人間は自由なものとして生まれた。しかしいたるところで鉄鎖につながれている」 資料 **B**（にんげん-じゆう-う-てっさ-）　ルソーの『社会契約論』冒頭の言葉。人間は自然状態では自由・平等で平和な状態にいたのだが，財産の私有によって社会的不平等が生まれ，それが現存の文明社会でも人間を束縛しているということ。『社会契約論』の主題は，人々が互いに結びつきつつ

も自然状態における自由や平等を回復しているような，理想の社会を考えることにある。

『人間不平等起源論』 **A**4（にんげんふびょうどうきげんろん）　ルソーの著書。1755年刊。「人間の不平等の起源はなにか」という当時の懸賞問題にこたえたもの。人間の自然状態を自由・平等で平和な状態だと想定し，それに対して人間の不平等の起源を財産の私有に求め，その不平等に根ざす現存の文明社会を批判した。

主権 **A**1（しゆけん）　国家を支配する最高の権限。国内ではその国のあり方を他に妨げられずに決定することができ，また対外的にも独立を保つこと。思想的にはフランスのボダンがとなえ，ホッブズらの社会契約説に受け継がれた。近代のヨーロッパでは，1648年のウェストファリア条約によって，対等な主権を持つ諸国家の主権国家体制が確立した。

人民主権 **A**2（じんみんしゆけん）　人民（国民）自身が国のあり方を決める主権をもつこと。主権在民ともいう。ルソーは，自由で平等な個人が社会契約を結び，公共の利益をめざす一般意志に従うようにすることで政治社会が成り立つとした。この場合，主権とは一般意志を行使すること（つまり立法を行うこと）であり，それは一般意志のもとで社会を構成する当の人民のみに属するとされる。なおルソーは直接民主主義の政治を人民主権の理想とした。

一般意志 **A**6（いっぱんいし）　ルソーの用語。自由と平等をめざす人間が共通してもつ，社会全体の利益や福祉を求める意志のこと。ルソーのいう社会契約とは，各人が互いに自分の権利を社会全体にゆだね，そこで一般意志の最高の指揮に従うことである。各人は自分からすすんで一般意志の制限を受けることで，社会的な自由と平等，市民としての権利を得る。各人の私的な利益を求める**特殊意志**や，それらの総和である**全体意志**とは区別される。

全体意志 **A**4（ぜんたいいし）　ルソーの用語。もっぱら私的な利益のみをめざす**特殊意志**が合わさってできたもの。単に投票数が多かったり党派を組んだりして決められたことは，結局は私的な利害の一致にすぎず，

全体意志ではあっても，必ずしも公共の利益をめざす**一般意志**とはならない。

直接民主主義 **B**（ちょくせつみんしゅしゅぎ）　ルソーが人民主権の理想とした，人民（国民）全員が直接立法に携わる制度。対義語は間接民主主義。ルソーは，主権は人民一人一人に属し，しかも他人に譲り渡せるものではないゆえに，ロックのいうような，選挙で選ばれた一部の議員による議会政治ではなく，直接民主主義を支持した。「イギリスの人民は自由だというが，それは選挙の時だけの自由であり，選挙が終われば彼らは奴隷になってしまう。」資料

対 間接民主主義 **C**

『社会契約論』 **A4**（しゃかいけいやくろん）　ルソーの著書。1762年刊。自然状態にあった自由・平等が，社会のなかで新しいかたちで実現されるような，理想的な社会のあり方を構想した。それは「**各人が全員と結びつきながら，しかも自分自身にしか服従せず以前と同様に自由である**」資料ような社会である。その実現のために，一般意志に従う人民主権の社会契約説が説かれ，そこでは社会に生きる市民としての自由（**市民的自由**）が保障されるとした。

『エミール』 **A2**［Émile］　ルソーの著作。1762年刊。教育論を通して，『社会契約論』で掲げた理想社会の市民にふさわしい，人間の内なる自然に立ち戻った新たな人間観を示した。自然のままの人間（自然人）は本来善良なのに文明社会がそれを歪めるとし，子どもを文明社会の影響から遠ざけて無垢な自然（田園）のなかで内なる自然を育む，消極的教育をとなえた。

自然的自由 **B**（しぜんてきじゆう）　ルソーにおいて，社会契約以前の人間がもつ，なにものにも妨げられない無制限の自由。社会契約の際に失われるが，代わりに市民的自由が得られる。

市民的自由 **C2**（しみんてきじゆう）　ルソーにおいて，社会契約の際に得られる，社会に生きる市民としての自由。無制限な自然的自由とちがい，一般意志の制限を受けるが，各人は同時に社会を構成する平等な個人としての権利を保障される。社会的自由ともいう。

道徳的自由 **B**（どうとくてきじゆう）　ルソーにおいて，個人の内面にかかわる自由。欲望や衝動をおさえ，自分で決めた法に自ら従うことによって行為が可能であること。公共の生活にかかわる市民的自由とともに，社会契約を経て獲得される。カントの**自律**にも通じる。精神的自由ともいう。「道徳的自由のみが，人間を真に自己の主人たらしめる。…単なる欲望の衝動は人間を奴隷状態に落とすものであり，自分の制定した法への服従が自由である。」資料

立憲君主制 **B**（りっけんくんしゅせい）　君主が憲法に従って統治する制度。このとき君主の権限は憲法による制約を受ける。君主に権限を集中させて恣意的な専制をゆるす絶対王政と対比される。名誉革命後のイギリスが典型的で，「**国王は君臨すれども統治せず**」資料を原則とした。

5章 自己実現と幸福

1 人格の尊重と自由── カント

ドイツ観念論 A（ドイツ理想主義 C）（-かんねんろん）（-りそうしゅぎ） カント以降にはじまり，フィヒテ，シェリングを経てヘーゲルにおいて大成された近代ドイツの思想運動。カントが示した認識や自由に関する問題を出発点とし，新しい包括的な思想体系をつくることをめざした。世界の本質は物ではなく精神や観念，理想にあると考えたことから，観念論または理想主義と呼ばれる。

カント A ㉙ [Immanuel Kant, 1724～1804] ドイツの哲学者。批判哲学の創始者。ケーニヒスベルク（現ロシア領カリーニングラード）に馬具職人の子とし

て生まれる。プロテスタントの一派で内面の信仰を重んじる敬虔（けいけん）主義の家庭環境は，彼の倫理学の形式主義・動機主義にも影響を与えたとされる。16歳のときケーニヒスベルク大学に入学，ニュートン力学に触れ，自然学に関する論文で卒業した。卒業後，家庭教師や私講師を経て46歳のとき母校に赴任。後には学部長，学長も務める。

はじめはライプニッツの流れをくむ大陸合理論を信奉（しんぽう）したが，ヒュームの懐疑論に触れ「**独断のまどろみ**」を破られた。そこで，大陸合理論と，イギリス経験論の問題点を克服し対立を調停する批判哲学をとなえた。『純粋理性批判』では，認識にかかわる理性の能力や限界を吟味（ぎんみ）し，従来の独断的な形而上学（けいじじょうがく）や懐疑論を退けた。一方でルソーの影響を受け，『実践理性批判』や『道徳形而上学原論』で，意志の自律に基づく人間の尊厳を説いた。『判断力批判』では美学の発展に貢献した。これら三つの批判を合わせて「三批判書」と呼ぶ。

他にも，自然科学の分野では太陽系の起源に関する論考を発表し（『カント・ラプラス星雲説』），また『永遠平和のために』では恒久的な平和実現のために世界共和国の理想を説くなど，研究活動は多岐にわたる。80歳で没するまで規則正しい生活を守ったが（例外は，ルソーの『エミール』を読みふけり日課の散歩をやめたときであった），友人との食卓での談話を楽しむ社交的な人物でもあった。また生涯故郷を離れなかったが，交易さかんな港町ケーニヒスベルクの国際的な雰囲気に親しんでいた。
主著『純粋理性批判』『実践理性批判』『判断力批判』『道徳形而上学原論』『永遠平和のために』ほか。

理論理性 A（りろんりせい） カントの用語。狭い意味では，感覚を受容する能力（**感性**）と，概念（がいねん）をもとに判断する能力（**悟性**）よりも上位にある，推理や推論をする能力を指す。悟性は感性のもたらすさまざまな素材を概念を通して整理するが，理性はそれをさらにまとめあげ，思考を統一する。また広い意味では，これらの認識にかかわる能力をまとめて指すこともある。この理性に「できること」と「できないこと」の境界を見きわめるのが，『純粋理性批判』のこころみである。

自然法則 A ④（しぜんほうそく） 経験可能な世界におけるすべての出来事を支配する秩序のこと。カントによれば，自然法則は事物（対象）の側ではなく，人間（主観）の側にある悟性の先天的な枠組み（形式）に由来するから，経験によらずどんなときも必ず成り立つ普遍性（ふへんせい）・必然性をもつ。

因果律 **因果関係** B ⑥（いんがりつ）（いんがかんけい） 自然の一切の出来事には原因があるとする法則。ヒュームは懐疑論の立場に立って，先行する出来事（原因）と後続の出来事（結果）の関係は，経験から生じた人間の習慣にすぎず，どんなときも必ず成り立つ保証はないとした。それに対してカントは，因果律の根拠は悟性の先天的な形式によるから，経験や習慣によらず成り立つとした。

「独断のまどろみ」 資料 B（どくだん-） 大陸合理論に代表されるような，従来の形而上学（けいじじょう）の立場のこと。カントはヒュー

ムの因果法則にかんする懐疑に触れて，それまで自分が信奉していた大陸合理論の立場を打ち破られ，そのことを「独断のまどろみを破られた」 資料 と表現した。ここで独断的とは，経験によらず理論理性だけで哲学的な問題を解決しようとする態度を指す。カントは従来の形而上学は独断的であり，理論理性だけでは問題は解決できないとした。

批判哲学 A ② **(批判主義** C **)** （ひはんてつがく）（ひはんしゅぎ）　カントがとなえた哲学。批判（クリティーク）とは，理性の能力の範囲と限界を見分けること。クリティーク [Kritik] はギリシャ語のクリノーに由来し，物事の境界を「分ける」ことを意味する。カントは，従来の形而上学は認識の限界を超えた事柄を探究したから独断に陥ったとして，認識する理論理性の能力の吟味が必要だとした。

　それによれば，人間（主観）が経験するのは物そのものではなく，感性（感覚）を通じて与えられた素材が先天的な主観のはたらきによって構成された現象である。従来の形而上学が探究した自由や神の問題は認識の限界を超えているから，理論理性には解決できない。カントは批判哲学によって従来の形而上学を退け，哲学の考え方を一新した。また自由などの問題については，実践理性の存在を立証することで解決を試み，意志の自律に基づく新しい道徳哲学を開いた。

アンチノミー C **(二律背反** C **)** （にりつはいはん）[Antinomie]　たがいに矛盾する命題が，同時に正しいと証明されてしまう事態のこと。カントは『純粋理性批判』でアンチノミーに陥る四つの問いを挙げる。①世界は有限か，無限か。②物体は単純なものからなるのか，無限に分割可能なのか。③自由はあるのか，ないのか。④必然的なもの（神）はあるのか，ないのか。

　カントによれば，これらの問いについてはどちらの立場に立ってもアンチノミーが生じるが，それはどの問いも理論理性の認識の限界を超えているからである。カントは，認識の限界を超えた問いは理論理性には答えられないとして，認識の限界を吟味する批判哲学の意義を訴えた。

コペルニクス的転回 A （-てきてんかい）　「認識が対象に従うのではなく，対象が認識に従う」 資料 とするカントの立場を，コペルニクスが天動説に対して地動説を唱え，天文学に変革をもたらしたのに喩えた言葉。カントは，認識においては，認識される対象のほうが認識する主観に従うとすることで，従来の哲学における認識にかんする前提をくつがえし，「思考法の革命」をもたらした。

先天的 C （せんてんてき）　経験に先立ち，経験なしに得られるもののこと。アープリオリ [a priori] ともいわれ，もともとラテン語で「～より先に」を意味する。例えば，「円は丸い」は経験なしにわかるから先天的である。また，経験に先立ち，経験の対象を構成する感性や悟性の枠組み（形式）も，先天的である。なお，先天的なものはどんなときも必ず成り立つが，経験によらないから知識そのものは増えない。カントは，先天的でありながら経験によって知識を増やすような認識（先天的総合判断）こそ，数学や科学にふさわしいとした。
類 アープリオリ B ②

感性 A ⑦ （かんせい）　感覚を受容する能力のこと。カントによれば，感覚はそのまま受容されるのではなく，主観の側にある先天的な枠組み（形式）に従って一つにまとめられている。感性の段階ではたらく枠組みとは，時間と空間である。感覚はこの形式を通じて初めて認識の素材となる。

悟性 B ⑤ （ごせい）　概念を通じて判断・思考する能力のこと。認識の対象は，感性から得られた素材を思考の形式（概念）を通じて整理することで成り立つ。事物が従うもっとも基本的な法則（因果法則など）は，すべて悟性の先天的な概念に由来する。

形式 A （けいしき）　カントにおいては，経験に先立ち，与えられたものを秩序立てて一つにまとめる枠組みのこと。感性における時間と空間，悟性における概念がこれに当てはまる。概念の形式はとくに「カテゴリー」[Kategorie] とも呼ばれる。認識とは感覚をそのまま受容することではなく，感性と悟性の形式を通じて現象として構成することで成り立つ。だから認識の形式は，同時に事物そのものの基本的な枠組みでもある。

212 第Ⅳ編　現代社会と倫理

「認識が対象に従うのではなく，対象が認識に従う」 資料 **C** 3 (にんしき−たいしょう−したがた−たいしょう−にんしき−したがた)　カントが『純粋理性批判』でとなえた，認識にかんするもっとも基本的な主張。カントは，感覚を受容する感性と，それをとりまとめる悟性のはたらきとが合わさって認識の対象が構成されるとした。その意味で，対象の側が認識する主観に従う。

それに対して，従来の経験論は感覚に由来する経験を重んじ，合理論は理性や生得観念を重んじたが，どちらの立場も，認識とは認識する主観がそれとは独立の対象を単にそのまま受けとることだとしていた。カントはこの主張によって，合理論と経験論の対立を調停した。

物自体 **B** 6 (ものじたい)　カントの用語。私たちが経験することができるのは，認識する主観のはたらきによって構成された対象(現象)だけである。あるがままの物そのもの(物自体)は，現象の根源にあると考えられるものの，けっして経験することはできない。カントは，自我，自由，神などの問題も経験を超えた物自体の領域に属するから，理論理性には解決できないとして，従来の独断的な形而上学(けいじじょうがく)を退けた。

実践理性 **A** (じっせんりせい)　カントの用語。認識する能力である理論理性に対して，行為(実践)する能力を指す。実践理性は自然の因果関係に基づく本能や欲求には支配されずに，行為するときの原則を自分自身で立て(自己立法)，それに従って自分自身で意志を決めることができる(意志の自律)。意志の自律としての自由にこそ人間の尊厳がある。カントは，理論理性には確かめられない自由の存在も，道徳法則に従って行為するときには確かめることができるとして，『純粋理性批判』では退けた問い(自由の存在証明など)に新たな解決をもたらした。

道徳 **A** 20 (どうとく)　カントにおいては，道徳とは，実践理性が本能や欲求に支配されずに自発的に行為することである。道徳の原理は道徳法則である。それに対して，自分の快楽や幸福を求めて行為することは道徳ではない。カントは，幸福を求めて行為するのではなく，「幸福であるに値(あたい)する」

ように，道徳法則に基づいて行為することを説いた。

道徳法則 **A** 12 (道徳律 **C**) (どうとくほうそく) (どうとくりつ)　カントの用語。人間が自分の規則(格率)に従って行為するときに，その行為が道徳的であるかどうかを決める法則のこと。道徳法則は行為の内容や結果ではなく，行為する意志(動機)の形式にかかわる。また道徳法則は先天的であるから，経験によらずどんなときも例外なく成り立つ普遍性をもつ。

その形式は，「〜ならば…せよ」という条件付きの命令(仮言法)ではなく，「…せよ」という無条件の命令(定言法)で表現される。たとえば「汝の意志の格率がつねに同時に普遍的立法の原理として妥当しうるように，行為せよ」 資料 などがそれである。道徳法則に従うということは意志の自律に基づいて行為するということであり，カントはそこに人間の自由の存在が確かめられるとした。

類 道徳律 **C**

普遍妥当的 1 (ふへんだとうてき)　どんなときも，また誰にとっても例外なく当てはまるということ。自然法則や道徳法則は普遍妥当的である。もし行為の規則が特定の個人の主観に依存したり，例外的であったりすれば，その行為は普遍的には成り立たず，道徳的ではない。

定言命法 **B** 2 (ていげんめいほう)　道徳法則が意志に命令するさいの形式のことで，無条件に「…せよ(するな)」と命じる。例えば，「嘘をついてはいけない」は定言命法である。それに対して，「健康を維持したいならば，適度に運動をしなさい」は，「健康を維持したい」という条件付きの命令であり，仮言命法と呼ばれる。カントによれば，条件付きの命令は個人の主観や経験に依存するから，定言命法だけが普遍妥当的で道徳法則にふさわしい。

類 普遍的立法の原理 **B**

「汝の意志の格率がつねに同時に普遍的立法の原理として妥当しうるように，行為せよ」 資料 **B** 4 (なんじ−いし−かくりつ−どうじ−ふへんてきりっぽう−げんり−だとう−こうい)　カントにおける定言命法の定式の一つ。普遍的立法の原理ともいわれる。意志が行為する際

の，自分の主観に基づく規則（**格率**）を，誰にとっても例外なく通用するようなものにせよということ。この定義は，行為の具体的な内容を指示する規則ではなく，その行為の規則が道徳法則であるための条件を示す。例えば「嘘の約束をしてよい」という規則を立てたとしよう。だが，もし人類全員が嘘の約束をすれば，誰も約束を信じなくなって，規則を立てた意味がなくなる。したがって，この規則は万人に通用するものではなく，道徳法則とはなりえない。

仮言命法 **B**②（かげんめいほう）　意志に対する命令の形式の一つで，「〜ならば…せよ」と条件付きで命じる。定言命法の対義語。仮言命法では，例えば「幸福になりたければ，働くべきである」のように，意志がなにか特定の目的を欲していて，それを実現するための手段として行為を命じる（定言命法では，行為は手段ではなく，行為すること自体が目的である）。このとき意志は幸福という，意志以外のものに依存しているから，**他律的**である。仮言命法は，内容が一見道徳に適合しているように見えるものでも，他律的であるかぎり道徳法則とはなりえない。

当為 （とうい）　「べし」または「べからず」という命令形で表現される，道徳法則についての意識。カントによれば，人間には理性だけでなく自然に由来する欲求に従う傾向もあるから，理性によって立てられた道徳法則は，そうした傾向を退けて行為を命じる強制のかたちで意識される。一方で，この強制は，自然に従わず自発的に行為することができるという，人間の自由の存在を認識する根拠ともなる。「汝なすべきであるがゆえになしうる。」**資料**

格率 **A**②（かくりつ）　カントの用語。人間が行為をする際に立てる主観的な規則や方針。ここでいう主観的とは，その規則が自分という一個人にとって通用するということ。カントによれば，自分にとってでしか通用しない格率は道徳的ではありえない。道徳的であるためには，主観的な格率が，同時に誰にでも通用する普遍性をもたなくてはならない。

形式主義 **B**（けいしきしゅぎ）　カント倫理学の特徴をあらわす言葉。カントは，行為の内容や目標，結果を問題にせず，その行為をする意志が自分自身で道徳法則を立てて行為しているかどうか（**意志の自律**），という点だけに注目する。このように行為の内容（実質）ではなく，意志自身のあり方（形式）だけを重んじる立場が，形式主義である。

動機主義 **B**②（どうきしゅぎ）　行為が道徳的であるかどうかを決める基準を，行為の結果ではなく，行為の動機に置く立場。とくにカント倫理学の立場。結果的に良い行いでも，その行為が純粋に道徳法則のためになされたのでなければ，道徳的ではない。例えば，「見返りがほしいから人助けをする」は，人助けの結果に関係なく，見返りを動機とするから，道徳的ではない。カントによれば，純粋に道徳法則を動機とするような行為だけが道徳的である。反対に，行為の結果からのみ善悪を判断する立場を「結果主義」という。

善意志 **A**④（ぜんいし）　道徳法則に基づいて行為しようとする意志。カントによれば，善意志の善さは，自分の快楽や幸福を求める打算なしに，道徳法則そのものを純粋に目的とする意志のはたらきに由来する。個人の外にあらわれている才能，気質，習慣，行為の結果などではなく，その個人の内面にある意志だけに善さの基準を置くところに特徴がある。

「この世界の内で，いやこの世界の外でもまた，無制限に善いとみなされることができるのは，ただ善意志をおいて他にはない」 **資料**　（ーせかいーうちーせかいーそとーむせいげんーよーぜんいしーほか）　カント『道徳形而上学原論』の言葉。善意志だけが無条件に善であるということ。一般に「善い」とされるような個人の才能や気質も，実際には善いほうにも悪いほうにもはたらくことがあるから無条件の善ではなく，善意志による導きを必要とする。

意志の自律 **A**③（いしーじりつ）　意志が自分で道徳法則を立て，みずからそれに従って行為しようとするあり方。意志が自分以外のもの（本能，欲求，権威など）に従う場合は**他律**と呼ばれる。道徳法則も自由も人間の尊厳も，すべて意志の自律を前提としている。

214　第Ⅳ編　現代社会と倫理

自律 **A**4（じりつ）　他のものに支配されず、自発的に、自分で立てた法則に自分で従うこと。対義語は他律。カントの場合は、実践理性としての意志が自発的に法則を立て、みずからそれに従うことを指す。カントは、真の自由とはただたんになにものにも縛られないことではなく、自分の意志で自分のあり方を決めて実現する、意志の自律のことだと説く。

対他律**B**

自由 **A**4（じゆう）　カントにおいて、自由とは、自然法則に支配されずに、自分自身でなんらかの出来事を引き起こすことが可能な状態を意味する。カントはさらに、自分で（自然法則とは違う）法則を立てて自分でそれに従って行為すること（意志の自律）が、真の自由だとした。

人格 **A**2（じんかく）　カント倫理学においては、意志の自律に基づいて道徳法則に従うことができる理性的存在者を意味する。人格[person]の語源であるラテン語のペルソナ[persona]は元々舞台俳優がつける「仮面」を指し、転じて「役割」などを意味した。近世になって行為の責任や自己の意識が属する主体という意味で用いられはじめ、カントになってさらに倫理学の基本用語に位置づけられた。

　　道具等の物（物件）の価値は、価格を付けて他のものと交換したり、手段として用いたりすることができるところに示される。それに対して人格は、理性的であり、道徳法則に従って行為することができる限りで、かけがえのない価値、つまり「尊厳」をもつ。

類人格の尊厳**B**1

人格主義 **B**1（じんかくしゅぎ）　人格の尊厳を認め重視する立場のこと。カントはルソーから「人間を尊敬すること」を学んでこの立場を確立し、後世に大きな影響を与えた。カントは、個人的な幸福の追求は道徳的ではないが、個人がたがいの人格の尊厳を尊重しあう場合には、少なくとも幸福に値する人になることができると考えた。「幸福を求めるのではなく、幸福に値するものとなれ。」**資料**

「汝の人格の内にもあらゆる他の人格の内にもある人間性をつねに同時に目的として扱い、たんに手段として扱うこ

とのないように、行為せよ」**資料**（なんじ－じんかく－うち－た－じんかく－うち－に－にんげんせい－どうじに－もくてき－あつか－しゅだん－あつか－こうい－）　カントにおける定言命法の定式の一つで、人格の尊厳を示した言葉。自分や他人の人格に備わる人間性（自律的で尊厳あるあり方）と関わって行為するとき、道具や物のようにたんなる手段として用いてはならず、いつも同時にその人間性それ自体が目的となるように取り扱うべきである、ということ。

目的の国 **B**3（もくてき－くに）　カントが理想とする社会のあり方のこと。そこでは個々人が互いの人格の尊厳を認め、互いを目的として尊重しあう。個々人は意志の自律に基づいて普遍的な法則を立てる「立法者」であるとともに、その法則に自発的に従う成員でもある。道徳的行為は現実の幸福と結びつくとは限らないが、目的の国という理想状態においては、徳と幸福とが一致した「最高善」を想定することができる。

義務 **A**8（ぎむ）　カントにおいて、道徳法則に従って行われなければならないこと。義務は定言的に命じられるが、その命令はあくまで意志の自律に基づく自己立法的なものである。義務に違反さえしていなければ内面の動機は問われないことを「適法性」といい、義務そのものを純粋に動機とすること（道徳性）とは区別される。

道徳性 **A**1（どうとくせい）　カントの用語。義務に基づいて、つまり義務だけを純粋に動機として行為するあり方。例えば、いっさいの見返りや打算なしに隣人愛の実践につとめるような場合など。

対適法性**C**

適法性 **C**（てきほうせい）　カントの用語。義務と適合してはいるが、義務そのものを動機としていない行為のあり方。たとえば名誉やお礼を目当てに人助けをする場合など。

対道徳性**A**1

『純粋理性批判』 **A**（じゅんすいりせいひはん）　カントの「三批判書」の一つ。1781年刊。理論的な認識の範囲と限界を吟味し、独断的な形而上学を退けつつ、大陸合理論とイギリス経験論とを統合した。

『実践理性批判』 **A**4（じっせんりせいひはん）　カントの「三批判書」の一つ。1788年刊。意志の自律としての自由や人格の尊厳を説き、

形式主義・動機主義・人格主義に基づく新たな倫理学を確立した。また『純粋理性批判』では解決されなかった自由や神の存在などもこの書で論じられる。

▲カントの記念牌

「わが上なる星空と、わが内なる道徳法則」 資料 **B** (-うえ-ほしぞら-うち-どうとくほうそく)
『実践理性批判』の結びの言葉。「それを考えること何度も、長いあいだ考えるほど、それだけ新たに、また増大していく感歎と崇敬とをもって心をみたすもの」 資料 として挙げられた二つのもの。前者は理論理性によって認識された、現象としての自然の限りなさやその法則のことを指し、後者は実践理性によって自発的に立てられた、自然の法則とは異なる普遍性をもつ法則のことを指す。

『判断力批判』 **A②** (はんだんりょくひはん) カントの「三批判書」の一つ。1790年刊。判断力とは、普遍的なもの(規則)と特殊なもの(実例)を関連づける能力のこと。具体的には、特殊なものから普遍的なものを見出す判断力として、自然や芸術の美を判定する美学的判断力や、自然のなかに目的によって結ばれた関係(合目的性)を見出す目的論的判断力などが論じられる。後世の美学や自然思想に大きな影響を与えた。

『永遠平和のために』 **B②** (えいえんへいわ-) カントの著作。1795年刊。自身の倫理学を応用して、戦争を防止し恒久的な平和を実現する方法を説いた。常備軍の撤廃や植民地の禁止などを訴えるとともに、国家の枠を超えた世界市民からなる「世界共和国」や、その現実的な形態としての国際的な「連合」を設立することを説いた。のちの国際連盟、国際連合の構想の先駆けとなった。

フィヒテ **B②** [Johann Gottlieb Fichte, 1762〜1814] ドイツの哲学者。ドイツ観念論に属し、自我を第一の原理とする哲学を説いた。カントが区別した理論理性と実践理性を統一する「知識学」をとなえ、自我の本質を、自分で自分のあり方を設定していくはたらき(事行)だとした。主著『全知識学の基礎』『ドイツ国民に告ぐ』ほか。

『ドイツ国民に告ぐ』 **C** (-こくみん-つ-) フィヒテの著作。1808年刊。ナポレオン戦争に敗北し、フランス軍占領下にあるドイツの再建のためには、愛国心を形成する国民教育が必要であると訴えた。

シェリング **A③** [Friedrich Wilhelm Joseph von Schelling, 1775〜1854] ドイツの哲学者。ドイツ観念論の一人で、ヘーゲルや詩人ヘルダーリンとは大学の同級生。有機的・生命的な自然観を説くとともに、主観と客観、精神と自然の同一性を原理とする同一哲学をとなえた。主著『超越論的観念論の体系』『人間的自由の本質』

シラー ②[Johann Christoph Friedrich von Schiller, 1759〜1805] ドイツの詩人、思想家。カントの美学思想を批判的に受け継ぎつつ、美についての哲学的探究を通じて、感性と理性との調和がとれた自由のあり方を説いた。ドイツ観念論にも大きな影響を与えた。文学史的には、ゲーテとともに、古典主義やシュトゥルム-ウント-ドラング(疾風怒濤)の時代に位置づけられる。主著に『群盗』『ヴィルヘルム・テル』『人間の美的教育について』ほか。

2 自己実現と自由―― ヘーゲル

ヘーゲル **A⑰**
[Georg Wilhelm Friedrich Hegel, 1770〜1831] ドイツの哲学者。フィヒテ、シェリングに続き、ドイツ観念論を大成した。シュトゥットガルトの財務局書記官の家に生まれる。1788年テュービンゲン大学神学部に入学。翌年に勃発したフランス革命に感銘を受け、シェリングらとともに「自由の樹」を植えて祝ったとされる。卒業後は牧師になる道を捨てて哲学を志し、30歳のとき、イエナ大学の私講師となる。1806年にイエナに侵攻したナポレオンを見て、「世界精神が馬上にいるのを見た」と述べ、革命が世界に波及するさまを評し

た。その戦乱のさなか『精神現象学』を著し，弁証法に基づく精神の自覚の歴史を描いた。その後ハイデルベルク大学などを経てベルリン大学に赴任，晩年には学長も務めた。

論理学，自然，精神，法，世界史，美学，宗教，哲学史などの分野で独自の哲学体系を展開した。『法の哲学』では，近代の自由の原理を「人倫」の場において論じ，市民社会のあり方を「欲望の体系」ととらえた。『歴史哲学講義』では，自由の実現のために個々人を利用して世界史を動かす精神のはたらきを「理性の狡智」と呼んだ。1831年コレラで没するも，その学説はヘーゲル学派に受け継がれ，マルクス，キルケゴールらに影響を与えた。主著『精神現象学』『論理学』『法の哲学』ほか。

自覚 Ａ２（じかく） 「わたしは～である」という，自分自身についての意識（自己意識）のこと。ヘーゲルは，自分が自分自身を自覚していることが，近代における自由で主体的な個人の条件だと考えた。自覚が起こるためには，自分の内面を外に表現し，それを通じて他者とかかわり，たがいの存在を認めあうこと（**相互承認**）が必要である。

自己外化 Ｂ７（じこがいか） 自分の内面にあるものを，自分の外にある目に見える存在の形で表現すること。ヘーゲルによれば，人間が自分自身のあり方を自覚できるのは，内面の意志や心情によってではなく，それを言葉や労働，行動などを通して現実に表現し，またそれによって他者や社会とかかわることによってである。

絶対精神 Ａ７（ぜったいせいしん） ヘーゲル哲学において，世界全体を貫き動かす最高原理とされるもの。精神は個々の人間の内面（主観的精神）だけではなく，法や国家（客観的精神），世界史，さらには自然な生成変化にも貫かれている。また哲学や宗教，芸術などの人類全体の精神的活動に，絶対精神が具体的な形をとってあらわれてくる過程だとした。

世界精神 Ａ２（せかいせいしん） ヘーゲルのいう絶対精神が，歴史（世界史）のなかで形をとってあらわれたもの。精神の本質は「自由」であるから，世界精神は歴史の主役として，自由の実現と自覚をめざしてはたら

く。ヘーゲルによれば，東洋では皇帝一人だけが自由だった。古代ギリシャ・ローマには自由な民がいたが少数にとどまった。革命を経た近代西洋で初めて，人類全体の自由が実現される。

「世界史とは自由の意識の進歩である。」
資料

類世界理性

理性の狡智 Ｃ３（りせい－こうち） ヘーゲルの用語。世界精神は自分では歴史の表舞台に立たない代わりに，その時代ごとの人間の個人的な思惑や情熱をひそかに利用して，結果的に自由の実現という自分のもくろみを達成する。ヘーゲルは歴史を貫くこのずるがしこいはたらきを「理性の狡智」と呼んだ。それゆえ，ヘーゲルにおいて歴史は，個々人のばらばらで偶然的な行動の積み重ねであると同時に，自由が実現されてゆく必然的な過程でもあるということになる。

「ミネルヴァの梟は夕暮れどきに飛び立つ」 資料 （－ふくろう－ゆうぐ－と－た－） ヘーゲル著『法の哲学』の言葉。「ミネルヴァの梟」とは哲学のこと。哲学の仕事は一つの現実や時代が終わったあとで始まるという意味。つまり哲学の問題は，それが置かれている現実や時代の状況との密接な関連のなかで問われなくてはならない，ということ。

弁証法 Ａ８（べんしょうほう） ヘーゲル哲学で，物事が内部に対立や矛盾を含みつつ発展していく原理のこと。古代ギリシャでは**ディアレクティケー**（問答術）［dialektike］と呼ばれ，たがいに対立する立場を明確にしながら議論を進め，真理の探究をめざす方法を意味した。ヘーゲルはそれを応用して，弁証法を万物の存在や発展を支える原理だと考えた。

すべての物事は自分の内部に対立や矛盾を含んでいるが，最初はそれを自覚していない（**正**）。この対立が自覚されると，正の段階は否定される（**反**）。だが，さらに正と反の対立そのものを否定し両者を統合する働き（**止揚**）があり，その事物はより高い段階（**合**）に進む。例えば，ヘーゲルは生命の働きにも弁証法を見る。「花が咲けば蕾が消えるから，蕾は花によって否定されたということもできよう。同様に，果実により，花は植物のあり方としてはい

5章　自己実現と幸福　**217**

まだ偽であったことが宣告され，植物の真理として花に代わって果実が現れる。」（『精神現象学』）**資料**

『精神現象学』 Ａ（せいしんげんしょうがく）　ヘーゲル最初の主著。学問的認識へと至る精神の発展の道のりを，弁証法に基づいて描く。それによれば，精神は，感覚だけを信じる素朴な意識から出発して，自分自身の意識（自覚）を獲得し，さらに啓蒙思想や芸術，宗教に関わる高次の共同体的な精神へと発展していく。

正Ａ（定立Ｃ，テーゼＢ）（せい）（ていりつ）[These]　弁証法の最初の段階。ある立場が肯定されているが，そこに含まれる対立や矛盾は自覚されていない。

反Ａ（反定立Ｃ，アンチテーゼＢ）（はん）（はんていりつ）[Antithese]　弁証法の第二の段階。対立や矛盾があらわになり，正の立場や段階が否定されている。

合Ａ（総合Ａ1，ジンテーゼＢ）（ごう）（そうごう）[Synthese]　弁証法の第三の段階。否定的な段階である反の段階をさらに止揚（否定）することで，より高次の肯定的段階へと至る。以前の対立はここでは統合されている。

止揚Ａ（アウフヘーベンＢ）（しよう）[Aufheben]　弁証法において，正と反との対立を廃棄し克服することによって，両者の立場を統合して新たな段階へと高めるはたらき。ドイツ語の「アウフヘーベン」には，「廃棄する」という意味と同時に，「高める」「保存する」という意味もある。

人倫 Ａ14（じんりん）　ヘーゲルにおいて，自由が現実的・具体的に実現されるような共同体や人間関係のあり方のこと。ヘーゲルは『法の哲学』でまず法と道徳を論じた。所有権のような法や権利の分析だけでは個人の内面やその主体性は見落とされる。だが反対に，カント的な道徳は内面的な自由や善しかとらえられず，共同体全体との関わりが欠けている。

　そこでヘーゲルは，法や道徳を支えている共同体そのもののあり方を探究し，家族，市民社会，国家という三つの段階を区分した。それらのなかで，主体どうしがたがいの存在を認めあい（**相互承認**），そのことによって自由が共同体のなかで実現されて

いく過程をとらえた。

家族 Ａ7（かぞく）　ヘーゲルのいう人倫の第一段階。夫婦や親子のあいだの愛によって結ばれた共同体である。家族には子供を産み育て，市民社会の一員として自立させるという役割がある。

市民社会 Ａ5（しみんしゃかい）　ヘーゲルのいう人倫の第二段階。独立した個人が各自の欲望や利益を追求する，近代的な社会のあり方。ヘーゲルは個人がたがいの欲望実現のために結びつくありさまを「**欲望の体系**」と呼んだ。それは，貧富の差などの不平等をともない，家族にあったような人間の共同性が失われた「**人倫の喪失態**」でもある。

類 人倫の喪失態**Ｂ**

国家 Ａ7（こっか）　ヘーゲルのいう人倫の最高形態。市民社会の不平等を解消して，独立した個々人でありつつも，家族にあったような共同体全体の結びつきをも取り戻した段階である。ヘーゲルは家族と市民社会のあり方を統合する国家のはたらきによって，真の自由が実現されるとした。

「理性的なものは現実的であり，現実的なものは理性的である」 資料 Ｃ（りせいてき‐げんじつてき‐げんじつてき‐りせいてき）　ヘーゲル『法の哲学』の言葉。理性が世界を支配している，すなわち，理性がすべての現実の存在と存立の根拠，地盤であり，それらを動かすものであるということ。したがって，世界史において一切は理性的におこなわれてきたと，ヘーゲルはいう。もちろんこの理性も弁証法的に展開するものである。

『法の哲学』Ａ（ほう‐てつがく）　ヘーゲルの主著の一つ。1821年刊。カントの形式主義・動機主義的な倫理学を批判し，人倫における自由の実現を説く。なお，ここでの「法」には権利や正義という意味もある。

3 幸福と功利── 功利主義

功利主義 Ａ4（こうりしゅぎ）　18世紀後半～19世紀のイギリスにおこり，現代の英米哲学にも受け継がれる倫理思想，政治・社会思想。人間の行為が正しいかどうかの基準を，その行為がもたらす帰結に着目して（帰結主義），それが人間を幸福にするのに役立つかどうか（**功利性**[utility]）に求める。

ベンサム，J.S.ミルらが代表的思想家。

ベンサムは快楽を人間の幸福とみなし，人々の幸福の総量を最大にすること（「**最大多数の最大幸福**」）を法や道徳のめざすべき目的とした。ミルはベンサムを受け継ぎつつ，快楽の量に加えて快楽の質も重視した。歴史的には，自由主義経済のもとでの個人の自由な幸福追求とともに，社会全体の幸福との調和や社会改革が求められた，産業革命後のイギリス市民社会を背景とする。

功利性の原理 B（こうりせいーげんり）　ベンサムの用語で功利主義の基本原則。**功利性**[utility]とは，幸福を促進し不幸を防止するのに「役立つ」ことであり，行為の帰結が人間の幸福を増大させる場合にはその行為は正しく，逆に減少させる場合にはその行為は正しくないとされる。ベンサムによれば，人間は苦痛を避け快楽を求めて行為するもので，また快楽こそが人間の幸福であるから，立法を含むすべての行為の正しさの基準は功利性の原理にある。

類 功利 A

ベンサム A⑪ [Jeremy Bentham, 1748～1832]　イギリスの思想家。功利主義の創始者。ロンドンに公証人の子として生まれる。15歳でオックスフォード大学を卒業，弁護士の資格を得るが，国内の慣習法（コモン-ロー）の煩雑さに直面し，その合理化・成文化と立法理論の確立を求めた。フランス革命の際に，著作の仏訳を通してミラボーら革命の当事者たちに評価されたことで名声を確立。またJ.ミル（J.S.ミルの父）らと交流し，「哲学的急進派」として国内の法改正や議会改革にも尽力した。

　自然科学のような経験や帰納に基づく客観的な法論・道徳論の必要を訴えて，人間の幸福を快楽に求め，客観的な快楽計算による「最大多数の最大幸福」を社会の利益とする功利主義をとなえた。また，この考えに基づき，監獄を道徳の改革，健康の維持，勤勉の涵養，教育の普及のための矯正施設としてとらえ，従来の監獄を一新する，集中型の監獄の形式パノプティコン（一望監視装置）を構想した。主著『道徳と立法の原理序論』，他に『政府論断片』など。

『道徳および立法の原理序論』 C（どうとく-りっぽう-げんじょろん）　ベンサムの主著。1789年刊。功利性の原理を立法と道徳の基礎とし，個人の幸福の総計を最大にすること（「最大多数の最大幸福」）が，立法と道徳の目標だとした。背景には，人間は快楽が多く苦痛の少ない状態を幸福とするという人間観がある（「**自然は人類を快楽および苦痛という二人の支配者のもとにおいてきた**」資料）。革命フランスの立法議会をはじめ，近代化のなかで近代法典制定をめざす世界各国において評価された。

「最大多数の最大幸福」 資料 A①（さいだいたすう-さいだいこうふく）　ベンサムの功利主義をあらわす言葉。最大限の幸福を最大数の人々が受けること。つまり，個人の幸福の総計を最大にすること。ベンサムによれば社会の利益とは個人の幸福の総計であり，その総計を最大にするのが法や政策の目的である。すべての個人を平等に総計に数え入れるのが特徴で，個人主義・平等主義に通ずる。もとはプリーストリらの言葉。「正・不正の尺度は最大多数の最大幸福である。」（『政府論断片』）資料

快楽計算 A⑥（かいらくけいさん）　ベンサムの用語。立法の指標とするために，快楽や苦痛の量をはかる計算で，快楽に根ざす個人の幸福や，その総計である社会の利益を客観的に求めるもの。①快苦の強さ，②持続性，③確実性，④遠近性（快苦の実現の近さ），⑤多産性（他の快苦に派生するか），⑥純粋性，⑦範囲（快苦が影響する人数）という七つの計算基準が挙げられている。快苦の性質や感じ方（質）の違いを切り捨て，量だけを見るのが特徴だが（量的功利主義），特定の誰かを優遇せずすべての個人を等しく計算に入れる点で，平等主義である。つまり，「**個人はすべて一人として計算されるべきであって，何人も一人以上には計算されてはならない**。」資料

制裁 A（**サンクション** B）（せいさい）[sanction]　ベンサムの用語。個人の幸福

を社会の利益と一致させるために、個人がすべき行為を外から強制すること。具体的には、社会の利益となる行為をすれば自分も快楽を感じ、逆に不利益となる行為をすれば苦痛を感じるように個人をしむける。ベンサムは物理的・政治的・道徳的・宗教的制裁をあげ、とくに立法において政治的制裁のはたす役割を重視した。

物理的制裁（自然的制裁C）（ぶつりてきせいさい）（しぜんてきせいさい）　ベンサムのいう制裁で、自然のなりゆきで快楽や苦痛が生じることに由来するもの。本人の不注意で起きた災難（例えば火の不始末で起きた火事）など。

政治的制裁2（法律的制裁）（せいじてきせいさい）（ほうりつてきせいさい）　ベンサムのいう制裁で、権力が法にもとづき行うもの。刑罰など。

道徳的制裁C（社会的制裁）（どうとくてきせいさい）（しゃかいてきせいさい）　ベンサムのいう制裁で、社会や世論の評価に由来するもの。道徳的行いに対する賞賛など。

宗教的制裁C（しゅうきょうてきせいさい）　ベンサムのいう制裁で、神から与えられるもの。

ミル　A14 [John Stuart Mill, 1806～73]　イギリスの思想家。功利主義の大成者。父のジェームズ＝ミルはベンサムの友人で同じく功利主義者。幼少期から

父の厳格な指導のもと知識重視の英才教育を受ける。ベンサムを信奉したが、20歳のとき精神に変調をきたし、一度は功利主義に挫折を感じる（『精神の危機』）。回復後は思想に変化が生じ、感情や情緒を重んじる理想主義の文学、またフランス社会主義やコントの歴史哲学に影響を受ける。またハリエット＝テーラー夫人という理解者も得る（のちに結婚）。ベンサムと父の死後、従来の功利主義への批判とその修正をとなえた。59歳のとき下院議員となり、女性や労働者の参政権獲得をはじめ社会改革に尽力した。

　功利主義に修正を加え、快楽計算でははかれない質的な精神的快楽や、良心による内的制裁を重んじ、イエスの黄金律（隣人愛）を理想とした。女性の地位向上を訴えたほか、自由論や論理学、経済学への影響も大きい。主著『自由論』『功利主義』『経済学原理』

「満足した豚であるより不満足な人間であるほうがよく、満足した愚か者であるより不満足なソクラテスであるほうがよい」　資料　A2（まんぞく-ぶた-ふまんぞく-にんげん-まんぞく-おろ-もの-ふまんぞく-）　ミルの『功利主義』の言葉。量や満足は多く得られても質が低い快楽よりも、量や満足は少なくても質が高い快楽のほうが重要だということ。ミルは功利主義を受け継いで、快楽が多く苦痛が少ない状態を幸福とみなすが、快楽計算でははかれない快楽そのものの質の高さこそ幸福につながるとする。ミルによれば、人間本来の快楽は動物の好む身体的快楽ではなく、献身などの質の高い精神的快楽である。快楽の量のみを見るベンサムとは対照的である。

類 **精神的快楽** B8

質的功利主義 B2（しつてきこうりしゅぎ）　J.S.ミルに代表される功利主義の思想。快楽が多く苦痛の少ない状態を幸福とするが、ベンサムとちがい、快楽の評価基準を量（快楽の満足の度合い）ではなく、質（快楽そのものの性質やその感じ方の違い）に置く。例えば、自分よりも他者や人類全体に尽くすほうが快楽の質は高い。これは、他者への献身を重視するミルの道徳論（功利主義道徳）の前提ともなる。

内的制裁 C4（ないてきせいさい）　ミルの用語。個人の内面に由来する、道徳を強制する力、つまり良心。罪を犯して感じる苦痛（良心の呵責）など。ミルによれば、良心は人間同士を同胞と思う自然の感情に由来する。外的制裁を重視するベンサムに対し、ミルは内的制裁を重視した。

功利主義道徳 B2（こうりしゅぎどうとく）　ミルがとなえる功利主義にもとづく道徳論。ミルによれば功利主義は一個人の幸福ではなく、全体の幸福を正しさの基準とするから、功利主義でもっとも重要なのは道徳を求め実践すること、とくに自分の幸福をときには犠牲にしてでも他者や人類全体の幸福に尽くすこと（献身）であり、その理想は「人にしてもらいたいと思うことを人にせよ」「自分自身を愛するように隣人を愛せ」

資料 という，隣人愛を説くイエスの黄金律にあらわされている。功利主義道徳の強制力は，内的制裁としての良心に由来する。

類 イエスの黄金律 **B** 4

『自由論』 A 2（じゆうろん）　ミルの著作。1859年刊。個人が社会とかかわるかぎりでの自由（市民的または社会的自由）を論じ，思想や討論，言論の自由の実現が，真理の発見と社会の改善に必要だと訴えた。また，個々人の個性の発達と，自分のことを自分の責任で決めて行為する自由を尊重しつつ，その範囲を，他者や社会に害を及ぼさない限りとする他者危害原則において示した。

他者危害原則 C 4（たしゃきがいげんそく）　ミルがとなえる，個人の自由とその範囲についての原則。個人は，他者や社会の利益を害さないかぎり，自分のことを自分の責任で決めて行為してよいということ。他者危害原則にもとづく自由論は，現代の**生命倫理**において「**自己決定権**」を論ずるときにも重視されている。

『ミル自伝』（-じでん）　1873年刊。近代の哲学者による代表的な自伝の一つ。ミルは，自分の功利主義思想をはぐくんだ土台として，第一に幼少期以来の父からの英才教育をあげ，次にその教育があまりにも徹底的だった反動で「精神の危機」に陥ったことや，のちに妻となるハリエット＝テーラー夫人との交流をあげる。その「精神の危機」から立ち直る際に生じたのが，人間の感情や精神的快楽を重んじる考えや，また他者や社会に尽くすことではじめて自分の幸福も達成されるとする幸福観である。「幸福を手に入れるただ一つの方法は，幸福それ自体を人生の目的とは考えず，それ以外の目的物を人生の目的にすることである。」

資料

アダム＝スミス A 4［Adam Smith, 1723〜90］　イギリスの道徳哲学者，経済学者で，古典派経済学の祖。スコットランド東海岸のカコーディに関税吏の息子として生まれ，グラスゴー大学で道徳哲学者フランシス＝ハチスン（1694〜1746）に学び，影響を受ける。オックスフォード大学に留学したものの中退し，そののちグラスゴー大学の教授に就任。大学での講義の道徳哲学

の部分を『道徳情操（じょうそう）論』として刊行し，また同じ講義の経済学の部分がのちに『国富論』となった。道徳哲学では**同情心（共感）** という感情を道徳的判断の原理にすえ，経済学では各人の自由な経済活動が「**見えざる手**」によって国家全体の利益をもたらすとして，国家による保護主義的な経済政策を批判し，経済的な自由主義を唱えた。

「見えざる手」 A 4（-て）［invisible hand］　アダム＝スミスの用語。スミスが自分の経済的な自由主義の主張を支えるために用いた。スミスによれば，個々人が市場で他人と競争しあい，自分だけの利益を追求することは，社会全体にとって悪いことではない。むしろそうした競争を通じて社会は豊かになるのであり，こうした個々人の利己的な経済活動と社会全体の利益を結びつけるものを，スミスは「見えざる手」と呼んだ。

同情心 C（**共感 A** 6）（どうじょうしん）（きょうかん）［sympathy］　他人の幸福や不幸をともに感じること，もしくは他人の感情やふるまいに「自分でもそう感じるだろう／そうするだろう」と納得すること。アダム＝スミスが道徳的判断の原理にすえた。スミスは各人の利己心を認めたが，ある行為が是認されるためには，事情をよく知っている第三者（**公平な傍観者**）から共感が得られるものでなければならないとして，この共感に社会正義の基礎を認めた。スミスのこうした主張の背景には，感情や感覚能力によって道徳の原理を基礎づけようとする，当時のイギリスにおけるハチスンやヒュームらによる**道徳感情（モラル-センス）**をめぐる議論がある。

類 道徳感情 **B** 1　モラル-センス **C**

公平な傍観者 C 2（こうへい-ぼうかんしゃ）［impartial spectator］　アダム＝スミスが道徳的判断の基準とした立場。ある行為や争いなどの当事者ではなく，第三者として眺めているだけの「傍観者」であるが，当事者たちに対して公平で，事情をよく知っている者とされる。こうした理想的な第三者の立場に身を置き，その視点から**共感**を得られる行為が，道徳的に是認されるとスミスは主張した。

類 公平な観察者 **C** 2

自由競争 A4（じゆうきょうそう）[free competition] 国家による規制や干渉を受けることなく、各人が自由に自分の利益を求めて、互いに競い合いながら経済活動を行うこと。アダム＝スミスは『国富論』で、国家による過度の保護政策を批判し、自由競争によって豊かな社会が実現されると主張した。

自由放任主義 C（**レッセ-フェール** C）（じゆうほうにんしゅぎ）[laissez-faire] 国家による経済活動の統制を批判し、経済活動は各人の自由にゆだねるべきだとする立場。「レッセ-フェール」はフランス語で、「させておく」という意味。アダム＝スミスは経済的な自由主義を主張し、警察や国防などに任務が限定された「小さな政府」を説いたため、一般にこの用語はスミスに結びつけられることが多い。

『国富論』 B（**『諸国民の富』** C）（こくふろん）（しょこくみん-とみ）[An Inquiry into the Nature and Causes of the Wealth of Nations] 1776年に刊行されたアダム＝スミスの主著で、経済学の古典中の古典。国家が国内の産業を保護し、輸出額を増大することで国を富ませようとする重商主義を批判し、経済活動は各人の自由にゆだねるべきことを主張する。そして各人の利己心に基づく経済活動が、分業や交換を通じて国民に富をもたらす過程を分析し、最初の経済学の体系を打ち立てた。個人の経済活動を全体の利益へと導くものとされる、「**見えざる手**」という用語は有名。

『道徳情操論』（**『道徳感情論』** B）（どうとくじょうそうろん）（どうとくかんじょうろん）[The Theory of Moral Sentiments] 1759年に刊行された、アダム＝スミスの主著。ハチスンやヒュームなど先人や同時代人の道徳感情をめぐる議論を引き継ぎつつ、正しい行為は事情をよく知る公平な第三者（**公平な傍観者**）からの共感が得られるものであるとして、社会正義の基礎を共感という感情に求めた。

4 進化論と実証主義

ダーウィン A3［Charles Robert Darwin, 1809～82］ イギリスの博物学者で

進化論の提唱者。大学の医学部や神学部で学んだのち、測量調査のために派遣されたイギリス海軍の軍艦ビーグルに乗船し、1831年末から1836年まで南アメリカおよび南太平洋の諸島を周航。この航海中の生物や化石の観察により、生物の創造論に疑問を抱き、進化論のヒントを得たといわれる。帰国後には生物の進化の原因として**自然選択**に着目し、1858年に進化論についての自説をはじめて学会で発表。翌年にその自説を主著『**種の起源**』として公刊した。

環境に適応できない個体が滅びる一方で、より環境に適応した変異をもつ生物は増殖し、ついに新しい種となるとするその進化論は、はじめ多くの反論を宗教家などから招くものの、次第に学会に定着し主流派となり、さらにはその後の人間観や社会理論にも大きな影響を与えた。

進化論 A5（しんかろん）[evolution theory] 生物の種類は時とともに変化し、現在存在する生物の種類は、長い年月をかけて変化や枝分かれしてきたものであるという学説。生物の種は神によって創造され永遠に不変であるとする、キリスト教思想に基づく種の創造論に対立する。19世紀初頭にフランスの博物学者ラマルク（1744～1829）が、またダーウィンと同時期にイギリスの博物学者ウォーレス（1823～1913）が、それぞれ進化論を提唱したが、『種の起源』で発表されたダーウィンの進化論がとくに有名。生物進化の原因は**自然選択**にあると考える、ダーウィンの進化論は大きな議論を呼び起こし、また社会理論にも影響を与えた。

『種の起源』 B（しゅ-きげん）[On the Origin of Species] 1859年に刊行された、ダーウィンの主著。**自然選択**や適者生存の原理によって生物の進化を説明するこの書は、生物種は神によって創造されたと考えるキリスト教神学者から強い反発をまねき、大きな論争の的となった。

自然選択 B2（**自然淘汰** B2）（しぜんせんたく）（しぜんとうた）[natural selection] ダーウィ

ンの進化論を支える中心的概念。環境に適した特性を持つ個体が生き残り，自分の子どもを残すことが何世代も繰り返されるなかで，自然の手によって選び出されたように，環境によりふさわしい種が形成されていくというもの。ダーウィンのこの考えには，マルサスの『人口論』が影響を与えたといわれている。

適者生存 B (てきしゃせいぞん) [survival of the fittest] ダーウィンの進化論の根幹をなす，自然選択とほぼ同じ意味を持つ言葉。環境にもっとも適したものだけが生き残るという意味で，ダーウィンはこの表現をスペンサーから取り入れた。

スペンサー B8 [Herbert Spencer, 1820〜1903] イギリスの哲学者で，**社会進化論**にもとづく大規模な総合社会学の樹立者。正規の学校教育を受けず，鉄道技師として働いたのち在野の著述家として活躍する。社会を生物有機体と同様に成長するものと考える**社会有機体説**を採用し，また生物学から学んだ進化の概念を社会の理論に適用して，星雲の生成から生物や人間社会，道徳の原理までを叙述する壮大な体系を，全10巻の主著『総合哲学体系』で展開。社会も生物と同様に，より単純なものからより複雑なものへと進化し，社会は軍事型社会から産業型社会へと進化すると考えた。このスペンサーの社会進化論はダーウィンの生物進化論と結びついて，以後の人間観・社会観に大きな影響を与えた。

マルサス [Thomas Robert Malthus, 1766〜1834] イギリスの経済学者。主著『人口論』(1798年)で，食料は1，2，3，4と足し算するようにしか増えないが，人口は1，2，4，8と掛け算するように増えることに基づいて，貧困や飢えが発生する必然性と，人口抑制の政策の必要性を主張した。なおマルサスの『人口論』は，ダーウィンが**自然選択**の考えに至るヒントを与えたといわれ，また社会進化論の源泉のひとつという側面もある。

社会進化論 B3 (しゃかいしんかろん) [theory of social evolution] 社会も生物と同様に進化するという理論。スペンサーによって提唱された。スペンサーは社会も生物と同様に単純なものから複雑なものへ進化すると

考え，各個人が強制的に結びつけられる軍事型社会から，諸個人が自発的に協力する産業型社会へと至る，社会の発展の必然性を主張した。社会ダーウィニズムとも呼ばれる。

コント A10 [Auguste Comte, 1798〜1857] フランスの哲学者。実証主義の提唱者で，社会学の創始者でもある。パリの理工科学校で数学や物理学を学び，また**サン＝シモン**に師事しその影響を受けるが，やがて決別。その後，新しい産業社会の建設に役立つ独自の科学的思想を主著『**実証哲学講義**』にまとめる。観察や実験によって検証でき，社会の改良にもつながる有用な知識のみを受けいれ，検証できない抽象的で空虚な知識を排撃する**実証主義**を提唱し，その立場から諸科学の体系化をこころみた。

コントによれば，人間の知識は，神学的段階から形而上学的段階を経て，最高の段階である実証的段階に至り，これに対応して社会も軍事的，法律的，産業的という三段階を経て発展する。そして，このように人間精神の歩みを全体として捉え，そのことで諸科学を社会の改良に役立てる**社会学**の必要を説き，その創始者となった。なお，晩年にはある女性への恋愛をきっかけとして，知性よりも感情や愛情を重視する立場に転じ，神ではなく人類を愛する人類教をとなえた。

実証主義 A2 (じっしょうしゅぎ) [positivisme] 観察できる経験的な事実のみを知識の対象として認める立場。19世紀における近代自然科学の発展と近代産業社会の生成を背景として，コントが提唱した。コントにとって実証的とは，科学的事実に基づき社会的に有用であることを意味し，それ以外の知識は非科学的で無用なものとして退けられる。

コントはこの実証主義を，人間の知識の進歩についての**三段階の法則**のなかに位置づけ，人間の知識は，神によって諸現象を説明しようとする**神学的段階**と，経験を超えた事物の本質によって現象を説明する**形而上学的段階**を経て，経験に基づいて現象の法則を探求する**実証的段階**に至ると主張した。この段階が，人間の知識の最

高段階とされる。

> **類 三段階の法則 C 2**

社会有機体説 C 2（しゃかいゆうきたいせつ）[theory of social organism]　社会を生物と同様の，有機体としての構造を備えるものと考える説。社会をたんなる個人の集合体と見なす考えと対立し，社会自体に独自の発展や進化の秩序があると考える。軍事的社会，法律的社会，産業的社会という三段階の発展を説くコントの社会学や，軍事型社会から産業型社会への進化を説いたスペンサーの社会学が代表例。

進歩 A 5・発展 A 2（進歩主義 C）（しんぽ・はってん）（しんぽしゅぎ）　人類の歴史や社会や文明が，より望ましい方向に進んでいくこと。近代のヨーロッパではまず啓蒙思想が，科学技術の発展を背景として人類の進歩・発展を説き，19世紀に入ると産業社会の出現を背景として，コントやスペンサーの社会学が社会の進歩・発展の必然性とその諸段階を主張した。またヘーゲルおよびマルクスにも，それぞれ視点を異にするが，人類やその社会が進展していくのは必然的であるという考えがみられる。

5 創造的知性と幸福
—— プラグマティズム

プラグマティズム A 2[pragmatism]　19世紀後半のアメリカに登場した哲学の潮流で，真理の基準を実際の行動にとって有用であるか否かに求める立場。「プラグマ」[pragma]は事実や行為を意味するギリシャ語に由来し，プラグマティズムという名称は創始者のパースによる。19世紀の**進化論**およびアメリカの開拓者精神（**フロンティア精神**）や資本主義の発展を背景とした思想で，観念や思想の真偽は現実の生活にとって有用であるかどうかで決まると考え，真偽の問題を生活に役立つか否かの問題と切り離す従来の哲学に対立する。認識や論理の問題を核としながらも，その範囲は社会理論や宗教論や道徳論にまで及び，ヨーロッパ諸国や日本などアメリカ以外にも影響を与えた。

創始者のパース，プラグマティズムの普及に努めたジェームズ，パースとジェームズの立場を総合して，プラグマティズムを包括的な思想体系とすることを目指したデューイらが代表的な哲学者である。

> **類 実用主義 B**

フロンティア精神 B（せいしん）　未開の土地の開拓を進める人々が持つ，行動的で自主独立的な精神。開拓者精神ともいう。国境を東から西へと進めていった19世紀のアメリカに顕著に認められ，プラグマティズムを生み出す背景となった。未知のものに挑戦し，厳しい生活環境との闘いも自力で乗り越えようとする，自由で勇敢で自立的な精神的態度を特色とする。

プラグマ A[pragma]　「行動」や「事実」を意味するギリシャ語で，プラグマティズムの語源。プラグマティズムの創始者パースは，カントの「プラグマティッシュ」（実用的）という語の用法を参考にして，自らの立場をプラグマティズムと命名した。

パース A 3[Charles Sanders Peirce, 1839～1914]　アメリカの哲学者で，プラグマティズムの創始者。ハーバード大学に入学して数学や物理学を学んだのち，ハーバード大学天文台や合衆国沿岸測量部に研究者として所属。科学者としてヨーロッパにまで名を知られる活躍をする一方で，1870年代はじめに友人であったジェームズらと私的なサークル「**形而上学クラブ**」を結成。ここからプラグマティズムが生まれた。ただしのちにパースはジェームズのプラグマティズムと自分の立場を区別するようになる。

パースのプラグマティズムは，少年のころから親しんだ科学的実験の方法を哲学に適用して，科学的仮説の真偽が実験の結果によって明らかになるように，観念の意味は実際の行動という結果によって明らかになるという主張である。またパースにとって，プラグマティズムは論理学の一部門にすぎず，そのほかにも認識一般の法則を明らかにする普遍的な記号学や，存在論や宇宙論におよぶ形而上学体系を構想したが，未完に終わった。主著と呼べるまとまった著作を残さず，生前にはパースの哲学はあまり知られていなかった。主要論文として「私たちの観念を明晰にする方法」がある。

ジェームズ A4

[William James, 1842～1910] アメリカの哲学者・心理学者で、プラグマティズムを広く世に知らせた人物。神秘主義的傾向のある宗教思想家を父として生まれ、ハーバード大学で化学や生物学、医学を学んだのち、心理学に転じる。その後研究の中心を次第に倫理学や哲学に移し、ハーバード大学で哲学の教授を務めた。パースが提唱したプラグマティズムを紹介し普及させるとともに、パースの場合には論理学に限定されていたプラグマティズムを、倫理学や宗教など他の領域へも拡張した。理論の真偽や行為の善悪、事物の美醜などの基準は、それらが人生にとって実際に有用であるか否かにあるとして、神の存在や死後の生をめぐる宗教的な主張も、それが人の精神を安定させ人生を豊かにするならば、真理であると考えた。

また心理学研究を背景とする意識の分析でも有名で、意識をたえず流動するものと考える「意識の流れ」の着想や、主観と客観の対立に先立つ「純粋経験」をもっとも具体的な実在と説く主張は、世界的な影響力を持った。主著として『プラグマティズム』『哲学の根本問題』『宗教的経験の諸相』などがある。

有用性 A3 (ゆうようせい)
ジェームズが真理や価値の基準としたもの。思想や観念や知識が真であり、ある行為や事物が価値のあるものであるのは、それらが人生において有用であるからである。こうした考えは、ジェームズの主著『プラグマティズム』における、「それは真理であるから有用であるともいえるし、有用であるから真理であるともいえる」 資料 という文に端的に表現されており、ジェームズはこうした観点から宗教的な真理や価値についても論じた。

デューイ A10
[John Dewey, 1859～1952] アメリカの哲学者・教育学者で、プラグマティズムの大成者。アメリカのバーリントンに食料品店の三男として生まれ、ミネソタ、ミシガン、シカゴ、コロンビアの各大学で教鞭をとる。

はじめはヘーゲル哲学の影響下にあったが、ジェームズの影響を受けてプラグマティズムの立場をとるようになり、これを大成した。デューイのプラグマティズムの特色は、人間の知性やその観念・思想を、環境を作り変え、困難を取りのぞき、問題を解決するための道具ととらえる、**道具主義**にある。

また教育学者としても世界的に有名で、民主主義社会を発展させる媒介として教育の問題を重視し、子どもが他者とコミュニケーションをとりながら、自発的に道具使用と問題解決の能力を身に着けていく教育の方法を考察した。日本や中国などの諸外国を訪れて、教育改革の指導を行ったこともある。主著に『哲学の改造』『人間性と行為』『学校と社会』『民主主義と教育』などがある。

創造的知性 A7 (そうぞうてきちせい)
デューイの重視した知性のあり方。デューイによれば、人間は自分と自分を取り巻く環境の関係が不安定になると知的な反省や探究をはじめるが、その不安定な状況を作り変え、問題を解決する能力が、創造的知性である。実験的知性とも呼ばれるこうした知性のあり方を、デューイが重視する背景には、パース以来のプラグマティズムの思想や、**道具主義**と呼ばれるデューイに特有な知性の理解がある。

道具主義 A7 (どうぐしゅぎ)
[instrumentalism] デューイのプラグマティズムを特徴づける、人間の知性についての考え方で、人間の知性とその思想や観念は、環境を作りかえて人間がそこに適応していくための道具であるという見方。進化論の思想を背景として、生物が進化を通じて環境に適応し、器官や能力を道具として使用することで問題解決を図るのと同様に、人間の知性や思考も環境への適応や問題の解決のための道具であると、デューイは考えた。

その問題解決のプロセスは、まず問題を設定し仮説を立てることにはじまり、仮説

から結果を推論したうえで，その推論を実験によって検証する，という諸段階からなる。そして検証により正しいと認められた推論内容も，将来の探究において訂正される余地があり，絶対的な真理などではないとされる。

類 道具としての知性 **B**

デモクラシー **A**①（**民主主義** **A**⑥）（みんしゅしゅぎ）［democracy］　デューイが実現を目指した人間の共同体のあり方。デューイの哲学や教育学の背景には，独占的な資本主義が発展するなかで，自由民主主義の理想がおびやかされつつあるという危機意識がある。そのためデューイは，哲学を専門用語や難解な概念から解放して，一般市民にも近づきやすいものにするとともに，民主主義社会の実現のための媒介（ばいかい）として教育を重視した。そしてその教育も，生徒が先生から一方的に学ぶのではなく，他者とのコミュニケーションを通じて知識を共有し，自発的に問題解決の能力を育成する，民主主義的なものでなければならないとされる。

「為すことによって学ぶ」 **資料**　（な-まな-）［learning by doing］　デューイの哲学を端的に示す言葉。知識や理論を，実際の行動や実験の結果によって検証するプロセスを通じて学ぼうとすること。

問題解決学習 **C**②（もんだいかいけつがくしゅう）　デューイの学習理論。学習を生徒が先生から一方的・受動的に知識を受け入れるものとみなす従来の学習理論に対し，生徒が他者との共同生活とコミュニケーションを通じて，自発的・能動的に問題を発見して，これを解決する能力を身に着けてゆくのが，問題解決学習である。

6章 個人と社会とのかかわり

1 人間性の回復を求めて①
―― 社会主義

空想的社会主義 **A**③（くうそうてきしゃかいしゅぎ）
マルクスとエンゲルスが，自分たちに先立つ社会主義思想に対して与えた用語。18世紀末から19世紀はじめにかけて，貧困や失業など資本主義に由来する社会問題をとりあげ，理想的な共同体実現のために社会の改良を目指した，イギリスのオーウェン，フランスのサン＝シモン，フーリエらの立場を指す。マルクスらは，彼らには資本主義社会についての科学的分析が欠けており，また資本家階級と労働者階級の階級闘争への理解も欠けているとして，彼らの立場を，批判をこめて「空想的」と形容した。

サン＝シモン **A**①［Claude Henri Saint-Simon, 1760〜1825］ フランスの思想家，社会改革者。一般に空想的社会主義者とみなされる。貴族の出身で軍人としてアメリカ独立戦争にも参加した。彼はとりわけ，労働者階級の境遇(きょうぐう)の改善に強い関心を示し，産業を社会生活の基礎と考え，資本家・商人・労働者・農民といった，国民の大多数を占める「産業者」が管理し支配する社会を理想社会と考えた。これに対し，貴族や地主や僧侶といった，産業に直接従事しない少数の人間が支配する現実の社会を，逆立ちした異常な社会であるとして批判した。こうした思想は主著『産業者の教理問答』で展開されている。

フーリエ **A**③［François-Marie-Charles Fourier, 1772〜1837］ フランスの社会思想家で，いわゆる空想的社会主義者のひとり。裕福な商人の家に生まれ，のちに商業が欺瞞(ぎまん)に満ちていることを確信するが，商人として生活しながら思索と文筆家活動をつづけた。労働者の搾取(さくしゅ)や女性のみじめな境遇など資本主義社会の矛盾を鋭く突き，痛烈に批判するとともに，情念を通じて結びつく人々の調和社会を構想した。主

著『四運動の理論』。

ファランジュ **C**③［Phalange］ フーリエの構想した理想的な共同体の基礎単位。ファランステールとよばれる共同住宅に1,600人ほどの人々が住み，農業を基礎として生産と消費を共同で行う。こうした多数のファランジュが全世界的に結びつくことで，理想的な共同体である協同社会（アソシアシオン）が実現されるとフーリエは考えた。

オーウェン **A**⑥［Robert Owen, 1771〜1858］ イギリスの社会思想家で，いわゆる空想的社会主義者のひとり。商店の店員から身をおこしてニュー-ラナーク紡績(ぼうせき)工場の支配人となる。経営者としての経験から，貧しい労働者階級を含む全人類の解放を目指す思想を形成。工場経営では労働条件の改善に努め，さらに理想社会を実現しようとしてアメリカに渡る。私費を投じて「ニュー-ハーモニー村」という，共同の労働と所有にもとづく共同体の建設をこころみたが，失敗に終わり全財産を失った。また経営者としての経験から，人間の性格形成における環境の影響を重視し，労働者教育や幼児教育なども行った。主著『新社会観』『オーウェン自伝』。

トマス＝モア **A**⑦［Thomas More, 1478〜1535］ イギリスの政治家，人文主義者。弁護士や外交官として活躍する一方で，人文学者としても優れ，『ユートピア』（1516年）を執筆。私有財産制度のない，現実にはどこにも存在しない架空の理想的社会（＝ユートピア）を描くことで，現実のイギリス社会を痛烈に批判。とくに農民を土地から追い出し，彼らを貧窮(ひんきゅう)に追い込んだ「囲い込み」運動への批判はよく知られている。ヘンリー8世の重臣として大法官にまで登りつめるが，ヘンリー8世の離婚問題やこの離婚問題に由来するローマ教皇との対立をめぐり王に反対したため，刑死した。

ユートピア **A**［utopia］ 「どこにもない場所」の意味で，現実には存在しない理想郷のこと。私有財産のない理想社会を描くトマス＝モアの『ユートピア』は，理想社会や空想社会を描くその後のユートピア文学の原点となった。

フォイエルバッハ ❻[Ludwig Andreas Feuerbach, 1804~72] ドイツの哲学者。ベルリン大学でヘーゲルの講義を受け、はじめヘーゲル哲学に傾倒するが、やがてヘーゲル哲学は抽象的な思考や精神を不当に絶対化しているとして、人間を肉体や感覚を持つものと捉える立場から批判した。また同様の立場から、キリスト教の神とは人間の本質が対象化されたものであり、神が人間によって創られたものであると意識することで、人間の本質を人間たちの手に取り戻すべきことを説いた。

こうしたフォイエルバッハのキリスト教批判と、肉体を持ち他者と共同生活をいとなむ具体的な人間に立脚する新しい哲学の提案は、マルクスやエンゲルスらに強烈な影響を与えた。主著『キリスト教の本質』『将来の哲学の根本命題』

資本主義 Ⓐ⑰／**資本主義経済** Ⓑ（しほんしゅぎ／しほんしゅぎけいざい）[capitalism] 近代ヨーロッパで発生した経済のシステム。個人や団体が土地や財産を所有する私有財産制に基づき、市場での自由な経済活動を通じた、企業の営利活動によって特徴づけられる。自由競争を原理とするため、勤労意欲の維持や社会の発展に有利であるとされ、世界の資本主義陣営に対抗する社会主義陣営の盟主であったソ連の崩壊後は、世界の圧倒的に多くの国家・地域で採用されている。ただし、その自由競争のために生み出される貧富の差や、商品を作り出す手段を所有する資本家と、生産手段を持たず資本家に雇用されなければ生活できない労働者のあいだのさまざまな格差などを、構造的な欠陥として含む体制でもある。

市場経済 Ⓐ②（しじょうけいざい） 市場での自由な経済活動からなる経済システムのこと。市場とは一般に、金銭や商品やサービスを、互いの合意に基づいて交換する場を指す。この市場での自由で競争的な経済活動によって形成されるのが市場経済であり、国家が経済活動を計画し指定する計画経済の対をなす。資本主義経済の基本的な前提のひとつである。

私有財産制 Ⓑ③（しゆうざいさんせい） 個人や団体が土地や事物などの財産を、私的な利益や幸福のために所有することが認められた社会制度。市場経済とともに資本主義経済の基本的な前提のひとつ。社会主義は、資本家による商品を生産するための手段（工場や原材料など）の所有と、それゆえ生じる資本家への労働者の隷属に異をとなえ、私有財産制を否定しようとする。

マルクス Ⓐ⑬[Karl Marx, 1818~83] ドイツの社会思想家で、科学的社会主義の確立者。ユダヤ人の弁護士の家に生まれ、ボン大学やベルリン大学で法学を専攻するが、主に歴史と哲学を研究する。

大学卒業後にはジャーナリストとなるが、言論弾圧や発禁処分を受け、パリやロンドンで亡命生活を送る。外国で共産主義者や社会主義者と交わり、エンゲルスとも1844年に出会う。以後エンゲルスと共同しつつ経済学の研究と科学的社会主義の構築につとめ、エンゲルスとの共著『ドイツ・イデオロギー』で唯物史観を確立。ロンドンに亡命後は書斎と大英博物館に閉じこもって経済学の研究に没頭する。その成果が『経済学批判』や『資本論』である。また労働者階級の運動の指導者としても活躍し、1864年には第一インターナショナルを設立。この協会の中心人物として、国際的な労働者運動の協同のために尽力した。

『資本論』の執筆に生涯を傾けたが、第一巻を刊行したのみで完成に至らないまま1883年に死去。死後にエンゲルスの編集によって第二巻と第三巻が刊行された。主著『資本論』のほかに、『共産党宣言』や『経済学批判』などの著作があり、また遺稿として『経済学・哲学草稿』や『ドイツ・イデオロギー』がある。

エンゲルス Ⓐ⑧[Friedrich Engels, 1820~95] ドイツの社会思想家で、マルクスの盟友・支援者。豊かな紡績工場の経営者の家に生まれ、高校中退後、父の商会で働きつつ哲学や経済学を学ぶ。

1842年，イギリスのマンチェスターにある父の会社に勤務し，イギリスの労働者階級の悲惨な生活を目撃することで，社会主義思想に目覚める。1844年にはパリでマルクスと会い，社会主義思想について意見が一致。以後マルクスと共同して科学的社会主義の確立につとめた。

『ドイツ・イデオロギー』や『共産党宣言』をマルクスと共同で執筆するとともに，経済的に困窮していたマルクスに資金援助をし，マルクスの理論の普及にも尽力した。マルクスの死後には遺稿を編集して『資本論』の第二巻・第三巻を刊行し，また世界の労働運動を指揮した。エンゲルス自身の著作としては『空想から科学へ』や『家族，私有財産および国家の起源』，『フォイエルバッハ論』などがある。

科学的社会主義 B2（かがくてきしゃかいしゅぎ）
マルクスとエンゲルスが，自分たちが確立した社会主義に与えた名称。彼らが空想的社会主義と呼んだ，サン＝シモン，フーリエ，オーウェンらの立場から区別される。科学的であるのは，剰余価値の理論によって，資本の自己増殖と資本家の労働者に対する搾取のメカニズムが明らかにされ，唯物史観の観点から，歴史の進展の法則と資本主義社会から社会主義社会への移行の必然性が説かれる点である。

労働 A5（ろうどう）
一般的には，人間が自分の生活を維持するための活動のこと。マルクスは労働を人間の本質としてとらえ，本来的には自分の能力を発揮して自己実現を果たし，また共に働く他者との連帯を可能にする，よろこびに満ちた活動であると考えた。そして，こうした労働を苦行に変える資本主義経済を批判し，労働が人間らしい生活のよろこびとなる社会を構想した。

労働の疎外 A6（ろうどう―そがい）
疎外とは一般に，自分の内にあるはずの自分にとって本来的・本質的なものが，対象化されて自分から離れ，自分に対してよそよそしいものになることをいう。マルクスは人間の本質であるはずの労働やその成果が，労働者にとってよそよそしいもの，また労働者を苦しめるものとなる事態を指して，労働の疎外と呼んだ。

労働の疎外は四つの側面を含み，①自分の労働の成果である生産物が，自分のものにならず資本家の手にわたる生産物からの疎外，②本来はよろこびに満ちた人間の本来の活動である労働が，苦しみに満ちた作業でしかなくなる労働からの疎外，③人間は本来，他の人間と共に連帯して生きる存在（類的存在）であるが，労働がたんなる生存のための手段となり，他人との連帯を感じさせるものでなくなる類的存在からの疎外，④そしてその結果として，人間が人間本来のあり方を見失う人間の人間からの疎外が，その諸側面である。

類的存在 B（るいてきそんざい）
マルクスがフォイエルバッハから批判的に継承して，人間存在の本質を示すために用いた言葉。他の動物とは異なる人間に独自のあり方が問題とされ，マルクスは人間はたんに個体としてだけ存在するのではなく，それ自身が類（普遍的なもの）として存在し，つねに労働を通じた他の人間たちとの社会的な連帯においてあるものであると考えた。

労働力 A1（ろうどうりょく）
生産活動のために用いられる肉体的および精神的な能力の総体。これが生産手段（機械や原材料など）と結びついて発揮されることで，労働がいとなまれる。資本主義社会ではこの労働力も，売買されるひとつの商品となる。

労働力の商品化 C2（ろうどうりょく―しょうひんか）
各人のうちに存在する肉体的・精神的な能力である労働力が，売り買いされる商品となること。資本主義社会において生じる事態で，生産手段を持たない労働者は，生産手段を所有する資本家に自分の労働力を売り，その代価として賃金を得ることで，生活を維持する。資本家の側は労働力の購入と消費によって剰余価値を生み出すことになる。

商品 A（しょうひん）［Ware］
他のものと交換するために生産・所有されるもののこと。資本主義社会ではあらゆる価値あるものは商品となり，労働によって生み出された事物だけでなく，形をもたないサービスや労働力も商品となる。マルクスの『資本論』の議論は，まずこの商品の分析からはじまっている。

剰余価値 （じょうよかち）［Mehrwert］
生産活

動の結果として回収された資本の価値が，生産活動のために投下された資本の価値を上回る，その差額のこと。生産活動による利潤となる，この剰余価値の産出が資本主義的な生産活動の動機や目的である。マルクスがはじめてこの剰余価値が生じるメカニズムを明らかにし，資本家が労働力という商品に支払った対価（賃金）以上の価値を，労働者の労働が生み出し，その差額が剰余価値となって資本家のものとなるとした。

剰余価値は等価交換（価値の等しいもの同士の交換）の原理に反する資本家の取り分であるから，労働者は資本家によって搾取されていることになる。

搾取 Ⓑ❶（さくしゅ）［Ausbeutung］　生産手段を所有する者が，それを持たない者の労働の成果を不当に手に入れること。資本主義社会では資本家による労働者の搾取となる。資本家が労働力の対価として支払った賃金の価値に対する，労働が生み出した価値の超過分（剰余価値）が資本家のものとなることによって，その分だけ労働者は搾取されることになる。

物象化 Ⓒ（ぶっしょうか）［Versachlichung］　社会的な諸関係において成立している事態が，事物や事物の特性であるかのように見えること。後期マルクスの重要な概念。ある生産物は，それを他の商品と等しい価値をもつものとする，人間の社会的実践の連関を通じてはじめて商品となるが，やがて商品にはもともと物の特性として交換価値が内在していると見なされるようになる。貨幣の場合も同様に，貨幣を貨幣たらしめる社会的連関が見失われ，貨幣自体に商品を購入したり価格を定めたりする能力が内在していると見なされるようになるが，こうした過程が物象化である。

物神崇拝 Ⓒ（ぶっしんすうはい）［Fetischismus］　人間の社会的関係によって生み出されたものを，それ自体で価値がある事物のように見なし，崇めること。人間の労働が生み出し価値を与えた商品が，人間のいとなみから独立して存立し，内在的な価値を備える事物と見なされたり，社会における商品の交換を円滑に行うために用いられる貨幣が，それ自体としてなんでも購入できる能力と卓越した価値を備えるものとして崇拝されたりすることを指す。

唯物論 Ⓐ❸（ゆいぶつろん）［Materialismus］　精神的なものや心的なものよりも，物質的なもののほうがより重要で根源的であるとする，思想的な立場のこと。観念論や唯心論に対立する立場で，原子の結合と運動によって世界のすべてを説明しようとした古代ギリシャのデモクリトスによって明確なかたちをとった。近代ではイギリスのホッブズやフランスのラ＝メトリの機械論が代表的。ドイツではフォイエルバッハが，肉体と感覚を備えた具体的人間を重視する唯物論的人間学の立場からヘーゲル哲学を批判した。マルクスとエンゲルスはフォイエルバッハの唯物論とヘーゲル批判を継承しつつ，フォイエルバッハには手薄だった社会構造の問題を掘り下げることで，史的唯物論（唯物史観）の立場を打ち出した。

唯物史観 Ⓐ（ゆいぶつしかん）　人間社会の歴史を，唯物論的に説明しようとする歴史観。マルクスとエンゲルスによって確立され，**史的唯物論**ともいう。人間は生活に必要な物質を生産しなければ生存できないから，人間の社会や歴史の「土台」となるのは，人間たちが物質を生産するために取り結ぶ諸関係（生産関係）である。こうした経済的な土台に，政治的・法律的な制度や宗教・哲学などの精神的生活が支えられているのであって，その逆ではない。つまりマルクスのいうように，「人間の意識がその存在を規定するのではなく，人間の社会的存在がその意識を規定する。」資料

ところで道具や機械の発明や改良などによって，社会の生産力は大きくなるが，奴隷と主人，労働者と資本家などの関係（生産関係）は固定化しやすく，やがて生産力と生産関係のあいだに矛盾が生じるようになる。そして増大する生産力に見合った新たな生産関係が求められ，生産関係という経済的土台の変革は，この土台に支えられた法律・政治・宗教・哲学なども含めた，社会全体の変革につながるる。こうした歴史の捉え方を唯物史観という。

弁証法的唯物論 ❷（べんしょうほうてきゆいぶつろん）　マルクスやエンゲルスの唯物論を指す言葉。マルクスはフォイエルバッハの唯物論を継

承する一方で，あらゆる事象を矛盾や対立を通じた展開のプロセスとして捉えるヘーゲルの**弁証法**の考え方もとりいれる。ただしヘーゲルのように，精神や理念などの運動によって社会や歴史の展開を説明するのではなく，生活に必要な物質を生産するための人間関係（生産関係）を土台として捉え，これと生産力の矛盾によって社会と歴史の展開を明らかにすることから，弁証法的な「唯物論」と呼ばれる。

圏 土台 A

生産様式 C 2（せいさんようしき）　ある社会が人間の生活に必要な物資を生産する，その仕方のこと。歴史的にいくつかの段階があり，主人が自分の土地で奴隷を働かせる場合は，奴隷制的生産様式，資本家が工場で労働者を働かせる場合は，資本主義的生産様式という。

生産力 A 3（せいさんりょく）　人間の生活に必要な物質を作り出す能力のこと。ある社会の生産力は，奴隷や労働者が提供する労働力と，道具や機械や原材料などの労働手段によって構成される。労働する者たちが仕事に慣れたり，肉体的・知的な能力を高めたりすることによっても，また道具や機械が改良されたり，より優れたものが発明されたりすることによっても，社会の生産力は増大するので，生産力は増大していく傾向を持つ。こうした生産力が，対照的に固定化する傾向を持つ生産関係と矛盾することで，社会の変革がもたらされるとされる。

生産関係 A（せいさんかんけい）　生活物資の生産のために，人間たちが結ぶ社会的関係のこと。とくに誰が生産手段（土地や道具や工場など）を所有するかが重要であり，生産手段を所有する人間集団は，これを持たない人々を支配しようとする。奴隷制における土地所有者と奴隷，資本主義社会における資本家と労働者などが生産関係の例であり，増大する傾向にある生産力と対照的に，支配者の意向で固定される傾向がある。ただし，増大する生産力は新たな生産関係を求めて社会を変革し，資本主義社会ののちには生産手段を社会的に共有する社会主義社会が実現されるとマルクスらは考えた。

上部構造 A・下部構造 A（じょうぶこうぞう）（かぶこうぞう）　マルクスらの**史的唯物論**において，人間のあらゆる社会や歴史を支える土台となるのが「下部構造」であり，これに支えられて形成される社会や歴史の側面が「上部構造」である。下部構造にあたるのは，人間の生存に必要な物質を生み出す経済的活動の総体であり，上部構造にあたるのは法律や政治や宗教や哲学など，人間のより精神的・意識的な活動の産物である。下部構造の変動に応じて上部構造も変化するとされる。

生産手段 A 1（せいさんしゅだん）　労働力とともに労働の過程の構成要素をなす，労働のための物質的手段のこと。労働力が向けられる労働対象（木材や小麦などの原料・材料のこと）と，それに加工・変形が加えられる労働がなされる労働手段（道具や機械や工場のこと）からなる。この生産手段を誰が所有するかが社会の**生産関係**を決定づける。

生産手段の公有 C（せいさんしゅだん-こうゆう）　生産手段を特定の個人や人間集団が私的に所有するのではなく，社会全体で公的に所有すること。社会主義社会において実現される**生産関係**である。生産手段の公有によってのみ，生産手段を所有する人間集団が，それ以外の人々を支配し従属させる，社会的な不正義が根源的に克服されるという。

階級闘争 A 3（かいきゅうとうそう）　社会的に区別され固定化された，支配する人間集団（支配階級）と支配される人間集団（被支配階級）のあいだの戦いや争いのこと。マルクスらはこの階級のあいだの争いこそ，歴史の展開の原動力であると考えた。古代奴隷制では奴隷の主人と奴隷のあいだ，中世封建制では領主と農奴のあいだ，そして近代の資本主義社会では資本家と労働者のあいだに，それぞれ階級間の埋めがたい利害の対立や支配・被支配の関係があり，闘争が行われてきたとされる。

労働者階級 B 13（プロレタリアート B）（ろうどうしゃかいきゅう）[Proletariat]　近代の資本主義社会において，支配される側の階級。生産手段を所有しないため，資本家階級に自分の労働力を売り，代価として賃金を得ることでしか生活することができない。資本家による抑圧と搾取を受けて生活は困

窮乏してゆき，社会革命の主体となるとされる。

資本家階級 **B**③（ブルジョアジー**C**）（しほんかかいきゅう）[Bourgeoisie]　近代の資本主義社会において，支配する側の階級。生産手段を所有し，これに労働者から買いとった労働力を結びつけて消費することで，資本主義的な生産活動を行う。生産活動の結果生じた剰余価値を，利潤として手に入れることによって，労働者を搾取する。

社会革命 **B**（しゃかいかくめい）　生産のための人と人の関係（生産関係）を根本的に変革することで，新しい社会制度を確立すること。労働者階級が中心となって，資本家階級が生産手段を独占する資本主義的な生産関係を廃止し，生産手段を社会で公有する社会主義社会を実現するのが，社会主義革命（プロレタリア革命）である。

類 革命 **A**①

社会主義 **A**⑬（しゃかいしゅぎ）[Sozialismus]　資本主義的な生産活動・経済活動を否定し，平等で公平な社会を実現しようとする思想や運動。一般に私的所有の原理を否定もしくは制限し，生産手段を社会的に公有しようとする。近代ではオーウェンなどの社会思想家が，人道的な観点から理想的な共同体の実現を目指し，社会主義的な思想を提唱した。そして彼らの構想や思想を空想的社会主義と呼ぶ。マルクスとエンゲルスの科学的社会主義においては，社会主義は共産主義への過渡的な段階とされる。そこでは，労働と生産物の分配に関して「能力に応じて働き，労働に応じて分配される」 資料 という原則が実現されるという。

共産主義 **B**⑤（きょうさんしゅぎ）[Kommunismus]　私有財産の制度を廃止し，階級間の不平等や抑圧や対立のない共産主義社会の実現を目指す思想や運動。この用語は「共同・共有」という意味のラテン語[communis]に由来し，マルクスとエンゲルスが自分たちの立場を表すのに用いた。非人間的な労働や労働者の搾取など，資本主義社会のあらゆる問題を解決し，各人が自由で充実した生活を送り，本来の人間性が回復される社会を目指す。この理想社会では，労働と生産物の分配に関して，「能力

に応じて働き，必要に応じて分配される」 資料 という原則が実現するとされる。

『経済学・哲学草稿』 **B**（けいざいがく・てつがくそうこう）　マルクスが1844年ごろ執筆した草稿。人間を，労働を通じて社会的に連帯する類的存在と見なし，私有財産の制度のもとでは労働者が，本来的な労働のあり方や他者との連帯から疎外されているとする，「疎外された労働」の考察で有名。

『ドイツ・イデオロギー』 **C**　1845年から1846年にかけてマルクスとエンゲルスが共同執筆した草稿。それまで影響を受けていたヘーゲルやフォイエルバッハなどのドイツ哲学との関係を清算することを目指して，社会的現実への視点を欠いた従来のドイツ哲学の抽象性・観念性を批判。そして人間による生活物資の生産活動を土台にすえる新しい歴史観・社会観を展開し，唯物史観がはじめて打ち出された。

『共産党宣言』 **A**（きょうさんとうせんげん）　マルクスとエンゲルスが書き下ろしたパンフレット。1848年に「共産主義者同盟」の綱領として，ロンドンにおいて匿名で刊行された。共産主義の入門書として名高い。「これまでのあらゆる社会の歴史は階級闘争の歴史である」 資料 として，階級闘争が歴史の推進力であると説かれ，ブルジョア社会の成立と展開，労働者階級の発生と団結，そして資本家階級の没落と労働者階級の勝利に至る過程が辿られる。さらに共産主義社会の実現に向けた労働者の戦術的な団結が呼びかけられ，「万国の労働者，団結せよ」 資料 という有名な言葉でしめくくられている。

『資本論』 **A**（しほんろん）　マルクスの主著。全3巻からなるが，マルクスの生前に刊行されたのは1867年の第1巻のみで，第2巻と第3巻はマルクスの死後エンゲルスが編集して刊行した。資本主義社会の経済学的分析を通じて，社会主義社会への移行の必然性を明らかにすることを主題とする。商品や貨幣の分析にはじまり，剰余価値の理論にもとづいて資本主義の搾取のメカニズムが解明され，さらには資本主義的な経済システムの全体が分析される。

2 人間性の回復を求めて②
—— 社会主義の帰結

レーニン Ｂ１［Vladimir Il'ich Lenin, 1870〜1924］ロシアにおけるマルクス主義の理論家、ロシア革命の指導者。学生時代から社会運動に参加し、シベリアへの流刑や国外への亡命などの困難にもかかわらず、ロシア国内の革命運動を精力的に指揮した。1917年の三月革命で帝政ロシアが打倒されると帰国し、ソヴィエトを指導して社会主義革命を成功に導く。革命後は初代の人民委員会議議長に選ばれ、死に至るまで世界初の社会主義国家を指導した。

また学生時代から一貫して、革命家としてだけでなくマルクス主義の理論家としての活動も続け、マルクス主義の基礎理論である唯物論を擁護し、また資本主義の最高段階であるという帝国主義を分析するなどして、20世紀の時代状況に応じてマルクス主義を発展させた。主著『帝国主義論』『国家と革命』。

帝国主義 Ａ４（ていこくしゅぎ）［imperialism］一般的には国外に侵略し、植民地の獲得や拡大を目指す運動や政策を指す。レーニンはこれを、資本主義の最高で最後の段階であると主張した。レーニンによれば帝国主義は、①生産と資本の独占化、②独占の銀行と独占的産業が融合した金融資本による支配、③商品輸出とは異なる資本輸出の典型化、④国際的な独占的資本家団体による世界の経済的な分割、⑤資本主義列強国による世界の領土的な分割の完了、の五つの特徴を持つ。すでに列強国による世界の分割はすでに終了しており、植民地の再分配をめぐる世界戦争が帝国主義のもとでは不可避であるとみて、資本主義・帝国主義の死滅と、社会主義革命の成功を展望した。

プロレタリアの独裁（-どくさい）マルクス主義において、社会主義革命が達成されたのちに実現されるという政治形態。資本主義社会から共産主義社会に至る過程で生じ、政権を手にしたプロレタリアート（労働者階級）が、ブルジョアジー（資本家階級）など反革命勢力を支配する。階級や国家のない共産主義社会の成立まで必要だとされる。マルクスとエンゲルスがまずこの用語を用い、レーニンがロシアでの社会主義国家建設の経験を踏まえ、共産党による一党支配の意味で用いた。

共産党 Ｂ（きょうさんとう）共産主義社会の実現を目指して政治活動を行う政党。ロシア・ソ連の共産党は、レーニンを指導者とするボリシェビキ勢力が、ロシア革命後の1918年に社会民主労働党から改称して成立。その後冷戦末期の1988年まで、共産党による一党独裁体制が続いた。なおソ連共産党は1991年に解散している。また中国の共産党は1921年に結成され、毛沢東の指導のもと中華人民共和国が建設された1949年以降、一党独裁体制を続けている。

類 一党独裁

マルクス-レーニン主義 Ｃ（-しゅぎ）レーニンが発展させたマルクス主義理論。レーニンの死後、この名称が広く使われるようになった。唯物史観に立脚しつつ、資本主義の最終段階としての帝国主義の分析を通じて、資本主義の終焉と社会主義革命の実現の歴史的必然性を説く。

類 マルクス主義 Ａ４

ロシア革命 Ａ（-かくめい）1917年にロシアで起きた史上初の社会主義革命。第一次世界大戦末期の1917年３月に、都市の食糧不足などのために労働者の不満が爆発。軍隊がこれに同調してニコライ２世を退位させ、ロマノフ朝を打倒した（三月革命）。その後、臨時政府と労働者・兵士・農民によるソヴィエト（評議会）の二重権力の状態が続いたが、亡命先から４月に帰国し、「全権力をソヴィエトへ」と訴えるレーニンの指導のもと、武装蜂起により臨時政府を打倒してソヴィエトが政権を掌握、世界初の社会主義政権が成立した（十一月革命）。

毛沢東 Ｂ（もうたくとう）［Mao Tsē-tung, 1893〜1976］中国共産党の指導者で、中華人民共和国の建国者。1921年の中国共産党の設立に参加し、国民党との闘争や抗日戦

争を経て，1949年に中華人民共和国が建国されると国家主席に就任。思想的には『新民主主義論』(1940年)において，マルクス主義を中国の現状に適用するべく，まずブルジョアではなく労働者階級が指導して反帝国主義・封建主義の民主主義革命を達成し，そのうえで社会主義革命に進むという二段階の革命理論をとなえた。

ベルンシュタイン Ａ2 [Eduard Bernstein, 1850～1932] ドイツ社会民主党の理論的指導者で，社会民主主義の提唱者。ベルリンで機関士の息子に生まれ，1871年社会民主労働党に加わる。亡命中のロンドンで晩年のエンゲルスと親交を結ぶ一方で，フェビアン社会主義からも影響を受け，エンゲルスの死後にマルクス主義の修正にのりだす。武力による革命によってではなく，労働組合運動と議会活動という民主的なプロセスによる，緩やかな社会改良と社会主義の理念の実現を目指すことを提唱。その立場は，はじめドイツ社会民主党の主流派から「修正主義」と非難されるものの，次第に党内で広く受け入れられた。

フェビアン協会 Ａ1 (-きょうかい) 1884年に設立された，イギリスの社会主義者の団体。名称は持久戦によりハンニバルを苦しめた，ローマの名将ファビウスにちなんでつけられた。ウェッブ夫妻やバーナード＝ショウを中心的な指導者とし，革命によるのではなく，民主的な議会活動による社会改革と社会主義の理念の実現をとなえた。フェビアン主義とも呼ばれるその立場は，イギリスの労働党の結成と，労働党の労働者問題や福祉問題をめぐる政策形成にも大きく寄与した。

題 フェビアン社会主義 **C**

ウェッブ夫妻 Ｂ2 (-ふさい) [Sidney Webb, 1859～1947, Beatrice Webb, 1858～1943] イギリスの社会改革派夫婦。シドニーが夫，ビアトリスが妻で，1892年に結婚。1884年にフェビアン協会が設立されるとともにすぐに入会し，それぞれ中心的役割を担った。シドニーはフェビアン協会の機関誌に論文を寄稿し，緩やかな社会改革を主張するとともに，政治家としても商務大臣や植民省大臣などを歴任。ビアトリスは社会問題に関心を寄せ，労働者の生活の調査研究を残した。『労働組合運動の歴史』など夫婦の共著も多い。

バーナード＝ショウ Ａ [George Bernard Shaw, 1856～1950] イギリスの劇作家，批評家。1884年に設立されたフェビアン協会の一員となり，社会主義者として活動した。また社会問題を提起する諷刺と機知に満ちた演劇を執筆し，世界的な劇作家となった。1925年にはノーベル文学賞を受賞している。

労働党 Ｂ (ろうどうとう) [Labour Party] イギリスの**社会民主主義**の政党。1900年に**フェビアン協会**などの社会主義団体によって設立された労働者代表委員会を前身とし，1906年に労働党と改称。保守党と並ぶイギリスの二大政党のひとつで，革命によってではなく，議会を通じた漸進的改良によって社会問題の解決を目指す。

社会民主主義 Ａ6 (しゃかいみんしゅしゅぎ) [social democracy] 普通選挙や議会活動を通じて，社会の改良と社会主義の理念の実現を目指す主義。武力による革命を通じて資本主義社会の変革を目指す社会主義とは異なり，非暴力的な手段によって漸進的に社会主義の理念の実現を目指す。ベルンシュタインの修正社会主義やフェビアン協会のフェビアン主義を源泉とし，その流れをくむドイツの社会民主党やイギリスの労働党が代表的な社会民主主義政党である。

ゴルバチョフ [Mikhail S.Gorbachev, 1931～] 旧ソ連の政治家。1985年にソ連共産党の最高指導者である書記長に就任。ソ連の経済・政治組織の改革(ペレストロイカ)と情報公開(グラスノスチ)を推進し，外交では軍事費の削減と西側諸国との緊張緩和に努めた。1990年に大統領制を導入するが，1991年のソ連解体とともに辞任。東西対立の緩和や冷戦終結の功績で1990年にノーベル平和賞を受賞した。

ベルリンの壁崩壊 **C** (-かべほうかい) 冷戦の終結を象徴する1989年11月の出来事。「ベルリンの壁」は東ドイツから西ドイツへの市民の流出を食い止めるために，1961年に東ドイツによって築かれ，東西ベルリンを分断し続けていた。しかし1989年に東欧諸国で民主化運動が進むと，東欧諸国を通じた東ドイツ市民の流出が続き，出国規

制がもはや不可能との判断から、1989年11月9日、東ドイツ政府は旅行の完全自由化を発表。翌10日には集まってきた東西ベルリン市民が壁を破壊、その映像が世界中のテレビで放映され、冷戦の終結を鮮明に印象づけた。

冷戦の終結 C（れいせん-しゅうけつ） 社会主義の東側陣営と資本主義の西側陣営のあいだの冷戦が終わったこと。1989年のアメリカ大統領ブッシュとソ連共産党書記長ゴルバチョフによるマルタ会談で冷戦の終結が宣言された。以後東側の軍事機構であるワルシャワ条約機構の解体が進み、西側の軍事機構である北大西洋条約機構も大きな転機を迎えることになった。

3 自己を見つめる①
―― 実存主義

実存 A⑧（じつぞん） 現実存在・事実存在の略。事物の普遍的な性質を**本質存在**[essence]と呼ぶのに対して、**現実存在**[existence]とは、いま現に具体的・個別的に存在しているものを指す。スコラ哲学では、「本質は実存に先立つ」とされ、本質に優位が認められてきた。しかし、19世紀のキルケゴール以降、実存は特に人間の個別的・主体的なあり方を意味するようになった。本質が事物の普遍的・抽象的・客観的な真理であるのに対して、実存は人間の個別的・具体的・主体的な真理を表している。ここから、サルトルは人間が自分自身を自由に作り上げる存在であると考え、「実存は本質に先立つ」とした。

実存主義 A（じつぞんしゅぎ） 人間の個別的・主体的な真理（実存）を重視する哲学の立場。実存主義は、一方で、近代社会における人間喪失を、マルクス主義のような社会体制の改革によってではなく、自分個人の生き方を求めることによって克服しようとした。他方で、実存主義は、ヘーゲルに代表される近代的な理性主義に抗して、理性だけでは把握しきれない不合理な人間の真理に留まろうとした。

主な実存主義の哲学者としては、実存を自己と神との関わりで考える**宗教的実存主義**のキルケゴール、ヤスパース、マルセル、また無神論的実存主義のニーチェ、サルトルなどが挙げられる。狭義には、サルトルらが主導し1940年代に流行した実存主義を指す。

類 **実存哲学** B

キルケゴール A⑬ ［Søren Kierkegaard, 1813～55］デンマークの哲学者・キリスト教思想家。実存主義の先駆者。コペンハーゲンの実業家の息子として生まれる。牧師となるべく、大学で神学と哲学を学ぶ。1835年頃、「大地震」とよばれる精神的危機に陥る。40年にレギーネ＝オールセンと婚約したが、自分にその資格がないと思い、翌年に婚約を破棄する。この事件をきっかけとして思索を深め、偽名で『あれかこれか』や『不安の概念』など、多くの著作を発表する。その後、諷刺誌「コルサール」による中傷を受けるという「コルサール事件」によって無責任な大衆への不信を募らせ、晩年には、堕落した教会を攻撃するなど、孤独な生活を送った。

その思想の特徴は、ヘーゲルの普遍的・理性的・弁証法的な哲学に反対し、不安や絶望といった個人の内面性を重視し、人間の主体的な真理を求めるという実存主義にある。主著に『死に至る病』『おそれとおののき』など。

例外者 C（れいがいしゃ） 普遍的なものを実現できない人間。それは一方で、婚約を破棄したキルケゴールの立場を表しているが、他方で、ヘーゲル的な人倫（普遍的なもの＝共同体と個人との宥和）からの逸脱を意味している。例外者は、普遍的になりえないので不完全な存在であるが、自身の内面に集中することで、非凡な人間にもなりうる。

大地震 B（だいじしん） 1835年頃、キルケゴールを襲った精神的な危機。キルケゴールは、父親が犯した罪（幼い頃神を呪い、後に女中に子供を産ませた）と家族の相次ぐ死（父親は2人の妻と5人の子を失った）を結びつけ、父の罪に対する罰が家族に報い

られると感じた。それ以来，いつ襲ってくるかしれない死の恐怖と罪悪感から生じる憂鬱に悩まされることになる。

実存の三段階 **C**4（じつぞん-さんだんかい）　キルケゴールは，実存的な生き方を**美的実存・倫理的実存・宗教的実存**の三段階で示した。美的実存とは，「あれも，これも」と欲望や本能のままに行動する享楽的な生き方である。しかし，自己を見失って絶望に陥り，倫理的実存に目覚める。これは，「あれか，これか」を選択し，責任をもって倫理的に生きることである。しかし，そこでも自己の有限性に絶望し，宗教的実存へといたる。これは，神と直面する**単独者**としての生き方である。キルケゴールは，それぞれの段階はまったく異なった生き方であり，飛躍によってしか移行できないとする。

美的実存 **A**2（びてきじつぞん）　キルケゴールの実存の三段階の第一段階。快楽を目的として，「あれも，これも」と欲望や本能のままに享楽的に生きること。キルケゴールはドン＝ファンを例に挙げている。しかし，人は移ろいやすい快楽の空しさに気づき，欲望や本能に囚われることで自己を見失い，やがて絶望に陥る。この絶望から本来の自己を取り戻そうとするとき，第二の段階である倫理的実存に目覚めるのである。

倫理的実存 **A**2（りんりてきじつぞん）　キルケゴールの実存の三段階の第二段階。人生において考えられる可能性のなかから，「あれか，これか」を主体的に選択し，義務と責任をもって社会生活を営む生き方。しかし，人は倫理的に生きようとして，自らの有限性や良心の呵責に絶望し，神の助けを必要とする。こうして，第三の段階である宗教的実存へといたる。

宗教的実存 **A**4（しゅうきょうてきじつぞん）　キルケゴールの実存の三段階の最終段階。自らの有限性に絶望した人間が，神に**単独者**として直面し，信仰に生きること。キルケゴールは，『旧約聖書』の「イサク奉献（献供）」を例に挙げている。神はアブラハムの信仰を試すために，息子イサクを犠牲に捧げるよう命じる。アブラハムは苦悩の末，イサクを殺そうとするが，神はその信仰を認めて供犠を止める。このように，神への信仰のために倫理的な規範を停止する

ことを「倫理的なものの目的論的停止」という。キルケゴールは，自己と絶対者との対面的な関係が信仰であるとした。

主体的真理 **A**5（しゅたいてきしんり）　自分がどう生きるべきかという，自己にとって重要な真理。キルケゴールは，『日記』で次のように語る。「私にとって真理であるような真理を発見し，私がそれのために生きそして死ぬことを願うような真理を見いだすことが重要なのだ。いわゆる客観的な真理を探しだしたところで，それが私に何の役に立つだろう」〈資料〉。キルケゴールにとって，対象の認識から得られる客観的な真理は重要ではない。自ら決断し，自己を実現していくという主体性によって得られる真理こそが求められるのである。

単独者 **A**6（たんどくしゃ）　神と一対一で対面する孤独な存在。「イサク奉献」において，アブラハムは，神に対する義務と家族・社会に対する義務，主体的な倫理と普遍的な倫理の間で葛藤する。しかし，最終的に，神との単独的な関係のもとで，神への信仰を選ぶ。このように，単独者は普遍的なものを超えて，神と対面する存在である。

不安 **A**6（ふあん）　人間が自由であることから生じる感情。キルケゴールによれば，人間とは可能性を自由に選択し，自らを主体的に形成していく存在である。しかし，その選択には何も根拠がなく，可能性は未だ実現していない「無」でしかない。このような自由の「無」に対して抱く感情が不安である。人間は不安から逃避するのではなく，自由の「無」を引き受け，自らの責任で可能性を選択しなければならない。

絶望 **A**3（ぜつぼう）　神との関係を欠いて，自己を見失った状態。キルケゴールは，絶望を死に至る病と呼び，近代的な自我に固有の状態であるとした。人間の精神は，無限と有限，時間と永遠のようなふたつの間の関係である。しかし，この関係が分裂したとき，自己を喪失し，絶望する。自分の絶望を自覚せずに絶望し，絶望を自覚しながら逃避して絶望し，絶望した自己にあえてとどまろうとして絶望する。しかし，こうした絶望は，神との関係を欠いて，自分自身にしか根拠を求めないことから生じる「罪」に他ならない。

『あれかこれか』 Ｂ❷　キルケゴールの主著のひとつ。1843年に偽名で刊行され、たちまち大成功をおさめた。二部構成になっており、第一部では、享楽的な生活を送る美的実存について書かれているのに対して、第二部では、「あれか、これか」を選択して道徳的な社会生活を送る倫理的実存について書かれている。第一部に含まれる「誘惑者の日記」は、キルケゴール自身の婚約破棄事件を基にして書かれたとされる。

『死に至る病』 Ｂ（しにいたるやまい）　キルケゴールの主著のひとつ。1849年にアンチ＝クリマクスの偽名で刊行され、当時の教会を批判する目的で書かれた著作。二部構成で、第一部では、「死に至る病」とは自己を喪失した絶望であるとされ、絶望の様々な形態が分析されている。第二部では、この絶望が神との関係を欠いたことから生じる「罪」であり、単独者として神と直面しないかぎり、救済されえないとされる。

ニーチェ Ａ❾

［Friedrich Nietzsche、1844～1900］ドイツの哲学者。ドイツのザクセン州で牧師の子に生まれる。ボン、ライプツィヒの大学で古典文献学・哲学を学び、24歳の若さでバーゼル大学の教授となるが、偏頭痛の悪化により35歳で辞職した。ワーグナーに心酔し、バイロイト祝祭劇場の運動のために『悲劇の誕生』を発表した。しかし、学界からは無視され、ワーグナーとも後にたもとを分かった。45歳のとき、トリノの路上で発狂し、病苦と孤独のなか錯乱状態で死んだ。

　その思想の特徴は、西洋近代の理性主義やキリスト教道徳に対する批判と、新しい価値を創造し、運命を愛する**超人**思想にある。これらは、20世紀の思想に大きな影響を与えた。主著に『善悪の彼岸』『道徳の系譜』『ツァラトゥストラはかく語りき』などがある。

奴隷道徳 Ａ❷（どれいどうとく）　ニーチェがキリスト教道徳を批判して呼んだ言葉。ニーチェによれば、キリスト教とは強者（支配種族）に対する弱者（奴隷種族）の**ルサンチマン**（怨恨 えんこん）から生まれた宗教であり、その道徳は、強者を引きずり下ろす平等という価値観に基づいている。これに対して、古代ギリシャの貴族に代表される主人道徳は、自尊心と畏敬に価値を置く、高貴な者の道徳である。キリスト教道徳が人間を卑小化・均質化し、近代の**ニヒリズム**を生み出したのであり、これを克服するために、生命力に満ちた新たな道徳へと価値を転換させなければならない、とされる。

ルサンチマン Ａ❻（**怨恨** Ｂ）（えんこん）［ressentiment］　弱者が強者に抱く怨みと復讐の感情。フランス語の［ressentiment］は「怨恨」の意味で、ニーチェが『道徳の系譜』で用いて、哲学的に注目されるようになった。強者（貴族）は、自己を肯定し、能動的に「よい」を措定する。これに怨みを抱いた弱者（奴隷）は、現実世界ではかなわないため、「よい」と「悪い」の価値を逆転させ、強者を「悪い」とすることで、道徳的に復讐する。こうしたルサンチマンによって成立したのが、公平や謙虚を重視するキリスト教道徳だとされる。

超人 Ａ❹（ちょうじん）　人間自身を超えて、新しい価値を創造する存在。ニーチェは『ツァラトゥストラはかく語りき』の中で「人間は動物と超人の間に張り渡された一本の綱」資料 であると語る。人間は、ニヒリズムを超え、自己自身を克服することによって、新たな価値を創造し、生を肯定する超人となるべきである。こうしたニーチェの超人思想は、ハイデガーによって**力への意志**の体現者として解釈され、また、ナチスによって政治的に悪用されることにもなった。

永劫回帰 Ａ❸（えいごうかいき）　すべての存在と事象が永遠に繰り返されること。永遠回帰ともいう。ニーチェによれば、時間が永遠であり、事象が有限であるかぎり、すべてのものは繰り返される。この認識は幸福であり、さらに、永劫回帰の中でこの認識自体も繰り返されるはずである。だとすれば、この人生は生きるに値する。ニーチェは、永劫回帰を「最高の肯定の定式」とし、ニヒリズムを克服する思想だと考えた。

6章 個人と社会とのかかわり 237

力への意志 [A]⑤(ちから-いし) あらゆる生の根本にある，新たな価値を創造しようとする意志。後期ニーチェの中心的な概念。ニーチェは，生命のエネルギーを力への意志として捉え，世界は無数のエネルギーが拮抗・生成する場であると考えた。力への意志はまた，世界を解釈する原理でもあり，この解釈によって価値を措定する。人間は，力への意志に従って新しい価値を創造し，ニヒリズムを克服して，価値の転換をしなければならないとされる。

力への意志に関連する膨大な断片は，遺稿として残され，妹エリーザベトの手によって『力への意志』としてまとめられ出版された。しかし，後に恣意的な編集があったとして問題となった。

類 権力への意志 [C]②

ニヒリズム [A]②(虚無主義[B]) (きょむしゅぎ) [nihilism] 既存の価値や権威を認めない立場，その結果，生きる意味や目的を喪失した状態。ツルゲーネフが『父と子』(1862年)の中で使用したことで一般的に知られ，19世紀のヨーロッパで蔓延した考え方。具体的には，キリスト教に対する批判である。

ニーチェは，キリスト教が彼岸に価値を置いたため，ヨーロッパの近代主義は初めから「無」の上に立っているのであり，ニヒリズムは必然であると考えた。しかし，既存の道徳や価値を否定するだけでなく，さらに新たな価値を創造することによって，ニヒリズムは克服されなければならない。この価値を創造し，生を肯定するものが力への意志である。

退廃[B](デカダンス[C]) (たいはい) 一般的には，文明や文化の衰退を意味する。元々，19世紀末のフランスの風潮で，ボードレール，ランボー，ヴェルレーヌなどの退廃的・背徳的な芸術家についていわれた。ニーチェは，これを力への意志の衰退であると捉え，ニヒリズムと並んで，ヨーロッパの歴史を説明する概念とした。力への意志は必然的に衰退し，価値は没落する。ニヒリズムもまた，この退廃の結果にすぎない。

「神は死んだ」[資料] [A](かみ-し-) 『ツァラトゥストラはかく語りき』の中の言葉で，キリスト教的な価値観が無効になったことを象徴している。ツァラトゥストラは，神の死を宣告すると同時に，神を冒瀆する者の死をも宣告する。すなわち，キリスト教道徳だけでなく，それを否定する人間中心主義(ニヒリズム)をも否定し，新たな価値を創造する超人の登場を予告しているのである。

ハイデガーは，ニーチェの「神の死」を形而上学批判として解釈し，また，フーコーは，人間の主体性が疑問に付される現代では，「人間の死」が告げられると考えた。

運命愛 [A]⑤(うんめいあい) 永劫回帰する運命を引き受け，生を肯定する超人の態度。ニーチェは，自伝『この人を見よ』の中で「人間における偉大なものに対する私の常套語は，運命への愛である，一すべての理想主義は必然的なものに対する欺瞞である」[資料]と語っている。運命愛とは，自らの意志を放棄して運命を耐え忍ぶことではなく，永劫回帰を自らの意志で引き受け，能動的に愛することである。それは，力への意志を体現することであり，「これが人生か，ならばもう一度」[資料]という生の肯定となる。

『ツァラトゥストラはかく語りき』 [C]③(-かた-) ニーチェの主著のひとつ。ツァラトゥストラとは，ゾロアスター教の教祖とされる人物。山から降りてきたツァラトゥストラが，群衆に向かって「わたしは貴方がたに超人を教えよう。人間とは克服されなければならない何物かである」[資料]と説教し，超人の到来を予告する。神の死，大衆批判，永劫回帰の思想が語られていき，ツァラトゥストラが自らの運命を引き受けようとするところで物語は終わる。詩的な表現に満ち，20世紀の哲学や文学に多大な影響を与えた。

ショーペンハウアー [B]①[Arthur Schopenhauer, 1788～1860] ドイツの哲学者。ダンツィヒの豊かな貿易商の子に生まれる。母は著名な小説家であった。ゲッティンゲン大学で医学を学んだ後，ベルリン大学のフィヒテの下で哲学を修める。ベルリン大学私講師着任後は，ヘーゲルとその学派に対抗意識を燃やしたという。思想

第Ⅳ編

の特徴は，世界は生への意志が抗争しあう，苦に満ちた場であるという**ペシミズム**（厭世主義）にあり，ニーチェやワーグナー（1813〜83），フロイトらに影響を与えた。主著に『意志と表象としての世界』など。

盲目的意志 (もうもくてきいし) ショーペンハウアーの提唱した概念で，世界の根源にある生への意志。ショーペンハウアーによれば，世界は意志が産み出す表象にすぎず，この意志は自然のあらゆる力のうちで盲目的に活動している。個体化した生への意志は互いに争い，苦悩が生じるが，世界は苦であるという認識をもつことによって，表象としての世界が消滅し，救済されるとした。

ヤスパース Ⓐ④

[Karl Jaspers, 1883〜1969] ドイツの実存哲学者。オルデンブルクの裕福な家庭に生まれる。最初法律を学んだが，医学を志し，ハイデルベルク大学などで精神病理学を修める。1913年，フッサールの現象学の方法を導入した『精神病理学総論』を発表して名声を博す。哲学・心理学に転じて，キルケゴールやニーチェ，ウェーバーの影響を受け，実存哲学の立場を築く。32年にはリッケルトの後任としてハイデルベルク大学の哲学教授となる。1937年にユダヤ系の夫人との離婚勧告を拒絶したことで教授職を奪われたが，第二次世界大戦後に復職。戦争責任や平和など政治的発言も積極的に行った。

その思想の特徴は，超越者と出会った人間は実存を自覚し，実存的交わりを他者と結ぼうとするという，理性と愛に基づく実存哲学にある。また，紀元前500年頃は，中国の孔子・老子，インドのブッダ，ギリシャのプラトンなどが登場し，人類の精神的基礎が築かれた枢軸時代であるとする歴史観を展開した。主著に『現代の精神的状況』『理性と実存』『哲学』などがある。

限界状況 Ⓐ④ (げんかいじょうきょう) ヤスパースの用語で，人間が挫折せざるをえず，逃れられない壁のような状況。実存を自覚す

る契機となる。具体的には，私は死なざるをえないという**死**，私は悩みを回避できないという**苦悩**，私は争いに関与してしまうという**闘争**，私の犯した罪から生じる**罪責**などである。これらの限界状況において，人間は自らの有限性を自覚し，孤独と挫折を味わう。しかしそこで，自己の有限性を知らせる**包括者**（**超越者**）と出会うことによって，実存に覚醒することになる。

類 死 Ⓐ③ 苦悩 Ⓐ⑥ 争い Ⓐ① 罪 Ⓐ⑯

包括者 Ⓑ (**超越者** Ⓐ④) (ほうかつしゃ)(ちょうえつしゃ) ヤスパースの実存哲学の基底をなす概念で，自己と世界のすべてを包み込むもの。実存は自己を自由に形成するが，その存在自体は，自らつくったものではなく，有限性を超えた超越者によって贈与されたものである。つまり，自由な実存は自らを超越者に依存しているのであり，超越者と関わって存在する。また，超越者は実存と世界の対象のすべてを包み込み，根拠づけるものとして包括者と呼ばれる。人間は**限界状況**において自らの有限性を自覚するとき，有限性を超えた超越者と出会うとされる。

実存的交わり Ⓑ⑥ (じつぞんてきまじ-) ヤスパースの用語で，実存としての自己と他者との人格的な関係。実存を自覚した自己は，孤独な存在ではなく，他者との交わりによって，真理を求め，実存を深めようとする存在である。この交わりにおいて，たがいの真実を，理性をもって戦わせるが，こうした闘争ができるのも，たがいに愛をもっているからにほかならない。

類 愛しながらの戦い Ⓑ②

４ 自己を見つめる②——現象学

ハイデガー Ⓐ⑦

[Martin Heidegger, 1889〜1976] 20世紀を代表するドイツの哲学者。メスキルヒに生まれる。フライブルク大学で神学を研究した後，リッケルトから新カント主義を学ぶ。1915年に「ドゥンス・スコトゥスの範

疇論（はんちゅうろん）と意義論」で教授資格を取得し、哲学部の私講師となる。19年からフッサールの助手を務め、現象学を研究する。27年に『存在と時間』を発表し、一躍有名となった。28年に、フッサールの後任として、母校フライブルク大学に復帰。ナチス政権が成立した33年に同大の総長に選出されるが、10ヶ月後にその職を辞している。敗戦後はナチスへの協力が追及され、教職追放となる。

　その思想は、35年頃を境に前期と後期に区分される。『存在と時間』に代表される前期では、存在の意味を、現存在を通して存在者の側から探究する「形而上学（けいじじょうがく）」が展開された。これに対して、『ヒューマニズムについて』で示されたように、存在の真理を存在そのものに従って思考するという「転回」以降が後期とされる。他の著作に『形而上学とは何か』『哲学への寄与』などがある。

『存在と時間』 Ａ（そんざいとじかん）　1927年に公刊された前期ハイデガーの主著。存在論の問題を現象学的方法によって追究した著作で、発表直後に思想界に衝撃をもたらし、20世紀の思想に大きな影響を及ぼした。存在の意味への問いをテーマとし、時間こそが**現存在**の存在了解（人間が存在について何らか了解していること）の地平であることが示される。人間は世界の内の諸事物と関わる**世界内存在**として把握され、日常生活のなかで、**ひと**という非本来的なあり方をしている。しかし、自らの死を覚悟する時、**死へとかかわる存在**として本来の自己を自覚する。なお、時間に基づく存在のあり方を解明するはずだった部分は公刊されなかった。

現存在 Ａ２（ダーザイン Ｂ）（げんそんざい）〔Dasein〕　人間のこと。他の事物が単に存在しているだけの存在者（存在するもの）であるのに対して、人間は存在者一般と自らの存在（存在そのもの）を意識し配慮することができるので、それらと区別して現存在と呼ばれる。現存在は、世界の中に投げ出され、他の人々や事物と関わりながら生きる**世界内存在**であるが、自らの死を引き受けることから逃避する**ひと**は、現存在の非本来的なあり方とされる。

世界内存在 Ｂ５（せかいないそんざい）　現存在の本質的なあり方。現存在は単に他の事物と並んで世界の内で存在しているのではなく、他の人々や事物に出会い、それらの意味を了解し配慮しながら、世界の内で生きている。例えば、現存在は、ハンマーに釘（くぎ）を打つための道具として出会い、それを使用する。こうした「〜として」という意味の全体が世界である。現存在はさしあたり世界の内に投げ出されて存在している（**被投性**）が、他方で世界を了解し、可能性に従って道具を使用すること（投企）ができる。このような現存在の二重構造を「被投的投企」と呼ぶ。

被投性 Ｂ２（ひとうせい）〔Geworfenheit〕　人間が世界の内に投げ出されていること。ハイデガーによれば、現存在は自分の意志に関わりなく、一定の状況に制約され、委（ゆだ）ねられて存在している。そのため、現存在はつねに何らかの気分をもち、気分に従って世界と関わっている。とりわけ、不安は世界が無意義であることを示す根本的な気分である。

ひと Ａ　現存在の非本来的なあり方。日常生活の中に埋没（まいぼつ）し、自分の独自性から逃避して、世間一般の人間として平均化・画一化されている状態。ドイツ語のダス－マン〔das Man〕は、「一般的な人」「世人」の意味。現存在は、自分にしか引き受けることのできない死の不安から逃れようとして、おしゃべりや気晴らしに興じることで、没個性的なひとに転落する。そこでは、人間は「この私」としてではなく、「誰でもいい誰か」として生きているに過ぎないのである。

死へとかかわる存在 Ｃ（しーそんざい）　現存在が本来引き受けなければならない自己のあり方。自分の死は、他の誰も身代わりすることができず、自分自身でしか引き受けることができない。このような死を自分のものとして覚悟し、引き受けることによって（先駆的決意）、自分の存在を誰でもいいひとではなく、本来の現存在として自覚する。死という将来に覚悟を決め、過去を自分のものとして引き受け直し、現在の状況を生きるという意味で、現存在は時間的な存在である。

類 死への存在 **A**① 死への先駆的決意

存在忘却 B③（そんざいぼうきゃく）　人間がもはや「存在とは何か」を問うたり，思考したりしなくなること。特に「転回」以降の後期ハイデガーの思想では，人間が存在を忘却するのではなく，存在が人間を呼び求めることをやめ，見捨てることによって，忘却が起こるとされた。

　ハイデガーによれば，プラトン以来の形而上学（けいじじょう）が，存在を「本質存在」［essentia］（〜である）と「現実存在」［existentia］（〜がある）に区別したことから，存在の忘却はすでに始まっていた。この意味で，「本質は実存に先立つ」を逆転させて「実存は本質に先立つ」としたサルトルも，始原的な存在そのものを問わないという点で，存在の真理を見失っているとされる。

故郷喪失 C②（こきょうそうしつ）　人間がその本来の住処（すみか）である存在との近さを見失うこと。存在忘却の徴（しるし）とされる。存在者が存在から見捨てられることによって生じ，人間は本来の自分とその拠り所を見失って生きざるをえない。

現象学 A④（げんしょうがく）　フッサールが提唱した哲学的立場。「事象そのものへ」をスローガンとして，いっさいの先入見を排除し，意識に現れた現象を厳密に考察・記述しようとする学問。世界について無反省に判断している自然的態度を，**現象学的還元**によって根本的に変容させ，そこで開かれる純粋意識の領野を研究対象とする。フッサールはこの方法によって，意識はつねに何ものかについての意識であるという**志向性**（せい）を明らかにし，意識の作用をノエシス，意識の対象をノエマと呼んだ。主な現象学者としては，ハイデガー，サルトル，メルロ＝ポンティ，レヴィナスなどがいる。

フッサール A⑤［Edmund Husserl, 1859〜1938］　現象学の創始者。当時のオーストリア帝国領プロスニッツに生まれる。ウィーン大学で数学の論文で博士号を取得した後，ブレンターノ（1838〜1917）に師事し，哲学研究を志す。1901年，ゲッティンゲン大学の助教授に就任。『論理学研究』が評判を呼び，その哲学を支持する若い哲学者のグループが現れた。16年，フライブルク大学教授に就任。フライブルク現象学会が発足し，ハイデガーらが参加する。退官した後も精力的に研究を続けたが，ユダヤ系であったため，ナチス政権下の晩年は不遇に終わった。

　フッサールの提唱した現象学は，外部に存在する事物に関しては判断を中止し（**エポケー**），意識に現れた現象を厳密に考察・記述しようとする学問である。また，『厳密な学』としての哲学』では，哲学は時代の世界観を扱う「世界観哲学」ではなく，普遍的な妥当性を目指す「厳密な学」でなければならないとした。主著に『イデーン』『ヨーロッパ諸学の危機と超越論的現象学』など。

現象学的還元 C（げんしょうがくてきかんげん）　現象学の基本的な方法。フッサールは，日常生活の中で素朴に外的対象と関わっているような意識の態度を「自然的態度」と呼ぶ。現象学では，事物の本質を認識するために，**エポケー**（判断中止）を行い，自然的態度をいったん遮断（しゃだん）する。こうして，エポケーの後でも残るものが，純粋意識（超越論的主観性）の領野であり，これが現象学の対象となる。

エポケー B②［Epoche］　現象学の方法で，判断を中止すること。世界と無反省に関わる自然的態度をいったん遮断（しゃだん）し，それを根本的に変更するための方法。エポケーによって自然的態度における判断がスイッチを切られ，括弧（かっこ）に入れられる。この「括弧入れ」によって現象学に固有の領野である純粋意識（超越論的主観性）が開かれる。しかし，後期のフッサールは，こうした超越論的主観性は抽象的（ちゅうしょう）で空疎（くうそ）であるとして，科学的世界の地盤にある生活世界への還帰（かんき）を唱えた。

間主観性 C（かんしゅかんせい）　現象学の用語で，客観的世界を基礎づけているもの。**現象学的還元**の残余として得られた純粋意識（超越論的主観性）は，個別の意識とそれが構成する世界にしか関わらない。しかし，事物の客観性は単に個人的なものではなく，複数の意識にとって世界はひとつである。ここから，複数の主観性が相互に作用しあう間主観性が，客観的世界を構成していると考えられる。この間主観性の概念（がいねん）は，

メルロ＝ポンティの身体論やレヴィナスの他者論に引き継がれていく。

メルロ＝ポンティ A7 [M. Merleau-Ponty, 1908〜61] フランスの哲学者・現象学者。ロシュフォールに生まれる。パリの高等師範学校で学び，サルトルやアロン，ニザンらと交流する。第二次世界大戦に従事した後，コレージュ－ド－フランスなどの教授を歴任した。戦後，サルトルらとともに「現代」誌の編集に尽力したが，マルクス主義をめぐる見解の相違からサルトルと訣別した。現象学の立場から，人間の身体を物体であると同時に意識であるような存在として捉え，意識（**対自存在**）と物体（**即自存在**）を対立させる哲学を批判した。主著に『知覚の現象学』など。

身体 A4（しんたい） メルロ＝ポンティは現象学的な方法で，物体と意識，即自存在と対自存在を対立させず，物体であると同時に意識であるような身体論を展開した。メルロ＝ポンティにとって，身体とはそれを通して世界へと向かう志向性であり，世界のなかに住み込む生きられた身体である。また，知覚世界は間主観的な世界であり，そこでは自己の身体と他者の身体がひとつの全体をなしているとされる。このように，メルロ＝ポンティは身体の問題を通じて，心身問題や他者問題を考えたのである。

5 自己を見つめる③
── 自由と責任

サルトル A11 [Jean-Paul Sartre, 1905〜80] フランス実存主義の代表的哲学者・作家。パリに生まれる。1924年に高等師範学校入学，29年に教授資格取得。

この頃，ボーヴォワールと知り合い，契約結婚をする。ベルリンに留学して現象学を学び，ハイデガーに影響を受ける。第二次世界大戦では従軍し捕虜となるが，脱走後，レジスタンス組織を結成した。45年，メルロ＝ポンティらと共に雑誌「現代」を創刊。同年「実存主義はヒューマニズムか」（後に『実存主義はヒューマニズムである』に改稿）と題する講演を行い，**アンガジュマン**の思想を提唱。人間の自由を唱える**実存主義**が爆発的に流行した。

以後，政治的問題に積極的に発言。50年代には，これまで批判していたマルクス主義に接近したことで，カミュ＝サルトル論争が起こる。また，実存主義とマルクス主義の総合を目指す『弁証法的理性批判』を著した。64年ノーベル文学賞受賞拒否。67年のヴェトナム戦争犯罪国際裁判（ラッセル法廷）に出席し，68年の五月革命では学生側を擁護した。主著に『嘔吐』『存在と無』などがある。

即自存在 C2・**対自存在** C2（そくじそんざい・たいじそんざい） サルトルの用語で，事物と意識（人間）を指す。事物は人間の意識とは無関係に，それ自体で存在する「即自存在」である。これに対して，人間はつねに何かを意識しつつ，自己を意識する存在，つまり，「自己に対して」ある「対自存在」である。人間は自らを意識しなければ存在しない「無」にすぎない。だからこそ，人間は，未来に向かって自己を形成しようとする**投企的存在**なのである。

投企的存在 C3（とうきてきそんざい） 人間の本質的なあり方。投企［projet］とは，前に投げ出すこと。サルトルによれば，事物はそれだけでただ存在する即自存在であるのに対して，人間は自己を反省し作りあげることができる対自存在である。それゆえ，人間とは，現在の自分を否定し，意志によって可能性を選択し行為することで，未来に向かって自己を投げかけ，世界や自分を作り変えていく存在である。

自由 A4（じゆう） サルトルにとって，自由とは自己の生き方を自分自身で決めることである。道具と異なり，人間の本質はあらかじめ決まっておらず，自分自身で作り上げなければならない。だから，「**人間は自由そのものである**」資料。しかし，自由は抽象的なものではない。自らの意志で選択した行為については，神や運命のせいにできず，いっさいの責任を自分で負わなければならない。さらに，自由は単に個人的なものでもない。自分の選択は全人

類を選ぶことでもあり、全人類に対して責任を負うことでもある。また、自分の自由を欲するならば、必ず他人の自由も認めざるをえない。

「自由の刑に処せられている」 資料 B

②(じゆう-けい-しょ) サルトルが『実存主義はヒューマニズムである』の中で語っている言葉。人間は自分の行為のすべてに責任を負わなければならないということ。無神論的実存主義を標榜(ひょうぼう)するサルトルは、人間は孤独であるという。なぜなら、人間にはすべてが許されているが、その責任を神や運命に転嫁(てんか)することができないからである。また、人間は世界のなかに投げ出され、自分の行為の一切に責任を負わなければならない。この意味で、「自由の刑」に処せられているのである。

「実存は本質に先立つ」 資料 B④

(じつぞん-ほんしつ-さきだ-) 人間の本質は自ら作り上げていくものだということ。サルトルが『実存主義はヒューマニズムである』で語った、実存主義の第一原理。存在(ある)には、実存[existence]と本質[essence]の二つの意味がある。実存とは「〜がある」であり、単に存在するという事実を意味する。これに対して、本質とは「〜である」であり、何ものであるかという機能・性質を意味する。例えば、ナイフは切るための道具という本質をもち、切れなくなればもはやナイフではない。道具の場合、本質が実存に先立つ。

しかし、「人間はみずからつくったところのものになる」 資料 。つまり、人間は自分の意志で自分が何者であるかを作り上げるのだから、決められた本質をもたない。むしろ人間がただ存在するという実存の方が重要である。したがって、人間の場合、実存が本質に先立つのである。

責任 A⑥

(せきにん) サルトルによれば、自由そのものである自由は、自らの行為の責任を全人類に対して負っている。人間は自分の人生を自分の意志で選択する自由をもつが、他方で、その行為の責任はすべて自分にあり、他の誰のせいにもすることができない。しかも、自分自身を選択するということは、全人類を選択することでもある。なぜなら、何かを選択するとはその価値を

肯定することであり、自分の行為は必ず他人に影響を与えるからである。したがって、自由である人間は、自分の行為に責任を負うだけでなく、全人類に対して責任を負わなければならない。

『存在と無』 B

(そんざい-む) サルトルの主著のひとつで、実存主義の代表的著作。第二次世界大戦中の1943年に発表された。フッサールとハイデガーの影響のもと、人間の意識と実存の問題を現象学的に分析している。事物と意識の違いを論じた即自存在と対自存在、意識の構造としての自己欺瞞(ぎまん)、他者との関係を論じたまなざしの相克(そうこく)などの議論が有名である。

アンガジュマン A②[engagement]

社会参加。フランス語の[engagement]は元々、「質入れ」「誓約」を意味する。サルトルによって、自らの選択に基づいて社会に積極的に参加するという意味で用いられた。自らの意志によって行為を選択することは、結果として他の人々や事物にも影響を与えることにほかならない。そうだとすれば、一人一人が社会や人類の未来を選択するという責任を担って、すべての行為を選び取らなければならないのである。

ボーヴォワール A⑤

[Simone de Beauvoir, 1908〜86] フランスの女性作家・哲学者。パリに生まれ、パリ大学で哲学を学ぶ。1929年、サルトルと出会い、契約結婚をする。高等中学校(リセ)の教師を経て、43年に小説『招かれた女』で作家としてデビュー。実存主義のブームによって、サルトルとともに一躍時の人となる。49年の『第二の性』では、「人は女に生まれるのではない。女になるのだ」 資料 として、女性らしさとは社会的に作られたものにすぎないと主張し、その後のフェミニズム運動の先駆けとなる。他に『女ざかり』『老い』などがある。

『第二の性』 A②

(だいに-せい) ボーヴォワールによる女性論。実存主義の立場から、女性の自由を訴え、後の女性解放思想(フェミニズム)に大きな影響を与えた。「人は

女に生まれるのではない。女になるのだ」資料という言葉で知られ，女性らしさとは家父長制の下で社会的に作られた約束事にすぎないと主張した。

シモーヌ＝ヴェイユ C⑤［Simone Weil, 1909～43］フランスの思想家。パリ高等師範学校を卒業後，リセの哲学教授となる。青年期はマルクス主義に傾倒し，未熟練工として工場で働き，労働者の悲惨さを間近に見る。1936年，スペイン内戦に人民戦線派の義勇兵として参加。パリ陥落後，ロンドンに渡り，ド＝ゴール率いる「自由フランス」政府のもとで対独レジスタンスに加わる。晩年は，キリスト教文明圏外の神話や民間伝承にあらわれる神的真理の探求に没頭した。主著に『重力と恩寵』『根をもつこと』などがある。

カミュ C③［Albert Camus, 1913～60］フランスの作家。人生の不条理を直視する実存主義的な作品で知られる。アルジェリア生まれ。若い頃は職を転々としながら，文学や演劇に没頭。1948年発表の『ペスト』は，人間の宿命に対する抵抗を描き，名声を確固たるものにした。『反抗的人間』では，マルクス主義をめぐって盟友サルトルとの論争を引き起こした。57年，ノーベル文学賞を受賞。60年，自動車事故で死亡した。主著に『異邦人』『シーシュポスの神話』などがある。

不条理 B③（ふじょうり）［absurdité］理性ではわりきれず，理由が分からないこと。カミュの基本的な立場。『異邦人』や『シーシュポスの神話』で描かれたように，カミュは人生や世界には何も目的がなく，人生は不条理であると考えた。し

▲岩をあげるシーシュポス（ティツィアーノ画）

かし，この不条理な人生は生きるに値するか否かを問うのが哲学であり，しかも不条理の中で生き続けることが人間の実存である。

6 自己を見つめる④
── 他者への共感

マザー＝テレサ A⑥

［Mather Teresa, 1910～97］主にインドで活躍した修道女。本名アグネス＝ゴンジャ・ボヤジュー（テレサはシスター名）。マケドニアに生まれる。18歳で修道女になる決意を固め，ロレット修道会に志願してインドへ派遣される。1946年，ダージリンに向かう汽車の中で，「貧しい人びとの中でも最も貧しい人達に仕える」という召命を受けた。50年に「神の愛の宣教者会」を設立し，会の総長として「マザー」と呼ばれるようになった。「死を待つ人々の家」「子どもの家」「平和の村」を設立。62年のマグサイサイ賞を皮切りに，ノーベル平和賞（79年）など数々の栄誉を受賞した。「神は飢えている人，病める人，裸の人，家のない人のなかにおられます」資料という言葉が残されている。

キング A③［Martin Luther King, 1929～68］アメリカの公民権運動の代表的な黒人指導者。ジョージア州に牧師の子と

して生まれる。アラバマ州で教会牧師となる。1955年，モントゴメリーでのバス＝ボイコット運動を指導し，その成功によって一躍注目を浴びる。57年に南部キリスト指導者会議（SCLC）を創立し，人種差別撤廃を求めて，各地の抗議デモを指導。63年のワシントン大行進では，有名な「わたしには夢がある」資料という演説を行った。64年にノーベル平和賞を受賞するが，68年に暗殺された。その思想の特徴は，ガンディーから影響を受けた**非暴力主義**にある。

公民権運動 A（こうみんけんうんどう）1950年代から60年代のアメリカで，キング牧師ら

を中心とする黒人団体が，人種差別の撤廃や公民権の保障を要求して展開した運動。当時のアメリカでは，選挙権の制限や人種隔離制度など有色人種に対する差別が合法的に行われていた。公民権とは，選挙や教育，住居などで不正な差別を受けない権利のこと。55年，ローザ＝パークスの逮捕をきっかけとしてバス-ボイコット運動が起こり，運動を指導したキング牧師が注目を浴びる。63年には，米国史上最も大規模な政治デモ「ワシントン大行進」が実施され，キング牧師の「わたしには夢がある」の演説が行われた。

こうした運動は，64年の公民権法，65年の投票権法の成立などの成果を挙げ，70年代〜80年代には，黒人議員が当選し，マイノリティの進学・雇用を優先するポジティブ-アクション（アファーマティブ-アクション）が実施された。

類 黒人解放運動 B

アファーマティブ-アクション C3[affirmative action] マイノリティや女性など被差別者を優遇する積極的な差別是正策。ポジティブ-アクションとも呼ばれる。歴史的に差別され不利な立場に置かれてきた者には，機会の平等を保障するだけでは十分ではなく，差別的待遇をあらため，優遇措置をはかることで結果の平等がもたらされるとする。特にアメリカでは，**公民権運動**の成果として，マイノリティ，女性，障害者が雇用や進学などで優遇されるようになった。しかし，この措置に対しては「逆差別」との批判もある。

7 他者の尊重

ロールズ A9[John Rawls, 1921〜2002] アメリカの政治哲学者・倫理学者。ボルティモアに生まれる。1943年にプリンストン大学卒業後，兵役につき，ニューギニア，フィリピンを転戦。占領軍として来日し，広島の惨状を目にしている。コーネル大学，マサチューセッツ工科大学などを経て，1962年にハーバード大学の哲学教授となる。1958年に発表した『公正としての正義』では，功利主義の内在的克服を求めて社会契約説を再構成し，自由で平等な契約当事者が社会制度の基本ルールを相互に承認しあうという「公正」を社会正義の中核に置いている。主著に『正義論』，『公正としての正義』などがある。

公正としての正義 A9(こうせい─せいぎ) ロールズの正義論の基本理念。功利主義の正義論を克服するために，社会契約説を再構成したもの。ロールズは，**無知のベール**をかぶらされた上で各人が利益を合理的に追求する**原初状態**を想定する。このような公正な条件の下で，人々は**正義の二原理**を選択するとされる。その第1原理は，全員が自由を平等に分かち合うという「平等な自由原理」であり，第2原理は，不平等が生じるとしても，①機会が均等に与えられた結果である（公正な機会均等の原理）と，②もっとも不遇な人の利益の最大化に役立つか（格差の原理）でなければならない，というものである。

原初状態 B(げんしょじょうたい) 当事者たちが，一切の個人的な条件を知らずに，自分の利益の最大化を目指して，合理的に判断している状態。社会契約論の「自然状態」の流れを汲むもので，ルールを合理的に選択するための条件を組み合わせて想定された仮設的状況。そこで各人は，人間社会についての一般的な事実しか知らず，自分の地位や資格，才能等の個人的な事実は知らないという**無知のベール**をかぶらされている。ロールズによれば，人々は，必要不可欠な自由と最低限の暮らしを維持するために，マキシミン-ルール（不確実な状況での合理的な選択のルール）に従って，**正義の二原理**を選ぶという。

正義の二原理 C2(せいぎ─にげんり) 原初状態において，当事者たちが合理的に選択する正義のルールのこと。その第1原理は，**平等な自由原理**と呼ばれ，「各人は他のすべての人々の自由と相容れるかぎり，できるだけ広範な基本的自由についての平等な権利を持つべきだ」というものである。

第2原理は，社会的・経済的不平等が容認される条件を示しており，「最も不利な状況にある人々の利益を最大化するための不平等である」（**格差の原理**）と，「機会が平等に与えられ，地位や職務がすべての人々に開かれているという条件の下でのみ

不平等が認められる」（**公正な機会均等の原理**）というものである。原初状態と正義の二原理は，**反照的均衡**（じゅくりょうてき）（熟慮された判断と道徳原理のつり合い）という方法によって決められている。

リベラリズム C②（自由主義 A③）（じゆうしゆぎ）[liberalism] 個人の自由を重視したうえで，公正や平等を確保しようとする立場。広義には，ロック，J. S. ミルらの思想も含むが，現代では特にロールズやドウォーキン(1931〜2013)らに代表される思想を指す。リベラリズムの特徴としては，①社会に対して個人が優越するという個人主義，②個人が対等であるという平等主義，③人類が道徳的に一体であるという普遍主義，④社会制度は修正可能であるという改革主義を挙げることができる。また，ロールズは「善に対する正義の優位」，ドウォーキンは「異なる善に対する中立性」を提唱している。リベラリズムに対して，**リバタリアニズム**からは国家の越権，**コミュニタリアニズム**からは共同体の軽視という批判がなされた。

リバタリアニズム B⑤（自由至上主義 C ）（じゆうししじようしゆぎ）[libertarianism] 平等よりも個人の自由を重視し，国家権力を最小限にするべきだと考える立場。平等を確保するために国家の権限を認めるロールズのようなリベラリズムに対して，リバタリアニズムは，個人の権利は不可侵であり，国家の権限はこの権利を保障することだけに限定されるべき（**最小国家**）だと考える。代表的な論者として，ノージックが挙げられる。

ロバート＝ノージック C③[Robert Nozick, 1938〜2002] アメリカの哲学者。ニューヨークに生まれる。コロンビア大学やプリンストン大学などで学び，ハーバード大学教授となる。個人の権利を最重要視し，国家は最小であるべきとする**リバタリアニズム**の立場に立つ。主著に『アナーキー・国家・ユートピア』など。

コミュニタリアニズム B④（共同体主義 C②）（きょうどうたいしゆぎ）[communitarianism] 個人の自由や権利よりも共同体にとっての善（**共通善**）を重視する立場。個人の自由や権利を重視し，善に対する正義の優位を認めるリベラリズムに対して，コミュニタリアニズムは，個人を歴史的・文化的に構成する共同体の存在を重視し，正義は共通善に基づくと考える。サンデルがロールズの『正義論』に対して，無知のベールをかぶらされた個人という想定は，共同体を看過した「負荷なき自我」であると批判し，「リベラル・コミュニタリアン論争」が巻き起こった。代表的な論者として，マッキンタイア，サンデルなどが挙げられる。

サンデル B①[Michael J. Sandel, 1953〜] アメリカの政治哲学者・倫理学者。ブランダイス大学卒業後，オックスフォード大学へ留学。1981年に政治と哲学の博士号を授与される。その思想は，共通善を重視する**コミュニタリアニズム（共同体主義）**である。現在，ハーバード大学教授。主著に『リベラリズムと正義の限界』など。

マッキンタイア C①[Alasdair MacIntyre, 1929〜] アメリカの哲学者・倫理学者。グラスゴーに生まれる。オックスフォード大学などで哲学を修める。1970年からアメリカに移住し，デューク大学教授などを歴任。リベラリズムの個人主義を批判して，徳を重視する**コミュニタリアニズム**を提唱した。主著に『美徳なき時代』など。

フリードマン C[Milton Friedman, 1912〜2006] アメリカの経済学者。**ネオリベラリズム**の代表的な人物。ニューヨーク生まれ。シカゴ大学，コロンビア大学で経済学を修め，財務省などで働いた後，シカゴ大学の教授となる。ケインズ主義的な政策を批判し，シカゴ学派と呼ばれるネオリベラリズムの思潮を作った。1976年，ノーベル経済学賞受賞。主著に『資本主義と自由』『選択の自由』などがある。

ネオリベラリズム C[neoliberalism] 新自由主義。私的所有・自由市場・自由貿易を重視し，政府による政策介入をできるだけ排除して，企業活動を自由化することによって，効率的な資源配分が実現されるとする経済理論。フリードマンを中心とするシカゴ学派によって提唱された。1970年代末からアメリカやイギリスで政策として実施され，その後，世界中に拡散していった。

アマルティア＝セン Ａ６［Amartya Sen, 1933〜］ インド出身の経済学者・倫理学者。イギリス領ベンガル州の大学教師の子に生まれる。死者300万人といわれる1943年のベンガル大飢饉を体験し，経済学へと向かう。コルカタ大学経済学部で学んだ後，ケンブリッジ大に留学。インドの経済開発を論じた『技術の選択』で博士号を取得する。以降，オックスフォード大，ハーバード大等の教授を歴任。所得分配の不平等・貧困に関する理論的研究や飢餓に関する実証研究などの分野における貢献を認められ，1998年にノーベル経済学賞を授与される。主著に『貧困と飢餓』，『不平等の再検討』などがある。

ケイパビリティ Ｂ２**（潜在能力** Ａ４）（せんざいのうりょく）［capability］ 人が選択できる様々な機能の組み合わせで，何ができるかという自由の範囲。センによれば，個人の福祉は，達成された機能ではなく，達成するための自由によって測られなければならない。達成された機能を福祉と考えた場合，人が持っている潜在能力は，幸福達成のための手段でしかない。これに対して，達成するための自由を福祉とするなら，様々な機能の中から選択すること自体が生きる上で重要な要素となり，選択肢から選択を行う人生こそが豊かなものとなる。

人間の安全保障 Ｃ４（にんげん−あんぜんほしょう） 人間一人一人の生存・生活・尊厳の安全を保障すること。国家だけではなく，個人の安全保障が問題となった背景には，冷戦終結後の地域紛争・内戦の多発，グローバル化による格差拡大，テロの脅威などがある。国連開発計画（UNDP）の1994年版『人間開発報告書』で初めて公式に取り上げられ，2001年に人間の安全保障委員会が創設され，アマルティア＝センと緒方貞子が共同議長に就任した。

ムハマド＝ユヌス Ｃ［Muhammad Yunus, 1940〜］ バングラデシュの経済学者。当時イギリス領インドであったチッタゴンの宝石商の子に生まれる。チッタゴン大学で経済学を修めて教員を勤めた後，アメリカのバンダービルト大学へ留学して博士号取得。バングラデシュ独立後，帰国して母校の経済学部長となる。1974年のバング

ラデシュ飢饉をきっかけに，貧困解決に乗り出す。NGO活動から始め，1983年に貧しい人々のための金融サービスであるグラミン銀行を設立する。この銀行は貧しい人々に無担保で少額・低金利の融資をするマイクロークレジットで運営され，その手法は，貧困対策として世界的に広まることになった。2006年，ノーベル平和賞受賞。主著に『ムハマド・ユヌス自伝』など。

ハンナ＝アーレント Ａ９［Hannah Arendt, 1906〜75］ ドイツ出身で後にアメリカで活躍した政治哲学者。リンデンのユダヤ系の家庭に生まれる。マールブルク大学などで哲学と神学を学び，ハイデガーやヤスパースの影響を受ける。ナチスがドイツを支配すると，パリを経てアメリカに亡命する。第二次世界大戦後は，アメリカを拠点として，ニュースクール−フォア−ソーシャルリサーチ等で教鞭をとり，研究と著述を行った。『イェルサレムのアイヒマン』では，ユダヤ人大量虐殺の実行者が極悪人や狂人ではなく，判断停止した正常な人間にすぎなかったとして「悪の凡庸さ」という概念を提唱し，論争を巻き起こした。主著に『全体主義の起源』『人間の条件』など。

『全体主義の起源』 Ｂ（ぜんたいしゅぎのきげん） ハンナ＝アーレントの主著のひとつ。ナチズムとスターリニズムについての研究から，全体主義の仕組みが分析されている。全体主義とは，アトム化した大衆がテロルとイデオロギーによって徹底的に支配され，いっさいの自発性が廃絶された規律社会である。強制収容所とは，この全体主義的支配が純粋に実現した形態であるとされる。

労働−仕事−活動 Ｃ４（ろうどう−しごと−かつどう） ハンナ＝アーレントが分類した活動的生活の三つの類型。労働［labor］とは，生命を維持するために必要な消費財の生産であり，仕事［work］とは，道具や芸術作品など耐久性のある人工物の生産であり，活動［action］とは，言語を媒介とした人と人との相互的行為である。アーレントによれば，

多数の自由な主体が活動する場である**公共性**は、活動によって形成される。しかし、近代以降、労働が優位になるにしたがって、活動の特殊性は見失われ、公共性が失われてしまったとされる。

『人間の条件』 B3 (にんげん-じょうけん)　ハンナ＝アーレントの主著のひとつ。古代ギリシャの思想にさかのぼり、政治的活動のための条件を分析した。アーレントは、「私的領域」と「公的領域」を区別し、前者では人は生命の必然性にしたがって労働するのに対して、後者では多数の人間が他者との差異を際立たせながら活動する。近代以降、労働が勝利するにしたがい、二つの領域の区別は曖昧となり、**公共性**が失われた結果、社会が力を持つようになったとされる。

レヴィナス A6 [Emmanuel Levinas, 1906～95]　フランスのユダヤ人哲学者。リトアニアのカウナス生まれ。フライブルクに留学し、フッサール、ハイデガーの講義を受け、感銘を受ける。1930年の『フッサールの現象学の直観理論』は、フランス語圏で初めての現象学の紹介で、サルトルらを現象学に導いた。第二次世界大戦では捕虜となり、親族の多くをアウシュヴィッツ収容所で失う。帰還後は、東方イスラエル師範学校校長、パリ第4大などの教授を歴任した。

1947年の『実存から実存者へ』では、ハイデガーの存在論を批判し、単に存在することである**イリヤ**の恐怖が描かれる。1961年の『全体性と無限』では、自我中心主義に包摂されない他者が問題とされる。他者とは**顔**による呼びかけであり、倫理とはこの呼びかけに否応なく応答せざるをえないことから生じるとされる。主著に『全体性と無限』『存在するとは別の仕方であるいは存在することの彼方へ』等がある。

全体性 A2 (ぜんたいせい)　自己を中心として意味づけられ、自我の同一性に回収された世界の総体。レヴィナスは、対象を同一化する自我を〈同〉、自我にとって他者であるものを〈他〉と呼ぶ。近代的自我による世界の知的な把握は、世界を自己中心的に意味づけることであり、対象を自我に同一化することである。それはつまり、〈他〉を〈同〉の全体性に回収することである。そこには結局、他者がいないことになる。こうした全体性を引き裂き、〈同〉を〈他〉へと向け変えるものが他者の**顔**という体験である。

他性 B (たせい)　他者は私によって決して回収されえないということ。レヴィナスによれば、自我による思考を中心とする近代的な思想は、他者（〈他〉）を自らの意識（〈同〉）に取り込むことによって、他者の他性を剥奪してしまっており、この意味でひとつの暴力である。そこでは、他者と自我は同じ地平に属しており、**全体性**を形作っている。これに対して、他者とは決して自我の意識で理解してしまうことはできず、自我とは根本的に異質なものであるがゆえに、むしろ意識を超え出ていってしまう「無限」である。レヴィナスは、こうした「無限」としての他者は自我を超越しており、それを受け入れることこそが倫理の出発点である、と考えた。

顔 A4 (かお)　他者の他性が自己の意識に対して現われる仕方。自我とは世界を自らの下に回収し、従わせる主体的な能力であるが、他者の顔に出会うことによって自らの能動性が問いに付され、その受動性が明らかにされる。レヴィナスによれば、顔に対する私の倫理的な関係は言葉によるものとされる。なぜなら、言葉は他者から与えられるものであり、言葉によって主体の多数性は確保されるからである。そして、倫理的な関係においては、私は他者の呼びかけに対して応答 [response] せざるをえない責任 [responsability] を負わされているのである。

イリヤ [il y a]　実存者なき実存。フランス語の [il y a] とは、「～がある」という非人称の表現である。レヴィナスは、ハイデガーの存在論を批判し、いかなる存在者もない存在一般をイリヤと呼び、それを不眠の夜に準えて恐怖の体験だとした。イリヤの夜から品詞転換（動詞「実存する」から名詞「実存者」への位相転換）が起こり、主体が生起するとされる。

マルチン゠ブーバー **C**2[Martin Buber, 1878～1965] ユダヤ人の宗教哲学者。ウィーンのユダヤ教徒の家庭に生まれる。青年時代に，シオニズム運動に参加する。フランクフルト大学教授となるが，ナチス政権が成立すると追放処分を受け，パレスティナに移住。ヘブライ大学で社会哲学を教えた。世界の根源に「我（が）-汝（なんじ）」という人格同士の対面関係があるとし，その思想はレヴィナスにも影響を与えた。主著に『我と汝』がある。

ロマン゠ロラン **C**[Romain Rolland, 1866～1944] フランスの作家。クラムシーに生まれる。ソルボンヌ大学で歴史学，音楽史を教える。第一次世界大戦勃発（ぼっぱつ）後，スイスに移住し，『戦いを超えて』などで絶対平和主義を主張した。1915年にノーベル文学賞受賞。フランスに帰国し，30年代にファシズムが勃興（ぼっこう）すると，反ファシズム，反ナチズムの立場から発言，行動した。主著に『ジャン゠クリストフ』など。

トルストイ **B**4[Leo N. Tolstoj, 1828～1910] 19世紀ロシア文学を代表する作家。ロシアのヤースナヤ-ポリャーナ村に地主貴族の子として生まれる。16歳でカザン大学に入学し，法律を学ぶが中退。放蕩（ほうとう）生活を送った後，砲兵隊に入隊し，執筆活動を始める。クリミア戦争後は，軍隊を離れて，外国旅行や教育活動に従事した。代表作『戦争と平和』では，ナポレオン戦争に巻き込まれた5家族の運命を描いた。やがて宗教に傾倒していき，晩年には私有財産を否定して，貧しい禁欲的な農民となろうとした。主著に『アンナ・カレーニナ』『復活』などがある。

孫文 **C**（そんぶん）[1866～1925] 中国の革命家・思想家。号は中山。広東省香山県に生まれる。ハワイで学んだ後，香港で西洋医学を修める。革命家を志し，1905年に東京で中国同盟会を組織する。辛亥（しんがい）革命の後，12年に中華民国臨時政府の臨時大総統に就任。24年には国共合作を成立させるが，翌年没する。その思想は，民族主義・民権主義・民生主義の**三民主義**によって表される。主著に『三民主義』など。

三民主義 **C**（さんみんしゅぎ） 孫文の革命思想の基本で，民族主義・民権主義・民生主義を指す。民族主義とは，漢民族を中心とする中国民族の独立と平等であり，民権主義とは，人民が政権を掌握（しょうあく）する人民主権であり，民生主義とは，私的独占資本を抑え，地価の上昇分を公費にすることを意味する。

サン゠テグジュペリ **C**1[A. Saint-Exupéry, 1900～44] フランスの小説家・飛行士。リヨンに生まれる。民間飛行士として働きながら，飛行士の英雄的行動を描いた『夜間飛行』などの小説・ルポを発表。第二次世界大戦では，飛行士として動員され，北アフリカを飛行中に消息を絶った。主著に『星の王子さま』など。

7章 現代の思想の展開

1 生命への畏敬

シュヴァイツァー

A⑥〔Albert Schweitzer, 1875～1965〕 ドイツ系の神学者・哲学者・音楽家・医師。アルザス（現フランス領）に牧師として生まれる。

シュトラスブルク大学で神学と哲学を学ぶ。21歳の時、イエスにならい「30歳までは学問と芸術に生きよう。それからは、直接人類に奉仕する道を進もう」と決意する。30歳でアフリカの人々を救うために医学を志し、1912年、37歳で大学講師・教会牧師の職を辞して、翌年、アフリカへ出発する。しかし、14年に第一次世界大戦が勃発(ぼっぱつ)するとドイツ人捕虜として自宅に拘禁(こうきん)される。友人らの嘆願の末、拘禁を解かれた後、オゴーウェ川を遡る途中で突然、**生命への畏敬**という考えにいたる。大戦後は、講演やオルガン演奏によって集めた資金でアフリカの病院を再興し、やがて活動が世界的に注目されるようになる。54年、ノーベル平和賞受賞。主著に『水と原生林のはざまで』『文化と倫理』などがある。

生命への畏敬 **A⑧** (せいめい-いけい)

あらゆる生命がもつ「生への意志」を肯定し、生命の神聖さを感じること。シュヴァイツァーによれば、生あるものはすべて、生きようとする「生への意志」をもっている。人間は、この生命の意志を感得することができ、それに働きかけることができる存在である。「わたしは、生きようとする生命にとりかこまれた生きようとする生命である」 資料 。だから、人間は人間以外の生命をも、自己の生と同様に扱わなければならない。人間にとっての善は「生への意志」を肯定し、促進することであり、逆に悪とは、生を否定することである。これが倫理の絶対的な根本原則である。

ガンディー **A④**

類 生への意志 **C**

〔Mohandās Karamchand Gāndhī, 1869～1948〕 インドの民族運動の指導者。マハトマは「偉大な魂」を意味する尊称。ポンバンダル藩王国のヒンドゥー教徒の家に生まれる。1888年に渡英し、弁護士資格を取得する。93年、南アフリカに渡り、弁護士を開業する。そこで白人の有色人種に対する差別を体験し、インド人移民の権利を守るための活動に従事するようになる。1906年からサティヤーグラハ闘争を開始し、14年にはインド人救済法が成立する。翌年、インドへ帰国。

国民会議派のリーダーとして、**スワラージー**（自治・独立）、**スワデーシー**（国産品愛用）、パリア（不可触賤民）の廃止をスローガンにかかげ、**非暴力・不服従**によるインド独立運動を指導した。47年にインドは独立したが、翌年、右派ヒンドゥー教徒によって暗殺された。

サティヤーグラハ **A②**（真理把持 **C②**）

(しんりはじ)〔satyāgraha〕 非暴力主義運動の理念を表す言葉。「サティヤ」は真理を、「アグラハ」は把持をそれぞれ意味し、「真理把持」と訳される。ガンディーは当初、自らの運動を（トルストイから影響を受け）「受動的抵抗」と呼んでいたが、これに代わるものとして、「サティヤーグラハ」という語が作られた。ガンディーによれば、真理は愛を含んでおり、把持は力を生み出すものである。この言葉は真理を把持すること、愛から生まれる力を意味し、非暴力・不服従運動の理念となった。

ブラフマチャリア（自己浄化 **C**）

(じこじょうか)〔brahuma-charyā〕 ガンディーの基本的な思想のひとつで、徹底的な禁欲。元来は「純潔」を意味するサンスクリット語。真理の実践へと全精力を傾けるためには、あらゆる感覚的・肉体的な欲望を抑制しなければならないとした。ガンディーは37歳の時、既婚者であったが、この生活に入ることを決意したという。

アヒンサー **A④**（不殺生 **A⑩**）(ふせっしょう)

[ahimsā] あらゆる生物を害したり，殺したりしないこと。古代以来，インド思想の底流をなしてきた考えで，特に万物に霊魂を認めるジャイナ教徒によってインドに広められた。ガンディーはジャイナ教の影響を受け，アヒンサーを非暴力主義の基本原則とした。それは，単に肉食や暴力だけでなく，憎悪の念や嘘，独占欲なども禁止するものである。

非暴力 Ⓐ① (ひぼうりょく) 暴力的手段によらずして政治的抵抗をすること。**アヒンサー**に基づくガンディーの抵抗運動の基本的な立場。非暴力は，単に暴力をふるわないというだけではなく，自らの暴力を魂の力で抑制することでもある。つまり，非暴力とは**サティヤーグラハ**の実践でもあった。こうした思想は，キング牧師の公民権運動に大きな影響を与えた。また，トルストイやロマン＝ロランらの平和主義も，非暴力主義につながる。

2 理性主義の見直し①
── 無意識の領域

ベルクソン Ⓑ⑪ [Henri Bergson, 1859～1941] フランスの哲学者。パリに生まれる。高等中学校(リセ)では，数学の才能を発揮し嘱望されていたが，高等師範学校では哲学を専攻。1888年に論文『意識に直接与えられたものについての試論』(『時間と自由』)で博士号取得。1900年からコレージュ＝ド＝フランス教授を務める。大衆の人気が高く，学外での活動も盛んであった。28年にノーベル文学賞を受賞。晩年はドイツ占領下のパリで，職を辞して，寂しく世を去った。その思想は，生命を機械論では捉えられないものとし，人間の社会をも**生命の飛躍**の観点から論じたため，**生の哲学**と呼ばれる。主著に『創造的進化』『道徳と宗教の二源泉』など。

開いた道徳 Ⓒ (ひら-どうとく) 全人類に開かれた愛の道徳。ベルクソンによれば，人間の道徳は閉じた道徳と開いた道徳の二つに分けられる。閉じた道徳とは，社会的圧力によって秩序を維持する，責務的・静的な道徳である。これに対して，開いた道徳とは，愛の躍動(エラン＝ダムール)によって導かれた人類愛による，情緒的・動的な道徳である。両者は，生命の相補的な二つの現われであるとされる。

生の哲学 Ⓒ (せい-てつがく) 生を根源的なものとして，生の体験から世界を説明しようとする哲学。19世紀後半から20世紀前半にかけて，近代科学や理性主義に対する反動として登場し，現象学などにも影響を与えた。ディルタイ(1833～1911)，ニーチェ，ベルクソンなどが代表的である。

エラン−ヴィタールⒸ **(生の躍動**Ⓒ**)** (せい-やくどう) [élan vital] 生命の進化の原動力となるもの。ベルクソンによれば，機械論も目的論も生命の進化を説明することはできない。生命とは，ひとつの流れであり，環境の抵抗や障害に遭遇した時に，それを乗り越えるために飛躍する。この飛躍によって生命は多様な形態を獲得し，創造的に進化を遂げるのである。

ベルクソンは，生命の進化を大きく，植物性・動物性・知性の段階に分けている。知性すなわち人間への進化もこうした飛躍によって創造されるものである。さらに，人間の道徳もまた，社会的圧力による**閉じた道徳**から，エラン−ダムール(愛の躍動)によって**開いた道徳**へと展開するとされる。

閉じた社会 Ⓒ (と-しゃかい) 社会的圧力によって成立する排他的な共同体。ベルクソンは，閉じたもの・静的なものと開いたもの・動的なものという区別を用いて，社会や道徳・宗教を分類する。閉じた社会とは，閉じた道徳と静的宗教に基づくもので，社会的圧力によって秩序を維持し，排他的な共同体を形成する。しかし，この社会は，英雄的な人格による愛の躍動(エラン−ダムール)によって開かれる。開かれた社会は，全人類に対する愛によって駆動され，開いた道徳と動的宗教を成立させる。

フロイト Ⓐ⑩ [Sigmund Freud, 1856～1939] オーストリアの精神科医。精神分析の創始者。神経学者として出発し，のちにブロイラーらとともに催眠療法による神経症の治療に携わる。だが

後年，その療法に限界を感じ，精神分析，つまり患者の無意識を意識化させる方法を確立する。またその分析経験を通して，無意識の心理学を展開した。とくに父の死後，自分の中の父への相反する感情に気づき，エディプス-コンプレックスの概念に至る。他に芸術論や宗教論も展開した。人間のあり方を欲動や無意識の観点から問い直したその思想は，意識や理性を重んじる近代の理性主義に衝撃を与え，現代思想の原点の一つとなる。主著『精神分析学入門』『夢判断』

精神分析 Ａ４（せいしんぶんせき）[psychoanalysis] フロイトの考案した神経症などの精神障害を治療する方法。また，その臨床研究にもとづく無意識に関する思想。患者との対話を通して，無意識のうちに抑圧された体験を意識化することを目的とする。当時，神経症の治療は催眠療法が主流であったが，フロイトはむしろ患者との意識的な対話のなかで，**自由連想法**をもちいて抑圧された体験を解釈し，欲動と抑圧との間で板挟みになった患者の葛藤を解消しようとした。

深層心理学 Ｃ１（しんそうしんりがく） 広い意味では，人間の無意識を対象とする心理学。最初にとなえたのはスイスの精神医学者ブロイラー(1857～1939)だが，のちにフロイトやユング，アドラーらの精神分析の立場を指すようになった。狭い意味では，エス・自我・超自我の概念にいたる前のフロイトの学説を指す。

無意識 Ａ６（むいしき）[consciousness, the unconscious] 人間の心の深層にある，意識のおよばない部分。フロイトによれば，無意識のうちには，性の欲動に由来する体験が抑圧されている。無意識は直接にはけっして意識できないが，夢などに姿を変えて登場する。また，抑圧に失敗すると，神経症などの症候をきたす。

　近代の哲学は意識や理性を心の根本とみなし，欲求や感情を統制することを重んじたが，フロイトはむしろ，欲動とその抑圧のメカニズムこそ人間の心の根本をなすと主張した。

エス Ａ４**（イド** Ａ２）[Es, Id] フロイトが主張する心的装置(心がはたらくメカニ

ズム)のあり方の一つ。エス[Es]は英語の「それ」[it]にあたり，心の非人称的なはたらき，つまり「私」の外にある無意識的な欲動のはたらきを指す。エスはリビドー(性の欲動)に満ちていて，欲動を満たし，快を得ようとする傾向をもつ(快感原則)。しかしエスは通常は抑圧されていて，夢や症候などの形でしか表に出てこない。精神分析の仕事は，抑圧されたエスを患者の意識へひきもどすことにある。

超自我 Ａ３（ちょうじが）[superego] フロイトが主張する心的装置のあり方の一つ。自我を監視したり，命令や審判を下したり，なるべき理想(自我理想)を示したりするもの。社会規範や良心が心に内面化したものと見なされる。その形成には**エディプス-コンプレックス**が密接に関わっている。

自我 Ａ16（じが） フロイトが主張する心的装置のあり方の一つ。個人の意識の座で，超自我とエスの間にあって両者を調節する。例えば，エスの欲動を外界にうまく適応させて満たそうとしたり(現実法則)，その欲動の圧力から自分の身を守ったりする(防衛機制)。自我がエスと超自我をどう調和させるかが重要であり，またそれを重視する立場を**自我心理学**と呼ぶ。

エディプス-コンプレックス Ｃ [Oedipus complex] 精神分析で，子ども(男の子)の心が発達し自立していく際の，心の複合的なあり方。フロイトがとなえた。子どもは母から愛されることを欲しており，逆に母の愛する人(父)をねたみ憎む。一方で，自分が父のようになれば母の愛を得られるとも考え，父が示す法や道徳を自分の理想(自我理想)と見立てたり，父を憎んだことで罪悪感を覚えたりしながら，自分の自我を監視・審判する**超自我**の形成へと至る。自分の父を殺して王位に就き母と結婚したギリシャ悲劇の英雄オイディプスに由来する。

リビドー Ｂ３[libido] 性の欲動。欲動

とは人間の精神活動を動かすエネルギーのことで、フロイトはリビドーを、自己保存の欲動（食事や排泄）とならぶ人間の根本的な欲動（原欲動）の一つとして重視した。自己へ向かう自我リビドーと、他のものへ向かう対象リビドーがある。

エロス Ⓒ② [Eros] 生の欲動。性の欲動（リビドー）や自己保存の欲動を包括する概念で、死の欲動（タナトス）と対立する。快を求め不快を避ける快感原則のもと、生命の成長や発展をうながす。

タナトス Ⓒ [Thanatos] 死の欲動。生命に内在する、生命発生以前の無機的状態（死）へ向かう欲動のこと。生の欲動（エロス）と対立する。フロイトは、快を求め不快を避ける快感原則に反するような症状（反復強迫、つまり苦痛をともなう体験の反復）を観察して、タナトスを主張した。

性欲 Ⓒ（**性欲説** Ⓒ）（せいよく）（せいよくせつ） 精神分析におけるフロイトの立場。フロイトは、性の欲動（リビドー）をしばしば自己保存の欲動よりも重視し、夢や神経症は抑圧されたリビドーのあらわれだとした。またその際、幼児の性欲ははじめ身体各部にバラバラになっているとし、それが統合されていく各段階（口唇期・肛門期・性器期）にそくして、幼児の心の発達をとらえた。

自由連想法 Ⓑ（じゆうれんそうほう） 精神分析の代表的技法。患者に対し、心に浮かんだ事柄をありのままに表現させること。フロイトは従来の催眠療法に限界を感じ、自由連想法を採用することで、患者の無意識を意識化させることに成功し、精神分析の立場を確立した。なお、患者はしばしば連想を拒むことがあるが（抵抗）、この抵抗も、抑圧された体験の裏返しとして重視される。

ユング Ⓐ⑨ [Carl Gustav Jung, 1875〜1961] スイスの精神科医。フロイトに学びつつも、その抑圧説や性欲説に反対し、集合的無意識を軸とする**分析心理学**を展開した。フロイトは、性の欲動から

くる個人の体験の抑圧が無意識の核にあるとした。一方ユングは、人間集団に共通の普遍的な無意識をみとめ、個人の心はそこから派生してきたものだとした。また、人生の課題とは、集合的無意識から一人の個人として自立するなかで、その集合的無意識の内容（元型）と向きあって、自分の内面のさまざまなあり方を統合し、心の無意識的な全体性（自己）を得ること、つまり自己実現（個性化）にあるとした。主著『無意識の心理』『心理学と錬金術』。

集合的無意識 Ⓐ②（**普遍的無意識** Ⓒ）（しゅうごうてきむいしき）（ふへんてきむいしき） 個人の体験を超えてある、一定の人間集団に共通する普遍的な無意識。集団的無意識とも。フロイトは個人の体験の抑圧が無意識の核にあるとしたが、ユングによれば、人間にはみな、時代や地域を超えて生得的にそなえている無意識がある。集合的無意識は過去の人々の体験の積み重ねであるとともに、無数の可能性をふくんでいる。個人の心の根源である個人的無意識は、集合的無意識から派生したものである。ユングは、異なる時代や地域の体験や症例、神話のあいだに符合が見られることに着目し、集合的無意識の考えに至った。

　　　　類 集団的無意識　個人的無意識 Ⓒ②

元型 Ⓐ（**アーキタイプ** Ⓒ）（げんけい） [archetype] 集合的無意識をかたちづくる内容で、時代や地域を超えて普遍的に繰り返される型。元型そのものは意識化されず、象徴やメタファーを通して表現される。ユングによれば、離れた地域で似た神話（例えば西洋の竜退治と日本のヤマタノオロチ退治）が見られるのは、人々が共通の元型を異なる形で表現しているからである。また、人が特定の個人（母や恋人）と関係を深めるのは、そこに自分のうちなる元型を映し出しているからである（投影）。

アニマ Ⓑ②／**アニムス** Ⓒ② [Anima, Animus] 元型の一つ。個人のうちなる異性のイメージ。ユングによれば、人間には、意識的な人格とは別に、内的な人格をかたちづくって、意識と無意識との橋渡しをするものがある。それは自我ならざるもの、つまり異性のイメージである。男性のうちなる女性のイメージをアニマ、女性の

うちなる男性のイメージをアニムスという。人が特定の異性にひかれるのは、そこに自分のアニマ／アニムスを投影し、自分の内面にふれているからである。

太母 C（**グレートマザー C②**）（たいぼ）　元型の一つ。赤ん坊が自分の母に投影しているようなイメージのこと。太母は、一方では万物を生みはぐくみ、いつくしむ優しいものとしてあらわれ、他方では地下や闇、死、神秘といった恐ろしいものとしてあらわれて、多くの神話や伝承で重要な役割を担う。

アドラー C②［Alfred Adler, 1870～1937］　オーストリアの精神科医。フロイトに影響されつつものちに離反し、個人の精神生活にみられる固有の様式（ライフスタイル）を重視する**個人心理学**を唱えた。また、フロイトの性欲説を退け、ライフスタイルを決定づけるものとして、子どものころの対人関係における劣等感からくる「**劣等コンプレックス**」を重視した。「われわれが努力するのは、劣っていると感じるからである。」**資料**

ラカン C①［Jacques Lacan, 1901～81］フランスの精神分析家。**構造主義**の立場からフロイトを受け継ぎ、統合失調症の研究を通して、人間の主体としての成り立ちが分裂や断絶を含んでいることを示した。とくに、幼児は鏡に映る自分の像（つまり他者）から自分の身体についての統合的なイメージを先取りするという**鏡像段階**説で有名。また、ソシュールの言語の構造の分析（構造主義言語学）にならって、無意識の言語的構造を分析した。「**無意識は言語のように構造化されている**」**資料**。主著『エクリ』

3 理性主義の見直し②
── 構造主義

構造主義　A⑤（こうぞうしゅぎ）［structuralisme］　人々の思考や行動を説明する枠組みを、自立的で理性的な主体にではなく、個人の意識を越えて社会に広がる**構造**に求める思想の立場。1960年代のフランスを中心として、**実存主義**に代わり登場した。ソシュールの言語学を主な源泉とし、レヴィ＝ストロースの人類学を通して人文・社会科学の各分野で広く受容された。人間の文化や社会に関する諸事象をそのまま記述するのではなく、むしろそれらを生み出した、背後にある構造やシステムを分析しようとする。

構造　A①（こうぞう）　個人を越えて社会の各メンバーに共有されているが、社会の各メンバーにも意識されていない、事物や行為の意味づけの体系。構造主義が分析の対象とする。レヴィ＝ストロースが明らかにした、婚姻が認められる異性の範囲に関する未開社会の規則や、様々な神話に共通する論理構造などが、構造の代表例である。

類 構造主義人類学　システム A

レヴィ＝ストロース
A⑤［Claude Lévi-Strauss, 1908～2009］フランスの人類学者で、構造主義を代表する思想家。パリ大学で哲学を学ぶが、やがて人類学

に関心を寄せる。1935年にサンパウロ大学の教授としてブラジルに渡ると、1939年に帰国するまで、ブラジル各地の原住民の実地調査を行う。この調査をもとに、博士論文『親族の基本構造』では、親族関係や婚姻関係の構造を明らかにした。コレージュ・ド・フランスの社会人類学教授に就任したのちの『野生の思考』では、未開社会にも事物や事象を秩序づける一貫した論理性が認められることを明らかにし、思想界に強い衝撃を与える。さらに神話の構造主義的な分析にも乗り出し、全4巻からなる『神話論理』を発表するなどして、幅広い学問分野に影響を与えた。他に『悲しき熱帯』や『構造人類学』、『今日のトーテミスム』などがある。

『神話論理』C（しんわろんり）　レヴィ＝ストロースの代表作のひとつ。人類学研究ののち、レヴィ＝ストロースが没頭した神話研究の成果で、『生のものと火にかけたもの』、『蜜から灰へ』、『テーブルマナーの起源』、『裸の人間』という、1964年から1971年に発表された四冊の作品からなる。神話をその基礎的な要素に還元し、いくつも

の神話に共通する構造を明らかにしようとする。

野生の思考 **A**④（やせい-しこう）　レヴィ＝ストロースが主著『野生の思考』で，未開社会に見出される論理的な思考の枠組みを指し示すために用いた言葉。近代ヨーロッパの「科学的思考」や「文明の思考」に対置される。未開社会は「科学的思考」に到達していない未熟な社会であるとする従来の西欧中心主義的な考え方を批判し，未開社会にも「科学的思考」に劣らないほど論理的で，しかも自然との共生の知恵にも富む「野生の思考」があると，レヴィ＝ストロースは説く。

『悲しき熱帯』 **B**（かな-ねったい）　1955年に刊行された，レヴィ＝ストロースの代表作のひとつ。サンパウロ大学教授時代に行った原住民社会の実地調査の記録とともに，文明と未開社会をめぐる哲学的考察を含む。刊行されるとベストセラーとなり，レヴィ＝ストロースの名を広く知らしめた。

文化相対主義 **B**④（ぶんかそうたいしゅぎ）　文化と文化のあいだの優劣や進歩を否定し，それぞれの文化には固有の価値や構造があるとする考え方。「科学的思考」を持たない未開社会の文化を発達の遅れたものとみる，ヨーロッパ中心主義的な従来の見方を批判し，未開社会にも「科学的思考」に劣らない論理性を備えた「野生の思考」があると主張した，レヴィ＝ストロースの思想が代表的。

ソシュール **A**⑤［Ferdinand de Saussure, 1857〜1913］　スイスの言語学者。ドイツの大学で言語学を学び，若くしてインド・ヨーロッパ語族の諸言語の共通の起源となった言語における，母音の体系の研究で業績を挙げる。パリ在住ののち，故郷のジュネーヴ大学に着任。晩年の講義「一般論理学」では，無数の言語記号を秩序づける構造やシステムとしての言語（ラング）が，個々人がその都度発する言葉（パロール）とはまったく異なる次元にあることを指摘。ソシュールの死後，この講義が『一般言語学講義』として出版されると，世界中の言語学に大きな影響を与え，レヴィ＝ストロースの構造主義人類学の発想の源ともなった。

言語哲学 **C**（げんごてつがく）　最も広い意味では，言語の本質についての哲学のことで，この意味での言語哲学であれば，古代・中世・近代の哲学にも見られる。とくに言語学が哲学から独立した学問となったのちの，個々の言語体系の実証的・歴史的な研究とは異なる，言語一般の本質や構造をめぐる思考を指すとすれば，ソシュールの『一般言語学講義』が代表的な作品である。またこの用語は，哲学の議論を着実な言語の分析に基づけようとする，**分析哲学**を指すのに用いられることもある。

構造言語学 ②（こうぞうげんごがく）［linguistique structurale］　言語を言語たらしめる構造・秩序を明らかにしようとする言語学の潮流。ソシュールの『一般言語学講義』を主な源泉とする。個々の言語を実証的に分析するのではなく，すべての言語に共通の構造を探究し，また変化や分化といった言語の歴史的な運動ではなく，ある時点における言語の構造・秩序を，静止したものとして研究しようとする。

パロール **B**②［parole］　ソシュールの用語で，個人による言語の使用のこと。ソシュールは実際の言語使用であるパロールを，潜在的な言語体系であるラングから区別し，ラングのなかで位置づけられることではじめて，パロールは意味のある言語使用として成立すると考えた。

ラング **B**④［langue］　ソシュールの用語で，構造やシステムとしての言語のこと。個々人の実際の言語使用（パロール）に先立つ，社会制度としての言語である。ラングは，**シニフィアン**（音声や文字としての記号，意味するもの）と**シニフィエ**（シニフィアンが指示する意味内容，意味されるもの）が不可分に結びつく言語記号を最小の単位としており，言語記号は他の言語記号との差異によってラングのシステムのなかに位置づけられることで，はじめて言語記号としての意味を持つ。ソシュールは，ラングこそが言語学の本質的な研究対象であると考えた。

フーコー **A**⑨［Michel Foucault, 1926〜84］　フランスの哲学者。構造主義の視点を継承しつつ，独自な立場から近代社会の批判を展開した。外科医の長男として生ま

れ、哲学や心理学を学ぶ。1961年の博士学位論文『狂気の歴史』では、かつては必ずしも排除の対象ではなかった狂気が、西洋近代において理性から厳しく分離され、閉じ込めや矯正(きょう)の対象となる過程を叙述。また西洋近代を支配してきた知の枠組みを分析した1966年の『言葉と物』は、構造主義を代表する作品として広く受容され、1975年の『監獄(かんごく)の誕生』における近代社会の権力構造の分析は、その後の権力をめぐる思考に決定的な影響を与えた。

これらのフーコーの仕事には一貫して、近代社会において抑圧されてきた精神病患者や(同性愛者などの)性的少数派といった社会的弱者・少数派へのまなざしがあり、近代の秩序やシステムの起源を示すことで、それが絶対的なものではなく歴史的に制約されたものにすぎないことを明らかにしようとした。他に『臨床医学の誕生』や『知の考古学』、『性の歴史』などがある。

知の考古学 Ｂ② (ちーこうこがく) [l'archéologie du savoir] フーコーの知識や制度の分析の手法を示すことば。哲学書から監獄(かんごく)の記録文章にまでおよぶ様々な文献・文章＝ディスクール(言説)の読解を通じて、人間の知識や思考の隠された動向や構造を明らかにしようとする。道徳的な価値観が成立した歴史的背景を示すことで、善悪の価値の絶対性を否定しようとしたニーチェの「系譜学」の手法を受け継ぎ、また構造主義の研究手法からの影響も認められる。

生権力 Ｃ (せいけんりょく) フーコーが展開した新たな権力の考え方。フーコーは、権力を主体の外部から抑圧したり支配したりするものと考える従来の考え方を批判し、むしろ権力を主体の内部から働く力として捉える。生権力は近代以降の社会に特有の新しい権力のかたちであり、平時には住民の健康を維持し疾病(しっぺい)を取り除くための政策を提供し、人々の生命と幸福を守る穏やかな権力である。だが二度の世界大戦などで明らかになったように、人々に死や他者の殺害を要求する死の権力と化す可能性を秘めている。

狂気 Ａ② (きょうき) 正気ではないと見なされる精神状態。かつて狂気は排除されるべき否定的なものでは必ずしもなく、人間の本質に属するものであり、ときには聖なるものと見なされることもあった。フーコーは『狂気の歴史』において、西洋近代が狂気を理性から分離し、これを閉じ込めや矯正(きょう)の対象とするようになる過程を詳しくたどり、西洋近代的な理性も、そのように他者としての狂気を排除することで成立し、自己同一性を確立した、歴史的産物にすぎないと指摘した。

ポスト－モダン Ａ [postmoderne] 西洋近代の世界観や真理観を乗り越え、近代以後の現代社会にふさわしい知のあり方を主張する思想潮流。「ポスト」は「以後」、「モダン」は「近代」の意味。リオタールの『ポストモダンの条件』(1979年)によって思想界の用語として広まり、とくに構造主義以降のフランスを中心に大きな潮流となった。多元的な現代社会のあり方を背景として、人間や世界の全体を包括しようとする近代哲学特有の大きな思考の枠組み(**大きな物語**)を批判し、世界観や真理の多様性と分散を志向する。

類 脱近代 Ｃ

デリダ Ａ⑥ [Jacques Derrida, 1930～2004] 現代フランスの哲学者。フランス植民地時代のアルジェリアに生まれ、パリにわたり哲学を学ぶ。フッサールの現象学の研究から出発し、構造主義からも影響を受けるが、これらの潮流を相対化しつつ、**脱構築**と呼ばれる独特な西洋哲学批判を展開。精神と自然、男性と女性などの、西洋哲学を貫く二項対立を流動化し、転倒させることをこころみた。この脱構築の方法を様々な哲学や文学の作品の読解において実践するとともに、晩年は、レヴィナスの影響を受けつつ、主に倫理や正義の問題に取りくむようになった。主著『エクリチュールと差異』『グラマトロジーについて』

脱構築 Ａ④ (だつこうちく) [déconstruction] デリダによる哲学や文学の作品の読解の方法を示す用語。デリダによれば、本質と見かけ、善と悪、現実と虚構(きょこう)といった二項対立と、こうした二項対立における前者の

後者に対する優位が，西洋の哲学や文化の基礎的な構造である。この二項対立をあえてかき乱し，二項を整然と分ける境界の画定が原理的に不可能であることを示すのが，脱構築である。この方法は文学作品の解釈の方法としても大きな影響を与えたが，晩年のデリダは，正義を脱構築できないものであると主張した。

ポスト構造主義 **B** (=こうぞうしゅぎ)

[poststructuralisme] 1960年代後半からフランスで台頭した思想の潮流。「ポスト」とは「以後」の意味で，構造主義の流行ののちに，これを乗り越えようとする立場を指す。自立した理性的な主体という西洋近代の人間観に対する，構造主義の批判を引き継ぐ一方で，構造主義もなお近代的な真理観や西洋中心主義を共有しているとして，西洋近代の批判を構造主義以上に徹底させる。デリダやドゥルーズらが代表的な哲学者とされるが，構造主義との境界はあいまいであり，フーコーのように構造主義にもポスト構造主義にも分類される哲学者もいる。

ドゥルーズ **B** [Gilles Deleuze, 1925~95]

フランスの哲学者，哲学史研究者。パリに生まれソルボンヌ大学に学び，パリ第八大学の教授となる。スピノザやヒュームやカントなどの哲学史研究をおこなうとともに，従来の西洋哲学にとっては異質な「差異」と「反復」という事象を，それ自体において肯定する独特な思想を展開。また精神分析家のガタリ（Félix Guattari, 1930~92）との共著で『アンチ＝オイディプス』などの作品を発表し，自然と人間の対立や主体の形成に先立つ無意識の「欲望」によって，出来事や社会の生成を解き明かし，この欲望の能動的な発露を肯定する思想を示した。

アンチ-オイディプス **C** [Anti-Œdipe]

ドゥルーズとガタリの共著のタイトルであり，彼らによるフロイトの精神分析に対する批判の態度を示すことば。オイディプスとはギリシャ悲劇に登場する，それと知らずに父を殺し母と結婚した悲劇的な人物である。フロイトはオイディプスのような父殺しへの欲望と母親への恋慕の情（エディプス-コンプレックス）が人間の無意

識には存在し，これを抑圧することで人間の社会的成熟や文明の生成がもたらされると説く。これに対して，ドゥルーズとガタリは，エディプス-コンプレックスよりも根源的な社会形成の原理を，彼らのいう無意識的・非人称的な「欲望」のうちに認め，またこれの抑圧にではなく，むしろその積極的な発露に，社会の生成の原理を求めた。

リオタール **C** 2 [Jean-François Lyotard, 1924~98]

現代フランスの哲学者で，ポスト-モダンの代表的人物。パリ大学に学び，パリ第8大学などで教えた。1979年の『ポストモダンの条件』では，啓蒙主義の「理性」やマルクス主義の「革命」といった，西洋近代哲学特有の世界や歴史の全体を解釈する枠組みである**大きな物語**が無効になっていると説き，大きな反響をよんだ。

大きな物語 **C** (おお-ものがたり)

リオタールが現代において無効になっていると批判した，西洋近代に由来する世界や歴史の全体を解釈する枠組み。リオタールによれば，西洋近代の諸思想は，自らを正当化するために，「人類の文化や文明は進歩している」（啓蒙主義）や，「階級闘争を通じて必然的に社会革命が実現する」（マルクス主義）といった，「大きな物語」を含んでいる。リオタールは人々がこうした物語に不信感を持たざるをえない知的状況を「ポスト-モダン」と呼び，個々の知的領域が，自らの局所性を自覚して，「小さな物語」のなかで知的活動を営むべきことを説いた。

対 小さな物語 C 4

ボードリヤール **B** 2 [Jean Baudrillard, 1929~2007]

現代フランスの社会学者。マルクスの経済学やフロイトの精神分析，ソシュールの言語学など多領域の知識を活用しつつ，消費社会をめぐる社会学研究に記号論の観点を導入。現代の資本主義社会において生産や消費の重要な対象となるのは，マルクスが分析したような大工場で労働者によって生産される物質としての商品ではなく，サービスやイメージやブランドといった，他の商品との差異に基づく記号としての商品であると指摘した。

記号的な差異化 (きごうてき-さいか)

ボードリヤールが現代の資本主義社会において，商

品の価値を規定する主要因と見なしたもの。現代の消費社会に暮らす私たちは、商品の原材料の値段や、その商品を生産するために必要な労働力も知らずに、イメージや宣伝に基づいて商品を購入する。そうした宣伝やイメージは他の商品との差異に基づき、また差異を生み出すものである。ソシュールの言語学が、言語をある記号と他の記号の差異の体系と見なしたように、現代の消費社会は、ある商品と他の商品の差異によって商品の価値が定まり、また絶えずそうした記号的な差異を生み出そうとする構造を備えている。

記号としての消費 Ｃ（きごう-しょうひ）ボードリヤールが現代の資本主義社会における消費のあり方を示した言葉。現代の消費社会において商品は、その物質としての機能や効用よりも、ブランドやイメージといった他の商品との差異に基づく記号的な側面が、主な消費の対象となるということ。

４ 理性主義の見直し③
―― フランクフルト学派

フランクフルト学派 Ａ２（-がくは）[Frankfurter Schule] 1930年代以降にフランクフルト社会研究所を拠点として活動した研究者たちのグループ。この研究所は1923年にドイツのフランクフルト大学内に設立され、1931年のホルクハイマーの所長就任以来、フランクフルト学派の拠点となった。ナチスによって解散命令を受けるが、ユダヤ人が多かった主要メンバーは海外に亡命して研究を続け、第二次世界大戦後にホルクハイマー、アドルノらがフランクフルトで再建した。西欧のマルクス主義の伝統の継承と、様々な学問領域を横断する学際的な研究を特色とし、戦後のドイツ哲学を代表する潮流となった。

第一世代の代表的人物にホルクハイマー、アドルノ、ベンヤミン、マルクーゼ、フロムらがいる。ハーバーマスが第二世代を代表し、第三世代にはアクセル＝ホネットらがいる。

ホルクハイマー Ａ７[Max Horkheimer, 1895～1973] ドイツの哲学者、社会学者で、初期フランクフルト学派の指導的人物。

社会の変革につながる社会理論の確立を目指し、様々な学問領域を横断する学際的な唯物論(ゆいぶつろん)のプログラムを、所長を務めたフランクフルト社会研究所の機関誌「社会研究」などで実践。社会的・歴史的現実を、経済生活と文化生活を含めた人間の実践によって生み出されたものとして分析する**批判理論**を展開した。主著に『理性の腐蝕(ふしょく)』や、同僚のアドルノとの共著『啓蒙の弁証法』などがある。

道具的理性 Ａ４（どうぐてきりせい）[instrumentale Vernunft] フランクフルト学派の思想家たちが、近代以降の人間理性のあり方を批判するために用いた用語。かつては究極的な真理や価値を捉える能力であった理性は、科学技術や産業社会が発展するにつれ、任意の目的のために自然や人間を支配し操作する道具になり下がってしまった。このことを問題視して、そうした理性のあり方を「道具的理性」と呼ぶ。

批判的理性 Ｃ（ひはんてきりせい）[kritische Vernunft] フランクフルト学派の用語で、**道具的理性**とは対極的(たいきょくてき)なあり方の理性を指す用語。社会のあり方を問い直すことなく、社会で通用している目的に道具として仕える道具的理性に対し、社会を人間の経済的・文化的実践によって生み出されたものと考えて、その現状と批判的に対決しようとするのが批判的理性である。

批判理論 ２（ひはんりろん）[kritische Theorie] フランクフルト学派が提唱(ていしょう)する理論のこと。社会を人間の実践から独立した客観的な存在と考え、その分析や記述に学問の課題を限定する**伝統理論**に対置される。批判理論は社会を人間の経済的および文化的実践によって形成されたものと考え、社会の現状に対する批判を通じてあるべき社会の実現を目指す。

類 **理性批判** Ａ

アドルノ Ａ７[Theodor Wiesengrund Adorno, 1903～69] 現代ドイツの哲学者、社会学者で、フランクフルト学派第一世代を代表する人物。フランクフルトに生まれ、

ホルクハイマーとともに同地の社会研究所の指導的立場にあったが、ナチスが政権をとるとアメリカへ亡命。戦後に帰国して研究所の再建にあたった。

第二次世界大戦中にホルクハイマーと共同で執筆した『啓蒙の弁証法』が次第に広く読まれるようになり、戦後のドイツを代表する思想家としての地位を確立する。作曲を専門的に学んだ音楽のプロでもあり、『啓蒙の弁証法』以後は美学の領域で思索を重ねた。主著としては、ともに共著の『啓蒙の弁証法』や『権威主義的パーソナリティ』があるほか、単著の『否定弁証法』や『美の理論』などがある。

『啓蒙の弁証法』 B①(けいもうべんしょうほう) [Dialektik der Aufklärung] ホルクハイマーとアドルノの共著で、フランクフルト学派の代表的著作。亡命先のアメリカで第二次世界大戦中に書かれ、戦後の1947年に出版された。神話や野蛮を克服することを目指していた近代の啓蒙主義が、なぜナチズムに代表される最悪の神話と野蛮を生み、また自然を支配しようとした近代以降の人間が、なぜ逆に自然に支配されることになるのか、そのメカニズムを解き明かそうとする。ホルクハイマーとアドルノはその原因を、どのような目的にでも奉仕する**道具的理性**になり下がった近代以降の理性のあり方に見定め、これを徹底的に批判する。

権威主義的パーソナリティ B③(けんいしゅぎてき-) [authoritarian personality] フランクフルト学派のフロムやアドルノが研究の対象とした社会的性格。自分の価値判断によって行動を導くのではなく、外的な権威の有無を判断や行動の基準として、権威を持つ者には服従し、自分より弱い者には服従を求める。ファシズムや人種主義の温床(おんしょう)ともなりかねない性格である。

類 **社会的性格** C

フロム A④ [Erich Fromm, 1900〜80] ドイツ生まれの精神分析学者、社会心理学者。フランクフルトに生まれ、初期フランクフルト学派を代表する論文や研究を機関誌「社会研究」に発表するが、アメリカへの亡命ののち同学派から離脱する。以後独自な社会心理学者として活動し、ナチズムの台頭を許した大衆の心理を分析した主著『自由からの逃走』(1941年)で名を高めた。

『自由からの逃走』 B④(じゆう-とうそう) [Escape from freedom] 第二次世界大戦中の1941年に亡命先のアメリカで出版された、フロムの主著。ナチズムの台頭を許した大衆の心理的背景を探り、自由や自立を重荷に感じる個人が、自由を放棄(ほうき)して自発的に権威に服従するようになる、「自由からの逃走」の過程を分析した。

ベンヤミン C③ [Walter Benjamin, 1892〜1940] ドイツの批評家で、フランクフルト学派第一世代を代表する人物のひとり。ベルリンに生まれ、在野の文筆家として活動するとともに、フランクフルト社会研究所の研究員となる。言語論、暴力論、歴史哲学など様々な分野で論考を執筆し、とりわけ映画に代表される複製芸術の分析は有名。ナチスが政権をとるとフランスに亡命し、ドイツ軍によってパリが陥落する直前にスペインへの脱出をこころみるが、これに失敗し服毒自殺した。主著に『ドイツ悲劇の根源』『複製技術時代の芸術』など。

アウラ C [aura] ベンヤミン以来広く用いられている芸術理論の用語。「アウラ」は空気や息を意味するギリシャ語に由来し、いわゆる「オーラ」にあたることばである。ベンヤミンは一回限りの経験において出会われる事物や芸術作品が持つ、荘厳(そうごん)な雰囲気や輝きを「アウラ」と呼ぶ。映画に代表される、同じものを数多く生み出す複製技術の時代の芸術においてアウラは消失するが、ベンヤミンはここに新たな芸術の可能性を指摘した。

マルクーゼ C [Herbert Marcuse, 1898〜1979] ドイツ生まれの社会哲学者で、フランクフルト学派第一世代を代表する人物のひとり。フランクフルトの社会研究所に参加し、ナチスの台頭によるアメリカへの亡命以後はアメリカで活動した。管理社会と化していく現代社会の傾向を批判し、豊かな消費社会において批判の精神を失い、管理された生活に順応(じゅんのう)するだけの人間

のタイプを「一次元的人間」と呼んだ。主著に『エロスと文明』『一次元的人間』など。

ハーバーマス Ⓐ⑪

[Jürgen Habermas, 1929～] ドイツの哲学者、社会学者で、フランクフルト学派第二世代を代表する人物。はじめドイツ観念論やハイデガーの影響下にあったが、『啓蒙の弁証法』に大きな影響を受け、フランクフルト社会研究所のメンバーとなる。アドルノらの**道具的理性**に対する批判を継承しつつ、理性をより積極的に捉え、望ましい理性のあり方として**対話的理性**の概念を提唱。自らの社会理論を数多くの著作や論文で展開するとともに、デリダやロールズら多くの思想家と激しい論争を繰り広げ、フランクフルト学派のみならず広く現代のドイツ哲学をリードした。

『理論と実践』『公共性の構造転換』『認識と関心』『コミュニケーション的行為の理論』など多数の著作がある。

対話的理性 Ⓑ⑥（コミュニケーション的合理性 Ⓑ）（たいわてきりせい）（-てきごうりせい）

ハーバーマスが唱える望ましい理性のあり方。妥当な手続きとルールに従った他者との自由な対話を通じて、暴力や強制によらずに合意を生み出そうとする。そうした手続きやルールに基づいてなされる発話がコミュニケーション的行為であり、妥当なコミュニケーションの手続きやプロセスに適っていることをコミュニケーション的合理性という。対話的理性はアドルノらの批判した**道具的理性**と対極的な理性であり、またコミュニケーション的合理性は、ハーバーマスの批判する「システム合理性」に対置される。

類 コミュニケーション的理性 Ⓒ

生活世界の植民地化 Ⓑ（せいかつせかい-しょくみんち）

ハーバーマスがコミュニケーションに基づく社会のあり方を脅かすものとして批判した、現代社会の動向。「生活世界」とは人々の日常生活が営まれる場で、ハーバーマスにとっては日々のコミュニケーションが織りなされる領域である。だが、政治権力や貨幣経済といった巨大なシステムが、個々人をシステムに従属させるシステム合理性によって、生活世界が侵略を受け、植民地のように支配されようとしていると、ハーバーマスは警告する。

5 理性から言語へ

ウィトゲンシュタイン Ⓐ⑪

[Ludwig Josef Johann Wittgenstein, 1889～1951] オーストリア生まれの哲学者で、ラッセルなどとともに現代哲学の主要な潮流のひとつである**分析哲学**の礎を築いた人物。はじめ航空工学を学ぶが、やがてケンブリッジ大学のラッセルのもとで論理学を修得する。命題番号をつけた断章の連続という独特なスタイルの、生前に刊行された唯一の哲学書『論理哲学論考』では、言語の分析によって人間の思考の限界を明らかにすることをこころみ、人間が有意味に語りうるのは自然科学の命題だけであり、倫理や美といったそれ以外の事象は語られえず、示されるよりほかないと説いた。

この著作で哲学のあらゆる問題を解決したと考え、哲学を離れて小中学校の教員などを務めるが、やがてケンブリッジ大学に戻り哲学活動を再開。言語は事実を写し取るものであると考えた『論理哲学論考』の**写像理論**から、ゲームをモデルとして言語を捉える**言語ゲーム**の理論へと言語論を転回させ、これを後期の主著『哲学探究』にまとめるが、ウィトゲンシュタインの生前には出版できなかった。

言語ゲーム Ⓐ⑥（げんご-）[languagegame]

後期ウィトゲンシュタインの哲学の基礎概念。日常生活の言語活動を、ゲームをモデルとして捉えようとする。サッカーやチェスなどあらゆるゲームにはルールがあり、人はゲームに参加しながらそのルールを学ぶ。ウィトゲンシュタインは言語も同様に、日常的な言語活動に参加することを通じてその規則や使い方が学ばれるもので

あり，日常の人間生活から独立した構造や真理を持つものではないと主張した。

言語批判 C2（げんごひはん）　ウィトゲンシュタインが『論理哲学論考』であらゆる哲学の課題であると説いた作業。この場合の「批判」は（カントの理性批判のように）「区別すること」を意味し，言語を分析し明晰化することで，言語によって有意味に語れることと，言語では語りえないものを区別しようとした。

「語り得ぬものについては沈黙を」 資料 C6（かたりえぬちんもくを）　ウィトゲンシュタインの『論理哲学論考』を一貫する思想で，同書を締めくくる文章でもある。ウィトゲンシュタインは同書において，言語で有意味に語ることができることとできないことを区別し，本来言語では語り得ぬものをめぐる，無意味な従来の哲学的な問いと主張を一掃しようとする。語ることができるのは科学の命題で，「語り得ぬもの」とは倫理や人生の意味といったことである。こうしたことについては空虚なおしゃべりを控えて沈黙し，ただ示すよりほかないとされる。

分析哲学 A（ぶんせきてつがく）　哲学の諸問題の解決を，人間がそれを用いて思考する言語の分析に基づけようとする哲学の潮流。とくに英米圏を中心に広まり，現象学や構造主義・ポスト構造主義などとならぶ現代哲学の主な潮流のひとつである。イギリスのケンブリッジ大学に所属したラッセルやウィトゲンシュタインらが基礎を形成し，やがてオックスフォード大学やアメリカのシカゴ大学・ハーバード大学などにも広まった。

写像理論 C2（しゃぞうりろん）　『論理哲学論考』で示された，初期ウィトゲンシュタインの言語論。言語は現実を写しとる「像」であると考える。様々な楽器の発する音声からなる交響曲と，紙とインクからなるその交響曲の楽譜には，まったく存在者としての性格を異にしながらも，正確な対応関係がある。ウィトゲンシュタインは同様の対応関係が，現実と言語の間にもあると考えた。

クワイン C2［Willard Van Orman Quine, 1908～2000］　アメリカの哲学者，論理学者で，戦後のアメリカにおける分析哲学を代表する人物。知識や真理は個別的に経験によって検証されうるとする経験主義の前提を批判し，個別的な知識や真理は知識の体系全体のなかでのみ意味を持ちうるとする，ホーリズムを提唱した。主著は『論理的観点から』『ことばと対象』など。

ホーリズム C5（知の全体論 C）（ちぜんたいろん）［holism］　クワインが知識についての経験主義を退け，新たに唱えた，知識についての理解。クワインによれば，経験主義は①事実との対応関係に依存しない，言語の意味にだけ基づく真理がある，②あらゆる文は直接的な経験を示す文に還元できる，というふたつの前提を持つが，これらの前提には十分な根拠がない。こうして知識や理論の全体的な文脈から独立して，経験によって個々の知識や理論を検証・反証できると考える経験主義に対して，検証や反証の対象となりうるのは科学の全体であって，個々の知識や理論はその科学全体の枠組みのなかでだけ理解されうると説くのが，クワインのホーリズムである。

ポパー B4

［Karl Raimund Popper, 1902～94］　イギリスで活動したオーストリア生まれの哲学者。人間がつねに誤りうる存在であることを前提とした，科学論や社会哲学を展開。科学論では，ある主張が科学的といえるためには，それが偽であることを示す可能性を持たねばならない（どんな反証も受け付けない主張は科学的ではない）とする，新たな科学性の基準＝「**反証可能性**」を提唱した。また社会哲学では，全体主義を徹底的に批判し，プラトンやマルクスの社会論・国家論にも全体主義への傾向があるとするその分析は，その後大きな議論を呼んだ。主著は『科学的発見の論理』『開かれた社会とその敵』など。

批判的合理主義 C（ひはんてきごうりしゅぎ）［critical rationalism］　ポパーの科学哲学および社会哲学の立場。人間の認識や実践はす

べて誤りうることを大前提とし，その誤りを人々の間での議論を通じて修正することで，科学や社会をよりよい方向へ変えていくことを目指す。いかなる反証も受け付けないが科学的であると自称する理論や，社会全体の革命によって一気に理想社会を実現しようとする社会理論に対立する。

漸進的社会工学 **C** （ぜんしんてきしゃかいこうがく）

［piecemeal social engineering］ ポパーが唱えた社会の設計と改善の方法。「漸進的（ピースミール）」とは少しずつという意味で，人間のあらゆる社会改良のこころみが誤りや失敗に終わる可能性を自覚し，結果の予測できない大きな改革によってではなく，小さな改良や修正の積み重ねによって社会をよりよくしようとする。社会全体の根本的な改革や革命によって，理想社会を実現しようとするプラトンやマルクスらの社会設計の対極点にある方法である。

ハイエク ［Friedrich August von Hayek, 1899～1992］ オーストリア生まれの経済学者，政治哲学者。政府による市場への介入の必要性を説く経済学者ケインズとの論争などを通じて，市場の自律的な調整メカニズムを重視する独自の景気理論を確立し，1974年にノーベル経済学賞を受賞した。またその研究は社会哲学や政治哲学の領域にも及び，個人的に親しく影響も受けていたポパーと同様に，全体主義およびマルクス主義を批判。自然発生的に形成される社会秩序を重視し，自由主義を擁護した。主著は『貨幣理論と景気循環』『価格と生産』『隷属への道』など。

第Ⅴ編 現代の諸課題と倫理

DNAの立体モデル

風力発電（北海道　苫前町）

水くみをする子ども（ベナン共和国）

1章　生命と倫理

1 生命科学の進歩と新たな課題

バイオエシックス Ⓐ[bioethics]「**生命倫理**」とも。生命科学や医療の発展とともに生じた、新たな倫理的諸問題に対する考え方や行動、政策を考察する学問。人間の生命のあり方の多くは、従来、人間には制御できず、選択の余地のないものであった。だが現代の生命科学や遺伝子技術、先端医療の発達は、その生命の制御をめぐる可能性を大きく広げ、多くの選択肢をもたらした（人工授精、体外受精、出生前・着床前診断、延命治療、臓器移植など）。こうした新しい可能性や選択には、社会における従来の価値基準では対応することができないため、生命の取り扱いをめぐる多くの問題や論争が起こった（代理出産、中絶、安楽死・尊厳死、脳死など）。

また、医療の発達で平均寿命が延びる一方、ガンなどの慢性疾患は増加傾向にある。その結果、医療は病院のなかだけでなく、健康をめぐる私たちの日常生活に密着するようになった。そのなかで、医療の役割や医師と患者の関係などの見直しがすすみ、新しい医療倫理を求める動きも起きている（インフォームド-コンセントなど）。

こうした、私たちの死生観や身体観とも密接にかかわる一連の問題に対し、従来の倫理学や科学、医療の枠組みを超えて、多様な学問や社会全体の考え方に照らして考えるのが、生命倫理の根本課題である。学問的には、1970年代以降のアメリカにはじまる。

バイオテクノロジー Ⓐ[biotechnology]生命や生物のもつ能力・性質などを応用する技術の総称。生命工学ともいう。

20世紀後半から急速に発展した分子生物学を基盤に、生命を扱う科学的領域が医学・薬学・農学などと広く連携しながら形成され、新しい技術も確立されてきた。遺伝子組み換え技術やクローン技術、細胞融合技術などが代表例。応用範囲は農畜産業、食品、医療、製薬、環境など幅広く、現代の産業や私たちの生活と密接に結びついて

いる。

遺伝子工学 C（いでんしこうがく）　バイオテクノロジーの一つで、遺伝子をかたちづくる物質DNA（デオキシリボ核酸）を操作する技術やその研究。20世紀後半以降の、ワトソンとクリックを先駆者とする分子生物学（分子遺伝学）の発展を前提とする。遺伝子組み換えや遺伝子の注入、クローン作成、遺伝子診断などの技術が代表例。DNAは2本の鎖ⁿがからみあった「二重らせん構造」をしており、その成分であるアデニン、グアニン、シトシン、チミンの4つの「塩基」の並び方（塩基配列）によって、遺伝情報、具体的にはタンパク質（アミノ酸）の構造や機能を決める。
　類 **遺伝子** A7　DNA B

分子生物学 B（ぶんしせいぶつがく）　生命現象を、それを構成する物質（分子）のしくみと働きにもとづいて研究する生物学。遺伝子をDNAの分子構造から解明する「分子遺伝学」の発達にはじまり、20世紀後半の生命科学やバイオテクノロジーの基礎となった。

ワトソン Cと**クリック** C　ともに分子生物学（分子遺伝学）の功労者。共同研究でDNAの二重らせん構造を発見、DNAが生物の遺伝情報をやりとりするしくみを明らかにした。1962年ノーベル賞受賞。彼らの発見に端を発する分子遺伝学や遺伝子工学の発展は「遺伝子革命」とも呼ばれる。

遺伝子組み換え B3（いでんしくーかー）　ある生物種のDNAに他の生物種から切り取ったDNAを組み込み、新しい性質の遺伝子をつくる技術。特定の物質をつくる組み換え遺伝子を細菌ⁿに注入し増やすことで、その物質を大量生産できることから、抗ガン剤などの医薬品の開発に用いられるほか、農作物の品種改良などにも応用される。一方で、遺伝子組み換え技術によってつくり出された作物や物質が人体や生態系へ及ぼす影響については、懸念もある。

遺伝子組み換え作物 B1（いでんしくーかーさくもつ）　遺伝子組み換え技術でつくられた作物。病気への耐性や生産性、栄養価などにすぐれる。一方で、食品としての安全性や、生物多様性に及ぼす影響への懸念も指摘される。日本では、遺伝子組み換え食品についての表示制度が開始されるとともに、「生物多様性条約」に基づき遺伝子組み換え生物の貿易を規制する「カルタヘナ議定書」（2003年）の発効を受けて、遺伝子組み換え生物の国内での使用を管理・規制する「カルタヘナ法」が施行されている。
　類 **遺伝子組み換え生物**

遺伝子操作 C（いでんしそうさ）　遺伝子工学で、遺伝子を切り取ったり結合したりして、新しい性質の遺伝子をつくる技術の総称。遺伝子組み換え技術など。遺伝子組み換え作物のほか、特定の遺伝子を取り込んで遺伝情報を変化させた遺伝子改変動物などをつくり出すこともできる。遺伝子治療や再生医療などともかかわる技術で、自然にない遺伝子をつくることの是非や、バイオハザードへの懸念などが議論の対象となる。

バイオハザード [biohazard]　生物災害とも。有害な病原体や遺伝子組み換え生物が研究施設などから外部へ流出して、人間社会や生態系に影響を及ぼす災害。生命科学の発展とともに発生への懸念が高まり、遺伝子組み換え作物の取り扱いを議論した「アシロマ会議」（1975年）以降、生命科学研究の規制や社会的責任を問う議論と結びついた。

クローン A5 [clone]　個体の体細胞から無性生殖によってつくられた、同一の遺伝子の組み合わせをもつ生物。クローン [clone] は「小枝」を意味するギリシャ語に由来し、もとは植物栽培の分野で、共通の遺伝的特徴をもつ植物の繁殖ⁿのために用いられた（例えばソメイヨシノのほとんどは共通の遺伝的特徴をもつクローンである）。

　現代では遺伝子操作によって動物のクローンを生み出すことが可能となった。とくに1996年にイギリスで生まれたクローン羊ドリーは、成体の体細胞をもとに生み出された最初のクローンとして注目された。クローン人間の作製も技術的には可能とされ

▲ **クローン羊ドリーとその子ボニー（1998年）**

る。クローン動物は絶滅危惧種の繁殖や、ヒトに移植する臓器の生産などの用途で注目される。また、ヒトのクローン胚は再生医療の鍵であるES細胞のもととなり得る。クローンは遺伝上の親のたんなる「複製」とは異なるが、同じ遺伝子をもつ個体を生み出すことや、ヒトのクローン胚を利用することの是非をめぐり、多くの問題が提起されている。

無性生殖 （むせいせいしょく）　生物が、他の生殖細胞と結びつくことなく、単独で子孫を残す生殖の方法。子は親と同じ遺伝子をもつ**クローン**となる。おもな形態には、体細胞の分裂（アメーバなど）、出芽（ヒドラ、酵母菌など）、胞子生殖（シダなど）、栄養生殖（イモなど）などがある。

ヒトクローン技術規制法 **C**（-ぎじゅつきせいほう）　日本でヒトのクローン胚を人間または動物の胎内に入れることを禁じる法律。2001年施行。ヒトのクローン作成についてはすでに、1997年にユネスコで採択された「ヒトゲノムと人権に関する世界宣言」のなかで、「人間の尊厳に反する行為」とされている。

ゲノム **A1**［genome］　ある生物をかたちづくるのに必要な遺伝情報のすべて。つまり、一組の染色体にあるDNAの塩基配列がもつ全遺伝情報。
　人間のゲノム解析（「**ヒトゲノム計画**」）は2003年に完了した。現在は個々人のゲノム解析もすすみ、医療などへの応用が注目されるが、個人のゲノムの研究利用に際しては、プライバシーへの配慮など社会的な合意形成が不可欠である。
　　　　　　　　　　　類 ヒトゲノム **A1**

ゲノム編集 **C2**（-へんしゅう）　対象とする遺伝子を直接ねらって操作して、新しい性質の遺伝子をつくる技術。遺伝子組み換えと違い、よりねらい通りに様々な性質を生み出せ、しかも他の生物種の遺伝子を利用するわけでもない。現在、国内では遺伝子組み換えと同様の規制がされているが、遺伝子組み換えより規制を緩めてよいとする立場もあり、議論がある。

遺伝子治療 **C**（いでんしちりょう）　遺伝子の異常を治すことで病気を治療する治療法。特定の遺伝子や細胞、ウィルスなどを体内に導入して、病気にかかわる遺伝子に変化を加える方法が一般的。体細胞を対象とする体細胞遺伝子治療については、免疫不全症やガンの治療に向けて実用化が進んでいる。一方、精子や卵子（生殖細胞）を対象とする生殖細胞系遺伝子治療は、安全性に課題があり、その細胞を受け継ぐ次の世代への悪影響を考慮して、現状では認められていない。

遺伝子診断 **B**（いでんししんだん）　DNAの塩基配列を解析し、遺伝子の疾患や、またその発症可能性を調べる検査。自分の現在の状態だけでなく、家族や将来における発症可能性まで予測できるのが特徴。遺伝情報は最も重要な個人情報であり、遺伝子診断の前提として、プライバシーへの配慮や充分なカウンセリングが求められる。

テーラーメイド医療 **C**（-いりょう）［tailor-made medicine］　個人の遺伝情報（パーソナルゲノム）を解析して、体質やかかりやすい病気を調べ、それに見合った病気の予防や治療を行う医療。個別化医療とも。患者の症状に対して画一的な治療を行う従来の医療（「レディメード医療」）に対して、例えば個人の体質に見合った薬の処方（ファーマコゲノミクス）を行うことができれば、副作用を抑えたり不要な医療費を減らしたりできる。ヒトゲノムに続いて個人のゲノムの解読がすすむなか、個人のゲノムを解析して健康の向上や病気の予防、早期治療につなげようとする動きが背景にある。
　一方で、将来における発症可能性など個人の遺伝情報は、当人のみならず子どもを含めた家族にもかかわるものであり、プライバシーへの配慮がとくに求められる。
　　　　　　　　　　　類 オーダーメイド治療

生殖革命 **C2**（せいしょくかくめい）　おもに20世紀後半に起こった、生殖をめぐる様々な技術（生殖技術）の革新のこと。生殖を助け不妊を解消するのが目的の**生殖補助技術**（人工授精、体外受精、代理出産など）が主だが、出生前診断や着床前診断、クローン、万能細胞の技術なども含めることができる。子どもをもつことができず悩む人々に多くの可能性をもたらす一方で、生殖の方法の多様化にともなう、これまでの法的な

枠組みを超える家族関係や親子関係の登場，また生殖にかかわる方法の選別や選択，商業化といった事態は，生命や家族，親子のあり方をめぐる様々な議論の的ともなっている。日本では生殖医療に関する法が整備されていないため，学会の自主規制などでの対応が多いが，多くの課題が指摘される。

人工授精 **B**6（じんこうじゅせい）　生殖補助技術の一つで，不妊の解消を目的に，女性の体内に人工的に精子を注入すること。方法には，その女性の配偶者の精液を使用する配偶者間人工授精（AIH）と，第三者の精液を使用する非配偶者間人工授精（AID）の二つがある。AIHはおもに配偶者が性交不能のときに，AIDはおもに無精子症などで配偶者が生殖不能のときに用いられる。

　とくにAIDの場合，戸籍上の父と遺伝上の父が異なるため親子関係が複雑になり，法的・社会的な議論を呼び，家族のあり方が問われることになる。また，遺伝上の父は匿名とされることが多いが，子ども自身の出自を問う権利の保障を求める主張もあり，同じく議論を呼んでいる。

体外受精 **A**1（たいがいじゅせい）　生殖補助技術の一つで，不妊の解消を目的に，精子と卵子を体外に取り出し培養器のなかで結合させ受精卵とすること。IVF［in vitro fertilization］，つまり「試験管のなかでの受精」とも呼ばれる。「試験管ベビー」という俗称もあるが，受精卵は女性の体内に移植される（胚の段階で戻す場合には胚移植と呼ぶ）。女性の子宮や卵巣の機能不全などの場合に用いられるほか，着床前診断などとも組み合わせて用いられる。国内では原則として，婚姻関係にある夫婦間のみにこの技術を用いることができ，2018年には約5万7,000件の出生事例があった。

　　　　　　　　　類試験管ベビー **B**

顕微授精 **C**2（けんびじゅせい）　体外受精の一つで，針などを通して精子を直接卵子のなかに挿入する方法。男性の精子に不妊の原因がある場合に用いられる。精子を人為的に選別する点などが倫理的問題として指摘される。

凍結精子 **C**・**凍結受精卵** **C**（とうけつせいし・とうけつじゅせいらん）　凍結保存された精子や受精卵。精子や受精卵を男女の身体から切り離すことで，従来にない利用や組み合わせが可能となる。例えば，精子の凍結保存技術は人工授精や精子銀行と密接に関わる。また，凍結受精卵は体外受精による不妊治療の負担を軽減する。加えて，精子や受精卵を本人の死後に利用することも可能となる（死後生殖）。

　これらの技術は生殖に新しい可能性を開く一方，前例のない親子関係や家族関係を生み出す可能性もあり，議論を呼んでいる。例えば，日本では現在，凍結精子の死後生殖で産まれた子が嫡出子と認められない事例もある（2006年最高裁判決）。

精子銀行（せいしぎんこう）　精子バンクとも。精子を採取して凍結保存し，おもに配偶者以外の第三者に提供するサービスのこと。当初，放射線治療などで精子がつくられなくなる男性の精子を保存するために始まった。のちに商業化され，不妊の女性や配偶者をもたない女性，同性愛のカップルなどに有償で精子を提供するサービスともなり，旧来の結婚観や家族観にとらわれない女性の新しい生き方に道を開いた。一方で商業化がすすみ，自分の希望する特徴を備えた子どもをもつために提供精子を選別したり，精子を商品と見なすといったことが議論となっている。

代理出産 **A**4（だいりしゅっさん）　妻が不妊であるときに，妻以外の第三者が代わりに妊娠と出産を行うこと。代理母出産とも。生殖補助医療の発展により可能となった。①受精卵を第三者の女性（代理母）の体内に移植し，妊娠と出産だけを代わってもらう場合（「**ホスト-マザー**」）と，②夫の精子と代理母自身の卵子を受精させたうえで妊娠と出産も代わってもらう場合（「**サロゲート-マザー**」）という，二つの形式がある。

　いずれも，不妊治療や，出産に関する女性の自己決定権の観点から支持する立場がある一方で，従来にない親子，家族の関係が生じるため，法的・社会的に多くの議論を呼んでいる。また営利目的での代理出産の場合にはとくに，女性がたんに生殖の道具とされたり，子どもが報酬の対価とされるなどの懸念もともなう。日本では安全性や倫理的な理由，生まれてくる子の福

266 第Ⅴ編　現代の諸課題と倫理

社という観点から，日本産科婦人科学会の指針で認められていない。

ベビーM事件 **C**（-じけん）　代理出産をめぐる訴訟事件の一つ。代理出産で生じる親子関係の複雑さや，代理母や子どもの地位をめぐる問題を浮き彫りにした。

　1985年，アメリカのニュージャージー州で，ホワイトヘッド夫人がスターン夫妻と契約を結び，報酬とひきかえに代理母となるが，子どもが生まれると心変わりし，自分で養育しようとするなど契約を果たさなかったため，スターン夫妻との間で親権や養育権，代理母契約の是非をめぐり裁判となった。87年の州地方裁判所では代理母契約を認め，スターン夫妻に親権や養育権があるとしたが，88年の州最高裁判所では，子どもの人身売買や権利侵害にあたるなどとして報酬目的の代理母契約を否定し，親権は代理母にあるとした（ただし養育権は，経済的・社会的な事情を考慮してスターン夫妻に認められた）。

　アメリカではこの事件を機に判例が積み重ねられ，現在は営利目的でない代理出産を認める州もある。

ホスト-マザー ［host mother］　代理母の形式の一つで，あるカップルの体外受精卵を体内に移植し，妊娠と出産を行う第三者の女性のこと。母体を提供するだけで，産みの母ではあるが遺伝上の母ではなく，それだけに親子関係（誰が「母」か）も複雑になる。この点が，自分の卵子を提供して遺伝上の母ともなる**サロゲート-マザー**［surrogate mother］（狭い意味での「代理母」）と異なる。

　　　　　　　　　　類 サロゲート-マザー C

男女産み分け **C**（だんじょう-わ-）　子どもを希望する性別に産み分けること。男女を産み分けるために，現在では体外受精や着床前診断を組み合わせた技術も用いられている。従来，重篤な遺伝的疾患の場合に限って認められてきたが，単に親の希望する性別の子をもつために用いることも可能なため，生命の選別の是非に加え，性差別につながるとする議論もある。

出生前診断 **A** **5**（**胎児診断 C**）（しゅっしょうぜんしんだん）（たいじしんだん）　胎児の状態を分娩前（出生以前）に調べる検査。とくに先天的疾患の有無の確認に使われる。段階などに応じていくつかの方法があり，一部には流産のリスクをともなうものもある（この点，2013年から始まった新型出生前診断（NIPT）は，母体から採取した血液を検査するもので，母体の安全性が高まったとされる）。出生前診断については，先天的疾患の有無を理由に「産むか／産まないか」を決めるという点で，生命の選別・選択につながるとする指摘があり，検査について十分なカウンセリングが必要とされている。

デザイナー-チャイルド C（**デザイナー-ベビー C 2**）〔designer child, designer baby〕　遺伝子操作により，髪や瞳の色，身長など，親の希望する遺伝的形質をデザインされて生まれた子ども。実現はしていないが，考え方としては，親の望み通りの性別であることや特定の病気の遺伝子を持たないことなどに着目する点で，現在の着床前診断などの技術と関連するものである。生殖の自由の観点から肯定する立場がある一方，生命の選別が優生思想やビジネスと結びつくことを懸念する指摘もある。

　　　　　　　　　　　類 生命の選別 C

優生思想 **B** **1**（ゆうせいしそう）　人類の遺伝的特徴の「改善」を目的に，人間の価値を特定の遺伝的特徴によって決め，その基準のなかで「優秀」とされる者だけを選別して残し，「不良」とされる者を排除しようとする思想。基準となる遺伝的特徴や「優秀」「不良」の定義は客観的には決めがたいうえ，人間を生来備わった資質で判断しようとするため，問題が多い。過去にはナチのホロコーストや米国の断種法，日本の優生保護法などとも結びついた。

　一方，生殖技術や遺伝子研究の発展により，遺伝子診断や出生前診断，着床前診断などで生まれてくる生命を選別することが可能となり，優生思想との関連が再び問われつつある。

1章 生命と倫理 **267**

2 生と死を問いなおす

安楽死 **A**4(あんらくし)　回復の見込みのない病気で苦しむ人の生命を，苦痛からの解放を目的に，人為的に短縮する(死に至らしめる)こと。

　狭義では，投薬などで意図的に死なせる積極的安楽死を指し，たんに安楽死という場合の多くはこれを指す。広い意味では，人工呼吸器を外すなど延命措置を停止して死を迎えさせる消極的安楽死もふくむが，これはふつう「尊厳死」と呼ばれて区別される。いずれも，本人の意思表明がある場合(自発的安楽死)，意思表明がない場合(非自発的安楽死)，意思に反する場合(反意的安楽死)がある。殺人や自殺幇助(ほうじょ)との線引きの問題にはじまり，倫理，法，社会，宗教など多くの観点から賛否両論がある。

安楽死法 **C**(あんらくしほう)　安楽死(投薬などによって意図的に死に至らしめる積極的安楽死)を認める法律。これは，医師による安楽死を殺人や自殺幇助(ほうじょ)から区別して，合法的な死の迎え方の一つと見なすことを意味する。2020年現在，オランダやベルギー，オーストラリアの一部の州などで認められている。

尊厳死 **A**4(そんげんし)　終末期医療において，回復の見込みのない患者に対して，人工呼吸器など延命措置による医療の介入をやめて，人間としての尊厳を保ったまま死を迎えさせること。内容としては**消極的安楽死**と同じだが，個人が自分の尊厳を保ち，自分らしく死の迎え方を決めるという観点がとくに強調される。そのため患者が事前に自分の意思を表明する「**リヴィング-ウィル**」が重要となる。一方，延命措置の範囲や，患者本人が意思表明できない場合の対応には議論がある。背景には，個人の自己決定権の尊重やQOL(生命の質)を重視する考え方がある。

カレン゠クインラン事件 (-じけん)　尊厳死をめぐるアメリカの代表的な訴訟事件。1975年，ニュージャージー州にて昏睡(こんすい)状態に陥った女性カレン゠クインランに対して，親側は本人の事前の意思表明にも

とづき人工呼吸器など生命維持装置の取り外しを求めたが，病院側はこれを拒否した。親側は病院による延命措置の停止を求めて提訴し，翌年の最高裁判決で生命維持装置の取り外しが認められた(なおカレンはその後9年間，昏睡状態で人工栄養を受けながら生きた)。この事件を機に，アメリカをはじめ世界各国で，尊厳死や事前の意思表明などをめぐる議論が活発となった。

延命治療 **B**2(えんめいちりょう)　生命倫理ではとくに，回復の見込みがなかったり余命がわずかであったりする患者の生命を，人工呼吸器や水分・栄養補給によって維持し，死期を遅らせる措置を指す。

　一般に，生命の尊厳(SOL)を重んじる立場の多くは延命治療を支持する。一方，過剰(かじょう)な延命措置は患者や家族に不必要な苦痛を与えるうえ，個人の生命の質(QOL)や人間としての尊厳，自己決定権をそこねるとして，延命措置をやめて自然死を迎えること(尊厳死)を支持する立場もある。その場合，延命措置を行うかどうかについて本人が事前に意思を示すリヴィング-ウィルの考え方が重要となる。また，終末期医療の場面では，患者の心身の苦痛を取り除くことに重点を置く**緩和(かんわ)ケア**などの方法もある。

類人工延命技術 **C**

インフォームド-コンセント **A**2[informed consent]　十分な説明を受けたうえでの合意。患者が，自分の受ける治療の方針や方法，リスクについて，判断に必要な説明を医師から受けたうえで，治療に同意または拒否することを決めること。患者の**自己決定権**の尊重が根本にあり，患者が医師の決定に従うだけの従来の医療の考え方(パターナリズム)とは対照的である。望まない治療や延命処置，医療実験などから患者を守り，医師と対等な信頼関係を築くうえで重要となる。

　背景には，感染症などに代わり生活習慣病やガンなどの慢性疾患(まんせいしっかん)が増えて，医療が患者の生活全般と結びつくなかで，**SOL(生命の尊厳)**に加えて**QOL(生命の質)**をも考慮したうえで，医療と生活との関係を患者自身が決める必要が生じたことがある。歴史的には，公民権運動や消費

第V編

者運動が展開された1960年代以降のアメリカで，患者を「医療というサービスを受ける消費者」と見なし，「患者の権利」が訴えられたことの影響が大きい。

インフォームドーチョイス **C**［informed choice］　十分な説明を受けたうえでの選択。インフォームドーコンセントを発展させた考え方。治療の方針や方法を選ぶ際に，医師が主導するのではなく，患者に複数の選択肢と十分な説明を提示したうえで，その選択を尊重すること。

パターナリズム **A**４［paternalism］　医療においては，患者の治療についてもっぱら医師の判断と決定に従うのがよいとする考え方のこと。一般には，権威や力をもつ者（国家や専門家など）が，それをもたない他者（個人や素人など）の利益になるとして，その他者の意思決定や行動に干渉すること。ラテン語の父［pater］に由来し，父の子に対するようなあり方を指す。

　医療のパターナリズムに対し，患者の自己決定を尊重し，医師と患者の対等な関係を重んじる考え方がインフォームドーコンセントである。一方，インフォームドーコンセントに求められる「十分な説明」をどう行うかは，なお医師の裁量によるところが大きい。

リヴィングーウィル **B**２［living will］　個人が，延命措置や尊厳死などについての自分の意思をあらかじめ表明しておくこと。とくに終末期医療において患者に尊厳死を認める場合などに重要となる。個人の死の迎え方は個人自身が決定するという点で，インフォームドーコンセントや自己決定権の考え方につらなる。

自己決定権 **B**２（じこけっていけん）　個人が自分の身体や生命にかかわることについて，自分の意思と責任で判断し決定する権利。インフォームドーコンセントやリヴィングーウィルなどの考え方は，治療の受け方や死の迎え方を決めるのは当事者自身だとする点で，自己決定権を前提としている。また，生殖補助医療や人工妊娠中絶，臓器移植を支持する際の根拠の一つともなる。

　思想的にはミルの**他者危害原則**（「他人に危害を及ぼさない限りは自由に行為してよい」）につらなる。他方，自己決定権に

もとづく生命の操作がどこまで許されるかについては，なお議論がある。

　　　　　　　　　　　　　　　　〔類〕死ぬ権利

終末期医療 **B**３（しゅうまっきいりょう）　回復の見込みがなく余命がわずかな状態（終末期）の患者を対象とする医療。**ターミナルケア**［terminal care］とも。病気を「治す」［cure］のではなく「ケア」［care］（世話，看護）をすること，つまり，死にゆく人やその家族が生命の質（QOL）をなるべく高く保って，残された時間を自分らしく有意義に生きられるよう，支えることが中心となる。

　宗教に代わって医療が人間の生死の瞬間に深く関与するようになるなか，病気を治し死から遠ざけようとする医療ではなく，死の受け入れも含めた QOL の向上をめざす医療が求められるようになったことが背景にある。

　　　　　　〔類〕末期医療 **B**　ターミナルケア

ホスピス **A**［hospice］　終末期医療の一つで，回復の見込みのない患者やその家族が，残された時間を充実して生きられるように支える（ケアをする）サービス，またはその施設。肉体的・精神的な苦痛を緩和することに重点を置く。イギリスのソンダース（C. Saunders, 1918～2005）がロンドンに開設した聖クリストファーズーホスピスにはじまり，現在は在宅ホスピスなどの形態もある。また，重篤（じゅうとく）な状態にある患者の心身の苦痛の軽減や，人生観や宗教観などに関する精神的なサポートを行う**緩和ケア**とも連携している。

脳死 **A**５（のうし）　脳幹を含むすべての脳の機能が不可逆的（ふかぎゃく）に停止した状態。一般に心臓死がただちに人の死を意味するのに対し，脳死の場合は，生命維持装置の発達にともない，全脳が機能を喪失していてもしばらくは呼吸や循環が保たれているという状況がありうる。ここから，①脳死の判定基準はなにか，②脳死を「人の死」としてよいか，③脳死と判定された人の身体から臓器を摘出し移植に用いてよいか，などをめぐる議論が提出される。日本では1990年の「臨時脳死及び臓器移植調査会（脳死臨調）」で，脳死を人の死と見なすのは社会的・法的に妥当とする見解が示され

たが，少数意見も併記されるなど，その後も議論が尽きたわけではない。

植物状態 **B**（しょくぶつじょうたい）　大脳の機能だけが喪失した状態で，意識はないが，呼吸や循環など生命維持の中枢となる脳幹の機能は保全されている状態。まれに意識が回復する可能性もある。正式には遷延性意識障害という。脳死（脳の機能すべてが不可逆的に停止する全脳死）とは区別される。

竹内基準（たけうちきじゅん）　竹内一夫ら厚生省（当時）の研究班が1985年に示した脳死の判定基準。厚生省基準ともいう。①深い昏睡，②自発呼吸の消失，③瞳孔の散大，④脳幹反射の消失，⑤平坦脳波の確認，⑥時間経過の6つ。

　脳死の判定基準は，判定が容易かつ確実で社会的に受け入れられることが前提となるが，国際基準はまだなく，現在も議論の対象となる。

三兆候説 **C**（さんちょうこうせつ）　医学的に，人の死の判定基準とされる三つの兆候。つまり，①心臓の拍動の停止，②自発呼吸の停止，③瞳孔の散大のことで，この三兆候をもって一般に「死」（心臓死）と判定される。従来，「死」の判定は医療の現場に委ねられてきたが，臓器移植との関連で脳死を人の死と見なす考え方が登場するなかで，「死」を法や社会，死生観の観点から問い直す動きが出ている。
類 心臓死 B

臓器移植 **A**③（ぞうきいしょく）　臓器（腎臓，心臓，骨髄など）の機能に異常がある場合，他人の正常な臓器と移しかえる医療行為のこと。臓器移植の形態には，臓器を提供する人（ドナー）が生きている場合（生体移植）と，死んでいる場合（死体移植）がある。死体移植はさらに，脳死後に移植する脳死移植と，心臓死後に移植する心臓死移植に分けられ，前者のほうが移植できる臓器は多く成功率も高い。いずれの場合も，他人の臓器を移植するため拒絶反応が出ることがあり，臓器の適合性や免疫抑制への配慮が必要となる。

　一方，臓器移植は私たちの死生観や身体観，倫理や法，社会的合意とも密接にかかわる事柄の一つであり，①他人の身体を治療に利用することの問題，②脳死を「人の死」と見なしてその臓器を移植に用いることの問題，②臓器不足にともなう臓器提供の公平性や臓器売買の問題，などが議論になる。

子どもの臓器移植 **C**（こ-ぞうきいしょく）　脳死状態の子ども（15歳未満の未成年者）から臓器を摘出し，他人に移植すること。1997年の臓器移植法では子どもは自分の意思を表示できないとして子どもの臓器移植を認めなかったが，2009年の法改正で，家族の承諾があれば認められることになった。臓器移植を望む患者（とくに子ども）の移植の機会を増やすことが背景にある。子どもの脳死判定は成人より難しい点や，子ども自身ではなく家族の意思が意思決定の中心となる点が問題提起される。
類 臓器移植法改正 C②

臓器移植法 **A**③（ぞうきいしょくほう）　日本の臓器移植に関する基本理念や臓器提供に際しての基準などを定めた法律。1997年に成立し（97年法），2009年に改正された（09年法）。とくに，①脳死を人の死と見なし，②脳死を含む死体からの臓器移植を認め，③その際の臓器提供者や家族の同意に関する基準を定めた。

　①については，従来は人の死とされなかった脳死が，臓器移植の場合に限定して，人の死とされるようになった（09年法ではこの限定を示す文言が外されているのが特徴）。②については，死体から臓器を摘出するという行為が合法化された点に意義がある。③については，97年法では本人の同意が表示され，家族の承諾があることが必要だったが，09年法では，本人の提供拒否の意思表示がない限り，家族の承諾のみによる臓器提供が可能となった。09年法ではまた15歳未満からの臓器提供を認めるなど，移植用臓器の慢性的な不足の解消を背景に，臓器提供の基準が改められている。

ドナー **A**③[donor]　臓器移植で，臓器を提供する人。ドナーが脳死または心停止している場合，現行の臓器移植法では，ドナー本人の意思が不明でも（提供拒否の意思を示していない限り）家族の同意があれば臓器提供が認められる。

270 第Ⅴ編　現代の諸課題と倫理

レシピエント Ⓐ［recipient］　臓器移植で，臓器を提供される人。現状では，臓器移植を望む患者に対して提供可能な移植用臓器は不足しており，臓器の配分の公平性について議論が行われている。

臓器提供意思表示カード Ⓑ①（ぞうきていきょういしひょうじ-）　自分の死亡後の臓器提供について，意思表明をする文書。日本臓器移植ネットワークが管理し，カードやシール添付などいくつかの形態がある。現行法では，臓器提供への同意または拒否に加えて，脳死の場合の取り扱いや提供臓器の種類，提供対象として親族を優先するかなども示すことができる。なお，本人が拒否していなければ，家族の同意のもとで臓器移植は可能である。

〖同〗**ドナーカード** Ⓒ①

再生医療 Ⓑ④（さいせいいりょう）　病気や事故などで失われて元に戻らなくなった人体の器官や組織（骨，神経，臓器など）を再生する医療。現在は，粘膜蕊などや骨髄蕊の組織幹細胞（他の種類の細胞に分化・増殖できる細胞）を移植して皮膚や血管を再生する技術などが一部実用化されているが，応用範囲には限界がある。

　一方で，ES細胞やiPS細胞など，あらゆる種類の細胞に分化・増殖できて応用範囲が広い「万能細胞」の研究も進んでいる。生命倫理の観点からは，生命や人間の尊厳との関連で，精子や卵子までも人為的に作成してよいか，またとくにES細胞の場合，ヒトの胚を再生医療のために利用してよいか，といった問題提起がある。

万能細胞 Ⓒ（ばんのうさいぼう）　すべての種類の細胞・器官に分化することができる，未分化状態の細胞のこと。生物のすべての細胞のもととなる受精卵と同じく，どんな細胞も作成できるため，再生医療の鍵とされる。ES細胞やiPS細胞などが代表例。正式には多能性細胞と呼ばれ，さらに細胞が自分で増殖もできる場合には多能性幹細胞と呼ばれる。

ES細胞 Ⓑ②（胚性幹細胞 Ⓑ）（-さいぼう）（はいせいかんさいぼう）　万能細胞の一つで，ヒトの胚からつくられるもの。人体のあらゆる種類の細胞に分化・増殖できるため，失われた器官や組織をつくる再生医療の場面で注目される。一方，ヒトの胚をES細胞の材料として利用することには，生命や人間の尊厳をめぐる観点から多くの問題提起がある。例えば，人間の尊厳を胚の段階から認める立場からは批判されている。2019年9月現在，国内では体外受精で余った胚（余剰胚ぱい）を用いる基礎的研究や再生医療研究など医療目的での利用は認められるが，個体の作成や胎児などへの導入は認められない。

〖類〗**胚性幹細胞** Ⓑ

iPS細胞 Ⓑ④（**人工多能性幹細胞** Ⓐ）（-さいぼう）（じんこうたのうせいかんさいぼう）　万能細胞の一つで，体細胞にいくつかの遺伝子を導入して，機能分化や分裂増殖の能力をもたせたもの。ヒトの胚を利用するES細胞には倫理上の問題がつきまとうが，iPS細胞は成人の体細胞を使うのでこの点は問題とされず，再生医療技術の新たな鍵として注目される。ただし，万能細胞共通の問題として，精子などの生殖細胞を人為的に作成することの是非などはなお問われ続ける。2006年に京都大学の山中伸弥やまなかのグループが作成に成功，2012年にノーベル医学・生理学賞を受賞した。

生活の質 Ⓑ（**生命の質** Ⓐ）（せいかつ-しつ）（せいめい-しつ）　QOL（クオリティ-オブ-ライフ［Quality of Life］）の訳。たんに「どれだけ長く生きられるか」ではなく，「どれだけ質の良い日常生活を送ることができるか」「どれだけ自分らしく生きられるか」という観点から見た，個人の生命や生活のあり方のこと。二つの側面があり，①「**生活の質**」というときは，おもに医療で，日常生活を送る際の患者の心身状態や生活環境を指し，生きるうえでの環境や活力が整っているかどうかで決まる。②「**生命の質**」というときは，おもに倫理学で，その人自身にとってどれだけ自分らしく満足に生きられているか（幸福であるか）を指す。

　現代の医療の発達は寿命を延ばした一方，ガンなどの慢性疾患まんせいしっかんは増加傾向にある。そこで個人がたんに長生きするだけでなく，その生をどう整えて自分らしく過ごすかが問題となり，QOLの考え方が唱えられた。それとともに，病気を治し死から遠ざけようとする医療に代わって，死を

含めた患者の生全体と向き合い，QOL の向上につとめる医療の考え方が登場した。QOL を重んじる医療としては，ホスピスや緩和ケアがあり，多くの苦痛をもたらすこともある延命医療ではなく，苦痛をとりのぞき，残された日々に肯定的な意味を見つけて過ごすことに重点が置かれる。

生命の尊厳 Ⓑ（SOL Ⓑ②）(せいめい－そんげん)
SOL［Sanctity of Life］，つまり生命にはそれだけでかけがえのない絶対的な価値があるという考え。そのため，「生きるに値しない生」といった生命への価値づけや差別を否定する。

SOL を重んじる立場には，QOL の観点からの安楽死や尊厳死を認めず，延命治療などで少しでも長く生きることに価値を置く考え方もある。一方，SOL の立場で語られる「生命」も，キリスト教や仏教などの宗教観・人間観に基づいていることが多く，人間の生命を，単なる生物学的な現象以上の広がりをもつものと捉えたうえで尊厳を認めている。この点で，SOL の考え方も QOL の考え方と出発点においては共通している，ともいえる。

死生観 Ⓑ①(しせいかん)　生き方や死の迎え方についての考え方。人間の生死はたんに生物学的な生命現象として説明されるものではなく，それを生きる人間自身の考え方によって様々な意味がこめられているために，時代や国，宗教ごとに多様な死生観がある。例えばカトリックでは一般に，生命は神から授けられたものとする観点から，中絶や安楽死に反対の立場をとる。また，日本で脳死臓器移植の問題が大きな議論を呼んだ背景にも，日本やアジアの死生観の影響が

あるとされている。

一方，現代においては従来の寺社などの宗教的共同体に代わって，医療が人の「死」を取り扱う主要な場所となった。その結果，死生にまつわる伝統・文化が失われ，死生の問題が日常から遠のいたこともしばしば指摘される。いずれにせよ，生命倫理を問う際には，それぞれの問題提起の背景にある死生観やその変遷にまでさかのぼることが重要となる。

ヘルシズム［healthism］　健康至上主義。「健康であること」それ自体を，（生活を支える前提としてではなく）人が生きるうえでの目的として絶対視する健康観。ここでの「健康」とはたんに病気あるいは虚弱でないという消極的な状態ではなく，WHO（世界保健機関）が定めたように，身体的・知的・社会的に完全に良好であるという積極的な状態を指す（WHO 憲章，1948年発効）。現代の医療はこの積極的な健康観のもと，従来の宗教が占めていた位置に代わって，人々の日常生活に介入し，死生観や社会のあり方，考え方を強く規定するものとなっている（社会の医療化）。医療をめぐる生命倫理の問題の一つとして挙げられる。

メメント・モリ Ⓒ［memento mori］　ラテン語で「死を忘れるな」を意味する警句。いつも死のことを思い，現世の快楽や贅沢のむなしさを弁えよという意味で，中世後期から近世初期の西欧キリスト教世界に広まった死生観をあらわす。芸術作品（とくに静止画）の題材の一つとされ，骸骨などの「死」の象徴とともに表現された。

2章 環境と倫理

1 環境倫理の主張

環境倫理 **A**（かんきょうりんり）　人間と環境とのかかわりを律する思想や規範。その研究を**環境倫理学**と呼ぶ。環境とはここでは自然環境のことだが、一般には、人間を取り囲み、その生活のあり方を枠づけている場を指し、人間は環境に規定されたり逆に働きかけたりといった、自然環境をはじめとする環境とのかかわりのなかで生きている。

　しかし、産業革命以降、現在にまで至る人間の活動の拡大は、同時に環境破壊の深刻化という課題をもたらした。その状況をふまえて1960年代以降のアメリカで提唱されてきたのが環境倫理である。その際のおもな主張は、自然とのかかわりにおける「人間中心主義」からの脱却、つまり人間にとって役立つかどうかという基準で自然とかかわるのではなく、自然そのものに固有の価値を重んじて、その保存を優先することであった（**人間非中心主義**）。「**自然の権利**」はその延長線上にある思想である。

　現在はそれに加えて、資源の有限性や生態系の閉鎖性への配慮（**地球有限主義**）、持続可能性への配慮（**世代間倫理**）などの意義も強調されている。一方、「人間中心主義／人間非中心主義」「開発か／破壊か」といった固定的な二項対立図式では解決できない問題も多く、二項対立を超えた新たな環境倫理の枠組みの提示も重要となる。

環境破壊 **A**②（かんきょうはかい）　自然環境破壊とも。人間の活動によって自然環境を汚染・破壊すること。

　18世紀後半の産業革命以降、人口増加や経済成長とともに、私たちの活動範囲は広がり、生活水準は劇的に向上した。一方、その成長はしばしば自然環境破壊をともない、自然環境に支えられて生きる私たちの健康や生存をおびやかしている。とくに20世紀の後半から世界共通の課題となった**地球環境問題**は、環境破壊が人類全体の

存亡にかかわることを明らかにした。

　他方、自然環境の破壊は、それを通じて得られる私たちの暮らしの環境（アメニティ）や、精神的・社会的な環境にも重大な影響を与える。また、貧困に苦しむ開発を余儀なくされる途上国のように、「開発か／破壊か」のような単純な二項対立では解決できない問題も多い。もとより人間の歴史は、自然から恵みを受けたり脅威にさらされたりといった、自然環境とのかかわりの歴史でもある。環境破壊をめぐっても、文化・社会・経済などの問題にも視野を広げつつ、人間と自然環境とのかかわり全体を反省することが重要となる。

生態系 **A**④（せいたいけい）　ある地域における生物の集団と、それをとりまく光や水、空気などの無機的環境のまとまり。生物の集団とは厳密には、エネルギーや物質をつくる生産者（植物など）、それをとりこんで生きる消費者（動物など）、動植物の死がいを分解する分解者（微生物など）からなる「生物群集」を指し、そのそれぞれが無機的環境を含めて密接にかかわりあうことで、大きな物質の循環を織りなしている。森林生態系や海洋生態系、砂漠生態系などが代表的だが、地球環境も一個の閉ざされた生態系と見なすことができ、その破壊は人間自身の生存をおびやかす。

類 エコシステム **B**

生態学 **C**①（せいたいがく）　**エコロジー**とも。①生物やそれをとりまく環境の関係全般を研究する生物学。1860年代にドイツのヘッケルが唱えた。また、とくに「生態系」という概念を確立した生態系生態学は、1930年代にイギリスのタンズリーが唱えた。②（①の成果もとりこみつつ）自然環境との共生をめざす環境思想。19世紀のアメリカのソローやスワローらの思想を背景に、1960年代の環境問題を訴える市民運動（エコロジー運動）を経て定着した。

アルド＝レオポルド **B**③〔Aldo Leopold, 1887～1948〕　アメリカの環境思想家。北アメリカにおける環境保護運動の創始者。原生自然の保護を通じて、生物種や森林生態系の保全を訴え、また人間と土地との調和を理想とする「土地倫理」（ランド・エシック）を説いて、現代の環境倫理の原型

の一つをつくった。主著『野生のうたが聞こえる』

土地倫理 B (ランド・エシック) (とちりんり) [land ethic] レオポルドが提唱した，人間と土地（環境）との関係をめぐる倫理。人間を土地の征服者ではなく，土地とともに生きる共同体の一員と見なして，土地の生態系の正常な働きの保全を重んじる。人間にとって環境がたんに「役に立つかどうか」ではなく，環境との調和そのものに価値を置いて人間と環境との関係を考えた点で，現代の環境倫理の先駆である。

生物濃縮 (せいぶつのうしゅく) 生物の体内にとりこまれた物質が分解されずに蓄積し，**食物連鎖**を通してその濃度を増していくこと。例えば海に流れた水銀は，まず微生物にとりこまれるが，食物連鎖を通して大きな魚にとりこまれていくにつれ，次第に濃度と健康への悪影響を増していく。農薬や放射性物質などにもいえる。公害病や環境汚染を調査する際の重要な観点の一つ。

世代間倫理 A 10 (せだいかんりんり) 環境倫理のおもな主張の一つ。現在の世代と未来の世代との関係をめぐる倫理を指す。それによれば，現在の世代には生態系や資源を未来に向けて保全する責任があり，未来の世代に一方的に負担をかけたりその生存の可能性を狭めたりしてはならない。また，この原則を，未来への配慮を含んだ開発や環境保全のあり方という観点から見ると，**持続可能性**の考え方に結びつく。アメリカの哲学者ハンス＝ヨナスに由来する。

地球有限主義 B (ちきゅうゆうげんしゅぎ) 環境倫理のおもな主張の一つ。地球の環境や資源は無制限ではなく限りあるものだという前提のもとに，従来の経済のしくみを根本から改めようとする考え方。

　20世紀以降，地球の人口が増加を続ける一方で，食料や水，資源，環境などはそれに追いつかず限界を迎えつつある。この問題の背景には，従来の経済のしくみが，まだ人口が不安定で活動範囲も狭く，しかも進歩や生産の拡大を理想としてきた近代にできたものだということがある。そこでは環境への負担や有限性は経済をめぐる計算に入っていなかった。だが，『成長の限界』や『共有地の悲劇』が示すように，こう

した従来の経済のしくみのもとでの成長は，いずれ破綻をきたす。また近年の地球温暖化や，それにともなう気候変動や異常気象は，成長の限界を超えて，地球そのものの限界をあらわにしているともされる。

　そこで，経済のしくみの根本に環境や資源の有限性という観点を反映させる必要がある（例えば環境税）。ただし，有限な環境や資源の保全を社会や経済の至上目的とすることは，個人の自由を制限する環境全体主義（環境ファシズム）につながるとの懸念もある。

自然の権利 B (しぜん-けんり) 環境倫理のおもな主張の一つ。自然物（生物種のほか生態系，自然の景観など）にも，人間と同等の生存の権利を認める考え方。種の保全や動物解放論などの根拠の一つ。権利はふつう，法廷に立つことのできる人間のみに認められるが，法廷に立てない法人や子どもにも権利があるのなら，自然にも権利の概念を広げることは不可能ではない。そこで，自然には（人間に有益かどうかとは関係なく）それだけで固有の価値があり，人間にはその保全の責任があるとする観点から，1970年以降のアメリカで，自然の権利を訴える思想が登場した。法学者のストーンや環境思想運動家のナッシュ，「ディープ・エコロジー」を提唱したノルウェーのネスらが代表的。

類 自然の生存権 A 5

自然の権利訴訟 C (しぜん-けんりそしょう) 自然物に対する権利侵害を主張して争われる裁判。原告は自然物で，人間が後見人となる。1970年，アメリカのミネラルキング渓谷におけるディズニー社のリゾート開発計画に対し，シエラクラブ（世界初の環境保全団体）が起こした訴訟がはじまりである。これについて，法学者ストーンは「樹木の当事者適格　自然物の法的適格について」（72年）で，自然物に代わって人間が後見人として法廷に立つことは可能だとして，原告側を支持した。この訴え自体は原告側に直接の利害関係がないとして却下されたが，判決では少数意見として，ストーンの論文をもとに自然の権利を考慮することの意義が認められた。以降，アメリカでは絶滅危惧種の保護を訴える訴

訟の形式の一つとして広まったほか，1973年の「種の保存法」では，絶滅危惧種をめぐる自然の権利の代弁が認められた。

アマミノクロウサギ訴訟（－そしょう）　日本における初の自然の権利訴訟。1995年，奄美大島におけるゴルフ場開発計画に対し，固有種であるアマミノクロウサギなどの野生動物を「原告」とし，市民団体などがその代理人となって差し止めを求めたもの。原告や代理人には原告となる資格がない（原告不適格）として，訴えは却下された。だが，人や法人ではなく自然物そのものの価値を司法で問おうとした点で注目され，判決文でも問題提起の意義は評価された。その後も複数の訴訟が起こされたが，現状では日本の司法で自然の権利の考え方は確立されておらず，認めた判例もない。

ピーター＝シンガー　**C**4　[Peter Singer, 1946～]　アメリカの哲学者。動物の利益や権利への配慮を訴える「**動物解放論**」の先駆者。『動物の解放』（1988年）のなかで，**功利主義**の立場に立ちつつ，痛みなどの感覚をもつ動物の利益も，人間の利益と同様に，平等に配慮されるべきとした。また，現代の畜産や肉中心の食生活に対し，動物を工業的に大量生産し不要な苦痛を与えていると批判した。

種差別　**B**（しゅさべつ）　人間という動物と他の動物を，生物としての「種」が違うことを理由に差別すること。シンガーは，『動物の解放』のなかで，性や人種の違いに対する根拠のない差別と同じく，種差別にもじつは根拠はないと批判し，人間と動物を平等に扱うべきとした。

ストーン　**C**　[Christopher Stone, 1942～95]　アメリカの法学者。「**樹木の当事者適格　自然物の法的適格について**」（1972年）で，権利が奴隷や女性にも広げられていった歴史をふまえ，自然物のために人間が後見人として法廷で代弁することも可能だとして，当時の自然の権利訴訟を理論面で支えた。

国連人間環境会議　**B**2（こくれんにんげんかんきょうかいぎ）　1972年，スウェーデンのストックホルムで開かれた，環境問題をめぐる最初の国連会議。標語は「かけがえのない地球」。環境問題を人類共通の課題であるとし，将来の世代をも含む人間環境の保全・改善にかんする原則を明記した「**人間環境宣言**」は，以降の環境問題をめぐる国際的な取り組みの基本理念となる。一方で，積極的な環境対策を求める先進国と，貧困に苦しみ支援を求める発展途上国との対立もあらわになった。

「かけがえのない地球」　**B**2（－ちきゅう）[only one earth]　国連人間環境会議（1972年）の標語。地球環境はただ一つしかない人類の共同財産であり，その使用には制限や責任が伴うということ。環境問題への市民の意識向上に寄与した。

人間環境宣言　**C**2（にんげんかんきょうせんげん）　国連人間環境会議（1972年）で採択された宣言。人類全体の脅威である環境問題にかんする見解と原則を示し，国際的な取り組みをうながした。また，良好な環境を享受する権利（**環境権**）や，現在および将来の世代のために環境を保全する責任を明記した。

宇宙船地球号　**A**4（うちゅうせんちきゅうごう）　アメリカの経済学者ボールディングの用語。地球環境を「宇宙船」に見立て，「乗組員」である人類はその地球環境と運命共同体であるという。そして，「宇宙船」の資源や環境負荷への許容量には限界があると警告，未来にむけて循環を前提とする新たな経済のしくみを訴えた。

ボールディング　**B**　[Kenneth Ewart Boulding, 1910～93]　イギリス出身のアメリカの経済学者。経済学と他の科学との連携を模索した。1966年「未来のための資源協会」で「宇宙船地球号」を提唱，人口問題や資源問題の解決を訴えた。

共有地の悲劇　**B**（きょうゆうち－ひげき）　共有地（コモンズ[Commons]）とは，山や森，川など，地域の人々の生活を支える共有の環境のこと。共有地の悲劇とは，人々が自分の利益のために無制限に共有地の資源を利用するなら，やがて共有地は破壊され，悲劇的な結末をまねく，ということ。例えば牧草地を使う際，利益だけを追求して牛や羊を増やし続ければ，牧草は再生が追いつかず失われる。市場での自由な利益追求をめざす従来の経済制度は，この問題に対応できない（**市場の失敗**）。このことは人類

全体の共有地である地球環境にもいえる。アメリカのハーディンが提唱した考え方。

ハーディン **B**［Garrett Hardin, 1915～2003］ アメリカの生物学者。『**共有地の悲劇**』（1968年）で，地球環境という人類の共有地（グローバル-コモンズ）の保全を訴えた。一方，「救命艇の倫理」の喩えでは，地球環境問題という危機に際し，共有地の悲劇を防ぐために，すでに「救命艇に乗っている」先進国を優先し，「乗り遅れた」発展途上国の切り捨てを容認する主張をし，批判を受けた。

ラスキン **C**［John Ruskin, 1819～1900］19世紀イギリスの美術批評家，社会思想家。風景画家ターナーや中世ゴシック建築の批評で多大な功績を残す。一方，産業革命期イギリスの機械文明や環境破壊を批判し，環境の人間精神への影響や環境と社会・経済との調和を重んじるなど，環境思想の先駆とされる。

ハンス＝ヨナス **C6**［Hans Jonas, 1903～93］ 哲学者。ドイツ出身のユダヤ人。環境倫理における世代間倫理の思想の先駆者。『**責任という原理**』（1979年）で，科学技術文明の膨張が，未来の世代の生存や人間という種の存続を危うくしていると警告。人間には現在だけでなく，その力の及ぶ範囲すべてに責任があるとし，人間や自然の存続をはかる新しい倫理学を唱えた。

② 環境への国際的な取り組み

ローマクラブ［Club of Rome］ 人類の存続にかかわる地球規模の問題を対象とする，科学者や経済学者らからなる民間研究組織。1970年設立。72年の報告書『**成長の限界**』のなかで，人口爆発や資源の枯渇，環境破壊の問題を指摘して，現状のまま成長を続けようとすれば100年以内に破綻すると警告。経済成長ではなく，持続可能な，世界的に均衡のとれた状態を人類の新たな目標に掲げた。

国連環境計画（ＵＮＥＰ）（こくれんかんきょうけいかく）［United Nations Environment Programme］ 1972年の国連人間環境会議や「人間環境宣言」をふまえて設立された国際連合の機関。略称は「ユネップ」と

読む。国際連合の環境保全活動の企画や調整，情報提供の中心となるほか，「ウィーン条約」や「生物多様性条約」，「気候変動枠組条約」など，環境関連の国際条約の採択やその事務に果たす役割も大きい。

国連環境開発会議 **A**（**地球サミット** **A** 4）（こくれんかんきょうかいはつかいぎ）（ちきゅう-）1992年，ブラジルのリオデジャネイロで開かれた国際会議。環境開発サミットとも。180の参加国に加え，国連機関やＮＧＯなども参加した。1972年の国連人間環境会議とちがい，冷戦終結後の世界情勢のなかで地球環境問題が改めて人類共通の課題となったことや，発展途上国の勢力が強まったことを背景に，環境保全に加えて経済成長や貧困撲滅も視野に入れた「**持続可能な開発**」が最大のテーマとされた。「環境と開発に関するリオ宣言」や「アジェンダ21」のほか，「生物多様性条約」「気候変動枠組条約」なども採択された。

環境と開発に関するリオ宣言 **C**（かんきょう-かいはつ-かん-せんげん） 地球サミットで採択された宣言。「持続可能な開発」の理念のもと，国際社会全体が開発と環境をめぐる取り組みの責任を共有するとした。一方，環境問題の歴史的な原因をつくった先進国と，貧困にあえぐ発展途上国とではその責任にちがいがあるとし（「**共通だが差異のある責任**」），先進国の責任の重みや途上国への支援の重要さを指摘した。

アジェンダ21 **C**［Agenda-］ 地球サミットで採択された，21世紀にむけて「持続可能な開発」を実現するための行動計画。特徴は，開発のための環境保全に加えて，貧困対策など社会的・経済的問題への対応も含んだ幅広い行動の指針を示したうえ，その実施主体や手段，資金などを具体的に明記した点。また計画の実施状況を監視するために「持続可能な開発委員会」が創設された。

持続可能な開発 **A**2（じぞくかのうーかいはつ）［sustainable development］ 地球環境問題を考える基本理念の一つ。人間活動が将来にわたり永続できるよう，限りある環境や資源を適切に利用して開発・発展（生活の改善）をめざすこと。発展途上国の貧困が環境悪化と連動していることなどをふま

えて，経済成長を環境保全と一体でとらえ，両者の両立をはかる点が特徴。1987年の「環境と開発に関する世界委員会」の報告「地球の未来を守るために」で提唱され，「**将来の世代が自分の必要をみたす能力をそこなわずに，現在の世代の必要もみたすこと**」と定義された。92年の**国連環境開発会議**やその行動計画「**アジェンダ21**」，日本の**環境基本法**の基本理念となった。

気候変動枠組条約 C（きこうへんどうわくぐみじょうやく）　1992年採択の国連条約。温室効果ガスを安定化させ，地球温暖化や気候変動を防ぐことを目的とする。地球温暖化防止条約とも。また，これにもとづく国際会議を「気候変動枠組条約締約国会議」（COP）と呼ぶ。二酸化炭素など温室効果ガスの排出量を，90年代末までに1990年のレベルにまで戻すことを各国に求めた。だが取り組みが不十分だったため，1997年に京都で開催された気候変動枠組条約締約国会議（COP 3）では，拘束力のある明確な数値目標が新たに定められた（**京都議定書**，2005年発効）。また2009年には，先進国に加えて発展途上国の削減への取り組みについても新たに定められた（コペンハーゲン合意）。

類地球温暖化防止条約

京都議定書 B2（きょうとぎていしょ）　1997年に，気候変動枠組条約第3回締約国会議（COP 3）にて採択された議定書。2008年～12年までの間に，温室効果ガスの排出量を，90年に比べて5％以上削減することを，拘束力のある明確な数値目標として定めた（日本は6％，米国は7％，EUは8％）。同時に，クリーン開発，共同実施，排出量取引など，市場経済のなかで排出量を調整する制度もつくられた（京都メカニズム）。議定書は2005年に発効したが，発展途上国には削減が義務づけられないなど，削減条件をめぐっての論争も多く，世界第2位の排出国であるアメリカは離脱し（2001年），2013年～17年への延長が決まった2011年には日本も離脱した。

類地球温暖化防止京都会議 B

環境開発サミット　（かんきょうかいはつ─）　持続可能な開発に関する世界首脳会議。ヨハネスブルク-サミットとも。2002年南アフリカのヨハネスブルクで開催された。当時，1992年の地球サミットで採択された計画の実施は遅れており，先進国と発展途上国との格差拡大やそれにともなう環境破壊の激化をはじめ，事態はなお深刻化していた。環境開発サミットではこれを受けて，活動の総括や計画の見直し，新たな課題への対応などが議論され，結果，持続可能な開発の継続をうたう「政治宣言」や「世界実施計画」が採択された。190の国やNGOなど2万人以上が参加した。

自然保護スワップ　（しぜんほご─）　先進国や自然環境保護団体（**世界自然保護基金（WWF）**など）が，発展途上国の債券を安く買いとることで，その自然保全運動を支援するしくみ。債務返済に苦しむ発展途上国における環境破壊を防ぐねらいがある。エクアドルやフィリピンなどで事例がある。

環境難民 C（かんきょうなんみん）　環境問題が原因で居住地を追われた人々。土地の衰退による場合（砂漠化など），気候変動による場合（海面上昇による水没など），環境汚染による場合（原発事故など）などがある。一方，難民自身が移住先で生活のために森林伐採を行い，新たな環境破壊の原因となる場合もある。1985年に国連環境計画（UNEP）が初めて取り上げて以来，開発と環境の両立をめぐる課題の一つとされる。

3 日本の公害・環境問題

環境基本法 C（かんきょうきほんほう）　日本の環境政策の基本となる法律。1993年制定。92年の地球サミットを受けて，①健康で文化的な生活にとって不可欠である環境を，将来の世代にわたり保全すること，②環境負荷の少ない持続的発展が可能な社会をめざすことなどを定めた。

　日本の環境政策は従来，産業公害の排出規制を定めた1967年の公害対策基本法や，72年の自然環境保全法に基づいてきたが，環境基本法は，産業公害以外の公害（都市公害など）の増加や地球環境問題などにかんがみ，社会や生活のあり方の見直しをふくめて環境問題全般に対処しようとするのが特徴。

環境省　（かんきょうしょう）　国の環境政策を担う

中央省庁。おもな事務は公害対策や地球環境問題対策，自然保護など，環境の保全全般をはかること。1971年に環境庁として発足。1960年代後半以降の公害関連立法の制定をふまえて，従来は別々の機関でなされてきた関連行政を一元化した。2001年の中央省庁再編の際，環境政策の重要性が増したことを念頭に，省に格上げされた。

類 環境庁

環境アセスメント 2 (かんきょう―) 環境影響評価。道路や空港，工業団地，ダムの建設など大規模な開発事業を行う際の地域環境への影響について，地域住民らの参加を前提に，事前に調査・評価すること。それによって，事業の環境への影響を最小限にしたり，場合によっては事業を中止したりして，地域環境をめぐるトラブルを未然に防ぐ。日本では四大公害裁判などを経て注目され，1997年の**環境アセスメント法**や地方自治体の条例などに反映された。一方，より積極的な住民参加のしくみの確立や，環境リスク計算の公正さなどにはなおも課題が残る。

公害 A 1 (こうがい) 企業の事業活動などによる環境汚染や，それにともなう健康や生活環境，地域社会，将来世代などへの被害の総称。法的な定義としては大気汚染，水質汚濁，土壌汚染，騒音，振動，地盤沈下，悪臭の「典型的七公害」がある。原因には，企業の事業活動によるもの（産業公害），生活排水や廃棄物，自動車の排気ガスなど，都市化とともに生じたもの（都市公害），多くの要素が複雑にからみあい分類の難しいもの（複合汚染）などがある。

公害対策がすすんだ1980年代以降，局地的な問題である公害に代わり地球規模での環境問題に注目が集まる一方で，公害問題への意識の風化も指摘される。しかし海外への事業移転で発展途上国などに公害が集中する「公害輸出」など，現在も公害をめぐる議論は続いている。

四大公害病 (よんだいこうがいびょう) 高度経済成長を背景に引き起こされた代表的な公害病で，水俣病・イタイイタイ病・四日市ぜんそく・新潟水俣病の4つを指す。これらの原因となった公害をめぐる訴訟（四大公害裁判）はいずれも，被害者側の訴えを認め，公害に対する国と企業の責任を明確にした点で画期的である。**公害対策基本法**の成立と，国に公害対策・環境政策をうながす契機となった。

類 公害病

水俣病 B 1 (みなまたびょう) 1956年以降，熊本県水俣市にて発症が確認されたメチル水銀による中毒症。チッソ工場からメチル水銀を含む工業廃水が水俣湾に流れて魚介類に蓄積，それを長期間食べ続けたことで発症した。健康被害にとどまらず，海洋生態系や地元漁業の破壊，患者に対する差別や偏見など，地域社会全体に大きな影響を及ぼした。戦後日本における公害問題の原点とされる。

四日市ぜんそく C (よっかいち―) 1960年〜72年に問題となった，三重県四日市市で発生した大気汚染によるぜんそく症状。四日市コンビナートから排出される硫黄酸化物などが原因で，他の公害病とちがい複数の企業が関わっている。重工業化政策の一つとして推進された工場の誘致が人体と環境に及ぼした深刻な影響を問う契機となった。

イタイイタイ病 C (―びょう) 1950年代以降とくに社会問題となった，富山県神通川流域で発生したカドミウム中毒症。岐阜県の神岡鉱山からのカドミウムをふくむ排水が原因。日本における公害病認定の最初の事例である。

新潟水俣病 C (にいがたみなまたびょう) 1965年以降，新潟県阿賀野川流域で確認されたメチル水銀による中毒症。第二水俣病とも。昭和電工工場からの廃水が原因。2015年現在も，未認定患者らによる集団訴訟が続いている。

石牟礼道子 C 1 (いしむれみちこ) [1927〜2018] 作家。熊本県生まれ。水俣市で育ち，水俣病の公式認定以前から現在に至るまで水俣病問題を取り上げ，患者とともに問題解決に携わっている。とくに患者の苦しみを克明に表現し，鎮魂をうたった『苦海浄土　わが水俣病』（1969年）は国内外に大きな影響を与えた。

4 環境問題の現状

環境権 （かんきょうけん）　環境を自由・平等に利用し、また良好な環境を享受する権利。日照権や景観権など個別の権利も含む。環境破壊を事前に防ぐうえでの考え方の一つで、日本では高度経済成長期の公害問題への反省から、憲法第13条（個人の尊重、幸福追求権）や憲法第25条（生存権）をもとに、住民運動などを通じて提唱された。また1972年の**国連人間環境会議**（「**人間環境宣言**」）でも、未来の世代に向けて環境を保全する責任とともにうち出されている。その後、新しい人権の一つとして裁判などでも主張されるようになったが、国内ではまだ具体的な権利として認めた事例はない。

地球環境問題 Ｂ5（ちきゅうかんきょうもんだい）　地球規模の広がりをもつ環境問題の総称。地球温暖化や酸性雨、オゾン層の破壊、砂漠化などが代表例。いずれも地球規模で、個々の問題が密接に関連しながら時間をかけて進行し、人類の存続そのものに直結している点が特徴である。またその背景には、**グローバル化**や**南北問題**など、歴史的・社会的・経済的な事情もある。そのため特定の国や地域に限った問題解決は難しく、**持続可能な開発**などを念頭に、先進国と途上国の対立を越えた国際協力の枠組みが必要となる。一方で個人や地方自治体、NGO、NPOなどローカルな視点からの取り組みも求められる。

酸性雨 Ａ4（さんせいう）　二酸化硫黄や窒素酸化物などの大気汚染物質がとけこんだ、強い酸性（pH5.6以下）を示す雨。これらの原因物質は工場などでの化石燃料の燃焼や自動車の排気ガスなどで発生する。森林や土壌、河川や湖沼に影響を与え生態系を破壊するほか、文化遺産などにも被害が及ぶ。汚染物質は広い範囲に広がるため、汚染物質の排出量を減らす際には国境を越えた取り組みが必要となり、1979年に「長距離越境大気汚染条約」、また85年にはそれにもとづく「ヘルシンキ-ソフィア議定書」が採択された。

オゾン層の破壊 Ｂ4（-そう-はかい）　大気中のフロンが成層圏にまで達してオゾン層を破壊する現象。オゾン層は、太陽からの有害な紫外線を吸収する点で地球上の生命にとって不可欠な役割を担うため、その破壊は地上にふりそそぐ有害な紫外線量の増加をもたらし、皮膚ガンや角膜炎、白内障の増加につながったり、水生生物をはじめとする生態系や農業生産などに悪影響を及ぼしたりする。とくに南極や北極付近でのオゾン量のいちじるしい減少を「オゾンホール」と呼ぶ。現在、1989年に発効した「モントリオール議定書」によって、オゾン層破壊物質の規制が進められている。

類 オゾンホール2

フロン Ｂ5［flon］　塩素、フッ素、炭素が結びついてできた化合物「クロロフルオロカーボン」（CFC）のこと。オゾン層破壊の原因物質の一つ。また地球温暖化への影響も指摘される。化学的にすぐれた特性をもち、冷蔵庫やエアコンの冷媒や半導体基板の洗浄剤などに利用された。だが1974年、フロンが成層圏でオゾンと反応しオゾン層を破壊することが指摘され、オゾン層の保護を目的とする85年のウィーン条約の枠組みのもと、全廃が決まった。

ウィーン条約 （-じょうやく）　1985年採択の国際条約。オゾン層保護のための国際協力の枠組みづくりを定めた。この条約に基づき、87年には、特定フロンなどオゾン層破壊物質が指定され規制された（「モントリオール議定書」）。また89年の第1回締約国会議では、新たに温暖化防止の観点も加えて、特定フロンの20世紀末までの全廃や、発展途上国への援助などが定められた（「「ヘルシンキ宣言」）。

類 モントリオール議定書　ヘルシンキ宣言

地球の温暖化 Ｂ2（ちきゅう-おんだんか）　二酸化炭素などの**温室効果ガス**の大気中の濃度が増えることで、地球の平均気温が上がり（温室効果）、地球規模で様々な悪影響を及ぼす現象。平均気温の上昇のみならず、海水面の上昇や海洋の熱循環の乱れのために、前例のない気候変動や自然災害の多発が懸念され、また局地的にはむしろ寒冷化する地域もありうる。その影響は国や地域を超えて社会全体に及び、例えば食料生産の減少や水不足、国土の水没による環境難民の発生などが想定される。

温室効果ガスを減らす対策として，省エネルギー化や温室効果ガスを吸収する熱帯雨林の保護のほか，炭素税やカーボンオフセット（自力では減らせない排出量を他の削減活動への投資によって埋め合わせる取り組み）など，様々な試みがある。また，**気候変動枠組条約**や**京都議定書**，国内では地球温暖化対策推進法などが制定されたように，国や地域の枠を越えて協力し合い，対策を進めていくことが急務となっている。

温室効果ガス 🅐① (おんしつこうかガス) 地球温暖化の原因となる，地表から放射される赤外線を吸収する気体（ガス）の総称。二酸化炭素（CO_2），メタンや代替フロン，一酸化二窒素，オゾンなど。本来，温室効果ガスは，太陽からの熱と地表からの熱とのバランスを保つうえで不可欠だが，温暖化ではこのバランスが崩れており，とくにCO_2は，産業革命以前には280ppm未満だった濃度が，21世紀初頭までに4割以上増えるなど，主要因の一つとされている。これに対し，豊かさを保ちつつもCO_2排出の少ない「低炭素社会」をめざす考え方などが登場している。

砂漠化 🅐 (さばくか) 人間活動や気候変動によって，土壌や水，植生など，その土地の資源が失われ生産力が落ちる現象。食料生産が減って飢餓などの発生につながるほか，気候変動への影響も懸念される。おもな原因は過放牧や過耕作，森林伐採などだが，背景には，自然資源に多くを依存し，貧困や人口増加に悩む発展途上国特有の経済的・社会的な問題がある。そのため，1996年に**国連砂漠化対処条約**が採択され，先進諸国からの支援も行われているが，技術協力に加え，貧困の削減など経済的・社会的な観点もふくめた取り組みも必要である。

森林破壊 (しんりんはかい) とくに東南アジアやアマゾン流域の熱帯林が大規模に破壊され，減少している事態（熱帯林の減少）を指す。おもな要因は，貧困や人口増加を背景とする発展途上国での焼畑耕作や過放牧，開発，薪炭や材木，紙を目的とする森林伐採，人間活動にともなう森林火災など。熱帯林は温室効果ガスを吸収し，地表の熱や水の循環を保ち，土地や気象の状態を安定させるなど多くの役割があり，その破壊の影響は地球規模に及ぶ。また地球上の半数以上の生物種をかかえるなど，非常に豊かな生物多様性をもつ生態系でもある。1992年の「森林原則声明」にはじまり，現在も発展途上国への国際協力の枠組みづくりが模索されている。

野生生物種の減少 🅒 (やせいせいぶつしゅげんしょう) 人間の活動により，野生生物種の絶滅（種の消滅）が急速に進んでいる事態を指す。地球上には300万〜1億種に及ぶ生物種（未知のものを含む）が存在するが，人間の活動の拡大によって，過去の平均的な速さに比べて最大で1000倍以上の速さで絶滅が進んでおり，既知の生物種の10〜30%に絶滅のおそれがある。ひとたび失われた生物種の多様性は二度と戻らず，また生物個体の遺伝的な多様性や生態系そのものの多様性を失うことにもつながり，その多様性のなかで保たれてきた地球環境や資源，文化などの破壊とも結びつく。これを防ぐための国際的な枠組みとして，**ワシントン条約**や**生物多様性条約**が採択されてきた。

ラムサール条約 🅒③ (-じょうやく) 1975年発効の「特に水鳥の生息地として国際的に重要な湿地に関する条約」。湿地やそこに生きる水鳥をはじめとする生態系の保全を目的とする。また，湿地の「適正な利用」（持続可能な利用）をうち出した点で，のちの環境をめぐる国際条約の考え方の先駆ともなる。

ワシントン条約 🅒 (-じょうやく) 1975年発効の「絶滅のおそれのある野生動植物の種の国際取引に関する条約」。絶滅のおそれのある種の国際取引を輸出入国がたがいに協力して規制し，その保護につなげるのが目的。

生物多様性条約 🅑 (せいぶつたようせいじょうやく) 1992年採択の国際条約。特定の地域の保護（ラムサール条約など）や特定の種の保護（ワシントン条約）にとどまらず，地球上のあらゆる生物の多様性全体を保全するのが目的。また，生物種やその環境の持続可能な利用や，生物に由来する遺伝資源にかかわる利益の公正な配分もはかる。なおここでの**生物多様性**とは，種の多様さに加えて，同一種のなかの遺伝的な多様さや，

他の生物種をも含んだ生態系全体の多様さをも意味する。

「地球規模で考え，地域から行動しよう」
C（ちきゅうきぼかんが-，ちいき-こうどう-）[think globally, act locally] 地球環境問題の標語の一つ。環境問題に対して地球規模（グローバル）に視野を広げつつ，身近な観点（ローカル）から，一人ひとり積極的に行動せよという意味。多様な要因が複雑にからむ地球環境問題では，日常の小さな行動の積み重ねが与える影響も大きい。そこでは国や企業などの対策はもとより，個人や地域を主体とした行動改善も不可欠となる。

有害物質
C（ゆうがいぶっしつ）人の健康や環境に悪影響を与えるおそれのある物質。とくに化学物質は，私たちの生活や産業に密接にかかわる一方で，環境汚染や公害病などの原因ともなり，適切な排出規制が不可欠となる。高度経済成長期には，工場のばい煙に含まれる複数の**大気汚染物質**（大気汚染防止法）などが規制された。1990年代以降はさらに，ダイオキシンなど生活のなかでも意図せず発生するものや，生態系にも影響する環境ホルモンなどに対する規制も進んだ。

内分泌かく乱物質
（ないぶんぴ（つ）-らんぶっしつ）**環境ホルモン**とも。環境中にあって，生体内にとりこまれると生体の正常なホルモンの分泌を乱すような化学物質。ホルモンとは，生体内の特定の器官から，特定の時期や周期に分泌され，様々な作用を引き起こす物質のことで，成長ホルモンやインスリン，性ホルモンなどがある。これに対し，内分泌かく乱物質はホルモンの分泌を乱し，免疫や成長，生殖などの機能に障害を引き起こすとされる。ヒトだけでなく生態系全般への影響が懸念され，また単純な毒とちがい種の存続そのものを脅かしかねない点も懸念される。ダイオキシンやPCBのほか，農薬やプラスチック原料に由来するものも多い。

類 環境ホルモン **C**

PCB **C**（ポリ塩化ビフェニール）
（-えんか-）環境ホルモンの一種。ビフェニールが塩素と結びついてできた有機化合物の総称。209種類あり，一部はダイオキシンに近い毒性をもつ。産業用の化学物質としてすぐれた特性をもつ一方，毒性が強い。日本では1968年の**カネミ油症事件**を機に問題が認識され，製造や使用が禁止された。現在もPCBを含む廃棄物の処理などに課題が残る。

ダイオキシン
C[2][dioxin] 環境ホルモンの一種。塩素を含む物質の不完全燃焼や農薬などの合成の際に，副産物として生じる化学物質の総称。ベトナム戦争で米軍が用いた「枯れ葉剤」のほか，広義には一部のPCBなども含む。いずれも毒性が強く（急性的な毒性だけでなく慢性的な毒性），発がん性，催奇形性などが指摘される。日本では，おもにゴミ焼却場などに由来するダイオキシン汚染が社会問題となり，1999年にダイオキシン類対策特別措置法が成立した。

レイチェル＝カーソン
A[8][Rachel Louise Carson, 1907〜64] アメリカの海洋学者。環境倫理思想の先駆者。

『**沈黙の春**』（1962年）で，DDTなどの農薬がもたらす環境破壊を指摘し，「春が巡ってきても鳥さえもさえずらない」資料 として自然環境に対する責任を訴え，経済活動を優先させてきた社会のあり方に警鐘を鳴らした。『センス・オブ・ワンダー』（1965年）では，自然への「驚きの感覚」を軸とする環境教育を説いている。

コルボーン
C[Theo Colborn, 1927〜2014] アメリカの動物学者。「世界自然保護基金」科学顧問。もと酪農家で，水質汚染の問題に接し，51歳から研究者をめざし水問題や動物学を学ぶ。共著『奪われし未来』で，環境ホルモンが生態系や生殖器官の発達に及ぼす影響を指摘した。当時のゴア副大統領が序文を執筆するなど，社会の反響を呼んだ。

『奪われし未来』
C[2]（うばーみらい） コルボーンらによる共著。1996年刊。環境ホルモンが精子数の減少など生物の成長や生殖に与える影響を指摘し，生態系の存続の危機を訴えた。「第二の『沈黙の春』」とも賞賛される。

2章 環境と倫理 **281**

環境税 (かんきょうぜい) 環境への負荷（温室効果ガスや大気汚染物質の排出など）に対して課される税。環境に負荷のかかる経済活動を抑制したり，税収自体を環境対策の財源にあてたりするのが目的。市場経済のしくみのなかに環境への負荷を回収する考え方の一つとして注目される。一方，環境への負荷にかんする正確な情報や計算，また実際の削減効果については課題も多い。

炭素税 (たんそぜい) 環境税の一つ。地球温暖化の原因である二酸化炭素の排出量を減らすために，石油などの化石燃料に課される税。北欧諸国やドイツ，イタリア，イギリスなどで採用されている。

グリーンGDP 国内総生産（GDP）から環境への負荷や資源の消耗にかかる費用を差し引いたもの。従来の国民経済を示す指標に対して環境の観点から修正を加え，経済と環境を同じ指標で計算する点で，「持続可能な開発」の進み具合をはかり，政策に反映する目安の一つとなる。1992年の地球サミットを受けて，日本では95年に経済企画庁（当時）が最初の推計を出した。

グリーン-コンシューマー **C**②［Green-Consumer］ 環境への負担の少ない消費活動を心がける消費者。その思想をグリーン-コンシューマリズムといい，過剰包装など環境に負担のかかる買い物の仕方を改めたり，環境負荷の少ない製品や再利用できる製品を積極的に購入したりすることで，一人一人の消費者の行動から企業に働きかけ，経済活動全体を変えて環境保全に結びつけることを指す。イギリスの『グリーンコンシューマーズ・ガイド』（1987年）を通して1980年代以降広がりを見せたほか，公的機関が率先して環境負荷の少ない製品を購入することを定めた日本の「グリーン購入法」の考え方にも反映されている。

環境ISO (かんきょう－) ［International Organization for Standardization］ モノやサービスの国際標準規格を決めるISO（国際標準化機構）が策定した，環境保全にかんする国際規格の総称。ISO14000にはじまる一連の規格（「ISO14000シリーズ」）のこと。

1992年の地球サミットを受けて93年以降に策定され，規格取得を通じて，事業者らの環境保全への意識や実践をうながすのが目的。組織内での環境改善をうながす手法（環境マネジメントシステム）の規格を中心に，環境改善の達成度の評価法（環境パフォーマンス評価）や，環境にやさしい製品の表示法（環境ラベル），製品の生産・流通・消費の各段階における環境負荷の評価法（LCA）など，多くの規格がある。

ナショナル-トラスト運動 (－うんどう) 開発による環境破壊から自然環境や歴史的建造物を守るために，寄付や寄贈などを通してその物件を取得することで，保全や修復をめざす運動。産業革命で失われる田園風景などの保全をめざして1895年に設立された，イギリスの非営利団体「ナショナル-トラスト」に由来する。英米に比べると少ないものの，日本では1964年の鎌倉における鶴岡八幡宮(つるがおか はちまんぐう)の裏山の保全運動にはじまり，和歌山の天神崎(てんじんさき)や北海道の知床(しれとこ)半島など，全国で50以上の事例がある。

エコビジネス **C** 環境保全のための製品やサービスを提供する営利事業。例えば，環境負荷の少ない製品（ハイブリッド車など）や，環境負荷を減らす製品（浄化(じょうか)装置など）の開発，廃棄物処理や再利用，環境アセスメント，環境ISO取得支援，社会基盤整備といったサービスの提供など。企業の利益追求と環境保全とを融合させているのが特徴で，技術革新や雇用創出(そうしゅつ)など大きな経済効果が期待される成長産業として位置づけられている。

ワンガリ＝マータイ **C**②［Wangari Muta Maathai, 1940～2011］ ケニアの生物学者，政治家。2004年，環境の分野で初めてノーベル平和賞を受賞。ケニアなどアフリカの途上国での植林活動「グリーンベルト運動」を創設し，女性による環境問題や貧困問題の解決に向けた主体的な取り組みを支え，その社会進出をうながした。また環境への配慮や尊敬を示す日本語「MOTTAINAI」を世界共通語として提唱した。

MOTTAINAI **C**② マータイのとなえた標語，及びその思想に基づく国際活

第Ⅴ編

動。日本語の「もったいない」には，資源の有効活用をうながす意味だけでなく，自然や資源への思いやりや感謝，尊敬の意味もこめられているとして，持続可能な循環型社会のための世界共通語に掲げた。

5 持続可能な社会のために

持続可能な社会 **B②**（じぞくかのう−しゃかい） 将来の世代にわたって，良好な環境や社会的・経済的な生活の質を享受できる社会，つまり環境への負荷が少なく，自然との共生がとれた社会。大量生産や大量消費を前提とする社会に対していわれる。国の環境基本法にもとづく「**環境基本計画**」の標語で，2000年の改正では，実現のための長期目標として，①循環型の社会経済，②自然との共生，③主体的な参加，②国際的な取り組みの4点が強調された。また，社会経済に環境への負荷という観点を織り込むために，「汚染者負担の原則」をはじめとする4つの指針が示された。06年の改正ではさらに，環境や経済，社会を一体で考えることの意義が強調された。

循環型社会 **B⑥**（じゅんかんがたしゃかい） 廃棄物の発生を抑制し，再使用や再資源化，適切な処理を通して，資源の保全をめざし，環境への負荷を減らす社会のあり方。**低炭素社会**などと並んで国の提唱する「持続可能な社会」の具体的な姿の一つで，大量生産や大量廃棄を前提とする使い捨て型の社会に対していわれる。循環型社会の形成には，生産・流通・消費の過程全体を通して，廃棄物処理や循環的利用を一体で考え，処理や循環的利用の費用を市場価格に反映したり，廃棄物の発生そのものを抑制したりする努力が必要となる。海外では，ドイツの循環経済・廃棄物法の事例が先進的とされる。

類 循環型構造

循環型社会形成推進基本法 **C**（じゅんかんがたしゃかいけいせいすいしんきほんほう） 2000年制定。循環型社会の形成・推進を目的とする。リサイクルのみをうながう従来の政策を転換し，廃棄物の発生抑制や循環的利用，適正な処理を一体で考え，その優先順位を「3R」で定めたほか，廃棄物のなかに「循環資

源」という分類を設けた。生産者（企業）は廃棄物処理の責任も負うとする「拡大生産者責任」を定めた点も画期的。

3R C（三つのR C）（みっ−） 1999年の「循環経済ビジョン」の標語で，廃棄物を減らし資源を保全するための三つの考え方。優先順位順に，廃棄物の発生自体をおさえる**リデュース**［Reduce］，使用済みの製品をくり返し使用する**リユース**［Reuse］，廃棄物から素材や熱を回収して再生利用する**リサイクル**［Recycle］。また，ゴミになるものを買わない**リフューズ**［Refuse］を加えることもある。

従来の政策はリサイクル中心だったが，費用や環境負荷の点で効率が悪い場合も多かった。そこでリデュースやリユースを織り込んだ政策への転換がとなえられ（「1Rから3Rへ」），循環型社会の基本理念となった。

デポジット制（−せい） リユースやリサイクルをうながす経済的な手法の一つ。一般には，あるものをあとで回収することを目的に，その保証として一時的に預かる「預かり金」のしくみ。廃棄物を適切に処理したり再生利用したりする場合，対象商品にあらかじめ預かり金を上乗せしておき，回収時にその預かり金を返却することで，利用者に回収をうながすと同時に回収費用をおさえることができる。ドイツなどで採用されているが，運用や実際の効果には課題も多い。

リサイクル法 **C**（−ほう） 再生資源利用促進法とも。1991年制定。資源の有効活用をめざし，リサイクル普及のための施策を定めた。2000年に資源有効利用促進法に改正され，リデュース（廃棄物の発生抑制）とリユース（再使用）の原則を加えた「3R」がとなえられた。これに関連して容器包装リサイクル法，家電リサイクル法，自動車リサイクル法なども個別に制定されている。

コジェネレーション［cogeneration］ 発電で得る電力に加えて，その際に捨てられる熱も有効利用するエネルギー供給のしくみ。熱電供給システム。火力発電のエネルギー効率は4割程度で，残りは熱として捨てられるが，この熱を有効利用すれば効

率は最大で8割に高まる。火力発電所などでは温室効果ガスの削減が期待できる。また地域冷暖房への応用や，病院など公共施設への導入も進んでいる。

ゼロ-エミッション［zero-emission］廃棄物の排出をなくすこと。つまり，産業間や地域間の連携を通して，たがいの廃棄物を有効利用しあい(例えばビール工場から出る麦かすを畜産や養殖の飼料に使うなど)，結果的に全体の廃棄物の排出をゼロに近づける考え方。1994年に国連大学のパウリが提唱した。

廃棄物 Ｂ(はいきぶつ)　一般にはゴミや粗大ゴミ，汚物その他の不要物を指すが，厳密には，有償で売却することができない(売ってもマイナスの価格がつく)不要物全般をさす。住宅などから出る一般廃棄物と，工場などから出る産業廃棄物がある。利用できる土地の少ない日本では，廃棄物の最終処分場の確保が課題となっており，またその対策としてリサイクルを推進する際のコストの増加や，処理の難しい廃棄物の増加も問題となっている。廃棄物を減らすにはリサイクルのほかにも，最初から廃棄物が出にくい経済や社会のしくみも必要となる。

原子力発電 Ｂ２(げんしりょくはつでん)　ウラン235などの核分裂にともなう熱で蒸気を起こし，タービンを回すことで発電するしくみ。火力発電とのちがいはおもに熱の発生源(化石燃料を燃やすか核分裂を利用するか)で，そのため，二酸化炭素などの排出が少ない，燃料コストが安いなどの利点がある。一方，ウランの埋蔵量にも限りがあるほか，事故やテロにより放射能汚染などの甚大な被害が生じる可能性や，放射性廃棄物の処分の問題など，原発をめぐるリスクは，未来の世代も含めて影響が大きいとされる。

　2011年の福島第一原子力発電所事故以前は，54基の原発が日本の総発電量の3割を担ってきた。同事故後は，原発やそれに依存するエネルギー政策の是非をめぐり，日本だけでなくドイツなど世界諸国で多くの論争が出ている。そのため，制御の難しい科学技術との向き合い方や，原子力と深く結びついた現在のエネルギー政策や経済活動，社会のあり方など，多角的な観点

から議論を深めることが重要となる。

スリーマイル島原子力発電所事故(-とうげんしりょくはつでんしょじこ)　1979年，アメリカのペンシルバニア州スリーマイル島原子力発電所で起きた原子力事故。技術的な障害に人的ミスが重なって，原子炉がメルトダウンを起こし，周辺地域の住民が避難を余儀なくされた(被曝線量は少なく健康への影響はほぼないとされた)。事故の深刻さの目安である国際原子力事象評価尺度では，3番目に深刻なレベル5とされる。

チェルノブイリ原子力発電所事故(-げんしりょくはつでんしょじこ)　1986年ソ連(当時。現ウクライナ)のチェルノブイリ原子力発電所で起きた原子力事故。原子炉の1つが試験中にメルトダウンののち爆発，周辺地域に深刻な放射能汚染を引き起こし，また大量の放射性物質が欧州諸国をはじめ北半球全域に広がった。設計の欠陥に，複数の人的ミスが重なったのが要因とされる。放射線障害による死者は5万5千人を超え，今後もガンなど時間をかけてあらわれる健康被害による多数の死者が予想される。甚大な被害をもたらした原発事故の一つで，当時の国際社会に衝撃を与え，各国の原子力政策にも影響を及ぼした。

ＪＣＯ東海村臨界事故(-とうかいむらりんかいじこ)　1999年，茨城県東海村の核燃料加工会社ＪＣＯで起きた原子力事故。核燃料をつくる過程で，ウラン溶液の正規の工程を踏まないずさんな取り扱いが原因で，核分裂反応が連鎖しておこる「臨界」状態が発生。死亡した作業員2名のほか，周辺住民ら計660人以上が被曝した。国内では初となる死者と刑事訴訟をともなう，当時では国内で最悪の原子力事故となった。

福島第一原子力発電所事故 Ｃ(ふくしまだいいちげんしりょくはつでんしょじこ)　2011年3月11日の**東北地方太平洋沖地震**とその後に発生した津波にともない，東京電力の福島第一原子力発電所で起きた一連の原子力事故。地震と津波で全電源を失い原子炉や核燃料の冷却機能が停止，3基の原子炉で炉心溶融(メルトダウン)などに至り，また水素爆発によって大量の放射性物質が拡散した。周辺住民は避難を余儀なくされ，2020年現在も，立ち入りや居住の制限が

続いている地域がある。事故の深刻さの目安とされる国際原子力事象評価尺度では，チェルノブイリ原発事故と並ぶ史上最悪のレベル7とされ，国内外に大きな影響を与えた。

現在も，復興や帰還の遅れ，風評被害や放射性物質に汚染された廃棄物の処理の問題，汚染水の排出，低線量被曝の健康への影響の検証など，多くの課題が残る。

放射性廃棄物 **B** (ほうしゃせいはいきぶつ)　原子力発電所などから出る，放射性物質で汚染された廃棄物。健康への影響を考えて適正な処理が必要となる。とくに，使用済み核燃料の再処理で出る放射能濃度の高い高レベル廃棄物は，「ガラス固化体」と呼ばれる安定した状態にされ，地中深くに埋める必要がある。半減期の長い放射性廃棄物の取り扱いでは，将来世代の負担を考えること（世代間倫理）も重要となる。

再生可能エネルギー (さいせいかのう-)　太陽光，風力，地熱など，自然によって絶えず補充され，永続的に利用できるエネルギー。利用の形態には風力発電や太陽電池などがある。いずれも，化石燃料などの資源を必要としない，環境への負荷が少ないなどの利点がある。地球温暖化防止やエネルギー自給などの観点から注目され，また近年は福島第一原子力発電所事故を受けて，原子力への依存からの脱却（脱原発）とともに，再生可能エネルギーなどへの移行を訴える議論もある。

一方，風力発電が景観や野鳥に与える影響など，再生可能エネルギーも相応のリスクをともなううえ，火力や原子力の代わりになるほどの安定供給や費用対効果，温室効果ガス抑制などが期待できるかについても議論が分かれており，課題は多い。

3章 家族・地域社会

1 社会の変容と家族

基礎的集団 **C**（きそてきしゅうだん） 社会集団の分類の仕方の一つ。血縁や地縁といった自然発生的なつながりで結ばれた集団。家族や民族，村落など。集団の本質は人々の結合の仕方にあるとする思想が根本にある。近代社会では基礎的集団の役割が減少し，反対に機能的集団の役割が増えるとされる。

対 機能的集団 C

機能的集団 **C**（きのうてきしゅうだん） 社会集団の分類の仕方の一つで，特定の目的や利益の実現のために形成された人為的な集団を指す。企業や政党，学校など。社会学において近代社会とは，機能的集団が増えて利益による結合が進んだ社会（「派生社会」）とされる。

対 基礎的集団 C

テンニース **C**［Ferdinand Tönnies, 1855～1936］ ドイツの社会学者。社会の結合を「ゲマインシャフト」と「ゲゼルシャフト」に分類して，近代社会は，感情や信頼に根ざしたゲマインシャフトよりも，利益追求や契約にもとづくゲゼルシャフトのほうが優位にあるとした。主著『ゲマインシャフトとゲゼルシャフト』。

ゲマインシャフト **C**（**共同社会 B**）（きょうどうしゃかい）［Gemeinschaft］ 社会集団の分類の仕方の一つ。テンニースが「ゲゼルシャフト」と対比しつつ提唱した。地縁や血縁，また自然な「本質意志」などによって形成された集団で，利益や打算をともなわず，互いへの愛や信頼に基づいて全人格的に結びついているのが特徴。家族や村落，教会など。前近代社会に顕著であり，またテンニースは立ち戻るべき社会の結合のあり方の理想とした。

ゲゼルシャフト **C**（**利益社会 C**）（りえきしゃかい）［Gesellschaft］ 社会集団の分類の仕方の一つ。テンニースが「ゲマインシャフト」と対比しつつ提唱した。利益を目的に人為的な「選択意志」に基づいて形成された集団。企業や大都市など。人々のつながりは打算にもとづく一時的，断片的，疎遠なものでしかない。近代社会に顕著とされる。

共同体 **A 10**（**コミュニティ A 4**）（きょうどうたい）［community］ 二つの意味がある。①社会集団の一つで，地域のつながりによって自然発生的に成立する共同生活のあり方を指す。村落や都市，国家など。利益を目的に人為的に形成される「アソシエーション」と対比される。マッキーバーが提唱した。

②都市化を背景に登場した現代の地域社会のあり方，つまり郊外などの居住地域に密着した住民間のつながりのことを指す。住民運動やボランティアなどを通して，都市化のなかで浮上した居住地域をめぐる社会問題の解決や，新しい地域文化の形成などを行う原動力ともなる。

都市化 **B 1**（としか） 産業化とそれにともなう都市への人口集中でおこった，社会構造そのものの変化。現代社会は，都市だけでなく農村も含め，人々の意識や生活様式，それを支える産業やインフラなどすべてが都市を前提に形成された「都市化社会」とされる。

日本では1960年代以降都市への人口集中が進行し，第一次産業から第二次産業，第三次産業へ比重が移るなど産業構造が変化したほか，地方では急速に過疎化と高齢化が進行し，地域間の格差も大きくなった。都市もまた，環境汚染や託児所・保育所の不足など多くの問題を抱え，郊外に人口が集中するドーナツ化現象なども指摘される。都市化に対応する新しい地域社会のあり方が模索されている。

都市問題（としもんだい） 都市化の進行の過程で生じる，都市特有の社会問題。日本の高度経済成長期には，住宅の不足，通勤ラッシュや交通渋滞などインフラ整備に関する問題，公害・環境問題などが発生した。近年では，人口減少や産業の空洞化にともなう都市の衰退，インフラの老朽化などの問題が生じ，災害への対策も含めた都市の再開発の問題が浮上している。問題の解決には地域社会のコミュニティやボランティア，NPOなどの役割も欠かせない。

過密 **C** (かみつ) 大都市に人口や政治・経済など社会の主要な機能が集中すること。首都に多くあらわれる現象。都市問題の要因となるほか，災害が生じたときの対策も懸念される。過密の解消には，人口や行政機能の分散，産業拠点の移転などが必要とされるが，その一方で大都市の衰退，大都市郊外の無秩序な土地開発などをめぐる問題も指摘される。

過疎 **B** (かそ) 農村や小都市から大都市圏へと人口が流出する現象。とくに若年人口が減少して高齢化が進んだ地域では，経済格差が拡大し，治安・消防など生活の基盤となるサービスの提供も難しくなるなど，地域社会そのものの存続が危ぶまれることがある。地域特有の産業や文化の衰退も懸念される。一方，行政と地域コミュニティ，NPOなどが連携して，「まちおこし」など地域再生をはかる新たな動きもある。

住民運動 (じゅうみんうんどう) 地域の住民が主体となって，地域の生活に密着した問題の解決を訴える運動。1960年代には公害問題や環境問題，原子力発電所や空港などの立地・建設問題などがもちあがり，国や地方公共団体，企業の責任を追及したり，生活環境の改善を求めたりする住民運動が活発化した。これを機に，行政や企業の活動に対して住民の意思を直接反映する「住民参加」の考え方も定着した。現在は地域社会の再生や活性化（まちおこし），少子高齢化対策などにおける住民の役割も注目される。

アメニティ **B** [amenity] 「快適さ」，つまり，都市生活をおくるうえでの環境が整っていて，住みごこちがよいこと。都市計画や街づくり，環境政策の目標の一つ。歴史的には，産業化が進む19世紀後半のイギリスで，公害対策や都市環境改善への訴えとともに提唱され，日本でも1970年代に環境政策の用語として導入された。今日では自然環境や景観，文化などを含む生活環境全般の快適さを指すようになり，またその対象には子どもや高齢者，障害者なども含まれる。

シティズンシップ **C** [Citizenship] ①市民（シティズン）としての権利。つまり市民革命を通して確立された基本的人権や，市民社会を構成する主権者として有する参政権など。市民権，公民権ともいう。②市民の精神。①を前提に，市民自身が，社会や地域の担い手（主体）だという自覚をもって，自分たちをとりまく社会的問題に対し，（行政のみに解決を委ねるのではなく）NPOなどとも連携して積極的に行動を起こす精神を指す（積極的シティズンシップ）。地域での住民参加による街づくり活動，ボランティア活動などはこの精神のあらわれである。

エスニック-コミュニティ **B** [ethnic community] 国や民族など出自を同じくする外国人が，移住国の地域で形成する共同社会。地域社会のなかで既存の住民とともに生きつつ，自分たちの伝統や言語，文化を守り，民族としてのアイデンティティを保っているのが特徴。現代ではグローバル化を背景に，国境を越えたヒトの往来も活発になり，その目的も出稼ぎや留学など多様化している。

日本の場合，1980年代以降，おもに東南アジアや南米から来日した外国人労働者が定住することも多くなった。一方で，外国人労働者が居住や就職，労働条件において差別されたり，既存の地域社会（ホスト社会）との間で摩擦や軋轢を生じたりする問題も指摘される。グローバル化や少子高齢化の進行にともない，2018年に入国管理法が改正されて外国人労働者の受け入れが拡大されている今日では，地域社会のなかでエスニック-コミュニティとの交流や多文化共生をはかる努力が求められる。

コミュニティ-オーガナイザー **C** [Community organizer] 地域社会（コミュニティ）における様々な社会的問題を解決するために，地域の住民の組織的な取り組みを支え，導く人。この取り組みの組織化やその技術をコミュニティ-オーガニゼーションといい，住民自身の主体的な参加を前提とする点が重要である。

日本ではおもに，地域福祉の援助を目的に，住民の教育や啓発を行い，地域の人やモノの資源を活かした組織づくりをうながす人を指す。一方，アメリカでは，格差是正や人種差別解消のために，住民の草の根的な行動をうながしリーダーシップをとる

人を指す場合も多い。

家族 **Ａ**7（かぞく）　親子や夫婦といった親族関係によって結ばれ，社会の他の関係の基礎（単位）となる共同生活のあり方。家族のあり方は時代や国，地域によって多様であり，いちがいには定義できない。

今日言う「家族」の特徴の多くは近代社会に由来するとされ，①婚姻を前提に，父，母，子の三者が居住や生計をともにすること，②感情の結びつきを前提に，社会の他の領域と切り離された私的な領域をなすこと，③性や生殖，子育ての場となること，④親子関係や夫婦関係を通して，個々人と社会を結びつける場となること，⑤生産の場というよりは消費の場であり，経済や統治の構成単位となること，などがあげられる。またアメリカのクーリーのように，たがいに直接ふれあう親密な関係であることや，人格や社会性を形成する基盤であるという点から，家族を「第一次集団」の一つに分類する考え方もある。

現代社会では，このような近代社会的な家族のあり方も変化しつつあり，また従来の性別役割分担もとらえ直されている。

親族 **Ｂ**1（しんぞく）　親子や兄弟，夫婦など，血縁または婚姻によって結ばれた人，またはその関係。人間の性や生殖に密接にかかわると同時に，婚姻制度などを通して歴史的・文化的に形成された関係でもあり，時代や国ごとに多様な形態がある。核家族からなる「家族」が親族から独立して社会の構成単位となるのは近代からとされ，歴史的には親族の集団・組織（氏族，部族，家など）が社会や国家，生産の担い手となることも多かった。民法では六親等までの血族（血縁でつながる者）と三親等までの姻族（婚姻でつながる者）が該当する。

家族形態 **Ｂ**（かぞくけいたい）　家族の「かたち」をめぐる分類や社会制度は，家族の構成とその人数の二つの側面からとらえられる。高度経済成長期の日本では，戦前の直系家族を前提とする「家制度」の解体や都市化の進行，産業構造の変化などを背景に，夫婦と子のみの家族構成を前提とする考え方（「夫婦家族制」）が広がり，家族構成の「**核家族化**」と，家族人員の縮小つまり「**小家族化**」が進んだ。

現代ではさらに，ライフスタイルや家族形成にかんして個人の価値観を重んじる個人主義が浸透するなかで（「家族の個人化」），家族形態はより多様化し，晩婚化や非婚化といった現象，少子高齢化や人口減少への対策，性別役割分担の見直しなどが議論を呼んでいる。

核家族 **Ａ**8（かくかぞく）　一組の夫婦と未婚の子からなる家族のあり方。

①思想的には，マードックが『社会構造』のなかで提唱し，あらゆる社会に見られる普遍的な集団（原子における「核」のようなもの）だとした。核家族は社会を構成する最小単位として他には代わることのできない機能をもつとされ，マードックは性，生殖，経済，教育を，パーソンズは子どもの社会化と成人の安定化をあげる。

②現代の家族は産業構造の変化や都市化の進行とともに，他の親族から孤立した核家族となる傾向があるとされる。また日本では，戦後の家制度の廃止などを背景に，核家族世帯が増えた現象を「**核家族化**」と呼ぶ。一方で，家制度に由来する家族観が消滅したわけではなく，また少子高齢化の進行とともに，核家族化の傾向も変化しつつある。

　　　類 核家族世帯 **Ｃ**4　**核家族化** **Ｂ**7

直系家族 **Ｃ**（ちょっけいかぞく）　①分類としては，二つの核家族が，既婚の子を介して世代を超えて結合した家族。つまり，親夫婦とその子夫婦からなる家族。②制度としては，子のうち一人（長男など）が跡継ぎとして親夫婦と同居（隣居）するしくみを指す。日本の家制度など。

複合家族 **Ｃ**（ふくごうかぞく）　複数の核家族が同じ世代または世代を超えて結合した家族。つまり，直系家族とは異なり，親夫婦のもとで二組以上の子夫婦が同居する家族。

家父長的家族（かふちょうてきかぞく）　父系の家族のもとで，家長権をもつ男子が財産を継承するとともに，女性や年少者など家族員を支配・統制する家族の形態。そのしくみを家父長制と呼ぶ。伝統社会に多いとされ，社会学者ウェーバーが「伝統的支配」の一つにあげた。一方フェミニズムからは，日本の家制度に見られるように，前近代だけでなく近代社会にも含まれる，男性優位や

女性差別をもたらすしくみとしても批判される。

拡大家族 B 3（かくだいかぞく）　マードックによる，核家族を軸とする家族構成の分類の一つ。親子，兄弟などの血縁で結びついた複数の核家族が連合した形態。例えば親夫婦のもとに子夫婦が同居する直系家族や複合家族を指す。

家族の小規模化 C（かぞく－しょうきぼか）　一つの家族を構成する人数が減ること。小家族化。核家族化を家族構成の変化とすれば，小家族化は家族の規模の変化である。日本では1960年代以降，親・子・孫にわたる三世代世帯が減少，核家族世帯や単独世帯の増加が目立ち，家族の規模そのものが小さくなる小家族化が顕著である（1950年代には5人前後であった世帯平均人員数は，2010年代に入ると2.5人前後にまで減少し，2019年には2.39人となっている）。
　　　　　　　　　　　　　類 **小家族化 C**

ステップファミリー 2[step family]　子連れの家族。つまり，相手にすでに子どもがいる状況で結婚や再婚をすることで形成される家族のあり方のこと。子どもは生みの親以外の新しい「親」をもつことになる。離婚率の上昇や再婚の増加とともに生じた，親子や家族のあり方の多様化の一つとされる。

ディンクス B　DINKs（Double Income No Kids），つまり，子どもをもたない共働きの夫婦のこと。子どもをもたないことを選択してゆとりのある生活をめざす，従来の家族観や性別役割分担を超えた多様な生き方の一つとして，1980年代以降アメリカなどで注目されるようになった。一方，子どもをもちフルタイムで共働きをする夫婦をデュークス（DEWKs）と呼ぶ。

単独世帯 C（たんどくせたい）　一人暮らしの世帯のこと。未婚や離婚，死別，子の独立などを理由とする。1970年代以降の核家族化や晩婚化，高齢化を背景として，とくに高齢者の単独世帯が急速に増加している。家族や地域社会から孤立し，看取られることなく死亡する「孤独死」の問題なども浮上している。

世帯 A（せたい）　住居と生計を同じくする人の集団。日本では，社会調査など統計の単位として用いられる場合が多い。血縁や婚姻を問わないのが特徴。したがって同居人など家族以外の者も含む一方，単身赴任などで住居や生計が別であれば家族でも別世帯とされる。

家族の機能 C 2（かぞく－きのう）　家族が社会や個人に対し果たす役割のこと。例えば，モノやサービスの生産・消費，社会の成員の再生産・補充（つまり子を産み育てること），社会の秩序や個人の行動規範の形成などが指摘される。またマードックは，核家族の機能として「性的機能」「経済的機能」「生殖的機能」「教育的機能」をあげる。パーソンズは，現代社会で家族がなおもつ固有の役割に「子どもの社会化」と「成人の安定化」をあげる。

社会化の機能 C（しゃかいかきのう）　パーソンズのあげる家族の機能の一つ。「社会化」とは，個人が他者との相互作用を通して自分のパーソナリティ（社会との関係から見た個人の性格や傾向）を形成し，社会で求められる行動・価値を学び，社会の一員となる過程のこと。パーソンズは家族機能が外部化するなかにあって，「子どもの社会化」を家族に固有の役割の一つと見なした。

安定化の機能 C（あんていかきのう）　パーソンズのあげる家族の機能の一つ。家族内の成人のパーソナリティや情動を，婚姻や性愛，親子のかかわりを通して安定・調和させること。パーソンズは，現代の家族は他の親族から孤立した核家族になっていくと指摘しつつ，安定化の機能の意義を重視した。

家族機能の外部化 B 2（かぞくきのう－がいぶか）　従来は家族内で果たされていた役割が，家族外の社会の機関にとって代わられること。産業化や都市化のなかで，家族が社会に果たす役割が弱まったことを示す。例えば従来，衣服は家族の手で作られてきたが，現代では既製服が一般的である。アメリカの社会学者オグバーン（W.F.Ogburn，1886〜1959）によれば，近代社会では，経済や教育，保護，地位の付与，娯楽，宗教にかかわる家族機能はみな，企業や学校，国など外部の機関にとって代わられた。一方，パーソンズのように，現代の家族は機能をたんに失ったのではなく，機能分化が進む

現代社会のなかで，個人の社会性や情動を
はぐくむ機能のみに「専門化」したのだと
する見方もある。

マードック **C** [George Peter Murdock,
1897～1985]　アメリカの人類学者。様々
な文化を対象に統計的な比較研究（通文化
調査）の方法を確立し，そこから人間の普
遍的な行動や社会のあり方をさぐった。そ
のなかで，どの社会にもみられる普遍的な
家族構成として「核家族」を指摘し，社会
学の家族論に大きな影響を与えた。主著
『社会構造』。

パーソンズ **C** [Talcott Parsons, 1902～
79]　アメリカの社会学者。現代社会学の
先駆者で，ヴェーバーやデュルケームの近
代社会学を統合した。「個人」でも「社会」
でもなく，個人が相互に織りなす「行為」
に着目し，その行為の結果形成されるもの
（「システム」）の秩序や枠組み，構造，機
能を分析した（社会システム論）。家族の
機能として「子どもの社会化」「成人の安
定化」をあげた。

家族法（かぞくほう）　民法で，家族と相続の制
度を定めた部分（「第4編　親族（親族法）」
と「第5編　相続（相続法）」およびそれに
関連する諸法）のこと。戦前の民法（旧民
法，明治民法）は，戸主や家督相続などを
定めて「家制度」を法制化したものであっ
た。一方，戦後の民法は憲法第24条で「個
人の尊厳と両性の本質的平等」を定めたの
に合わせ，抜本的に改正されたものである
（新民法）。だが現行の家族法にも，明治民
法に由来するいくつかの規定が指摘され，
例えば戸籍制度や夫婦別姓論などの問題を
めぐり論争がある。

家制度 **C**（いえせいど）　日本の伝統的な家族の
あり方，またそれを支える制度や規範。直
系の男子（父や長男）が家族集団の歴史（家
名，祖霊祭祀）や財産などを支配し，ま
たそれを継いでゆくしくみ。明治民法では，
一つ一つの「家」を天皇と結びつけて国家
の構成要素とする「家族国家観」を背景に，
法的な制度とされた。戦後，法的には廃止
されたが，考え方は社会のさまざまな面に
なお受け継がれており（性別役割分担や冠
婚葬祭の伝統など），男女平等などの
観点からしばしば議論の対象となる。家父

長制の形態の一つ。

家長 **C**（かちょう）　家族集団（家）の長。その
家の他の家族員を支配・統率し，財産，家
業，祭祀などを継承する者。前近代の武
家社会や明治民法下の日本では，家長の権
限がとくに大きかった。

三世代同居 **C**（さんせだいどうきょ）　親夫婦，子
夫婦，孫という三つの世代が同居すること。
「拡大家族」の一つ。日本では，従来は直
系家族的な制度（「家」制度）の考え方に根
ざした三世代同居が典型的であったが，高
度経済成長期の核家族化・小家族化のなか
で三世代世帯は減少傾向となり，一方で少
子高齢化を背景に，高齢者世帯を中心に夫
婦のみの世帯や単独世帯が増加傾向にある。

夫婦別姓 **C**②（ふうふべっせい）　結婚後も夫婦が
おのおのの姓を名乗ること。現行の民法で
は，結婚後は夫婦いずれかの姓を名乗ると
されるが，現実には9割以上が夫の姓を
名乗る。これには，おもに戦前の民法に反
映された日本の「家」制度や戸籍制度の影
響も大きい。これに対し，姓という個人の
アイデンティティにかかわる要素を尊重し，
改姓をめぐる不利益をなくす観点から，
1990年代以降，夫婦別姓を選べるよう法
改正を求める動きが出た。法改正はまだな
されていないが，旧姓（通称を含む）使用
を認める職場も増えつつある。

婚姻率の低下 **C**②（こんいんりつていか）　日本で
1970年代以降，婚姻率の低下が続いてい
る状況を指す。日本では，第二次世界大戦
後から1960年代までは婚姻率9割以上と
いう皆婚の時代だった。その後，家族観
や結婚観の多様化，社会状況の変化などと
ともに婚姻率は低下し，少子化の一因とさ
れている。

晩婚化 **B**②（ばんこんか）　一般的に結婚適齢期
とされる年齢よりも高い年齢での結婚が，
相対的に増えつつある状況。日本の場合，
1975年以降の平均初婚率の上昇というか
たちであらわれている。その背景には結婚
観や結婚適齢期のとらえ方の多様化，女性
の高学歴化や社会進出などがある。

出生率の低下 **C**④（しゅっしょうりつていか）　日本
で合計特殊出生率（一人の女性が一生の間
に生む子どもの数）が低下し続けている状
況を指す。現在の合計特殊出生率は1.36で

あり（2019年），人口を長期的に維持するために必要とされる水準（合計特殊出生率2.1）を下回る「少子化」が進行している。結婚観や家族観が多様化し，女性の高学歴化や社会進出が進む一方，出産や育児を支援するしくみや環境が不十分であることが要因にあげられる。

類 少子化 Ａ③

2 現代社会と女性

M字型就労 （－じがたしゅうろう）　女性の就業率を示すグラフがM字型のカーブを描くことで，日本での女性の就労の特徴の一つ。女性の就労は20代半ばまで増加し，その後は結婚や育児を機に減少して，育児が一段落する40代から再び増加する（ただし多くはパートタイム労働となる）。これは，1970年代以降，女性の就業率が増加する一方，育児などの負担が女性に集中し，働き方の選択肢が乏しいために仕事を断念せざるを得ない状況があることを示す。少子高齢化で労働力人口が減少するなかでの課題の一つとされる。

離婚率の上昇　Ｃ （りこんりつ－じょうしょう）　1960〜70年代以降の，先進諸国や日本において離婚割合が増えつつある状況を指す。日本の場合，経済の成長とともに女性の社会進出や自立が進んで家族観が変化するなか，離婚率は，1990年代後半から2000年代までは人口千人あたり2.0前後を推移していたが，その後はやや低下している（2019年現在で1.7）。離婚は法的な婚姻の解消であるとともに家族の解体であり，家族の形態をも変化させる。多様化する家族を支えうる社会のしくみが問われる。

女性差別撤廃条約　Ｃ③ （じょせいさべつてっぱいじょうやく）　性を理由とするあらゆる差別を撤廃することを定めた国際連合の条約。1979年採択。国連憲章などがうたう人権尊重や男女平等の理念に基づき，法や制度に加え，政治や経済，文化，教育，雇用など社会の多くの領域になお残る様々な女性差別の解消をめざす。また，不平等の改善のために暫定的に優遇措置をとること（積極的差別是正措置）も認められた。

同 女子差別撤廃条約 Ｃ③

男女雇用機会均等法　Ａ （だんじょこようきかいきんとうほう）　雇用にかかわる女性差別を禁じる日本の法律。1985年，女性差別撤廃条約の批准にあわせて制定された。雇用の機会や待遇，解雇などでの女性差別を禁止した。99年に改正され，男女間での職務内容の区別禁止やセクハラ防止，積極的差別是正措置の促進が定められた。

セクシャル・ハラスメント　Ｃ ［sexual harassment］　相手の意に反する性的な言葉や行動のこと。性の暴力の一つで，性的関係を強要する，雇用条件や職務内容，評価などに反映させる，性的な噂などで職場環境を乱す，女性に特定の仕事（雑用など）や呼称（「○○ちゃん」など）を押しつけるなどの事例がある。とくに女性が職場や学校で被害者となることが多い。従来は個人間の問題とされ軽視されてきたが，社会全体の性差別に根ざす現象として，1970年代以降，社会問題として広く提起され，判例や企業の取り組みを通して防止策が進められてきた。

フェミニズム　Ｂ② ［feminism］　女性の地位や権利の向上を訴える女性解放の思想，およびその運動。広い意味では，女性をとりまく社会や文化のあり方の研究も含む。

　その歴史は，19世紀から20世紀半ばにかけて，女性の参政権獲得をはじめ，男女間の権利の平等が主張されたことにはじまる（**第一波フェミニズム**）。これは，近代社会において人間の自由や平等が主張されるなかで，女性の地位や権利はそこに含まれていなかったことが背景にある。1960年代以降はさらに，近代の社会や文化そのものが孕む性差別や男性中心的な考え方，またそのなかで形成された「女らしさ」に対する批判が進んだ（**第二波フェミニズム**）。

　また，「女性」という概念そのものや，性や性愛についての従来の前提そのものを問い直す動きも登場しつつある。

ウルストンクラフト　Ｃ ［Mary Wollstonecraft, 1759〜97］　イギリスの思想家。フェミニズムの先駆者。主著『女性の権利の擁護』（1792年）は，男女同権の理念のもと，ルソーの教育論に反対して女性の教育を受ける権利などを訴え，フェミニズムの古典となった。なお同じころ，フラ

ンスの劇作家グージュ(1748〜93)も，フランス人権宣言に女性の地位や権利への配慮がないことを批判し，「女性と市民の権利宣言」(1791年)を著している。

ボーヴォワール Ａ5[Simone de Beauvoir, 1908〜86] フランスの思想家。1960年代以降のフェミニズム(第二波フェミニズム)の中心的存在の一人。『第二の性』(1949年)で，女性のあり方は社会や文化の制約のなかで後天的に形成されるものだとし，近代の男性中心主義や固定された「女性」像からの解放を訴えた。サルトルの実存主義の影響が大きい。「人は女に生まれるのではない。女になるのだ。」

【資料】

フリーダン Ｃ[Betty Friedan, 1921〜2006] アメリカにおけるフェミニズムおよびウーマン-リブ運動の指導者。主著『新しい女性の創造』(1963年)で，専業主婦として生きる中産階級の女性が抱える不安，つまり「女らしさ」を押しつけられ社会参加や自己実現ができずにいることの苦悩を取り上げた。ウーマン-リブ運動の口火を切ったほか，全米女性機構(NOW)を通してその実践にも携わった。

ウーマンリブ運動 Ｃ2(-うんどう) 1960年代後半から1970年代，欧米諸国や日本で起こった女性解放運動。リブは[Liberation]の略。「個人的なことは政治的なこと」を標語として，社会や文化，個人の日常生活(「個人的なこと」)のなかに隠された性差別や男女間の支配関係(「政治的なこと」)を自覚するとともに，男性中心的な考え方(「家父長制」)や「女らしさ」からの解放を訴えた。法制度における男女平等を訴えた第一波フェミニズムを補完する，第二波フェミニズムの潮流の一つとなった。

バトラー Ｃ[Judith Butler, 1956〜] アメリカの哲学者。1990年代以降のフェミニズムの代表的人物。「男性／女性」という性のあり方(セックスやジェンダー)は，制度や文化を通して歴史的に形成されるものだとした。また，人間のアイデンティティや主体性も，こうした性のあり方の自覚と不可分だとして，同性愛などを含む多様な性のかたちを通して，人間の主体としてのあり方を問い直した。

ジェンダー Ｂ6[gender] 生物としての性のあり方(「セックス」)に対して，社会や文化の中で形成され語られる性のあり方や考え方，行動様式のこと。例えば，社会の中で「男／女はこうあるべきだ」と見なされる「男／女らしさ」など。

例えば「セックス」と「ジェンダー」が一致しない人もいるように，性のあり方は本来多様である。一方，「男か／女か」という観点だけで多様な性をくくり，また生物としての特徴から「男は働き手である」「女は母性的である」などとジェンダーを固定することは，性差別とも結びつく。こうした考え方に対して，固定されたジェンダーにとらわれない考え方を「ジェンダー-フリー」と呼ぶ。

類性Ａ　セックスＣ　セクシュアリティ

性別役割分担 Ｂ3(せいべつやくわりぶんたん) 性別(生物的性別)によって社会的な役割や労働を区別する考え方。近代社会は，男性優位の枠組みのもとで「男性は仕事，女性は家事や育児」などと役割を固定し，それを「家族」の理想としてきたが，その過程で女性は男性に経済的に依存し，自立や社会進出をはばまれてきた。また女性の就労が進んだ現代でも，家事や育児・介護の負担が女性に集中する傾向が指摘される。男性・女性が協力し合い，家庭生活や社会のあらゆる領域で，ともに個性や能力を発揮する男女共同参画社会の実現がめざされる。

類性別役割Ａ1

専業主婦 Ｂ(せんぎょうしゅふ) 賃金労働に従事せず，家庭内で(無償の)家事や育児に専念する既婚女性のこと。歴史的には近代の産業社会のしくみのなかで登場してきたとされる。日本では高度経済成長期をピークに減少し，兼業主婦が増えつつある。

アンペイドワーク [unpaid work] 賃金が支払われない無償の労働。近代社会で既婚女性が担ってきた家庭での家事や育児は，社会の生産活動を支える営み(再生産労働)だが，その労働の価値は生産活動と対等とされず，軽視されてきた。性別役割分担とともに，男女の不平等の要因としてあげられる。

エンパワーメント 1[Empowerment] 力をつけること，つまり女性(高齢者や障

害者，子どもなども含む）自身が主体となって政治や社会，経済に変革をもたらす能力を身につけること。また，それを支援する試み。女性をたんに，社会・経済的な受益者または社会的弱者と見なすのではなく，むしろ社会の変革の積極的な担い手とする点が特徴。具体的には，自立を実現する能力を備えることがめざされる。1995年の国連世界女性会議で採択された「北京行動綱領_{こうりょう}」が指針となっている。

リプロダクティブ–ヘルス **C** **2**／**リプロダクティブ–ライツ** **C** **2**〔Reproductive Health and Rights〕性と生殖に関する健康と権利。人が健康な状態（身体的，精神的，社会的に良好な状態）のなかで，安全で満足のゆく性生活を営んだり，子どもを産むか産まないか，いつ何人産むかなどを自分の意思で決定する自由や権利のことを指す。とくに妊娠や出産，中絶にかかわる女性の自己決定権や，性感染症や疾患_{しっかん}の予防など健康の向上につとめることが重視される。性や生殖の自由にかんして，女性が社会のなかで抑圧されてきたことを念頭に，1994年のカイロ国際人口開発会議などで取り上げられた。

ドメスティック–バイオレンス **B** **2**〔Domestic Violence ＝ DV〕親密な関係にある人からふるわれる暴力のこと。親密な関係にある人とは，配偶者や恋人，別れたパートナーなどを指す。また，暴力には身体への暴行のほか，心理的な苦痛や経済力，社会にかかわる力，機会を奪うこと，性的関係の強要などがある。従来は家庭内や個人の問題とされ，社会的な問題とされにくかったが，実際には社会的・文化的な性差別の意識とも深くかかわるため，1970年代以降，社会全体の問題としてアメリカなどで提起されるようになった。日本では2001年にいわゆる「DV防止法」が成立した。

子どもの虐待（こ–ぎゃくたい）保護者や，保護者以外の同居人によって，おもに18歳未満の子どもに対して加えられる虐待。虐待には身体への暴行のほか，育児の怠慢や放棄，性的な虐待，心理的な苦痛を与えることなども含まれる。保護者自身の心の問題に加え，家庭の置かれた社会的・経済的な

状況，女性に育児の負担が集中する傾向，子どもを自立した個人と認めず，子に対する親の支配や抑圧を容認しがちな文化なども，虐待の背景として挙げられる。日本では2000年に「児童虐待防止法」が成立したが，プライバシーの権利との関連から対応が困難な場合も多く，虐待を早期に防ぎ子どもを保護して安全を確保するしくみの確立には，なおも課題が残っている。

新エンゼルプラン **C**（しん–）日本における少子化対策政策の一つ。1999年策定。子育てを社会全体で支援することをめざし，保育サービスの充実を中心に，仕事と家庭を両立できる環境づくり，性別役割分担の解消などをうたう。だが効果には疑問も残り，2004年には若者の自立や働き方，地域の子育て支援など，社会のあり方の包括的_{ほうかつ}な見直しをうたう「新新エンゼルプラン」が策定された。

男女共同参画社会基本法 **A**（だんじょきょうどうさんかくしゃかいきほんほう）「男女共同参画社会」の理念や施策を定めた日本の法律。1999年施行。「男女共同参画」とは，権利の上での平等にとどまらず，社会のしくみや慣行，文化などあらゆる面にある性差別や不平等をなくし，男女が対等に社会をつくる主体となることをめざす考え方。例えば，各種政策が男女共同参画の実現に与える影響を調査する権限などが盛り込まれた。

類 男女共同参画社会 **A** **2**

非婚 **B** **2**（ひこん）結婚をせずに生きること。結婚のあり方が「家」どうしではなく個人の考え方に委ねられ多様になるなかで，一人暮らしや同棲_{どうせい}，同性婚など，制度としての結婚にとらわれない，新しい関係や家族のかたちを選択する人も増えている。

類 シングルマザー **C**

3 少子高齢社会とその課題

育児・介護休業法 **C** **3**（いくじ・かいごきゅうぎょうほう）少子高齢化対策や仕事と家庭の両立を念頭に，子育てや介護などをしつつ仕事を続けられる環境づくりを定めた法律。1991年に育児休業法として成立後，2017年まで数度の改正を経た。現行法では育児や子どもの看護，介護を理由とする一定期

間の休業や労働時間短縮などが認められているほか，男性の育児休業の促進，事業主による制度周知の努力義務化などもはかられ，罰則規定など実効性も強化されている。一方，普及にはなお課題が多く，たとえば男性の育児休業取得率がいちじるしく低いことなどが指摘される。

ワーク-ライフ-バランス **B**②[work-life balance]　仕事とプライベートの生活を調和させること。つまり，長時間の労働を強いる社会や文化，雇用のしくみをあらため，子育てなど家庭や地域における自分の時間を充実させることで，働きがいや生きがいを改善する考え方。経済の活性化や少子化の改善にもつながるとされる。グローバル化や雇用形態の変化（非正社員の増加など），所得格差の拡大などを背景に，90年代以降，従来の働き方を見直す動きとして登場した。勤労者が自分で勤労時間を決めるフレックスタイム制などの施策もある。

待機児童 **C**（たいきじどう）　保育所への入所を申請（しんせい）し，入所の条件を満たしているが，入所できない状態にある児童のこと。また，その問題。託児所や保育所の数や受け入れ体制がかぎられ，需要に供給が追いつかないために，日本では2020年4月現在で1万2,000人以上の待機児童が発生している。女性の社会進出や核家族化の進行，地域の人間関係の希薄化（きはくか）のなかで，孤立した状態で子育てを行う親の負担が増え，少子化との関連も指摘されている。待機児童の解消も含めた，社会全体による育児支援が求められる。

人口の高齢化 **C**②（じんこう-こうれいか）　総人口に対し，65歳以上の高齢者人口が占める割合（高齢化率）が高くなること。一般に，産業社会が成熟段階に入ると，経済の発達や生活水準の向上とともに，平均寿命の延伸（長寿化）と合計特殊出生率の低下（少子化）を要因として，高齢化（**少子高齢化**）に至るとされる。この傾向は先進国に共通して見られる。

　日本の場合，明治以降1960年代半ばでは高齢化率は平均5％を維持してきたが，1970年に7％を超えて「高齢化社会」に入り，1990年代には「高齢社会」に移行，2007年には21％を超えて「**超高齢社会**」に

突入した。2060年には39％を超えると予測され，高齢者1人を現役世代1.3人が支える計算になり，世界最高水準の速さで高齢化が進んでいる。

　高齢化は，生産人口の減少，社会保障負担の増加，世代間の格差など，社会の根本にかかわる多くの変動をもたらす。超高齢社会のなかで老いと共存するためには，行政や企業，家族，地域，ボランティアなど多様な観点からの施策が必要となる。また，高齢者をたんに社会的弱者とせず，地域や社会のなかで自立的な関係や役割をもちつつ，健康や生きがいを増進していく福祉制度や生活様式の確立もめざされる。

高齢化社会 **B**③（こうれいかしゃかい）　国際連合の定義で，総人口に対し65歳以上の高齢者人口の占める割合が7％を超えた社会。日本は，戦後の経済成長にともなう平均寿命の延伸や少子化の進行にともない，1970年に高齢化社会に突入した。

高齢社会 **A**②（こうれいしゃかい）　国際連合の定義で，総人口に対し65歳以上の高齢者人口の占める割合が14％を超えた社会。日本は1994年以降，他の先進国にない速さで高齢化社会から高齢社会に移行した。

超高齢社会 **C**（ちょうこうれいしゃかい）　国際連合の定義で，総人口に対し65歳以上の高齢者人口が占める割合が21％を超えた社会。日本は2007年に超高齢社会に突入し，その状況は「前例のない高齢社会」と呼ばれる。

平均寿命 **C**（へいきんじゅみょう）　ある集団のなかで，0歳の時点から何歳まで生きるかの平均的な年数を推計したもの。0歳時点での平均余命。日本の平均寿命は2019年現在，男性81.41歳，女性87.45歳と世界最高水準である。一方，生命の質を保ち健康でいられる期間を示す「健康寿命」は，2019年で男性72.68歳，女性75.38歳。平均寿命との間に差があり，その分医療や介護にかかる負担が大きくなる。

人口構成 **C**（じんこうこうせい）　ある国や地域の人口の傾向を，性や年齢などいくつかの属性に基づいて分類したもの。とくに性と年齢に基づく人口構成図を「**人口ピラミッド**」といい，その国の人口の傾向を見る目安となる。途上国では出生率の高さと死亡率の高さを反映し，年少人口が多く高齢人

口が少ない「富士山型」になるのに対し，少子高齢化のすすむ日本では「つぼ型」となる。

生産年齢人口 **C**（せいさんねんれいじんこう）　15歳以上65歳未満の人口。生産活動を行うことのできる，いわゆる現役世代。2019年現在，日本の生産年齢人口は7,507万人（人口の59.5%）である。生産年齢人口による扶養の対象となる，15歳未満の年少人口と65歳以上の老年人口を合わせた人口を従属人口とも呼ぶ。

年少人口 **C**（ねんしょうじんこう）　0歳～14歳までの人口。幼年人口とも。日本の年少人口は2019年現在1,521万人，人口に占める割合は12.1%で，合計特殊出生率の低さ（2019で1.36）を反映して減少傾向にある。

老年人口（ろうねんじんこう）　65歳以上の人口。老齢人口とも。死亡率の低下とともに増加する。日本の老年人口は2019年現在3,589万人で，高齢化率は28.4%である。また今後，高齢者のなかでもとくに75歳以上の高齢者の割合が急増すると予測されている。

定年の引き上げ（ていねん-ひ-あ-）　働く意欲のある人の雇用を65歳まで確保する措置。高齢社会の対策として，退職から年金受給までの間の空白期間をなくし，高齢者の雇用安定を図るのが目的。2004年の「高年齢者雇用安定法」改正で，60歳未満の定年が禁止され，定年が65歳未満の事業者に対しては，①65歳までの定年引き上げ，②定年制の廃止，③65歳までの継続（再）雇用制度の導入，のいずれかの措置をとって雇用を確保することが義務づけられた。

高齢者の継続雇用（こうれいしゃ-けいぞくこよう）　事業者が，定年退職した高年齢者を継続して雇用する措置。2012年の「高年齢者雇用安定法」改正で，希望する者全員を65歳まで継続して雇用することが義務づけられた。さらに21年の法改正では，65歳から70歳までの就業機会を確保する措置をとることが努力義務に定められている。

生涯学習 **B**（しょうがいがくしゅう）　生涯にわたって，多様な手段や機会を通して自主的に知識や技術を学ぶこと。またそれを育成・支援することを生涯教育という。ユネスコの「成人教育推進国際会議」（1965年）で提唱された「生涯教育」の理念によれば，人間の成長は生涯にわたるもので，学校教育にとどまらず，家庭や地域，社会などすべての場面で一貫して学んでいく必要がある。

日本では1960年代後半以降，教育制度見直しの動きとして広まり，90年に「生涯学習振興法」が成立した。経済成長とともに女性の社会進出や核家族化・小家族化が進行し，社会の状況が変化するなかで，それに対応できる多様な能力の形成，高齢化にともなう余暇の充実，生きがいの向上などが，現代では求められている。

高齢者世帯（こうれいしゃせたい）　65歳以上の者のみで構成される世帯，またはこれに18歳未満の未婚の者が加わった世帯。

2019年現在，高齢者世帯は増加傾向にあり，「夫婦のみの世帯」と「単独世帯」で90%以上を占める一方，その他の世帯は減少傾向にある。

ノーマライゼーション **A**⑦[normalization]　障害のある人や高齢者，その他のマイノリティが，社会一般の人々と同様に，その社会で「ふつう[normal]」と見なされる生活を営むこと。障害者やマイノリティを自立した個人として尊重し，同じ地域や社会においてともに生きる対等な一員としてとらえる点が特徴。デンマークで知的障害のある子どもの親たちの運動を受けて，同国社会省のバンク＝ミケルセンが1951年に提唱した。北欧諸国での普及を経て，国際社会における社会福祉の基本理念となり，81年にはノーマライゼーションの実現を訴える「国際障害者年」が定められた。バリアフリーやユニバーサルデザイン，在宅ケアなどの考え方の根本にある。

バリアフリー **C**⑦[barrier free]　障害者や高齢者らが健常者と同じ社会で生きるうえで，障壁（バリア）となるものを取り除くこと。ノーマライゼーションの考え方の一つ。ここでの障壁には，①物理的な障壁（公共の施設・設備の利用が制限されること），②制度的障壁（障害を理由に資格取得などが制限されること），③文化的・情報的障壁（情報伝達が制限されること），④意識上の障壁（障害者や高齢者に対する差別・偏見。心のバリア）が挙げられる。日本では2000年の「交通バリアフリー法」や「ハートビル法」を経て，06年に「バリア

フリー新法」が成立，公共施設のバリアフリー化の推進に加えて，「心のバリアフリー」の重視がうち出されている。

類心のバリアフリー**C**

高齢者福祉 **C**（こうれいしゃふくし）　高齢者の生活の質の向上をはかるサービス，またその制度。制度としては，介護保険制度のほか，広い意味では公的年金制度や医療保険制度などを含む。形態としては，老人福祉法に定められた老人ホームや介護保険法に定められた特別養護老人ホームなどの施設福祉に加え，在宅福祉の充実が提唱されている。また，地域ごとに医療や介護を連携させて包括的な福祉を提供するしくみ（地域包括ケアシステム）の整備もめざされている。

　いずれの場合も，地域特有の社会資源を活用する福祉の考え方（地域福祉）が重要となり，またその際には日常生活が困難な要介護者に加えて認知症患者へのケアも不可欠となる。高齢者福祉については，北欧諸国の事例がしばしば注目されるが，実際には歴史や文化，国民負担率の差などを考慮して，その国や地域の実情に即した施策が必要である。

後期高齢者医療制度（こうきこうれいしゃいりょうせいど）　おもに75歳以上の高齢者を対象とする医療保険制度。老人保険制度に代わり，2008年に導入された。75歳以上の高齢者を後期高齢者と呼称し，新しい保険システムのもとに組み入れる制度（65歳以上75歳未満の高齢者は前期高齢者と呼称）。世帯単位ではなく個人単位で保険料を支払うことが特徴。保険料は均等割額と所得割額の合計額となる（財源全体の1割）。医療費負担は原則1割。また，在宅医療や地域の介護サービス，終末期医療などとの連携を重視している点も画期的とされる。保険者は都道府県ごとの「広域連合」。

　導入の背景には，医療費の高騰の問題がある。後期高齢者の医療費の高騰が見込まれる一方で，その人口は増加傾向にあり，2030年には19％を超えると推計される。一方，制度実施当初より，その名称や医療費の負担増加を懸念し，制度の見直しを求める議論もあった。

介護の社会化 **C**（かいご-しゃかいか）　従来は家族内で担われてきた介護の負担や費用を，社会全体で担うこと。介護保険制度（2000年）の目的の一つ。従来，介護は家族内の問題とされ，またその負担はとくに女性に集中していた。だが高齢化とともに要介護者が増える一方，核家族化・小家族化が進む現状では，介護を家族のみに委ねるのは難しい。そこで，介護を社会全体の問題ととらえ，その負担や費用を社会全体で担う必要がある。介護保険制度の導入で促進が期待されるが，現状では家族を主体とする介護がなお多く，課題も残る。

介護保険法 **C**（かいごほけんほう）　2000年施行。日常生活が困難で介護を必要とする人に対して，その生活を支援するのに必要な保健・医療・福祉サービスを保険として給付することを定める。市区町村を保険者，40歳以上を被保険者とする。背景にあるのは，社会連帯を通して介護を担おうとする**介護の社会化**である。従来は別々に提供されていたサービスを一つの制度に包括した点，在宅ケアを重視する点，福祉の主体を地域に求めた点も特徴。05年の改正では，要介護状態を未然に防ぐ介護予防や，地域ごとに包括的な福祉を提供する地域包括ケアの推進も定められた。将来にわたって介護保険制度を維持するため，原則として3年ごとに改正されている。

類介護保険制度**B**②

在宅ケア（ざいたく-）　介護を必要とする高齢者が，住み慣れた家や地域で生活を続けられるよう，必要な福祉・保健のサービスを提供するもの。高齢化とともに慢性疾患患者や要介護者が増加傾向にあるなか，病院主体の医療や施設主体の福祉，家族主体の在宅介護には限界があり，在宅ケアの充実が不可欠となる。福祉サービスにはホームヘルプ，デイケア，ショートステイなどがある。保健サービスには訪問形式での保健指導や看護，リハビリなどがある。

類在宅介護**C**　訪問介護**C**①

ホームヘルプ［home help］　在宅福祉の主要な三つのサービスの一つ。訪問介護。介護を必要とする人の居宅（施設もふくむ）を訪問して，入浴や排泄，家事，相談・助言などの世話を行う。1989年の「ゴールドプラン」の策定以降，拡充が急務とされており，介護保険制度では保険給付の対

象とされた。

デイケア［day care］在宅福祉の主要な三つのサービスの一つ。通所リハビリテーション。介護を必要とする高齢者が、在宅を前提に、病院や施設に日帰りで通いリハビリを受けること。心身の機能を回復させて、自立した生活や社会参加を実現し、健康や生きがいを増進するのが狙い。また日中に通うため、家族の負担軽減にもつながる。介護保険制度での保険給付対象の一つ。

ショートステイ［short stay］在宅福祉の主要な三つのサービスの一つ。短期入所。介護が必要な在宅の高齢者を、特別養護老人ホームなどに短期間だけ入所させ、生活の世話などを行うこと。介護の担い手である家族の負担を軽減するのが狙い。介護保険制度での保険給付対象の一つ。

老老介護 **C**①（ろうろうかいご）65歳以上の高齢者を同じく65歳以上の高齢者が介護する状態。2019年現在、介護者の年齢は男女ともに60歳以上が7割を超えており、高齢化や過疎化の進行、要介護者の増加、夫婦のみの高齢者世帯の増加などにともない、今後も増加傾向にある。事例には、ともに高齢者である親子間、夫婦間での介護や、高齢の親が子を介護するケース、介護者が認知症を発症するケースなどがある。老老介護では、介護の負担を抱え込みやすく他の家族や地域から孤立しやすい傾向があり、高齢である介護者の心身の健康が懸念される。地域ぐるみで介護を支えていく取り組みが重要となる。

老人虐待 **C**（ろうじんぎゃくたい）家族や福祉サービス提供者らによる、高齢者に対する虐待行為。①介護の放棄（ネグレクト）、②暴行などの身体的虐待、③暴言などの心理的虐待、④お金を取り上げるなどの経済的虐待、⑤性的虐待などがあり、とくに①〜④の事例が目立つ。また、高齢者本人が介護を拒み孤立する自己放棄（セルフネグレクト）の事例も指摘される。2005年に「高齢者虐待防止法」が成立したが、プライバシーの保護や高齢者の立場の弱さゆえに虐待の実態は明るみに出にくく、社会問題として十分に認識されてこなかった。虐待の背景には、介護の負担集中からくるストレスや、高齢者を社会の重荷と見る差

別・偏見（エイジズム）などがあるとされる。

ボランティア **A**⑤［volunteer］個人が自由意志に基づき、自分の時間や労力を提供して社会に貢献すること。ラテン語で「意志する」を意味する［volo］に由来する。形態は多様だが、ふつう、自主性を前提に、非営利目的で、政府や企業とは無関係に公共の利益のために行われる民間活動をさす。また、これらの点から、公平性を重視する政府や私的な利益追求を最優先する企業には生み出せないサービスを提供できるという独自の強みがあり、保健・医療・福祉を筆頭に、街づくり、教育、文化・芸術・スポーツ、環境、国際協力、災害時の支援など、社会のさまざまな分野で独自の大きな役割を果たすとされる。

歴史的には、キリスト教の隣人愛や市民社会の精神を基盤として、イギリスやアメリカなど欧米諸国で発展してきた。欧米諸国と比べ日本ではまだ定着していないものの、1995年の阪神大震災を機に普及しつつある。

非営利組織 **C**①（ＮＰＯ **B**②）（ひえいりそしき）［Non-Profit Organization］営利を目的としないで公共の利益のために活動する民間団体。狭い意味では、1998年の「**特定非営利活動促進法**」（NPO法）に定められた「特定非営利活動法人」（NPO法人）、つまり福祉、社会教育、街づくり、環境、国際協力など12の分野での活動を目的とする非営利の民間団体をさす。

同法成立の背景には、95年の阪神大震災を機にボランティア活動が普及するなか、それを支援する市民活動団体を法人として認め、法的・社会的な地位を確立する必要が高まったことがある。2001年の改正ではさらに、認定を受けたNPO法人に対する寄付者の税制優遇措置なども定められた。なお、国境を越えて活動する非営利の民間団体を「NGO」［Nongovernmential organization］と呼ぶ。

プロダクティブ‐エイジング **B**［productive ageing］高齢者を、社会のなかで生産的・創造的な役割を果たす積極的な存在ととらえる考え方。「生産的［productive］」とはモノなどの経済的な価値の生産だけで

なく，ボランティアや介護，またそのための学習・訓練など，高齢者が現役世代と対等に社会に参加して，社会的な価値を創造する活動全般をさす。

もとはアメリカのR.バトラーが唱えた。バトラーは，高齢者を社会の「依存者・弱者・厄介者(やっかいもの)」として社会から切り離す傾向を「**エイジズム**」(年齢差別)と呼び批判する。そして高齢化の進行をふまえ，高齢者を，地域や社会の活力として位置づける社会への転換を訴えた。

ゴールドプラン(高齢者保健福祉推進10か年戦略) (こうれいしゃほけんふくしすいしんじゅっねんせんりゃく)

高齢者に対する公共の保健・福祉の基盤整備をめざした，政府の長期計画。1989年，消費税導入に合わせて策定(さくてい)された。急速な高齢化を念頭に，在宅介護サービスや施設などの整備目標を設けるとともに，高齢者が寝たきりの状態になることを予防するプランなどを掲げた。その後，94年には整備目標を大幅に引き上げた「新ゴールドプラン」，また2000年には介護保険制度の導入に合わせて，在宅介護を中心に介護サービスの強化を狙う「ゴールドプラン21」(『今後5カ年の高齢者保健福祉施策の方向』)が策定された。

公的年金制度 **C** (こうてきねんきんせいど)

老齢や障害，死亡などで所得を失ったり減少したりした場合の所得を，年金のかたちで保障する国の社会保障制度。日本では1961年以降「国民皆年金制度」を導入している。現在の形態は，20歳以上60歳未満の全国民が国民年金(基礎年金)に強制加入するとともに，そこに被用者年金(企業の厚生年金や公務員の共済年金)を上乗せするというものである。一方，雇用の悪化や少子高齢化の進行にともない，国民年金未納者の増加や，保険料や受給額をめぐる世代間格差の拡大の問題が指摘され，制度の改革を求める議論が出ている。

ユニバーサルデザイン **C** ② [universal design]

年齢や性別，能力，障害の有無などにかかわりなく，すべての人が等しく使いやすいようにモノや環境，情報伝達などを設計(デザイン)すること。ノーマライゼーションの考え方の一つ。社会には，多くの人にとっては「ふつう」に利用できても，一部の人にとってはそうでないものもある(例えば，多くの施設や機器は右利きを前提に設計されていて，左利きには使いにくいことが多い)。バリアフリーと異なり，対象を高齢者や障害者に限定せず，万人に共通する使い方を提示して生活全般を円滑にするのがユニバーサル−デザインの考え方である。1974年にアメリカの建築家メイス(1941〜98)が唱えた。

メイスはその原則として，①公平性，②柔軟性(自由度)，③単純で直感的な利用方法，④認知しやすい情報(の伝達)，⑤失敗への寛大(かんだい)さ，⑥身体的労力の少なさ，⑦アクセスしやすい寸法・空間の7つをあげる。

阪神・淡路大震災 **C** ① (はんしん・あわじだいしんさい)

1995年1月17日に淡路東北部で発生したM7.3の直下型地震(**兵庫県南部地震**)による災害。死者・行方不明者は6,400人以上，家屋倒壊や焼失は30万棟以上にのぼった。高速道路の倒壊など，都市基盤全体に甚大(じんだい)な損害を出し，大都市の突発的災害への脆(もろ)さや，国や地方公共団体の危機管理の問題，地域社会における防災への取り組みの重要性などを提起した。一方で，日本でNPOやボランティア活動が普及するきっかけの一つとなり，1995年は「ボランティア革命」の年(「ボランティア元年」)ともいわれる。

東日本大震災 **C** ① (ひがしにほんだいしんさい)

2011年3月11日に東北太平洋沖で発生したM9.0の地震(**東北地方太平洋沖地震**)，またそれにともなう津波や余震などによる一連の災害。東日本の広範囲にわたり甚大(じんだい)な被害をもたらした(死者・行方不明者数は22,303人，被害額は約17兆円)。またこの影響で**福島第一原子力発電所事故**が発生するなど，複数の災害が一挙に起きる「複合災害」としても注目された。

2021年現在も，避難生活の長期化，住宅再建や新たな街づくり，産業の再生，原発事故による風評(ふうひょう)被害への対策などが議論されており，また防災をふくむ自然災害への対策や，高齢者などいわゆる災害弱者を多く抱える地域社会のあり方なども問い直されている。

298 第Ⅴ編　現代の諸課題と倫理

4章 情報社会の光と影

1 社会生活と情報

情報 **A**⑤(じょうほう) [information]　文字や数字，音声などの媒体を介して伝えられる，知識や資料のこと。もとは事実や事がらに関する「知らせ」を指していたが，科学技術・通信手段の発達や社会の複雑化にともない，送り手や受け手にとって何らかの価値があるデータや知識全般を指すようになっていった。

情報社会 **A**⑥(じょうほうしゃかい) [information society]　通信技術やコンピュータの発達によって情報の価値が高まり，その価値を中心に，大量の情報の生産や伝達，処理により動く社会のこと。

情報化の進展によって個々人の生活のすみずみまで管理網がはりめぐらされ，マスメディアによる情報操作も容易になることで，一部のエリートによって情報管理された**管理社会**となることを懸念する意見もあった。しかし，20世紀終盤に始まった**ICT革命**(**情報通信技術革命**)によって，それまで一部の企業や個人が独占していた情報発信の手段が多くの人の手に渡り，ネットワークを通じて誰でも世界中の人々と情報を交換することができるようになった。情報の流れが双方向的なものになり，あらたな可能性と課題が生じてきている。
> **類** 高度情報社会

情報通信技術革命[C](**ＩＣＴ革命**)(じょうほうつうしんぎじゅつ−かくめい)(−かくめい) [information and communications technology revolution]　20世紀終盤からのコンピュータ・情報通信技術の発達によってもたらされた，社会・生活の大きな変革のこと。パソコンや携帯電話などの情報機器やインターネットの普及によって，大量の情報が世界規模で双方向的に交換可能になり，産業構造や技術，サービス，マスメディアのあり方なども大きな変化を余儀なくされていることから，18世紀の産業革命に匹敵する大変革と見なされることもあ

る。ICTとは情報通信技術のことであり，日本ではICT革命ともよばれた。
> **類** 情報技術 **B**④

双方向性[C]③(**インタラクティブ**[C]②)(そうほうこうせい) [interactive]　通信・放送などにおいて，情報の伝達が一方向ではなく，送信・受信の両方が可能であること。今日では，インターネット・ブロードバンド回線など通信技術の発達により，ネットワークを通じて世界中の人々と送受信することが可能となっている。

高度情報通信システム(こうどじょうほうつうしん−) [information network system]　コンピュータ・コミュニケーション時代の，電話や画像・データなど増大していく情報通信に対応できるように，通信網(通信インフラ)をアナログからデジタルへと切り替え，さまざまな通信を一本化したシステムのこと。より高速で大容量の通信網を社会的に整備していくことが目指されている。

コンピュータ **A**①[computer]　電子回路を利用し，プログラムに従って情報処理をおこなう機械。電子計算機。演算，記憶，制御，入力，出力の5つの機能を備えた装置(ハードウェア)によって構成され，それにソフトウェアのプログラムから命令が与えられることで情報が処理される。

ハードウェア [C] [hardware]　一般的には機械設備のことであり，コンピュータ用語としては，コンピュータ機器本体や電子回路，周辺機器など物理的実体をもつものを指す。ハード。

ソフトウェア [C] [software]　ハードウェアに対して，コンピュータ機器を動かし，制御する手順や命令などを示すプログラムのこと。広義には，音楽や映像など，機器を用いて伝達されるプログラム以外の情報を指す場合もある。ソフト。

情報メディア [C] (じょうほう−) [information media]　情報伝達のための方法，手段のこと。文字を伝える書籍や新聞，音楽を伝えるCD，画像を伝える写真，映像を伝えるテレビや映画などを指す。一般的には新聞・雑誌・テレビ・ラジオなど，報道機関(マスメディア)を指していう場合も多い。

また，CDやDVD，ブルーレイディスクやSDカードなど，記録や保管のために

使用されるメディアを指すこともある。

情報産業 **C**（じょうほうさんぎょう）[information industry]　情報にかかわる産業の総称。狭義には，コンピュータ関連のハードウェアや通信機器を扱うコンピュータ産業，通信やシステム設計，ソフトウェア開発などの情報サービス産業，そして電気通信産業を指すが，広義には新聞，放送，出版などマスコミ産業も指す。

マスコミ **C**（**マス-コミュニケーション** **A**①）[mass communication]　マス-コミュニケーションの略。新聞・雑誌・ラジオ・テレビなどのマス-メディアを介して，不特定多数に大量の情報を伝達すること。印刷技術や電信技術の発達によって発展した。①大衆（マス）に大量（マス）の情報を送る，②情報の送り手と受け手が固定された一方的伝達であり，伝達内容が画一的，という特徴がある。転じて，マス-メディアの意味でも使われる。

マス-メディア **A**⑧[mass media]　マス-コミュニケーションにおける媒体のこと。新聞・雑誌・ラジオ・テレビなど，不特定多数の人に情報を伝達する手段。

有線テレビ（ＣＡＴＶ） （ゆうせん-）[cable television]　視聴者宅までケーブルや光ファイバーなどの有線を敷設するテレビ放送の方法。情報を双方向で伝達することが可能であるため，近年ではブロードバンド回線のひとつと位置づけられ，インターネットや電話回線としての利用も拡大してきている。

衛星放送 **C**（えいせいほうそう）[satellite broadcasting]　人工衛星を用いておこなうテレビやラジオの無線放送。宇宙空間に打ち上げられた放送衛星[BS；broadcasting satellite]・通信衛星[CS；communications satellite]から直接電波を届けるため，中継施設を必要とせず，地形や建築物の影響を受けにくい。画像・音声が良好で，ハイビジョン（高品位テレビ）放送拡大の主因ともなっている。

情報環境 （じょうほうかんきょう）[information environment]　情報へのアクセスや働きかけのための諸条件がどれだけ整備されているかに注目した語。情報はしばしば偏在するため，情報源の遠近や量の多少，シ

ステムの相違などによって情報格差が生まれることがある。

脱工業（化）社会 （だつこうぎょうかしゃかい）[post industrial society]　アメリカの社会学者ダニエル＝ベルが唱えた，工業社会の次の段階の社会のことで，情報・サービス産業が主導的役割を担っている社会。工業社会では物やエネルギーが資源として重視されてきたが，脱工業化社会では知識や情報，通貨，サービスなどが重要な資源とされる。

ダニエル＝ベル **A**①[Daniel Bell, 1919〜2011]　アメリカの社会学者。1960年に『イデオロギーの終焉』を発表，階級闘争を基盤とするイデオロギーは役割を終えたと主張した。また，1973年の『脱工業社会の到来』では，工業社会の次に，情報・知識・サービスなどが価値・産業の中心となる「脱工業社会」が到来することを論じ，情報社会を基礎づけた。

マクルーハン **B**⑥[Marshall McLuhan, 1911〜80]　カナダのメディア学者，英文学者。たとえばグーテンベルクによる活版印刷の発明により，口頭伝承が文書へと変化し，ひとりで読まれる小説が人々の抽象的な思考と想像力を発達させたように，メディアはそれが伝える内容よりも，むしろその形式自体が人々の感覚や社会のあり方に大きな影響を与える（「メディアはメッセージである」）と論じた。

グーテンベルク **C**[J. Gutenberg, 1400?〜68]　ドイツの活版印刷術の発明者。金属活字と良質のインクを使って活版印刷の技術を確立し，『42行聖書』（『グーテンベルク聖書』）などを刊行した。この技術によって聖書や古代ギリシャ・ローマの古典，自然科学に関する書物の大量印刷が可能になり，宗教改革やルネサンス，科学革命の一因となった。

世論 **B**②（よろん／せろん）[public opinion]　社会の構成員が，重要な社会的問題について抱いている意見。世論形成のためには，言論や集会の自由が確保され，自由に意見が交わされ，情報が偏りなくゆきわたることが前提となるが，操作的情報によって世論が一定の方向に導かれる危険性もリップマンによって指摘されている。

リップマン **B**④[Walter Lippmann, 1889

第Ⅴ編

〜1974〕 アメリカのジャーナリスト，評論家。主著『世論』では，世論の非合理的性格と世論操作の危険性，大衆社会の問題点を指摘した。ベトナム戦争と当時のアメリカの反共産主義的傾向を厳しく批判したことでも知られる。

世論操作 **C**（よろんそうさ）[manipulation of public opinion] 政府や政党，大企業などがマス-メディアを活用して，伝達する情報内容を選択・加工・改変し，情報を受け取る人の印象や判断を操作することで，世論を自分たちに都合のよい方向へ導こうとすること。

シンボル操作 （-そうさ）[symbol manipulation] もともとは大きな意味を持っていない物や言葉，行動様式などに，特定の意味内容を持たせてシンボル（象徴）として扱うことで，人々の意見や態度，行動などを操作すること。大衆を強制によらずに操作する効果的な方法のひとつと見なされている。

ステレオタイプ **B** 10 [stereotype] 特定の国や民族，出来事について，ある社会集団の中で共有されている，単純化・固定化されたイメージのこと。

リップマンは主著『世論』において，メディアによって伝達される情報が選択・加工され，単純化されることでステレオタイプが形成され，それが時に偏見や敵対的行動を助長する危険性を指摘した。

擬似環境 **C**（ぎじかんきょう） 現実の環境に対して，マス-メディアが提供するイメージによって想像の中で形成される環境のこと。リップマンは，現実の環境の認識から擬似環境が作られる過程で，ステレオタイプによって事実の恣意的な選別や曲解が起こると論じた。

ブーアスティン **C** 2 [Daniel J. Boorstin, 1914〜2004] アメリカの社会学者，作家。テレビを代表とするマス-メディアが報道に際して再構成する「事実」を「擬似イベント」とよび，主著『幻影の時代』ではそのような幻影を娯楽として求める大衆文化のあり方をあぶり出した。

擬似イベント **C**（ぎじ-） 人々が求めるようなかたちに，メディアが事実を再構成したもののこと。ブーアスティンは，事実よりも本物らしく，理解しやすい擬似イベントによって，人々がものごとを見る見方や考え方が方向づけられていると指摘した。

アンダーソン **C** [Benedict Richard O'Gorman Anderson, 1936〜] アメリカの政治学者。著書『想像の共同体』で，国民国家が歴史的に創出される過程を解明し，「国民」とはイメージとして心に描かれた「想像の政治共同体」であって，新聞など印刷・出版産業の進展によって形成されてきたものであるとした。

情報洪水 （じょうほうこうずい） 情報化の進展により，大量の情報が人々にもたらされるようになること。この過程で，情報の質が低劣化したり，真に必要な情報を入手するのが困難になったりする。また，情報に依存しすぎることで感覚や主体的判断力が失われたり，逆に情報への不信が強くなる場合もある。

第三の波 （だいさん-なみ）[the third wave] アメリカの文明評論家アルビン＝トフラー（1928〜2016）が著書『第三の波』（1980年）において提唱した概念で，第一の波（農業革命），第二の波（産業革命）に続く情報革命・脱産業社会のこと。現代はこの第三の波の中にあり，それによって作られる未来社会では，社会構造や行動原理などが根本的に大変革するという。

2 情報社会の現状と課題

ネットワーク社会 **B**（-しゃかい）[network society] 情報・通信ネットワークが高度に整備され，発達した社会のこと。各人が自由に世界的規模で情報をやりとりでき，また，様々な情報機器・装置がネットワークで結ばれることで，より便利な生活が実現すると期待されている。

類 通信ネットワーク社会 **C**

ユビキタス社会 **C** 4 （-しゃかい）[ubiquitous society] 「いつでも，どこでも，何でも，誰でも」ネットワークにアクセスできる社会のこと。ブロードバンド回線や無線LAN環境などネットワークが多様化し，パソコンだけでなく情報端末機器，家電製品などあらゆる機器が，いつでもどこでもネットワークにつながることで様々なサー

ビスが提供される。より多くの人々がネットワークを活用し，生活をより豊かで便利なものにすることが期待されている。

オンライン-コミュニティ 🄲 [on line community] インターネット上で，共通の趣味や関心，目的を持った利用者が集まり，コミュニケーションをおこなう場のこと。また，そこで提供されるネットワークサービス。ブログや電子掲示板，SNS，チャットなど様々なかたちのコミュニティが存在する。

ソーシャル-ネットワーキング-サービス（ＳＮＳ🄲） [social networking service, social networking site] インターネット上での交流・親睦をを目的としたネットワークを提供するサービスのこと。狭義には，メンバー間の交流を促進するための会員制サービスを指し，初期には先にそのサービスのメンバーとなっていた人からの紹介・招待がないと参加できないシステムになっているものや，一定のプロフィールの公開を義務づけるものが多かったが，近年はその形態も多様化してきている。広義には，社会的ネットワークを構築できる**ソーシャルメディア**全般を指し，電子掲示板や，コメント・トラックバック機能のある**ブログ**などもこれに含まれる。

パーソナル-コミュニケーション 🄐🄵 [personal communication] 個人間で直接的におこなわれる意志や情報の伝達のこと。一方的に情報が伝えられるマス-コミュニケーションに対し，双方向的である点に特徴がある。電子メールやインターネット上でのチャット（文字によるおしゃべり）などは新種のパーソナル-コミュニケーションといえる。また，口コミもこのひとつであり，これを効果的に利用した広告・営業活動も近年増加している。

インターネット 🄐🄕 [internet] 世界各地のコンピューターネットワークを結んだ，世界規模の巨大なネットワーク。その主なサービスに，WWW［world wide web］によって公開されている情報の閲覧，電子メール，ファイルの保管などがある。インターネットを通じて，地球規模でのコミュニケーションや情報のやりとりが可能になった。

電子メール 🄱 (でんし-) [electronic mail] インターネットなどのネットワークを通じてメッセージを交換するシステム。e-mailともよぶ。文字（テキスト）以外にも，画像や音声データなどを送受信できる。パソコンや携帯電話，スマートフォンなど情報端末機器の進展とともに，急速に普及した。

ホームページ 🄲 [home page] 狭義にはWebサイトのトップページ（タイトルページ）のことであるが，一般にはWebサイト・Webページの意味で使われることが多い。インターネット上で情報を発信・公開するために作成される。ＨＰ。

類 情報発信 🄲

匿名性 🄱🄷 (とくめいせい) [anonimity] ある行為・発言をした人物を特定できないこと。インターネット上では，情報の発信者が特定されにくいという匿名性によって，活発な発言・発信ができるというメリットがある一方，誤情報や個人への中傷を意図的に発信したり，ネット犯罪が多発するなどのデメリットもある。

ｅコマース（電子商取引） (でんししょうとりひき) [electronic commerce] インターネットなど情報通信ネットワークを利用した商取引とゅのこと。EC（イー-コマース）。流通構造の変革，電子マネーの利用促進などで活発化し，あらたな経済手法として注目されている。

電子マネー (でんし-) [electronic money] パソコンやICカードなどにあらかじめ現金と引き替えに電子的貨幣価値を準備しておき，この貨幣価値のやり取りを通じて，商品やサービスの代価を支払う方法。インターネットを利用した電子商取引や特定のサービス内での決済に使われる。今日では，プリペイド型電子マネーの普及がすすみ，公共交通機関や小売店での利用も広がっている。

バーチャル-リアリテイ 🄱 [virtual reality] コンピューター-グラフィックス（CG）やシミュレーション技術によって，実在しない仮想世界を人工的に構築し，その空間を擬似体験させること。またその技術。**仮想現実**。ゲームやオンライン-コミュニティでの自分の分身となるキャラクター（アバター）の操作や，飛行訓練・自

動車運転練習用のシミュレータなどがその一例。

サイバースペース C **(仮想世界)** (かそうせかい) [cyber space] コンピュータやネットワーク上に作られた仮想空間のこと。現実世界の空間に準えて情報通信空間，電脳空間ともよばれる。

データベース C [database] 目的・用途ごとに，大量のデータをコンピュータが処理しやすいかたちで蓄積・整理したファイル。また，その集合体のこと。それらを処理するソフトウェアを含め，データベース管理システム，データベース-システムと呼ばれることもある。

メディア-リテラシー A1 [media literacy] 多様なメディアによってもたらされるさまざまな情報を，主体的に取捨選択し，判断・評価・利用する能力のこと。リテラシー [literacy] とはもともと読み書きの能力のことであるが，情報社会においては，受け取った情報を適切に処理し，利用する能力が求められる。

類 情報リテラシー B4

デジタル-デバイド A2 [digital divide] パソコンやインターネットをはじめとする情報通信技術を活用できる人とできない人との間に生じる**情報格差**のこと。年齢や地域，経済的理由など，さまざまな原因によって生じた個人間・集団間の情報格差は，就業や収入にも影響し，社会的・経済的な格差を広げ，固定化するとして問題になっている。近年では，先進国と，情報通信技術の活用が困難な発展途上国との間の情報格差も広がり，その解消が地球規模の課題となっている。

情報倫理 B **(情報モラル** C**)** (じょうほうりんり) (じょうほう-) [information ethics] コンピュータおよび通信ネットワークの急速な発達を背景とした情報社会において求められるようになった個人と社会の倫理。また，その研究をおこなう学問分野。
コンピュータやネットワークの不正使用，情報セキュリティ，知的財産権，表現の自由など，問題は多岐にわたっている。

知的財産権 B2 (ちてきざいさんけん) [intellectual property right] 発明・デザイン・著作など，人間の知的創作活動による利益に対して認められる権利。**知的所有権**ともいう。具体的には，著作権，工業所有権(特許権，商標権，実用新案権，意匠権)，商号権など。近年ではデジタル化やインターネットの普及により，知的創作物の複製や肖像権の侵害などの問題が深刻になっており，対策が急務とされている。

ネチケット C [netiquette] インターネットなどネットワークを利用する際に守るべきルールやエチケットのこと。ネットワークとエチケットを組み合わせた造語。具体的には，大容量メールやチェーンメールの禁止，使用文字の制限などのほか，他者への誹謗中傷をしない，個人情報を流出させないなど，日常生活におけるルールと共通する内容もある。当事者の判断や倫理観に負う部分も多い。

コンピュータ犯罪 C **(サイバー犯罪** B2**)** (-はんざい) (-はんざい) [computer crime] コンピュータやネットワークを利用する犯罪のこと。データやプログラムの不正操作や違法コピー，コンピュータ-ウィルスによる妨害行為，銀行やカード会社のシステム不正操作による金銭・物品の窃取・詐取などがある。
日本では，これらを取り締まるため，2000年より「不正アクセス行為の禁止等に関する法律」が施行されている(2013年改正)。

サイバーテロ [cyber terrorism] 特に政府や公共機関にかかわるコンピュータ-システムを大規模に破壊し，政治や経済，社会システムに混乱を引き起こそうとする行為のこと。これに対抗するため，日本では警察庁が1998年にサイバーポリス(「電脳警察」とも)を始動させ，サイバーテロのみならず，**ハッキング**(システムへの不正侵入や破壊行為)，**迷惑メール，架空請求メール，スパイウェア**(ユーザー本人にわからないように個人情報を収集するソフト)，**フィッシング**(インターネットを利用した詐欺犯罪)など幅広いサイバー犯罪の取り締まりを進めている。

情報セキュリティ C (じょうほう-) [information security] コンピュータやネットワーク上の情報(データ)が外部に流出したり，破壊されたりしないように必要な対

策をとり，情報システムの安全性を確保すること。また，そのためのシステム。コンピューターセキュリティ，ネットワークセキュリティともいう。

コンピューターウイルス **B**［computer virus］　ネットワーク等を介してコンピュータに侵入し，ファイルやハードディスクの破壊，データの改ざんなどをおこなう特殊なプログラムのこと。感染しないための対応策として，ウィルスを探し出し削除するウィルス対策ソフトの導入など，セキュリティ対策が必須とされている。

不正アクセス禁止法　(ふせいアクセスきんしほう)　他人のIDやパスワードを使用したり，システムの脆弱性ぜいじゃくを突いてコンピュータに侵入する行為や，IDやパスワードを部外者に教えるような不正アクセスを助長する行為を禁止する法律。2000年施行。正称は「不正アクセス行為の禁止等に関する法律」。他人のコンピュータに不正にアクセスする行為自体を犯罪と認め，データの盗難や破壊行為がなくとも処罰の対象としている。

知る権利 **B**2［しるけんり］［right to know］国民が，国家や行政機関，大企業等に対して，公共性の高い情報の提供・公開を請求できる権利。表現の自由と並び，民主主義の基本条件とされる。日本では1999年に情報公開法が制定され，多くの地方公共団体で情報公開条例が定められるなど，情報公開制度の整備が進められている。

アクセス権 (-けん)［right of access, access right］　①公共機関に情報の公開を求める権利。②市民が情報の送り手としてマスメディアを利用する権利。これを**パブリック-アクセス**とも言い，これまでのマスメディアからの一方的な伝達ではなく，たとえばまちがった報道に対する反論や意見広告の掲載を請求することを保証するもので，欧米では法律で定められている場合も多い。③コンピュータ用語として使われる

場合は，ネットワークやサーバー，特定のファイルにアクセスし利用できる権利のことを指す。

情報公開制度 **C**（じょうほうこうかいせいど）［the freedom of information system］　国や地方公共団体などの行政機関が保有する情報を，国民が自由に知ることができるよう，情報の開示請求に応じることを義務づける制度。日本では1980年代から地方公共団体で**情報公開条例**の制定が進み，2001年からは**情報公開法**が施行されている。

プライバシーの権利 **B**2（-けん）［right of privacy］　**プライバシー**とは個人の私生活や家庭内の私事のことであり，それを他人から干渉・侵害されない権利のこと。各人が社会生活を送る上で有する，生命や身体，自由などに関する権利である**人格権**のひとつとして認められている。

　基本的には個人の私的な生活や情報を他人の干渉から守る権利であるが，個人情報を保有する機関に対して，開示や誤りの訂正を求める権利も含まれる。

個人情報保護法 **B**2（こじんじょうほうほごほう）個人情報の取り扱いに関する法律。個人情報とは，生存する個人に関する情報であり，氏名や生年月日その他，ほかの情報と照合しょうごうすることで特定の個人を識別しきべつすることができるものを指す。情報社会の進展にともない，行政機関や民間の事業者が保有する個人情報の漏洩ろうえいやプライバシーの権利の侵害などが問題となって2003年に成立，2005年から全面施行された。

　この法律に関連して，2003年，国の行政機関を対象として個人情報の取り扱いに関するルールを定めた**行政機関個人情報保護法**が成立した。すべての都道府県・市区町村においても，2006年以降，**個人情報保護条例**が制定されている。また2015年の法改正では，個人情報を取り扱うすべての事業者に，個人情報保護法が適用てきようされることになった。

5章 グローバル化の時代と倫理

1 経済活動と倫理

経済活動と倫理 **C**（けいざいかつどう-りんり）　経済活動と倫理は、かつては密接に結びついていた。現代まで続く資本主義経済に話題をかぎっても、たとえば近代経済学の祖とされるアダム＝スミスは道徳哲学者でもあり、経済活動も**公平な傍観者**という第三者からの共感を得られる、倫理的基準を満たすフェアプレーでなければならないと考えた。またドイツの社会学者マックス＝ウェーバーは、主著『プロテスタンティズムの倫理と資本主義の精神』において、近代ヨーロッパにおいてのみ資本主義経済が成立した背景として、プロテスタンティズム（新教）に特有の職業倫理と隣人愛の倫理を指摘した。

　高度に発展した資本主義経済では、経済活動は倫理から独立した領域を形成し、倫理はそれを外部から制約するにすぎないと考えられがちだが、今日あらためて経済活動と倫理の結びつきが重要になっている。1990年代以降多発した企業の不祥事を受けて、法令や社会規範を適切に守る**コンプライアンス**に対する消費者やマスコミの眼は厳しくなっており、倫理を無視した経済活動を行う企業は、市場からの退場を命じられ経済活動そのものを続けられなくなりかねない。また、企業による社会問題の解決や地域社会への貢献といった**CSR（企業の社会的責任）**活動への評価は、企業そのものの価値を判定する重要な基準となりつつあり、これを指標として投資を行うシステムも存在している。倫理の観点でも高く評価される経済活動が、企業の市場価値を高めもする時代になっているのである。

コーポレート-ガバナンス **C**（企業統治**C**）（きぎょうとうち）［corporate governance］企業やその経営者の活動を律する枠組みのこと。現代の**株式会社**では、支配者である株主と本来的にはその代理人にすぎない経営者の分離が進んでおり、経営者が株主の意向や利益を無視した行動をとらないよう監視・監督する必要が高まっている。株主を重視するアメリカでは、社外取締役がコーポレート-ガバナンス上の重要な役割を担っている。

コンプライアンス **C**（法令遵守**C**）（ほうれいじゅんしゅ）［compliance］企業が法令や**企業倫理**などの社会規範を守ること。日本では欧米諸国に比べ、利益のために法令違反を犯した企業に対して比較的寛容であったが、企業活動の**グローバル化**や多発する日本企業の不祥事を受けて、法令遵守の重要性は高まっている。

ディスクロージャー **C**（情報公開**B**）（じょうほうこうかい）［disclosure］企業が自らの経営状態や経営方針等の情報を適切に開示すること。不適切・不十分な情報は株主や投資家、さらには社会全体に重大な損失をもたらすため、違反行為には制裁が科される。コーポレート-ガバナンスの観点からも適切な情報公開は不可欠である。

アカウンタビリティ **C**［accountability］企業や行政機関など、社会的影響力を持つ組織の活動を説明する責任のこと。一般に**説明責任**と訳される。この用語は政治や行政の場面で使われることが多いが、企業活動に関しては、株主から委託された資金の用途についての説明責任の意味で用いられる。

CSR（企業の社会的責任C）（きぎょう-しゃかいてきせきにん）［Corporate Social Responsibility］企業が株主や取引先の利益だけでなく、消費者や地域社会などへも利益を生むように行動すべき責任のこと。企業は株主だけのものではなく社会全体のものであるという見方に立脚し、社会規範に反する企業活動を行わない**コンプライアンス**の側面だけでなく、積極的に社会への貢献や社会問題の解決に努めるべきであるという側面もある。

メセナ **C**［mécénat］企業などによる芸術文化活動への支援のこと。この語はウェルギリウスやホラティウスといった詩人を支援した、古代ローマの政治家ガイウス＝マエケナス（Gaius Maecenas, ？〜前8）に由来する。企業による美術館・音楽ホー

ル等の運営や，文化助成財団を通じた資金援助などが代表的な例である。

フィランソロピー **C** ［philanthropy］　対価を期待しない慈善（じぜん）活動のこと，とくに企業による社会への貢献（こうけん）活動のこと。この言葉は「人類愛」を意味するギリシャ語に由来し，博愛や慈善などの意味を持つ。ただ現代では主に，福祉・教育への支援やメセナといった，企業による社会貢献活動を指して用いられている。

ソーシャル−ビジネス **B** ［Social business］地域社会の諸問題を，ビジネスの手法によって解決しようとする事業体のこと。ボランティアではなく有料のサービスを提供するが，事業体の利益よりも，行政では対応しきれない社会問題の解決を主な活動目的とする。

非正規雇用労働者 **C** （ひせいきこようろうどうしゃ）アルバイト従事者やパートタイマー，派遣（はけん）労働者など，正規雇用以外の雇用形態で働く労働者。全労働者に占める非正規雇用労働者の割合は，2010年以降，増加傾向にある。正社員と同じように働く非正規雇用労働者もいるが，総じて正社員に比べると賃金が低く，雇用先の事情によって契約更新の拒絶や解雇にあうなど，立場も不安定である。

ワーキング−プア **C** ［Working poor］　働いているのに生活保護水準以下の生活しかできない貧しい人々のこと。国民間の経済的格差の拡大した現代の日本では，とくに**非正規雇用労働者**として働く若年層に増加している。

過労死 **C** （かろうし）　過度の労働負担が誘因（ゆういん）となってもたらされた死のこと。医学的には脳出血（のうしゅっけつ）や心筋梗塞（しんきんこうそく）といった脳や心臓の疾患（しっかん）が死因となる。また近年では，過度の労働のためうつ病を発症し，その結果自殺に及ぶ**過労自殺**も問題となっている。

フレックス−タイム制 （−せい）［Flextime system］　労働者が出社と退社の時刻を自由に決定できる制度。必ず働かなければならない時間帯（コアタイム）の前後に，労働者が働く時間帯を選ぶフレキシブルタイムを設ける。

労働基準法 **C** （ろうどうきじゅんほう）　労働条件の最低限度の基準を示す法律。日本国憲法第27条２項は勤労条件に関する基準を法律で定めるとしているが，これを受けて1947年に制定された。使用者には労働基準法で示された基準を遵守（じゅんしゅ）すべき義務があり，その違反に対しては罰則がある。

リストラ **C** （リストラクチャリング）［restructuring］　企業による事業の全面的な見直しと再構築に伴う解雇のこと。リストラクチャリングは本来的には不採算部門からの撤退（てったい）や組織の簡略化などを指すが，それらには従業員数の削減を伴うため，現代日本語の「リストラ」は従業員の解雇の意味で用いられている。一般に再就職が困難な中高年の社員がリストラにあうと，家計の悪化や労働に伴う誇りの喪失（そうしつ）といった，深刻な問題が生じることが多い。

非正規雇用 **C** （ひせいきこよう）　アルバイトやパート，派遣労働といった，正規雇用以外の雇用形態。ほとんどが一定の期間だけ雇用契約を結ぶ有期雇用であり，得られる賃金も正社員に比べて低いことが多い。

ワークシェアリング ［Work sharing］　一人当たりの労働時間を短くすることで，より多くの人で仕事を分かち合うこと。求職者により多くの雇用機会をもたらすとともに，現在の労働者にとっても長すぎる労働時間を短縮し，多様な勤務形態を選べるといった利点がある。ただ企業にとっての生産性の低下や労働者にとっての収入の減少といった問題点もある。

2 多文化・宗教状況

グローバリズム **C** ［globalism］　人間の活動が地域・国家の枠組みを超えて地球規模のものになりつつある現象（グローバリゼーション，グローバル化）を踏まえ，人間の活動の地球規模での一体化を推進する立場。地球［globe］から作られた造語である。経済活動の領域では，資金や人や情報が国境［border］を超えて行き交う，ボーダレス社会の到来という国際情勢に基づき，全世界的な自由貿易や市場経済の拡大を目指す立場を意味する。また環境問題や資源・エネルギー問題など国家単位では解決できない問題に，人類が協力して取り組も

うとする立場を指すこともある。

類 グローバリゼーション 🄲 グローバル化 🄰5

国際交流（こくさいこうりゅう） 諸外国の人々や組織と、互いに行き来しやり取りをすること。諸外国との相互理解と友好親善を深めるための、文化やスポーツなどの分野での活動を指すことが多い。

父母両系血統主義（ふぼりょうけいけっとうしゅぎ） 父母のどちらかが自国民であれば、その子に国籍を与える主義。かつて日本では、父親が日本人である者にのみ日本国籍を認める**父系血統主義**（ふけいけっとう）がとられていたが、1984年の国籍法改正で父母両系血統主義に改められた。なお、外国人も帰化（きか）によって日本国籍を取得でき、その条件を国籍法の帰化条項（第四条〜第十条）が定めている。また、外国の国籍も有する日本国籍保持者は、そのどちらかを選択しなければならないという国籍選択制を採用している。

外国人労働者 🄱（がいこくじんろうどうしゃ） 国籍を持たない他国に住み、そこで働く人々。近年ではグローバル化にともない労働者の国境を越えた移動は盛んになっており、受入国で様々な問題が生じている。とくに在留期間を越えて滞在し働きつづける**不法滞在**や**不法就労**（しゅうろう）の問題が大きい。

多国籍企業 🄲1（たこくせきぎぎょう）[multinational enterprise, transnational corporation] 複数の国家にまたがって事業を展開する企業。国際連合では「2ないしそれ以上の国で資産を有する企業」と定義されているが、世界的に市場シェアを争うなど企業規模の大きい巨大企業が多い。多国籍企業は経済のグローバル化を推し進める原動力のひとつであるが、国家間の経済格差を拡大し、進出した国や地域の住民の生活に多大な影響を及ぼす存在でもある。

文化のグローバル化（ぶんかか） 人間の文化が国家や文化圏などの枠組みを超え、世界規模のものになる現象（げんしょう）。ある個人や民族が自文化の枠組みを絶対視することなく、他国や他民族との相互理解をはかる土台となるという点では、肯定的な意味を持つ。ただ同時に、各文化の特色を失わせる世界規模での文化の画一化という問題点もある。

文化 🄰9（ぶんか）[culture] 民族や地域社

会の成員などに共有（きょうゆう）された、生活の営みかたや様式の総体のこと。衣食住の様式など生活習慣に関わるものから、言語やマナーなど社会生活の根本に関わるもの、さらに宗教や芸術や学問など人間の精神的活動の成果までが含まれる。英語の[culture]の語源は「耕作」の意味であり、人間が自然に手を加えることで、生み出され獲得されたものが文化なのである。

なお代表的な分類法として、①道具や機械や技術など、生活のために必要な物質からなる**物質的文化**、②宗教や芸術や学問など、人間の精神的活動の成果である**精神的文化**、③慣習や法律や道徳など、社会生活を送るためのきまりとなる**制度的文化**の三つに、文化の内容を分類するものがある。

文化人類学 🄰（ぶんかじんるいがく）[Cultural anthropology] 人類の各文化と社会を研究する学問。研究対象となる社会や地域に住み込んで調査する「フィールドワーク」を主な研究方法とする、実証的な学問であり、各文化の発生と発展、構造と類型などを明らかにする。

世界遺産（せかいいさん） 世界的に重要で、損傷や破壊から保護すべき遺産。建築物や都市などの**文化遺産**と国立公園や渓谷（けいこく）などの**自然遺産**がある。ユネスコ総会で1972年に採択された条約にもとづき、この条約の締約（ていやく）国は自国内の世界遺産を保護する義務を負う。締約国から推薦（すいせん）された遺産を世界遺産委員会が判断し、認められたものが**世界遺産リスト**に登録される。2021年7月現在で文化遺産897件、自然遺産218件、複合遺産39件の1,154件が世界遺産リストに登録されている。

日本の世界遺産（にほんせかいいさん） 世界遺産リストに登録された、日本国内にある自然遺産および文化遺産。日本は1992年にユネスコの世界遺産条約を締結し、翌1993年、白神（しらかみ）山地と屋久島の2件が自然遺産に、法隆寺地域の仏教建造物と姫路城の2件が文化遺産に登録された。1994年に古都京都の文化財が、1996年には原爆ドームと厳島（いつくしま）神社が登録され、その後も国内の文化遺産は増えている。自然遺産には知床（しれとこ）（2005年）と小笠原諸島（2011年）、奄美・沖縄（2021年）の3件が加わった。

自然遺産	屋久島・白神山地・知床・小笠原諸島・奄美大島、徳之島、沖縄島北部及び西表島
文化遺産	法隆寺・姫路城・京都の文化財・白河郷・原爆ドーム・厳島神社・奈良の文化財・日光の社寺・琉球王国遺産群・紀伊山地の霊場と参詣道・石見銀山・平泉・富士山・富岡製糸場と絹産業遺産群・明治日本の産業革命遺産・ル・コルビュジエの建築作品・宗像、沖ノ島・長崎と天草の潜伏キリシタン関連遺産・百舌鳥、古市古墳群・北海道、北東北の縄文遺跡群

2021年9月現在の日本の世界遺産は計25件(自然遺産5件, 文化遺産20件)。

類 伝統文化 B④

文化の多様性 C (ぶんかたようせい) 文化が地域や民族に応じて多様であること。国家ごとに文化が異なるばかりでなく、ひとつの国家の内にも異なる文化を共有する複数の集団が存在していることが多い。**ユネスコ**では異文化間の交流を発展させるため、2003年に「文化多様性に関する世界宣言」が採択された。

類 文化の普遍性

文化摩擦 C (ぶんかまさつ) 自分たちの文化とは異なる文化への無理解や誤解に由来する、複数の文化のあいだでの葛藤 (かっとう) や緊張などのこと。個々人のあいだでも、民族や国家のあいだでも生じることがある。他文化への軽視や差別、敵視につながることもある。

カルチャー−ショック B [culture shock] 自分の慣れ親しんできたのとは異なる文化に触れることで生じる、違和感 (いわかん) や心理的な動揺のこと。人間には自分の慣れ親しんだ文化を自明なものと見なす傾向があり、その自明であるはずの文化とは異なる風習や考え方に触れると、自分の存在の基盤そのものが揺るがされるような衝撃を受けることがある。カルチャー−ショックへの反応は様々で、自己の精神的な安定を守るために、異文化に偏見を持ち敵視することもあるし、逆に自分の生まれ育った文化に対して疑問や違和感を抱くこともある。学業や仕事のため国境を越えて移動する人は増

加しており、カルチャー−ショックを体験する機会も増えている。

多文化共生 B (たぶんかきょうせい) それぞれ個性を異にする様々な文化が、排除しあったり自文化を押しつけあったりするのではなく、交流しながら共に生きていくこと。その実現のためには考え方や価値観の違いを人類の文化の豊かさとして肯定的にとらえ、とりわけ立場の弱い少数派の文化を尊重することが必要である。

マルチ−カルチュラリズム C (多文化主義 A④) (たぶんかしゅぎ) [multiculturism] 移民の多い国家において、少数民族・文化の特色と伝統を尊重しようとする立場のこと。多数派の民族の文化への同化を目指す、**同化主義**の対極にある。1970年代以降のカナダやオーストラリアの多文化主義政策がよく知られており、多様な民族の人々が暮らすアメリカでも長い議論の歴史がある。外国人労働者が増えている日本でも、多文化主義の思想のもとに外国人と日本人の共生をめざすこころみが続けられている。

類 文化多元主義

宗教多元主義 C (しゅうきょうたげんしゅぎ) [Religious pluralism] 宗教的な真理や救いを特定の宗教や宗派に限定せず、それらはいずれの偉大な宗教にも含まれうるとする宗教の理解の仕方。他の宗教に対する独善的・排他的な態度を相対化し、様々な宗教が互いを尊重しつつ共に存在することへと途を開く可能性がある。今日あるべき宗教についての考え方として、イギリスのキリスト教神学者ジョン = ヒック (John Hick, 1922～2012) が提唱した。

3 異文化への理解と尊重

文化交流 C (ぶんかこうりゅう) 芸術や教育などの分野で他の文化に属する人々と交流すること。異文化理解のための重要な機会となるとともに、他の文化に属する人々の自文化に対する偏見や誤解を取り除く機会ともなる。複数の文化・国家間で、たがいに外国での公演や演奏をおこなったり、自国語の教育のための機会を提供しあったりすることが、文化交流の一例である。

異文化理解 B④ (いぶんかりかい) 自分の属す

る文化とは異質な文化を理解すること。人間には自分の慣れ親しんだ文化に由来する尺度を基準として他の文化を判断する傾向があり、異文化理解のためには努力が必要である。とくに国境を越えて人や情報が行きかう現代の世界において、異文化理解の必要性は増しており、そのためには自分とは異なる文化の、とりわけ立場の弱い少数派の文化の、固有の考え方や価値観を尊重しようとする態度が必要である。日本には、中国・朝鮮や西欧など外来の文化を柔軟に受け入れつつ自文化を形成してきた伝統があり、世界の異文化理解の領域でも貢献しうる余地がある。

類 文化共存

エスノセントリズム **Ⓐ**5〔**自民族中心主義** **Ⓐ**②〕（じみんぞくちゅうしんしゅぎ）〔ethnocentrism〕　自分の民族の文化をそれと意識することなく絶対視し、他の民族の文化を劣ったものとみなす、自己中心的な態度のこと。異なる民族や文化間の摩擦や争いのもとになるとともに、少数民族に自分たちの文化を押し付ける同化主義や、自分たちの文化を受け入れない人々に対する差別や排除につながる。こうした態度は東洋でも西洋でも昔から見られるものだが、**グローバル化**と国際協力の進む今日では、とくにエスノセントリズムの反省と克服の必要性が高まっている。

類 自文化中心主義 **Ⓒ**

文化相対主義 **Ⓑ**④（ぶんかそうたいしゅぎ）　それぞれの文化は固有の価値を持ち、文化と文化の間に優劣をつけることはできないとする考え方。実地調査した南米の諸部族の社会のうちに、西洋の科学的思考とは異なる独自の思考方法を見出し、いわゆる「未開」の社会を西洋的な「文明」の社会より劣ったものとみなすことを批判した、レヴィ＝ストロースの思想が代表的。エスノセントリズムの対極にある考え方である。

民族 **Ⓐ**③（みんぞく）〔nation〕　文化や血縁などを共有することによって、ともに同じひとつの集団に属しているという意識を分かち持つ人間集団。民族で共有される文化のうちには、宗教や言語、生活様式といった外部からも見分けやすいものから、歴史意識や政治的・経済的な利害関心など内部に

根ざしたものまで、多様な内容が含まれる。

マイノリティ **Ⓑ**④〔minority〕　一般的には「少数派」のこと、とくに民族問題に関しては「少数民族」のこと。少数民族は発言権が弱くなりがちで、多数派（マジョリティ）から差別を受けたり同化の圧力をかけられたりするケースが多い。

先住民 **Ⓑ**（せんじゅうみん）　ある土地に昔から住み、独自の文化を形成していた民族。近代において西欧諸国および近代化を遂げた諸国が世界的に支配を広げるなかで、先住民を征服し、その文化を否定する同化主義を押し付けてきた歴史がある。20世紀後半になって、先住民の権利の回復が政治的課題となってきた。アメリカ大陸のネイティブ─アメリカン、オーストラリアのアボリジニ、ニュージーランドのマオリ、日本列島北方のアイヌなどが代表例。

民族国家 （みんぞくこっか）　ある民族を軸として形成された、近代以降の国家の形態。ひとつの民族から形成されている国家であれば、**単一民族国家**となる。ただし実際には、世界のほとんどの国は様々な民族の人々が暮らす**多民族国家**であり、日本にもアイヌや在日韓国・朝鮮人をはじめとする、多様な民族の文化の担い手が生活している。

アイヌ文化振興法 **Ⓒ**（─ぶんかしんこうほう）　1997年に制定された「アイヌ文化の振興並びにアイヌの伝統等に関する知識の普及及び啓発に関する法律」の略称。**アイヌ民族**は日本列島北方に古くから住み、固有の文化と言語を持つ。この法律では、アイヌの人々の民族としての誇りを尊重するとともに、アイヌ語など固有の文化と伝統の振興、知識の普及に関する手立てを定める。アイヌ民族の**和人**への同化を目的とした「北海道旧土人保護法」（1899年制定）は、この法律の制定によってようやく廃止されたが、先住民族としての誇りと権利を回復するための取り組みはさらに続いている。

同 アイヌ新法 **類** アイヌ民族 **Ⓒ**

消滅の危機に瀕する言語 （しょうめつ─きき─ひん─げんご）　その言語を話す人がいなくなり、消滅する危機にある言語のこと。**ユネスコ**は2014年3月現在で約2,500の言語をリストアップしており、そのなかにはアイヌ語や八丈語、八重山語など、日本国内の

8言語も挙げられている。

在日韓国・朝鮮人 **B** (ざいにちかんこく・ちょうせんじん)　1910年の韓国併合以降，朝鮮半島から日本へ移住してきた，または連行されてきた韓国・朝鮮籍の人々とその子孫のうち，戦後も日本に留まりつづけている人々。日本が植民地として支配した朝鮮半島では，生活様式や言語，さらに自分の名前についても日本化が強制され，人々の民族的な誇りを傷つけた。また第二次世界大戦中には，強制労働に従事させるために日本に連行された人も多い。様々な事情で大戦後も多くの人が日本に残り続け，その子孫である2世・3世は日本で生まれ育った世代であるが，日本国籍をもたないため選挙権がなく，また就職や結婚などで差別を受けることも多い。

ナショナリズム **B** [nationalism]　人びとが同じ国家に属しているという感情や意識を重んじる，政治的共同体のあり方をめぐる思想や運動。19世紀にはドイツやイタリアなどにおいて，また第二次世界大戦後にはそれまで植民地支配を受けていたアジアやアフリカの諸国において，新しい国家形成の原動力となった。他方で過度のナショナリズムは，他国や他民族との対立や衝突をもたらす危険もはらんでいる。

民族主義 **C** (みんぞくしゅぎ) [ethnicism]　自民族の文化的・政治的な一体性を重んじる思想や運動。政治的には民族のメンバーを統合する国家形成の運動や，少数民族の独立・分離運動などとして現れ，文化的には民族教育などのかたちをとる。民族主義が行き過ぎると，自民族を絶対視し，自己中心的な偏った基準で他の民族や文化を評価する，**自民族中心主義（エスノセントリズム）** に陥るおそれもある。

　自民族中心主義に陥った民族主義の弊害の事例は古くから存在する。自らを「ヘレネス（英雄ヘレンの子孫）」と呼び，異民族を「バルバロイ（聞きづらい言葉を話す者）」と呼んで見下した古代のギリシャ人や，自国を「世界の中心」を意味する「中華」と見なすとともに，その四方に位置する異民族を，「夷狄」（野蛮人）と呼んで軽蔑し，従属的な外交関係しか結ぼうとしなかった古代の中国が代表的。

同化主義 **C** ④ **（同化政策 C ②）** (どうかしゅぎ)（どうかせいさく）[assimilationism（assimilation policy）]　先住民や少数民族の固有の文化を否定し，多数派の文化を強制的に押しつけることで，国家の統一をはかろうとする主義や政策。とくに同じひとつの言語や文化を共有するメンバーからなる国家が理想的なものと考えられるようになった，近代以降において同化主義の傾向は強まった。欧米諸国の先住民や植民地住民に対する同化政策や，日本が朝鮮半島で行った同化政策などが代表的。20世紀後半になって従来の同化主義への反省が高まり，カナダやオーストラリアでは少数民族の文化を尊重する，同化主義の対極にある**多文化主義**がとられるようになった。

過度の一般化 **C** (かどいっぱんか) [over categorization]　個別の事例だけをもとに，集団全体を否定的に判断する心理的傾向のこと。社会的な偏見の心理の特徴として，アメリカの社会心理学者G．W．オルポート（G.W.Allport，1897～1967）が指摘した。たとえばある社会集団のひとりが問題を起こすと，その個人が属する社会集団のメンバー全員を，問題を起こす恐れのある人間として見なすようなことを指す。

文明の衝突 **C** (ぶんめい・しょうとつ) [clash of civilizations]　冷戦後の世界では，冷戦期の資本主義と社会主義というイデオロギーの対立に代わり，宗教を中核とする文明間の対立が主な紛争の要因になるという考え方。アメリカの政治学者S．ハンチントンがはじめてこの用語を用いた。ハンチントンは冷戦後の国際政治を，優位にある欧米の西洋文明に対して，イスラームや儒教などの非西欧文明が台頭しようとする，文明間の緊張関係として描き出す。

民族紛争 **C** (みんぞくふんそう)　国家ではなく民族集団が当事者となる紛争。一国内に共存する民族間の武力抗争（ルワンダにおけるフツ族とツチ族の抗争など）や，一国内の少数民族の分離・独立運動をめぐる問題（ロシアにおけるチェチェンなど），また複数の国家にまたがって存在する民族集団の問題（トルコ，イラク，イランのクルド人など），といった問題が含まれる。民族紛争がエスカレートすると，支配的な民族が

他の民族集団を排除や抹殺しようとする**民族浄化**に至ることもある。

民族教育（みんぞくきょういく）　ある民族の文化や伝統を絶やさずに，次の世代に継承するための教育。とくに本国から離れて生活する民族集団や，他の民族が多数派となっている国家内の少数民族などにおいて実施される。民族独自の言語や生活習慣になじませ，民族の歴史や伝統を伝えていくことが課題となる。

サイード　**A**4〔Edward Said, 1935〜2003〕　パレスティナ生まれの歴史思想家，文学研究者。カイロ，プリンストン，ハーバードの各大学に学び，コロンビア大学の教授をつとめた。主著『オリエンタリズム』（1978年）において，西洋と東洋を対立的に考える枠組みそのものが，西洋の側の自文化に対する優越感と東洋に対する偏見がつくりあげたものであるとして，これを批判した。こうした西洋近代文化に深く根差した偏った考え方を**オリエンタリズム**と呼び，その分析は様々な分野に大きな影響を与えた。

オリエンタリズム　**A**4〔orientalism〕　サイードが指摘した，東洋に対する偏った見方。もともとこの語は異国趣味や東洋趣味を意味したが，サイードは西洋と東洋，ヨーロッパとアジアを二分法によって考え，西洋とヨーロッパをより優れたものとみなし，東洋に「後進的」や「受動的」といったマイナスのイメージを押しつける偏った考え方を「オリエンタリズム」と呼ぶ。こうした西欧と東洋のあいだの文化的な支配関係が，東洋に対する植民地支配や人種差別に結びついたとして，これを厳しく批判した。

ポストコロニアリズム　**C**〔postcolonialism〕　帝国主義時代以後にも文化や経済になお残る，列強による支配の論理である植民地主義〔colonialism〕を明らかにし，これを批判しようとする思想。かつて植民地支配を受けた国々では，政治的な独立を達成したのちにも，文化や経済などの面で先進国に依存しなければならない状況が続いている。文学に刻み込まれた植民地主義的な支配と被支配の関係を読み解くなど，様々なアプローチによってこうした現状を変革しようとするのがポストコロニアリズムであり，サイードの『オリエンタリズム』が代表的な作品。

6章　人類の福祉と国際平和　**311**

6章 人類の福祉と国際平和

1 国際社会と国際機関

国際社会 **A**（こくさいしゃかい）　多数の主権国家によって構成される社会のこと。現代の世界では自国の利益だけでなく，つねに国際社会への貢献も考慮した外交政策が各国に求められており，日本国憲法前文でも「国際社会において，名誉ある地位を占めたい」という願いが表明されている。

主権国家 **B**（しゅけんこっか）　他国からの支配や干渉を受けずに，自国のことを自主的に決定できる独立した国家のこと。一定の領域（領土・領海・領空）と人口（国民）を有し，それらを支配する権限（主権）を持つことが基本的な条件となる。

ＮＧＯ **B**（**非政府組織 A**）（ひせいふそしき）[Non-Governmental Organization]　平和や人権，医療や環境など，様々な分野で国際的な活動を行う，政府に属さない民間組織のこと。国際連合などの国際機構と，連携や協力関係にあるＮＧＯも多い。ＮＧＯの活動は途上国の支援に欠かせないものとなっており，政府や企業にもＮＧＯとさらに連携してゆく姿勢が必要である。代表的なＮＧＯとしては，拷問の廃止や思想信条のゆえに囚われた人の釈放を訴える「アムネスティ−インターナショナル」や，「国境なき医師団」（ＭＳＦ），「地雷禁止国際キャンペーン」（ＩＣＢＬ）などがある。

ＭＳＦ **C**（**国境なき医師団 C④**）（こっきょう−いしだん）[Médecins Sans Frontières]　戦災地や自然災害被災地域など，医療サービスの提供が困難な地域で，医療援助を行う国際的なボランティア団体。1968年に内戦中のナイジェリアに派遣されたフランス人医師たちを中心として，1971年に設立された。1992年には日本にも事務局が設置され，日本人も多く活躍している。1999年にノーベル平和賞を受賞。

ＩＣＢＬ **C**（**地雷禁止国際キャンペーン** **C**）（じらいきんしこくさい）[International Campaign to Ban Landmines]　人を対象とした地雷を廃絶するためのNGOの連合体。1992年結成。地雷の禁止を各国政府に働きかけ，対人地雷の使用や生産や所有を禁止する「対人地雷禁止条約」（オタワ条約，1997年）が締結される原動力となった。ICBLはまた同年にノーベル平和賞を受賞している。また2008年には，やはりNGOが主導して，大量の小型爆弾を散布するクラスター爆弾の使用や生産を禁止する「クラスター爆弾禁止条約」（オスロ条約）が締結された。ただしこれらの条約に，アメリカ，ロシア，中国，インドなど軍事大国は批准していない。

青年海外協力隊 **C③**（せいねんかいがいきょうりょくたい）　発展途上国への無償援助や技術協力活動の総称。日本のODA（政府開発援助）における無償援助と技術協力を担当する，**国際協力機構**（**JICA**）が実施し，ボランティアの青年を海外に派遣する。活動分野は農業や教育，工業や医療など多分野にわたる。途上国の開発に貢献するとともに，日本の青年の人材育成の側面も持つ。

国際連合 **B③**（**国連 A**）（こくさいれんごう）（こくれん）[United Nations]　1945年10月，国際社会の平和と安全を維持するために，国際連合憲章にもとづいて創設された国際平和機構。設立当初の原加盟国は51か国で，日本は1956年に加盟が認められた。2015年12月現在の加盟国は193か国。総会，**安全保障理事会**，経済社会理事会，**国際司法裁判所**など六つの主要機関を持ち，それらのもとに多くの委員会や専門機関，補助機関がある。全会一致を原則とした国際連盟の失敗をふまえ，総会で1国1票の多数決を採用するとともに安全保障理事会を強化した。加盟国の**集団安全保障**の確立をめざした設立当初に比べ，**グローバル化**の進行や地域紛争の増加にともない，国連の対応すべき問題は多様化している。国連もまた資金の調達や組織の効率化などの問題を抱え，改革の必要性が議論されつづけている。

国連ミレニアムサミット（こくれん〜）[Millennium Summit]　21世紀の国連の役割について話し合うため開催された，加盟国の首脳による会議。2000年9月に開催。ミレニアム宣言を採択した。とくに課題の

第Ⅴ編

ひとつであった「開発と貧困」に関しては、この宣言をもとに**ミレニアム開発目標（MDGs）**がまとめられ、極度の貧困や飢餓の撲滅、普遍的初等教育の達成、女性の地位向上などが2015年までに達成されるべき目標として掲げられた。

持続可能な開発目標（ＳＤＧｓ）（じぞくかのうーかいはつもくひょう）[Sustainable Development Goals]　**持続可能な社会**を実現するための、2016年から2030年までの国際社会の目標。17の目標からなり、2015年の国連サミットで採択された**持続可能な開発のための2030アジェンダ**に記載された。貧困や飢餓の解消など、2015年までのミレニアム開発目標の成果を前進させるための目標とともに、ジェンダー平等の実現、気候変動への対処や水産資源の保護など環境問題に関する目標も掲げ、先進国を含むすべての国に適用される。

安全保障理事会（あんぜんほしょうりじかい）[Security Council]　国際的な平和と安全の維持に主な責任を負う国連の主要機関。平和の破壊や侵略行為が生じた場合、経済関係の中断（経済制裁）や軍事的な強制措置（軍事制裁）をとるなど、総会に優越する大きな権限を持つ。5の**常任理事国**と10の非常任理事国で構成され、前者のアメリカ・イギリス・フランス・ロシア・中国は決議を否決する**拒否権**を持つ。

国際司法裁判所（ＩＣＪ）（こくさいしほうさいばんしょ）[International Court of Justice]　国家間の紛争を裁く国際連合の常設司法機関。1945年、オランダのハーグに設置。総会と安全保障理事会により選ばれた、国籍を異にする15名の裁判官で構成され、紛争の平和的な解決を目的とする。紛争当事国からの付託によって裁判が始まり、その判決は当事国を拘束する。

国際刑事裁判所（ＩＣＣ）（こくさいけいじさいばんしょ）[International Criminal Court]　集団殺害や戦争犯罪など**国際人道法**上の重大な犯罪を犯した個人を、国際法に基づいて裁くための常設の国際裁判機関。国際司法裁判所とは別の組織で、18名の裁判官で構成される。2002年、オランダのハーグに設置。2021年5月現在、123の国・地域が参加している（日本は2007年に加盟）。

Ｇ８　世界の先進8か国[Group of Eight]のこと。この国々の首脳が年一回集まり、国際会議（**Ｇ８サミット**）を開いて、世界経済や国際情勢の懸念事項について討議する。**主要国首脳会議**ともいう。現在の参加国はアメリカ、イギリス、フランス、ドイツ、イタリア、日本、カナダ、ロシアの8か国とEU委員長。近年ではブラジル、中国、インドなど新興国やアフリカ諸国の首脳が参加することも多い。

ロシアは1998年から正式に加わったが、2014年、ウクライナ・クリミア情勢をめぐって他の先進諸国と対立し参加停止となった。以降、Ｇ７サミットとして開催されている。

難民 **B**4（なんみん）[refugee]　人種や宗教や政治的意見などを理由とした身の危険があるために外国に逃れ、自国の保護を受けられない、または受けることを望まない人々のこと。20世紀は「難民の世紀」と呼ばれるほどに大量の難民が発生し、冷戦終結後も民族紛争や自然災害などのために多くの難民が生じている。難民はとくに生命や人権の危険にさらされやすく、受入国にとっても大量の難民の流入は大きな負担となりかねない。国連は難民の保護と救済に取り組みつづけており、1951年には難民の人権と基本的自由を保障するため、**難民の地位に関する条約**を採択。また国連総会の補助機関である**国連難民高等弁務官事務所**を通じて支援活動を続けている。

経済難民（けいざいなんみん）　貧困などの経済的理由のために国外に逃れた難民のこと。「難民の地位に関する条約」の規定からは外れており、その処遇には多くの問題がある。また政治的理由での難民との区別も難しく、たとえば小型船舶で海をわたって国外に逃れる**ボート−ピープル**は、かつてはベトナムからの政治難民が多かったが、近年では経済難民が増えている。

難民の地位に関する条約（なんみん−ちい−かん−じょうやく）[Convention relating to the Status of Refugees]　国連が1951年に制定した難民問題に処するための条約。通称「**難民条約**」。難民の定義と法的地位を規定し、その居住や就業についても詳しく定めるとともに、迫害される恐れのある国に難

民を送り返すことを禁止する。日本は1982年に加入。

国連難民高等弁務官事務所 **C** **4** （UNHCR **C** ）（こくれんなんみんこうとうべんむかんじむしょ）[United Nations High Commissioner for Refugees] 難民の保護と生活援助を行う国連総会の補助機関。本部はジュネーブで，1950年設立。1954年と1981年の二度ノーベル平和賞を受けるなど活動への評価は高く，冷戦後も国内・地域紛争や災害により対象とすべき難民は増えているが，自発的拠出金による資金の面で慢性的問題を抱える。

緒方貞子 （おがたさだこ）[1927〜2019] 国際政治学者。五・一五事件で殺害された犬養毅の曽孫にあたり，国際基督教大学や上智大学で教鞭をとったのち，1991年に国際連合の難民救済活動の長である，第8代**国連難民高等弁務官**に就任。三期10年にわたり世界の難民支援を精力的に指揮し，「難民の母」と呼ばれる。退任後にはアメリカによる武力攻撃後のアフガニスタン復興の陣頭に立ち，日本政府特別代表や国際会議の共同議長を務めた。

飢餓 **B** （きが） 食糧の不足によって生じる栄養不足と飢えの状態のこと。後発発展途上国（最貧国）では慢性的に飢餓が生じており，その背後には政情不安や内戦，自然災害や環境破壊など，複合的な問題がある。

貧困 **A** **4** （ひんこん） 経済的に貧しく，生活の苦しい状態のこと。「貧困」をはかる指標は国や機関によってさまざまであるが，貧困は個々人の問題であるにとどまらず，犯罪の増加や治安の悪化，教育を受けられない子どもの増加や平均寿命の低下など，さまざまな社会問題の温床となりかねない。貧困の削減には社会的な取り組みが不可欠であり，2013年に成立した「子どもの貧困対策法」では，教育の機会均等など国や地方公共団体の責務が定められている。

南北問題 **B** （なんぼくもんだい） 北半球に多い先進工業国と，南半球に多い**発展途上国**のあいだの経済格差と，それにともなう政治的・社会的諸問題のこと。1959年にイギリスのロイド銀行会長のオリヴァー＝フランクスが，資本主義圏と社会主義圏による東西対立と並ぶ戦後世界の主要な課題として，南北問題を挙げた。近年では中東の産油国や東アジアの新興工業経済地域などが急速に高所得化する一方で，サハラ以南のアフリカや南アジアでは多くの国が貧困の状態にとどまるなど，従来の南側諸国・諸地域のあいだでの経済格差も大きくなってきており，これを**南南問題**という。

発展途上国 **B** **7** （はってんとじょうこく） 経済的な発展が相対的に遅れており，まだその発展の途上にある諸国のこと。第二次世界大戦後に独立したアジアやアフリカ，ラテンアメリカといった地域に多い。南北問題が国際社会の関心を集めるようになった1960年代に，この呼び方が国際連合の用語として定着した。

後発発展途上国 **C** （LDC）（こうはつはってんとじょうこく）[Least Developed Countries] 発展途上国のなかでもっとも開発の遅れている国。1974年の国連総会で，所得水準，識字率，工業化率などを基準に認定された。経済社会理事会が3年ごとに見直しを行っている。2021年8月現在の認定国は46カ国で，とくに中・南部アフリカや南アジア地域に多い。

類 **最貧国** **C**

識字率 （しきじりつ） 全人口にしめる読み書きができる人の割合。世界的な識字率の調査を行っている**ユネスコ**の定義では，識字とは「日常生活における短い簡単な文章を理解して読み書きできること」とされている。国連の**持続可能な開発目標（SDGs）**では，すべての人に質の高い教育を提供すること（目標4）が掲げられ，世界的に識字率を高めるための努力が続けられているが，南アジアや中・南部アフリカでは伸び悩んでいる。

モノカルチャー [monoculture] 一国の生産や輸出が，限られた種類の一次産品（農産物や鉱物など）に大きく依存する経済のあり方。アフリカ諸国など，現在でも多くの発展途上国で見られる。天候の不順や資源の枯渇など，一次産品には安定的な生産を脅かす要因が多く，また国際的な価格の変動や需要の伸び悩みなどによって，一国の経済が揺らぎかねない危険をはらむ。

累積債務問題 （るいせきさいむもんだい） 発展途上

国で対外債務（借金）が膨大な金額になり，その返済が困難な状況に陥ること。1982年，メキシコが先進国への債務返済を停止したことから表面化し，返済の繰り延べを必要とする発展途上国が30ヵ国を超えるなど，世界経済にとって大きな問題となった。貸し手である先進諸国には，返済の繰り延べのほか債務削減の実施など，途上国の持続可能な開発のために適切な措置をとることが求められている。

資源ナショナリズム（しげん-）　天然資源はその保有国のものであるとする考え方。とくに第二次世界大戦後に植民地支配から独立した発展途上国において，先進国の多国籍企業による天然資源の開発や管理に反発して主張された。1962年の国連総会で天然資源に対する保有国の恒久的主権が確立。1970年代に入ると資源ナショナリズムは石油産油国でとくに高まり，原油価格の引き上げにより世界経済に大きな影響を与えた。

新国際経済秩序（ＮＩＥＯ）（しんこくさいけいざいちつじょ）[New International Economic Order]　発展途上国の利益を考慮した，新しい世界経済のあり方。1974年の国連資源特別総会において，先進国と開発途上国の格差を解消するための「新国際経済秩序樹立宣言」が採択され，この宣言に基づく世界経済のあり方を指す。途上国の天然資源に対する恒久的な主権や，一次産品輸出国に不利にならない貿易体制の確立，多国籍企業の活動の規制と監視などをその具体的内容とする。

国連貿易開発会議（ＵＮＣＴＡＤ）（こくれんぼうえきかいはつかいぎ）[United Nations Conference on Trade and Development]　貿易と開発に関する南側諸国と北側諸国の問題（南北問題）を協議する国際会議。略称は「アンクタッド」と読む。国連総会の常設機関として，1964年に設立された。発展途上国の持続可能な開発の支援を主な目的とし，貿易，投資や金融，開発などの問題に取りくむ。4年に1回総会が開催される。

フェアトレード **Ｃ**①[fair trade]　発展途上国の商品を適切な価格で買い取り，先進国市場で販売すること。より多くの賃金を

生産者に支払うことで，商品を生産する地域・国家の労働者が貧しさから脱却し，経済的に自立することを支援する狙いがある。国際フェアトレード-ラベル機構（FLO）が中心となりフェアトレード商品を認証している。

政府開発援助 **Ａ**③**（ＯＤＡ** **Ｂ**③**）**（せいふかいはつえんじょ）[Official Development Assistance]　先進工業国の政府または政府の実施機関が，発展途上国の経済発展と福祉の向上を主な目的として行う，資金や技術提供による協力のこと。発展途上国に対する贈与や，低利子での貸し付け，または国際機関への資金の拠出というかたちをとる。ODAに関する日本政府の方針を総合した「政府開発援助大綱（ODA大綱）」は2003年に改定され，発展途上国の自助努力の支援や**人間の安全保障**の確保，公平，日本の経験と知見の活用，協調と連帯という基本方針が打ち出された。

　「ODA大綱」は，国際情勢の変化や開発協力における課題の多様化・複雑化などをふまえて新たな見直しが行われ，2015年2月に「開発協力大綱」として閣議決定された。近年では，保健・医療，水・衛生，環境，教育などの各方面で，**持続可能な開発目標（SDGs）**の達成に向けた取りくみも進められている。

人間の安全保障 **Ｃ**④（にんげん-あんぜんほしょう）[Human Security]　紛争・災害や感染症など人間の生存を脅かす直接的な脅威に対し，国家という枠組みをこえ，個々の人間に着目して安全を保障しようとすること。

　地域紛争の多発や感染症の流行など，現代の世界では従来の国家規模の安全保障の考え方では対応しきれない，人間の生命や権利に対する脅威が増大した。こうした情勢のもとで生じた概念が「人間の安全保障」であり，1994年に国連の機関である国連開発計画（ＵＮＤＰ）が提唱した。日本政府も「人間の安全保障」を外交政策上の柱と位置づけ，国際的な「人間の安全保障委員会」の設置をすすめ，2003年の同委員会の最終報告書では「人間の安全保障」実現のための具体的方針が勧告された。

2 平和・軍縮への課題

スケープゴート C[scapegoat] 他者から責任を押しつけられて，不当に攻撃されたり迫害されたりする個人や集団のこと。もともとは「贖罪のヤギ」の意味で，人間の罪や苦難を背負わせた白いヤギを荒野に放つ，ユダヤ教の儀式に由来する。それが転じて，社会の不満や不安のはけ口として，不当に攻撃される人々を指すようになった。ナチスの政権下におけるユダヤ人が代表例である。

ナチス A4[Nazis] ドイツのファシズム政党。正式名は「国家社会主義ドイツ労働者党」。世界恐慌後の社会不安を背景に台頭し，1933年に党首ヒトラーの指導のもと政権を掌握すると，議会政治の廃止とナチス以外の全政党の解散により，強力な一党独裁体制を実現。ゲルマン民族の優秀性をとなえ，ユダヤ人を徹底的に迫害した。その迫害は公職追放から強制居住区（ゲットー）やドイツ国外への移送，そして大量殺戮へと次第に過激化し，約600万人ともいわれるユダヤ人が犠牲になった。国内では秘密警察や親衛隊などを用いて厳重な統制を行い，対外的には第一次世界大戦の講和条約を一方的に破棄し，第二次世界大戦を引き起こした。1945年のドイツの敗戦により壊滅。

アウシュヴィッツ強制収容所 B1（きょうせいしゅうようじょ） ポーランドにあったナチスの強制収容所。ユダヤ人とともに戦争捕虜と政治犯などを常時25万人収容する，もっとも巨大な収容所で，ナチスによるユダヤ人虐殺（ホロコースト）を象徴する存在。収容された人々は過酷な強制労働や飢えと寒さ，伝染病などのために次々と倒れ，働けなくなった者はガス室で殺害された。この収容所だけで150万人以上が犠牲になったといわれ，アンネ＝フランクのように他の収容所への過酷な移動を強いられ，送り先で亡くなった人も多い。アウシュヴィッツ強制収容所は1979年に世界文化遺産に登録された。

アンネ＝フランク C[Anne Frank, 1929～45]『アンネの日記』を書いたユダヤ人の少女。ナチスによる占領下のオランダで，家族で隠れ住んでいたときに記した日記が『アンネの日記』である。1944年，ナチスに見つかるとアウシュヴィッツ収容所に送られ，その後移送されたドイツ国内の別の収容所でチフスにより亡くなった。ナチスの迫害を生きのびた父が戦後に『アンネの日記』を出版した。

フランクル B3[Viktor Emil Frankl, 1905～97] オーストリアの精神医学者。フロイトやアドラーから精神分析を学ぶが，人間をより自由で精神的な，生きる意味を問う存在と考え，独自の心理療法を確立。患者との人格的交わりを通じて，患者が生きる意味や価値に目覚めることで心理疾患を治療しようとするその方法は，ロゴテラピーと呼ばれる。第二次世界大戦中にはアウシュヴィッツ強制収容所に送られ，その極限的な状況に生きる人間の精神状態を，精神医学者の眼で観察した『夜と霧』は，貴重な記録である。

ヴァイツゼッカー C[Richard von Weizsäc-ker, 1920～2015] 現代ドイツの政治家。西ベルリン市長を務めたのち，1984年に西ドイツ（当時）の大統領に就任。ドイツの敗戦から40周年にあたる1985年5月8日に，ナチスの蛮行を深く反省する講演を行い，その一節である「過去に対して目を閉じる者は，現在を見る目をもたないのであります」（「荒れ野の40年」）資料 は有名。西ドイツの最後の大統領となり，1990年の東西ドイツ統一後は，1994年まで統一ドイツの初代大統領を務めた。

杉原千畝（すぎはらちうね）[1900～86] 日本の外交官。ハルビンやヘルシンキでの勤務を経て，1939年からリトアニアの首都カウナスで日本理事代理として勤務。1940年，ナチスによる迫害から逃れるため押し寄せ

316 第Ⅴ編　現代の諸課題と倫理

てきた多数のユダヤ人に，外務省の意向に反してビザを発給し，約6,000人のユダヤ人の命を救った。1985年には日本人としてはじめて，イスラエル政府から「諸国民の中の正義の人賞」を送られ，その翌年に亡くなった。

核抑止論（かくよくしろん）　相手国が核兵器で先制攻撃をした場合，自国の核兵器で報復する能力と意思を示すことで，相手国からの先制攻撃を思いとどまらせようとする考え方。

査察（ささつ）　軍縮に関する国際的な決まりが守られているかを確認する作業。核兵器に関しては，非核兵器国は核兵器開発を行っていないことを国際的に示すために，自国の非軍事的な原子力使用について，国際原子力機関（IAEA）による核査察を受ける必要がある。

平和運動 Ｂ（へいわうんどう）　戦争や軍備の拡大に反対し，平和を守るための運動。とくに多くの民間人を巻き込み，広島と長崎に原爆が投下された第二次世界大戦後に，国際的に盛んになった。反戦運動としてはアメリカのベトナム戦争に反対する運動がとくに有名。また核軍備に対する反対運動としては，市民の署名活動を背景として1955年に第１回が開催された原水爆禁止世界大会や，1957年に第１回の会議が開かれた，核兵器廃絶を目指す科学者たちによる**パグウォッシュ会議**などがある。

核兵器 Ａ4（かくへいき）　原子爆弾や水素爆弾といった，核分裂反応や核融合反応を利用した兵器のこと。製造のためには核分裂物質を入手し，それを爆発装置と組み合わせて兵器化したうえで，ミサイルに搭載できるまで兵器を小型化するために，核爆発をともなう核実験が必要となる。冷戦時代にはアメリカとソ連が核兵器の開発と製造を競いあい，冷戦が終結するとアメリカとロシアの２国間で，すでに保有している兵器を大量に削減する条約が結ばれたが，現代世界にはなお，かつてない大惨事を引き起こしかねない数の兵器が残存している。またインドやパキスタンといった新たな核兵器保有国の登場や，テロリストが核兵器を保有する脅威の高まりなど，今日でも核兵器使用や核戦争の危険は取り除

かれたわけではない。

𝕜核戦争 Ｃ　核実験 Ｃ

原子爆弾 Ｃ（原爆 Ｃ）（げんしばくだん）（げんばく）　ウランやプルトニウムといった核分裂物質が，連鎖的な核分裂を起こして巨大なエネルギーを放出することを利用した兵器。瞬時に爆風と熱線と放射線により大量の人間を殺傷し，長期的にも放射線により人体や環境に深刻な影響を及ぼし続ける。1945年８月に広島と長崎に投下され，広島では同年内だけで約14万人，長崎では同年内だけで約７万４千人が死亡したと推定されており，現在でも後遺症に悩まされる人は多い。原爆投下の惨禍を伝える，広島の爆心地近くの原爆ドームは，世界遺産として登録されている。

核軍縮条約（かくぐんしゅくじょうやく）　核兵器の軍備を縮小し核兵器の拡散を防ぐため，いくつもの国際的な条約が結ばれてきた。1963年にはアメリカ，ソ連，イギリスが，大気圏と宇宙空間と水中での核実験を禁止する**部分的核実験禁止条約**を締結。この条約では地下核実験は除外されたが，1996年には地下を含むあらゆる場所での，核爆発をともなう核実験を禁止する**包括的核実験禁止条約**（CTBT）が署名された。ただし批准国が既定数に達しておらず，まだ発効していない。

　核兵器の拡散の防止に関しては，1970年に国際社会の主要な枠組みをなす，**核拡散防止条約**（NPT）が発効。条約成立以前に核兵器を保有していたアメリカ，ソ連，イギリス，フランス，中国以外の国による核兵器の入手や開発を禁止した。ただし事実上の核兵器保有国とみられるインド，パキスタン，イスラエル，北朝鮮は加盟していない。そして冷戦期から現代まで，世界の核兵器の大部分がアメリカとロシアに集中する状況が続いているが，1987年には**中距離核戦力（ＩＮＦ）全廃条約**が，1991年と1993年には戦略的核兵器の削減を定めた**戦略兵器削減条約**（START Ⅰ，START Ⅱ）が２国間で結ばれ，軍縮への取り組みが続けられている。

非核三原則（ひかくさんげんそく）　核兵器を「持たず，作らず，持ち込ませず」という，日本政府の核軍備に関する基本政策。1967

年12月に当時の佐藤栄作首相が国会答弁で「核は保有しない，核は製造もしない，核を持ち込まないというこの核に対する三原則」と述べ，1971年11月には沖縄返還と関連して，「非核兵器ならびに沖縄米軍基地縮小に関する衆議院決議」が採択された。

ラッセル Ｂ⑥〔Bertrand Russell, 1872～1970〕 イギリスの哲学者。数学を論理学によって基礎づける計画を推進し，論理や言語の分析に立脚する現代の

分析哲学の礎を築いた。平和運動家でもあり，第一次世界大戦時には反戦運動を展開したため投獄される。第二次世界大戦後には反戦運動に関与し，1955年にアインシュタインらと核兵器廃絶を訴える**ラッセル・アインシュタイン宣言**を発表。1957年には同宣言を受けて，核兵器廃絶を目指す科学者の会議である**パグウォッシュ会議**の第1回が開かれた。ラッセルは1950年ノーベル文学賞を受賞し，パグウォッシュ会議も1995年にノーベル平和賞を受賞している。主著に『プリンキピア・マテマティカ（数学原理）』（ホワイトヘッドとの共著）や『西洋哲学史』などがある。

アインシュタイン Ｃ〔Albert Einstein, 1879～1955〕 ドイツ生まれの物理学者。現代物理学の主要な基礎理論のひとつである**相対性理論**の提唱者として知られる。研究活動のかたわら，軍縮や世界平和を説くが，ユダヤ系でもあったため，1933年に**ナチス**が政権をとるとアメリカに逃れた。第二次世界大戦後にはラッセルらとともに核兵器廃絶のための活動を精力的に推進した。

大江健三郎 Ｃ（おおえけんざぶろう）〔1935～〕 現代日本の小説家。東京大学で仏文学を学び，在学中の1958年に「飼育」で芥川賞を受賞。以後政治と性を主題とする作品群を発表し，戦後日本の情況を描く。また平和憲法と戦後民主主義を擁護する代表的な知識人のひとりであり，原爆が投下された広島や本土復帰前夜の沖縄への取材をもとに，

『ヒロシマ・ノート』や『沖縄ノート』を執筆。さらに戦争放棄を定めた第九条を含む，日本国憲法の改正を阻止するための知識人の団体「九条の会」を結成するなど，非核・反戦を訴え続けている。1994年にはノーベル文学賞を受賞。

湯川秀樹 Ｃ（ゆかわひでき）〔1907～81〕 理論物理学者。1935年に発表された論文で，核力（原子核を構成する要素を結びつける力）を媒介する，当時未知の粒子＝中間子の存在を理論的に予想。のちにその存在が確証され，1949年に日本人としてはじめてノーベル賞（物理学賞）を受賞した。戦後の平和運動にも積極的に参加し，**ラッセル・アインシュタイン宣言**の共同署名者のひとりとなるとともに，核兵器と戦争廃絶を訴える科学者の会議「科学者京都会議」を主宰した。

『きけわだつみのこえ』 学徒出陣で戦争に参加し，命を落とした学生たちの手記や手紙などを集めた遺稿集。戦後に新聞やラジオで戦没学生の遺稿をつのり，75名の学生の遺稿を選び一冊にまとめた。「わだつみ」はもともと海の神を意味する。突然放り込まれた軍隊生活に対する戸惑いや違和感，そして避けがたい死を前にしての祖国や家族に対する思いなどが書き残されている。

東京大空襲 Ｃ（とうきょうだいくうしゅう） 1945年3月10日に実施された，アメリカ軍による東京の下町一帯への爆弾攻撃。東京大空襲以降，全国の人口密集地への無差別攻撃が本格化した。投下対象に火災をもたらすための焼夷弾が，B29爆撃機によって大量に投下され，東京の下町一帯が一晩で焼け野原になった。死者は約十万人におよび，約百万人が住む家を失った。

学徒出陣 Ｃ（がくとしゅつじん） 太平洋戦争の時期に，学生が軍隊へ入隊し戦地に出征したこと。1943年，太平洋戦争の激化を受けて，東条英機内閣は理工系を除く大学と専門学校の学生の徴兵猶予を停止。このため文科系の学生の大半が徴兵され，同年10月には明治神宮外苑競技場にて「出陣学徒壮行会」が開催，各地でも同様の壮行会が開かれた。その後も在学年限の短縮や徴兵年齢の引き下げなどが実

318 第Ⅴ編　現代の諸課題と倫理

施され，終戦までに十万人以上の学生が入隊したといわれている。

湾岸戦争 C（わんがんせんそう）　1991年1月から2月に起こった，イラク軍対アメリカを中心とする多国籍軍の戦争。前年8月に石油利権の確保を目指してクウェートに侵攻したイラクに対し，国連での武力行使容認決議を背景に多国籍軍がイラクを空爆。地上戦がはじまるとイラクは国連安全保障理事会の停戦決議を全面的に受け入れ，多国籍軍の一方的な勝利に終わった。ハイテク兵器を実践で本格的に使用する機会となり，またゲームのような爆撃の映像がテレビで放映されるなど，新たな時代の戦争のかたちを人々に印象づけた。イラク軍によるクウェートでの石油火災のための環境汚染や，石油流失による海洋汚染などの環境問題ももたらした。

9.11テロ事件 B（-じけん）　2001年9月11日にアメリカ合衆国で発生した同時多発テロ事件。計19人の実行犯により4機の民間航空機が乗っ取られ，そのうち2機は世界貿易センタービルに突入し，ビル2棟を崩壊させた。また1機は国防総省ビルに突入し，残る1機は途中で墜落した。航空機の乗員・乗客や，航空機の突入時にビルにいた人々など，約3,000人が犠牲となった。アメリカはこの事件を受け，国際テロ組織及びテロ支援国家との戦いを表明して，首謀者を隠匿していると見なしたアフガニスタンの政権に軍事攻撃を加えた。

テロ A（テロリズム C）[terrorism]　暴力的な手段により威嚇することで，特定の目的を達成しようとする行為。主に政治的目的のため実行され，誘拐や無差別殺人など，無関係な市民を巻き込み社会に恐怖を与える手段が選ばれる。

武器貿易条約（ATT）（ぶきぼうえきじょうやく）　通常兵器の移転を規制するための条約。国家間での兵器の移動を規制し，国際的に武器を管理するための基準の作成を目指す動向を受けて，2013年に国連総会で採択された。戦車，ミサイル，軍用艦など7種類の通常兵器と小銃などの小型兵器を対象とし，これらが人道に対する犯罪やテロ行為，国際的な組織犯罪などに用いられるのを防ぐことを目的とする。

国連平和維持活動 C（PKO C）（こくれんへいわいじかつどう）[United Nations Peacekeeping Operations of the]　国際社会の平和と安全を維持するために，国際連合が，紛争当事国（地域）の同意や要請にもとづいて小規模な軍隊を現地に派遣し，紛争の平和的解決をめざす活動のこと。東西冷戦による大国間の不一致で国連憲章に定められた国連軍が創設されていないため，国際紛争に対処する目的で便宜的に設置された。戦闘の防止，治安の回復・維持をはかる「平和維持軍」と，非武装の「停戦監視団」「選挙監視団」からなり，ともに安全保障理事会の決議にもとづいて現地に派遣される。だが1990年代以降，国連が地域紛争に積極的に介入するようになってから，PKOの任務も多様化・複雑化している。日本では1992年，自衛隊の派遣を可能にする国連平和維持活動協力法が成立した。

3 人権の保障

世界人権宣言 C（せかいじんけんせんげん）[Universal Declaration of Human Rights]　1948年12月10日，国連総会で採択された，すべての人民とすべての国家が達成すべき人権の共通基準。第二次世界大戦中の著しい人権侵害が人類に悲惨な体験をもたらしたという反省から，国連の目的と任務のうちに基本的人権の尊重が含まれるとともに，この宣言によって基本的人権の具体的内容が規定された。

宣言は前文と本文全30条からなり，すべての人の尊厳と権利の平等を説き，奴隷制度や差別の禁止，思想や表現や職業の自由，裁判を受ける権利や教育を受ける権利などを定める。この宣言は法的拘束力をもたないものの，その後の各国の憲法や国際的な人権に関する条約に影響を与え，基本的人権の国際的な規範として世界に受け入れられてきた。この宣言が採択された12月10日は「世界人権デー」とされている。

国際人権規約 C（こくさいじんけんきやく）[International Convenants on Human Rights]　1966年に国連総会で採択された条約。世界人権宣言は法的拘束力を持

6章　人類の福祉と国際平和　**319**

たなかったため，人権の保護を条約化して，加盟国を国際法的に拘束することを目指した。経済的，社会的および文化的権利に関する「A規約（社会権規約）」と，市民的および政治的権利に関する「B規約（自由権規約）」，そして個人通報制度や死刑廃止についてのB規約の選択議定書からなる。加盟国に条約実施状況の報告を義務づけ，B規約の実施のためには，条約違反があった場合，他の加盟国の通報と（B規約の第1選択議定書加盟国の場合にのみ）個人の通報を受けて，事案を審議する人権委員会が設置された。

人権の国際化　（じんけんこくさいか）　人権問題を一国内の問題にとどめず，国際的な条約や枠組みによって人権を保護しようとする動向のこと。国際連合の目的や原則を定めた国連憲章では，人権と基本的自由の尊重を主要な目的として挙げている。そこで国連は，人権の尊重・保護を具体的に実現するため，まず1948年に採択した**世界人権宣言**で基本的人権の内容を明確化し，人権保護の国際的な基準を定めた。この宣言の内容を条約化して，加盟国に義務づけるために採択されたのが，1966年の**国際人権規約**である。またとくに人権の侵害にさらされやすい，立場の弱い人々の人権を守るために，1965年には**人種差別撤廃条約**，1979年には**女性差別撤廃条約**，1989年には**子どもの権利条約**を採択している。

　今日ではインターネットの普及などにより，一国内の人権侵害がすぐに国外に知れわたり，国際的な非難にさらされるケースが増えており，人権問題はますます国際問題としての性格を強めている。

アムネスティーインターナショナル　[Amnesty International]　世界最大の国際人権NGO。1961年にイギリスの弁護士ピーター＝ベネンソンにより設立された。英語の「アムネスティ」は，刑罰を軽くしたりなくしたりする「恩赦」を意味する。言論や思想や皮膚の色などを理由に，不当に囚われた「良心の囚人」の釈放や，政治犯の公平な裁判，拷問や死刑の廃止を訴えている。1977年にノーベル平和賞を受賞。

人種差別　B③（じんしゅさべつ）　ある個人や集団が特定の民族や種族に属していることを理由として，これを不当に差別すること。ナチスによるユダヤ人の迫害や，アメリカでの黒人に対する差別，南アフリカでの**アパルトヘイト**などが代表的。国連は1965年の総会で，あらゆる人種差別を非難して**人種差別撤廃条約**を採択した。とくに近年では人種差別的な言動に，国際社会から強い非難と制裁が向けられる傾向が強まっている。

人種差別撤廃条約　C（じんしゅさべつてっぱいじょうやく）　1965年の国連総会で採択された，人種差別を禁止し人種間の理解促進のための条約。人種や皮膚の色，血統や民族・種族的出身にもとづく，あらゆる区別・除外・制約・優先を禁止する。日本は1995年に批准。

アパルトヘイト　[Apartheid]　南アフリカ共和国で実施されていた人種差別政策。アパルトヘイトは南アフリカで話されるアフリカーンス語で「隔離」を意味する。人口の二割にも満たない白人が，人口の圧倒的多数を占める有色人種を，参政権の否定や全国土の13%しか与えない土地政策，白人との婚姻の禁止，白人地域での移動や居住の制限などにより，徹底的に差別してきた。こうした政策に対して国際的な非難が高まり，1973年に国連総会は，アパルトヘイトを人道に対する犯罪であるとする**アパルトヘイト犯罪条約**を採択。その後南アフリカ国内の反アパルトヘイト運動の高まりとともに国際社会の圧力も強まり，1980年代終盤以降，アパルトヘイト関連法は次々に撤廃。1994年には全人種が参加する制憲議会選挙（総選挙）が実施され，反アパルトヘイト運動のリーダーであったネルソン＝マンデラ（1918〜2013）が初代大統領に選出された。

国際児童年　（こくさいじどうねん）　子どもの権利に対する関心を国際的に喚起するために，国際連合が1979年を国際児童年に設定した。この年は子どもが必要な権利と自由を享受できるよう国連総会で採択された，「**子どもの権利宣言**」の20周年にあたり，同宣言の実行の促進が目指された。国際児童年から10年後の1989年には，国連総会で「**子どもの権利条約**」が採択された。

子どもの権利条約　C②（こーけんりじょうやく）

第Ⅴ編

1989年の国連総会で採択された，子ども
の人権を包括的に規定した条約。全
54条からなり，18歳未満のすべての子ど
もを対象とする。親の保護を受ける権利や
生存権，教育を受ける権利などを定めると
ともに，自由な意見表明や結社・集会の権
利も認めるなど，権利を享受し行使す
る主体として子どもを捉える観点に立つ。
日本では1994年に国会で批准された。

同 児童の権利に関する条約 **C**

ストリートーチルドレン **C** [street children]
親などの成人から保護を受けられず，都市
の路上で生活する子供たち。発展途上国に
多く，その増加の背景には，家庭の貧困や
児童虐待，児童労働の強制などの社会
問題がある。

チャイルドーソルジャー **C** **2** [child soldier]
18歳未満の子どもの兵士のこと。紛争地
域で強制的に徴兵され，戦闘行為やス
パイ活動に従事させられる。子どもの生命
や身体にとって重大な危険をもたらすとと
もに，子どもの精神的発達にとっても深刻
な影響を及ぼしかねず，「**子どもの権利条
約**」は15歳未満の子どもを軍隊に採用する
ことを禁止している。

国連児童基金（ＵＮＩＣＥＦ） （こくれんじどう
ききん） [United Nations Children's Fund]
発展途上国の児童への援助を行う国連総会
の常設機関。「ユニセフ」と呼ばれる。第
二次世界大戦で荒廃した国々の児童の救
済のために，1946年の第1回国連総会で
設立された「国連国際児童緊急基金」に由
来し，1953年に現在の名称に改められた。
現在では**子どもの権利条約**にもとづき，す
べての子どもが持つ「生存・保護・発展へ
の権利」の保護や教育の普及，エイズ・Ｈ
ＩＶ対策など，子どもと母親に関わる多様
な問題に取り組んでいる。1965年にノー
ベル平和賞を受賞。

**国連教育科学文化機関C（ＵＮＥＳＣ
Ｏ）** （こくれんきょういくかがくぶんかきかん） [United
Nations Educational, Scientific and Cul-
tural Organization] 教育・科学・文化
に関する国際協力を促進し，世界の平和と
安全に貢献することを目的とする国際連合
の専門機関。**ユネスコ**の略称で知られる。
ユネスコ憲章に基づいて1946年に設立さ

れた。教育・科学・文化についての教育や，
文化財の保護，生態系の保全など，多様な
活動を展開してきたが，深刻な資金不足に
あえいでいる。日本は1951年に加盟し，
2014年現在の加盟国は195か国。

類 ユネスコ憲章 **B**

ユネスコ憲章B（ＵＮＥＳＣＯ憲章C）
（-けんしょう） ユネスコ創設の目的や任務，組
織などを定めたもので，1945年に採択さ
れた。有名な「戦争は人間の心のなかに生
まれるものであるから，人の心のなかに平
和のとりでを築かなければならない」
資料 という文ではじまる前文では，平
和の維持のためには人類の知的・精神的な
連帯が不可欠な条件であることを訴える。

4 民主社会の原理

自由 **A** **12** （じゆう） [Freedom, liberty] 人
間の行動に関して外的拘束や障害がない
こと，もしくは内的な規範や特定の目標に
よって自分を自主的にコントロールするこ
と。前者は「〜からの自由」，後者は「〜へ
の自由」を意味し，イギリスの政治思想家
I.バーリン（1909〜97）は前者を「消極的自
由」，後者を「積極的自由」と呼んで区別し
た。こうした観点からは，他者に危害を加
えないかぎり個人は何をしてもよいとする
ミルの**『自由論』**は消極的自由を説き，カン
トの**自律**としての自由は積極的自由にあ
たると考えられる。とくに前者の「消極的
自由」は，民主主義社会の不可欠な前提の
ひとつである。

責任 **A** **6** （せきにん） [responsibility] 個人や
個人が属する集団の過去の行いによって生
じた事態に対して，償ったり謝ったりす
る義務を負うこと。この語はローマ時代の
法廷における，弁明・応答 [responsus]
に由来する。一般的に自由な行為主体だけ
が責任を負うことができると考えられ，ま
たその者に対して自由な主体が「応える／
答える」べき，他者との関係を前提とする。

平等 **A** **5** （びょうどう） [equality] 人々への接
し方や，財産や資源や機会の配分において，
無関係な事情を考慮することによる差別が
ないこと。人間の人としての価値の平等は，
自由と並ぶ民主主義社会の基本的な原理で

6章　人類の福祉と国際平和　**321**

あり，日本国憲法では第14条で法の下での平等を規定している。また先進国の人々と発展途上国の人々とのあいだでの経済的な不平等の克服は，人類全体がその平和や安全のために取り組まなければならない課題である。

義務 Ａ⑧(ぎむ) [duty]　自由な行為主体が，あることをなすべきである，もしくはあることをなすべきではない，と拘束や制約を受けること。「責任」の語には応答すべき他者への観点が強く刻み込まれているが，「義務」の語の核には行為主体に対する拘束や制約の側面がある。また義務は「権利」に対応する用語でもあり，一般に民主主義社会においては，何らかの義務と表裏一体(ひょうり)の関係にない権利は存在しない。

民族 Ａ③(みんぞく) [nation]　文化や血縁などを共有し，同じ種族の一員であるという帰属意識で結びついた人間集団。民族の定義には，血統や言語や宗教など，何らかの客観的基準が用いられることも，「私たちは○○人である」という主観的な意識が用いられることもあり，この両者は密接に連関しあっている。

差別 Ａ②(さべつ) [discrimination]　適切ではない基準によって，特定の個人や集団に不利益な扱いをすること，また逆に特定の個人や集団だけに有利な扱いをすること。民主主義社会の原理である平等と対立する。日本国憲法は第14条で人種，信条，性別，社会的身分又は門地(もんち)(家柄)による差別を禁じており，**世界人権宣言**(1948年)も第2条で，すべての人は人種，皮膚の色，性，言語，宗教，財産などいかなる事由による差別をも受けることがない，と規定している。

連帯 Ａ③(れんたい) [solidarity]　人と人が孤立せずに相互に結びつき，助け合いながら困難の克服などをはかること。人間の生活は自己完結したものではなく，他の社会のメンバーとの相互依存の関係にあるという認識にもとづく。

権利 Ａ⑦(けんり)　あることをなすことができる，もしくはあることをなさなくてもよい資格のこと。自由を実質化したものであり，またある者の権利の行使を，他者は妨げてはならないと義務づけられるから，権

利と義務は相互に補い合う関係にある。

正義 Ａ⑨(せいぎ) [justice]　人間の行為や社会の制度が，正しくまともであること。法律やルールに適切に従い，また財産や機会などの配分に関してふさわしくない偏(かたよ)りがない状態を指す。またひとたびルール違反や不適切な財産や機会の配分が生じたとき，これを正当な状態に訂正するのも正義である。

公正 Ａ⑤(こうせい) [fairness]　特定の人間や集団にだけ有利になるように偏っておらず，フェアであること。とくに財産や機会の配分に関して用いられる。経済的・政治的な公正に支えられることなくしては，法的な平等は内実をともなわない形式だけのものになりかねないから，平等な社会の実現のためにも公正は必要不可欠である。

基本的人権 Ｂ(きほんてきじんけん)　人間が人間らしく生きていくために，欠かすことのできない基本的な諸権利。人間は生まれながらにして人間としての権利を持つという，自然法思想に由来する。18〜19世紀には国家からの経済的・精神的・身体的自由を保障する**自由権**が中心的内容であったが，20世紀に入ると**生存権**や**社会権**と呼ばれる，人間らしい生活を保障する権利が含まれるようになった。「基本的人権の尊重」は日本国憲法の三大原則のひとつであり，自由権だけでなく社会権も保障している。

個人の尊重 Ｃ(こじん-そんちょう)　すべての個人を，一人一人の人間として等しく尊重すること。封建社会や全体主義社会にはない，民主主義社会における基礎的な原理である。日本国憲法は第13条で「すべて国民は，個人として尊重される」と規定し，国民の生命と自由に対する権利および幸福追求権を保障している。

法の下の平等 Ｃ(ほう-もと-びょうどう)　すべての人間は法的に平等に扱われなければならないとする，近代憲法の基本原則のひとつ。日本国憲法では第14条に規定があり，人種・信条・性別・社会的身分又は門地(もんち)(家柄のこと)による差別を禁止し，貴族の制度や国から与えられた栄誉の世襲(せしゅう)を否定している。

公共の福祉 Ｃ(こうきょう-ふくし)　個人の個別的な利益を超えた，社会全体の利益や幸福の

第Ⅴ編

こと。個々人の自由や権利が互いに衝突しないように調整したり，社会全体の利益のために個人の諸権利を制限したりする場合に用いられる用語で，日本国憲法第13条は国民の権利について，「公共の福祉に反しない限り」最大限の尊重を必要とする，と規定している。

生存権 **A**1（せいぞんけん）　人間としての生存や生活の維持のために必要な諸条件の確保を，国家に要求する国民の権利。教育を受ける権利，勤労の権利などとともに社会権の一種である。日本国憲法は第25条で，「すべての国民は健康で文化的な最低限度の生活を営む権利を有する」として，生存権を保障している。19世紀までは個人の生活を国家が不当に侵害してはならないという消極的な意味を持っていたが，20世紀になると，国家が国民の生存の維持のための諸条件を確保するという積極的な意味合いを持つようになり，日本国憲法で保障されているのもこうした積極的な意味での生存権である。

類社会権 **C**

平和のうちに生存する権利（へいわせいぞんけんり）　戦争がもたらす恐怖から解放されて，平和に生きる人間の権利。日本国憲法前文は，「全世界の国民が，ひとしく恐怖と欠乏から免かれ，平和のうちに生存する権利を有する」とうたう。なお「恐怖と欠乏からの自由」という表現自体は，人類の普遍的な「4つの自由」に言及したアメリカのルーズベルト大統領の演説（1941年）や，同年の大西洋憲章などにすでに見られる。

同平和的生存権 **C**

共生 **A**2（きょうせい）　様々な点で異なる人と人，あるいは集団と集団が，対立しあったり排除しあったりすることなく，互いに助けあったり尊重しあったりしながら，「共に生きる」こと。

　いくつもの次元で用いられる用語で，環境問題の観点からは，人間が自然を破壊しつくすことなく持続的に生きていくための，「人間と自然の共生」が話題となる。また「共生社会」の実現のためには，性別や年齢，国籍，障害の有無などの点で異なる人々が，みな同じ市民として「共に生きる」ことができるための，生活環境の整備や差別の克服が必要である。また世界に目を向けても，地球上には伝統や文化，宗教などを異にする多様な人間集団が存在しており，これらの集団が「共に生きる」ために，各文化間や宗教間での全世界的な対話が求められている。

類共生社会 **C**

◇監 修

菅野　覚明（東京大学名誉教授）
山田　忠彰（日本女子大学名誉教授）

◇執 筆（五十音順）

池松　辰男
伊藤　由希子
佐々木　雄大
板東　洋介
宮村　悠介
山蔦　真之

◇編集協力（五十音順）

白井　裕輔
長者久保雅仁

用語集 倫理 新訂第5版　定価　スリップに表示

2022年2月10日　　新訂第5版　第1刷発行

監修者　菅野　覚明
　　　　山田　忠彰
発行者　野村　久一郎
印刷所　広研印刷株式会社
発行所　株式会社　清水書院
　　　　〒102-0072
　　　　東京都千代田区飯田橋3-11-6
　　　　電話　03-5213-7151（代）
　　　　FAX　03-5213-7160
　　　　http://www.shimizushoin.co.jp

ISBN 978-4-389-21887-4
乱丁・落丁本はお取り替えします。

本書の無断複写は著作権法上での例外を除き禁じられています。複写される場合は，
そのつど事前に，㈱出版者著作権管理機構（電話 03-5244-5088，FAX03-5244-5089，
e-mail:info@jcopy.or.jp）の許諾を得てください。